KB162893

헤드퍼스트 디자인패턴

개정판

에릭 프리먼·엘리자베스 롭슨·케이시 시에라·버트 베이츠 지음

서환수 옮김

> 꿈같은 얘기겠지만,
> 치과에 가는 것보다 재미있고
> 소득세 신고보다 흥미로운
> 디자인 패턴 책이 있다면
> 정말 행복하지 않을까?

O'REILLY® HB 한빛미디어 Hanbit Media, Inc.

헤드 퍼스트 디자인 패턴(개정판)

14가지 GoF 필살 패턴! 유지 관리가 편리한 객체지향 소프트웨어를 만드는 법

초판 1쇄 발행 2005년 9월 4일
개정판 1쇄 발행 2022년 3월 16일
개정판 3쇄 발행 2023년 9월 20일

지은이 에릭 프리먼, 엘리자베스 롭슨, 케이시 시에라, 버트 베이츠 / **옮긴이** 서환수 / **펴낸이** 김태헌
펴낸곳 한빛미디어(주) / **주소** 서울시 서대문구 연희로2길 62 한빛미디어(주) IT출판1부
전화 02-325-5544 / **팩스** 02-336-7124
등록 1999년 6월 24일 제 25100-2017-000058호 / **ISBN** 979-11-6224-526-2 93000

총괄 배윤미 / **책임편집** 이미향 / **기획·편집** 윤진호 / **진행** 석정아
디자인·전산편집 천승훈
영업 김형진, 장경환, 조유미 / **마케팅** 박상용, 한종진, 이행은, 김선아, 고광일, 성화정, 김한솔 / **제작** 박성우, 김정우

이 책에 대한 의견이나 오탈자 및 잘못된 내용에 대한 수정 정보는 한빛미디어(주)의 홈페이지나 아래 이메일로
알려주십시오. 잘못된 책은 구입하신 서점에서 교환해 드립니다. 책값은 뒤표지에 표시되어 있습니다.
한빛미디어 홈페이지 www.hanbit.co.kr / 이메일 ask@hanbit.co.kr
예제 소스 www.hanbit.co.kr/src/10526, wickedlysmart.com/head-first-design-patterns

지금 하지 않으면 할 수 없는 일이 있습니다.
책으로 펴내고 싶은 아이디어나 원고를 메일(**writer@hanbit.co.kr**)로 보내 주세요.
한빛미디어(주)는 여러분의 소중한 경험과 지식을 기다리고 있습니다.

탁월한 통찰력과 전문성으로 디자인 패턴이라는 개념을 만들어내고
널리 전파하여 소프트웨어 설계 분야를 송두리째 바꿔 놓고,
전 세계 개발자의 삶을 좋은 방향으로 바꿔 준
4인방(Gang of Four)에게 이 책을 바칩니다.

그런데 진짜 진지한 질문인데요, 개정판은 언제쯤 나오는 건가요?
사실 **초판이 나온 지** ~~10년~~ 밖에 안 됐지만요.
25년

이 책에 쏟아진 찬사

"어제 이 책을 받아서 집에 오는 길에 읽기 시작했는데… 책에서 눈을 뗄 수가 없었습니다. 헬스장까지 가서도 이 책을 웃으면서 읽었는데 그런 제 모습이 정말 이상하게 보였을 것 같습니다. 이 책은 정말 '쿨'한 책입니다. 재미있으면서도 중요한 내용을 꼭 집어서 설명해 주는 정말 놀라운 책입니다"
 — 에릭 감마(Erich Gamma), Microsoft VS Code 리드 개발자, 『GoF의 디자인 패턴』 공동 저자

"『헤드 퍼스트 디자인 패턴』은 재미와 웃음, 영감과 기술적 깊이, 실용적인 팁이 한 데 어우러져 있는 책입니다. 디자인 패턴을 처음 배우는 사람이든 오랫동안 써 온 사람이든 객체마을에서 많은 것을 얻어 갈 수 있습니다"
 — 리처드 헬름(Richard Helm), 『GoF의 디자인 패턴』 공동 저자

"머릿속에 들어있던 몇 톤 정도되는 분량의 책을 다 들어내고 이 책만 집어넣어도 될 것 같습니다"
 — 워드 커닝햄(Ward Cunningham), 위키의 창시자, 힐사이드 그룹 창시자

"이 책은 전문성과 가독성을 모두 갖춘 완벽에 가까운 책입니다. 정확한 내용을 아름답게 풀어놓고 있습니다. 제가 지금까지 읽어 본 소프트웨어 서적 가운데 몇 안 되는 필독서라고 할 수 있습니다(제가 읽어본 모든 책 가운데 이 분야에서 열 손가락 안에 드는 책입니다)"
 — 데이비드 겔런터(David Gelernter), 예일대 컴퓨터공학과 교수, 『Mirror Worlds』, 『Machine Beauty』 저자

"복잡한 것이 간단해질 수 있고, 간단한 것이 복잡해질 수 있는 패턴의 세계에 빠져 봅시다. 에릭과 엘리자베스 보다 더 나은 가이드는 찾을 수 없을 겁니다"
 — 미코 마츠무라(Miko Matsumura), gumi Cryptos Capital 제네럴 파트너, 전직 썬 마이크로시스템즈 수석 자바 에반겔리스트

"눈물이 날 정도의 웃음을 선사해 주는 감동적인 대작"
 — 다니엘 스타인버그(Daniel Steinberg), java.net 수석 편집인

"이 책을 보고 바닥을 데굴데굴 구르면서 웃었습니다. 그리고 다시 일어나서는 이렇게 결론 내렸습니다. 이 책은 기술적으로 정확하며, 제가 본 책 중에서 디자인 패턴을 가장 효과적으로 소개하는 책이라고"
 — 티모시 A. 버드(Timothy A. Budd), 오리곤 주립대 컴퓨터공학과 부교수, 『C++ for Java Programmers』 저자

"제리 라이스는 NFL 최고의 리시버입니다. 하지만 에릭과 엘리자베스는 그보다 더 위대합니다. 솔직히 말해서 제가 지금까지 읽어 본 소프트웨어 디자인 책 중에서 가장 재미있고 훌륭한 책입니다"
 — 애론 라버그(Aaron LaBerge), 디즈니 미디어 & 엔터테인먼트 CTO

"훌륭한 코드 디자인은 무엇보다도 훌륭한 정보 디자인에서 나옵니다. 코드 디자이너는 컴퓨터에 일을 하는 방법을 가르쳐줘야 합니다. 컴퓨터의 훌륭한 스승이 프로그래머의 훌륭한 스승이라고 해도 과언이 아닙니다. 이 책은 놀라울 정도로 명료하고 재미있게 내용을 전달합니다. 심지어 개발자가 아닌 사람들도 이 책으로 문제 해결 방법을 배울 수 있을 정도입니다"

— 코리 닥터로우(Cory Doctorow), 보잉 보잉 편집인, 『Down and Out in the Magic Kingdom』, 『Someone Comes to Town, Someone Leaves Town』 저자

"컴퓨터와 비디오 게임 분야의 격언 가운데 '디자인이 곧 인생이다'라는 말이 있습니다. 하지만 게임 분야에서 일하는 사람들 가운데 게임 디자인의 의미를 정확하게 얘기할 수 있는 사람은 거의 없습니다. 디자이너는 소프트웨어 엔지니어를 말하는 걸까요? 아니면 아트 디렉터? 스토리텔러? 아키텍트나 빌더일까요? 혼자서 모든 분야에 참가하는 게 가능할까요? 디자이너는 일종의 환상에 불과한 건 아닐까요? 사실 '누가 디자이너일까'라는 질문에 관심을 기울이는 사람은 별로 없습니다.

비디오 게임에 종사하는 사람들이 흔히 하는 얘기 가운데, 엔딩 크레디트의 '게임 디자이너'는 영화 크레디트로 치면 '감독'에 해당한다는 얘기가 있습니다. 과대평가이자 겸손하지 못한 걸 수도 있지만 영화계에서 이름이 좀 있는 사람이 감독 자리를 차지하는 것과 마찬가지라는 뜻입니다. 디자인이 곧 인생이라는 얘기는 아마도 디자인이 무엇인지 생각하면서 보낸 시간을 얘기하는 것일지도 모르겠습니다.

에릭 프리먼과 엘리자베스 롭슨은 『헤드 퍼스트 디자인 패턴』에서 과감하게 코드라는 연극 무대 뒤편을 조명합니다. 이 책의 저자들이 플레이스테이션이나 엑스박스 같은 데에도 관심을 많이 가졌는지는 잘 모르겠습니다 다만 어쨌든 그들은 디자인에 매우 솔직하게 접근합니다. 자신의 저작물에 큰 자부심을 가지고 있는 사람들이라면 놀라운 진실이 모두 드러나는 이 책을 건드리지 않는 게 좋습니다. 소피스트나 약장수라면 모르겠습니다. 차세대 작가를 꿈꾸는 사람들이라면 이 책을 보면서 책을 만드는 방법을 배우면 좋겠습니다"

— 켄 골드스타인(Ken Goldstein), 스리프트북스 회장, 전직 디즈니 온라인 부사장

"옛날에 제자였던 에릭과 엘리자베스의 책을 추천하려고 이런 글을 쓰려고 하니 좀 민망하긴 하지만 디자인 패턴을 배우는 학생들에게 이보다 나은 디자인 패턴 책은 없다고 봅니다. 이 책이 처음 나왔을 때부터 대학원과 학부 과정에서 소프트웨어 공학과 고급 프로그래밍 수업 교재로 이 책을 사용했습니다. 이 책이 나온 후로는 4인방(Gang of Four)이 쓴 책을 비롯해서 다른 디자인 패턴 책을 사용하지 않고 있습니다"

— 그레고리 롤린즈(Gregory Rawlins), 인디아나 대학교 컴퓨터공학과 교수

"이 책은 유머와 훌륭한 예제, 그리고 디자인 패턴에 관한 깊이 있는 지식을 골고루 섞어서 재미있게 공부할 수 있게 만들어졌습니다. 엔터테인먼트 관련 기술 분야에 몸담고 있는 사람의 시선으로 볼 때 '할리우드 원칙'이나 '홈시어터 퍼사드 패턴' 같은 내용은 정말 재미있는 아이디어입니다. 디자인 패턴을 이해하면 재사용과 유지 관리가 편리한 고품질 소프트웨어를 만들 수 있고 전반적인 문제 해결 능력이 향상됩니다. 이 책을 컴퓨터 분야에 종사하는 모든 전문가와 학생에게 필독서로 추천합니다"

— 뉴튼 리(Newton Lee), ACM Computer in Entertainment(acmie.org) 창립자 및 편집장

독자가 보내는 찬사

"<헤드 퍼스트>로 나오는 모든 책이 그렇듯이 입문자에게 매우 친절한 책입니다"

— a******m 독자(YES24)

『헤드 퍼스트 디자인 패턴』은 게임과 비슷합니다. 해결해야 하는 상황을 퀘스트 깨듯이 하나하나 풀어가는 재미가 있습니다. 해설도 잘되어 있어서 이해하기가 쉽습니다"

— 율**스 독자(YES24)

『헤드 퍼스트 디자인 패턴』은 간단한 예제보다는 패턴마다 하나의 스토리를 만들어 그 스토리에 맞는 패턴을 찾고, 적용해 보는 과정에서 자연스럽게 패턴을 이해할 수 있도록 구성되어 있습니다. 나아가 패턴과 패턴을 합쳐서 사용하는 복합 패턴까지 설명하고 있습니다"

— j***o 독자(YES24)

『헤드 퍼스트 디자인 패턴』을 완독하면 구현에서 벗어나 패턴과 함께하는 코딩 습관을 만들 수 있습니다. 현재 코딩 방식이 어떤 문제점을 가졌는지, 객체지향 프로그래밍 원칙에 맞는 코딩을 하고 있는지 등 스스로 문제 제기할 수 있는 안목을 길러준다는 사실만으로도 이 책의 가치는 충분합니다"

— j****8 독자(YES24)

『헤드 퍼스트 디자인 패턴』은 어려운 패턴을 이해하는 데 큰 도움을 주었습니다. 패턴마다 하나의 스토리가 있어서 스토리를 따라 읽다 보니 책을 덮은 후에도 자연스럽게 패턴의 특징과 사용법이 머릿속에 남아있었습니다. 이 책은 주로 자바로 설명하지만, 자바에 익숙하지 않은 C# 사용자인 저도 책을 읽고 이해하는 데 크게 어려움은 없었습니다. 디자인 패턴을 처음 접하시는 분들에게 추천합니다"

— j********2 독자(YES24)

『헤드 퍼스트 디자인 패턴』은 디자인 패턴에 매우 쉽게 접근할 수 있도록 구성되어 있습니다. 그림이 많아 쉽게 이해할 수 있어 최고의 디자인 패턴 입문서가 아닌가 싶습니다. 이 책을 읽은 다음 어느 정도 디자인 패턴에 익숙해지면 『GoF의 디자인 패턴』을 도전해 보는 것도 좋습니다. 디자인 패턴에 도전하고 싶은 사람이라면 꼭 읽어 보길 권합니다"

— u*****l 독자(YES24)

"스토리 덕분에 패턴이 잘 이해됩니다"

— w*****o 독자(교보문고)

"정말 전형적인 기술 서적만 보다가 『헤드 퍼스트 디자인 패턴』을 보니 기술서에 관한 인식이 바뀌었습니다. 내용 설명을 위한 접근 방식 자체가 너무 놀랍습니다. 내용도 아주 좋아서 읽는 동안 즐거웠습니다"

— Z********h 독자(교보문고)

"IT 책이 재미있는 건 처음이었습니다"

— d*******6 독자(교보문고)

"저는 패턴이라는 개념이 생기기도 전에 컴퓨터공학을 배웠고, 일하는 동안 레거시 시스템을 연구했습니다. 연구를 계속하다 보니 새로운 기술이 등장했고, 젊은 개발자와 함께 프로젝트를 진행하게 되었습니다. 그 당시 저는 그 젊은 개발자들이 말하는 팩토리, 싱글턴, 의존성이 무슨 뜻인지 이해하지 못했습니다. 하지만 이제는 저런 전문 용어를 사용하는 이유를 알고 심지어 패턴도 구현할 수 있습니다. <헤드 퍼스트> 시리즈의 방법론은 훌륭합니다. 이 책을 모든 분께 추천합니다"

— D***** N***** 독자(미국 아마존)

"일단 『헤드 퍼스트 디자인 패턴』을 읽기 시작하면, 이 책이 저절로 읽힌다는 사실을 깨닫게 될 것입니다! 정말 멋지고 재미있는 방법으로 패턴을 배울 수 있습니다"

— R****** A****** 독자(미국 아마존)

"『헤드 퍼스트 디자인 패턴』 한 권으로 개발자 사이에서 가장 인기 있는 디자인 패턴을 배울 수 있습니다. 이 책을 강력 추천합니다"

— S*****y 독자(미국 아마존)

"『헤드 퍼스트 디자인 패턴』은 단순하고 재미있게 패턴을 설명해 줍니다"

— S***** K*****(미국 아마존)

<헤드 퍼스트> 시리즈에 쏟아진 찬사

"정말 사랑스러운 책입니다. 아내가 보는 앞에서 이 책에 뽀뽀를 했을 정도입니다"
— 사티쉬 쿠마르(Satish Kumar)

"『Head First HTML and CSS』는 웹 페이지 마크업과 프레젠테이션에 있어서 미래지향적인 접근법을 제시하는 책입니다. 독자가 가려워하는 지점을 정확하게 잡아내서 알려줍니다. 브라우저에서 각 아이템이 어떤 식으로 작용하는지 하나하나 보여 주면서 점진적인 변화를 직접 체감할 수 있게 해 주는 책입니다"
— 대니 굿맨(Danny Goodman), 『Dynamic HTML: The Definitive Reference』 저자

"HTML을 다루는 모든 사람이 『Head First HTML and CSS』로 공부했다면, 웹은 지금보다 훨씬 더 아름다운 곳이 되었을 것 같습니다"
— L. 데이비드 배런(L. David Baron), 구글 크로미움 엔진 소프트웨어 엔지니어, http://dbaron.org

"아내에게 책을 빼앗겼습니다. 웹 디자인을 한 번도 해 본 적이 없는 사람인지라 『Head First HTML and CSS』 같은 책이 정말 필요했을 겁니다. 지금은 아내가 아이의 학급 웹사이트와 우리 가족 웹사이트 등을 직접 만들겠다며 나서고 있습니다. 뭐 저 일을 다 하고 나면 책을 돌려줄 것 같긴 합니다"
— 크리스 퓨즐리어(Chris Fuselier), 엔지니어링 컨설턴트

"<헤드 퍼스트> 시리즈는 구성주의 등의 현대적인 학습법을 활용해서 독자를 학습 궤도로 빠르게 끌어올려 줍니다. 저자들은 이 시리즈로 전문가 수준의 내용을 빠르고 효율적으로 가르칠 수 있다는 사실을 보여 줍니다. 하지만 오해는 금물입니다. 정말 진지하게 자바스크립트를 다루면서도 재미있게 읽을 수 있는 『Head First JavaScript Programming』이 바로 <헤드 퍼스트> 시리즈에 있습니다"
— 프랭크 무어(Frank Moore), 웹 디자이너 겸 개발자

"재미있게(웃으면서) 볼 수 있으면서도 프로그래밍 실력을 제대로 쌓을 수 있는 책을 원하나요? 『Head First JavaScript Programming』을 보면 됩니다!"
— 팀 윌리엄스(Tim Williams), 소프트웨어 사업가

지은이 소개

에릭 프리먼(Eric Freeman)

엘리자베스 롭슨(Elisabeth Robson)

<헤드 퍼스트> 시리즈를 만든 사람 중 한 명인 케이시 시에라의 평에 따르면 에릭은 '힙스터 해커에서 기업 임원, 엔지니어, 싱크 탱크에 이르기까지 다양한 영역의 언어, 관행, 문화에 모두 능숙한 보기 드문 사람'입니다.

에릭은 예일대학교에서 컴퓨터공학 전공으로 박사 학위를 받았습니다. 월트 디즈니의 디즈니 온라인 & Disney.com의 CTO를 역임하기도 했습니다.

지금은 <헤드 퍼스트> 시리즈를 공동으로 총괄하고 있으며 여러 선진 교육 채널에 널리 퍼져 있는 WickedlySmart에서 책과 동영상 콘텐츠를 창작하는 일을 하고 있습니다.

에릭은 『Head First HTML & CSS』, 『Head First JavaScript Programming』, 『Head First HTML5 Programming』, 『Head First Learn to Code』 등 다양한 책을 만드는 데 일조했습니다.

지금은 미국 텍사스주 오스틴에서 살고 있습니다.

엘리자베스는 소프트웨어 엔지니어, 저자이자 교육자로 살아가고 있습니다. 예일대학교에서 컴퓨터공학 석사 학위를 받았고, 그 시절부터 기술에 열정을 품고 살아오고 있습니다.

WickedlySmart의 공동 창업자로 책, 기사, 동영상 등을 만들고 있습니다. 오라일리 미디어에서 특수 프로젝트 책임자로 활동하던 시절에는 다양한 기술 주제로 개인별 워크숍과 온라인 수업을 제작했으며 사람들이 기술을 이해하는 데 도움이 될 만한 학습 경험을 만드는 일에 몰두했습니다.

컴퓨터 앞에 앉아 있지 않을 때는 카메라를 들고 자연을 만끽하며 등산을 하거나 자전거, 카약을 타기도 하고 정원을 가꾸기도 합니다.

\<헤드 퍼스트\> 시리즈 만든이 소개

케이시 시에라
(Kathy Sierra)

버트 베이츠
(Bert Bates)

케이시는 Virgin, MGM, Amblin에서 게임 디자이너로 일하던 시절, 그리고 UCLA에서 뉴 미디어 저작 강의를 하던 시절부터 학습 이론에 관심을 가졌습니다. 썬 마이크로시스템즈에서 마스터 자바 트레이너로 활동했으며, JavaRanch.com(지금은 CodeRanch.com)을 만들고 그 공을 인정받아 2003년과 2004년에 Jolt Cola Award를 수상했습니다.

2015년에는 숙련된 사용자를 육성하고 지속 가능한 커뮤니티를 구축한 공로로 Electronic Frontier Foundation의 Pioneer Award를 받았습니다.

최근에는 Eco-D(환경동역학)라고 부르는 최첨단 운동 과학과 역량 획득 코칭 방법에 관심을 쏟고 있습니다. 말을 조련하는 데 있어서 Eco-D를 활용하는 방법은 기존에 비해 훨씬 인간적인 방법으로 알려지면서 어떤 이들에게는 환호를, 또 다른 이들에게는 실망을 안겨 주고 있다고 합니다. 케이시의 방법을 채택한 주인을 가진 운 좋은 (자율적인) 말들은 기존 방식으로 훈련을 받는 다른 말들보다 더 행복하고, 건강하고, 튼튼하게 살아가고 있다고 합니다.

케이시를 팔로잉하고 싶다면
인스타그램 @pantherflows으로 접속하면 됩니다.

버트는 전문 저술가가 되기 전까지는 구식 인공지능(대부분 전문가 시스템), 실시간 운영체제, 복잡한 스케줄링 시스템 등을 전문으로 개발했습니다.

버트와 케이시는 2003년에 『헤드 퍼스트 자바』로 시작해 \<헤드 퍼스트\> 시리즈를 만들기 시작했습니다. 이후로 여러 권의 자바 책을 썼고 썬 마이크로시스템즈와 오라클에서 여러 자바 인증시험에 자문으로 참여했습니다. 멋진 책을 만드는 데 도움이 될 수 있도록 수백 명의 저자와 편집자를 교육하는 일을 맡기도 했습니다.

바둑 매니아로 2016년에 알파고와 이세돌의 시합을 보면서 충격과 매력을 동시에 느꼈습니다. 최근에는 Eco-D(환경동역학)를 배워서 골프 게임을 발전시키고 보케(Bokeh)라는 소형 앵무새를 훈련하는 데 활용하고 있습니다.

버트와 케이시는 16년 전부터 지금에 이르기까지 엘리자베스와 에릭을 알고 지낼 수 있었음에, 그리고 그들과 함께 \<헤드 퍼스트\> 시리즈를 만들 수 있었음에 고마운 마음을 가지고 있습니다.

버트에게 하고 싶은 말이 있다면 CodeRanch.com으로 접속해서 메시지를 보내면 됩니다.

디자인 패턴, 선배들로부터 배우는 문제 해결 방법

상황에 따라 적절한 도구를 사용하는 건 정말 중요한 능력입니다. 프로그래밍을 하다 보면 반드시 라이브러리라든가 패키지, 모듈, 프레임워크 같은 것을 사용하게 됩니다. 가능하면 모든 수단과 방법을 동원해서 시간이라는 소중한 자원을 알차게 쓰는 것이 우리의 숙명입니다.

디자인 패턴을 활용하면 단지 코드만 '재사용'하는 것이 아니라, 더 큰 그림을 그리기 위한 디자인도 재사용할 수 있습니다. 재사용이라는 개념을 한 단계 업그레이드해 주는 것이라고 할 수 있죠. 우리가 일상적으로 접하는 문제 중 상당수는 다른 많은 이들이 접했던 문제입니다. 디자인 패턴은 프로그램을 개발하는 과정에서 빈번하게 발생하는 디자인 문제를 정리해서 상황에 따라 간편하게 적용할 수 있게 정리한 것입니다. 잘 활용할 수만 있다면 적지 않은 시간과 노력, 시행착오를 줄일 수 있습니다. 우리 앞에 놓여진 것과 비슷한 문제를 해결하려고 선배들이 시간과 노력을 투자해서 이것저것 시도해 보고, 그중에서 가장 효과적이라고 알려진 방법이 '패턴'이라는 이름으로 자리를 잡은 거니까요.

디자인 패턴이 만병통치약은 아닙니다. 모든 도구는 용도에 맞게, 적절하게 쓰일 때 그 위력을 발휘합니다. 파리를 잡을 때 파리채를 쓰는 게 기관총과 수류탄을 쓰는 것보다 더 나은 것처럼, 디자인 패턴도 어울리지 않는 상황에서 남용하면 역효과만 납니다. 처음 배우는 단계에서는 어느 정도 남용도 하고, 돼지 목에 진주 목걸이를 걸어 놓는 일도 종종 하겠지만, 경험과 지식이 점점 쌓이면 디자인 패턴을 현명하게 활용하는 방법을 깨달을 수 있게 됩니다.

이 책의 초판을 번역한 게 2005년이었으니까 벌써 17년에 가까운 세월이 지났습니다. 그동안 정말 많은 독자분이 이 책을 사랑해 주셨습니다. 그만큼 오랫동안 사랑받은 책의 개정판을 번역하는 마음도 무거웠습니다. 기나긴 시간이 지나간 만큼 기술적인 내용도 바뀌었고 디자인 패턴 관련 우리말 용어도 바뀌었습니다. 개정판이 이러한 시대와 용어의 변화에 부응할 수 있기를 바랍니다.

이번 개정판에서는 한빛미디어에서 특별히 신경을 써서 한국 정서에 맞게 완전히 바뀐 일러스트레이션을 준비해 주셨습니다. 뼈대를 바꾸고 태를 바꾸는 데 엄청난 공과 성을 다해 주신 윤진호 님께 감사의 마음을 전합니다. 이런 노력이 독자들의 디자인 패턴 학습에 크게 도움이 될 거라고 믿습니다.

2022년의 어느날
서환수

목차

CHAPTER 00

들어가며
이 책을 읽는 방법

CHAPTER 01

디자인 패턴 소개와 전략 패턴
디자인 패턴의 세계로 떠나기

CHAPTER 02 | 옵저버 패턴
객체들에게 연락 돌리기

CHAPTER 03

데코레이터 패턴
객체 꾸미기

CHAPTER 04

팩토리 패턴
객체지향 빵 굽기

CHAPTER 05

싱글턴 패턴

하나뿐인 특별한 객체 만들기

CHAPTER 06

커맨드 패턴

호출 캡슐화하기

CHAPTER 08

템플릿 메소드 패턴
알고리즘 캡슐화하기

CHAPTER 09

반복자 패턴과 컴포지트 패턴
컬렉션 잘 관리하기

CHAPTER 10

상태 패턴
객체의 상태 바꾸기

CHAPTER 11

프록시 패턴
객체 접근 제어하기

CHAPTER 12 | 복합 패턴

패턴을 모아 패턴 만들기

CHAPTER 13

실전 디자인 패턴
패턴과 행복하게 살아가기

CHAPTER 14

기타 패턴
다양한 패턴 빠르게 알아보기

이 책을 읽는 방법

들어가며

디자인 패턴 책에
이런 게 들어있다니···
정말 믿을 수가 없군요.

"디자인 패턴 책을 왜 이런 식으로 만들었을까?"라는
독자들의 궁금증을 해소해 보겠습니다.

이 책의 독자  이 책이 누구를 위한 책인지 알아봅시다 ☆

이 책이 필요한 사람은 누구일까요?

다음 3가지 질문에 모두 "예"라고 대답할 수 있다면,

01 자바를 아나요? (전문가 수준까지 요구되진 않습니다) ← 자바 대신 C#도 괜찮습니다!

02 디자인 패턴과 디자인 패턴의 기반이 되는 객체지향 디자인 원리를 배우고, 이해하고,
    기억하고, 적용하고 싶나요?

03 지루하고 학구적인 강의보다는 파티에서의 즐거운 대화를 선호하나요?

이 책은 바로 당신을 위한 책입니다.

이 책이 맞지 않는 사람은 누구일까요?

다음 중 1가지 질문에라도 "예"라고 대답할 수 있다면,

01 자바를 처음 배우나요?
    (자바를 아주 잘 알아야 하는 것은 아닙니다. 그리고 자바를 모르더라도 C#을 안다면
    코드 예제의 80% 정도는 이해할 수 있습니다. 그리고 C++을 잘 안다면 그럭저럭 이해
    할 수 있습니다.)

02 참고서를 원하는 전문 객체지향 디자이너나 개발자인가요?

03 특정 디자인이나 개발 전문가가 볼 만한 참고서를 찾고 있나요?

04 뭔가 새로운 것을 두려워하는 편인가요?
    톡톡 튀는 옷을 입느니 차라리 누더기 옷을 걸치고 다니는 쪽이 낫다고 생각하나요?
    자바 컴포넌트를 의인화한 책은 제대로 된 기술서가 될 수 없다고 생각하나요?

그렇다면 이 책은 당신에겐 적합하지 않습니다.

마케팅팀에서 그러는데,
사고 싶은 사람은
아무나 사도 된다네요.

이 책이 이렇게 된 이유 머리가 먼저 반응하는 학습법을 알아봅시다 ☆

아마 지금쯤 여러분의 머릿속에는 이런 생각이 지나가고 있겠죠?

"어떻게 이런 걸 제대로 된 프로그래밍 책이라고 하겠어?"

"이런 그림은 왜 있는 거야?"

"이렇게 해서 뭔가를 배우겠어?"

여러분의 두뇌는 이렇게 생각합니다.

여러분의 두뇌에서는 바로 이런 것을 더 중요하게 여긴답니다.

여러분의 두뇌는 항상 새로운 것을 갈망합니다. 항상 뭔가 특이한 것을 기다리고 있지요. 원래 두뇌란 그렇습니다. 그리고 이 덕에 인류가 지금까지 생존한 거죠.

물론 여러분이 지금 당장 호랑이 밥이 될 가능성은 거의 없죠. 하지만 두뇌는 여전히 주의를 기울이고 있습니다. 언제 어떤 일이 일어날지 알 수 없으니까요.

그렇다면 일상적이고 흔하디 흔한, 너무나도 평범한 것을 접할 때 두뇌에서는 어떤 일이 일어날까요? 두뇌는 정말 해야 하는 일(정말 중요한 것을 기억하는 일)을 방해하는 모든 것을 거부합니다. 별로 중요하지 않은 내용은 '중요하지 않은 것을 차단해 버리는' 필터에서 걸러집니다.

그러면 두뇌는 무엇이 중요한 내용인지 어떻게 판단할까요? 등산을 갔는데 갑자기 호랑이가 나타났다고 생각해 봅시다. 두뇌와 몸에서 어떤 일이 일어날까요?

뉴런이 갑자기 폭발하면서 감정이 복받치고 호르몬이 쭉쭉 솟아나겠죠.

그리고 여러분의 두뇌는 다음과 같이 생각할 겁니다.

이건 정말 중요한 거야! 잊어버리면 안 돼!

하지만 집이나 도서관에 있다고 생각해 봅시다. 그런 장소는 안전하고, 따뜻하고, 호랑이가 나타날 리도 없습니다. 거기서 시험 공부를 한다거나 직장 상사가 일주일, 길어도 열흘 안에 모두 마스터하라고 한 내용을 공부하고 있는 거죠.

이렇게 공부하면 1가지 문제가 발생합니다. 두뇌는 중요하지 않은 내용을 저장하느라 중요한 내용을 저장하지 않을 겁니다. 호랑이나 화재의 위험, 반바지만 입고 스노보드를 타면 안 되는 이유와 같이 중요한 것을 저장하려면 쓸데없는 내용은 무시하는 것이 나으니까요.

그렇다고 "날 위해서 수고해 주는 건 정말 고맙긴 한데, 이 책이 아무리 지루하고 재미없고 별 감흥도 없지만 지금 이 내용은 정말 기억해야 한단 말이야"라고 말할 수도 없습니다.

> 휴, 이제 이 지루하고 따분한 책도 629쪽만 더 보면 되겠네.

지금 두뇌는 이게 별로 중요하지 않다고 생각합니다.

우리는 헤드 퍼스트 독자를 '학습자'라고 생각했습니다

뭔가를 배우려면 어떻게 해야 할까요? 우선 어떤 것을 이해한 후 잊어버리지 말아야겠죠. 하지만 지식을 그냥 두뇌 속에 무작정 넣는 방법으로는 제대로 배울 수 없습니다. 인지 과학, 신경생물학, 교육심리학 분야에서의 최근 연구 결과에 따르면 종이 위에 적혀 있는 텍스트만으로는 제대로 학습할 수 없다고 합니다. 헤드 퍼스트는 머리가 쌩쌩하게 돌아가도록 하는 방법을 알고 있습니다.

서버에 있는 메소드를 호출해야 합니다.

doCalc()

리턴값

RMI 원격 서비스

헤드 퍼스트 학습 원리

그림으로 설명합니다. 글에 그림을 곁들이면 기억하기도 좋고, 학습 효과를 향상하는 데도 도움이 됩니다(기억과 전이 분야의 연구에 따르면 최대 89%까지 향상된다고 합니다). 단어를 관련된 그림 안이나 옆에 두면 그림 아래나 그림과 동떨어진 위치에 둘 때보다 내용과 관련된 문제를 2배나 잘 풀 수 있다고 합니다.

추상 메소드는 몸도 없고 너무 불쌍해.

대화체를 사용합니다. 최근의 연구에 따르면 딱딱하고 형식적인 문체보다 사적인 대화를 나누는 듯한 문체로 내용을 설명하면 학습 후 테스트에서 40% 정도 더, 나은 점수를 받을 수 있다고 합니다. 여러분은 친구와 저녁을 먹으며 나눈 대화와 딱딱한 강의 중 어떤 것에 더 집중하나요?

더 깊이 생각할 수 있도록 만듭니다. 뉴런을 활발하게 사용하지 않으면 머릿속에서 그리 특별한 일이 일어나지 않습니다. 독자가 문제를 풀고, 결과를 유추하고, 새로운 지식을 만들어 낼 수 있도록 동기, 흥미, 호기심, 사기를 불어넣을 수 있어야 합니다. 그렇게 하려면 뭔가 도전 의식을 고취할 만한 연습문제와 질문으로 양쪽 두뇌를 모두 써야 하는 활동을 제공해야 합니다.

"욕조는 욕실이다"라고 할 수 있을까요? 욕조와 욕실은 "A가 B에 있다"라는 관계가 성립할까요?

주의를 기울이게 만듭니다. 아마도 대다수의 독자가 "아, 이거 꼭 해야 하는데 한 쪽만 봐도 졸려 죽겠네"라고 생각해 봤을 겁니다. 사람의 두뇌는 언제나 일상적이지 않은 것, 재미있는 것, 특이한 것, 눈길을 끄는 것, 예기치 못한 것에 주의를 기울입니다. 어렵고 기술적인 내용을 배우는 일이 반드시 지루할 필요는 없습니다. 오히려 지루하지 않아야 새로운 내용을 빠르게 받아들입니다.

감성을 자극합니다. 내용이 얼마나 감성을 자극하는지에 따라 기억되는 정도가 크게 달라집니다. 자신이 좋아하거나 관심 있는 것은 쉽게 기억합니다. 뭔가를 느낄 수 있으면 쉽게 기억합니다. 뭐 그렇다고 소년과 강아지 사이의 가슴 뭉클한 사연 같은 것을 말하는 것은 아닙니다. 퍼즐을 풀어내거나 남들이 모두 어렵다고 생각하는 것을 알았을 때, 놀라움, 호기심, 재미, '오 이럴 수가!', 아니면 '내가 해냈어!'와 같은 감정을 느낄 때 더 잘 배울 수 있습니다.

메타인지: 생각에 관한 생각

정말로 빨리 더 자세하게 배우고 싶다면 여러분이 어떤 식으로 주의를 기울이는 지에 주의를 기울이고, 생각하는 방법을 생각하고, 배우는 방법을 배워야 합니다. 메타인지나 교육 이론을 배운 독자는 그리 많지 않을 겁니다. 뭔가를 배워야 해서 배웠지만, 정작 배우는 방법을 배우지는 못한 거죠.

일단 이 책의 독자라면 디자인 패턴을 배우고 싶어서 읽고 있겠죠? 그리고 가능하면 짧은 시간 안에 배우고 싶겠죠? 이 책을 볼 때 최대한 많은 것을 얻으려면 두뇌가 그 내용에만 집중하도록 해야 합니다.

그렇게 하려면 여러분의 두뇌가 새로 배우는 내용을 굶주린 호랑이만큼이나 중요하다고 생각하게 해야 합니다. 그렇지 않으면 그 내용을 배우지 않으려는 두뇌와 끊임없이 싸우면서 시간을 낭비해야 합니다.

어떻게 해야 두뇌에서 디자인 패턴을 호랑이만큼 중요한 것으로 생각할까요?

느리고 지루한 방법도 있고 빠르고 효율적인 방법도 있습니다. 느린 방법은 반복하는 것입니다. 같은 내용을 계속 반복해서 주입하면 아무리 재미없는 내용이라도 배우고 기억할 수 있습니다. 충분히 여러 번 반복해서 보면 두뇌는 "사실 별로 중요한 것 같진 않지만 똑같은 걸 계속해서 보고 있으니 일단 기억은 해 주자"라고 생각하죠.

빠른 방법은 두뇌 활동, 그중에서도 **서로 다른 유형의 두뇌 활동을 증가시키는 방법을 사용하는 것입니다.** 앞쪽에 있는 내용은 모두 두뇌 활동을 증가시키는 방법이며 학습 과정에 도움이 된다고 밝혀진 방법입니다. 예를 들어 어떤 단어를 설명하는 그림 안에 그 단어를 넣어두면 그 단어와 그림 사이의 관계를 이해하려고 두뇌가 활발하게 움직이면서 더 많은 뉴런이 활성화됩니다. 더 많은 뉴런이 활성화되면 뇌에서 그 내용을 집중해서 살펴볼 가치가 있다고 생각하게 되고 결국 더 잘 기억하게 되죠.

대화하는 듯한 문체가 더 나은 이유는 보통 대화를 할 때 상대방이 하는 말을 들으면서 이해하려고 노력하기 때문입니다. 그리고 중요한 사실은 그런 대화가 책과 독자 사이의 대화일 때도 우리의 두뇌는 똑같이 반응한다는 점입니다. 하지만 문체가 딱딱하고 재미없으면 수백 명의 학생이 대형 강의실에 앉아서 건성으로 수업을 들을 때와 마찬가지로 학습 효과가 떨어진다고 합니다.

하지만 그림과 대화형 문체는 시작일 뿐입니다.

이 책의 구성 그래서 이 책에서는 이렇게 구성했습니다 ⭐

이 책에는 **그림**이 많습니다. 두뇌는 글보다는 그림에 더 민감하게 반응하기 때문이죠. 두뇌의 반응을 보면 그림 한 장이 1,024개의 단어보다 낫습니다. 그리고 글을 그림에 포함했습니다. 그림 안에 글을 넣었을 때 더 잘 기억할 수 있으니까요.

이 책에서는 같은 내용을 **서로 다른 방법**과 매체로 여러 감각을 거쳐 전달해서 설명한 내용이 머리에 더 쏙쏙 잘 들어갈 수 있도록 구성했습니다. 여러 번 반복하면 그만큼 살 기억할 수 있으니까요.

개념과 그림을 **예상하기 힘든 방식**으로 사용했습니다. 두뇌는 새로운 것을 더 잘 받아들이기 때문입니다. 그림과 개념은 감성을 자극할 수 있도록 구성했습니다. 두뇌는 감성적인 내용을 더 빠르게 받아들이기 때문이죠. 그 감정이 **사소한 유머, 놀라움** 같은 것이라도 말이죠.

이 책에서는 **사적인 대화체**를 사용했습니다. 두뇌는 앉아서 강의를 듣는다고 느낄 때보다 상대방과 대화를 한다고 느낄 때 더 집중하기 때문이죠. 대화체의 책을 읽을 때도 마찬가지입니다.

이 책에는 **90개 이상의 연습문제**가 있습니다. 읽을 때보다 실제로 **어떤 일을 할 때** 더 잘 배우고 더 잘 기억하기 때문입니다. 그리고 문제는 조금 어렵지만 노력하면 풀 수 있는 수준으로 만들었습니다. 꼭 풀어 보기 바랍니다.

그리고 **여러 가지 학습 유형**을 섞어서 사용했습니다. 단계별로 공부하는 쪽을 선호하는 독자도 있지만 큰 그림을 먼저 파악하는 것을 좋아하는 독자도 있고 코드 예제만 보면 된다고 생각하는 독자도 있기 때문입니다. 하지만 어느 것을 더 좋아하든 같은 내용을 여러 방법으로 표현하는 방식은 모든 독자에게 도움이 될 겁니다.

양쪽 뇌를 모두 사용할 수 있는 내용을 담았습니다. 두뇌의 더 많은 부분을 사용할수록 더 많은 것을 배우고 기억할 수 있으며, 더 오랫동안 집중할 수 있기 때문입니다. 한쪽 두뇌를 사용하고 있을 때는 나머지 두뇌는 쉴 수 있으므로 오랫동안 공부할 때도 높은 효율을 유지할 수 있습니다.

여러 관점을 보여 주는 이야기와 연습문제를 담았습니다. 직접 어떤 것을 평가하거나 판단하면 더 깊이 이해할 수 있기 때문입니다.

여러분의 **도전 의식**을 고취시키는 연습문제와 뚜렷한 정답이 없는 질문을 담았습니다. 두뇌는 곰곰이 생각할 때 더 많은 것을 배우고 기억할 수 있기 때문이죠. 하지만 항상 열심히 할 가치가 있는 것만 열심히 할 수 있도록 노력했습니다. 너무 이해하기 힘든 예제를 붙잡고 낑낑대거나 어려운 전문용어만 잔뜩 들어있는 짧막한 문장을 해석하느라 머리가 아픈 일은 없도록 했습니다.

이 책에서는 **여러 사람이 등장**합니다. 두뇌는 사물보다는 사람에게 더 많은 관심을 가지니까요.

80/20 원칙을 사용했습니다. 소프트웨어 설계로 박사학위를 받을 생각이라면 이 책만으로는 안되겠죠. 이 책은 모든 내용을 설명하지 않습니다. 여러분이 실제로 사용할 내용만 설명합니다.

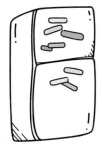

여러분의 두뇌를 정복하는 방법

이제 여러분이 행동할 차례입니다. 여기에 나와 있는 팁에서부터 시작합시다. 여러분의 두뇌에서 어떤 반응을 보이는지 살펴보고 어떤 것이 적절하고 어떤 것이 부적절한지 알아봅시다. 항상 새로운 것을 시도해 보세요.

아래 내용을 오려서 냉장고 문에 붙여 놓으세요.

---

① 천천히 하세요. 더 많이 이해할수록 외워야 할 양은 줄어듭니다.

그냥 무작정 읽지 맙시다. 잠깐씩 쉬면서 생각해 봅시다. 책에 있는 질문을 보고 정답으로 바로 넘어가면 안 됩니다. 누군가 다른 사람이 정말로 질문을 하고 있다고 생각하세요. 더 깊이, 신중하게 생각할수록 더 잘 배우고 기억할 수 있습니다.

② 연습문제를 꼭 풀어 보고 메모를 남깁시다.

연습문제는 여러분을 위해 수록한 것입니다. 그냥 답만 보고 넘어가면 다른 사람이 운동하는 걸 구경하는 것과 마찬가지입니다. 연습문제를 눈으로만 보고 넘어가면 안 됩니다. 반드시 직접 필기구를 들고 문제를 풀어 봅시다. 실제로 배우는 과정에서 몸을 움직이는 것이 배우는 데 도움이 된다고 합니다.

③ 〈무엇이든 물어보세요〉 부분을 반드시 읽어 봅시다.

반드시 모두 읽어 보세요. 그냥 참고자료로 수록한 것이 아니라 이 책의 핵심 내용 중 하나입니다.

④ 잠자리에 들기 전에 마지막으로 이 책을 읽어 봅시다.

학습 과정의 일부(특히 장기 기억으로의 전이 과정)는 책을 놓은 후에 일어납니다. 여러분의 두뇌에서 무언가를 처리하려면 시간이 필요하기 때문이죠. 처리하는 중에 다른 일을 하면 새로 배운 내용을 잊어버릴 가능성이 높아집니다.

⑤ 물을 많이 마십시다.

머리가 잘 돌아가려면 물이 많이 필요합니다. 수분이 부족하면 (목이 마르다는 느낌이 들면 수분이 부족한 것입니다) 인지 기능이 떨어집니다.

⑥ 배운 내용을 얘기해 봅시다.

소리 내어 말하면 읽기만 할 때와는 다른 두뇌 부분이 활성화됩니다. 뭔가를 이해하거나 나중에 더 잘 기억하고 싶다면 크게 소리를 내어 말해 보세요. 다른 사람에게 설명하면 더 좋습니다. 더 빠르게 배울 수 있으며 책을 읽는 동안에는 몰랐던 것도 생각할 수 있습니다.

⑦ 두뇌의 반응에 귀를 기울여 봅시다.

여러분의 두뇌가 너무 힘들어하고 있지는 않은지 관심을 가져 봅시다. 대강 훑어보고 있거나 방금 읽은 내용을 바로 잊어버린다는 느낌이 들면 잠시 쉬는 것이 좋습니다. 일단 어느 정도 공부하고 나면 무조건 파고든다고 해서 더 빨리 배울 수 있는 것은 아닙니다. 오히려 공부하는 데 방해가 될 수도 있습니다.

⑧ 뭔가를 느껴 봅시다.

여러분의 두뇌에서 지금 공부하고 있는 것이 중요하다고 느낄 수 있어야 합니다. 책 속에 나와 있는 이야기에 몰입해 보고 책에 나와 있는 사진에 직접 제목을 붙여 봅시다. 아무것도 느끼지 않는 것보다는 썰렁한 농담을 보고 비웃기라도 하는 편이 낫습니다.

⑨ 직접 디자인해 봅시다.

여러분의 디자인에 새로운 것을 적용해 보거나 기존 프로젝트를 리팩터링해 봅시다. 이 책에 나와 있는 연습문제 같은 것 외에 뭔가 경험이 될 수 있는 것이라면 뭐든지 좋습니다. 여러분에게 필요한 것은 연필과 해결해야 할 문제뿐입니다. 물론 디자인 패턴을 적용해서 해결하기 좋은 문제여야겠죠.

일러두기

이 책은 참고서가 아니라 학습서입니다. 그래서 내용 설명에 방해될 만한 부분은 최대한 생략했습니다. 그리고 이 책은 앞에서 배운 내용을 알아야만 뒷부분 내용을 이해할 수 있는 구성으로 되어 있습니다. 적어도 처음 읽을 때는 맨 앞부터 순서대로 읽어야 합니다.

UML을 단순하게 만든 도표를 사용합니다.

이 책을 읽을 때 UML은 몰라도 됩니다. 그러니 UML을 배워야 한다는 강박관념에 시달릴 필요는 없습니다. 이 책에서는 최대한 UML에 맞는 형식을 쓰려고 노력하긴 했지만, 상황에 따라서 UML을 적당히 고친 다이어그램을 사용했습니다.

단순화한 UML 다이어그램을 사용했습니다.

```
       Director
getMovies
getOscars()
getKevinBaconDegrees()
```

이 세상의 모든 디자인 패턴을 다루진 않습니다.

디자인 패턴에는 오리지널 파운데이션 패턴(GoF 패턴), J2EE 패턴, JSP 패턴, 아키텍처 패턴, 게임 디자인 패턴을 비롯한 수많은 종류가 있습니다. 하지만 모든 패턴을 수록하면 책이 무척 두꺼워지기에 이 책에서는 오리지널 GoF 패턴 중 몇 가지 핵심 패턴만을 다룹니다. 대신 패턴을 언제, 어떻게 사용해야 할지를 진짜 확실히 이해할 수 있도록 구성했습니다. (그리 사용할 가능성이 높지 않은) 몇 가지 패턴은 14장에서 간략히 다룹니다. 일단 이 책을 다 읽고 나면 어떤 패턴을 배우든 금방 이해하고 코드에 적용할 수 있을 것입니다.

연습문제는 꼭 풀어야 합니다.

연습문제와 직접 해 보라는 부분은 그냥 장식품이 아닙니다. 엄연히 이 책의 일부분입니다. 암기나 이해를 도우려고 만든 부분도 있고 배운 내용의 응용을 도우려고 만든 부분도 있습니다. 연습문제는 절대로 건너뛰지 맙시다. <낱말 퀴즈>는 꼭 풀어 볼 필요는 없지만, 용어나 단어를 다른 관점에서 생각해 보는 좋은 기회가 될 겁니다.

**여기에서 '구성'이라는 단어는 UML에서 쓰이는 엄격한 의미가 아닌,
일반적인 객체지향 개념에서 쓰이는 용어로 생각하면 됩니다.**

어떤 객체가 "다른 객체와 구성 관계에 있다"라고 할 때 구성은 'A에 B가 들어있는' 관계를 뜻합니다. 이는 구성(composition)을 전통적인 뜻으로 사용한 것으로, GoF 교재(GoF 교재가 뭔지는 13장에서 배웁니다)에서도 그런 의미로 쓰이고 있습니다. 최근에는 UML에서 구성을 몇 가지 유형으로 다시 정리했습니다. 하지만 UML 전문가라고 하더라도 이 책을 읽는 데 큰 어려움은 없을 것입니다. 여러분이 알고 있는 더 자세한 용어로 어렵지 않게 바꿔서 생각할 수 있을 테니까요.

중요한 내용은 일부러 반복해서 설명합니다.

헤드 퍼스트 시리즈가 다른 책들과 특히 다른 점은 여러분이 제대로 알고 넘어가도록 만들었다는 데 있습니다. 이 책을 다 읽었을 때 배운 내용을 최대한 많이 기억할 수 있어야 합니다. 참고서는 독자들이 확실히 기억하는 것을 주된 목표로 만들어진 것은 아닙니다. 하지만 헤드 퍼스트 시리즈는 학습을 목적에 둔 책이므로 같은 개념이 여러 번 나옵니다.

예제 코드는 최대한 간단하게 만들었습니다.

코드가 200줄이 넘는데 그중에서 꼭 읽어 봐야 하는 내용이 2줄밖에 안 되면 짜증 나겠죠? 이 책에 나와 있는 예제는 최소한의 코드만 수록했습니다. 그래야 그때 그때 배우고 있는 내용을 확실하게 이해할 수 있으니까요. 그러다 보니 이 책에 나와 있는 코드는 자세하지도 완벽하지도 않습니다.

Import 선언문을 생략해 놓은 코드도 일부 있습니다. 하지만 자바 프로그래머라면 ArrayList는 java, util에 있다는 정도는 잘 알고 있으리라고 생각합니다. J2SE API에 있지 않은 것을 사용할 때는 import 선언문을 써야 한다고 꼭 언급하고 넘어가겠습니다. 이 책에 나온 모든 코드는 웹 사이트에서 내려받을 수 있습니다. www.hanbit.co.kr/src/10526 또는 wickedlysmart.com/head-first-design-patterns을 참조하기 바랍니다.

그리고 학습에 주안점을 두다 보니 클래스를 패키지에 넣지 않았습니다(즉 모든 클래스가 자바 기본 패키지에 들어갑니다). 하지만 실전에서는 이렇게 하지 맙시다. 웹 사이트에서 내려받을 수 있는 이 책의 예제 코드에는 클래스를 패키지 안에 넣어 두었습니다.

〈뇌 단련〉 연습문제에는 정답이 없습니다.

어떤 문제에는 아예 정답이 없습니다. 어떤 문제에서는 여러분이 상황에 따라 결론을 내리고, 그 결론이 맞는지 다시 고민해 봐야 합니다. 〈뇌 단련〉 연습문제 중에는 올바른 방향을 알려 주는 힌트가 들어있는 것도 있습니다.

테크니컬 리뷰어

발렌틴 크레타즈(Valentin Crettag)

바니 마리스피니(Barney Marispini)

제프 컴프스(Jef Cumps)

아이크 반 아타
(Ike Van Atta)

HFDP 익스트림
리뷰팀의 겁없는 리더

요하네스 드종(Johannes deJong)

제이슨 메나드(Jason Menard)

당신의 실력, 열정, 그리고
독자를 배려하는 마음은 언제까지나
우리에게 큰 힘이 될 것입니다.

더크 슈렉만
(Dirk Schreckmann)

故 필립 매퀏
(Philippe Maquet, 1960~2004)

마크 스프리츨러
(Mark Spritzler)

개정판

줄리안 세티아완(Julian Setiawan)

조지 하이네만(George Heineman)

↖ 개정판 리뷰어 중 MVP!

데이비드 파워즈(David Powers)

트리샤 지(Trisha Gee)

감사의 글

초판

오라일리 출판사

이 모든 것을 시작했고, 헤드 퍼스트 시리즈가 자리 잡기까지 도움을 아끼지 않은 마이크 루키데스에게 가장 먼저 감사드리고 싶습니다. 그리고 헤드 퍼스트 시리즈를 후원해 준 팀 오라일리에도 감사드립니다. 헤드 퍼스트 시리즈의 어머니라고 할 수 있는 카일 하트, 인디자인의 왕 론 빌로도, 훌륭한 표지를 만들어 준 엘리 폴크하우젠, 제작 과정을 섬세하게 이끌어 준 멜라니 야브로우, 열심히 교열해 준 콜린 고먼과 레이첼 모나간, 찾아보기를 크게 개선한 밥 팔러에게도 감사의 마음을 전합니다. 마지막으로 이 책을 지휘하고 팀을 꾸려 준 마이크 헨드릭슨과 메간 블란쳇에게도 감사드립니다.

리뷰어

테크니컬 리뷰 팀장으로 활동해 준 요하네스 드종에게 무한한 감사를 표합니다. 당신은 우리의 영웅이에요. 자바랜치 리뷰팀의 공동 매니저였던 고 필립 매큇에게도 정말 감사드립니다. 당신은 수많은 개발자의 인생을 밝혀 주었습니다. 개발자들과 저희에게 당신의 영향력이 평생 남을 것입니다.

제프 컴프스는 우리가 작성한 원고의 문제점을 정말 잘 찾아 주었습니다. 덕분에 이 책이 더 나아졌습니다. 고마워요, 제프. 헤드 퍼스트 시리즈의 첫 번째 책부터 우리와 함께 했던 발렌틴 크레타즈는 전문성과 영감의 중요성을 우리에게 일깨워 주었습니다. 발렌틴은 정말 최고예요(근데 그 넥타이는 이제 좀 그만 매요).

헤드 퍼스트 리뷰팀에 새로 들어온 바니 마리스피니와 아이크 반 아타도 정말 큰 도움을 주었습니다. 결정적인 피드백을 제공해 줬죠. 우리 팀에 들어와 준 것을 고맙게 생각하고 있습니다.

자바랜치의 모더레이터와 죽돌이들에게서도 많은 도움을 받았습니다. 마크 스프리즐러, 제이슨 메나드, 더크 슈렉만, 토마스 폴, 마가리타 이사예바, 모두 고마워요. 그리고 언제나 그랬듯이 javaranch.com의 트레일 보시인 폴 휘튼에게도 특히 감사를 표합니다.

자바랜치의 <헤드 퍼스트 디자인 패턴 표지 고르기> 콘테스트 최종 후보분들께도 감사드립니다. 당선자인 시 브루스터의 글이 표지 사진을 고르는 데 큰 도움이 되었습니다. 최종 후보에 올랐던 앤드류 에세, 지안 프랑코 카술라, 헬렌 크로스비, 포 텍, 헬렌 토마스, 사티시 코미네니, 제프 피셔에게 감사드립니다.

2014년 내용을 수정할 때 테크니컬 리뷰에 도움을 준 조지 호퍼, 테드 힐, 토드 바토즈키에비츠, 실바인 테니어, 스캇 데이비슨, 케빈 라이언, 리치 워드, 마크 프랜시스 예거, 마크 마시, 글렌 레이, 베이어드 페틀러, 폴 히긴스, 매트 카펜터, 줄리아 윌리엄스, 매트 맥컬로우, 매리 앤 벨라미노에게도 감사의 마음을 전합니다.

개정판

오라일리

먼저 불가능한 일을 가능하게 만들어 준 메리 트레셀러에게 감사드립니다. 영원히 고마워할 거예요. 2판을 만드는 동안 온갖 장애물을 밀어내고 길을 만들어 준 멜리사 더필드와 미셸 크로닌에게도 감사드립니다. 레이첼 모나간이 열심히 교열해 줘서 이 책이 더욱 빛납니다. 크리스텐 브라운은 전자책과 종이책 모두를 아름답게 가꿔 주었습니다. 마법처럼 멋진 표지를 만들어 준 엘리 폴크하우젠에게도 감사의 마음을 전합니다. 모두 고맙습니다!

개정판 리뷰어

15년이라는 시간이 지나갔는데도 일을 맡아 준 개정판 리뷰어들에게 감사드립니다. 데이비드 파워즈처럼 사소한 것도 그냥 지나치지 않는 리뷰어는 찾기 힘듭니다(다른 책 준비하시는 분들! 데이비드에게 리뷰어 맡기는 건 꿈도 꾸지 마세요! 우리 사람입니다!). 조지 하이네만은 수많은 코멘트와 다양한 제안, 피드백으로 개정판의 테크니컬 리뷰어 중 MVP에 등극했습니다. 자바 관련 어이 없는 실수를 미리 잡아내 준 트리샤 지와 줄리안 세티아완에게도 감사드립니다.

더욱 더 고마운 분들

(휴가를 가서도) 원고를 꼼꼼하게 검토해 준 에릭 감마에게 각별한 감사의 마음을 전합니다. 당신이 이 책에 쏟아 준 관심이 우리에겐 큰 힘이 되었고, 세심한 테크니컬 리뷰 덕분에 훨씬 더 나아질 수 있었습니다. 이 책을 지원하고, 관심을 쏟아 주고, 객체마을에 특별 출연해 준 GoF에게 감사드립니다. 이 책을 만들 때 도움이 된 포틀랜드 패턴 저장소를 만들어준 워드 커닝햄과 패턴 커뮤니티에도 큰 빚을 졌습니다.

마이크 루키데스, 마이크 헨드릭슨, 메간 블란쳇에게도 감사의 마음을 전합니다. 마이크 루키데스는 우리가 지나온 모든 길을 함께 했습니다. 당신의 피드백과 응원이 없었으면 이런 책을 만들어 내지 못했을 겁니다. 마이크 헨드릭슨은 우리가 이 책을 개정하는 5년이라는 긴 시간 동안 참고 인내해 주었습니다. 덕분에 결국 해낼 수 있었기에 정말 행복합니다.

이런 기술서를 만들려면 수많은 사람의 도움이 필요합니다. 싱글턴 전문가로서 조언해 준 빌 퓨와 켄 아놀드에게 감사드립니다. 스윙 관련 팁을 알려준 조슈아 마리나치에게도 감사드립니다. "Why a Duck?"이라는 글로 <SimUDuck>의 영감을 제공한 존 브류어에게도 감사의 마음을 전합니다. 작은 싱글턴 예제의 영감을 준 댄 프리드먼에게도 감사를 전하고 싶습니다. 다니엘 스타인버그는 우리에게 기술과 감성 양면에 있어서 큰 도움이 되었습니다. MVC 노래를 쓸 수 있게 해 준 제임스 뎀프시에게도 감사드립니다. 개정판의 코드가 자바 8에도 잘 돌아가는지 확인해 준 리처드 워버튼에게도 감사의 마음을 전합니다.

마지막으로 최고의 리뷰와 온정 가득한 후원을 아끼지 않은 자바랜치 리뷰팀에게 감사드립니다. 여러분의 도움이 없었다면 이 책을 내지 못했을 거예요.

헤드 퍼스트 시리즈의 책을 만드는 일은 케이시 시에라와 버트 베이츠라는 위대한 가이드 없이는 할 수 없는 일입니다. 케이시와 버트 덕분에 책을 만드는 것과 관련된 온갖 일에서 벗어나 온전히 독자만을 위한 이야기, 교육이론, 인지과학, 팝 문화 등으로 가득한 세상에 빠져들 수 있었습니다.

디자인 패턴의 세계로 떠나기

디자인 패턴 소개와 전략 패턴

이제 객체마을에 살고 있으니
디자인 패턴을 시작해 봐야겠어.
우리도 베리네 집에서 모이는
패턴 그룹에서 인기를
끌 수 있을 거야.

─── 누군가가 이미 여러분의 문제를 해결해 놓았습니다 ───

1장에서는 다른 개발자가 여러분과 똑같은 문제를 경험하고 해결하면서 익혔던 지혜와 교훈을 살펴보고, 그것을 어떻게 활용할 수 있는지를 배웁니다. 우선 디자인 패턴의 활용 분야와 디자인 패턴으로 얻을 수 있는 장점을 알아봅니다. 그리고 몇 가지 핵심적인 객체지향 디자인 원칙을 살펴본 후, 한 가지 패턴을 정해 디자인 원칙이 어떤 식으로 작동하는지 알아보겠습니다. 패턴을 잘 사용하려면 패턴을 머릿속에 집어넣은 다음 애플리케이션에 어떻게 적용할지를 파악해야 합니다. 디자인 패턴은 코드가 아닌 경험을 재사용하는 것이니까요.

오리 시뮬레이션 게임, SimUduck

문제는 간단한 SimUduck에서 시작되었습니다 ☆

조는 SimUDuck이라는 오리 시뮬레이션 게임을 만드는 회사에 다니고 있습니다. 이 게임에는 헤엄도 치고 꽥꽥 소리도 내는 매우 다양한 오리가 등장합니다.

이 시스템을 처음 디자인한 사람은 표준 객체지향 기법을 사용하여 Duck 이라는 슈퍼클래스를 만든 다음, 그 클래스를 확장해서 서로 나른 종류의 오리를 만들었습니다.

정말 실감 나지 않나요? 누가 보면 사진인 줄 알겠어요.

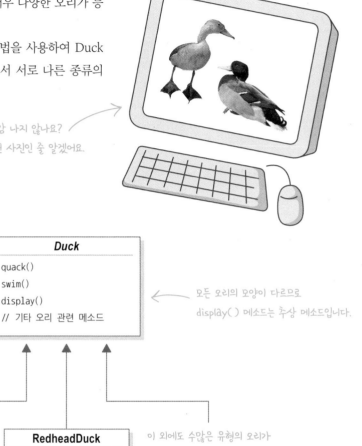

*모든 오리가 꽥꽥 소리를 낼 수 있고 (quack())
헤엄을 칠 수 있으므로 (swim())
슈퍼클래스로 작성합니다.*

Duck

---
quack()
swim()
display()
// 기타 오리 관련 메소드

*모든 오리의 모양이 다르므로
display() 메소드는 추상 메소드입니다.*

*형식별로 고유한 모양을
화면에 보여 주는
display() 메소드를
별도로 구현합니다.*

MallardDuck

---
display() {
// 적당한 모양을 표시 }

RedheadDuck

---
display() {
// 적당한 모양을 표시 }

*이 외에도 수많은 유형의 오리가
Duck 클래스로부터 상속을 받습니다.*

작년부터 다른 경쟁사로부터 심한 압박을 받고 있습니다.
회사 임원진은 골프장에서 회동한 뒤,
대규모 혁신이 필요하다고 결론을 내립니다. 다음 주, 마우이에서
열릴 주주총회 때 정말 인상적인 무언가를 보여 줘야만 하기 때문이죠.

오리 시뮬레이션 게임 차별화하기

이제 오리들이 날아다닐 수 있도록 해야 합니다 ☆

회사 임원진은 다른 오리 시뮬레이션 게임 회사들을 한 방에 날려버리려면 오리가 날 수 있어야 한다는 결정을 내렸습니다. 그리고 조의 직장 상사는 임원진에게 일주일 정도면 조가 뭔가 만드는 데 충분한 시간이라고 얘기하며, 이렇게 덧붙입니다. "객체지향 프로그래머한테 오리를 날게 하는 일쯤이야 무슨 대수겠습니까?"

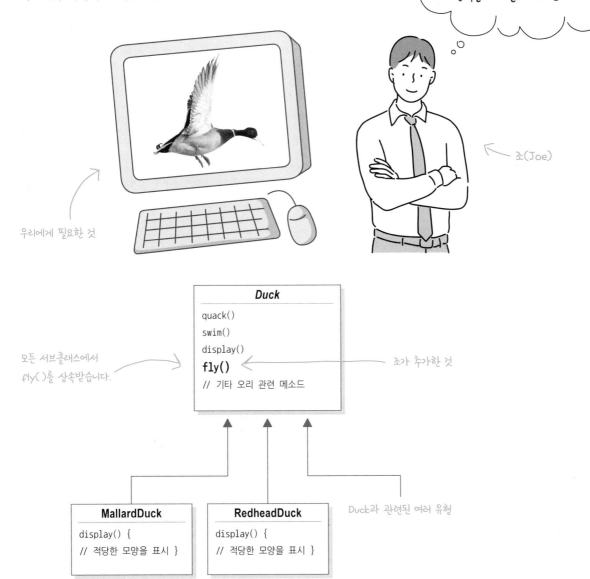

Duck 클래스에 fly() 메소드만 추가하면 모든 오리가 그걸 상속받겠지. 나의 천재적인 객체지향 프로그래밍 능력을 보여 줄 때가 된 거야.

조(Joe)

우리에게 필요한 것

Duck

quack()
swim()
display()
fly()
// 기타 오리 관련 메소드

모든 서브클래스에서 fly()를 상속받습니다.

조가 추가한 것

MallardDuck

display() {
// 적당한 모양을 표시 }

RedheadDuck

display() {
// 적당한 모양을 표시 }

Duck과 관련된 여러 유형

경고! 심각한 문제 발생

뭔가 문제가 생겼나 봅니다!

조, 지금 주주총회에서 데모를 돌렸더니 화면에 고무 오리들이 막 날아다니던데, 혹시 재미있으라고 이렇게 한 건가요?

무슨 일이 생겼나요?

조는 Duck의 몇몇 서브클래스만 날아야 한다는 사실을 깜빡했습니다. Duck이라는 슈퍼클래스에 fly() 메소드를 추가하면서 일부 서브클래스에 적합하지 않은 행동이 추가된 것이죠. SimUDuck에 동물도 아닌 것이 날아다니는 불상사가 생기고 말았습니다.

코드의 일부분만 고쳤는데, 프로그램 전체에 고무 오리가 날아다니는 오류가 발생했습니다.

디자인에 사소한 결함이 있었군. 그냥 일종의 특수 기능이라고 생각하면 안 되나? 내가 보기에는 귀여운데...

코드를 재사용한다는 점에서 상속을 기가 막히게 활용했다고 생각했는데 유지보수를 생각하면 별로 안 좋아 보이네요.

```
            Duck
─────────────────────────
quack()
swim()
display()
fly()
// 기타 오리 관련 메소드
```

슈퍼클래스에 fly() 메소드를 넣은 결과, 날아다니면 안 되는 오리에게도 날아다니는 기능이 추가됐습니다.

```
      MallardDuck
─────────────────────────
display() {
// 적당한 모양을 표시
}
```

```
      RedheadDuck
─────────────────────────
display() {
// 적당한 모양을 표시
}
```

```
      RubberDuck
─────────────────────────
quack() {
// 소리를 내도록 오버라이드
}
display() {
// 적당한 모양을 표시
}
```

고무 오리는 꽥꽥 소리를 내지 않으므로 '삑삑' 소리를 내도록 quack()을 오버라이드 했습니다.

상속을 생각하기 조는 상속을 생각해 봅니다 ⭐

> quack() 메소드에서 이미 했던 것처럼 fly() 메소드도 그냥 오버라이드하면 되는 거였잖아.

RubberDuck

```
quack() { // 삑삑 }
display() { // 고무 오리 }
fly() {
// 아무것도 하지 않도록 오버라이드
}
```

> 프로그램에 나무로 된 가짜 오리를 추가하려면 어떻게 하지? 날 수도 소리 낼 수도 없어야 할 텐데…

새로운 클래스를 추가했습니다.
RubberDuck과 마찬가지로
날 수 없는 데다가
아무 소리도 내지 못합니다.

DecoyDuck

```
quack() {
// 아무것도 하지 않도록 오버라이드
}

display() { // 가짜 오리 }

fly() {
// 아무것도 하지 않도록 오버라이드
}
```

쓰면서 제대로 공부하기

정답 071쪽

다음 중 Duck의 행동을 상속할 때 단점이 될 수 있는 요소를 모두 고르시오.

☐ **A.** 서브클래스에서 코드가 중복된다.

☐ **B.** 실행 시에 특징을 바꾸기 힘들다.

☐ **C.** 오리가 춤추게 만들 수 없다.

☐ **D.** 모든 오리의 행동을 알기 힘들다.

☐ **E.** 오리가 날면서 동시에 꽥꽥거릴 수 없다.

☐ **F.** 코드를 변경했을 때 다른 오리들에게 원치 않은 영향을 끼칠 수 있다.

인터페이스 설계하기

상속은 올바른 해결책이 아닙니다! ★

조는 상속이 옳은 방법이 아니라는 사실을 깨달았습니다. 임원진이 앞으로 6개월마다 제품을 업데이트하기로 결정했다는 쪽지를 조금 전에 받았거든요(구체적인 방법은 아직 결정되지 않았답니다). 앞으로 규격이 계속 바뀔 거라는 사실은 불 보듯 훤합니다. 상속을 계속 활용한다면 규격이 바뀔 때마다 프로그램에 추가했던 Duck의 서브클래스 fly()와 quack() 메소드를 일일이 살펴보고 상황에 따라 오버라이드해야 합니다. 그것도 영원히 반복해서 말이죠.

이런 이유로 조는 특정 형식의 오리만 날거나 꽥꽥거릴 수 있도록 하는 더 깔끔한 방법을 찾아야 합니다.

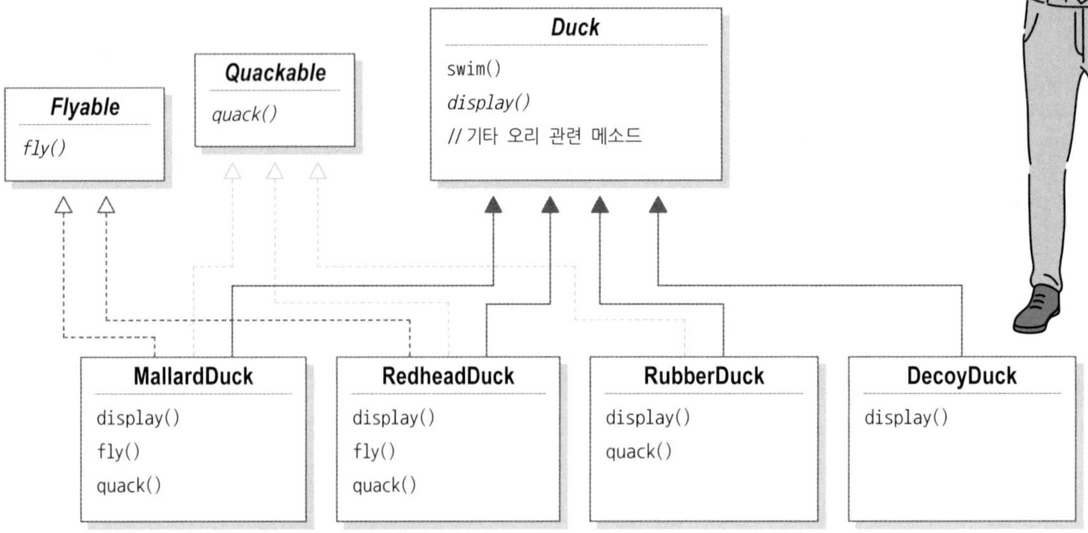

> fly()를 Duck 슈퍼클래스에서 빼고 fly() 메소드가 들어있는 Flyable 인터페이스를 만들 수도 있죠. 이렇게 하면 날 수 있는 오리에게만 그 인터페이스를 구현해서 fly() 메소드를 넣을 수 있겠죠. 모든 오리가 꽥꽥거리는 건 아니니까 Quackable이라는 인터페이스도 같이 만들면 좋겠네요.

Flyable

fly()

Quackable

quack()

Duck

swim()
display()
// 기타 오리 관련 메소드

MallardDuck

display()
fly()
quack()

RedheadDuck

display()
fly()
quack()

RubberDuck

display()
quack()

DecoyDuck

display()

여러분은 이런 디자인을 어떻게 생각하세요?

이건 지금까지 나왔던 아이디어 가운데 제일 바보 같은 아이디어군요. 코드 중복은 생각 못 했나요? 메소드 몇 개를 오버라이드하는 게 싫어서 이런 아이디어를 낸 것 같은데, 혹시 날아가는 동작을 조금 바꾸기 위해 Duck의 서브클래스에서 날아다닐 수 있는 48개의 코드를 전부 고쳐야 하는 건 생각 안 해 보셨나요?

해결 방법 고민하기 조아 같은 상황이라면 어떻게 하겠습니까? ☆

모든 서브클래스에 날거나 꽥꽥거리는 기능이 있어야 하는 것은 아니므로 상속이 올바른 방법은 아닙니다. 서브클래스에서 Flyable, Quackable을 구현해서 (고무 오리가 날아다니는 것과 같은) 일부 문제점은 해결할 수 있지만, 코드를 재사용하지 않으므로 코드 관리에 커다란 문제가 생깁니다. 물론 날 수 있는 오리 중에서도 날아다니는 방식이 서로 다를 수 있다는 문제도 포함해서 말이죠.

이쯤 되면 디자인 패턴이 백마 탄 왕자처럼 와서 여러분을 구해 줄 수 있지 않을까 하고 생각하는 독자도 있겠죠. 하지만 그러면 좀 재미가 없죠. 일단은 구식이긴 하지만 좋은 객체지향 소프트웨어 디자인 원칙을 적용하는 방법으로 해법을 찾아보죠.

소프트웨어를 고칠 때 기존 코드에 미치는 영향을 최소한으로 줄이면서 작업할 수 있는 방법이 있다면 정말 행복하지 않을까요? 코드 작업을 다시 하는 시간을 줄여 더 좋은 프로그램을 만드는 데 많은 시간을 투자할 수 있을 테니까요.

소프트웨어 개발 불변의 진리

소프트웨어 개발에서 절대로 바뀌지 않는 진리는 무엇일까요?
어디에서든 어떤 프로그래밍 언어를 쓰든 무엇을 만들든 항상 여러분을 따라다니는 진리는
무엇일까요?

(거울에 비춰 보면 답을 찾을 수 있습니다)

아무리 디자인을 잘한 애플리케이션이라도 시간이 지남에 따라 변화하고 성장해야 합니다.
그렇지 않으면 그 애플리케이션은 죽고 맙니다.

쓰면서 제대로 공부하기

정답 071쪽

변화의 원인은 수없이 많습니다. 여러분이 애플리케이션을 만드는 과정에서 코드를 바꿔야 했던 이유를 적어 보세요(일단 2가지 이유
를 적어 놓았습니다).

① 고객이나 사용자가 다른 것을 요구하거나 새로운 기능을 원할 때

② 회사에서 데이터베이스 종류를 바꾸고 데이터도 전과 다른 데서 구입하기로 했는데, 그게 지금 사용하는 데이터 포맷과 완전히 다른 경우.
   생각만 해도 골치 아프네요.

③ _____

④ _____

⑤ _____

⑥ _____

⑦ _____

문제를 명확하게 파악하기

상속이 그리 성공적인 해결책이 아니라는 사실은 이제 확실히 알고 있습니다. 서브클래스마다 오리의 행동이 바뀔 수 있는데도 모든 서브클래스에서 한 가지 행동만 사용하도록 하는 것은 그리 올바르지 못하니까요. Flyable과 Quackable 인터페이스를 사용하는 방법(진짜 날 수 있는 오리들만 Flyable을 구현하는 등의 방법)은 괜찮아 보였습니다. 하지만 자바 인터페이스에는 구현된 코드가 없으므로 코드를 재사용할 수 없다는 문제점이 있습니다. 즉 한 가지 행동을 바꿀 때마다 그 행동이 정의되어 있는 서로 다른 서브클래스를 전부 찾아서 코드를 일일이 고쳐야 하고, 그 과정에서 새로운 버그가 생길 가능성도 있습니다. 하지만 바로 이 상황에서 딱 어울릴 만한 디자인 원칙이 있습니다.

디자인 원칙

애플리케이션에서 달라지는 부분을 찾아내고,
달라지지 않는 부분과 분리한다.

여러 디자인 원칙 가운데 첫 번째 원칙입니다.
앞으로 이 원칙을 적용하는 데 많은 시간을 쏟을 것입니다.

달라지는 부분을 찾아서 나머지 코드에
영향을 주지 않도록 '캡슐화'합니다.

그러면 코드를 변경하는 과정에서
의도치 않게 발생하는 일을 줄이면서
시스템의 유연성을 향상시킬 수 있습니다.

다시 말해 코드에 새로운 요구 사항이 있을 때마다 바뀌는 부분이 있다면 분리해야 합니다.
이 원칙은 다음과 같이 생각할 수도 있습니다.

**"바뀌는 부분은 따로 뽑아서 캡슐화한다. 그러면 나중에 바뀌지 않는 부분에는 영향
을 미치지 않고 그 부분만 고치거나 확장할 수 있다."**

이 개념은 매우 간단하지만 다른 모든 디자인 패턴의 기반을 이루는 원칙입니다. 모든 패턴은
'시스템의 일부분을 다른 부분과 독립적으로 변화시킬 수 있는' 방법을 제공하니까요.
자, 그럼 이제 오리들의 행동을 Duck 클래스에서 뽑아 볼까요?

바뀌는 부분과 그렇지 않은 부분 분리하기 변화하는 부분을 뽑아냅시다 ☆

어디에서 시작해야 할까요? fly()와 quack() 문제를 제외하면 Duck 클래스는 잘 작동하고 있으며, 나머지 부분은 자주 달라지거나 바뀌지 않습니다. 그러니 몇 가지 자잘한 변경이 필요하지만 Duck 클래스는 그대로 두는 게 좋습니다.

이제 '변화하는 부분과 그대로 있는 부분'을 분리하려면 (Duck 클레스와는 완전히 별개로) 2개의 클래스 집합(set)을 만들어야 합니다. 하나는 나는 것과 관련된 부분이고, 다른 하나는 꽥꽥거리는 것과 관련된 부분이죠. 각 클래스 집합에는 각각의 행동을 구현한 것을 전부 집어넣습니다. 예를 들어 꽥꽥거리는 행동을 구현하는 클래스를 만들고, 삑삑거리는 행동을 구현하는 클래스를 만들고, 아무 소리도 내지 않는 행동을 구현하는 클래스를 만드는 식으로 말이죠.

fly()와 quack()은 Duck 클래스에 있는 오리 종류에 따라 달라지는 부분입니다.
fly()와 quack()을 Duck 클래스로부터 분리하려면 2개의 메소드를 모두
Duck 클래스에서 끄집어내서 각 행동을 나타낼 클래스 집합을 새로 만들어야 합니다.

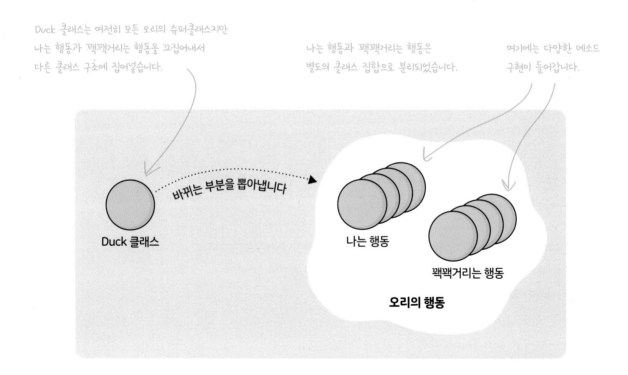

오리의 행동을 디자인하는 방법

나는 행동과 꽥꽥거리는 행동을 구현하는 클래스 집합은 어떻게 디자인해야 할까요?

우선 최대한 유연하게 만드는 것이 좋겠죠? 애초에 이런 문제에 말려든 게 오리의 행동과 관련된 유연성 때문이었으니까요. 그리고 Duck의 인스턴스에 행동을 할당할 수 있어야 합니다. 예를 들어 MallardDuck 인스턴스를 새로 만들고 특정 형식의 나는 행동으로 초기화하는 방법도 생각해 볼 수 있습니다. 그리고 오리의 행동을 동적으로 바꿀 수 있으면 더 좋겠죠? 즉, Duck 클래스에 행동과 관련된 세터(setter) 메소드를 포함해서 프로그램 실행 중에도 MallardDuck의 나는 행동을 바꿀 수 있으면 좋습니다.

일단 이렇게 목표를 정해 놓고 두 번째 디자인 원칙을 살펴봅시다.

디자인 원칙
구현보다는 인터페이스에 맞춰서 프로그래밍한다.

각 행동은 인터페이스(예: FlyBehavior, QuackBehavior)로 표현하고 이런 인터페이스를 사용해서 행동을 구현하겠습니다. 나는 행동과 꽥꽥거리는 행동은 이제 Duck 클래스에서 구현하지 않습니다. 대신 특정 행동('삑삑 소리 내기'와 같은 행동)만을 목적으로 하는 클래스의 집합을 만들겠습니다. 행동(behavior) 인터페이스는 Duck 클래스가 아니라 방금 설명한 행동 클래스에서 구현합니다.

이 방법은 지금까지 썼던 행동을 Duck 클래스에서 구체적으로 구현하거나 서브클래스 자체에서 별도로 구현하는 방법과는 상반된 방법입니다. 전에 썼던 방법은 항상 특정 구현에 의존했기에 (코드를 추가하지 않는 이상) 행동을 변경할 여지가 없었죠. 새로운 디자인을 사용하면 Duck 서브클래스는 인터페이스(FlyBehavior나 QuackBehavior)로 표현되는 행동을 사용합니다. 따라서 실제 행동 구현(즉 FlyBehavior나 QuackBehavior를 구현하는 클래스에 코딩되어 있는 구체적인 특정 행동)은 Duck 서브클래스에 국한되지 않습니다.

이제부터 DUCK의 행동은 (특정 행동 인터페이스를 구현한) 별도의 클래스 안에 들어있습니다.

그러면 DUCK 클래스에서는 그 행동을 구체적으로 구현할 필요가 없습니다.

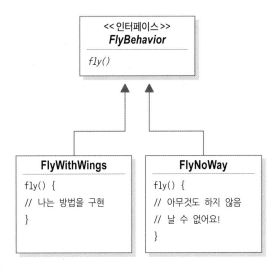

FlyBehavior를 만들 때
왜 인터페이스를 써야 하는지 모르겠어요.
추상 슈퍼클래스를 써도
똑같은 일을 할 수 있잖아요.
그런 게 바로 다형성의 핵심 아닌가요?

"인터페이스에 맞춰서 프로그래밍한다"라는 말은
사실 "상위 형식에 맞춰서 프로그래밍한다"라는 말입니다.

여기서는 인터페이스라는 단어가 중의적으로 쓰였습니다. 인터페이스 (interface)는 자바의 구조를 지칭하는 용도로 쓰이기도 하고, 인터페이스 라는 개념을 지칭하는 용도로도 쓰입니다. 인터페이스에 맞춰서 프로그래 밍하라고 했다고 반드시 자바의 인터페이스를 사용하라는 뜻은 아닙니다. 핵심은 실제 실행 시에 쓰이는 객체가 코드에 고정되지 않도록 상위 형식 (supertype)에 맞춰 프로그래밍해서 다형성을 활용해야 한다는 점에 있 습니다. 그리고 "상위 형식에 맞춰서 프로그래밍하라"는 원칙은 "변수를 선언할 때 보통 추상 클래스나 인터페이스 같은 상위 형식으로 선언해야 한다. 객체를 변수에 대입할 때 상위 형식을 구체적으로 구현한 형식이라 면 어떤 객체든 넣을 수 있기 때문이다. 그러면 변수를 선언하는 클래스에 서 실제 객체의 형식을 몰라도 된다"라는 뜻으로 생각하면 됩니다.

지금 설명한 내용을 이미 알고 있는 독자도 있겠지만, 확실히 짚고 넘어 가기 위해서 다형적인 형식을 사용하는 간단한 예를 살펴보겠습니다. Animal이라는 추상 클래스가 있고, 그 밑에 Dog와 Cat이라는 구상 클래 스가 있다고 가정해 보죠. 구현에 맞춰서 프로그래밍한다면 다음과 같이 할 수 있습니다.

```
Dog d = new Dog();
d.bark();
```

변수 d를 Dog 형식(Animal을 확장한 구상 클래스)으로 선언하면 구체적인 구현에 맞춰서 코딩해야 합니다.

하지만 인터페이스와 상위 형식에 맞춰서 프로그래밍한다면 다음과 같이 할 수 있습니다.

```
Animal animal = new Dog();
animal.makeSound();
```

Dog라는 걸 알고 있긴 하지만 다형성을 활용해서 Animal의 레퍼런스를 써도 됩니다.

더 바람직한 방법은 상위 형식의 인스턴스를 만드는 과정을 (new Dog() 같은 식으로) 직접 코드로 만드는 대신 구체적으로 구현된 객체를 실행 시 에 대입하는 것입니다.

```
a = getAnimal();
a.makeSound();
```

Animal의 하위 형식 가운데 어떤 형식인지는 모릅니다. 단지 makeSound()에 올바른 반응만 할 수 있으면 됩니다.

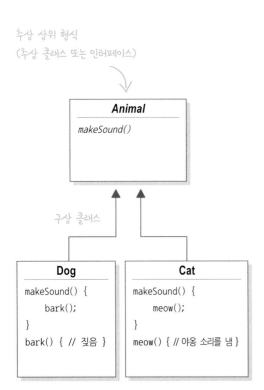

추상 상위 형식
(추상 클래스 또는 인터페이스)

Animal

makeSound()

구상 클래스

Dog

makeSound() {
    bark();
}
bark() { // 짖음 }

Cat

makeSound() {
    meow();
}
meow() { // 야옹 소리를 냄 }

오리의 행동을 구현하는 방법

인터페이스에 맞춰서 프로그래밍합시다! ☆

여기에서는 FlyBehavior와 QuackBehavior라는 2개의 인터페이스를 사용합니다. 그리고 구체적인 행동을 구현하는 클래스들이 있습니다.

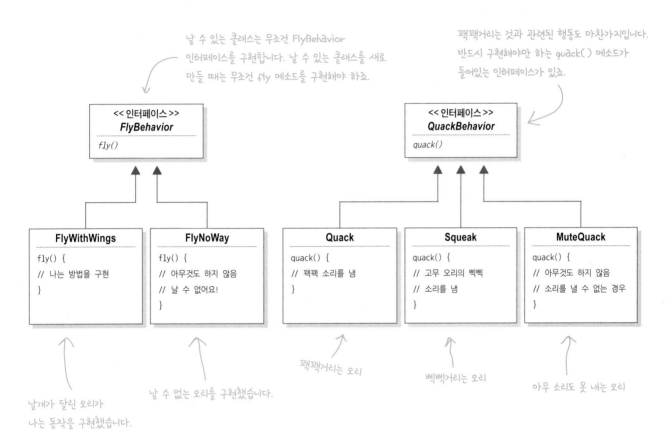

날 수 있는 클래스는 무조건 FlyBehavior 인터페이스를 구현합니다. 날 수 있는 클래스를 새로 만들 때는 무조건 fly 메소드를 구현해야 하죠.

꽥꽥거리는 것과 관련된 행동도 마찬가지입니다. 반드시 구현해야만 하는 quack( ) 메소드가 들어있는 인터페이스가 있죠.

날개가 달린 오리가 나는 동작을 구현했습니다.

날 수 없는 오리를 구현했습니다.

꽥꽥거리는 오리

삑삑거리는 오리

아무 소리도 못 내는 오리

이런 식으로 디자인하면 다른 형식의 객체에서도 나는 행동과 꽥꽥거리는 행동을 재사용할 수 있습니다. 그런 행동이 더 이상 Duck 클래스 안에 숨겨져 있지 않으니까요.

그리고 기존의 행동 클래스를 수정하거나 날아다니는 행동을 사용하는 Duck 클래스를 전혀 건드리지 않고도 새로운 행동을 추가할 수 있습니다.

따라서 상속을 쓸 때 떠안게 되는 부담을 전부 떨쳐 버리고도 재사용의 장점을 그대로 누릴 수 있습니다.

무엇이든 물어보세요
Q&A

Q1 매번 애플리케이션을 구현하고 바뀔 수 있는 부분을 찾아낸 후에 바뀌는 것과 바뀌지 않는 것을 분리해서 캡슐화하는 식으로 작업해야 하나요?

A1 언제나 그렇게 해야 하는 것은 아닙니다. 애플리케이션을 디자인하는 과정에서 바뀔 수 있는 부분을 예측하고 대처해서 유연한 코드를 만들 수도 있습니다. 여기에서 설명하는 원칙과 패턴은 개발 라이프사이클의 어느 단계에서든지 적용할 수 있습니다.

Q2 Duck 인터페이스도 만들어야 하나요?

A2 이 경우에는 그렇게 할 필요가 없습니다. 지금 살펴보고 있는 예제가 끝나면 알 수 있겠지만, Duck을 구상 클래스로 만들고 MallardDuck 같은 특정 오리 클래스를 만들 때 공통 속성과 메소드를 상속함으로써

얻는 장점도 있으니까요. 이제 Duck 상속 과정에서 바뀔 수 있는 부분을 제거했으므로 별문제 없이 장점을 취할 수 있습니다.

Q3 행동만 나타내는 클래스를 만든다는 게 좀 이상하게 느껴지네요. 클래스는 원래 어떤 대상을 나타내는 것 아닌가요? 클래스에는 상태와 행동이 모두 들어있어야 하지 않나요?

A3 객체지향 시스템에서는 질문한 내용이 맞습니다. 클래스는 일반적으로 상태(인스턴스 변수)와 메소드를 둘 다 가지고 있습니다. 그런데 이 경우에는 클래스가 '행동'을 가지고 있습니다. 하지만 행동에도 여전히 상태와 메소드가 들어있을 수 있습니다. 나는 행동에 속성(1분당 날개를 펄럭이는 횟수라든가 최고 높이, 속도 등)을 나타내는 인스턴스 변수를 넣을 수도 있으니까요.

쓰면서 제대로 공부하기

❶ 앞쪽에 나온 디자인을 활용해서 SimUDuck에 로켓의 추진력으로 날아가는 행동을 추가해야 한다면 어떻게 해야 할까요?

❷ 오리 클래스가 아닌 다른 클래스에서 Quack을 활용할 방법이 있는지 한번 생각해 봅시다.

정답

❶ FlyBehavior 인터페이스를 구현하는 FlyRocketPowered 클래스를 만들면 되겠죠.

❷ 오리 호출기(오리 소리를 내는 장치)를 만들 때 활용할 수 있겠죠?

오리 행동 통합하기

가장 중요한 점은 나는 행동과 꽥꽥거리는 행동을 Duck 클래스(또는 그 서브클래스)에서 정의한 메소드를 써서 구현하지 않고 다른 클래스에 **위임**한다는 것입니다.

생각해 보세요!

01 우선 Duck 클래스에 flyBehavior와 quackBehavior라는 인터페이스 형식의 인스턴스 변수를 추가합니다(특정 구상 클래스 형식으로 선언하지 않습니다). 각 오리 객체에서는 실행시에 이 변수에 특정 행동 형식(FlyWithWings, Squeak 등)의 레퍼런스를 다형적으로 설정합니다. 나는 행동과 꽥꽥거리는 행동은 FlyBehavior와 QuackBehavior 인터페이스로 옮겨놨으므로 Duck 클래스와 모든 서브클래스에서 fly()와 quack() 메소드를 제거합니다. Duck 클래스에 fly()와 quack() 대신 performFly()와 performQuack()이라는 메소드를 넣습니다.

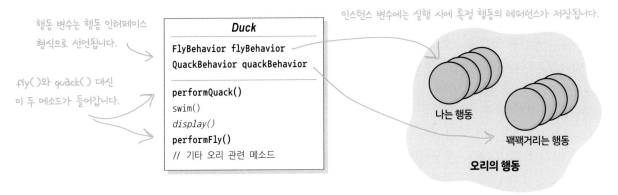

02 이제 performQuack()을 구현해 봅시다.

```java
public abstract class Duck {
    QuackBehavior quackBehavior;
    // 기타 코드

    public void performQuack() {
        quackBehavior.quack();
    }
}
```

모든 Duck에는 QuackBehavior 인터페이스를 구현하는 것의 레퍼런스가 있습니다.

꽥꽥거리는 행동을 직접 처리하는 대신, quackBehavior로 참조되는 객체에 그 행동을 <u>위임합니다</u>.

꽤 간단하죠? 꽥꽥거리는 행동을 하고 싶을 땐 quackBehavior에 의해 참조되는 객체에서 꽥꽥거리도록 하면 됩니다. 객체의 종류에는 전혀 신경 쓸 필요 없이 quack()을 실행할 줄만 알면 됩니다.

03 이제 flyBehavior와 quackBehavior 인스턴스 변수 설정 방법을 생각해 볼 차례입니다. MallardDuck 클래스를 한번 살펴볼까요?

```java
public class MallardDuck extends Duck {

    public MallardDuck() {
        quackBehavior = new Quack();
        flyBehavior = new FlyWithWings();
    }


    public void display() {
        System.out.println("저는 물오리입니다");
    }
}
```

MallardDuck이 꽥꽥거리는 행동을 처리할 때는 Quack 클래스를 사용하므로 performQuack()이 호출되면 꽥꽥거리는 행동은 Quack 객체에게 위임됩니다. 결과적으로 진짜 꽥꽥 소리를 들을 수 있겠죠.

MallardDuck은 Duck 클래스에서 quackBehavior와 flyBehavior 인스턴스 변수를 상속받는다는 사실을 잊지 마세요.

그리고 FlyBehavior 형식으로는 FlyWithWings를 사용합니다.

따라서 MallardDuck에서는 소리를 내지 못하거나 삑삑 소리만 내는 오리가 아닌 진짜 꽥꽥 소리를 내는 오리를 구현할 수 있습니다. 어떤 식으로 진행되는지 알아볼까요? MallardDuck의 인스턴스가 만들어질 때 생성자는 Duck으로부터 상속받은 quackBehavior 인스턴스 변수에 Quack(QuackBehavior를 구현한 구상 클래스) 형식의 새로운 인스턴스를 대입합니다.

나는 행동도 마찬가지입니다. MallardDuck 생성자는 flyBehavior 인스턴스 변수에 FlyWithWings(FlyBehavior를 구현한 구상 클래스) 형식의 인스턴스를 만들어서 대입하죠.

잠깐만요. 특정 구현에 맞춰서 프로그래밍하면 안 된다고 하지 않았나요? 앞에 있는 생성자를 보면 Quack이라는, 구현되어 있는 구상 클래스의 인스턴스를 만들었잖아요.

좋은 지적입니다. 일단 1장이라 그렇게 했습니다.

이 책을 계속 읽다 보면 그 문제를 해결하는 데 도움이 될 만한 패턴을 배울 수 있습니다.

Quack이나 FlyWithWings 같은 행동 클래스의 인스턴스를 만들어서 행동 레퍼런스 변수에 대입함으로써 행동을 구상 클래스로 설정하고 있긴 하지만, 실행 시에 쉽게 변경할 수 있습니다.

따라서 이 코드는 상당히 유연하다고 할 수 있습니다. 인스턴스 변수를 유연하게 초기화하는 방법을 쓰고 있으니까요. 한번 생각해 봅시다. quackBehavior 인스턴스 변수는 인터페이스 형식에, (다형성을 활용해서) 실행 시에 동적으로 QuackBehavior를 구현한 다른 클래스를 할당할 수 있습니다.

잠깐 시간을 내서 행동을 실행 시에 바꿀 수 있는 방식으로 오리를 구현할 수 있는지 생각해 보세요 (실제로 이렇게 하는 코드를 조금 있으면 볼 수 있습니다).

오리 코드 테스트

오리가 제대로 행동하는지 확인해 봅시다 ⭐

01 아래의 Duck 클래스(Duck.java)와 앞에 있던 MallardDuck 클래스
(MallardDuck.java)를 입력해서 컴파일해 봅시다.

```java
public abstract class Duck {

    FlyBehavior flyBehavior;
    QuackBehavior quackBehavior;

    public Duck() { }

    public abstract void display();

    public void performFly() {
        flyBehavior.fly();
    }

    public void performQuack() {
        quackBehavior.quack();
    }

    public void swim() {
        System.out.println("모든 오리는 물에 뜹니다. 가짜 오리도 뜨죠");
    }
}
```

행동 인터페이스 형식의
레퍼런스 변수 2개를 선언합니다.
같은 패키지에 속하는 모든
서브클래스에서 이 변수를 상속받습니다.

행동 클래스에 위임합니다.

02 FlyBehavior 인터페이스(FlyBehavior.java)와 행동 구현 클래스
(FlyWithWings.java, FlyNoWay.java)를 입력해서 컴파일해 봅시다.

```java
public interface FlyBehavior {
    public void fly();
}
```

이 인터페이스는 모든 나는 행동의
클래스에서 구현합니다.

```java
public class FlyWithWings implements FlyBehavior {
    public void fly() {
        System.out.println("날고 있어요!!");
    }
}
```

실제로 날 수 있는 오리들의
나는 행동을 구현한 클래스

```java
public class FlyNoWay implements FlyBehavior {
    public void fly() {
        System.out.println("저는 못 날아요");
    }
}
```

(고무 오리나 가짜 오리 같은)
날 수 없는 오리들의
나는 행동을 구현한 클래스

03   QuackBehavior 인터페이스(QuackBehavior.java)와 3개의 행동 구현 클래스
(Quack.java, MuteQuack.java, Squeak.java)를 입력해서 컴파일해 봅시다.

```java
public interface QuackBehavior {
    public void quack();
}
```

```java
public class Quack implements QuackBehavior {
    public void quack() {
        System.out.println("꽥");
    }
}
```

```java
public class MuteQuack implements QuackBehavior {
    public void quack() {
        System.out.println("《 조용~ 》");
    }
}
```

```java
public class Squeak implements QuackBehavior {
    public void quack() {
        System.out.println("삑");
    }
}
```

04   다음 테스트 클래스(MiniDuckSimulator.java)를 입력해서 컴파일해 봅시다.

```java
public class MiniDuckSimulator {
    public static void main(String[] args) {
        Duck mallard = new MallardDuck();
        mallard.performQuack();
        mallard.performFly();
    }
}
```

MallardDuck에서 상속받은 performQuack( ) 메소드가 호출됩니다.
이 메소드에서는 객체의 QuackBehavior에게 할 일을 위임하죠
(즉 quackBehavior 레퍼런스의 quack( ) 메소드가 호출됩니다).

performFly( ) 메소드도 호출합니다.

05   코드를 실행해 봅시다.

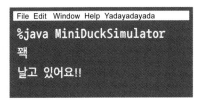

```
File  Edit  Window  Help  Yadayadayada
%java MiniDuckSimulator
꽥
날고 있어요!!
```

동적으로 행동 지정하기 *동적으로 움직이는 오리를 만들어 봅시다* ⭐

기껏 동적으로 만들어 놓고서 활용하지 않으면 그게 무슨 소용입니까?
오리의 행동 형식을 생성자에서 인스턴스를 만드는 방법이 아닌 Duck의 서브클래스에서
세터 메소드(setter method)를 호출하는 방법으로 설정할 수 있어야 하지 않을까요?

생각해 보세요!

01 Duck 클래스에 메소드 2개를 새로 추가합니다.

```java
public void setFlyBehavior(FlyBehavior fb) {
    flyBehavior = fb;
}

public void setQuackBehavior(QuackBehavior qb) {
    quackBehavior = qb;
}
```

Duck
FlyBehavior flyBehavior
QuackBehavior quackBehavior
swim()
display()
performQuack()
performFly()
setFlyBehavior()
setQuackBehavior()
// 기타 오리 관련 메소드

이 두 메소드를 호출하면 언제든지 오리의 행동을 즉석에서 바꿀 수 있습니다.

02 Duck의 서브클래스(ModelDuck.java)를 새로 만듭니다.

```java
public class ModelDuck extends Duck {
    public ModelDuck() {
        flyBehavior = new FlyNoWay();
        quackBehavior = new Quack();
    }

    public void display() {
        System.out.println("저는 모형 오리입니다");
    }
}
```

이 오리는 바닥에서 삶을
시작합니다. 날지 못하죠.

03 FlyBehavior 형식의 클래스(FlyRocketPowered.java)를 새로 만듭니다.

로켓 추진으로 나는 행동을
나타내는 클래스입니다.

```java
public class FlyRocketPowered implements FlyBehavior {
    public void fly() {
        System.out.println("로켓 추진으로 날아갑니다");
    }
}
```

04 테스트 클래스(MiniDuckSimulator.java)를 수정합니다.

ModelDuck을 추가하고 ModelDuck에 로켓 추진 기능을 부여합니다.

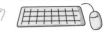
변경 전

```java
public class MiniDuckSimulator {
    public static void main(String[] args) {
        Duck mallard = new MallardDuck();
        mallard.performQuack();
        mallard.performFly();

        Duck model = new ModelDuck();
        model.performFly();
        model.setFlyBehavior(new FlyRocketPowered());
        model.performFly();
    }
}
```

performFly()를 처음 호출하면 ModelDuck 생성자에서 설정되었던 flyBehavior, 즉 FlyNoWay 인스턴스의 fly() 메소드가 호출됩니다.

이러면 상속받은 행동 세터 메소드가 호출됩니다. 이제 모형 오리에 로켓 추진력으로 날 수 있는 능력이 생겼어요!

제대로 돌아간다면 모형 오리는 동적으로 나는 행동을 바꿀 수 있습니다. 구현 코드가 Duck 클래스 안에 들어있었다면 그렇게 할 수 없었겠죠.

변경 후

05 실행해 봅시다!

```
File  Edit  Window  Help  Yabbadabbadoo
%java MiniDuckSimulator
꽥
날고 있어요!!
저는 못 날아요
로켓 추진으로 날아갑니다!
```

실행 중에 오리의 행동을 바꾸고 싶으면 원하는 행동에 해당하는 Duck의 세터 메소드를 호출합니다.

캡슐화된 행동 살펴보기

캡슐화된 행동을 큰 그림으로 바라봅시다 ★

지금까지 오리 시뮬레이터 디자인을 깊이 파헤쳐 봤습니다.

이제 잠깐 쉬면서 큰 그림을 한번 살펴보죠.

아래에 새롭게 구성한 클래스 구조가 있습니다. 지금까지 했던 일들이 정리되어 있습니다. 오리들은 모두 Duck을 확장해서 만들고, 나는 행동은 FlyBehavior를, 꽥꽥거리는 행동은 QuackBehavior를 구현해서 만듭니다.

그리고 이번에는 생각하는 방식을 조금 바꿔 봤습니다. 오리의 행동들을 일련의 행동으로 생각하는 대신, 알고리즘군(family of algorithms)으로 생각하는 거죠. SimUDuck 디자인에서 알고리즘은 오리가 하는 행동(다른 방식으로 꽥꽥거리고 나는 행동)을 나타내지만, 지역에 따라 달라지는 세금 계산 방식을 구현하는 클래스에도 활용할 수 있습니다.

클래스 사이의 관계에도 관심을 기울여 봅시다. 클래스 다이어그램에 있는 각 화살표와 클래스들이 어떤 관계인지 ("A는 B이다" 관계인지, "A에는 B가 있다" 관계인지, 아니면 "A가 B를 구현하는" 관계인지) 직접 연필로 써 보세요.

정말 꼭 해 보세요!

클라이언트에서는 나는 행동과 꽥꽥거리는 행동을 캡슐화된 알고리즘으로 구현합니다.

캡슐화된 나는 행동

클라이언트

각 행동 집합을 알고리즘군으로 생각합니다.

이런 행동 알고리즘은 바뀔 수 있습니다.

두 클래스를 합치는 방법

"A는 B이다"보다 "A에는 B가 있다"가 나을 수 있습니다 ☆

"A에는 B가 있다" 관계를 생각해 봅시다. 각 오리에는 FlyBehavior와 QuackBehavior가 있으며, 각각 나는 행동과 꽥꽥거리는 행동을 위임받습니다.

이런 식으로 두 클래스를 합치는 것을 '**구성(composition)**'을 이용한다'라고 부릅니다. 여기에 나와 있는 오리 클래스에서는 행동을 상속받는 대신, 올바른 행동 객체로 구성되어 행동을 부여받습니다.

구성은 매우 중요한 테크닉이자 세 번째 디자인 원칙이기도 합니다.

디자인 원칙

상속보다는 구성을 활용한다.

지금까지 봐 왔던 것처럼, 구성을 활용해서 시스템을 만들면 유연성을 크게 향상시킬 수 있습니다. 단순히 알고리즘군을 별도의 클래스 집합으로 캡슐화할 수 있으며 구성 요소로 사용하는 객체에서 올바른 행동 인터페이스를 구현하기만 하면 실행 시에 행동을 바꿀 수도 있습니다. 구성은 여러 디자인 패턴에서 쓰이며, 앞으로 이 책 전반에 걸쳐서 구성의 장단점을 배웁니다.

스승과 제자

스승 지금까지 배운 객체지향의 도에 관해서 설명해 볼까요?

제자 객체지향의 도에서는 재사용이 약속되어 있다고 배웠습니다.

스승 좀 더 자세히 풀어 볼까요?

제자 상속을 사용하면 모든 훌륭한 것들을 재사용할 수 있어서 마치 숲속에서 대나무를 순식간에 베어 버린 듯이 개발 시간도 획기적으로 단축할 수 있습니다.

스승 개발이 끝나기 전과 끝난 후 중 어느 단계에 더 많은 시간을 쓸까요?

제자 개발이 끝난 후에 더 많은 시간을 씁니다. 처음 개발하는 데 걸리는 시간보다 소프트웨어를 유지보수하는 데 들어가는 시간이 훨씬 많습니다.

스승 그러면 유지보수나 확장보다 재사용에 더 많은 노력을 기울여야 하지 않나요?

제자 저는 거기에 답이 있다고 믿습니다.

스승 아직 배워야 할 것이 많이 남아 있습니다. 돌아가서 상속을 더 깊이 생각해 보세요. 지금까지 봐 왔듯이 상속에는 상속 나름대로 문제가 있으며, 상속 외에도 재사용을 이룰 수 있는 여러 다른 방법이 있어요.

뇌 단련

사냥꾼들이 오리 소리(꽥꽥 소리)를 내려고 사용하는 오리 호출기가 있다고 가정해 봅시다. 어떻게 하면 Duck 클래스를 상속받지 않고 오리 호출기를 구현할 수 있을까요?

첫 번째 디자인 패턴: 전략 패턴 디자인 패턴을 논해 봅시다 ☆

축하합니다!
드디어
첫 번째 디자인 패턴을
배웠습니다

여러분은 방금 처음으로 디자인 패턴을 적용했습니다.
이 패턴이 바로 전략 패턴입니다.
SimUDuck 애플리케이션을 바꾸는 데 전략 패턴을 활용했죠!

이 패턴 덕에 임원진이 마우이 출장 중에 갑자기 이상한 걸
바꿔 달라고 해도 걱정할 필요가 없겠어요.

이제 앞으로 전략 패턴을 자주 쓰게 될 텐데,
이 패턴을 조금 더 엄밀하게 정의하자면 다음과 같습니다.

> **전략 패턴**(Strategy Pattern)은 알고리즘군을 정의하고 캡슐화해서 각각의 알고리즘군을 수정해서 쓸 수 있게 해 줍니다. 전략 패턴을 사용하면 클라이언트로부터 알고리즘을 분리해서 독립적으로 변경할 수 있습니다.

친구들 앞에서 자랑하고 싶거나
직장 상사에게 좋은 인상을
남기고 싶을 때는 이 정의를
한 번씩 읊어 주세요.

디자인 퍼즐

정답 070쪽

아래를 보면 액션 어드벤처 게임에 사용할 클래스와 인터페이스가 어지럽게 흩어져 있습니다. 게임 캐릭터용 클래스와 캐릭터가 사용할 무기의 행동 클래스를 찾을 수 있습니다. 각 캐릭터는 한 번에 한 가지 무기만 사용할 수 있지만, 게임 도중에 무기를 바꿀 수 있습니다. 이 클래스와 인터페이스를 잘 정돈해 봅시다.

해야 할 일

❶ 클래스를 정돈합니다.

❷ 추상 클래스 1개, 인터페이스 1개, 그리고 클래스 8개를 골라냅니다.

❸ 클래스들을 화살표로 연결합니다.

       a. 상속(확장)은 이런 화살표를 사용하세요.

       b. 인터페이스(구현)는 이런 화살표를 사용하세요.

       c. "A에는 B가 있다" 관계는 이런 화살표를 사용하세요.

❹ 적당한 클래스에 setWeapon() 메소드(무기 설정 메소드)를 추가하세요.

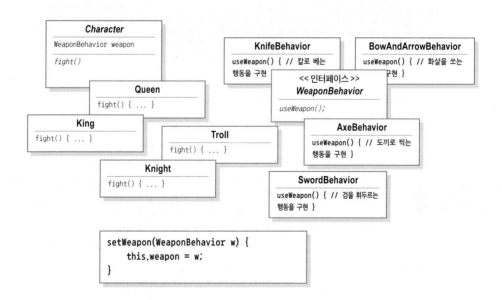

디자인 패턴 만나기 디자인 패턴을 소개합니다! ☆

☕ 식당에서 오고 간 이야기

앨리스

흰 빵에 젤리가 들어있는 크림 치즈 발라 주시고요,
바닐라 아이스크림이 들어있는 초코 소다하고,
베이컨이 들어있는 구운 치즈 샌드위치하고,
토스트 위에 참치 샐러드 얹은 것하고, 아이스크림하고
길게 자른 바나나로 만든 바나나 스플릿하고, 커피도 한 잔 주세요.
커피에는 크림 한 스푼, 설탕 두 스푼 넣어 주시고요.
아, 그리고 햄버거는 꼭 그릴 위에 올려 주세요.

플로

C. J. 화이트하고,
블랙 앤 화이트하고, 잭 베니하고,
라디오하고, 하우스 보트,
레귤러 커피 한 잔 주세요.
그리고 그릴로 부탁합니다.

앨리스와 플로가 주문한 음식은 어떻게 다른 걸까요? 사실 전혀 다르지 않습니다. 두 사람이
주문한 내용은 똑같거든요. 차이점이 있다면 앨리스는 설명을 길게 해서 주방장의 참을성을
시험했다는 점 정도겠지요.

그렇다면 플로는 어떻게 간단하게 주문을 끝낼 수 있었을까요? 주방장과 플로가 **공통으로 아
는 전문 용어**를 썼기 때문입니다. 그러면 주방장과 의사소통을 하기가 더 쉬워지고 주방장은
주문 패턴을 알 수 있기에 기억해야 할 분량을 더 줄일 수 있습니다.

이와 마찬가지로 디자인 패턴은 개발자 사이에서 서로 모두 이해할 수 있는 용어를 제공합니
다. 일단 용어를 이해하고 나면 다른 개발자와 더 쉽게 대화할 수 있고, 패턴을 아직 모르는
사람들에게는 패턴을 배우고 싶은 생각이 들도록 자극을 줄 수가 있죠. 또한 자질구레한 객체
수준에서의 생각이 아닌, **패턴 수준**에서 생각할 수 있기에 아키텍처를 생각하는 수준도 끌어
올려 줍니다.

사무실 옆자리에서 들려온 이야기

그래서 이 방송용 클래스를 만들었지.
이 클래스는 자신에게 귀를 기울이고 있는 모든 객체를 추적할 수 있고,
새로운 데이터가 들어올 때마다 각각의 청취자한테
메시지를 보내 준다고. 게다가 청취자는 언제든지 청취자 목록에
참가하거나 탈퇴할 수 있어. 정말 대단하지?
동적이면서도 결합은 너무 빡빡하지 않게 만들 수 있잖아!

오창(Ohchang) →

뇌 단련

객체지향 디자인이나 저녁 식사 주문에 쓰는 전문 용어 말고 서로 알고 있는 전문 용어가 있다면 한번 말해 보세요(힌트: 자동차 정비, 목공, 고급 요리, 항공 관제 등의 분야에서 쓰는 용어들은 어떨까요). 그런 전문 용어로 어떤 내용이 전달되나요?

패턴 이름으로 전달되는 객체지향 디자인 양상을 한번 말해 보세요. '전략 패턴'이라는 이름으로 어떤 내용이 전달되나요?

그러게 말이야. 패턴 이름만 말하면 다른 개발자도
네가 설명하고 있는 디자인을 빠르고 정확하게
알 수 있잖아. 패턴 중독에나 걸리지 않게 조심하라고.
Hello World 같은 프로그램에서 패턴을 쓰기
시작한다면 분명 패턴에 중독된 거니까.

오창, 그냥 옵저버 패턴을
썼다고 하면 될 걸
뭘 그리 장황하게 설명해?

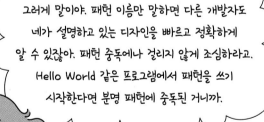

패턴과 전문 용어 디자인 패턴을 사용하면 어떤 이득이 있을까요? ★

패턴으로 소통하면 일상어로 구구절절 말할 때보다
훨씬 효율적인 의사소통을 할 수 있습니다.

서로 알고 있는 패턴은 정말 막강합니다.

다른 개발자나 같은 팀에 있는 사람과 패턴으로 의사소통하면 패턴 이름과 그
패턴에 담겨 있는 모든 내용, 특성, 제약조건 등을 함께 이야기할 수 있습니다.

패턴을 사용하면 간단한 단어로 많은 얘기를 할 수 있습니다.

뭔가를 설명할 때 패턴을 사용하면 여러분이 생각하고 있는 디자인을 다른 개
발자가 빠르고 정확하게 파악할 수 있습니다.

패턴 수준에서 이야기하면 '디자인'에 더 오랫동안 집중할 수 있습니다.

소프트웨어 시스템을 이야기할 때 패턴을 사용하면 객체와 클래스를 구현하
는 것과 관련된 자질구레한 내용에 시간을 버릴 필요가 없어서 디자인 수준에
서 초점을 맞출 수 있습니다.

전문 용어를 사용하면 개발팀의 능력을 극대화할 수 있습니다.

디자인 패턴 용어를 모든 팀원이 잘 알고 있다면 오해의 소지가 줄어 작업을
빠르게 진행할 수 있습니다.

전문 용어는 신입 개발자에게 훌륭한 자극제가 됩니다.

신입 개발자는 경험이 풍부한 개발자를 우러러봅니다. 선배 개발자가 디자인
패턴을 사용하면 신입 개발자들에게는 디자인 패턴을 배울 동기가 부여됩니
다. 여러분이 속한 조직 내에 패턴 커뮤니티를 만들어 보세요.

"오리들의 다양한 행동을 전략 패턴으로
구현하고 있습니다"라고 얘기한다면
이는 오리의 행동들을 쉽게 확장하거나
변경할 수 있는 클래스들의 집합으로
캡슐화되어 있다는 사실을 의미합니다.
필요하다면 실행 중에도 확장과 변경이
가능하도록 말이죠.

디자인 회의 중에 구현과 관련된
자질구레한 내용 때문에 논점이 빗나가 본
경험이 많이 있나요?

팀 내에서 패턴 용어로 디자인 아이디어와
경험을 공유하기 시작했다면 패턴 사용자
커뮤니티가 만들어졌다고 보면 됩니다.

사내 패턴 스터디 그룹을 만들어 보는 건 어떨까요?
근무 시간에 공부도 할 수 있고 좋잖아요!

디자인 패턴 사용법

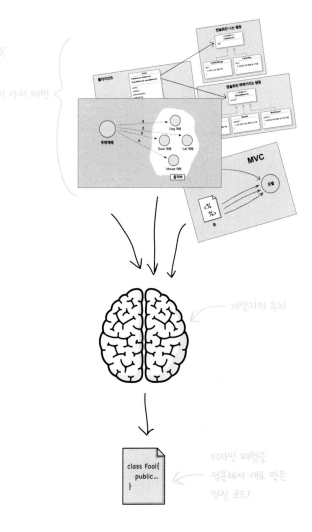

아마 한 번쯤은 기성 라이브러리와 프레임워크를 사용해 본 적이 있을 것입니다. 그냥 가져다가 API에 맞춰서 코드를 짜고 컴파일하면 다른 사람이 만들어 놓은 방대한 분량의 코드를 그대로 활용할 수 있죠. 자바 API가 제공하는 네트워크, GUI, IO와 같은 수많은 기능을 생각해 보세요. 라이브러리와 프레임워크는 개발 모델 전반에 걸쳐서 많은 영향을 미칩니다. 언제든지 적절한 구성 요소를 선택해서 제 자리에 넣기만 하면 되니까요. 하지만 그러한 라이브러리와 프레임워크가 더 이해하기 쉽고, 관리하기 쉬운 유연한 방법으로 애플리케이션의 구조를 만드는 데 도움을 주지는 못합니다. 라이브러리나 프레임워크가 도와주지 못하는 부분을 도와주는 것이 바로 디자인 패턴입니다.

디자인 패턴이 코드 속으로 바로 들어가는 것은 아닙니다. 디자인 패턴은 우선 여러분의 머릿속에 들어갑니다. 일단 패턴을 완전히 익혀 두면 어떤 코드가 유연성 없이 엉망으로 꼬여 있는 스파게티 코드라는 사실을 금방 깨달을 수 있으며 그 코드를 수정할 때 패턴을 적용해서 코드를 개선할 수 있습니다.

무엇이든 물어보세요
Q&A

Q1 디자인 패턴이 이렇게 좋은데 왜 디자인 패턴 라이브러리 같은 건 없나요? 라이브러리가 있으면 왜 편할 것 같은데요?

A1 디자인 패턴은 라이브러리보다 더 높은 단계에 속합니다. 디자인 패턴은 클래스와 객체를 구성해서 어떤 문제를 해결하는 방법을 제공하는데, 그런 디자인을 특정 애플리케이션에 맞게 적용하는 일은 개발자가 해야 합니다.

Q2 라이브러리나 프레임워크도 디자인 패턴 아닌가요?

A2 프레임워크나 라이브러리는 디자인 패턴이 아닙니다. 개발자가

각자의 코드에 링크해서 쓸 수 있는 특정 구현을 제공할 뿐이죠. 물론 라이브러리나 프레임워크를 구현하는 과정에서 디자인 패턴을 사용하기도 합니다. 그래서 일단 디자인 패턴을 이해하고 나면 디자인 패턴을 바탕으로 만들어진 API를 쉽게 이해할 수 있습니다.

Q3 그래서 디자인 패턴 라이브러리 같은 건 없다는 건가요?

A3 없습니다. 대신 14장에서 애플리케이션에 적용할 수 있는 패턴 목록이 수록된 '패턴 카탈로그'를 알아봅니다.

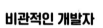

패턴 그까짓 거 객체지향 디자인 원칙을 사용하는 것밖에 더 돼?

그렇게 오해하는 사람들이 많이 있지만 그리 간단한 일은 아니에요. 아직 배워야 할 것이 많아 보이네요.

비관적인 개발자　　　　　　**친절한 패턴 전문가**

개발자 알겠어요. 그런데 결국은 모든 게 그냥 좋은 객체지향 디자인에 불과한 것 아닌가요? 그러니까 캡슐화를 잘하고, 추상화, 상속, 다형성을 잘 알고 있기만 하면 디자인 패턴은 별로 신경 쓰지 않아도 되는 것 아닌가요? 정말 디자인 패턴을 생각해야 하나요? 비교적 간단할 것 같은데요? 지금까지 객체지향을 배운 이유가 그런 것 때문이잖아요. 제 생각에는 디자인 패턴은 좋은 객체지향 디자인을 잘 모르는 사람한테나 필요할 것 같은데요?

전문가 방금 한 말은 객체지향 개발에 관해 잘못 알려진 것 가운데 하나에 불과해요. 객체지향의 기본만 알고 있으면 유연하고, 재사용이 용이하고, 관리하기 쉬운 시스템을 쉽게 만들 수 있다는 생각 말이죠.

개발자 그렇지 않나요?

전문가 전혀 그렇지 않아요. 방금 열거한 장점을 갖추고 있는 객체지향 시스템을 구축하는 일은 그리 간단하지 않아요. 상당한 노력을 기울여야만 할 수 있는 일이랍니다.

개발자 이제야 좀 알 것 같아요. 간단하지만은 않은 객체지향 시스템 구축 방법들을 모아서…

전문가 그렇죠. 그런 것을 모아서 디자인 패턴을 만든 거죠.

개발자 그럼 패턴을 알면 고생없이 제대로 작동하는 디자인을 만들 수 있는 건가요?

전문가 그렇죠. 어느 정도는 말이죠. 하지만 기억해 두세요. 디자인은 예술이에요. 장점이 있으면 단점도 있는 법이죠. 하지만 많은 사람이 오랜 시간 동안 고민해서 찾아낸 디자인 패턴을 잘 따른다면 훨씬 좋은 디자인을 만들 수 있을 거예요.

추상화나 상속, 다형성 같은 개념을 알고 있다고 해서
무조건 훌륭한 객체지향 디자이너가 될 수 있는 건 아니에요.
디자인 전문가라면 관리하기 쉽고 상황에 맞게 변경할 수 있는
유연한 디자인을 만드는 일을 생각해 봐야 하죠.

개발자 패턴을 찾을 수 없다면 어떡하죠?

전문가 패턴의 밑바탕에는 객체지향 패턴이 있어요. 그러한 원칙을 알고 있으면 문제에 딱 맞는 패턴을 찾을 수 없을 때 도움이 될 거예요.

개발자 원칙이라고요? 그럼 추상화나 캡슐화…

전문가 그렇죠. 관리가 용이한 객체지향 시스템을 만드는 비결 가운데 하나가 바로 "나중에 어떻게 바뀔 것인지" 생각해 보는 거죠. 지금까지 배운 원칙에 바로 그런 내용이 담겨 있어요.

디자인 도구상자 안에 들어가야 할 도구들

이제 1장도 슬슬 끝나갑니다. 여러분의 객체지향 도구상자에도 이제 몇 가지 도구가 들어갔네요. 2장으로 넘어가기 전에 어떤 도구가 갖춰졌는지 살펴봅시다.

객체지향 기초
- 추상화
- 캡슐화
- 다형성
- 상속

이 책은 클래스를 다형적으로 사용하는 방법, 계약에 따른 디자인과 상속의 유사성, 캡슐화 작동 방법과 같은 객체지향의 기초 지식을 이미 갖추고 있는 독자를 대상으로 합니다. 이런 내용이 가물가물하다면 자바 책을 꺼내서 훑어본 후에 1장을 다시 읽어 보세요.

객체지향 원칙
- 바뀌는 부분은 캡슐화한다.
- 상속보다는 구성을 활용한다.
- 구현보다는 인터페이스에 맞춰서 프로그래밍한다.

앞으로 조금 더 자세히 살펴봅니다. 그리고 몇 가지 원칙을 더 배웁니다.

객체지향 패턴

전략 패턴 – 전략 패턴은 알고리즘군을 정의하고 캡슐화해서 각각의 알고리즘군을 수정해서 쓸 수 있게 해 줍니다. 전략 패턴을 사용하면 클라이언트로부터 알고리즘을 분리해서 독립적으로 변경할 수 있습니다.

이 책을 읽으면서 계속해서 패턴이 어떤 식으로 객체지향의 기본개념과 원칙에 의존하는지를 생각해 보세요.

여러분의 오른쪽 뇌에도 뭔가 할 일을 줘야겠죠?
그냥 평범한 낱말 퀴즈입니다.
정답은 모두 1장에 나온 단어입니다.

단어는 영어 알파벳으로 되어 있습니다.
낱말 퀴즈 옆에 있는 단어 리스트를 참고해서 풀어 보세요!

낱말 퀴즈

- **옵저버** OBSERVER
- **인터페이스** INTERFACE
- **프레임워크** FRAMEWORKS
- **삑삑 소리** SQUEAK
- APIs
- **전략** STRATEGY
- **가짜오리** DECOYDUCK
- **경험** EXPERIENCE
- **잭 베니** JACKBENNY
- **캡슐화** ENCAPSULATE
- **용어** VOCABULARY
- **머리** BRAIN
- **구성** COMPOSITION
- **재사용** REUSED
- **유연한** FLEXIBLE
- **변화** CHANGE
- **원칙** PRINCIPLES
- **마우이** MAUI

가로

1. 패턴은 _____ 애플리케이션을 만드는 데 도움이 됩니다.
4. 전략 패턴을 쓰면 코드를 _____ 할 수 있습니다.
7. 상속보다는 _____ 이 더 낫죠.
8. 개발에 있어서 바뀌지 않는 것!
9. 자바 IO, 네트워킹, 사운드 _____
10. 패턴은 대부분 객체지향 _____ 을 따릅니다.
12. 디자인 패턴은 서로 공유하는 _____ 입니다.
14. 고수준 라이브러리를 _____ 라고 부릅니다.
15. 다른 사람의 _____ 으로부터 배울 수 있어야 합니다.
17. 시뮬레이터에 있는 문제를 _____ 패턴으로 해결했죠?
18. 구현보다는 _____ 에 맞춰서 프로그래밍해야 합니다.

세로

2. 패턴을 _____ 에 넣어 주세요!
3. 꽥꽥 소리를 낼 수 없는 오리는?
5. 고무 오리는 _____ 를 냅니다.
6. 바뀔 수 있는 부분은 _____ 해야 합니다.
11. 베이컨이 들어있는 구운 치즈 샌드위치를 _____ 라고 부릅니다.
13. 아까 오창이 _____ 패턴을 좋아했죠?
16. SimUduck 데모를 선보였던 주주총회가 열렸던 곳의 지명은?

디자인 퍼즐
정답

Character는 다른 모든 캐릭터(King, Queen, Knight, Troll)가 공유하는
추상 클래스여야 하고, WeaponBehavior는 모든 무기 클래스에서 구현해야 하는
인터페이스여야 합니다. 나머지 실제 캐릭터와 무기는 구상 클래스입니다.
무기를 바꿀 때는 각 캐릭터가 Character 슈퍼클래스에서 정의한
setWeapon( ) 메소드를 호출합니다. 캐릭터가 싸움을 할 때는 주어진 캐릭터의
현재 무기로 설정된 클래스의 useWeapon( ) 메소드가 호출됩니다.

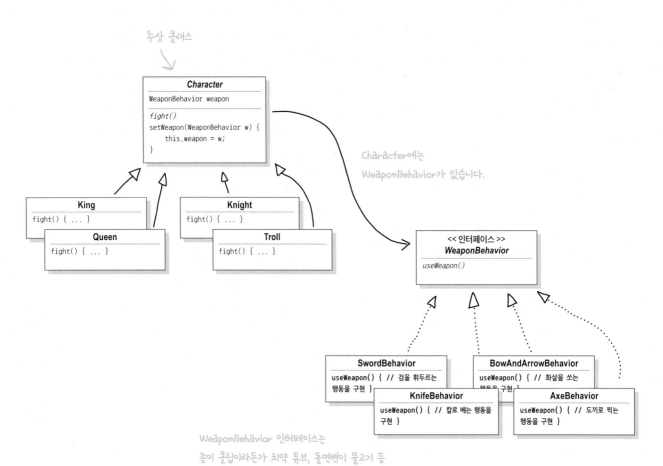

쓰면서 제대로 공부하기 정답

다음 중 Duck의 행동을 상속할 때 단점이 될 수 있는 요소를 모두 고르시오.

- ☑ **A.** 서브클래스에서 코드가 중복된다.
- ☑ **B.** 실행 시에 특징을 바꾸기 힘들다.
- ☐ **C.** 오리가 춤추게 만들 수 없다.
- ☑ **D.** 모든 오리의 행동을 알기 힘들다.
- ☐ **E.** 오리가 날면서 동시에 꽥꽥거릴 수 없다.
- ☑ **F.** 코드를 변경했을 때 다른 오리들에게 원치 않은 영향을 끼칠 수 있다.

쓰면서 제대로 공부하기 정답

변화의 원인은 수없이 많습니다. 여러분이 애플리케이션을 만드는 과정에서 코드를 바꿔야 했던 이유를 적어 보세요(일단 2가지 이유를 적어 놓았습니다).

1. 고객이나 사용자가 다른 것을 요구하거나 새로운 기능을 원할 때

2. 회사에서 데이터베이스 종류를 바꾸고 데이터도 전과 다른 데서 구입하기로 했는데, 그게 지금 사용하는 데이터 포맷과 완전히 다른 경우 생각만 해도 골치 아프네요.

3. 기술이 발전하면서 어떤 규약을 사용하려고 코드를 갱신했던 적이 있습니다.

4. 시스템을 만드는 과정에서 이것저것 배우고 나니 다시 앞 부분으로 돌아가서 더 좋게 고치고 싶었던 적이 있습니다.

낱말 퀴즈 정답

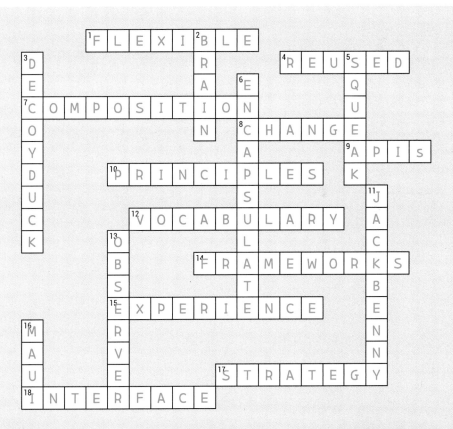

객체들에게 연락 돌리기
옵저버 패턴

안녕, 제리. 이번 주 패턴 그룹
회의는 토요일 저녁에 하기로 했어.
옵저버 패턴을 얘기할 예정이야!
너무 설레. 패턴은 정말 최고야!
그렇지 않아?

── 뭔가 재미있는 일이 생겼을 때 모르고 지나치면 슬프겠죠? ──

뭔가 중요한 일이 일어났을 때 객체에게 새 소식을 알려 줄 수 있는 패턴이 하나 있습니다. 바로
옵저버 패턴입니다. 자주 사용되는 패턴 중 하나로 엄청나게 쓸모가 있습니다. 2장에서는 일대
다 관계나 느슨한 결합같이 옵저버 패턴에 관한 내용을 두루두루 배워 볼 겁니다. 이걸 잘 배워
두면 패턴당(Party)에서 한 자리를 차지할 수 있을 겁니다.

축하합니다!

Weather-O-Rama의 차세대 인터넷 기반 기상 스테이션
구축 프로젝트를 귀사와 함께 하게 되었음을 알려드립니다.

Weather-O-Rama, Inc.
100 Main Street
Tornado Alley, OK 45021

업무 계약 체결서

우선 저희 회사의 차세대 인터넷 기반 기상 스테이션 구축 프로젝트를 함께 하게 된 것을 축하드립니다.

기상 스테이션은 저희 회사에서 현재 특허 출원 중인 WeatherData 객체를 바탕으로 만들어질 예정입니다. WeatherData 객체는 현재 기상 조건(온도, 습도, 기압)을 추적합니다. 여러분은 이 객체를 바탕으로 3개의 항목을 화면에 표시하는 애플리케이션을 만들어 주시기 바랍니다. 화면에 표시할 3개의 항목은 각각 현재 조건, 기상 통계, 그리고 간단한 기상 예보이며, 이 항목들은 모두 WeatherData 객체에서 최신 측정치를 수집할 때마다 실시간으로 갱신됩니다.

그리고 이 스테이션은 다른 개발자가 직접 날씨 디스플레이를 만들어서 바로 넣을 수 있도록 확장 가능해야 합니다. 나중에 새로운 디스플레이를 손쉽게 추가할 수 있도록 해 주세요.

저희는 매우 훌륭한 비즈니스 모델을 갖추고 있습니다. 일단 어느 정도 고객이 확보되면 정보가 화면에 표시되는 횟수로 고객에게 요금을 부과할 예정입니다. 그리고 요금의 일부는 여러분의 스톡옵션으로 사용됩니다.

여러분이 개발한 디자인과 알파 버전을 기다리고 있겠습니다.

Johnny Hurricane

조니 허리케인, CEO

P.S. WeatherData 소스 파일을 첨부했습니다!

기상 모니터링 애플리케이션 알아보기

우리가 납품해야 하는 기상 모니터링 애플리케이션을 살펴봅시다. Weather-O-Rama에서 제공한 부분과 우리가 만들거나 확장해야 하는 부분을 전부 파악해야 합니다. 이 시스템은 기상 스테이션(실제 기상 정보를 수집하는 물리 장비), WeatherData 객체(기상 스테이션으로부터 오는 정보를 추적하는 객체), 사용자에게 현재 기상 조건을 보여 주는 디스플레이 장비, 이렇게 3가지 요소로 이루어집니다.

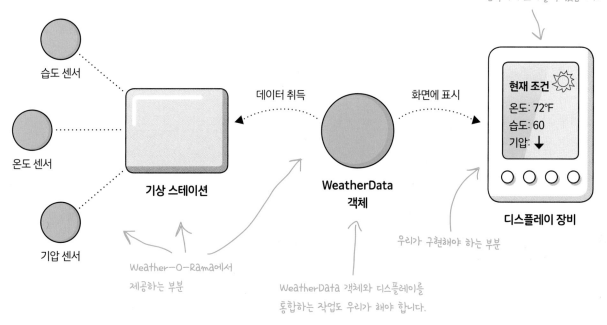

WeatherData 객체는 Weather-O-Rama에서 만든 것으로 물리 기상 스테이션과 통신해서 갱신된 기상 데이터를 가져옵니다. 디스플레이를 업데이트하려면 우선 WeatherData 객체를 고쳐야 합니다. 소스 코드 안에 이 작업을 하는 데 필요한 힌트가 있길 바라 봅시다.

왜냐하면 Weather-O-Rama와 계약을 체결하면 WeatherData 객체로 현재 조건, 기상 통계, 기상 예보, 이렇게 3가지 항목을 디스플레이 장비에서 갱신해 가면서 보여 주는 애플리케이션을 만들어야 하니까요.

WeatherData 클래스 살펴보기

WeatherData 클래스를 열어 봅시다 ✦

조니 허리케인 대표가 보내 준 소스 코드를 살펴봅시다.
우선 WeatherData 클래스부터 시작해 볼까요?

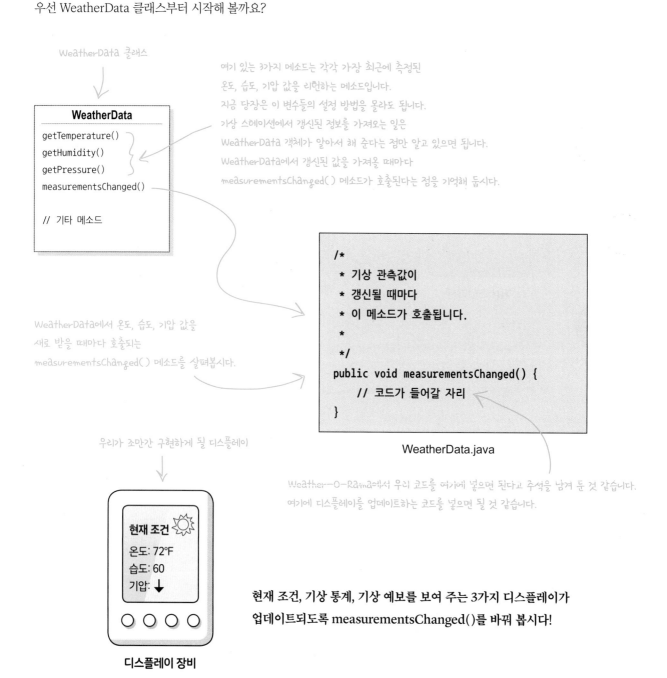

WeatherData 클래스

여기 있는 3가지 메소드는 각각 가장 최근에 측정된
온도, 습도, 기압 값을 리턴하는 메소드입니다.
지금 당장은 이 변수들의 설정 방법을 몰라도 됩니다.
기상 스테이션에서 갱신된 정보를 가져오는 일은
WeatherData 객체가 알아서 해 준다는 점만 알고 있으면 됩니다.
WeatherData에서 갱신된 값을 가져올 때마다
measurementsChanged() 메소드가 호출된다는 점을 기억해 둡시다.

WeatherData

getTemperature()
getHumidity()
getPressure()
measurementsChanged()

// 기타 메소드

WeatherData에서 온도, 습도, 기압 값을
새로 받을 때마다 호출되는
measurementsChanged() 메소드를 살펴봅시다.

```
/*
 * 기상 관측값이
 * 갱신될 때마다
 * 이 메소드가 호출됩니다.
 *
 */
public void measurementsChanged() {
    // 코드가 들어갈 자리
}
```

WeatherData.java

Weather-O-Rama에서 우리 코드를 여기에 넣으면 된다고 주석을 남겨 둔 것 같습니다.
여기에 디스플레이를 업데이트하는 코드를 넣으면 될 것 같습니다.

우리가 조만간 구현하게 될 디스플레이

현재 조건 ☼
온도: 72°F
습도: 60
기압: ↓

○ ○ ○ ○

디스플레이 장비

**현재 조건, 기상 통계, 기상 예보를 보여 주는 3가지 디스플레이가
업데이트되도록 measurementsChanged()를 바꿔 봅시다!**

구현 목표

디스플레이를 구현하고 새로운 값이 들어올 때마다, 즉 measurementsChanged() 메소드가 호출될 때마다 WeatherData에서 디스플레이를 업데이트해야 한다는 사실까지는 파악했습니다. 그러려면 어떻게 해야 할까요? 우리가 하려는 일이 무엇인지 조금 더 따져 봅시다.

- WeatherData 클래스에는 3가지 측정값(온도, 습도, 기압)의 게터 메소드가 있습니다.

1번 디스플레이

- 새로운 기상 측정 데이터가 들어올 때마다 measurementsChanged() 메소드가 호출됩니다(이 메소드가 어떤 식으로 호출되는지 모르며, 사실 알 필요도 없으며, 아무튼 그냥 그 메소드가 호출된다는 사실만 알고 있습니다).

2번 디스플레이

- 기상 데이터를 사용하는 디스플레이 요소 3가지를 구현해야 합니다. 하나는 현재 조건 디스플레이, 다른 하나는 기상 통계 디스플레이, 마지막은 기상 예보 디스플레이입니다. WeatherData에서 새로운 측정값이 들어올 때마다 디스플레이를 갱신해야 합니다.

- 디스플레이를 업데이트하도록 measurementsChanged() 메소드에 코드를 추가해야 합니다.

3번 디스플레이

추가 목표

미래를 생각해 봅시다. 소프트웨어 개발에서 바뀌지 않는 단 하나를 기억하고 있나요? 맞아요, **변화**였죠. 나중에 기상 스테이션이 성공하면 디스플레이가 더 늘어날 수도 있고, 디스플레이를 추가할 수 있는 마켓플레이스가 만들어질지도 모릅니다. 그러니 확장 기능을 추가해 보면 어떨까요?

나중에 만들어질
디스플레이 항목

- **확장성**: 다른 개발자가 새로운 디스플레이를 만들고 싶을 수도 있습니다. 사용자가 마음대로 디스플레이 요소를 더하거나 뺄 수 있게 해 주는 것도 괜찮지 않을까요? 지금은 3가지 디스플레이(현재 조건, 기상 통계, 기상 예보)뿐이지만 언젠가는 마켓플레이스에 새로운 디스플레이가 잔뜩 들어오게 될지도 모르죠!

기상 스테이션용 코드 추가하기

기상 스테이션용 코드를 대충 다음과 같이 만들어 봤습니다 ☆

아마 이런 식으로 구현해 볼 수도 있을 것 같습니다. 우선 Weather-O-Rama 개발자가 준 힌트를 바탕으로 measurementsChanged() 메소드에 다음과 같이 코드를 추가했습니다.

```java
public class WeatherData {

    // 인스턴스 변수 선언

    public void measurementsChanged() {

        float temp = getTemperature();
        float humidity = getHumidity();
        float pressure = getPressure();

        currentConditionsDisplay.update(temp, humidity, pressure);
        statisticsDisplay.update(temp, humidity, pressure);
        forecastDisplay.update(temp, humidity, pressure);
    }

    // 기타 메소드
}
```

measurementsChanged() 메소드

이렇게 코드를 추가했습니다.

WeatherData에 있는 게터 메소드를 호출해서 최신 측정값을 가져옵니다. 각 값을 적당한 변수에 저장합니다.

각 디스플레이를 갱신합니다.

최신 측정값을 전달하면서 각 디스플레이 항목의 update 메소드를 호출합니다.

쓰면서 제대로 공부하기

정답 112쪽

위에 있는 코드의 설명으로 옳은 것을 모두 골라 보세요.

☐ **A.** 인터페이스가 아닌 구체적인 구현을 바탕으로 코딩을 하고 있습니다.

☐ **B.** 새로운 디스플레이 항목이 추가될 때마다 코드를 변경해야 합니다.

☐ **C.** 실행 중에 디스플레이 항목을 추가하거나 제거할 수 없습니다.

☐ **D.** 디스플레이 항목들이 공통적인 인터페이스를 구현하지 않습니다.

☐ **E.** 바뀌는 부분을 캡슐화하지 않았습니다.

☐ **F.** WeatherData 클래스를 캡슐화하지 않고 있습니다.

원칙으로 추가 코드 살펴보기 아까 구현한 코드에 무슨 문제가 있는 걸까요? ☆

1장에서 배운 개념과 원칙들을 다시 한번 떠올려 봅시다. 어떤 걸 위반하고 어떤 걸 제대로 따랐을까요? 특히 변화가 생겼을 때 이 코드에 어떤 영향을 끼칠지도 생각해 봅시다. 코드를 살펴보면서 자세히 따져 볼까요?

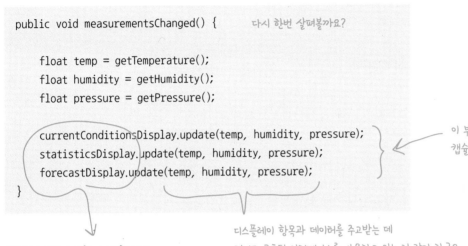

```
public void measurementsChanged() {          다시 한번 살펴볼까요?

    float temp = getTemperature();
    float humidity = getHumidity();
    float pressure = getPressure();

    currentConditionsDisplay.update(temp, humidity, pressure);
    statisticsDisplay.update(temp, humidity, pressure);
    forecastDisplay.update(temp, humidity, pressure);
}
```

이 부분은 바뀔 수 있는 부분으로 캡슐화해야 합니다.

구체적인 구현에 맞춰서 코딩했으므로 프로그램을 고치지 않고는 다른 디스플레이 항목을 추가하거나 제거할 수 없습니다.

디스플레이 항목과 데이터를 주고받는 데 적어도 공통된 인터페이스를 사용하고 있는 것 같긴 하군요. 모두 온도, 습도, 기압 값을 받아들이는 update() 메소드를 가지고 있으니까요.

실행 중에 디스플레이를 더하거나 빼려면 어떻게 해야 할까요?

저도 잘 모르긴 하지만요, 2장의 제목이 옵저버 패턴인데, 슬슬 옵저버 패턴을 써야 하지 않나요?

좋은 생각입니다!
우선 옵저버 패턴을 알아본 다음
옵저버 패턴을 기상 모니터링 애플리케이션에
적용하는 방법을 알아봅시다.

옵저버 패턴 이해하기

옵저버 패턴을 만나 봅시다 ⭐

신문이나 잡지를 어떤 식으로 구독하는지는 알죠?

01 신문사가 사업을 시작하고 신문을 찍어내기 시작합니다.

02 독자가 특정 신문사에 구독 신청을 하면 매번 새로운 신문이 나올 때마다 배달을 받을
    수 있습니다. 구독을 해지하기 전까지 신문을 계속 받을 수 있습니다.

03 신문을 더 이상 보고 싶지 않으면 구독 해지 신청을 합니다. 그러면 더이상 신문이 오지
    않습니다.

04 신문사가 망하지 않는 이상 개인, 호텔, 항공사 및 기타 회사 등은 꾸준하게 신문을 구
    독하거나 해지합니다.

객체마을에서 일어난 일을 모르고
그냥 지나칠 수는 없는 노릇이죠.
그래서 저희는 신문을 구독하고 있어요!

신문사 + 구독자 = 옵저버 패턴

신문 구독 메커니즘만 제대로 이해할 수 있다면 옵저버 패턴을 쉽게 이해할 수 있습니다. 신문사를 주제(subject), 구독자를 옵저버(observer)라고 부른다는 것만 외워 두세요.

한번 자세히 살펴봅시다.

옵저버 객체들은 주제를 구독하고 있으며 (주제 객체에 등록되어 있으며) 주제 데이터가 바뀌면 갱신 내용을 전달받습니다.

주제 데이터가 바뀌면 옵저버에게 그 소식이 전해집니다.

주제에서 중요한 데이터를 관리합니다.

2

2

Dog 객체

2

Cat 객체

int

주제 객체

2

Mouse 객체

데이터가 바뀌면 새로운 데이터 값이 어떤 방법으로든 옵저버에게 전달됩니다.

옵저버 객체

이 객체는 옵저버가 아니기에 주제 데이터가 바뀌어도 아무 연락도 받지 못합니다.

Duck 객체

옵저버 패턴의 작동 원리
신나는 옵저버 패턴의 하루! ☆

**Duck 객체가 등장해서는 주제한테
자기도 옵저버가 되고 싶다고 이야기합니다.**

Duck은 정말로 옵저버가 되고 싶었습니다.
주제에서 상태가 바뀔 때마다
보내 주는 int 값에 정말 관심이 많았거든요.

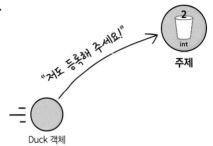

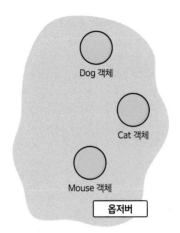

Duck 객체도 이제 정식 옵저버가 되었습니다.

Duck은 신이 났습니다. 구독자 목록에 이름을 올리고
다음에 전달될 int 값을 애타게 기다리고 있습니다.

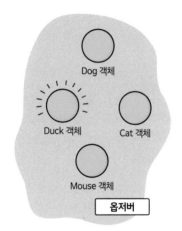

주제 값이 바뀌었습니다.

이제 Duck을 비롯한 모든 옵저버가
주제 값이 바뀌었다는 연락을 받습니다.

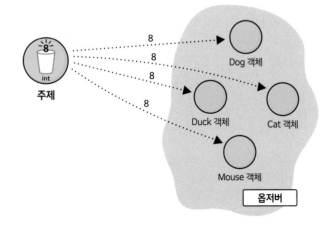

Mouse 객체가 옵저버 목록에서
탈퇴하고 싶다는 요청을 합니다.

Mouse 객체는 한참 전부터 int 값을 받아왔으나
이제 지겨워졌는지 옵저버를
그만두기로 하고는 해지 요청을 합니다.

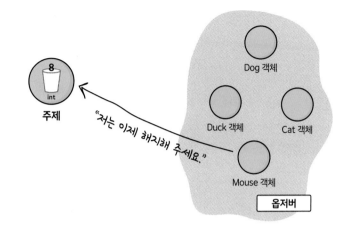

이제 Mosue는 빠졌습니다.

주제가 요청을 받아들여 Mouse 객체를
옵저버 집합에서 제거합니다.

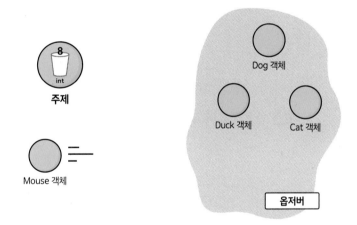

주제에 새로운
int 값이 들어왔습니다.

모든 옵저버가 값이 바뀌었다는 연락을
받습니다. Mouse는 이제 연락을
받지 못하기에 새로운 int 값이 무엇인지
알 수 없습니다. 새로운 int 값을 알고 싶다면
다시 옵저버 등록 요청을 하면 됩니다.

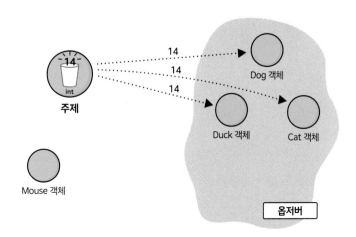

5분 드라마 | 옵저버와 주제

오늘의 드라마에는 2명의 소프트웨어 개발자가 헤드 헌터를 만나는 이야기가 펼쳐집니다!

❶ 소프트웨어 개발자

> 저는 애나라고 합니다.
> 자바 개발자 자리를 알아보고 있어요.
> 5년 동안 개발 업무를 했고요.

❷ 헤드헌터/주제

> 어, 그래요? 자바 개발자는
> 정말 많은데··· 일단 자바 개발자 명단에
> 올려 놓을게요. 내가 먼저 연락할 테니까
> 전화하지 말고 그냥 기다려요.

❸ 소프트웨어 개발자

> 안녕하세요, 저는 수라고 합니다.
> 엔터프라이즈 시스템 경험이 많아요.
> 자바 개발과 관련된 일이라면
> 뭐든 괜찮아요.

❹ 주제

> 아, 당신도 명단에 올려 놓을게요.
> 나중에 다른 사람들한테 연락할 때
> 같이 연락해 줄게요.

❺ 애나와 수는 계속 그렇게 살아갑니다. 자바 관련 일자리가 생기면 둘 다 연락을 받게 될 것입니다. 둘 다 옵저버라고 할 수 있습니다.

옵저버 여러분, 자바마트에서 자바 개발자를 모집하고 있어요. 이 기회를 놓치지 마세요.

으하하하···! 돈 들어온다, 돈!

❻ 주제

고맙습니다. 바로 이력서 보낼게요.

이 사람 영 마음에 안 드네. 내가 직접 직장을 찾아야지.

❼ 옵저버

옵저버

수는 직접 직장을 구했습니다.

저는 명단에서 빼 주세요. 직장을 구했습니다.

❽ 옵저버

이런··· 내 말 잘 들어요, 수. 이제 이 바닥에서 내가 아는 회사로는 가기 힘들 거요. 내 구직자 명단에서 기꺼이 빼 드리지···

❾ 주제

2주 후…

수(sue)

저는 행복하게 지내고 있습니다.
더 이상 옵저버도 아니죠.
게다가 헤드헌터를 거치지 않은 덕분에
두둑한 보너스도 받아서
더 신나게 지내고 있어요.

애나(anna)

사람들이 말하길 제가
그 헤드헌터보다 훨씬 일을 잘한다고 하더라고요.
여전히 그 헤드헌터의 옵저버이긴 한데
저에게도 옵저버가 있어요.
저는 이제 주제이면서 동시에 옵저버인 셈이죠.

옵저버 패턴의 정의

옵저버 패턴은 신문사와 구독자로 이루어지는 신문 구독 서비스와 비슷하다고
생각하면 됩니다. 하지만 정의를 제대로 할 수 있어야겠죠?
보통 옵저버 패턴은 다음과 같이 정의할 수 있습니다.

> **옵저버 패턴**(Observer Pattern)은 한 객체의 상태가 바뀌면 그 객체에 의존하는
> 다른 객체에게 연락이 가고 자동으로 내용이 갱신되는 방식으로 일대다(one-to-
> many) 의존성을 정의합니다.

위에 있는 정의와 지금까지 설명한 내용을 연관지어서 생각해 봅시다.

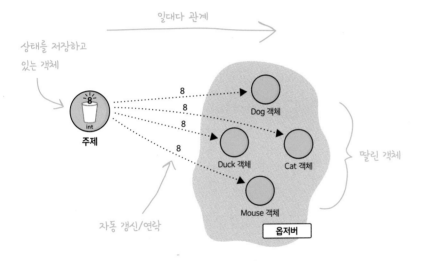

주제와 옵저버로 일대다 관계가 정의됩니다. 옵저버는 주제에 딸려 있으며 주
제의 상태가 바뀌면 옵저버에게 정보가 전달됩니다.

옵저버 패턴은 여러 가지 방법으로 구현할 수 있지만, 보통은 주제 인터페이스
와 옵저버 인터페이스가 들어있는 클래스 디자인으로 구현합니다.

옵저버 패턴은
일련의 객체 사이에서
일대다 관계를 정의합니다.

한 객체의 상태가 변경되면
그 객체에 의존하는
모든 객체에 연락이 갑니다.

옵저버 패턴의 구조 옵저버 패턴의 클래스 다이어그램을 살펴봅시다 ⭐

주제와 옵저버 클래스 인터페이스로 구성된 옵저버 패턴의 구조를 살펴봅시다.

주제를 나타내는 Subject 인터페이스입니다.
객체에서 옵저버로 등록하거나
옵저버 목록에서 탈퇴하고 싶을 때는
이 인터페이스에 있는 메소드를 사용합니다.

각 주제마다 여러 개의
옵저버가 있을 수 있습니다.

옵저버가 될 가능성이 있는 객체는
반드시 Observer 인터페이스를
구현해야 합니다. 이 인터페이스에는
주제의 상태가 바뀌었을 때 호출되는
update( ) 메소드밖에 없습니다.

```
<< 인터페이스 >>
Subject
─────────────
registerObserver()
removeObserver()
notifyObservers()
```

옵저버 →

```
<< 인터페이스 >>
Observer
─────────────
update()
```

주제 역할을 하는 구상 클래스에는
항상 Subject 인터페이스를 구현해야
합니다. 주제 클래스에는 등록 및
해지용 메소드와 상태가 바뀔 때마다
모든 옵저버에게 연락하는
notifyObservers( ) 메소드도
구현해야 합니다.

```
ConcreteSubject
─────────────────
registerObserver() {···}
removeObserver() {···}
notifyObservers() {···}
─────────────────
getState()
setState()
```

주제 →

```
ConcreteObserver
─────────────────
update()
// 기타 옵저버용 메소드
```

주제 클래스에는 상태를 설정하고 알아내는
세터/게터 메소드가 들어있을 수도 있습니다
(이에 관한 내용은 나중에 더 알아보죠).

Observer 인터페이스만 구현한다면
무엇이든 옵저버 클래스가 될 수 있습니다.
각 옵저버는 특정 주제에 등록해서
연락받을 수 있습니다.

무엇이든 물어보세요
Q&A

Q1 이 내용이 일대다 관계와 무슨 상관이 있나요?

A1 옵저버 패턴에서는 주제가 상태를 저장하고 제어합니다. 따라서 상태가 들어있는 객체는 하나만 있을 수 있습니다. 반면에 옵저버는 상태를 사용하지만, 반드시 소유할 필요는 없습니다. 따라서 옵저버는 여러 개가 있을 수 있으며, 주제에서 상태가 바뀌었다는 사실을 알려 주길 기다리는, 주제에 의존적인 성질을 가지게 되죠. 그러므로 하나의 주제와 여러 개의 옵저버가 연관된 일대다(one-to-many) 관계가 성립됩니다.

Q2 이 내용이 의존성과 무슨 상관이 있나요?

A2 데이터의 주인은 주제입니다. 옵저버는 데이터가 변경되었을 때 주제에서 갱신해 주기를 기다리는 입장이기에 의존성을 가진다고 할 수 있습니다. 이런 방법을 사용하면 여러 객체가 동일한 데이터를 제어하는 방법보다 더 깔끔한 객체지향 디자인을 만들 수 있습니다.

Q3 출판-구독(Publish-Subscribe) 패턴이라는 것도 들어 본 적이 있어요. 혹시 옵저버 패턴의 다른 이름인가요?

A3 아뇨, 관계가 있긴 하지만 같진 않아요. 출판-구독 패턴은 구독자가 서로 다른 유형의 메시지에 관심을 가질 수 있고, 출판사와 구독자를 더 세세하게 분리할 수 있는 복잡한 패턴입니다. 미들웨어 시스템에서 종종 쓰입니다.

스승과 제자

스승 우리가 느슨한 결합을 얘기한 적이 있나요?

제자 스승님, 그런 얘기는 한 적이 없습니다.

스승 단단하게 짠 바구니는 뻣뻣한가요, 아니면 유연한가요?

제자 뻣뻣합니다, 스승님.

스승 뻣뻣한 바구니와 유연한 바구니 중 어느 것이 덜 찢어지거나 부서질까요?

제자 유연한 바구니가 덜 부서질 것 같습니다.

스승 그렇다면 우리 소프트웨어에서도 객체가 서로 덜 단단하게 결합되어 있다면 객체들이 부서질 확률이 낮아지지 않을까요?

제자 스승님, 무슨 말씀이신지 알겠습니다. 하지만 객체들이 서로 덜 단단하게 결합되어 있다는 것은 무슨 뜻입니까?

스승 느슨한 결합이라고 할 수 있어요.

제자 아!

스승 반대로 한 객체가 다른 객체에 너무 심하게 의존하면 그 객체가 다른 객체에 단단하게 결합되어 있다고 불러요.

제자 그렇다면 느슨하게 결합된 객체는 다른 객체에 의존하면 안 되는 것입니까?

스승 자연을 생각해 보아요. 모든 생명체는 다른 생명체에 의존하게 되어 있어요. 마찬가지로 모든 객체는 다른 객체에 의존해요. 하지만 느슨하게 결합된 객체는 의존은 하되 다른 객체의 세세한 부분까지 다 알 필요는 없어요.

제자 하지만 스승님, 그건 별로 훌륭한 덕목이 아닌 것 같습니다. 모르는 것보다는 아는 게 당연히 더 낫지 않습니까?

스승 그걸 알고 있다니 제대로 공부하고 있군요. 하지만 아직 배울 게 많이 남아 있어요. 다른 객체를 잘 모르면 변화에 더 잘 대응할 수 있는 디자인을 만들 수 있어요. 덜 단단하게 짠 바구니처럼 더 유연한 디자인을 만들 수 있는 것이지요.

제자 그렇습니다. 스승님 말이 맞습니다. 혹시 예를 들어 볼 수 있을까요?

스승 오늘은 일단 이 정도로 끝내요.

느슨한 결합의 위력

느슨한 결합(Loose Coupling)은 객체들이 상호작용할 수는 있지만, 서로를 잘 모르는 관계를 의미합니다. 앞으로 배우게 되겠지만 느슨한 결합을 활용하면 유연성이 아주 좋아집니다. 옵저버 패턴은 느슨한 결합을 보여주는 훌륭한 예입니다. 옵저버 패턴에서 어떤 식으로 느슨한 결합을 만드는지 알아볼까요?

주제는 옵저버가 특정 인터페이스(Observer 인터페이스)를 구현한다는 사실만 압니다.

옵저버의 구상 클래스가 무엇인지, 옵저버가 무엇을 하는지는 알 필요도 없습니다.

옵저버는 언제든지 새로 추가할 수 있습니다.

주제는 Observer 인터페이스를 구현하는 객체의 목록에만 의존하므로 언제든지 새로운 옵저버를 추가할 수 있죠. 사실 실행 중에 하나의 옵저버를 다른 옵저버로 바꿔도 주제는 계속해서 다른 옵저버에 데이터를 보낼 수 있습니다. 마찬가지로 아무 때나 옵저버를 제거해도 됩니다.

새로운 형식의 옵저버를 추가할 때도 주제를 변경할 필요가 전혀 없습니다.

옵저버가 되어야 하는 새로운 구상 클래스가 생겼다고 가정해 봅시다. 이때도 새로운 클래스 형식을 받아들일 수 있도록 주제를 바꿔야 할 필요는 없습니다. 새로운 클래스에서 Observer 인터페이스를 구현하고 옵저버로 등록하기만 하면 되니까요. 주제는 신경 쓸 필요가 없습니다. Observer 인터페이스만 구현한다면 어떤 객체에도 연락할 수 있으니까요.

여기에 몇 종류의 변화가 등장했는지 한번 세 보세요.

주제와 옵저버는 서로 독립적으로 재사용할 수 있습니다.

주제나 옵저버를 다른 용도로 활용할 일이 있다고 해도 손쉽게 재사용할 수 있습니다. 그 둘이 서로 단단하게 결합되어 있지 않기 때문이죠.

주제나 옵저버가 달라져도 서로에게 영향을 미치지는 않습니다.

서로 느슨하게 결합되어 있으므로 주제나 옵저버 인터페이스를 구현한다는 조건만 만족한다면 어떻게 고쳐도 문제가 생기지 않습니다.

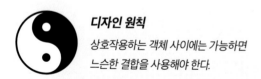

디자인 원칙
상호작용하는 객체 사이에는 가능하면
느슨한 결합을 사용해야 한다.

← 새로운 디자인 원칙을 배웠어요!

느슨하게 결합하는 디자인을 사용하면 변경 사항이 생겨도
무난히 처리할 수 있는 유연한 객체지향 시스템을 구축할 수 있습니다.
객체 사이의 상호의존성을 최소화할 수 있기 때문이죠.

다음 단계로 넘어가기 전에 WeatherData 클래스와 디스플레이 항목 등 기상 스테이션을 구현하는 데 필요한 클래스를 생각해 봅시다. 각 클래스가 서로 어떤 식으로 연관되는지를 다이어그램에 확실하게 표시하고, 다른 개발자가 디스플레이 항목을 어떤 식으로 구현해야 하는지도 표시해 주세요.

힌트가 필요하면 다음 쪽을 읽어 보세요. 여러분의 동료들이 기상 스테이션 디자인 방법을 두고 대화를 나누고 있으니까요.

사무실 옆자리에서 들려온 이야기

기상 스테이션 구축 프로젝트로 돌아가 볼까요? 친구들이 문제를 해결하려고 토론을 하고 있군요.

수(Sue)

메리 옵저버 패턴을 사용할 거라는 걸 알고 나니까 좀 낫긴 하다.

수 맞아. 그런데 어떻게 적용하지?

메리 흠… 옵저버 패턴의 정의를 한번 살펴보자.

**옵저버 패턴은 한 객체의 상태가 바뀌면
그 객체에 의존하는 다른 객체에게 연락이 가고 자동으로 내용이 갱신되는
방식으로 일대다(one-to-many) 의존성을 정의합니다.**

메리 생각해 보니 무슨 뜻인지 알 것 같다. WeatherData 클래스가 '일(one)'에 해당하고 기상 측정치를 사용하는 디스플레이 요소는 '다(many)'에 해당하는 것 아냐?

수 맞네. 상태는 분명히 WeatherData 클래스에 있으니까. 온도, 습도, 기압이 거기에 들어있는데 그 값들은 바뀌잖아.

메리 그래. 그리고 그런 측정값들이 바뀔 때마다 그 값들을 어떤 식으로든 디스플레이 요소들에게 알려야 하고.

수 좋은데? 이제 옵저버 패턴을 기상 스테이션에 어떻게 적용할지 알 수 있을 것 같아.

메리 아직 조금 확실하지 않은 부분이 있어.

수 어떤 부분?

메리 기상 측정값을 디스플레이 요소에 전달하지?

수 WeatherData 객체가 주제가 되고 디스플레이 요소가 옵저버가 되면 디스플레이에서 자기가 원하는 정보를 얻으려고 WeatherData 객체에 등록하겠지.

메리 그래. 그러면 일단 기상 스테이션에서 디스플레이 요소를 알고 있으면 메소드 하나만 호출해도 측정값을 알려 줄 수 있겠네.

수 모든 디스플레이 요소가 다를 수 있다는 걸 기억해야 할 것 같아. 바로 이 부분에서 공통적인 인터페이스를 사용해야 할 것 같아. 구성 요소의 형식이 달라도 모두 똑같은 인터페이스를 구현해야만 WeatherData 객체에서 측정값을 보낼 수 있겠지.

메리 무슨 뜻인지 알겠다. 모든 디스플레이에 WeatherData에서 호출할 수 있는 update() 메소드가 있어야 한다는 말이지?

수 그치. 그리고 update()는 공통 인터페이스에서 정의해야겠지.

기상 스테이션 설계하기 이제 본격적으로 기상 스테이션을 만들어 봅시다 ☆

여러분이 그린 다이어그램(091쪽)과 다음의 다이어그램을 비교해 보세요.

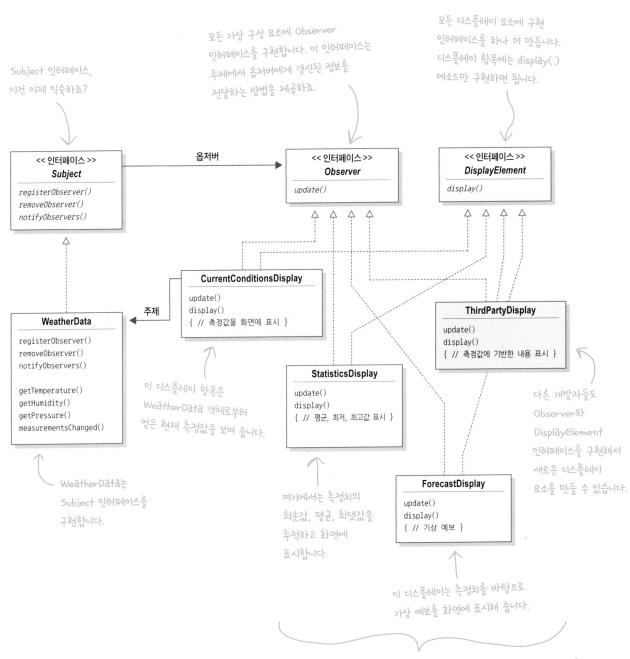

모든 기상 구성 요소에 Observer
인터페이스를 구현합니다. 이 인터페이스는
주제에서 옵저버에게 갱신된 정보를
전달하는 방법을 제공하죠.

모든 디스플레이 요소에 구현
인터페이스를 하나 더 만듭니다.
디스플레이 항목에는 display()
메소드만 구현하면 됩니다.

Subject 인터페이스,
이건 이제 익숙하죠?

<< 인터페이스 >>
Subject

registerObserver()
removeObserver()
notifyObservers()

옵저버 →

<< 인터페이스 >>
Observer

update()

<< 인터페이스 >>
DisplayElement

display()

CurrentConditionsDisplay

update()
display()
{ // 측정값을 화면에 표시 }

주제 →

WeatherData

registerObserver()
removeObserver()
notifyObservers()

getTemperature()
getHumidity()
getPressure()
measurementsChanged()

WeatherData는
Subject 인터페이스를
구현합니다.

이 디스플레이 항목은
WeatherData 객체로부터
얻은 현재 측정값을 보여 줍니다.

StatisticsDisplay

update()
display()
{ // 평균, 최저, 최고값 표시 }

여기에서는 측정치의
최솟값, 평균, 최댓값을
추적하고 화면에
표시합니다.

ThirdPartyDisplay

update()
display()
{ // 측정값에 기반한 내용 표시 }

ForecastDisplay

update()
display()
{ // 기상 예보 }

다른 개발자들도
Observer와
DisplayElement
인터페이스를 구현해서
새로운 디스플레이
요소를 만들 수 있습니다.

이 디스플레이는 측정치를 바탕으로
기상 예보를 화면에 표시해 줍니다.

이 3가지 디스플레이 항목에 'subject'라는 이름이 붙어 있는 WeatherData를
가리키는 선이 있어야 합니다. 그런데 다이어그램이 점점 더 복잡해지는 것 같군요.

기상 스테이션 구현하기

좋습니다. 앞에서 메리와 수의 토론 내용도 봤고 클래스의 전체 구조를 자세하게 보여 주는
다이어그램도 봤습니다. 이제 기상 스테이션을 구현해 보겠습니다. 인터페이스부터 시작해
볼까요?

```java
public interface Subject {
    public void registerObserver(Observer o);
    public void removeObserver(Observer o);
    public void notifyObservers();
}


public interface Observer {
    public void update(float temp, float humidity, float pressure);
}


public interface DisplayElement {
    public void display();
}
```

이 2가지 메소드는 Observer를 인자로 받습니다.
각각 옵저버를 등록하고 제거하는 역할을 하죠.

주제의 상태가 변경되었을 때
모든 옵저버에게 변경 내용을 알리려고
호출되는 메소드입니다.

Observer 인터페이스는 모든
옵저버 클래스에서 구현해야 합니다.
따라서 모든 옵저버는 update( )
메소드를 구현해야 합니다.
여기에서 메리와 수가 얘기했던 대로
옵저버에게 측정한 값들을 전달합니다.

기상 정보가 변경되었을 때 옵저버에게 전달되는 상태값들입니다.

DisplayElement 인터페이스에는 display( )라는
메소드밖에 없습니다. 디스플레이 항목을 화면에
표시해야 하면 그 메소드를 호출합니다.

뇌 단련

메리와 수는 측정치를 직접 전달하는 게 상태를 갱신하는 가장 간단한 방법이라고 생각했습니다. 근
데 이게 정말 좋은 걸까요?
갱신된 상태를 옵저버에게 전달하는 문제를 해결할 수 있는 다른 접근법을 생각해 보세요. 너무 무리
하지 마세요. 일단 지금 구현하고 있는 걸 전부 끝낸 다음에 다시 생각해 봐도 좋습니다.

힌트 애플리케이션의 이 부분이 나중에 바뀔 가능성이 있을까요? 만약에 바뀐다면 그 변경사항이 캡슐화된 거라고 할 수
있을까요? 아니면 코드를 여러 군데 고쳐야만 하는 걸까요?

Subject 인터페이스 구현하기

2장 처음에 구현했던 WeatherData 클래스를 기억하나요(기억을 잘 더듬어 보세요)? 이제 옵저버 패턴을 떠올리며 다시 그 클래스로 돌아가 봅시다.

 주의 지면이 부족해서 import 및 package 선언문은 생략했습니다.
www.hanbit.co.kr/src/10526 또는
wickedlysmart.com/head-first-design-patterns
웹 사이트에서 전체 코드를 내려받을 수 있습니다.

```java
public class WeatherData implements Subject {
    private List<Observer> observers;
    private float temperature;
    private float humidity;
    private float pressure;

    public WeatherData() {
        observers = new ArrayList<Observer>();
    }

    public void registerObserver(Observer o) {
        observers.add(o);
    }

    public void removeObserver(Observer o) {
        observers.remove(o);
    }

    public void notifyObservers() {
        for (Observer observer : observers) {
            observer.update(temperature, humidity, pressure);
        }
    }

    public void measurementsChanged() {
        notifyObservers();
    }

    public void setMeasurements(float temperature, float humidity, float pressure) {
        this.temperature = temperature;
        this.humidity = humidity;
        this.pressure = pressure;
        measurementsChanged();
    }

    // 기타 WeatherData 메소드
}
```

이제 WeatherData에서 Subject 인터페이스를 구현합니다.

Observer 객체들을 저장하는 ArrayList를 추가했습니다. 그리고 생성자가 그 객체를 생성합니다.

옵저버가 등록을 요청하면 목록 맨 뒤에 추가하기만 하면 됩니다.

마찬가지로 옵저버가 탈퇴를 요청하면 목록에서 빼기만 하면 됩니다.

정말 중요한 부분입니다. 모든 옵저버에게 상태 변화를 알려 주는 부분이죠. 모두 Observer 인터페이스를 구현하는, 즉 update() 메소드가 있는 객체들이므로 손쉽게 상태 변화를 알려 줄 수 있습니다.

가상 스테이션으로부터 갱신된 측정값을 받으면 옵저버들에게 알립니다.

가상 스테이션을 책에 수록하고 싶었지만, 출판사에서 그렇게 하지 말라고 하네요. 어쩔 수 없이 실제 장비로부터 진짜 가상 데이터를 가져오는 대신 이 메소드를 써서 디스플레이 항목을 테스트해야 합니다. 여러분이 직접 웹에서 측정값을 가져오는 코드를 만드는 것도 재밌겠죠?

Subject 인터페이스를 구현하는 클래스

디스플레이 요소 구현하기

이제 디스플레이 항목을 만들어 봅시다 ☆

WeatherData 클래스도 고쳤으니까 디스플레이 항목을 만들어야겠죠? Weather-O-Rama는 현재 기상 조건, 기상 통계, 기상 예보를 표시하는 3가지 디스플레이를 요구했습니다. 우선 현재 기상 조건을 표시하는 디스플레이를 살펴보겠습니다. 이 디스플레이 항목을 제대로 이해하고 나서 한빛미디어 웹 사이트 또는 헤드 퍼스트 코드 디렉터리에 있는 기상 통계와 예보 항목의 코드를 살펴보세요. 코드가 상당히 비슷하다는 사실을 알게 될 겁니다.

```java
public class CurrentConditionsDisplay implements Observer, DisplayElement {
    private float temperature;
    private float humidity;
    private WeatherData weatherData;

    public CurrentConditionsDisplay(WeatherData weatherData) {
        this.weatherData = weatherData;
        weatherData.registerObserver(this);
    }

    public void update(float temperature, float humidity, float pressure) {
        this.temperature = temperature;
        this.humidity = humidity;
        display();
    }

    public void display() {
        System.out.println("현재 상태: 온도 " + temperature
        + "F, 습도 " + humidity + "%");
    }
}
```

> API 구조상 모든 디스플레이 항목에서 DisplayElement를 구현하기로 했기에 이 인터페이스도 구현합니다.

> WeatherData 객체로부터 변경 사항을 받으려면 Observer를 구현해야 합니다.

> 생성자에 weatherData라는 주제가 전달되며, 그 객체를 써서 디스플레이를 옵저버로 등록합니다.

> update()가 호출되면 온도와 습도를 저장하고 display()를 호출합니다.

> display() 메소드는 가장 최근에 받은 온도와 습도를 출력합니다.

무엇이든 물어보세요
Q&A

Q1 update( ) 메소드에서 display( ) 메소드를 호출하는 방법이 정말 최선인가요?

A1 지금 다루고 있는 간단한 예제에서는 값이 바뀔 때마다 display( )를 호출하는 방법이 괜찮아 보입니다. 하지만 최선의 방법은 아닙니다. 데이터를 화면에 표시하는 더 좋은 방법은 12장에서 모델-뷰-컨트롤러 패턴을 배울 때 자세히 알아보도록 하죠.

Q2 주제 레퍼런스는 왜 저장하죠? 생성자 말고 다른 데서는 쓸 일이 없지 않나요?

A2 맞아요. 하지만 주제 레퍼런스를 미리 저장해 놓으면 나중에 옵저버 목록에서 탈퇴할 때 유용하게 써먹을 수 있습니다.

기상 스테이션 테스트 이제 기상 스테이션이 잘 작동하는지 돌려 봅시다

01 먼저 테스트용 클래스를 만듭니다.

이제 기상 스테이션이 거의 마무리되었습니다. 지금까지 만든 것들을 연동시키는 코드
만 만들면 됩니다. 나중에 구성 요소를 쉽게 넣을 수 있도록 고쳐 보기로 하고 일단은
다음과 같은 코드를 써 봅시다.

```java
public class WeatherStation {

    public static void main(String[] args) {
        WeatherData weatherData = new WeatherData();

        CurrentConditionsDisplay currentDisplay =
        new CurrentConditionsDisplay(weatherData);
        StatisticsDisplay statisticsDisplay = new StatisticsDisplay(weatherData);
        ForecastDisplay forecastDisplay = new ForecastDisplay(weatherData);

        weatherData.setMeasurements(80, 65, 30.4f);
        weatherData.setMeasurements(82, 70, 29.2f);
        weatherData.setMeasurements(78, 90, 29.2f);
    }
}
```

우선 WeatherData 객체를 생성합니다.

코드를 내려받지 않았다면 이 2줄은 주석 처리하고 실행하세요.

3개의 디스플레이를 생성하고 WeatherData 객체를 인자로 전달합니다.

새로운 기상 측정값이 들어왔다고 가정했습니다.

02 코드를 실행해서 옵저버 패턴이 잘 작동하는지 살펴봅시다.

```
File  Edit  Window  Help  StormyWeather
%java WeatherStation
현재 상태: 온도 80.0F, 습도 65.0%
평균/최고/최저 온도 = 80.0/80.0/80.0
기상 예보: 날씨가 좋아지고 있습니다!
현재 상태: 온도 82.0F, 습도 70.0%
평균/최고/최저 온도 = 81.0/82.0/80.0
기상 예보: 쌀쌀하며 비가 올 것 같습니다.
현재 상태: 온도 78.0F, 습도 90.0%
평균/최고/최저 온도 = 80.0/82.0/78.0
기상 예보: 지금과 비슷할 것 같습니다.
%
```

Weather-O-Rama의 CEO 자니 허리케인에게서 방금 전화가 왔는데, 체감 온도 디스플레이 항목이 필요하다고 합니다. 자세한 내용은 다음과 같습니다.

체감 온도(heat index)는 기온과 습도에 따라 결정되는 값으로 사람이 실제로 느끼는 온도입니다. 기온을 T, 습도를 RH라고 할 때 체감 온도는 다음과 같은 식으로 구할 수 있습니다.

```
heatindex =

    16.923  + 1.85212 * 10⁻¹ * T + 5.37941 * RH  - 1.00254 * 10⁻¹ * T * RH  +
    9.41695 * 10⁻³ * T² + 7.28898 * 10⁻³ * RH² + 3.45372 * 10⁻⁴ * T² * RH  - 8.14971
    * 10⁻⁴ * T * RH² + 1.02102 * 10⁻⁵ * T² * RH² - 3.8646 * 10⁻⁵ * T³ + 2.91583 *
    10⁻⁵ * RH³ + 1.42721 * 10⁻⁶ * T³ * RH + 1.97483 * 10⁻⁷ * T * RH³ - 2.18429 *
    10⁻⁸ * T³ * RH² + 8.43296 * 10⁻¹⁰ * T² * RH³ - 4.81975 * 10⁻¹¹ * T³ * RH³
```

자, 얼른 타이핑해 보세요.

물론, 농담입니다. 걱정하지 마세요. 이 공식을 직접 타이핑할 필요는 없습니다.

HeatIndexDisplay.java 파일을 만든 다음, heatindex.txt 파일에 들어있는 내용을 복사해서 붙여 넣으세요.

www.hanbit.co.kr/src/10526 또는
wickedlysmart.com에서 heatindex.txt를 내려받을 수 있습니다.

잘 되나요? 기상학 관련 도서를 참고해도 좋고 기상청에 문의해 봐도 좋습니다(아니면 웹에서 찾아보는 것도 괜찮겠죠).

체감 온도 디스플레이 항목을 제대로 만들었다면 다음과 같은 결과를 볼 수 있습니다.

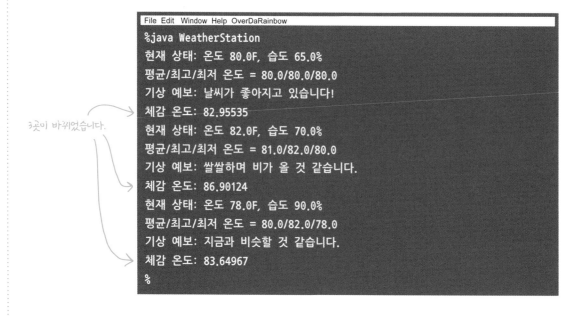

```
File Edit  Window Help  OverDaRainbow
%java WeatherStation
현재 상태: 온도 80.0F, 습도 65.0%
평균/최고/최저 온도 = 80.0/80.0/80.0
기상 예보: 날씨가 좋아지고 있습니다!
체감 온도: 82.95535
현재 상태: 온도 82.0F, 습도 70.0%
평균/최고/최저 온도 = 81.0/82.0/80.0
기상 예보: 쌀쌀하며 비가 올 것 같습니다.
체감 온도: 86.90124
현재 상태: 온도 78.0F, 습도 90.0%
평균/최고/최저 온도 = 80.0/82.0/78.0
기상 예보: 지금과 비슷할 것 같습니다.
체감 온도: 83.64967
%
```

3곳이 바뀌었습니다.

오늘의 게스트 주제와 옵저버

주제

반갑습니다. 드디어 직접 대화를 할 수 있게 되어 기쁘군요.

옵저버

정말요? 저희에게 관심이 없는 줄 알았는데요?

그래도 제 일은 잘하고 있잖아요. 여러분한테 무슨 일이 일어나는지 항상 알려 주고 있으니까요. 여러분을 개인적으로 잘 모른다고 해서 제가 신경을 쓰지 않는 것은 아닙니다. 그리고 여러분의 가장 중요한 특징도 알고 있다고요. 여러분이 Observer 인터페이스를 구현하고 있다는 사실 말이에요.

뭐 그렇긴 하지만 그건 저희의 수많은 특징 중 하나에 불과해요. 그것보다 저는 당신에 관해서 훨씬 많은 걸 알고 있어요.

아, 그래요? 어떤 것을 알고 있나요?

당신은 언제나 옵저버들에게 상태를 알려 주고 있으니까 당신에게 무슨 일이 일어나는지 모를 수가 없어요. 가끔은 계속 연락이 와서 귀찮게 느껴질 때도 있긴 하지만…

말 끊어서 미안한데요. 제가 당신같이 게으른 옵저버들도 무슨 일이 일어나는지 알 수 있도록 일일이 연락해 주는 거잖아요?

알았어요. 하지만 저희가 게으른 건 아니에요. 그쪽에서 보내 주는 그 중요하다는 연락을 받는 사이사이에 저희도 나름 할 일이 있거든요. 그리고 왜 저희가 필요할 때가 아니라 그쪽에서 필요할 때 저희에게 똑같은 상태를 뿌리는 거죠?

주제

뭐 당신들이 필요할 때 상태를 가지고 가도 좋을 것 같군요. 하지만 그렇게 하려면 저를 더 많이 드러내야 하잖아요. 조금 위험할 것 같은데요? 제 정보를 마음대로 파헤치고 다니게 할 수는 없어요.

그건 그냥 필요한 상태를 가져갈 수 있게 public으로 선언된 게터 메소드만 추가하면 해결되는 문제 아닌가요?

그런 식으로 제 상태를 가져가게 할 수는 있어요. 하지만 그러면 당신들이 불편할 텐데요. 필요한 게 있을 때마다 저에게 와야 한다면 메소드를 여러 번 호출해야 될 걸요? 그런 이유로 내가 정보를 보내는 거예요. 그냥 제가 한 번만 연락을 돌리면 여러분이 필요한 상태를 모두 알 수 있으니까요.

너무 거만하게 굴지 마세요. 옵저버의 종류가 얼마나 많은데 저희가 필요로 하는 상태를 당신이 어떻게 전부 파악합니까?
그냥 저희가 필요한 상태를 가져갈 수 있게 해 주세요. 그러면 조금만 알아도 되는 옵저버는 필요한 몇몇 상태만 가져가면 되니까 나중에 코드를 고치기도 쉽겠죠. 예를 들어 당신이 확장되면서 상태가 몇 개 추가된다고 해 보죠. 이때 저희가 데이터를 가져가는 방식을 쓴다면 갱신된 상태를 저희에게 전달하는 메소드를 일일이 고칠 필요 없이 게터 메소드 하나만 추가하면 되잖아요.

흠… "나한테 연락하지 마세요. 내가 연락할께요" 뭐 이런 건가요? 좀 더 생각해 봐야겠네요.

에휴. 어련하시겠어요…

혹시 의외의 결론이 나올 수도 있잖아요?

그렇죠. 해가 서쪽에서 뜰 수도 있으니까요.

그럴지도 모르죠.

라이브러리 속 옵저버 패턴 알아보기 *야생의 옵저버 패턴을 찾아서* ☆

옵저버 패턴은 흔히 쓰이는 패턴 중 하나로, 수많은 라이브러리와 프레임워크에서 쉽게 찾아
볼 수 있습니다. 예를 들어 JDK에 있는 자바빈(JavaBean)과 스윙(Swing) 라이브러리에서도
옵저버 패턴을 쓰고 있습니다. 자바 외에 자바스크립트의 이벤트, 코코아와 스위프트의 키-값
옵저빙 프로토콜에서도 옵저버 패턴이 쓰이는 것을 확인할 수 있습니다. 이처럼 디자인 패턴
을 배우면 라이브러리가 설계된 원리와 동기를 쉽고 빠르게 이해할 수 있습니다.
잠시 갓길로 새서 스윙 라이브러리에서 옵저버를 어떤 식으로 활용하는지 살펴볼까요?

> 자바빈에 있는
> 옵저버 패턴이 궁금하다면
> PropertyChangeListener
> 인터페이스를 확인해 봅시다.

스윙 라이브러리

스윙이 사용자 인터페이스 용도의 자바 GUI 툴킷이라는 사실은 이미 알고 있을 겁니다. 스윙
툴킷의 기본 구성 요소 중 하나로 JButton 클래스를 들 수 있습니다. JButton의 슈퍼클래스
인 AbstractButton을 찾아보면 리스너를 추가하고 제거하는 메소드가 잔뜩 있다는 사실을
알 수 있습니다. 이런 메소드들은 스윙 구성 요소에서 일어나는 다양한 유형의 이벤트를 감
시하는 옵저버(스윙 라이브러리에서는 리스너라고 부릅니다)를 추가하거나 제거하는 역할을
하죠. 예를 들어 ActionListener는 버튼을 누른다든가 하는 식으로 특정 버튼에서 일어날 수
있는 행동에 귀를 기울일 수 있게 해 줍니다. 스윙 API를 보면 온갖 곳에서 다양한 유형의 리
스너를 찾아볼 수 있습니다.

간단하지만 인생을 바꿀 애플리케이션

아주 간단한 애플리케이션이 있습니다. "할까 말까?"라고 적힌 버튼이 있고, 그 버튼
을 클릭하면 리스너(옵저버)가 기분 내키는 대로 대답해 줍니다. 천사같은 대답을 하는
AngelListener와 악마같은 대답을 하는 DevilListenter를 구현해 봅시다. 애플리케이션은
다음과 같은 방식으로 돌아갑니다.

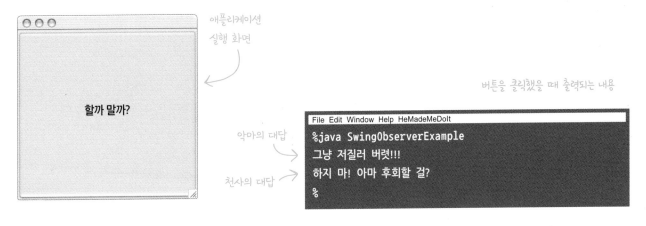

애플리케이션
실행 화면

할까 말까?

버튼을 클릭했을 때 출력되는 내용

악마의 대답

천사의 대답

File Edit Window Help HeMadeMeDoIt

```
%java SwingObserverExample
그냥 저질러 버렷!!!
하지 마! 아마 후회할 걸?
%
```

인생을 바꿀 애플리케이션 만들기

인생을 바꿀 애플리케이션의 코드는 별로 복잡하지 않습니다. JButton 객체를 만들어서 JFrame에 추가하고 리스너만 설정하면 됩니다. 여기서는 스윙 프로그래밍에서 흔히 쓰이는 방식처럼 내부 클래스로 리스너를 정의합니다. 혹시 스윙이나 내부 클래스를 잘 모른다면 자바 관련 도서를 펼쳐 스윙 설명 부분을 읽어 보세요.

```java
public class SwingObserverExample {
    JFrame frame;
    public static void main(String[] args) {
        SwingObserverExample example = new SwingObserverExample();
        example.go();
    }
    public void go() {
        frame = new JFrame();

        JButton button = new JButton("할까? 말까?");
        button.addActionListener(new AngelListener());
        button.addActionListener(new DevilListener());

        // 프레임 속성을 설정합니다.
    }

    class AngelListener implements ActionListener {
        public void actionPerformed(ActionEvent event) {
            System.out.println("하지 마! 아마 후회할 걸?");
        }
    }

    class DevilListener implements ActionListener {
        public void actionPerformed(ActionEvent event) {
            System.out.println("그냥 저질러 버렷!!!");
        }
    }
}
```

프레임을 만들고 그 안에 버튼을 추가하는 간단한 스윙 애플리케이션

버튼을 누르면 반응하는 천사와 악마 리스너(옵저버)를 만듭니다.

프레임을 설정하는 코드가 들어갈 자리

옵저버의 클래스 정의가 들어가는 부분으로, 내부 클래스로 정의됩니다. (반드시 내부 클래스로 정의해야만 하는 건 아닙니다)

주제(이 코드에서는 버튼)의 상태가 바뀌었을 때 update( ) 메소드가 아니라 actionPerformed( ) 메소드가 호출됩니다.

코딩 심화학습

람다 표현식을 잘 몰라도 괜찮습니다.
내부 클래스로 스윙 옵저버를 계속 정의해도 됩니다.

옵저버 패턴을 조금 더 다양하게 활용해 볼까요? 내부 클래스 대신 **람다 표현식**을 사용하면 ActionListener 객체를 만드는 단계를 건너뛸 수 있습니다. 또한, 함수 객체를 만들고 옵저버로 사용할 수도 있습니다. 함수 객체를 addActionListener()에 넘겨주면 그 함수의 서명이 ActionListener 인터페이스에 있는 actionPerformed() 메소드의 서명과 같은지 자바에서 확인도 해 줍니다.

나중에 사용자가 버튼을 클릭하면 버튼 객체는 버튼의 옵저버들에게(람다 표현식으로 만들어진 함수 객체 포함) 해당 버튼이 클릭되었음을 알리고 각 리스너의 actionPerformed() 메소드를 호출합니다.

람다 표현식으로 옵저버를 구현해서 앞쪽에 있는 코드를 얼마나 더 간단하게 만들 수 있는지 살펴봅시다.

람다 표현식으로 구현한 코드

```
public class SwingObserverExample {
    JFrame frame;
    public static void main(String[] args) {
        SwingObserverExample example = new SwingObserverExample();
        example.go();
    }
    public void go() {
        frame = new JFrame();

        JButton button = new JButton("할까? 말까?");
        button.addActionListener(event ->
            System.out.println("하지 마! 아마 후회할 걸?"));
        button.addActionListener(event ->
            System.out.println("그냥 저질러 버렷!!!"));

        // 프레임 속성을 설정합니다.
    }
}
```

AngelListener와 DevilListener 객체를 람다 표현식으로 구현했습니다. 앞쪽에서 구현한 코드와 똑같은 기능을 합니다.

버튼을 클릭하면 람다 표현식으로 만들어진 함수 객체에 "버튼이 클릭되었다"라는 연락이 갑니다. 그리고 그 함수 객체로 구현된 메소드가 실행되죠. 이처럼 람다 표현식을 사용하면 코드가 훨씬 더 간결해집니다.

2개의 ActionListener 클래스(DevilListener와 AngelListener)가 없어졌네요.

람다 표현식을 더 알고 싶다면 자바 문서를 살펴보세요.

Q1 자바에는 Observable 클래스도 있지 않았나요?

A1 아, 좋은 질문입니다. 자바에는 옵저버 패턴용 Observable 클래스(주제 클래스)와 Observer 인터페이스가 있었죠. Observable 클래스는 우리가 직접 코드를 작성하지 않아도 옵저버를 추가하고 삭제하고 옵저버에 알림을 보내는 메소드를 제공했습니다. Observer 인터페이스는 update( ) 메소드를 포함하여 앞에서 우리가 만든 것과 유사한 인터페이스를 제공했죠. 이 클래스들은 자바 9 이후로는 쓰이지 않습니다. 각자 자신의 코드에서 기본적인 옵저버 패턴을 지원하는 게 더 편하다고 생각하는 사람들과 더 강력한 기능을 스스로 구현하는 게 낫겠다고 생각하는 사람들이 늘어나면서 Observer와 Observable은 역사의 뒤안길로 사라지고 말았습니다.

Q2 자바에서 그런 클래스들을 대신할 만한 기능을 새로 탑재해 주진 않았나요?

A2 자바빈은 Bean에서 PropertyChangeEvents로 유형 속성이 바뀌었을 때 PropertyChangeListener에 알림을 보내 주는 기능을 제공합니다. 또한 비동기 스트림(asynchronous stream)을 처리하는 Flow API와 관련된 출판-구독 구성 요소도 제공합니다.

Q3 주제에서 옵저버로 알림이 가는 순서를 정해야 하나요?

A3 Observer를 알림 순서에 의존하지 말라는 JDK 권고가 있습니다.

아까 방구석 토크에서 주제와 옵저버가 푸시(주제가 옵저버에게 상태를 알리는 방식)와 풀(옵저버가 주제로부터 상태를 끌어오는 방식)을 가지고 토론했던 걸 다시 생각해 봤어요. 디스플레이가 WeatherData 객체로부터 필요할 때마다 데이터를 끌어오면 코드를 조금 더 일반화할 수 있지 않나요? 그러면 나중에 새로운 디스플레이를 추가하기도 더 쉬울 것 같은데요?

푸시를 풀로 바꾸는 건 정말 좋은 생각입니다.

지금 만들어 놓은 WeatherData 디자인은 하나의 데이터만 갱신해도 되는 상황에서도 update( ) 메소드에 모든 데이터를 보내도록 되어 있습니다. 그래도 별문제는 없지만, 나중에 Weather-O-Rama에서 풍속 같은 새로운 데이터 값을 추가한다면 어떨까요? 대부분의 update( ) 메소드에서 풍속 데이터를 쓰지 않더라도 모든 디스플레이에 있는 update( ) 메소드를 바꿔야 하지 않을까요?

사실 주제가 옵저버로 데이터를 보내는 **푸시(push)**를 사용하거나 옵저버가 주제로부터 데이터를 당겨오는 **풀(pull)**을 사용하는 방법 중 어느 하나를 선택하는 일은 구현 방법의 문제라고 볼 수 있습니다. 하지만 대체로 옵저버가 필요한 데이터를 골라서 가져가도록 만드는 방법이 더 좋습니다. 시간이 지남에 따라 애플리케이션은 계속 바뀌고 점점 더 복잡해집니다. 실제로 CEO인 조니 허리케인은 기상 스테이션을 확장해서 더 많은 디스플레이를 팔고 싶어 합니다. 그러니 나중에 더 쉽게 확장할 수 있도록 디자인을 다시 한번 살펴봐야 합니다.

옵저버가 필요한 데이터를 당겨올 수 있도록 기상 스테이션 코드를 수정하는 일은 그리 어렵지 않습니다. 주제가 자신의 데이터에 관한 게터 메소드를 가지게 만들고 필요한 데이터를 당겨올 때 해당 메소드를 호출할 수 있도록 옵저버를 고쳐 주기만 하면 됩니다. 코드를 다시 만져 볼까요?

풀 방식으로 코드 바꾸기 <small>아무튼 다시 Weather-O-Rama로 돌아가 봅시다 ☆</small>

주제에 들어있는 데이터를 처리하는 방법이 하나 더 있습니다. 옵저버가 필요할 때마다 주제로부터 데이터를 당겨오도록 하는 방식이죠. 지금은 주제 데이터가 바뀌면 update()를 호출해서 옵저버에 새로운 온도, 습도, 기압 데이터를 보냅니다.

값이 변했다는 알림을 옵저버가 받았을 때 주제에 있는 게터 메소드를 호출해서 필요한 값을 당겨오도록 만들어 봅시다. 풀 방식으로 바꾸려면 기존 코드를 살짝 고쳐야 합니다.

💬 생각해 보세요!

주제에서 알림 보내기

01 옵저버의 update 메소드를 인자 없이 호출하도록 WeatherData의 notifyObservers() 메소드를 수정합니다.

```
public void notifyObservers() {
    for (Observer observer : observers) {
        observer.update();
    }
}
```

옵저버에서 알림 받기

01 Observer 인터페이스에서 update() 메소드에 매개변수가 없도록 서명을 바꿔 줍니다.

```
public interface Observer {
    public void update();
}
```

02 마지막으로 update() 메소드의 서명을 바꾸고 WeatherData의 게터 메소드로 주제의 날씨 데이터를 가져오도록 각 Observer 구상 클래스를 수정합니다. CurrentConditionsDisplay 클래스 코드는 다음과 같이 고치면 됩니다.

```
public void update() {
    this.temperature = weatherData.getTemperature();
    this.humidity = weatherData.getHumidity();
    display();
}
```

<small>Weather-O-Rama에서 보내 준 WeatherData 코드에 있는 게터 메소드를 사용합니다. 주제의 게터 메소드를 이용합니다.</small>

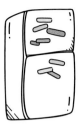

코드 자석

정답 111쪽

기상 예보를 화면에 표시해 주는 ForecastDisplay 코드가 냉장고 문에 어지럽게 붙어 있습니다. 이 코드 조각을 잘 배열해서 제대로 된 코드를 만들어 봅시다. 괄호는 바닥에 떨어져 있어서 잘 보이지 않는군요. 괄호가 필요하면 마음대로 추가해도 됩니다.

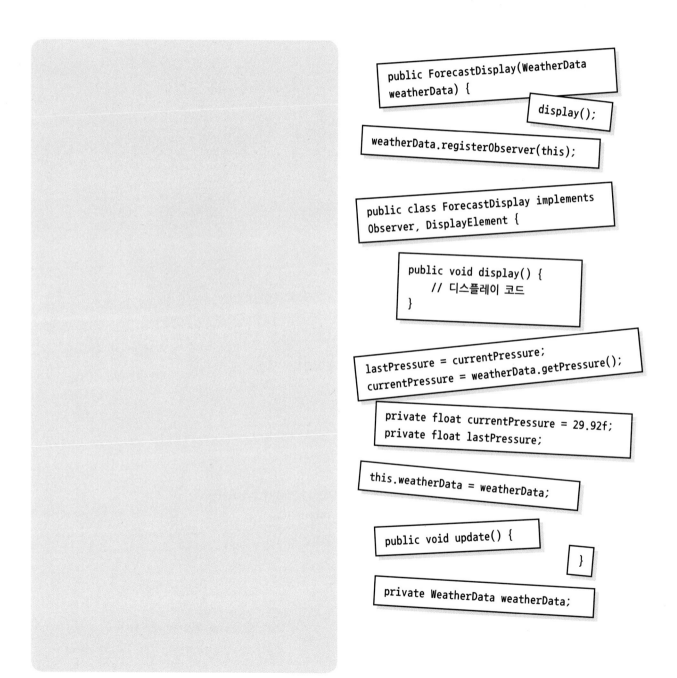

```java
public ForecastDisplay(WeatherData weatherData) {
```

```java
display();
```

```java
weatherData.registerObserver(this);
```

```java
public class ForecastDisplay implements Observer, DisplayElement {
```

```java
public void display() {
    // 디스플레이 코드
}
```

```java
lastPressure = currentPressure;
currentPressure = weatherData.getPressure();
```

```java
private float currentPressure = 29.92f;
private float lastPressure;
```

```java
this.weatherData = weatherData;
```

```java
public void update() {
```

```java
}
```

```java
private WeatherData weatherData;
```

업데이트한 기상 스테이션 코드 테스트

새 코드를 실행해 봅시다 ⭐

업데이트할 디스플레이가 하나 더 추가됐습니다. 평균/최저/최고 디스플레이 말이죠.
직접 해 보세요! 혹시 모르니까 먼저 새 코드를 실행해 봅시다.

```
File  Edit  Window  Help  TryThisAtHome

%java WeatherStation
현재 상태: 온도 80.0F, 습도 65.0%
평균/최고/최저 온도 = 80.0/80.0/80.0
기상 예보: 날씨가 좋아지고 있습니다!
현재 상태: 온도 82.0F, 습도 70.0%
평균/최고/최저 온도 = 81.0/82.0/80.0
기상 예보: 쌀쌀하며 비가 올 것 같습니다.
현재 상태: 온도 78.0F, 습도 90.0%
평균/최고/최저 온도 = 80.0/82.0/78.0
기상 예보: 지금과 비슷할 것 같습니다.
%
```

실행 결과 →

오, 이런 게 도착했네요!

Weather-O-Rama, Inc.
100 Main Street
Tornado Alley, OK 45021

고맙습니다!

정말 잘하셨습니다! 저희가 요청드린 디스플레이를 빠르게 만든 것 외에도 누구든 새
디스플레이를 만들 수 있는 일반적인 디자인을 만들어 주신 것도 모자라 사용자가 실
행 중에 디스플레이를 더하거나 뺄 수도 있게 해 주시다니 정말 놀랍습니다!

정말 훌륭하게 잘해 주셨습니다.

조만간 또 뵙겠습니다!

Johnny Hurricane

조니 허리케인, CEO

디자인 도구상자 안에 들어가야 할 도구들

드디어 2장도 끝나갑니다.
여러분의 객체지향 도구상자에 새로운 도구들이 추가되었네요.

객체지향 기초

- 추상화
- 캡슐화
- 다형성
- 상속

객체지향 원칙

- 바뀌는 부분은 캡슐화한다.
- 상속보다는 구성을 활용한다.
- 구현보다는 인터페이스에 맞춰서 프로그래밍한다.
- 상호작용하는 객체 사이에서는 가능하면 느슨한 결합을 사용해야 한다.

이번에 새로 배운 원칙입니다.
느슨한 결합을 이용하는 디자인이
훨씬 더 유연하고 변화에 강하다는
사실을 꼭 기억해 두세요.

객체지향 패턴

전략 패턴 - 전략 ~~정의하고 캡슐화해서~~ 수정해서 쓸 수 있게 ~~사용하면 클라이언트~~ 분리해서 독립적으로

옵저버 패턴 - 한 객체의 상태가 바뀌면 그 객체에 의존하는 다른 객체에게 연락이 가고 자동으로 내용이 갱신되는 방식으로 일대다 (one-to-many) 의존성을 정의합니다.

어떤 객체의 상태를 느슨하게 결합된
다른 객체에 전달하는 패턴.
아직 옵저버 패턴을 다 배운 것은 아닙니다.
12장에서 모델-뷰-컨트롤러(MVC)를
배울 때 마저 배워 보겠습니다!

디자인 원칙 경시대회

정답 111쪽

아래에 있는 각 디자인 원칙을 보고, 각 원칙이 옵저버 패턴에서 어떤 식으로 쓰이는지 설명해 보세요.

디자인 원칙

애플리케이션에서 달라지는 부분을 찾아내고,
달라지지 않는 부분과 분리한다.

_____

_____

_____

_____

_____

_____

디자인 원칙

구현보다는 인터페이스에 맞춰서
프로그래밍한다.

_____

_____

_____

_____

이건 좀 어렵군요.

힌트: 옵저버와 주제가 어떤 식으로 서로 협조하는지 생각해 봅시다.

디자인 원칙

상속보다는 구성을 활용한다.

_____

_____

_____

_____

낱말 퀴즈

오른쪽 두뇌가 힘을 발휘할 때가 되었군요.
정답은 모두 1, 2장에 나와 있는 단어들입니다.

단어는 영어 알파벳으로 되어 있습니다.
낱말 퀴즈 옆에 있는 단어 리스트를 참고해서 풀어 보세요!

- MOUSE
- **구현하다** IMPLEMENTS
- **푸시** PUSH
- **업데이트** UPDATE
- REMOVEOBSERVER
- **순서** ORDER
- **신문사** PUBLISHER
- **느슨한** LOOSE
- **옵저버** OBSERVER(S)
- **의존적** DEPENDENT
- **인터페이스** INTERFACE
- **여러 개의** MANY
- **직장** JOB
- **리스너 역할** LISTENING
- **주제** SUBJECT
- **인터페이스** INTERFACE
- **기압** PRESSURE
- **허리케인** HURRICANE
- **알림** NOTIFIED
- **스윙** SWING
- **악마의 대답** DEVILLISTENER
- **체감 온도** HEAT

가로

1. 하나의 주제가 _____ 옵저버에 정보를 보냅니다.
3. 주제는 원래 모든 데이터를 옵저버에 _____ 방식으로 보내고자 했습니다.
6. CEO가 _____ 디스플레이를 까먹었죠?
8. CurrentConditionsDisplay에서 이 인터페이스를 구현합니다.
9. 옵저버가 엄청나게 많이 들어있는 자바 프레임워크
11. 주제는 _____와 비슷합니다.
12. 옵저버는 뭔가 새로운 일이 일어날 때마다 _____을 받고 싶어합니다.
15. 옵저버 명단에서 빠지고 싶을 때 호출하는 것은?
16. 애나는 옵저버이자 동시에 _____였습니다.
18. 주제는 _____ 입니다.
20. 결합은 _____ 것이 좋습니다.
21. 프로그램을 짤 때 구현보다는 _____에 맞추는 것이 바람직합니다.
22. Devil과 Angel은 모두 버튼 객체의 _____을 했습니다.

세로

1. _____ 객체는 더 이상 int를 받아 보고 싶지 않아서 탈퇴 신청을 했습니다.
2. 온도, 습도, _____
4. Weather-O-Rama의 CEO 이름이기도 한데요, 열대성 저기압의 일종을 가리키는 단어는?
5. "그냥 저질러 버렷!!!"이라고 답했던 게 뭐였죠?
7. 주제는 _____들을 잘 몰라도 상관 없습니다.
10. WeatherData 클래스는 Subject 인터페이스를 _____ 합니다.
13. 알림을 할 때는 _____에 의존하지 않도록 주의해야 합니다.
14. 옵저버는 주제에 _____ 입니다.
17. 알림을 받으려면 이 메소드를 구현해야 합니다.
19. 〈5분 드라마〉에서 수(Sue)가 구하고 있던 게 뭐였죠?

코드 자석
정답

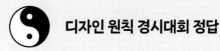

디자인 원칙 경시대회 정답

```java
public class ForecastDisplay implements
Observer, DisplayElement {

    private float currentPressure = 29.92f;
    private float lastPressure;

    private WeatherData weatherData;

    public ForecastDisplay(WeatherData
    weatherData) {

        this.weatherData = weatherData;

        weatherData.registerObserver(this);

    }

    public void update() {

        lastPressure = currentPressure;
        currentPressure = weatherData.getPressure();

        display();

    }

    public void display() {
        // 디스플레이 코드
    }

}
```

쓰면서 제대로 공부하기 **정답**

위에 있는 코드의 설명으로 옳은 것을 모두 골라 보세요.

- ☑ **A.** 인터페이스가 아닌 구체적인 구현을 바탕으로 코딩을 하고 있습니다.
- ☑ **B.** 새로운 디스플레이 항목이 추가될 때마다 코드를 변경해야 합니다.
- ☑ **C.** 실행 중에 디스플레이 항목을 추가하거나 제거할 수 없습니다.

- ☐ **D.** 디스플레이 항목들이 공통적인 인터페이스를 구현하지 않습니다.
- ☑ **E.** 바뀌는 부분을 캡슐화하지 않았습니다.
- ☐ **F.** WeatherData 클래스를 캡슐화하지 않고 있습니다.

 낱말 퀴즈
정답

객체 꾸미기

데코레이터 패턴

예전에는 진정한 개발자라면
모든 걸 서브클래스로 해결해야 한다고
생각했어요. 실행 중에 확장하는 일의
위력을 깨닫지 못했던 시절에 말이죠.
하지만 지금은 완전히 달라졌어요!

"상속맨, 디자인에 눈을 뜨다"

3장의 제목을 저렇게 지어도 좋을 것 같군요. 3장에서는 상속을 남용하는 사례를 살펴보고 객체 작성이라는 형식으로 실행 중에 클래스를 꾸미는(데코레이션하는) 방법을 배웁니다. 데코레이터 패턴을 배우면 기존 클래스 코드를 바꾸지 않고도 객체에 새로운 임무를 추가할 수 있습니다.

초대형 커피 전문점, 스타버즈

스타버즈 커피에 오신 것을 환영합니다!

스타버즈 커피는 단기간에 폭발적으로 성장한 초대형 커피 전문점으로 유명합니다. 심지어 몇몇 동네에는 100미터도 안 되는 간격으로 서로 다른 스타버즈 매장이 있기도 하죠.

하지만 워낙 빠르게 성장하다 보니 다양한 음료를 모두 포괄하는 주문 시스템을 미처 갖추지 못했습니다. 사업이 안정화된 지금에서야 주문 시스템을 개선하려고 노력하는 중입니다.

사업을 시작할 무렵에 만들어진 주문 시스템 클래스는 다음과 같이 구성되었습니다.

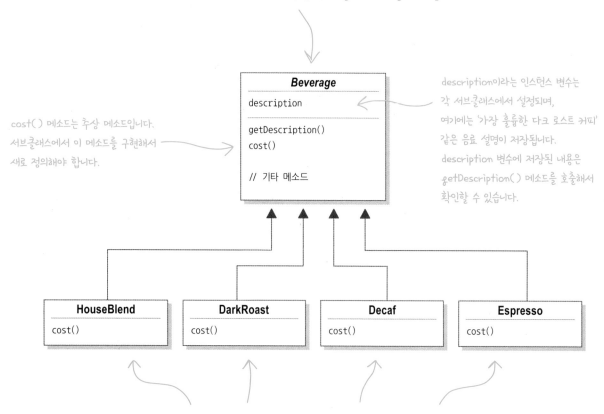

Beverage는 음료를 나타내는 추상 클래스이며 매장에서 판매되는 모든 음료는 이 클래스의 서브클래스가 됩니다.

cost() 메소드는 추상 메소드입니다. 서브클래스에서 이 메소드를 구현해서 새로 정의해야 합니다.

description이라는 인스턴스 변수는 각 서브클래스에서 설정되며, 여기에는 '가장 훌륭한 다크 로스트 커피' 같은 음료 설명이 저장됩니다. description 변수에 저장된 내용은 getDescription() 메소드를 호출해서 확인할 수 있습니다.

모든 서브클래스에서 음료의 가격을 리턴하는 cost() 메소드를 구현해야 합니다.

고객은 커피를 주문할 때 우유나 두유, 모카(초콜릿)를 추가하고 그 위에 휘핑크림을 얹기도 합니다. 각각을 추가할 때마다 커피 가격이 올라가야 하기에 주문 시스템을 구현할 때 이런 점을 모두 고려해야 합니다.

그래서 처음에는 이렇게 만들었습니다.

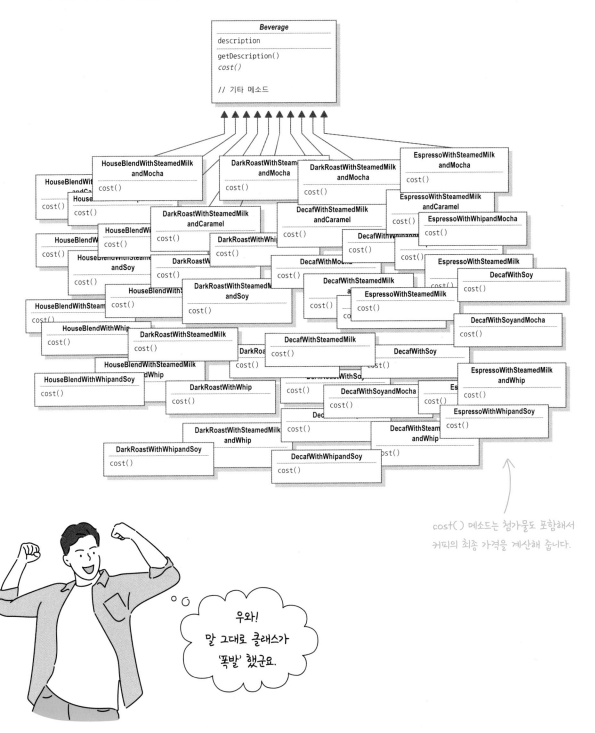

cost( ) 메소드는 첨가물도 포함해서 커피의 최종 가격을 계산해 줍니다.

우와!
말 그대로 클래스가
'폭발' 했군요.

이거 정말 황당하네요.
왜 이렇게 클래스가 많이 필요한 거죠?
그냥 인스턴스 변수와 슈퍼클래스 상속을 써서
첨가물을 관리하면 안 되나요?

뇌 단련

앞쪽에 있는 클래스들을 보면 스타버즈 커피가 클래스 관리에 어려움을 겪고 있다는 사실을 쉽게 알 수 있습니다. 만약 우유 가격이 인상되면 어떻게 해야 할까요? 캐러멜을 새로 추가하면 어떻게 해야 할까요?

클래스 관리 문제를 생각해 볼 때, 지금까지 우리가 배웠던 디자인 원칙 가운데 무엇을 제대로 지키지 않고 있는 걸까요?

힌트 2가지 중요한 원칙을 지키지 않고 있습니다.

그러면 그렇게 한번 해 보죠. 우선 Beverage 클래스에 우유, 두유, 모카, 휘핑 크림 첨가 여부를 보여 주는 인스턴스 변수를 추가해 봅시다.

Beverage

description
milk
soy
mocha
whip

getDescription()
cost()

hasMilk()
setMilk()
hasSoy()
setSoy()
hasMocha()
setMocha()
hasWhip()
setWhip()

// 기타 메소드

각 첨가물에 해당하는
불리언 변수를 새로 만들었습니다.

이제 cost( )를 추상 클래스로 정의하지 않고 구현하겠습니다. 각 음료 인스턴스마다 첨가물에 해당하는 비용까지 포함할 수 있도록 말이죠. 이렇게 하더라도 서브클래스는 cost( ) 메소드를 오버라이드해야 합니다. 하지만 슈퍼클래스 버전을 호출함으로써 기본 음료 가격에 추가 비용을 합친 가격을 리턴할 수 있겠죠.

첨가물의 불리언 값을 알아내거나
설정하는 게터/세터 메소드

서브클래스를 추가합니다. 메뉴마다 서브클래스를 만들어야겠죠?

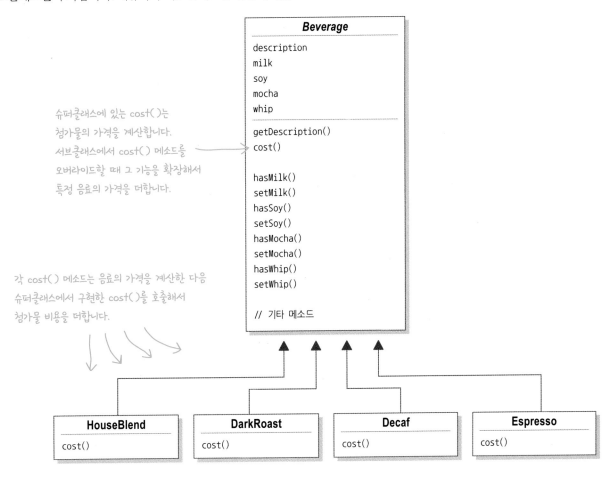

슈퍼클래스에 있는 cost()는
첨가물의 가격을 계산합니다.
서브클래스에서 cost() 메소드를
오버라이드할 때 그 기능을 확장해서
특정 음료의 가격을 더합니다.

각 cost() 메소드는 음료의 가격을 계산한 다음
슈퍼클래스에서 구현한 cost()를 호출해서
첨가물 비용을 더합니다.

Beverage

```
description
milk
soy
mocha
whip
```

```
getDescription()
cost()

hasMilk()
setMilk()
hasSoy()
setSoy()
hasMocha()
setMocha()
hasWhip()
setWhip()

// 기타 메소드
```

HouseBlend
```
cost()
```

DarkRoast
```
cost()
```

Decaf
```
cost()
```

Espresso
```
cost()
```

쓰면서 제대로 공부하기

정답 140쪽

각 클래스에 들어갈 cost() 메소드 코드를 작성해 보세요. 수도코드(pseudocode) 형태로 써도 됩니다.

```java
public class Beverage {
    public double cost() {



    }
}
```

```java
public class DarkRoast extends Beverage {
    public DarkRoast() {
        description = "최고의 다크 로스트 커피";
    }
    public double cost() {



    }
}
```

이것 봐. 이제 클래스가 5개 밖에 안 되잖아. 진작에 이렇게 했어야지! 안 그래?

난 아직 확신이 서지 않는데… 나중에 디자인이 어떻게 바뀔지 생각해 보면 이 접근법의 문제점을 발견할 수 있을지도 몰라.

쓰면서 제대로 공부하기

이 프로젝트에서 변경되었을 때 디자인에 영향을 미칠 만한 요소를 적어 봅시다(정답은 없습니다. 자유롭게 적어 보세요).

첨가물 가격이 바뀔 때마다 기존 코드를 수정해야 합니다.

첨가물의 종류가 많아지면 새로운 메소드를 추가해야 하고, 슈퍼클래스의 cost( ) 메소드도 고쳐야 합니다.

1장에서도 경험했듯이 꽤 심각한 문제입니다.

새로운 음료가 출시될 수도 있습니다. 그중에는 특정 첨가물이 들어가면 안 되는 음료도 있을 것입니다.
예를 들어 아이스 티를 생각해 보면, Tea 서브클래스에서도 hasWhip( ) 같은 메소드가 여전히 상속받게 될 것입니다.

고객이 더블 모카를 주문하면 어떻게 해야 할까요?

여러분이 적어 보세요.
→

스승과 제자

스승 오! 오랜만이에요. 상속에 관해서 깊이 생각해 보았나요?

제자 예, 스승님. 상속이 강력하긴 하나, 상속을 사용한다고 해서 무조건 유연하거나 관리하기 쉬운 디자인이 만들어지지는 않는다는 사실을 깨달았습니다.

스승 그래요… 뭔가 깨달음을 얻었군요. 그러면 상속 말고 어떤 걸로 재사용이라는 목표를 달성할 수 있을까요?

제자 구성과 위임으로 실행 중에 행동을 '상속'하는 방법이 있다는 사실을 배웠습니다.

스승 오! 좀 더 설명을 들어 볼 수 있을까요?

제자 서브클래스를 만드는 방식으로 행동을 상속받으면 그 행동은 컴파일할 때 완전히 결정됩니다. 게다가 모든 서브클래스에서 똑같은 행동을 상속받아야 합니다. 하지만 구성으로 객체의 행동을 확장하면 실행 중에 동적으로 행동을 설정할 수 있습니다.

스승 훌륭합니다. 드디어 구성의 위력에 눈을 떴군요!

제자 예, 이 기술을 활용하면 객체에 여러 임무를 새로 추가할 수 있습니다. 심지어 슈퍼클래스를 디자인했던 사람이 전혀 생각하지 못했던 내용을 추가할 수도 있습니다. 클래스 코드를 전혀 건드리지 않고도 말입니다.

스승 코드 관리에 구성이 어떤 영향을 미치는지도 알고 있나요?

제자 예, 방금 그 내용을 말씀드리려고 했습니다. 객체를 동적으로 구성하면 기존 코드를 고치는 대신 새로운 코드를 만들어서 기능을 추가할 수 있습니다. 기존 코드는 건드리지 않으므로 코드 수정에 따른 버그나 의도하지 않은 부작용을 원천봉쇄할 수 있습니다.

스승 훌륭한 대답입니다. 오늘은 이 정도로 마치겠어요. 이 주제로 조금 더 수련해 보세요. 명심하세요. 코드는 밤의 연꽃처럼 변경에는 닫혀 있고 아침의 연꽃처럼 확장에는 활짝 열려 있어야 한다는 사실을요.

OCP 살펴보기

OCP(Open-Closed Principle)는 정말 중요한 디자인 원칙 중 하나입니다.

디자인 원칙

클래스는 확장에는 열려 있어야 하지만
변경에는 닫혀 있어야 힌다.

어서 오세요.
저희의 문은 활짝 열려 있습니다. 저희 클래스
를 확장하고 원하는 행동을 마음대로 추가해도
됩니다. 요구 사항이나 조건이 바뀌면 주저하지
말고 언제든지 확장해 주세요!

죄송합니다. 문을 닫았습니다.
지금까지 버그를 박멸하고 코드를 고치느라 정말
힘들었어요. 당분간 코드를 수정할 수 없습니다.
마음에 안 들면 높은 분들과 얘기해 보세요.

우리의 목표는 기존 코드를 건드리지 않고 확장으로 새로운 행동을 추가하는 것입니다. 이 목
표를 달성했을 때 무엇을 얻을 수 있을까요? 새로운 기능을 추가할 때 급변하는 주변 환경에
잘 적응하는 유연하고 튼튼한 디자인을 만들 수 있겠죠!

Q1 확장에는 열려 있고 변경에 닫혀 있다고요? 뭔가 모순이네요. 어떻게 그 2가지 조건을 동시에 만족할 수 있는 거죠?

A1 정말 좋은 질문입니다. 분명히 처음에는 모순처럼 보일 수 있습니다. 변경하기 힘들다면 확장하기도 힘들 테니까요. 하지만 코드를 변경하지 않아도 시스템을 확장하게 해 주는 기발한 객체지향 기법은 많습니다. 2장에서 배웠던 옵저버 패턴을 생각해 보죠. 옵저버를 새로 추가하면 주제에 코드를 추가하지 않으면서도 얼마든지 확장할 수 있습니다. 객체지향 디자인 기법을 배우다 보면 행동을 확장할 수 있는 방법이 많다는 사실을 자연스럽게 알게 됩니다.

Q2 옵저버 패턴은 이해했는데, 코드를 변경하지 않으면서 확장이 용이한 디자인을 쉽게 만들 수 있나요?

A2 확장하려고 코드를 직접 수정하는 일을 방지하는 디자인 기법이 있습니다. 그런 기법은 대부분 오랜 시간에 걸쳐서 검증받은 것들이죠. 3장에서는 데코레이터 패턴으로 OCP를 준수하는 방법을 배웁니다.

Q3 모든 부분에서 OCP를 준수하려면 어떻게 해야 하나요?

A3 보통 그렇게 하는 것은 불가능합니다. OCP를 준수하는 객체지향 디자인을 만들려면 적지 않은 시간과 노력이 필요합니다. 디자인의 모든 부분을 깔끔하게 정돈할 만큼 여유가 있는 상황도 흔치 않습니다(게다가 굳이 그렇게 할 필요가 없죠). OCP를 지키다 보면 새로운 단계의 추상화가 필요한 경우가 종종 있는데, 추상화를 하다 보면 코드가 복잡해집니다. 그래서 우리가 디자인한 것 중에서 가장 바뀔 가능성이 높은 부분을 중점적으로 살펴보고 OCP를 적용하는 방법이 가장 좋습니다.

Q4 바뀌는 부분 중에서 OCP를 적용할 만큼 중요한 부분을 어떻게 골라낼 수 있죠?

A4 객체지향 시스템 디자인 경험과 지금 건드리고 있는 분야의 지식이 많다면 쉽게 구분할 수 있습니다. 여러 디자인을 살펴보면 바뀌는 부분 가운데 중요한 부분을 골라내는 안목이 높아집니다.

모순처럼 보이지만, 직접 코드를 수정하지 않고도 코드를 확장할 수 있게 해 주는 기법이 있습니다.

코드에서 확장해야 할 부분을 선택할 때는 세심한 주의를 기울여야 합니다. 무조건 OCP를 적용한다면 괜히 쓸데없는 일을 하며 시간을 낭비할 수 있으며, 필요 이상으로 복잡하고 이해하기 힘든 코드를 만들게 되는 부작용이 발생할 수 있습니다. 이 점에 주의해야 합니다.

데코레이터 패턴 살펴보기

데코레이터 패턴을 만나 봅시다 ☆

상속을 써서 음료 가격과 첨가물(샷, 시럽, 우유, 휘핑크림 등) 가격을 합해서 총 가격을 산출하는 방법은 그리 좋은 방법이 아니었습니다. 클래스가 어마어마하게 많아지거나 일부 서브클래스에는 적합하지 않은 기능을 추가해야 하는 문제가 있었죠.

다른 방법을 한번 생각해 봅시다. 일단 특정 음료에서 시작해서 첨가물로 그 음료를 **장식(decorate)**해 볼까요? 예를 들어 어떤 고객이 모카와 휘핑크림을 추가한 다크 로스트 커피를 주문한다면 다음과 같이 장식할 수 있습니다.

> '객체지향 디자인 스터디 모임'은 잠시 접어 두고, 우리 문제에도 관심을 기울여 주세요. 스타버즈 커피 주문 시스템 문제를 까먹은 건 아니죠? 지금까지 얘기했던 디자인 원칙을 가지고 우리를 정말로 도와주실 수 있는 건가요?

스타버즈 커피 매니저 준(Jun)

01 DarkRoast 객체를 가져온다.

02 Mocha 객체로 장식한다.

03 Whip 객체로 장식한다.

04 cost( ) 메소드를 호출한다.
이때 첨가물의 가격을 계산하는 일은 해당 객체에게 위임한다.

여기서 객체를 어떻게 **장식**할 수 있을까요? 그리고 이 과정에서 어떤 식으로 위임할 수 있을까요?(힌트: 데코레이터 객체를 '래퍼' 객체라고 생각해 보세요)? 자, 그럼 어떻게 하면 될지 살펴볼까요?

주문 시스템에 데코레이터 패턴 적용하기

데코레이터 패턴으로 음료 주문을
완성하는 방법을 알아봅시다 ⭐

생각해 보세요!

01 DarkRoast 객체에서 시작합니다.

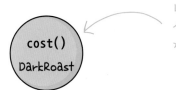

DarkRoast는 Beverage로부터
상속받으므로 음료의 가격을
계산하는 메소드를 가지고 있습니다.

02 고객이 모카를 주문했으니까 Mocha 객체를 만들고 그 객체로 DarkRoast를 감쌉니다.

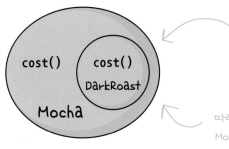

Mocha 객체는 데코레이터입니다. 객체의 형식은
객체가 장식하고 있는 객체를 반영하는데,
이 경우에는 Beverage가 되겠죠.
여기에서 반영(mirror)한다는 것은
"같은 형식을 갖는다"라는 뜻으로 이해하면 됩니다.

따라서 Mocha에도 cost() 메소드가 있고,
Mocha가 감싸고 있는 것도 Beverage 객체로 간주할 수 있습니다.
Mocha도 Beverage의 서브클래스 형식이니까요.
다형성 기억나죠?

03 고객이 휘핑크림도 추가했으니까 Whip 데코레이터를 만들어 Mocha를 감쌉니다.

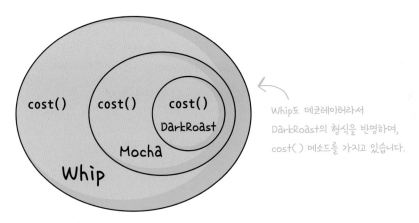

Whip도 데코레이터라서
DarkRoast의 형식을 반영하며,
cost() 메소드를 가지고 있습니다.

Mocha와 Whip에 싸여 있는 DarkRoast는 여전히 Beverage 객체이기에
cost() 메소드 호출을 비롯한, DarkRoast에 관한 일이라면 무엇이든 할 수 있습니다.

04 이제 가격을 계산해 볼까요? 가격을 구할 때는 가장 바깥쪽에 있는 데코레이터인 Whip의 cost( )를 호출하면 됩니다. 그러면 Whip은 그 객체가 장식하고 있는 객체에게 가격 계산을 위임합니다. 가격이 구해지고 나면, 계산된 가격에 휘핑크림의 가격을 더한 다음 그 결과값을 리턴합니다.

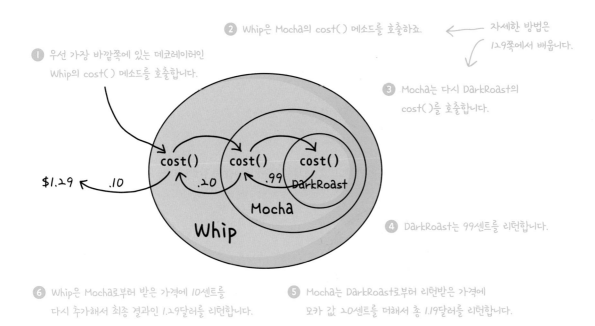

② Whip은 Mocha의 cost( ) 메소드를 호출하죠. ← 자세한 방법은 129쪽에서 배웁니다.

① 우선 가장 바깥쪽에 있는 데코레이터인 Whip의 cost( ) 메소드를 호출합니다.

③ Mocha는 다시 DarkRoast의 cost( )를 호출합니다.

$1.29 ← .10   cost()   cost()   cost()
                  .20   .99   DarkRoast
                         Mocha

                         Whip

④ DarkRoast는 99센트를 리턴합니다.

⑥ Whip은 Mocha로부터 받은 가격에 10센트를 다시 추가해서 최종 결과인 1.29달러를 리턴합니다.

⑤ Mocha는 DarkRoast로부터 리턴받은 가격에 모카 값 20센트를 더해서 총 1.19달러를 리턴합니다.

지금까지 배운 내용을 한번 정리해 볼까요?

- 데코레이터의 슈퍼클래스는 자신이 장식하고 있는 객체의 슈퍼클래스와 같습니다.
- 한 객체를 여러 개의 데코레이터로 감쌀 수 있습니다.
- 데코레이터는 자신이 감싸고 있는 객체와 같은 슈퍼클래스를 가지고 있기에 원래 객체(싸여 있는 객체)가 들어갈 자리에 데코레이터 객체를 넣어도 상관없습니다.
- 데코레이터는 자신이 장식하고 있는 객체에게 어떤 행동을 위임하는 일 말고도 추가 작업을 수행할 수 있습니다.   ← 키 포인트!
- 객체는 언제든지 감쌀 수 있으므로 실행 중에 필요한 데코레이터를 마음대로 적용할 수 있습니다.

이제 데코레이터 패턴의 정의를 알아본 다음
코드를 살펴보면서 실제로 이 패턴이 어떤 식으로 돌아가는지 살펴보겠습니다.

데코레이터 패턴의 정의

데코레이터 패턴은 다음과 같이 정의할 수 있습니다.

> **데코레이터 패턴**(Decorator Pattern)으로 객체에 추가 요소를 동적으로 더할 수 있습니다.
> 데코레이터를 사용하면 서브클래스를 만들 때보다 훨씬 유연하게 기능을 확장할 수 있습니다.

정의를 보면 데코레이터 패턴의 역할은 알 수 있지만, 실제 코드를 구현할 때 어떤 식으로 적
용해야 하는지는 알 수 없습니다. 조금 더 이해하기 쉽게 클래스 다이어그램을 한번 살펴보죠
(다음 쪽에는 스타버즈 커피 주문 시스템 문제를 해결하는 데 적용한 그림이 있습니다).

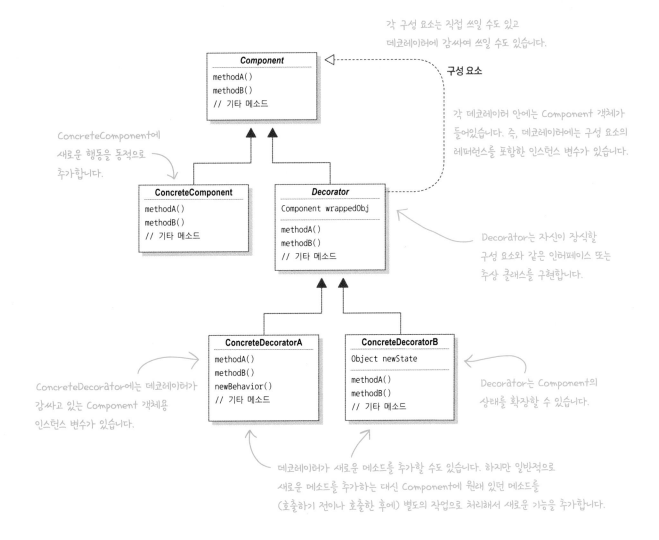

각 구성 요소는 직접 쓰일 수도 있고
데코레이터에 감싸여 쓰일 수도 있습니다.

구성 요소

각 데코레이터 안에는 Component 객체가
들어있습니다. 즉, 데코레이터에는 구성 요소의
레퍼런스를 포함한 인스턴스 변수가 있습니다.

ConcreteComponent에
새로운 행동을 동적으로
추가합니다.

Component

methodA( )
methodB( )
// 기타 메소드

ConcreteComponent

methodA( )
methodB( )
// 기타 메소드

Decorator

Component wrappedObj

methodA( )
methodB( )
// 기타 메소드

Decorator는 자신이 장식할
구성 요소와 같은 인터페이스 또는
추상 클래스를 구현합니다.

ConcreteDecoratorA

methodA( )
methodB( )
newBehavior( )
// 기타 메소드

ConcreteDecoratorB

Object newState

methodA( )
methodB( )
// 기타 메소드

Decorator는 Component의
상태를 확장할 수 있습니다.

ConcreteDecorator에는 데코레이터가
감싸고 있는 Component 객체용
인스턴스 변수가 있습니다.

데코레이터가 새로운 메소드를 추가할 수도 있습니다. 하지만 일반적으로
새로운 메소드를 추가하는 대신 Component에 원래 있던 메소드를
(호출하기 전이나 호출한 후에) 별도의 작업으로 처리해서 새로운 기능을 추가합니다.

Beverage 클래스 장식하기

이제 스타버즈 커피에 새로운 프레임워크를 적용해 봅시다.

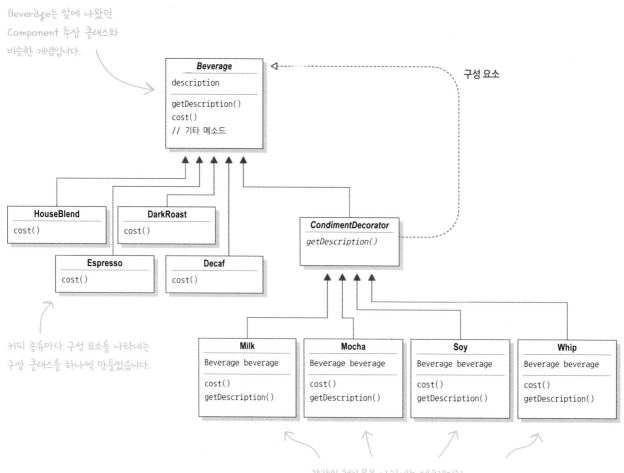

Beverage는 앞에 나왔던 Component 추상 클래스와 비슷한 개념입니다.

구성 요소

커피 종류마다 구성 요소를 나타내는 구상 클래스를 하나씩 만들었습니다.

각각의 첨가물을 나타내는 데코레이터. cost()와 getDescription()도 구현해야 합니다. 그 이유는 잠시 후에 알아보겠습니다.

뇌 단련

커피와 첨가물의 cost( ) 메소드를 각각 어떤 식으로 구현할지 스스로 생각해 봅시다. 첨가물의 getDescription( ) 메소드를 구현하는 방법도 생각해 보세요.

사무실 옆자리에서 들려온 이야기

상속과 구성 문제가
제기되었군요.

조금 헷갈리네요.
이 패턴은 상속 대신
구성을 사용할 줄 알았는데···
1장에서 배운 디자인
원칙과 다른데···

메리(Mary)

수 무슨 소리야?

메리 클래스 다이어그램을 한번 봐. CondimentDecorator에서 Beverage 클래스를 확장하고 있잖아. 그러면 **상속** 아니야?

수 상속 맞지. 데코레이터 형식이 그 데코레이터로 감싸는 객체의 형식과 같다는 점이 중요한 부분인 것 같아. 그래서 데코레이터 패턴에서는 상속을 사용해서 형식을 맞추는 거지. 상속으로 행동을 물려받는 게 아니니까 괜찮지 않을까?

메리 그렇구나. 데코레이터 객체가 자신이 감싸고 있는 객체랑 같은 인터페이스를 가져야 하는 이유는 알 것 같아. 원래 있던 구성 요소가 들어갈 자리에 자기가 들어갈 수 있어야 할 테니까. 그런데 행동은 어디에서 오는 거지?

수 어떤 구성 요소를 가지고 데코레이터를 만들 때 새로운 행동을 추가하지. 새로운 행동은 객체를 구성해서 얻는 거잖아. 슈퍼클래스로부터 행동을 상속받아서 얻는 게 아니라.

메리 아! 행동을 상속받으려고 Beverage의 서브클래스를 만든 게 아니라 형식을 맞추려고 한 거구나. 행동은 기본 구성 요소와는 다른 데코레이터 등을 인스턴스 변수에 저장하는 식으로 연결하는 거고.

수 그렇지.

메리 이제야 좀 알겠네. 지금 객체 구성(인스턴스 변수로 다른 객체를 저장하는 방식)을 이용하고 있으니까 음료에 첨가물을 다양하게 추가해도 유연성을 잃지 않을 수 있다는 말이지? 정말 좋은 방식이야.

수 그렇지. 만약 상속만 써야 했다면 행동이 컴파일 시에 정적으로 결정되어 버리잖아. 그러니까 슈퍼클래스에서 받은 것과 코드로 오버라이드한 것만 쓸 수 있다는 말이지. 하지만 구성을 활용하면 실행 중에 데코레이터를 마음대로 조합해서 사용할 수 있다는 장점이 있지.

메리 그러면 데코레이터를 언제든지 구현해서 새로운 행동을 추가할 수도 있겠네? 상속에만 의존했다면 새로운 행동을 추가할 때마다 기존 코드를 바꿔야 했을 텐데 말이야!

수 그래, 바로 그거야.

메리 근데 궁금한 점이 하나 더 있어. 구성 요소의 형식만 상속하면 되는 거라면 Beverage 클래스를 왜 인터페이스로 만들지 않고 추상 클래스로 만든 거야?

수 그건 말이야, 우리가 이 코드를 받았을 때부터 스타버즈 커피에서 Beverage라는 추상 클래스를 사용하고 있어서 그래. 원래 데코레이터 패턴에서는 특정한 추상 구성 요소를 지정할 필요가 없어. 그래서 사실 인터페이스를 쓰면 되지. 하지만 기존 코드를 고치는 일은 될 수 있으면 피하는 게 좋으니까 추상 클래스를 써도 되는 상황이라면 그냥 추상 클래스만 가지고 작업을 하는 게 나을 수도 있어.

데코레이터 패턴 적용 연습 바리스타가 된 기분으로 주문을 받아 봅시다 ✦

"두유를 추가하고 휘핑크림을 얹은 더블 모카 한 잔 주세요!"
주문이 들어왔네요. 어떻게 하면 좋을지 그려 봅시다. 가격을 계산할 때는 옆에 있는 메뉴를 참고하세요. 124쪽에 나왔던 다음 그림처럼 그리면 됩니다.

더블 모카에 두유와 휘핑크림을 추가한 음료를 한번 만들어 보세요.

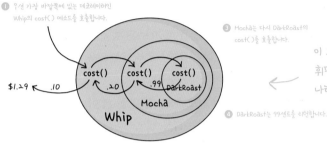

❶ 우선 가장 바깥쪽에 있는 데코레이터인 Whip의 cost() 메소드를 호출합니다.

❷ Whip은 Mocha의 cost() 메소드를 호출하죠.

❸ Mocha는 다시 DarkRoast의 cost()를 호출합니다.

이 그림은 모카 첨가하고 휘핑크림을 얹은 다크로스트를 나타낸 그림이죠.

❹ DarkRoast는 99센트를 리턴합니다.

❻ Whip은 Mocha로부터 받은 가격에 10센트를 다시 추가해서 최종 결과인 1.29달러를 리턴합니다.

❺ Mocha는 DarkRoast로부터 리턴받은 가격에 모카 값 20센트를 더해서 총 1.19달러를 리턴합니다.

스타버즈 커피

커피	
하우스 블렌드	.89
다크 로스트	.99
디카페인	1.05
에스프레소	1.99

추가	
우유	.10
모카	.20
두유	.15
휘핑크림	.10

쓰면서 제대로 공부하기

정답 141쪽

그림은 여기에 그리면 됩니다.

힌트 하우스 블렌드에 두유, 모카 샷 2개, 휘핑크림을 추가하면 두유 라떼에 휘핑크림을 추가한 더블 모카가 되겠죠?

커피 주문 시스템 코드 만들기

이제 디자인을 가지고 실제 코드를 만들어 봅시다! ☆

우선 스타버즈 커피에서 만든 Beverage 클래스부터 살펴볼까요?

```java
public abstract class Beverage {
    String description = "제목 없음";

    public String getDescription() {
        return description;
    }

    public abstract double cost();
}
```

Beverage는 추상 클래스이며,
getDescription( )과 cost( )라는
2개의 메소드를 가집니다.

getDescription은 이미 구현되어 있지만
cost( )는 서브클래스에서 구현해야 합니다.

Beverage는 별로 볼 게 없군요.

이제 첨가물(condiment)을 나타내는 추상 클래스(데코레이터 클래스)를 구현해 봅시다.

Beverage 객체가 들어갈 자리에 들어갈 수
있어야 하므로 Beverage 클래스를 확장합니다.

```java
public abstract class CondimentDecorator extends Beverage {
    Beverage beverage;
    public abstract String getDescription();
}
```

각 데코레이터가 감쌀 음료를 나타내는 Beverage 객체를
여기에서 지정합니다. 음료를 지정할 때는 데코레이터에서
어떤 음료든 감쌀 수 있도록 Beverage 슈퍼클래스 유형을 사용합니다.

모든 첨가물 데코레이터에 getDescription( ) 메소드를
새로 구현하도록 만들 계획입니다. 그래서 추상 메소드로 선언했습니다.
그 이유는 잠시 후에 알아보겠습니다.

음료 코드 구현하기

이제 베이스 클래스도 준비했으니 실제 음료를 구현해 봅시다. 우선 에스프레소부터 시작할까요? 음료를 설명하는 문자열을 설정하고 cost() 메소드를 구현해야 한다는 사실을 꼭 기억해 두세요.

Beverage 클래스를 확장합니다.

```
public class Espresso extends Beverage {

    public Espresso() {
        description = "에스프레소";
    }

    public double cost() {
        return 1.99;
    }
}
```

클래스 생성자 부분에서 description 변수값을 설정합니다. description이라는 인스턴스 변수는 Beverage로부터 상속받는 거 아시죠?

마지막으로 에스프레소 가격을 계산해야 합니다.
이 클래스는 첨가물 가격을 걱정할 필요가 없습니다.
그냥 에스프레소 가격인 1.99달러를 리턴만 하면 되죠.

```
public class HouseBlend extends Beverage {
    public HouseBlend() {
        description = "하우스 블렌드 커피";
    }

    public double cost() {
        return .89;
    }
}
```

하우스 블렌드 커피입니다. description 변수값을
'하우스 블렌드 커피'로 설정하고 cost() 메소드가
89센트를 리턴하게 만들면 끝입니다!

스타버즈 커피	
커피	
하우스 블렌드	.89
다크 로스트	.99
디카페인	1.05
에스프레소	1.99
추가	
우유	.10
모카	.20
두유	.15
휘핑크림	.10

나머지 두 종류의 커피를 나타내는 클래스(DarkRoast, Decaf)도 같은 방법으로 만들어 보세요.

첨가물 코드 구현하기

지금까지 만든 코드를 데코레이터 패턴 다이어그램과 비교해 보면 추상 구성 요소(Beverage)와 구상 구성 요소(HouseBlend), 그리고 추상 데코레이터(CondimentDecorator)까지 만들었다는 사실을 확인할 수 있습니다. 이제 구상 데코레이터를 구현할 차례군요. 모카부터 만들어 봅시다.

Mocha는 데코레이러라서 CondimentDecorator를 확장합니다.

CondimentDecorator에서 Beverage를 확장하는 거 알죠?

```java
public class Mocha extends CondimentDecorator {

    public Mocha(Beverage beverage) {
        this.beverage = beverage;
    }

    public String getDescription() {
        return beverage.getDescription() + ", 모카";
    }

    public double cost() {
        return beverage.cost() + .20;
    }
}
```

Mocha 인스턴스에는 Beverage의 레퍼런스가 들어있습니다. 다음과 같이 2가지가 필요합니다:

(1) 감싸고자 하는 음료를 저장하는 인스턴스 변수
(2) 인스턴스 변수를 감싸고자 하는 객체로 설정하는 생성자(데코레이러의 생성자에 감싸고자 하는 음료 객체를 전달하는 방식을 사용했습니다).

설명에 음료 이름(다크 로스트 등)만 들어있으면 안 되겠죠. 첨가되는 각 아이템도 설명에 추가합시다. 예를 들면 '다크 로스트, 모카' 같은 식으로 말이죠. 먼저 장식하고 있는 객체에 작업을 위임한 다음, 그 결과에 '모카'를 더한 값을 리턴합니다.

음료 가격에 모카를 추가한 가격을 계산해야 합니다. 우선 장식하고 있는 객체에 가격을 구하는 작업을 위임해서 음료값을 구한 다음, 거기에 모카 가격을 더하고, 그 합을 리턴합니다.

다음 쪽에서 음료의 인스턴스를 만들고, 첨가물 데코레이러로 감싸는 방법을 알아보겠습니다. 하지만 그 전에 해야 할 게 있습니다.

쓰면서 제대로 공부하기

두유(Soy)와 휘핑크림(Whip)용 코드도 만들어서 컴파일해 봅시다. 애플리케이션을 완성하고 테스트하려면 그 코드도 있어야 합니다. 모카 코드와 똑같이 만들면 됩니다.

커피 주문 시스템 코드 테스트

축하합니다. 이제 데코레이터 패턴으로 만들어 낸 결과를 음미해 볼 수 있겠군요.
잘 작동하는지 확인해 볼까요?

다음은 주문용 테스트 코드*입니다.

```java
public class StarbuzzCoffee {

    public static void main(String args[]) {
        Beverage beverage = new Espresso();
        System.out.println(beverage.getDescription()
            + " $" + beverage.cost());

        Beverage beverage2 = new DarkRoast();
        beverage2 = new Mocha(beverage2);
        beverage2 = new Mocha(beverage2);
        beverage2 = new Whip(beverage2);
        System.out.println(beverage2.getDescription()
            + " $" + beverage2.cost());

        Beverage beverage3 = new HouseBlend();
        beverage3 = new Soy(beverage3);
        beverage3 = new Mocha(beverage3);
        beverage3 = new Whip(beverage3);
        System.out.println(beverage3.getDescription()
            + " $" + beverage3.cost());
    }
}
```

아무것도 넣지 않은 에스프레소를 주문하고
그 음료 설명과 가격을 출력합니다.

DarkRoast 객체를 만듭니다.

Mocha로 감쌉니다.

모카샷 하나 더 추가!

Whip으로 감쌉니다.

두유와 모카를 추가하고 휘핑크림을
얹은 하우스블렌드 커피를 주문합니다.

* 나중에 팩토리와 빌더 패턴을 배울 때
이런 객체를 만드는 더 나은 방법을 알아보겠습니다.
빌더 패턴은 14장에서 다룹니다.

한번 주문해 봅시다!

```
File Edit  Window Help CloudsInMyCoffee
% java StarbuzzCoffee
에스프레소 $1.99
다크 로스트 커피, 모카, 모카, 휘핑크림 $1.49
하우스 블렌드 커피, 두유, 모카, 휘핑크림 $1.34
%
```

Q1 이 코드를 그대로 쓰면 구상 구성 요소로 특별 할인 같은 작업을 처리할 때 문제가 생기지 않을까 걱정입니다. 일단 HouseBlend를 데코레이터로 감싸고 나면 그 커피가 하우스 블렌드인지 다크 로스트인지 알 수 없잖아요.

A1 네, 그렇습니다. 구상 구성 요소로 어떤 작업을 처리하는 코드에 데코레이터 패턴을 적용하면 코드가 제대로 작동하지 않습니다. 반대로 추상 구성 요소로 돌아가는 코드에는 데코레이터 패턴을 적용해야만 제대로 된 결과를 얻을 수 있습니다. 구상 구성 요소로 돌아가는 코드를 만들어야 한다면 데코레이터 패턴 사용을 다시 한번 생각해 봐야 합니다.

Q2 데코레이터를 빼먹는 실수를 할 우려는 없나요? 예를 들어 다크 로스트 커피에 모카, 두유, 휘핑크림을 추가한다면 휘핑크림은 마지막에 추가해야 하잖아요? 그런데 실수로 두유를 마지막에 추가하고 휘핑크림을 추가하지 않은 레퍼런스를 만드는 문제가 생길 것 같아요.

A2 데코레이터 패턴을 쓰면 관리해야 할 객체가 늘어나니까 코딩할 때 실수할 가능성도 높아지겠죠. 하지만 실제로는 팩토리나 빌더 같은 다른 패턴으로 데코레이터를 만들고 사용합니다. 나중에 그런 패턴을 배우다 보면 데코레이터로 장식된 구상 구성 요소는 캡슐화가 잘 되어 있어서 질문에서 제기한 문제는 별로 걱정하지 않아도 된다는 사실을 알게 됩니다.

Q3 데코레이터가 같은 객체를 감싸고 있는 다른 데코레이터를 알 수 있나요? getDescription( ) 메소드에서 '모카, 휘핑크림, 모카'라고 출력하는 대신 '휘핑크림, 더블 모카' 같은 식으로 출력하고 싶은데 그러려면 가장 바깥쪽에 있는 데코레이터가 그 안에 있는 다른 데코레이터를 알아야 하잖아요.

A3 데코레이터는 감싸고 있는 객체에 행동을 추가하는 용도로 만들어집니다. 만약 여러 단계의 데코레이터를 파고 들어가서 어떤 작업을 해야 한다면 원래 데코레이터 패턴이 만들어진 의도에 어긋납니다. 그렇지만 질문 내용처럼 출력 방식을 바꾸는 방법이 없지는 않습니다. 마지막에 만들어진 설명(description 변수에 들어있는 내용)을 파싱(parsing)해서 '모카, 휘핑크림, 모카'라는 문자열을 '휘핑크림, 더블 모카' 같은 문자열로 바꿔 주는 데코레이터를 만들면 되겠죠. 이름은 CondimentPrettyPrint로 정해서 말이죠. getDescription( ) 메소드에서 ArrayList를 리턴하도록 하면 좀 더 쉽게 작업할 수 있습니다.

쓰면서 제대로 공부하기

정답 142쪽

스타버즈 커피는 톨(소), 그란데(중), 벤티(대) 사이즈 개념을 도입하기로 했습니다. 스타버즈 커피는 이런 변화가 커피 클래스 전체에 영향을 미친다고 간주하고 Beverage 클래스에 setSize( )와 getSize( )라는 2개의 메소드를 추가했습니다. 그리고 사이즈에 따라 첨가물 가격도 다르게 받을 계획입니다.

이런 변경 사항을 처리하려면 데코레이터 클래스를 어떻게 고쳐야 할까요?

```java
public abstract class Beverage {
    public enum Size { TALL, GRANDE, VENTI };
    Size size = Size.TALL;
    String description = "제목 없음";
    public String getDescription() {
        return description;
    }
    public void setSize(Size size) {
        this.size = size;
    }
    public Size getSize() {
        return this.size;
    }
    public abstract double cost();
}
```

데코레이터가 적용된 예: 자바 I/O

java.io 패키지에는 정신이 혼미해질 정도로 많은 클래스가 있습니다. 아마 자바 I/O API를 처음 본 사람은 자기도 모르게 "헐~" 소리가 절로 나올 겁니다. 하지만 데코레이터 패턴을 배우고 나면 I/O 클래스가 왜 이렇게 되어 있는지 이해될 겁니다. java.io 패키지는 데코레이터 패턴을 바탕으로 만들어졌거든요. 파일에서 데이터를 읽어오는 스트림에 기능을 더하는 데코레이터를 사용하는 객체는 보통 다음과 같은 형식으로 구성됩니다.

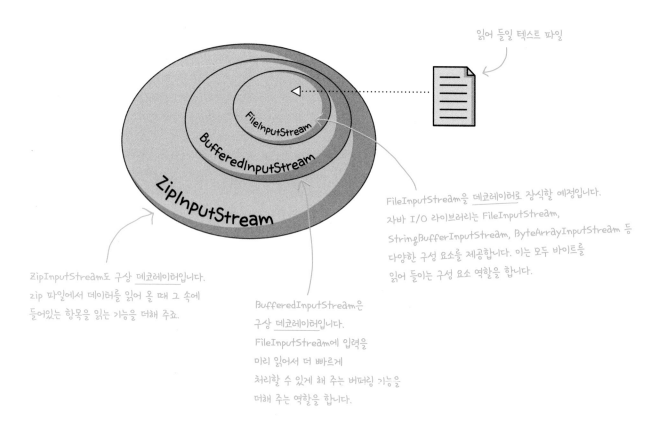

읽어 들일 텍스트 파일

FileInputStream을 데코레이터로 장식할 예정입니다. 자바 I/O 라이브러리는 FileInputStream, StringBufferInputStream, ByteArrayInputStream 등 다양한 구성 요소를 제공합니다. 이는 모두 바이트를 읽어 들이는 구성 요소 역할을 합니다.

ZipInputStream도 구상 데코레이터입니다. zip 파일에서 데이터를 읽어 올 때 그 속에 들어있는 항목을 읽는 기능을 더해 주죠.

BufferedInputStream은 구상 데코레이터입니다. FileInputStream에 입력을 미리 읽어서 더 빠르게 처리할 수 있게 해 주는 버퍼링 기능을 더해 주는 역할을 합니다.

java.io 클래스와 데코레이터 패턴

BufferedInputStream과 ZipInputStream은 둘 다 FilterInputStream을 확장한 클래스이며 FilterInputStream은 InputStream을 확장한 클래스입니다. InputStream은 추상 데코레이터 클래스 역할을 합니다.

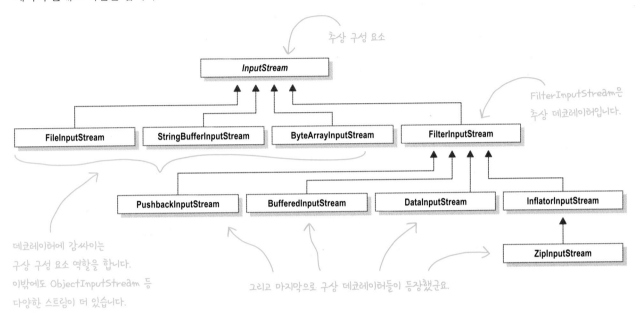

스타버즈 커피 주문 시스템 디자인과 별로 다르지 않죠? 이제 java.io API 문서를 보고 다양한 입력 스트림에 데코레이터를 구성하는 일이 그리 어렵지 않을 겁니다.

출력 스트림 디자인도 똑같습니다. Reader/Writer 스트림(문자 기반의 데이터를 처리하는 스트림)도 스트림 클래스와 조금 다른 부분이 있지만 거의 똑같이 디자인되어 있습니다.

자바 I/O를 보면 데코레이터의 단점도 발견할 수 있습니다. 데코레이터 패턴을 사용해서 디자인을 하다 보면 잡다한 클래스가 너무 많아집니다. 그렇다 보니 데코레이터 기반 API를 사용해야 하는 개발자는 상당히 괴롭죠. 하지만 데코레이터가 어떤 식으로 작동하는지 이해하면 다른 사람이 데코레이터 패턴을 활용해서 만든 API를 끌어 쓰더라도 클래스를 데코레이터로 감싸서 원하는 행동을 구현할 수 있습니다. 물론 클래스가 어떤 식으로 구성되어 있는지 먼저 파악해야 하지만요.

자바 I/O 데코레이터 만들기 나만의 I/O 데코레이터를 만들어 봅시다!

데코레이터 패턴도 배웠고, I/O 클래스 다이어그램도 살펴봤으니, 이제 입력 데코레이터를 직접 만들 차례입니다.

처음이니까. 이런 걸 만들어 보면 어떨까요?

입력 스트림에 있는 대문자를 전부 소문자로 바꿔 주는 데코레이터를 만드는 겁니다. 즉, "I know the Decorator Pattern therefore I RULE!"이라는 스트림을 읽어서 "i know the decorator pattern therefore i rule!"로 변환해 주는 데코레이터를 만드는 거죠.

java.io를 임포트하는 걸 잊지 마세요!
(코드에서는 생략했습니다)

우선 모든 InputStream의 추상 데코레이터러인
FilterInputStream을 확장합니다.

에이, 그 정도는 식은 죽 먹기죠.
FilterInputStream 클래스를
확장해서 read( ) 메소드만
오버라이드하면 되잖아요.

```java
public class LowerCaseInputStream extends FilterInputStream {

    public LowerCaseInputStream(InputStream in) {
        super(in);
    }

    public int read() throws IOException {
        int c = in.read();
        return (c == -1 ? c : Character.toLowerCase((char)c));
    }

    public int read(byte[] b, int offset, int len) throws IOException {
        int result = in.read(b, offset, len);
        for (int i = offset; i < offset+result; i++) {
            b[i] = (byte)Character.toLowerCase((char)b[i]);
        }
        return result;
    }
}
```

이제 2개의 read( ) 메소드를 구현해야 합니다.
각각 byte 값, 또는 byte 배열을 읽고
각 byte(문자를 나타냄)를 검사해서
대문자이면 소문자로 변환합니다.

주의 책에서는 import나 package 선언문을 지면 관계상 생략했습니다.
전체 코드는 www.hanbit.co.kr/src/10526 또는 wickedlysmart.com 웹 사이트에서 받을 수 있습니다.

새로 만든 자바 I/O 데코레이터 테스트

간단한 코드를 만들어서 I/O 데코레이터를 테스트해 봅시다.

```java
public class InputTest {
    public static void main(String[] args) throws IOException {
        int c;

        try {
            InputStream in =
                new LowerCaseInputStream(
                    new BufferedInputStream(
                        new FileInputStream("test.txt")));

            while((c = in.read()) >= 0) {
                System.out.print((char)c);
            }

            in.close();
        } catch (IOException e) {
            e.printStackTrace();
        }
    }
}
```

FileInputStream을 만들고
BufferedInputStream과 우리가 새로 만든
LowerCaseInputStream 필터로 파일을 감쌉니다.

```
I know the Decorator Pattern therefore I RULE!
```

test.txt

테스트하기 전에
이 파일도 만들어 두세요.

스트림을 써서 파일 끝까지 문자를
하나씩 출력하면서 처리합니다.

한번 돌려 봅시다.

```
File Edit  Window  Help DecoratorsRule
% java InputTest
i know the decorator pattern therefore i rule!
%
```

패턴 집중 인터뷰

금주의 인터뷰
데코레이터 패턴의
심경 고백

헤드 퍼스트	데코레이터 패턴 님 반갑습니다. 요즘 좀 우울하다고 들었는데, 사실인가요?
데코레이터 패턴	예. 그게 말이죠, 다들 저를 완벽한 디자인 패턴인 줄 아는데, 사실 저도 남들처럼 문제를 가지고 있거든요. 그래서 좀 걱정입니다.
헤드 퍼스트	무슨 문제가 있는지 말씀해 주실 수 있나요?
데코레이터 패턴	예. 제가 디자인을 유연하게 만드는 재주가 뛰어난 건 사실입니다. 하지만 일을 하다 보면 자잘한 클래스가 엄청나게 추가되는 경우가 종종 있어요. 그러다 보니 남들이 봤을 때 이해하기 힘든 디자인이 만들어지곤 합니다.
헤드 퍼스트	간단한 예를 한 가지 말씀해 주시겠습니까?
데코레이터 패턴	자바 I/O 라이브러리를 한번 떠올려 보세요. 그 라이브러리를 처음 본 사람 대부분은 아마 한숨부터 내쉴 겁니다. 물론 그 많은 클래스도 그냥 InputStream을 감싸 주는 래퍼 클래스라고 생각하면 한결 마음이 편해지긴 하지만요.
헤드 퍼스트	뭐 그렇게 나쁘게만 생각할 필요는 없어요. 그런 문제가 있다고 해도 대단한 패턴이라는 사실에는 변함이 없고, 홍보와 교육만 열심히 해도 그런 문제는 상당히 해소되지 않을까요?
데코레이터 패턴	하지만 문제가 그뿐이 아니에요. 형식 문제도 있거든요. 특정 형식에 의존하는 클라이언트 코드를 가지고 와서는 제대로 생각해 보지 않고 데코레이터 패턴을 적용하는 사람이 많아요. 제가 가지고 있는 가장 큰 장점 중 하나가 바로 데코레이터를 끼워 넣어도 클라이언트는 데코레이터를 사용하고 있다는 사실을 전혀 알 수 없다는 거잖아요. 하지만 특정 형식에 의존하는 코드에 데코레이터를 그냥 적용하면 모든 게 엉망이 되어 버리죠.
헤드 퍼스트	제 생각에는 데코레이터를 끼워 넣을 때 그런 문제를 조심해야 한다는 사실쯤은 다들 알고 있을 것 같네요. 그런 것 때문에 그렇게 의기소침해 있지 않아도 될 것 같은데요?
데코레이터 패턴	저도 기운내고 싶은데, 다른 문제가 또 있어요. 데코레이터를 도입하면 구성 요소를 초기화하는 데 필요한 코드가 훨씬 복잡해진다는 단점이 있거든요. 데코레이터를 쓸 때 구성 요소 인스턴스만 만든다고 해서 모든 일이 끝나는 게 아니죠. 꽤 많은 데코레이터로 감싸야 하는 경우가 종종 있으니까요.
헤드 퍼스트	다음 주에 팩토리와 빌더 패턴을 인터뷰하기로 했는데요, 그분들이 도와줄 수 있지 않을까요?
데코레이터 패턴	예, 맞아요. 그 친구들이랑 좀 친해져야 할 것 같네요.
헤드 퍼스트	모두들 데코레이터 패턴이 대단한 패턴이라는 걸 알고 있어요. OCP에 충실하면서도 유연한 디자인을 만들 수 있잖아요. 그러니까 기운내고 긍정적으로 생각하세요.
데코레이터 패턴	최선을 다 할게요. 감사합니다.

디자인 도구상자 안에 들어가야 할 도구들

이제 3장도 끝나가는군요. 여러분의 도구상자에 새로운 도구가 추가됐습니다.

객체지향 기초

- 추...
- 캡...
- 다...
- 상...

객체지향 원칙

- 바뀌는 부분은 캡슐화한다.
- 상속보다는 구성을 활용한다.
- 구현보다는 인터페이스에 맞춰서 프로그래밍한다.
- 상호작용하는 객체 사이에서는 가능하면 느슨한 결합을 사용해야 한다.
- 클래스는 확장에는 열려 있어야 하지만 변경에는 닫혀 있어야 한다(OCP).

OCP가 추가되었습니다. 시스템을 디자인할 때는 닫혀 있는 부분과 새로 확장되는 부분이 확실하게 구분되도록 노력합시다.

객체지향 패턴

전략 패...
정의하...
수정해...
사용하...
분리해...

옵저버 패턴 – 한 객체의 상태가 바뀌면 그 객체... 연락이... 방식의... 의존성...

데코레이터 패턴 – 객체에 추가 요소를 동적으로 더할 수 있습니다. 데코레이터를 사용하면 서브클래스를 만들 때보다 훨씬 유연하게 기능을 확장할 수 있습니다.

OCP를 만족하는 첫 번째 디자인 패턴을 배웠습니다. 그런데, 정말 이게 처음일까요? 전에 배운 것 중에는 정말 없나요?

쓰면서 제대로 공부하기 정답

각 클래스에 들어갈 cost( ) 메소드 코드는 다음과 같이 작성할 수 있습니다.

```
public class Beverage {

    // milkCost, soyCost, mochaCost, whipCost
    // 각각에 해당하는 인스턴스 변수를 선언하고
    // 우유, 두유, 모카, 휘핑크림에 대한 게터와
    // 세터 메소드를 선언합니다.

    public double cost() {

        double condimentCost = 0.0;
        if (hasMilk()) {
            condimentCost += milkCost;
        }
        if (hasSoy()) {
            condimentCost += soyCost;
        }
        if (hasMocha()) {
            condimentCost += mochaCost;
        }
        if (hasWhip()) {
            condimentCost += whipCost;
        }
        return condimentCost;
    }
}

public class DarkRoast extends Beverage {

    public DarkRoast() {
        description = "최고의 다크 로스트 커피";
    }

    public double cost() {
        return 1.99 + super.cost();
    }
}
```

"두유를 추가하고 휘핑크림을 얹은 더블 모카 한 잔 주세요!"

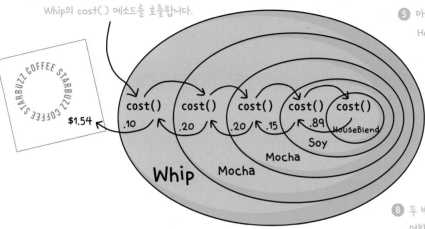

② Whip에서 Mocha에 있는 cost( )를 호출합니다.

③ Mocha에서 그 안쪽에 있는 다른 Mocha의 cost( )를 호출합니다.

④ Mocha에서 Soy에 있는 cost( )를 호출합니다.

① 먼저 제일 바깥쪽에 있는 데코레이터인 Whip의 cost( ) 메소드를 호출합니다.

⑤ 마지막 데코레이터인 Soy에서 HouseBlend의 cost( )를 호출합니다.

⑥ HouseBlend의 cost( )에서 89센트를 리턴합니다. 이 cost( ) 메소드는 스택에서 제거되죠.

⑦ Soy의 cost( ) 메소드에서 ⑥에 15센트를 더한 값을 리턴합니다. 이 cost( ) 메소드도 스택에서 제거되죠.

⑧ 두 번째 Mocha에서 20센트를 더한 값을 리턴합니다. 이 메소드도 스택에서 제거됩니다.

⑩ 마지막으로 Whip의 cost( ) 메소드에서 10센트를 더한 다음, 전체 가격인 1.54달러를 리턴합니다.

⑨ 첫 번째 Mocha에서 20센트를 더한 결과를 다시 리턴합니다. 이 메소드도 스택에서 제거됩니다.

스타버즈 커피는 톨(소), 그란데(중), 벤티(대) 사이즈 개념을 도입하기로 했습니다. 스타버즈 커피는 이런 변화가 커피 클래스 전체에 영향을 미친다고 간주하고 Beverage 클래스에 setSize( )와 getSize( )라는 2개의 메소드를 추가했습니다. 그리고 사이즈에 따라 첨가물 가격도 다르게 받을 계획입니다.

이런 변경 사항을 처리하려면 데코레이터 클래스를 어떻게 고쳐야 할까요?

```java
public abstract class CondimentDecorator extends Beverage {
    public Beverage beverage;
    public abstract String getDescription();

    public Size getSize() {
        return beverage.getSize();
    }
}


public class Soy extends CondimentDecorator {
    public Soy(Beverage beverage) {
        this.beverage = beverage;
    }

    public String getDescription() {
        return beverage.getDescription() + ", 두유 ";
    }

    public double cost() {
        double cost = beverage.cost();
        if (beverage.getSize() == Size.TALL) {
            cost += .10;
        } else if (beverage.getSize() == Size.GRANDE) {
            cost += .15;
        } else if (beverage.getSize() == Size.VENTI) {
            cost += .20;
        }
        return cost;
    }
}
```

데코레이터에 음료 사이즈를 리턴하는 getSize( ) 메소드를 추가했습니다.

사이즈를 구하고 적절한 가격을 추가합니다. 사이즈는 음료 구상 객체까지 전파됩니다.

객체지향 빵 굽기

팩토리 패턴

─── 느슨한 결합으로 객체지향 디자인을 만들어 봅시다 ───

new 연산자를 사용한다고 해서 새로운 객체가 만들어지지는 않습니다. 4장에서는 객체의 인스턴스를 만드는 작업이 항상 공개되어야 하는 것은 아니며, 오히려 모든 것을 공개했다가는 결합 문제가 생길 수 있다는 사실을 배웁니다. 설마 그런 골치 아픈 문제를 원하는 사람은 없겠죠? 팩토리 패턴으로 불필요한 의존성을 없애서 결합 문제를 해결하는 방법을 알아봅시다.

벌써 4장까지 왔는데, 아직도 제가
new에 관해서 했던 질문에는 대답을 안 해
주시는군요. 특정 구현을 바탕으로 프로그래밍하지
않아야 된다는 원칙을 배웠는데, new를 쓸 때마다
결국은 특정 구현을 사용하게 되는 것 아닌가요?
제 말이 맞죠?

'new' 연산자가 눈에 띈다면 '구상'이라는 용어를 떠올려 주세요.

new를 사용하면 구상 클래스의 인스턴스가 만들어집니다. 당연히 인터페이스가
아닌 특정 구현을 사용하는 거죠. 정말 좋은 질문입니다. 앞에서 구상 클래스를 바
탕으로 코딩하면 나중에 코드를 수정해야 할 가능성이 커지고, 유연성이 떨어진다
고 배웠죠.

```
Duck duck = new MallardDuck();
```

인터페이스를 써서 코드를 유연하게 만들려고 합니다.

그럼에도 구상 클래스의 인스턴스를 만들어야 합니다.

일련의 구상 클래스가 있다면 어쩔 수 없이 다음과 같은 코드를 만들어야 합니다.

```
Duck duck;
if (picnic) {
    duck = new MallardDuck();
} else if (hunting) {
    duck = new DecoyDuck();
} else if (inBathTub) {
    duck = new RubberDuck();
}
```

오리를 나타내는 클래스는 여러 가지 있지만,
컴파일하기 전까지는 어떤 것의 인스턴스를
만들어야 하는지 알 수 없습니다.

이 코드를 보면 구상 클래스의 인스턴스가 여러 개 있으며, 그 인스턴스의 형식은
실행 시에 주어진 조건에 따라 결정된다는 사실을 알 수 있습니다. 이런 코드를 변
경하거나 확장해야 할 때는 코드를 다시 확인하고 새로운 코드를 추가하거나 기존
코드를 제거해야 합니다. 따라서 코드를 이런 식으로 만들면 관리와 갱신이 어려워
지고 오류가 생길 가능성도 커집니다.

하지만 언젠가는 객체를 생성해야 하고,
자바에서 객체를 만드는 방법은
new를 사용하는 것밖에 없지 않나요?
그때는 어떻게 해야 하는 거죠?

'new'에 어떤 문제가 있는 걸까요?

자바의 뼈대를 이루는 연산자이므로 당연히 한 번도 안 쓸 수는 없죠. 사실 new는 문제가 없습니다. 진짜 말썽을 일으키는 녀석은 바로 '변화'입니다. 변화하는 무언가 때문에 new를 조심해서 사용해야 합니다.

인터페이스에 맞춰서 코딩하면 시스템에서 일어날 수 있는 여러 변화에 대응할 수 있습니다. 왜 그럴까요? 인터페이스를 바탕으로 만들어진 코드는 어떤 클래스든 특정 인터페이스만 구현하면 사용할 수 있기 때문이죠. 이게 다 **다형성** 덕분입니다. 반대로 구상 클래스를 많이 사용하면 새로운 구상 클래스가 추가될 때마다 코드를 고쳐야 하므로 수많은 문제가 생길 수 있습니다. 즉 **변경에 닫혀 있는** 코드가 되는 거죠. 새로운 구상 형식을 써서 확장해야 할 때는 어떻게 해서든 다시 **열 수 있게 만들어야 합니다.**

OCP 기억나죠?
확장에는 열려 있고 변경에는
닫혀 있어야 한다는 원칙.
기억이 잘 안 나면 3장을
다시 한번 훑어보세요.

그건 어떻게 해야 할까요? 앞에서 배운 객체지향 디자인 원칙을 한 번씩 되새겨 보면서 해결책을 찾아볼 때가 되었습니다. 우리가 배운 첫 번째 디자인 원칙을 떠올려 보세요. 바뀌는 부분을 찾아내서 바뀌지 않는 부분과 분리해야 한다는 원칙, 기억나죠?

뇌 단련

어떻게 하면 애플리케이션에서 구상 클래스의 인스턴스 생성 부분을 전부 찾아내서 애플리케이션의 나머지 부분으로부터 분리(캡슐화)할 수 있을까요?

최첨단 피자 코드 만들기

바꾸는 부분을 찾아내 봅시다 ☆

피자 가게를 운영해 봅시다. 객체마을의 최첨단 피자 가게인 만큼
다음과 같은 코드를 미리 만들어 두었습니다.

```
Pizza orderPizza() {
    Pizza pizza = new Pizza();

    pizza.prepare();
    pizza.bake();
    pizza.cut();
    pizza.box();
    return pizza;
}
```

이 부분은 유연성을 감안해서
추상 클래스와 인터페이스로 만들면 좋겠지만,
추상 클래스와 인터페이스로는
직접 인스턴스를 만들 수가 없어서
이렇게 구현했습니다.

피자 종류가 하나만 있는 건 아니죠?
그래서 올바른 피자 종류를 고르고 그에 맞게 피자를 만드는 코드도 추가해야 합니다.

orderPizza 메소드 인자로
피자 종류를 전달합니다.

```
Pizza orderPizza(String type) {
    Pizza pizza;

    if (type.equals("cheese")) {
        pizza = new CheesePizza();
    } else if (type.equals("greek")) {
        pizza = new GreekPizza();
    } else if (type.equals("pepperoni")) {
        pizza = new PepperoniPizza();
    }

    pizza.prepare();
    pizza.bake();
    pizza.cut();
    pizza.box();
    return pizza;
}
```

피자 종류를 바탕으로 올바른 구상 클래스의 인스턴스를 만들고
pizza 인스턴스 변수에 그 인스턴스를 대입합니다.
여기에 있는 모든 피자 클래스는 Pizza 인터페이스를 구현합니다.

피자를 준비(반죽을 평평하게 펴고, 소스, 토핑,
치즈 등을 추가)한 다음 굽고, 자르고, 상자에 넣습니다.
Pizza의 서브클래스(CheesePizza, VeggiePizza 등)는
피자 종류별 준비 방법을 알고 있습니다.

피자 코드 추가하기 신메뉴를 추가해야 합니다 ☆

맞은편에 있는 피자 가게에서 신메뉴를 2개나 출시했습니다. 조개 피자(Clam Pizza)와 야채 피자(Veggie Pizza)가 바로 그것이죠. 최첨단 피자 가게도 당연히 신메뉴를 팔아야겠죠? 그래서 이 2가지 피자를 메뉴에 추가하기로 했습니다. 이참에 별로 안 팔리는 그리스 스타일 피자(Greek Pizza)는 메뉴에서 제외하기로 했습니다.

이 코드는 변경에 닫혀 있지 않습니다. 피자 가게에서 메뉴를 변경하려면 이 코드를 직접 고쳐야 합니다.

```
Pizza orderPizza(String type) {
    Pizza pizza;

    if (type.equals("cheese")) {
        pizza = new CheesePizza();
    } else if (type.equals("greek") {
        pizza = new GreekPizza();
    } else if (type.equals("pepperoni") {
        pizza = new PepperoniPizza();
    } else if (type.equals("clam") {
        pizza = new ClamPizza();
    } else if (type.equals("veggie") {
        pizza = new VeggiePizza();
    }

    pizza.prepare();
    pizza.bake();
    pizza.cut();
    pizza.box();
    return pizza;
}
```

이 부분이 바뀌는 부분입니다. 피자 종류가 바뀔 때마다 코드를 계속 고쳐야 합니다.

이 부분은 바뀌지 않습니다. 피자를 준비하고, 굽고, 자르고, 포장하는 일은 피자를 판매할 때 당연히 해야 하는 일입니다. 따라서 이 코드는 고칠 일이 거의 없습니다. 호출하는 피자 클래스의 메소드만 달라질 뿐이죠.

orderPizza( ) 메소드에서 가장 문제가 되는 부분은 **인스턴스를 만드는 구상 클래스를 선택하는 부분**입니다. 이 부분 때문에 상황이 변하면 코드를 변경해야 합니다.

이제 어떤 부분이 바뀌고 어떤 부분이 바뀌지 않는지를 파악했으니 캡슐화를 할 차례군요.

객체 생성 부분 캡슐화하기

이제 객체 생성 부분을 orderPizza() 메소드에서 뽑아내야 합니다. 그런데 어떻게 하면 좋을까요? 우선 객체 생성 코드만 따로 빼서 피자 객체를 만드는 일만 전담하는 객체에 넣어 보죠.

```java
if (type.equals("cheese")) {
    pizza = new CheesePizza();
} else if (type.equals("pepperoni") {
    pizza = new PepperoniPizza();
} else if (type.equals("clam") {
    pizza = new ClamPizza();
} else if (type.equals("veggie") {
    pizza = new VeggiePizza();
}
```

```java
Pizza orderPizza(String type) {
    Pizza pizza;


    pizza.prepare();
    pizza.bake();
    pizza.cut();
    pizza.box();
    return pizza;
}
```

객체 생성 코드를 orderPizza 메소드에서 빼냅니다.

이 자리에는 뭐가 들어가야 할까요?

이 코드는 피자를 만드는 일만 처리하는 객체에 넣습니다. 다른 객체에서 피자를 만들어야 할 일이 있으면 이 객체로 와서 부탁하면 되죠.

SimplePizzaFactory

새로 만들 객체를 팩토리라고 부르겠습니다.

객체 생성을 처리하는 클래스를 **팩토리**(Factory)라고 부릅니다. 일단 SimplePizza Factory를 만들고 나면 orderPizza() 메소드는 새로 만든 객체의 클라이언트가 됩니다. 즉 새로 만든 객체를 호출하는 거죠. 피자가 필요할 때마다 피자 공장에 피자 하나 만들어 달라고 부탁한다고 생각하면 됩니다. 이제 더 이상 orderPizza() 메소드에서 어떤 피자를 만들지 고민하지 않아도 됩니다. orderPizza() 메소드는 Pizza 인터페이스를 구현하는 피자를 받아서 그 인터페이스에서 정의했던 prepare(), bake(), cut(), box() 메소드를 호출하기만 하면 되죠.

하지만 아직 몇 가지 자질구레한 사항을 해결해야 합니다. 예를 들어 orderPizza() 메소드에서 객체를 생성하는 부분에 썼던 코드 대신 들어갈 코드 같은 것 말이죠. 피자 가게에서 사용할 만한 간단한 팩토리 클래스를 구현한 후 어떻게 할지 생각해 봅시다.

객체 생성 팩토리 만들기

간단한 피자 팩토리를 만들어 봅시다 ★

우선 팩토리부터 만들어 봅시다. 피자 객체 생성 부분을 전담할 클래스를 정의하면 되겠죠.

새로 만들 SimplePizzaFactory 클래스.
이 클래스에서 하는 일은 단 하나입니다.
클라이언트가 받을 피자만 만들죠.

우선 createPizza( ) 메소드를 정의합니다.
클라이언트가 새로운 객체 인스턴스를 만들 때
호출하는 메소드입니다.

```java
public class SimplePizzaFactory {

    public Pizza createPizza(String type) {
        Pizza pizza = null;

        if (type.equals("cheese")) {
            pizza = new CheesePizza();
        } else if (type.equals("pepperoni")) {
            pizza = new PepperoniPizza();
        } else if (type.equals("clam")) {
            pizza = new ClamPizza();
        } else if (type.equals("veggie")) {
            pizza = new VeggiePizza();
        }
        return pizza;
    }
}
```

orderPizza( ) 메소드에서 뽑아낸 코드

아까 orderPizza( ) 메소드에서 했던 것처럼
전달받은 매개변수로 피자 종류를 결정합니다.

무엇이든 물어보세요

Q&A

Q1 이렇게 캡슐화하면 무슨 장점이 있는 건가요? 아까 문제를 그냥 다른 객체로 넘겨 버렸을 뿐인 것 같은데요?

A1 SimplePizzaFactory를 사용하는 클라이언트가 매우 많을 수도 있습니다. 여기에는 orderPizza( ) 메소드만 있지만, 피자 객체를 받아서 피자를 설명하거나 가격을 알려 주는 PizzaShopMenu 클래스와 PizzaStore 클래스와는 조금 다른 방식으로 피자 주문을 처리하는 HomeDelivery 클래스에도 이 팩토리를 사용할 수 있습니다.

그런 상황에서 피자 객체 생성 작업을 팩토리 클래스로 캡슐화해 놓으면 구현을 변경할 때 여기저기 고칠 필요 없이 팩토리 클래스 하나만 고치면 되겠죠. 그리고 조금 있으면 클라이언트 코드에서 구상 클래스의

인스턴스를 만드는 코드를 전부 없애 버릴 겁니다.

Q2 팩토리 정적 메소드로 선언한 디자인을 본 적이 있어요. 그 디자인이랑 이 디자인은 어떻게 다른 거죠?

A2 간단한 팩토리를 정적 메소드로 정의하는 기법도 많이 쓰입니다. 정적 팩토리(static factory)라고 부르기도 하죠. 왜 정적 메소드를 쓰는지 궁금하죠? 정적 메소드를 쓰면 객체 생성 메소드를 실행하려고 객체의 인스턴스를 만들지 않아도 되기 때문입니다. 하지만 서브클래스를 만들어서 객체 생성 메소드의 행동을 변경할 수 없다는 단점이 있다는 점도 꼭 기억해 두세요.

클라이언트 코드 수정하기 PizzaStore 클래스를 고쳐 봅시다 ☆

이제 클라이언트 코드를 고칠 준비가 됐습니다. 팩토리로 피자 객체를 생성하도록 고쳐보겠습니다. 코드가 어떻게 달라지는지 한번 볼까요?

> PizzaStore에 SimplePizzaFactory의 레퍼런스를 저장합니다.

```java
public class PizzaStore {
    SimplePizzaFactory factory;

    public PizzaStore(SimplePizzaFactory factory) {
        this.factory = factory;
    }

    public Pizza orderPizza(String type) {
        Pizza pizza;

        pizza = factory.createPizza(type);

        pizza.prepare();
        pizza.bake();
        pizza.cut();
        pizza.box();

        return pizza;
    }

    // 기타 메소드
}
```

> PizzaStore의 생성자에 팩토리 객체가 전달됩니다.

> orderPizza( ) 메소드는 팩토리로 피자 객체를 만듭니다. 주문받은 형식을 그냥 이쪽으로 전달하기만 하면 되죠.

> new 연산자 대신 팩토리 객체에 있는 create 메소드를 썼습니다. 이제 더 이상 구상 클래스의 인스턴스를 만들 필요가 없습니다!

뇌 단련

객체 구성을 활용하면 행동을 실행할 때 구현된 객체를 동적으로 바꿀 수 있습니다. PizzaStore에서도 그 방법을 쓸 수 없을까요? 팩토리 클래스에서 어떤 부분을 마음대로 바꿀 수 있을까요?
여러 가지 방법이 있지만, 우리는 뉴욕 스타일, 시카고 스타일, 캘리포니아 스타일 피자를 떠올렸습니다(아, 물론 뉴 헤이븐 스타일 피자도 있어요!).

'간단한 팩토리'의 정의

간단한 팩토리(Simple Factory)는 디자인 패턴이라기 보다는 프로그래밍에서 자주 쓰이는 **관용구**에 가깝습니다. 하지만 워낙 자주 쓰이는 탓에 헤드 퍼스트 패턴 장려상을 수여하기로 했습니다. 간단한 팩토리를 '팩토리 패턴'이라고 부르는 사람들도 있습니다. 혹시 '팩토리 패턴'이라고 부르는 사람을 만나면 귓속말로 "정확하게 패턴은 아니야"라고 알려 주세요. 간단한 팩토리가 진짜 패턴이 아니라고 해서 중요하지 않은 건 아닙니다. 새로 만든 피자 가게의 클래스 다이어그램을 살펴보면서 간단한 팩토리를 왜 쓰는지 알아봅시다.

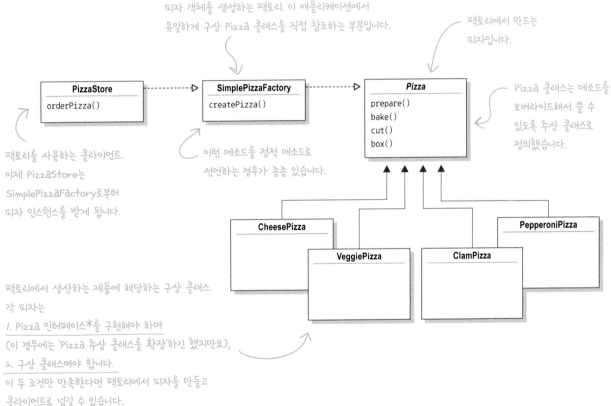

피자 객체를 생성하는 팩토리. 이 애플리케이션에서 유일하게 구상 Pizza 클래스를 직접 참조하는 부분입니다.

팩토리에서 만드는 피자입니다.

Pizza 클래스는 메소드를 오버라이드해서 쓸 수 있도록 추상 클래스로 정의했습니다.

팩토리를 사용하는 클라이언트. 이제 PizzaStore는 SimplePizzaFactory로부터 피자 인스턴스를 받게 됩니다.

이런 메소드를 정적 메소드로 선언하는 경우가 종종 있습니다.

팩토리에서 생산하는 제품에 해당하는 구상 클래스. 각 피자는
1. Pizza 인터페이스*를 구현해야 하며
(이 경우에는 'Pizza 추상 클래스를 확장'하긴 했지만요),
2. 구상 클래스여야 합니다.
이 두 조건만 만족한다면 팩토리에서 피자를 만들고 클라이언트로 넘길 수 있습니다.

간단한 팩토리는 일종의 워밍업이라고 생각합시다. 진짜 팩토리 패턴 2가지를 조만간 알아볼 예정이니깐요. 그렇다고 너무 부담 갖진 마세요. 당분간 피자 얘기는 계속할거니까요.

---

* 주의 디자인 패턴을 얘기할 때, "인터페이스를 구현한다"라는 표현이 나온다고 해서 항상 "클래스를 선언하는 부분에 implements 키워드를 써서 어떤 자바 인터페이스를 구현하는 클래스를 만든다"라고 생각하면 안 됩니다. 일반적으로 어떤 상위 형식(클래스와 인터페이스)에 있는 구상 클래스는 그 상위 형식의 '인터페이스를 구현하는' 클래스라고 생각하면 됩니다.

다양한 팩토리 만들기

피자 프랜차이즈 사업을 시작해 봅시다!

객체마을의 최첨단 피자 가게가 SNS에서 큰 인기를 끌게 되니 많은 사람이 자기 동네에도 최첨단 피자 가게가 있으면 좋겠다는 바람을 가지게 되었습니다. 이제 지점을 낼 때가 왔습니다. 지금까지 잘 써왔던 코드를 다른 지점에서도 쓸 수 있도록 발전시켜 봅시다.

먼저, 각 지점마다 그 지역의 특성과 입맛을 반영한 다양한 스타일의 피자(뉴욕 스타일, 시카고 스타일, 캘리포니아 스타일 등)를 만들어야 합니다.

미국 안에서도 지역별로 피자 스타일이 꽤 다릅니다. 내용물이 잔뜩 들어간 시카고 스타일 피자도 있고, 크러스트가 얇은 뉴욕 스타일 피자도 있고, 바삭바삭한 크래커 느낌의 캘리포니아 피자도 있습니다(과일이나 견과류를 올리는 스타일도 있죠).

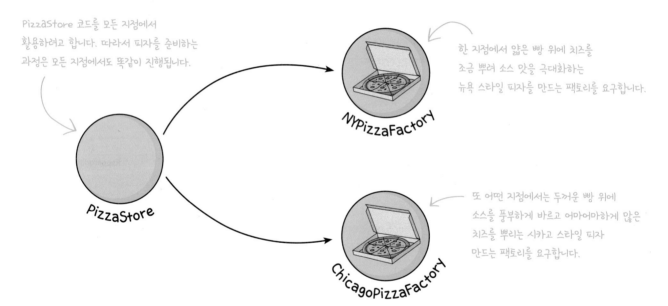

PizzaStore 코드를 모든 지점에서 활용하려고 합니다. 따라서 피자를 준비하는 과정은 모든 지점에서도 똑같이 진행됩니다.

한 지점에서 얇은 빵 위에 치즈를 조금 뿌려 소스 맛을 극대화하는 뉴욕 스타일 피자를 만드는 팩토리를 요구합니다.

또 어떤 지점에서는 두꺼운 빵 위에 소스를 풍부하게 바르고 어마어마하게 많은 치즈를 뿌리는 시카고 스타일 피자 만드는 팩토리를 요구합니다.

이미 1가지 방법을 앞에서 배웠습니다.

SimplePizzaFactory를 삭제하고, 3가지 서로 다른 팩토리(NYPizzaFactory, ChicagoPizzaFactory, CaliforniaPizzaFactory)를 만든 다음, PizzaStore에서 적당한 팩토리를 사용하도록 하는 방법입니다.

이 방법을 적용하면 어떻게 될지 한번 살펴볼까요?

뉴욕 스타일 피자를 만드는 팩토리 생성

```
NYPizzaFactory nyFactory = new NYPizzaFactory();
PizzaStore nyStore = new PizzaStore(nyFactory);
nyStore.orderPizza("Veggie");
```

PizzaStore를 생성하면서
NYPizzaFactory 객체를
인자로 전달합니다.

이제 뉴욕 스타일 피자가 만들어집니다.

```
ChicagoPizzaFactory chicagoFactory = new ChicagoPizzaFactory();
PizzaStore chicagoStore = new PizzaStore(chicagoFactory);
chicagoStore.orderPizza("Veggie");
```

시카고 지점에서도 비슷한 방법을 씁니다. 시카고 스타일 피자를 만드는
팩토리를 생성하고 ChicagoPizzaFactory 객체가 포함되어 있는
PizzaStore 객체를 만듭니다. 이제 시카고 스타일 피자를 만들 수 있습니다.

하지만 지점들을 조금 더 제대로 관리해야 합니다.

방금 얘기한 방법을 적용해 봤더니 이게 웬일입니까? 지점에서 우리가 만든 팩토리로 피자를 만들긴 하는데, 굽는 방식이 달라진다거나 종종 피자를 자르는 것을 까먹는 일이 생기기 시작했습니다. 심지어 이상하게 생긴 피자 상자를 쓰는 일도 있었습니다.

이 문제를 해결하려면 PizzaStore와 피자 제작 코드 전체를 하나로 묶어주는 프레임워크를 만들어야 합니다. 물론 그렇게 만들면서도 유연성을 잃어버리면 안 되겠죠.

SimplePizzaFactory를 만들기 전에 썼던 코드에는 피자를 만드는 코드가 PizzaStore와 직접 연결되어 있긴 했지만, 유연성이 전혀 없었습니다. 어떻게 해야 피자 가게와 피자 만드는 과정을 하나로 묶을 수 있을까요?

더 좋은 피자를 만들 수 있을 것 같아서 수십 년 간 갈고 닦은 저만의 피자 제조 스킬을 발휘해 봤습니다.

제대로 된 프랜차이즈라면 지점마다 맛이 같아야겠죠?
도대체 이 피자에는 뭐가 들어간 걸까요?

피자 가게 프레임워크 만들기 서브클래스에서 결정하도록 만들어 봅시다 ☆

피자를 만드는 일 자체는 전부 PizzaStore 클래스에 진행하면서도 지점의 스타일을 살릴 수
있는 방법이 있습니다.

이제 createPizza() 메소드를 PizzaStore에 다시 넣겠습니다. 하지만 이번에는 그 메소드를
추상 메소드로 선언하고, 지역별 스타일에 맞게 PizzaStore의 서브클래스를 만들겠습니다.

우선 PizzaStore가 어떻게 달라지는지 살펴볼까요?

> 이제 PizzaStore는 추상 클래스가 됩니다.
> 왜 그런지는 밑에서 알 수 있습니다.

```
public abstract class PizzaStore {

    public Pizza orderPizza(String type) {
        Pizza pizza;

        pizza = createPizza(type);          // 팩토리 객체가 아닌 PizzaStore에 있는
                                            // createPizza를 호출합니다.

        pizza.prepare();
        pizza.bake();
        pizza.cut();                         // 나머지는 똑같습니다.
        pizza.box();

        return pizza;
    }

    abstract Pizza createPizza(String type);   // 팩토리 객체 대신 이 메소드를 사용합니다.
}
```

> 이제 '팩토리 메소드(factory method)'가
> PizzaStore의 추상 메소드로 바뀌었습니다.

이제 각 지점에 맞는 서브클래스를 만들어야 합니다
(NYPizzaStore, ChicagoPizzaStore, CaliforniaPizzaStore).

피자의 스타일은 각 서브클래스에서 결정합니다. 어떤 식으로 돌아가는지 살펴봅시다.

서브클래스가 결정하는 것 알아보기

PizzaStore의 orderPizza() 메소드에 이미 주문 시스템이 잘 갖춰져 있습니다. 모든 지점에서 이 주문 시스템을 따라 주문이 진행되어야 합니다.

각 지점마다 달라질 수 있는 것은 피자 스타일뿐입니다. 뉴욕 스타일 피자는 빵이 얇고, 시카고 스타일 피자는 빵이 두꺼운 식으로 말이죠. 달라지는 점은 createPizza() 메소드에 넣고 그 메소드에서 해당 스타일의 피자를 만들도록 할 계획입니다. 그러니 PizzaStore의 서브클래스에서 createPizza() 메소드를 구현하겠습니다. 이제 PizzaStore 프레임워크에 충실하면서도 각각의 스타일을 제대로 구현할 수 있는 orderPizza() 메소드를 PizzaStore 서브클래스에 구비할 수 있습니다.

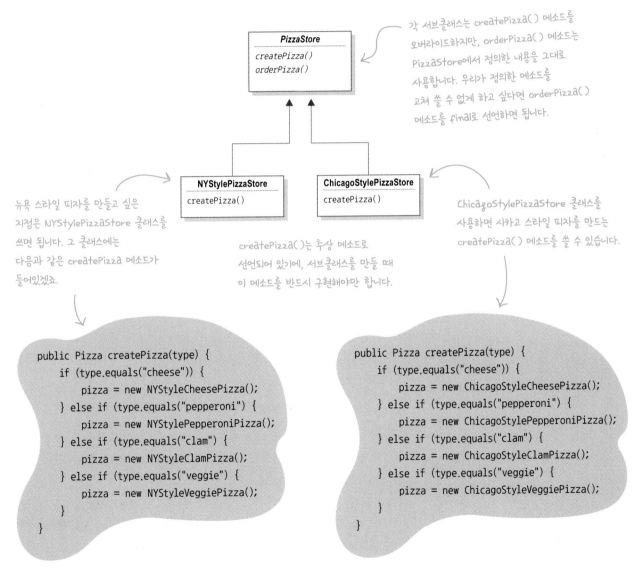

각 서브클래스는 createPizza() 메소드를 오버라이드하지만, orderPizza() 메소드는 PizzaStore에서 정의한 내용을 그대로 사용합니다. 우리가 정의한 메소드를 고쳐 쓸 수 없게 하고 싶다면 orderPizza() 메소드를 final로 선언하면 됩니다.

뉴욕 스타일 피자를 만들고 싶은 지점은 NYStylePizzaStore 클래스를 쓰면 됩니다. 그 클래스에는 다음과 같은 createPizza 메소드가 들어있겠죠.

createPizza()는 추상 메소드로 선언되어 있기에, 서브클래스를 만들 때 이 메소드를 반드시 구현해야만 합니다.

ChicagoStylePizzaStore 클래스를 사용하면 시카고 스타일 피자를 만드는 createPizza() 메소드를 쓸 수 있습니다.

```java
public Pizza createPizza(type) {
    if (type.equals("cheese")) {
        pizza = new NYStyleCheesePizza();
    } else if (type.equals("pepperoni") {
        pizza = new NYStylePepperoniPizza();
    } else if (type.equals("clam") {
        pizza = new NYStyleClamPizza();
    } else if (type.equals("veggie") {
        pizza = new NYStyleVeggiePizza();
    }
}
```

```java
public Pizza createPizza(type) {
    if (type.equals("cheese")) {
        pizza = new ChicagoStyleCheesePizza();
    } else if (type.equals("pepperoni") {
        pizza = new ChicagoStylePepperoniPizza();
    } else if (type.equals("clam") {
        pizza = new ChicagoStyleClamPizza();
    } else if (type.equals("veggie") {
        pizza = new ChicagoStyleVeggiePizza();
    }
}
```

PizzaStore의 orderPizza() 메소드를 한번 살펴볼까요? 그 메소드는 추상 클래스인 PizzaStore 클래스에 정의되어 있습니다. 그 클래스의 서브클래스를 만들기 전까지는 구상 클래스가 만들어지지 않죠.

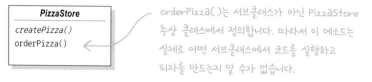

PizzaStore
createPizza()
orderPizza()

orderPizza()는 서브클래스가 아닌 PizzaStore 추상 클래스에서 정의합니다. 따라서 이 메소드는 실제로 어떤 서브클래스에서 코드를 실행하고 피자를 만드는지 알 수가 없습니다.

조금 더 생각해 보면, orderPizza() 메소드에서 Pizza 객체를 가지고 여러 가지 작업(피자를 준비하고, 굽고, 자르고, 포장하는 작업)을 하지만, Pizza는 추상 클래스라서 orderPizza()는 실제로 어떤 구상 클래스에서 작업이 처리되고 있는지 전혀 알 수 없습니다. 바꿔 말하면, PizzaStore와 Pizza는 서로 완전히 분리되어 있습니다.

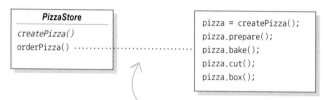

PizzaStore
createPizza()
orderPizza() ·········

```
pizza = createPizza();
pizza.prepare();
pizza.bake();
pizza.cut();
pizza.box();
```

orderPizza()에서 피자 객체를 받을 때는 createPizza()를 호출합니다. 하지만 어떤 종류의 피자를 받는 걸까요? 그건 orderPizza()가 결정하지 않습니다. 사실 전혀 알지도 못하죠. 그러면 누가 피자 종류를 결정하는 것일까요?

orderPizza()에서 createPizza()를 호출하면 Pizza의 서브클래스가 그 호출을 받아서 피자를 만듭니다. 어떤 종류의 피자가 만들어질까요? 그건 피자를 주문하는 피자 가게에 따라 다릅니다. NYStylePizzaStore에서 주문을 하면 뉴욕 스타일 피자가 만들어질테고, ChicagoStylePizzaStore에서 주문을 하면 시카고 스타일 피자가 만들어지겠죠.

NYStylePizzaStore
createPizza()

ChicagoStylePizzaStore
createPizza()

그러면 서브클래스에서 피자 종류를 실시간으로 결정하는 걸까요? 그렇지 않습니다. 피자의 종류는 **어떤 서브클래스를 선택했느냐**에 따라 결정됩니다.
하지만 OrderPizza() 메소드는 서브클래스에서 무슨 일이 일어나는지 알지 못하며 그저 완성된 피자를 받아서 주문을 처리하므로 OrderPizza()가 보기에는 피자 종류를 서브클래스에서 결정해서 전달해 주는 것 같죠.

피자 스타일 서브클래스 만들기

프랜차이즈 형태로 사업을 하면 여러모로 편리한 점이 많습니다. 각 지점에서는 PizzaStore
의 서브클래스를 만들고 지역별 특성에 맞게 createPizza() 메소드만 구현하면 PizzaStore
의 기능을 그대로 받아서 쓸 수 있습니다. 우선 3가지 스타일의 피자를 만들어 봅시다.
뉴욕 스타일 피자는 다음의 코드를 사용해서 만들 수 있습니다.

createPizza()는 Pizza 객체를 리턴하며,
Pizza의 서브클래스 가운데 어느 구상 클래스 객체의
인스턴스를 만들어서 리턴할지는 전적으로
PizzaStore의 서브클래스에 의해 결정됩니다.

NYPizzaStore는 PizzaStore를 확장하기에
orderPizza() 메소드도 자동으로 상속받습니다.

```java
public class NYPizzaStore extends PizzaStore {

    Pizza createPizza(String item) {
        if (item.equals("cheese")) {
            return new NYStyleCheesePizza();
        } else if (item.equals("veggie")) {
            return new NYStyleVeggiePizza();
        } else if (item.equals("clam")) {
            return new NYStyleClamPizza();
        } else if (item.equals("pepperoni")) {
            return new NYStylePepperoniPizza();
        } else return null;
    }
}
```

createPizza()는 PizzaStore에서
추상 메소드로 선언되었으므로
구상 클래스에서 반드시 구현해야 합니다.

구상 클래스의 객체를 생성합니다.
피자 종류에 해당하는 뉴욕 스타일 피자를
생성해서 리턴합니다.

주의 슈퍼클래스에 있는 orderPizza() 메소드는 어떤 피자가 만들어지는지 전혀 알 수 없습니다.
그 메소드는 피자를 준비하고, 굽고, 자르고, 포장하는 작업을 처리할 뿐입니다.

PizzaStore의 서브클래스도 만들었으니 이제 피자를 주문해 봐야겠죠?
하지만 아직 할 일이 남았습니다. 시카고 스타일 피자와
캘리포니아 스타일 피자용 PizzaStore 클래스도 마저 만들어 봅시다.

앞에서 NYPizzaStore를 만들었습니다. 이제 2개만 더 만들면 프랜차이즈 사업을 본격적으로 시작할 준비가 끝나겠네요. 여기에 시카고 스타일 피자와 캘리포니아 스타일 피자용 PizzaStore 클래스(ChicagoPizzaStore, CaliforniaPizzaStore) 코드를 써 보세요.

팩토리 메소드 선언하기

PizzaStore를 계속 고친 결과, 구상 클래스 인스턴스 만드는 일을 하나의 객체가 전부 처리하는 방식에서 일련의 서브클래스가 처리하는 방식으로 바뀌었습니다. 자세히 살펴보죠.

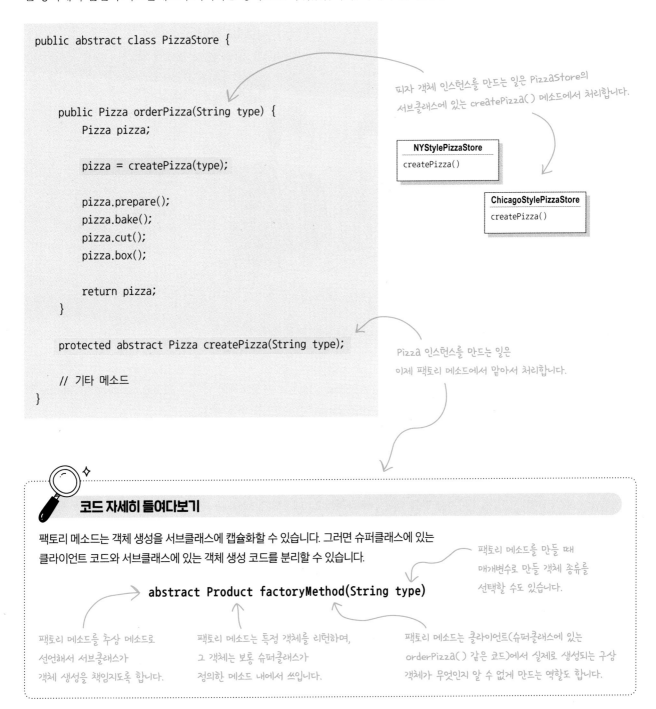

```
public abstract class PizzaStore {

    public Pizza orderPizza(String type) {
        Pizza pizza;

        pizza = createPizza(type);

        pizza.prepare();
        pizza.bake();
        pizza.cut();
        pizza.box();

        return pizza;
    }

    protected abstract Pizza createPizza(String type);

    // 기타 메소드
}
```

피자 객체 인스턴스를 만드는 일은 PizzaStore의 서브클래스에 있는 createPizza( ) 메소드에서 처리합니다.

NYStylePizzaStore
createPizza()

ChicagoStylePizzaStore
createPizza()

Pizza 인스턴스를 만드는 일은 이제 팩토리 메소드에서 맡아서 처리합니다.

🔍 코드 자세히 들여다보기

팩토리 메소드는 객체 생성을 서브클래스에 캡슐화할 수 있습니다. 그러면 슈퍼클래스에 있는 클라이언트 코드와 서브클래스에 있는 객체 생성 코드를 분리할 수 있습니다.

abstract Product factoryMethod(String type)

팩토리 메소드를 만들 때 매개변수로 만들 객체 종류를 선택할 수도 있습니다.

팩토리 메소드를 추상 메소드로 선언해서 서브클래스가 객체 생성을 책임지도록 합니다.

팩토리 메소드는 특정 객체를 리턴하며, 그 객체는 보통 슈퍼클래스가 정의한 메소드 내에서 쓰입니다.

팩토리 메소드는 클라이언트(슈퍼클래스에 있는 orderPizza( ) 같은 코드)에서 실제로 생성되는 구상 객체가 무엇인지 알 수 없게 만드는 역할도 합니다.

피자 팩토리 메소드로 피자 주문하기

어떤 식으로 돌아가는지 살펴봅시다 ☆

나는 뉴욕 스타일 피자가 좋아.
얇고 바삭바삭한 빵 위에
치즈는 약간만 올리고, 맛있는 소스를
뿌려야 진짜 피자 맛이 나지.

나는 시카고 스타일 피자가 좋은데?
두껍고 깊숙한 크러스트에
치즈가 왕창 들어간 게 정말 맛있지.

에단(Edan)

조엘(Joel)

에단은 뉴욕 피자 가게에서
주문해야겠네요.

조엘은 시카고 피자 가게에서
주문해야겠군요. 피자를 주문할 때
쓰는 메소드는 똑같지만 다른 종류의
피자가 만들어지니까요.

어떻게 주문해야 할까요?

01 조엘과 에단 둘 다 PizzaStore 인스턴스를 확보해야 합니다. 조엘은 ChicaogPizzaStore 인스턴스를, 에단은 NYPizzaStore 인스턴스를 만들어야겠죠.

02 PizzaStore가 만들어지면 각각 orderPizza()를 호출합니다. 이때 인자를 써서 원하는 피자 메뉴(치즈 피자, 야채 피자 등)를 알려 줘야 됩니다.

03 피자를 만들 때는 createPizza() 메소드가 호출되는데, 이 메소드는 PizzaStore 서브클래스인 NYPizzaStore와 ChicagoPizzaStore에 정의되어 있습니다. NYPizzaStore는 뉴욕 스타일 피자, ChicacoPizzaStore는 시카고 스타일 피자 인스턴스를 만듭니다. 어떤 서브클래스를 쓰든지 Pizza 객체가 orderPizza() 메소드로 리턴됩니다.

04 orderPizza() 메소드는 어떤 스타일의 피자가 만들어졌는지 전혀 알지 못합니다. 하지만 피자라는 건 알고 있어서 그 피자를 준비하고, 굽고, 자르고, 포장하는 작업을 완료합니다.

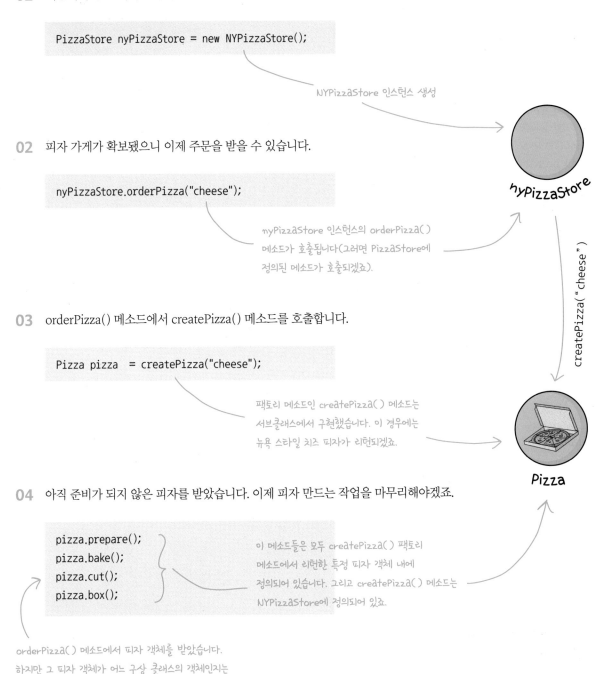

피자가 만들어지기까지

무대 뒤에서

피자가 주문에 따라 만들어지는 과정을 한번 살펴봅시다 ☆

01 에단이 주문한 내역을 따라가 봅시다. 우선 NYPizzaStore가 필요합니다.

```
PizzaStore nyPizzaStore = new NYPizzaStore();
```

NYPizzaStore 인스턴스 생성

02 피자 가게가 확보됐으니 이제 주문을 받을 수 있습니다.

```
nyPizzaStore.orderPizza("cheese");
```

nyPizzaStore 인스턴스의 orderPizza( )
메소드가 호출됩니다(그러면 PizzaStore에
정의된 메소드가 호출되겠죠).

03 orderPizza( ) 메소드에서 createPizza( ) 메소드를 호출합니다.

```
Pizza pizza  = createPizza("cheese");
```

팩토리 메소드인 createPizza( ) 메소드는
서브클래스에서 구현했습니다. 이 경우에는
뉴욕 스타일 치즈 피자가 리턴되겠죠.

04 아직 준비가 되지 않은 피자를 받았습니다. 이제 피자 만드는 작업을 마무리해야겠죠.

```
pizza.prepare();
pizza.bake();
pizza.cut();
pizza.box();
```

이 메소드들은 모두 createPizza( ) 팩토리
메소드에서 리턴한 특정 피자 객체 내에
정의되어 있습니다. 그리고 createPizza( ) 메소드는
NYPizzaStore에 정의되어 있죠.

orderPizza( ) 메소드에서 피자 객체를 받았습니다.
하지만 그 피자 객체가 어느 구상 클래스의 객체인지는
전혀 알지 못합니다.

nyPizzaStore

createPizza("cheese")

Pizza

Pizza 클래스 만들기

이제 피자 클래스만 만들면 끝입니다!

피자 없이 피자 가게를 운영할 수는 없겠죠. 이제 피자 클래스를 만들어 봅시다.

우선 Pizza 추상 클래스를 만든 다음
이 클래스를 확장해서 구상 클래스를 만들겠습니다.

```java
public abstract class Pizza {
    String name;
    String dough;
    String sauce;
    List<String> toppings = new ArrayList<String>();
    void prepare() {
        System.out.println("준비 중: " + name);
        System.out.println("도우를 돌리는 중...");
        System.out.println("소스를 뿌리는 중...");
        System.out.println("토핑을 올리는 중: ");
        for (String topping : toppings) {
            System.out.println(" " + topping);
        }
    }
    void bake() {
        System.out.println("175도에서 25분 간 굽기");
    }
    void cut() {
        System.out.println("피자를 사선으로 자르기");
    }
    void box() {
        System.out.println("상자에 피자 담기");
    }
    public String getName() {
        return name;
    }
}
```

피자마다 이름, 반죽, 소스, 토핑이 필요합니다.

피자 준비 과정에서 몇 가지
정해진 단계를 따라야 합니다.

추상 클래스에서 피자를 굽고,
자르고, 상자에 담는 일에
몇 가지 기본값을 제공합니다.

주의 지면 관계상 import 및 package 선언문은 생략했습니다.
전체 코드는 www.hanbit.co.kr/src/10526 또는
wickedlysmart.com/head-first-design-patterns 에서 내려받을 수 있습니다.

이제 구상 서브클래스를 만들어야 합니다. 뉴욕 스타일 치즈 피자와 시카고 스타일 치즈 피자를 만들어 볼까요?

```java
public class NYStyleCheesePizza extends Pizza {

    public NYStyleCheesePizza() {
        name = "뉴욕 스타일 소스와 치즈 피자";
        dough = "씬 크러스트 도우";
        sauce = "마리나라 소스";

        toppings.add("잘게 썬 레지아노 치즈");
    }
}
```

뉴욕 스타일 피자는 마리나라 소스와 씬 크러스트를 사용합니다.

토핑은 '잘게 썬 레지아노 치즈' 1가지뿐입니다.

```java
public class ChicagoStyleCheesePizza extends Pizza {

    public ChicagoStyleCheesePizza() {
        name = "시카고 스타일 딥 디쉬 치즈 피자";
        dough = "아주 두꺼운 크러스트 도우";
        sauce = "플럼토마토 소스";

        toppings.add("잘게 조각낸 모짜렐라 치즈");
    }

    void cut() {
        System.out.println("네모난 모양으로 피자 자르기");
    }
}
```

시카고 스타일 피자는 플럼토마토 소스를 사용하고 아주 두꺼운 크러스트를 사용합니다.

시카고 스타일 딥 디쉬 피자는 모짜렐라 치즈가 엄청 많이 들어가죠!

시카고 스타일 피자는 cut( ) 메소드도 오버라이드합니다. 피자를 네모난 모양으로 잘라야 하거든요.

최첨단 피자 코드 테스트

오래 기다리셨습니다. 이제 피자를 만들어 볼까요? ☆

```java
public class PizzaTestDrive {

    public static void main(String[] args) {
        PizzaStore nyStore = new NYPizzaStore();
        PizzaStore chicagoStore = new ChicagoPizzaStore();

        Pizza pizza = nyStore.orderPizza("cheese");
        System.out.println("에단이 주문한" + pizza.getName() + "\n");

        pizza = chicagoStore.orderPizza("cheese");
        System.out.println("조엘이 주문한" + pizza.getName() + "\n");
    }
}
```

우선 2가지 피자 가게를 만듭니다.

그리고 nyStore를 써서 에단이 주문한 피자를 만듭니다.

여기서는 조엘이 주문한 걸 만들죠.

```
File  Edit  Window  Help  YouWantMootzOnThatPizza?
%java PizzaTestDrive

준비 중: 뉴욕 스타일 소스와 치즈 피자
도우를 돌리는 중...
소스를 뿌리는 중...
토핑을 올리는 중:
  잘게 썬 레지아노 치즈
175도에서 25분 간 굽기
피자를 사선으로 자르기
상자에 피자 담기
에단이 주문한 뉴욕 스타일 소스와 치즈 피자

준비 중: 시카고 스타일 딥 디쉬 치즈 피자
도우를 돌리는 중...
소스를 뿌리는 중...
토핑을 올리는 중:
  잘게 조각낸 모짜렐라 치즈
175도에서 25분 간 굽기
네모난 모양으로 피자 자르기
상자에 피자 담기
조엘이 주문한 시카고 스타일 딥 디쉬 치즈 피자
```

2개의 피자를 준비하고 토핑을 얹고, 굽고, 자르고, 포장하는 작업이 모두 끝났습니다. 슈퍼클래스는 자질구레한 내용을 전혀 몰라도 됩니다. 서브클래스에서 올바른 피자 인스턴스를 만들어서 필요한 작업을 전부 알아서 처리해 주니까요.

팩토리 메소드 패턴 살펴보기 드디어 팩토리 메소드 패턴을 만나 볼 때가 됐습니다 ✦

모든 팩토리 패턴은 객체 생성을 캡슐화합니다. 팩토리 메소드 패턴은 서브클래스에서 어떤 클래스를 만들지 결정함으로써 객체 생성을 캡슐화합니다. 클래스 다이어그램을 살펴보면서 이 패턴에 등장하는 클래스를 알아볼까요?

옮긴이의 말 creator는 '생성자'라고 번역하는 것이 맞을지도 모르겠지만, 여기에서는 객체지향 언어의 한 요소인 생성자와는 별개로 팩토리 메소드 패턴 속에서 무언가 만드는 역할을 강조하려고 "생산자"로 옮겼습니다.

생산자(Creator) 클래스

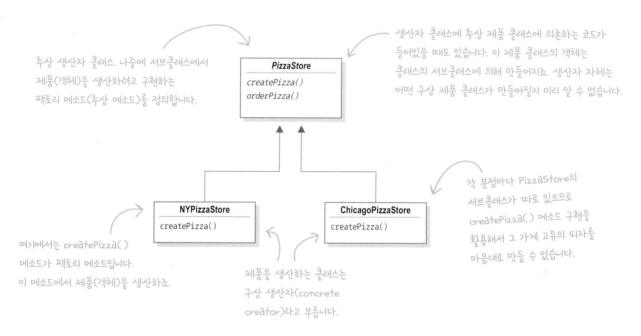

추상 생산자 클래스. 나중에 서브클래스에서 제품(객체)을 생산하려고 구현하는 팩토리 메소드(추상 메소드)를 정의합니다.

생산자 클래스에 추상 제품 클래스에 의존하는 코드가 들어있을 때도 있습니다. 이 제품 클래스의 객체는 클래스의 서브클래스에 의해 만들어지죠. 생산자 자체는 어떤 구상 제품 클래스가 만들어질지 미리 알 수 없습니다.

여기에서는 createPizza() 메소드가 팩토리 메소드입니다. 이 메소드에서 제품(객체)을 생산하죠.

제품을 생산하는 클래스는 구상 생산자(concrete creator)라고 부릅니다.

각 분점마다 PizzaStore의 서브클래스가 따로 있으므로 createPizza() 메소드 구현을 활용해서 그 가게 고유의 피자를 마음대로 만들 수 있습니다.

제품(Product) 클래스

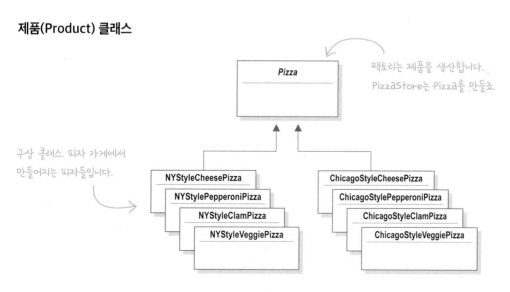

팩토리는 제품을 생산합니다. PizzaStore는 Pizza를 만들죠.

구상 클래스. 피자 가게에서 만들어지는 피자들입니다.

병렬 클래스 계층구조 알아보기

구상 생산자별로 수많은 제품을 만들 수 있습니다. 시카고 피자 생산자는 여러 가지 시카고 스타일 피자를, 뉴욕 피자 생산자는 여러 가지 뉴욕 스타일 피자를 만드는 방식으로 말이죠. 생산자 클래스와 거기에 대응되는 제품 클래스는 병렬 계층구조로 볼 수 있습니다. 2개의 병렬 클래스 계층구조를 나란히 놓고 어떤 방식으로 연관되는지 알아봅시다.

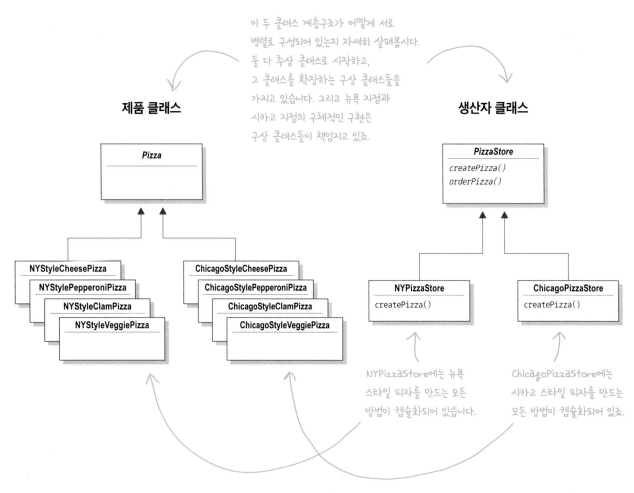

디자인 퍼즐

정답 199쪽

캘리포니아에서 왜 자기 동네만 무시하냐고 난리가 났습니다. 캘리포니아 스타일 피자도 만들어야 할 것 같습니다. PizzaStore 캘리포니아 지점에 필요한 새로운 클래스를 한번 그려 보세요.

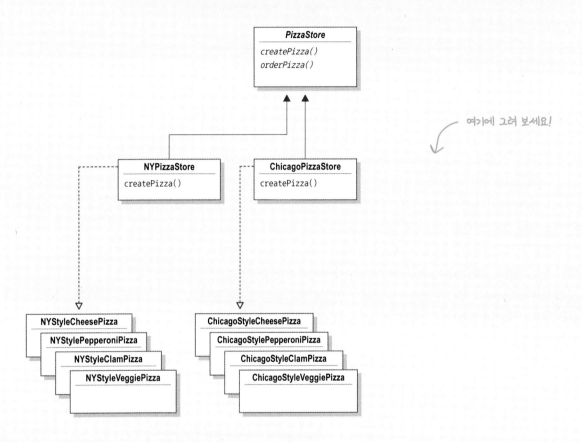

여기에 그려 보세요!

재미있는 피자 토핑 5개를 적어 보세요.
그러면 캘리포니아에서 장사할 준비는 끝납니다.

_____

_____

_____

_____

_____

팩토리 메소드 패턴의 정의

이제 팩토리 메소드 패턴을 정의해 봅시다!

> **팩토리 메소드 패턴**(Factory Method Pattern)에서는 객체를 생성할 때 필요한 인터페이스를 만듭니다. 어떤 클래스의 인스턴스를 만들지는 서브클래스에서 결정합니다. 팩토리 메소드 패턴을 사용하면 클래스 인스턴스 만드는 일을 서브클래스에게 맡기게 됩니다.

다른 팩토리를 쓸 때와 마찬가지로 팩토리 메소드 패턴으로 구상 형식 인스턴스를 만드는 작업을 캡슐화할 수 있습니다. 밑에 있는 클래스 다이어그램을 보면, Creator 추상 클래스에서 객체를 만드는 메소드, 즉 팩토리 메소드용 인터페이스를 제공한다는 사실을 알 수 있습니다. Creator 추상 클래스에 구현되어 있는 다른 메소드는 팩토리 메소드에 의해 생산된 제품으로 필요한 작업을 처리합니다. 하지만 실제 팩토리 메소드를 구현하고 제품(객체 인스턴스)을 만드는 일은 서브클래스에서만 할 수 있습니다.

위에 있는 정의에도 나와 있지만, 다른 개발자가 "팩토리 메소드 패턴에서는 어떤 클래스의 인스턴스를 만들지를 서브클래스에서 결정한다"라고 하는 얘기를 종종 듣게 될 것입니다. 여기에서 '결정한다'라는 표현을 쓰는 이유는 실행 중에 서브클래스에서 어떤 클래스의 인스턴스를 만들지를 결정해서가 아니라, 생산자 클래스가 실제 생산될 제품을 전혀 모르는 상태로 만들어지기 때문입니다. 사실 더 정확하게 말하면, **사용하는 서브클래스에 따라 생산되는 객체 인스턴스가 결정됩니다.**

> 다른 개발자들에게 '결정한다'라는 말이 무슨 뜻인지 물어봐도 되겠지만, 이제 여러분이 웬만한 개발자들보다 더 잘 알고 있을 것 같네요

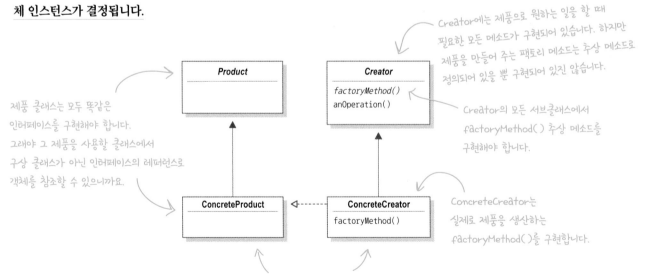

제품 클래스는 모두 똑같은 인터페이스를 구현해야 합니다. 그래야 그 제품을 사용할 클래스에서 구상 클래스가 아닌 인터페이스의 레퍼런스로 객체를 참조할 수 있으니까요.

Creator에는 제품으로 원하는 일을 할 때 필요한 모든 메소드가 구현되어 있습니다. 하지만 제품을 만들어 주는 팩토리 메소드는 추상 메소드로 정의되어 있을 뿐 구현되어 있진 않습니다.

Creator의 모든 서브클래스에서 factoryMethod() 추상 메소드를 구현해야 합니다.

ConcreteCreator는 실제로 제품을 생산하는 factoryMethod()를 구현합니다.

구상 클래스 인스턴스를 만드는 일은 ConcreteCreator가 책임집니다. 실제 제품을 만드는 방법을 알고 있는 클래스는 이 클래스뿐이죠.

Q1 구상 생산자 클래스가 하나밖에 없다면 팩토리 메소드 패턴을 쓸 필요가 있나요?

A1 구상 생산자 클래스가 하나밖에 없더라도 팩토리 메소드 패턴은 충분히 유용합니다. 제품을 생산하는 부분과 사용하는 부분을 분리할 수 있으니까요. 다른 제품을 추가하거나 제품 구성을 변경하더라도 Creator 클래스가 ConcreteProduct와 느슨하게 결합되어 있으므로 Creator는 건드릴 필요가 없죠.

Q2 뉴욕과 시카고 지점을 만들 때는 간단한 팩토리(Simple Factory)를 사용한 것 같은데요?

A2 간단한 팩토리와 비슷하지만 조금 다른 방법을 사용했습니다. PizzaStore의 각 구상 클래스를 구현해 놓은 코드를 보면 앞에서 봤던 SimplePizzaFactory와 상당히 비슷해 보이지만, 구상 클래스를 만들 때 createPizza( ) 추상 메소드가 정의되어 있는 추상 클래스를 확장해서 만들었습니다. createPizza( ) 메소드에서 어떤 일을 할지는 각 지점에서 결정합니다. 간단한 팩토리를 사용할 때는 팩토리가 PizzaStore 안에 포함되는 별개의 객체였습니다.

Q3 팩토리 메소드와 생산자 클래스는 추상으로 선언해야 하나요?

A3 꼭 그래야 하는 건 아닙니다. 몇몇 간단한 구상 제품은 기본 팩토리 메소드를 정의해서 Creator의 서브클래스 없이 만들 수 있습니다.

Q4 모든 구상 생산자 클래스에서 여러 개의 제품을 만들어야 하나요? 아니면 그중에 한두 개만 만들어도 되나요?

A4 앞에서는 매개변수 팩토리 메소드(parameterized factory method)를 사용했습니다. 전달받은 매개변수를 바탕으로 한 가지 이상의 객체를 만들 수 있죠. 하지만 팩토리에서 매개변수를 쓰지 않고 그냥 한 가지 객체만 만드는 경우도 많습니다. 어떤 방법을 쓰든지 팩토리 메소드 패턴을 사용한다는 데는 변함이 없죠.

Q5 근데 매개변수 팩토리 메소드를 사용하면 형식 안전성(type-safety)에 지장이 있지 않나요? 그냥 String을 매개변수로 전달할 뿐이잖아요. 'clam'을 잘못 쳐서 'calm'이라고 치면 어떻게 되는 거죠?

A5 네. 지적한 내용이 맞습니다. 만약 그런 실수를 하면 소위 '런타임 오류'가 발생합니다. 매개변수 팩토리 메소드를 사용할 때 형식 안정성을 조금 더 잘 보장해 줄 수 있는 기법이 있습니다. 그런 기법을 사용하면 형식 오류를 컴파일 시에 잡아낼 수 있죠. 예를 들어 매개변수 형식을 나타내는 객체를 만들 수도 있고, 정적 상수를 쓸 수도 있고, enum을 사용할 수도 있습니다.

Q6 간단한 팩토리와 팩토리 메소드 패턴의 차이를 아직 잘 모르겠어요. 팩토리 메소드 패턴에서 피자를 리턴하는 클래스가 서브클래스라는 점을 빼면 거의 같잖아요. 좀 더 자세히 설명해 주실 수 있나요?

A6 맞습니다. 팩토리 메소드 패턴이 간단한 팩토리와 상당히 비슷합니다. 하지만 간단한 팩토리는 일회용 처방에 불과한 반면, 팩토리 메소드 패턴을 사용하면 여러 번 재사용이 가능한 프레임워크를 만들 수 있습니다. 예를 들어, 팩토리 메소드 패턴의 orderPizza( ) 메소드는 피자를 만드는 일반적인 프레임워크를 제공합니다. 그 프레임워크는 팩토리 메소드 피자 생성 구상 클래스를 만들었죠. PizzaStore 클래스의 서브클래스를 만들 때, 어떤 구상 제품 클래스에서 리턴할 피자를 만들지를 결정합니다. 이 프레임워크를 간단한 팩토리와 한번 비교해 보세요. 간단한 팩토리는 객체 생성을 캡슐화하는 방법을 사용하긴 하지만 팩토리 메소드만큼 유연하지는 않습니다. 생성하는 제품을 마음대로 변경할 수 없기 때문이죠.

스승과 제자

스승 훈련은 잘하고 있나요?

제자 예, 스승님. "바뀌는 부분을 캡슐화하라"라는 가르침을 조금 더 연마했습니다.

스승 그래서 무엇을 배웠나요?

제자 객체를 생성하는 코드를 캡슐화할 수 있다는 사실을 배웠습니다. 구상 클래스의 인스턴스를 만드는 코드가 있다면 그 부분은 쉽게 바뀔 수 있습니다. 이렇게 인스턴스를 만드는 행동을 캡슐화할 수 있게 해 주는 '팩토리'라는 테크닉을 배웠습니다.

스승 그러면 '팩토리'를 썼을 때 어떤 장점이 있나요?

제자 여러 장점이 있습니다만, 우선 객체 생성 코드를 전부 한 객체 또는 메소드에 넣으면 코드에서 중복되는 내용을 제거할 수 있고, 나중에 관리할 때도 한 군데에만 신경을 쓰면 됩니다. 그리고 객체 인스턴스를 만들 때 인터페이스만 있으면 됩니다. 예전에 배웠듯이, 이 방법을 사용하면 인터페이스를 바탕으로 프로그래밍할 수 있어 유연성과 확장성이 뛰어난 코드를 만들 수 있습니다.

스승 그렇죠. 객체지향 내공이 늘고 있군요. 혹시 궁금한 점은 없나요?

제자 스승님, 객체 생성을 캡슐화함으로써 추상 클래스나 인터페이스를 바탕으로 코딩할 수 있고, 클라이언트 코드와 실제 클래스 구현을 분리할 수 있다고 배웠습니다. 하지만 제가 만든 팩토리 코드에서 진짜 객체의 인스턴스를 만들 때는 여전히 구상 클래스를 써야만 합니다. 결국 구상 클래스를 쓸 수밖에 없는데, 모순이 아닌지요?

스승 객체 생성은 피할 수 없는 현실이에요. 객체를 생성하지 않고는 자바 프로그램을 만들 수가 없어요. 하지만 현실을 제대로 이해하고 있다면, 생성 코드를 한 곳에 모아 놓고 체계적으로 관리할 수 있는 디자인을 만들 수 있어요. 일단 이렇게 잘 모아 두면 객체 인스턴스를 만드는 코드를 보호하고 관리하기가 편해지지 않을까요? 객체 생성 코드를 아무 데나 방치해 두면 마음에 드는 결과를 얻기가 더욱 어려워져요.

제자 스승님, 뭔가 깨달음이 느껴지는 것 같습니다.

스승 네, 잘하셨어요. 이제 돌아가서 객체 의존성을 공부해 보세요.

여기에 팩토리를 사용하지 않는 '심하게 의존적인' PizzaStore 클래스가 있습니다. 이 피자 클래스가 의존하고 있는(즉, 이 피자 클래스에서 필요로 하는) 구상 피자 클래스의 개수를 한번 세어 봅시다. 이 PizzaStore에 캘리포니아 스타일 피자를 추가한다면 의존하고 있는 클래스의 개수가 얼마나 더 늘어날까요?

```java
public class DependentPizzaStore {

    public Pizza createPizza(String style, String type) {
        Pizza pizza = null;
        if (style.equals("NY")) {
            if (type.equals("cheese")) {
                pizza = new NYStyleCheesePizza();
            } else if (type.equals("veggie")) {
                pizza = new NYStyleVeggiePizza();
            } else if (type.equals("clam")) {
                pizza = new NYStyleClamPizza();
            } else if (type.equals("pepperoni")) {
                pizza = new NYStylePepperoniPizza();
            }
        } else if (style.equals("Chicago")) {
            if (type.equals("cheese")) {
                pizza = new ChicagoStyleCheesePizza();
            } else if (type.equals("veggie")) {
                pizza = new ChicagoStyleVeggiePizza();
            } else if (type.equals("clam")) {
                pizza = new ChicagoStyleClamPizza();
            } else if (type.equals("pepperoni")) {
                pizza = new ChicagoStylePepperoniPizza();
            }
        } else {
            System.out.println("오류: 알 수 없는 피자 종류");
            return null;
        }
        pizza.prepare();
        pizza.bake();
        pizza.cut();
        pizza.box();
        return pizza;
    }
}
```

뉴욕 스타일 피자를 처리하는 부분

시카고 스타일 피자를 처리하는 부분

답은 여기에 적어 주세요.

구상 피자 클래스 개수

캘리포니아 스타일 피자를
포함했을 때의 객체 개수

_____   _____

객체 의존성 살펴보기

객체 인스턴스를 직접 만들면 구상 클래스에 의존해야 합니다. 앞쪽에 있던 심하게 의존적인
PizzaStore를 한번 살펴봅시다. 이 코드에서는 모든 피자 객체를 팩토리에 맡겨서 만들지 않
고 PizzaStore 클래스 내에서 직접 만들었습니다.
PizzaStore 코드를 다이어그램으로 그려 보면 다음과 같습니다.

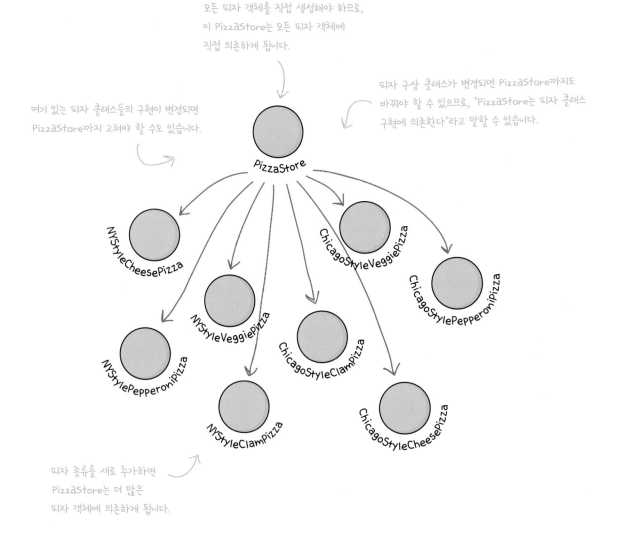

모든 피자 객체를 직접 생성해야 하므로,
이 PizzaStore는 모든 피자 객체에
직접 의존하게 됩니다.

피자 구상 클래스가 변경되면 PizzaStore까지도
바꿔야 할 수 있으므로, "PizzaStore는 피자 클래스
구현에 의존한다"라고 말할 수 있습니다.

여기 있는 피자 클래스들의 구현이 변경되면
PizzaStore까지 고쳐야 할 수도 있습니다.

피자 종류를 새로 추가하면
PizzaStore는 더 많은
피자 객체에 의존하게 됩니다.

의존성 뒤집기 원칙

구상 클래스 의존성을 줄이면 좋다는 사실은 이제 확실히 알았습니다. 이 내용을 정리해 놓은 객체지향 디자인 원칙이 있습니다. 꽤 거창한 이름이 붙어 있죠. 바로 **의존성 뒤집기 원칙**(Dependency Inversion Principle) 입니다.

이 원칙은 다음과 같이 정의할 수 있습니다.

이걸 잘 기억해 두면 남들에게 아는 척 할 때 유용하게 써먹을 수 있습니다. 아는 척으로 연봉을 올릴 수 있다면 이 책을 사는 데 든 돈이 전혀 아깝지 않겠죠? 동료 개발자도 여러분을 대단하다고 평가할 겁니다.

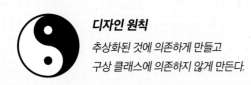

디자인 원칙

추상화된 것에 의존하게 만들고
구상 클래스에 의존하지 않게 만든다.

이 원칙과 "구현보다는 인터페이스에 맞춰서 프로그래밍한다"라는 원칙이 똑같다는 생각이 들 수도 있습니다. 물론 비슷하긴 하지만 의존성 뒤집기 원칙에서는 추상화를 더 많이 강조합니다. 이 원칙에는 고수준 구성 요소가 저수준 구성 요소에 의존하면 안 되며, 항상 추상화에 의존하게 만들어야 한다는 뜻이 담겨 있습니다.

그런데 도대체 이게 무슨 소리일까요?

우선 앞쪽에 있는 피자 가게 다이어그램을 다시 살펴봅시다. PizzaStore는 **고수준 구성 요소**라고 할 수 있고, 피자 클래스는 **저수준 구성 요소**라고 할 수 있습니다. PizzaStore 클래스는 구상 피자 클래스에 의존하고 있다는 사실을 확실하게 알 수 있습니다.

의존성 뒤집기 원칙에 따르면, 구상 클래스처럼 구체적인 것이 아닌 추상 클래스나 인터페이스와 같이 추상적인 것에 의존하는 코드를 만들어야 합니다. 이 원칙은 고수준 모듈과 저수준 모듈에 모두 적용될 수 있습니다.

그런데 이 원칙을 어떻게 적용할 수 있는 걸까요?
심하게 의존적인 PizzaStore를 살펴보면서 어떻게 이 원칙을 적용할 수 있을지 알아봅시다.

'고수준' 구성 요소는 다른 '저수준' 구성 요소에 의해 정의되는 행동이 들어있는 구성 요소를 뜻합니다. 예를 들어, PizzaStore의 행동은 피자에 의해 정의되므로 PizzaStore는 고수준 구성 요소라고 할 수 있습니다. PizzaStore는 다양한 피자 객체를 만들고, 피자를 준비하고, 굽고, 자르고, 포장하죠. 이때 PizzaStore에서 사용하는 피자 객체는 저수준 구성 요소입니다.

의존성 뒤집기 원칙 적용하기

심하게 의존적인 PizzaStore의 가장 큰 문제점은 PizzaStore가 모든 종류의 피자에 의존한다는 점입니다. orderPizza() 메소드에서 구상 형식의 인스턴스를 직접 만들기 때문이죠. Pizza라는 추상 클래스를 만들긴 했지만, 이 코드에서 구상 피자 객체를 생성하는 것은 아니기에 추상화로 얻는 것이 별로 없습니다.

어떻게 해야 인스턴스 만드는 부분을 orderPizza()에시 뽑아낼 수 있을까요? 이미 배운대로 팩토리 메소드 패턴으로 인스턴스 만드는 부분을 뽑아낼 수 있습니다.

팩토리 메소드 패턴을 적용하면 다이어그램이 다음과 같이 바뀝니다.

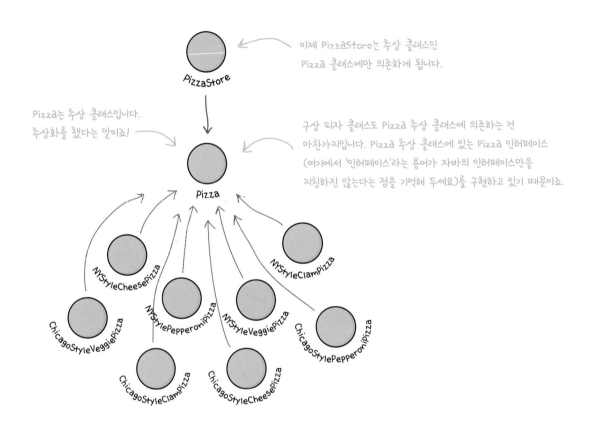

팩토리 메소드 패턴을 적용하면 고수준 구성 요소인 PizzaStore와 저수준 구성 요소인 피자 객체 모두가 추상 클래스인 Pizza에 의존한다는 사실을 알 수 있습니다. 팩토리 메소드 패턴이 의존성 뒤집기 원칙을 준수하는 유일한 방법은 아닙니다. 하지만 적합한 방법 중 하나라고 할 수 있습니다.

의존성은 이제 좀 알겠는데요, 어째서 의존성 뒤집기라고 부르는 거죠?

의존성 뒤집기 원칙에서 뭘 뒤집는다는 거죠?

의존성 뒤집기 원칙에 '뒤집기(inversion)'라는 말이 들어있는 이유는 객체지향 디자인을 할 때 일반적으로 생각하는 방법과는 반대로 뒤집어서 생각해야 하기 때문입니다. 앞쪽에 있는 다이어그램을 한번 봅시다. 저수준 구성요소가 고수준 추상 클래스에 의존하는 게 보이죠? 그리고 저수준 구성 요소도 같은 추상 클래스에 연결되어 있습니다. 따라서 3쪽 전에 나온 다이어그램에서 의존성이 위에서 아래로 내려가기만 했던 것과는 반대로 뒤집어져 있다는 사실을 알 수 있습니다. 고수준 모듈과 저수준 모듈이 둘 다 하나의 추상 클래스에 의존하게 되는 거죠.

일반적인 디자인 절차 뒤에 숨겨져 있는 생각 과정을 따라가 보면서 의존성 뒤집기 원칙을 적용했을 때 생각 과정이 어떻게 뒤집히는지 알아봅시다.

생각 뒤집기

흠… 피자 가게에서는 피자를 준비하고, 굽고, 포장해야지. 그리고 치즈 피자, 야채 피자, 조개 피자 등 다양한 메뉴를 갖춰야 할 거야.

PizzaStore를 구현해야 한다는 거죠?
무슨 생각이 제일 먼저 떠오르나요?

그렇죠. 위에서부터 내려오면서 구상 클래스까지 만들면 되겠네요. 하지만 피자 가게가 구상 피자 형식을 알면 구상 클래스에 의존해야 하는 문제가 생길 수 있습니다.
이제 생각하는 순서를 뒤집어 봅시다. 우선 위에서부터 내려오면서 생각하는 대신 Pizza 클래스를 먼저 생각해 보고, 어떤 것을 추상화할 수 있는지 생각해 보자고요.

치즈 피자든 야채 피자든 조개 피자든 전부 다 피자잖아. 그러니깐 Pizza라는 동일한 인터페이스를 공유하면 되겠지?

좋아요. 추상화된 Pizza 클래스를 생각하고 있군요. 그럼 다시 앞으로 돌아가서 피자 가게의 디자인을 생각해 볼까요?

이제 피자를 Pizza라는 클래스로 추상화했으니까 PizzaStore를 만들 때는 구상 피자 클래스를 신경쓰지 않아도 되겠어.

거의 다왔어요. 하지만 그러려면 PizzaStore에서 구상 클래스를 없애는 팩토리를 사용해야죠. 팩토리를 사용하면 다양한 구상 피자 형식이 추상화된 Pizza 클래스에 의존할 거고, 마찬가지로 피자 가게도 추상화된 Pizza 클래스에 의존하죠. 처음 디자인에서는 PizzaStore가 Pizza에 의존했지만, 이제 의존성이 뒤집혔습니다(생각하는 방법도 뒤집혔지요).

의존성 뒤집기 원칙을 지키는 방법

원칙을 지키는 데 도움이 될 만한 가이드라인을 소개합니다! ⭐

다음의 가이드라인을 따르면 의존성 뒤집기 원칙에 위배되는 객체지향 디자인을 피하는 데 도움이 됩니다.

- 변수에 구상 클래스의 레퍼런스를 저장하지 맙시다.

new 연산자를 사용하면 구상 클래스의 레퍼런스를 사용하게 됩니다. 그러니 팩토리를 써서 구상 클래스의 레퍼런스를 변수에 저장하는 일을 미리 방지합시다.

- 구상 클래스에서 유도된 클래스를 만들지 맙시다.

구상 클래스에서 유도된 클래스를 만들면 특정 구상 클래스에 의존하게 됩니다. 인터페이스나 추상 클래스처럼 추상화된 것으로부터 클래스를 만들어야 합니다.

- 베이스 클래스에 이미 구현되어 있는 메소드를 오버라이드하지 맙시다.

이미 구현되어 있는 메소드를 오버라이드한다면 베이스 클래스가 제대로 추상화되지 않습니다. 베이스 클래스에서 메소드를 정의할 때는 모든 서브클래스에서 공유할 수 있는 것만 정의해야 합니다.

근데요, 이 가이드라인을 정말 지킬 수 있는 건가요? 이 가이드라인을 다 지키다 보면 영원히 프로그램을 다 못 만들 것 같은데요?

맞습니다. 다른 원칙들과 마찬가지로, 이 가이드라인은 항상 지켜야 하는 규칙이 아니라, 우리가 지향해야 할 바를 알려 줄 뿐입니다. 엄밀하게 말하자면 자바 프로그램 가운데 이 가이드라인을 완벽하게 따르는 프로그램은 하나도 없습니다.

하지만 이 가이드라인을 완전히 습득한 상태에서 디자인한다면 원칙을 지키지 않은 부분을 명확하게 파악할 수 있으며, 합리적인 이유로 불가피한 상황에서만 예외를 둘 수 있습니다. 예를 들어, 어떤 클래스가 바뀌지 않는다면 그 클래스의 인스턴스를 만드는 코드를 작성해도 그리 큰 문제가 생기지 않습니다.

실제로 대부분은 String 객체의 인스턴스를 별 생각 없이 만들어서 씁니다. 엄밀하게 말하자면 이것도 원칙에 위배되는 일이지만 String 클래스가 바뀌는 일은 거의 없을 테니 별문제가 생기지 않습니다.

하지만 여러분이 만들고 있는 클래스가 바뀔 수 있다면 팩토리 메소드 패턴을 써서 변경될 수 있는 부분을 캡슐화해야 합니다.

원재료 종류 알아보기

그동안 피자 가게에서는 재료 문제가 발생했습니다! ☆

PizzaStore 디자인이 이제 슬슬 모양새를 갖춰 가고 있습니다. 유연한 프레임워크도 만들었고, 디자인 원칙도 잘 지켰습니다.

지금까지 최첨단 피자 가게가 큰 성공을 이룬 배경에는 신선하고 품질 좋은 재료도 한몫했습니다. 최근에 들어온 정보에 따르면, 새로운 프레임워크가 도입된 이후로 지점에서 우리가 정한 (굽고, 자르고, 상자에 담는 등의) 절차는 잘 따르는데, 몇몇 지점에서 자잘한 재료를 더 싼 재료로 바꿔서 마진을 높이고 있다고 합니다.

이런 일이 계속되면 브랜드 이미지에 큰 타격이 올 수도 있기에 뭔가 조치를 취해야 합니다.

원재료 품질 관리 방법

어떻게 하면 지점에서 좋은 재료를 사용하도록 관리할 수 있을까요? 원재료를 생산하는 공장을 만들고 지점까지 재료를 배달하면 어떨까요?

좋은 계획이지만 지점이 서로 멀리 떨어져 있고, 뉴욕의 레드 소스와 시카고의 레드 소스가 서로 다르다는 문제가 있습니다. 이 문제를 해결하려면 뉴욕과 시카고에 각기 다른 재료를 보낼 수 있어야 합니다. 한번 살펴볼까요?

Chicago Pizza Menu

치즈 피자
플럼토마토 소스, 모짜렐라 치즈, 파르메산 치즈, 오레가노

야채 피자
플럼토마토 소스, 모짜렐라 치즈, 파르메산 치즈, 가지, 시금치, 검은 올리브

조개 피자
플럼토마토 소스, 모짜렐라 치즈, 파르메산 치즈, 조개

페퍼로니 피자
플럼토마토 소스, 모짜렐라 치즈, 파르메산 치즈, 가지, 시금치, 검은 올리브, 페퍼로니

제품에 들어가는 재료군(반죽, 소스, 치즈, 야채, 고기)은 같지만, 지역마다 재료의 구체적인 종류는 조금씩 다릅니다.

New York Pizza Menu

치즈 피자
마리나라 소스, 레지아노 치즈, 마늘

야채 피자
마리나라 소스, 레지아노 치즈, 버섯, 양파, 고추

조개 피자
마리나라 소스, 레지아노 치즈, 신선한 조개

페퍼로니 피자
마리나라 소스, 레지아노 치즈, 버섯, 양파, 고추, 페퍼로니

원재료군으로 묶기

뉴욕과 시카고에서 사용하는 재료는 서로 다릅니다. 최첨단 피자의 명성이 높아져서 캘리포니아 지점을 열었더니, 또 다른 재료를 사용하게 되었습니다. 나중에 다른 곳에 지점을 열면 또 다른 재료를 사용해야 할 겁니다.

이렇게 서로 다른 재료를 제공하려면 원재료군(families of ingredients)을 처리할 방법을 생각해 봐야 합니다.

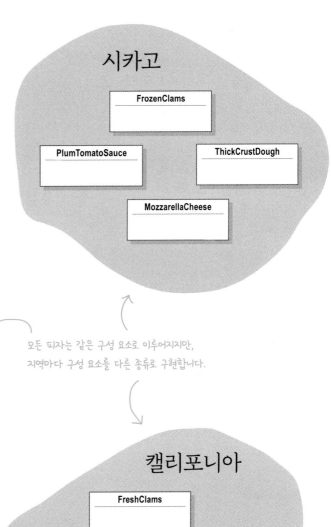

모든 피자는 같은 구성 요소로 이루어지지만,
지역마다 구성 요소를 다른 종류로 구현합니다.

각 군(family)은 특정 형식의 반죽, 소스,
치즈, 그리고 해산물 토핑으로 구성됩니다
(그 외에도 야채나 향신료 같은 자잘한 것들이 있습니다).

이렇게 총 3개의 지역이 서로 다른 원재료군을 이룹니다.
그러니 특정 재료로 구성된 군을 각 지역마다 구현해야 합니다.

원재료 팩토리 만들기 ~원재료를 만들어 봅시다! ☆

이제 원재료를 생산하는 팩토리를 만들어 보겠습니다. 이 팩토리에서는 원재료군에 들어있는 각각의 원재료를 생산합니다. 즉, 반죽, 소스, 치즈 같은 걸 만들어야 합니다. 지역마다 달라지는 부분을 처리하는 방법은 잠시 후에 알아보도록 하죠.

우선 모든 원재료를 생산하는 팩토리용 인터페이스를 정의하는 일부터 시작해 볼까요?

```java
public interface PizzaIngredientFactory {

    public Dough createDough();
    public Sauce createSauce();
    public Cheese createCheese();
    public Veggies[] createVeggies();
    public Pepperoni createPepperoni();
    public Clams createClam();

}
```

인터페이스에 각 재료별 생성 메소드를 정의합니다.

여러 가지 새로운 클래스가 도입되었습니다.
재료마다 하나씩 클래스를 만들어야 합니다.

생각해 보세요!

01 지역별로 팩토리를 만듭니다. 각 생성 메소드를 구현하는 PizzaIngredientFactory 클래스를 만들어야 합니다.

02 ReggianoCheese, RedPeppers, ThickCrustDough와 같이 팩토리에서 사용할 원재료 클래스를 구현합니다. 상황에 따라 서로 다른 지역에서 같은 재료 클래스를 쓸 수도 있습니다.

03 그리고 나서 새로 만든 원재료 팩토리를 PizzaStore 코드에서 사용하도록 모든 것을 하나로 묶어야 합니다.

뉴욕 원재료 팩토리 만들기

뉴욕 원재료 팩토리를 다음과 같이 구현했습니다. 이 팩토리에서는 마리나라 소스, 레지아노 치즈, 신선한 조개 등을 전문적으로 생산합니다.

모든 재료 공장에서 구현해야 하는 인터페이스를 뉴욕 원재료 팩토리에서도 구현합니다.

```java
public class NYPizzaIngredientFactory implements PizzaIngredientFactory {

    public Dough createDough() {
        return new ThinCrustDough();
    }

    public Sauce createSauce() {
        return new MarinaraSauce();
    }

    public Cheese createCheese() {
        return new ReggianoCheese();
    }

    public Veggies[] createVeggies() {
        Veggies veggies[] = { new Garlic(), new Onion(), new Mushroom(), new RedPepper() };
        return veggies;
    }

    public Pepperoni createPepperoni() {
        return new SlicedPepperoni();
    }

    public Clams createClam() {
        return new FreshClams();
    }
}
```

재료군에 들어있는 재료를 뉴욕 지점에 알맞게 만듭니다.

야채는 야채로 구성된 배열을 리턴합니다. 여기에서는 야채를 만드는 부분을 직접 하드 코딩했습니다. 이 부분도 조금 더 복잡하게 만들 수 있지만, 팩토리 패턴을 배우는 과정에서는 별로 필요할 것 같지 않아서 그냥 간단하게 했습니다.

최고 품질의 슬라이스 페퍼로니. 시카고와 뉴욕에서 같은 페퍼로니를 씁니다. 여러분이 시카고 팩토리를 직접 만들어 볼 텐데, 그때도 이 재료를 쓰세요.

뉴욕은 바닷가에 있어서 신선한 조개를 쉽게 구할 수 있습니다. 하지만 시카고는 내륙에 있어서 어쩔 수 없이 냉동 조개를 써야 합니다.

ChicagoPizzaIngredientFactory를 만들어 봅시다. 코드를 구현할 때 밑에 있는 클래스를 활용해도 됩니다.

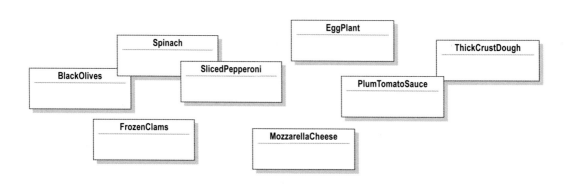

Pizza 클래스 변경하기

공장도 다 만들었으니 이제 재료를 생산할 준비가 끝났습니다. Pizza 클래스가 팩토리에서 생산한 원재료만 사용하도록 코드를 고쳐 봅시다. 우선 Pizza 추상 클래스부터 시작해 볼까요?

```java
public abstract class Pizza {
    String name;

    Dough dough;
    Sauce sauce;
    Veggies veggies[];
    Cheese cheese;
    Pepperoni pepperoni;
    Clams clam;

    abstract void prepare();

    void bake() {
        System.out.println("175도에서 25분 간 굽기");
    }

    void cut() {
        System.out.println("피자를 사선으로 자르기");
    }

    void box() {
        System.out.println("상자에 피자 담기");
    }

    void setName(String name) {
        this.name = name;
    }

    String getName() {
        return name;
    }

    public String toString() {
        // 피자 이름을 출력하는 부분
    }
}
```

피자마다 준비 과정에서 사용하는 원재료들이 있습니다.

이제 prepare( ) 메소드를 추상 메소드로 만들었습니다.
이 부분에서 피자를 만드는 데 필요한 재료들을 가져옵니다.
물론 모든 원재료는 원재료 팩토리에서 가져옵니다.

prepare( ) 메소드를 제외한
다른 메소드들은 바뀌지 않습니다.

Pizza 추상 클래스 준비도 끝났으니 뉴욕 스타일 피자와 시카고 스타일 피자를 만들어야겠네요. 기존 코드에서 달라진 점은 원재료를 팩토리에서 바로 가져온다는 점 말고는 없습니다. 지점에서 마음대로 싸구려 재료를 쓰던 시절과는 이제 영원히 안녕입니다.

팩토리 메소드 패턴을 사용한 코드를 만들었을 때 NYCheesePizza와 ChicagoCheesePizza 클래스를 만들었죠? 그 두 클래스를 살펴보면 지역별로 다른 재료를 사용한다는 것만 빼면 똑같은 형식으로 구성되어 있습니다. 피자를 이루는 기본 요소가 반죽, 소스, 치즈라는 건 마찬가지니까요. 야채 피자와 조개 피자도 마찬가지입니다. 재료만 다를 뿐 준비 단계는 똑같습니다.

따라서 피자마다 클래스를 지역별로 따로 만들 필요가 없습니다. 지역별로 다른 점은 원재료 팩토리에서 처리합니다.

치즈 피자 코드는 다음과 같이 만들 수 있습니다.

```java
public class CheesePizza extends Pizza {
    PizzaIngredientFactory ingredientFactory;

    public CheesePizza(PizzaIngredientFactory ingredientFactory) {
        this.ingredientFactory = ingredientFactory;
    }

    void prepare() {
        System.out.println("준비 중:" + name);
        dough = ingredientFactory.createDough();
        sauce = ingredientFactory.createSauce();
        cheese = ingredientFactory.createCheese();
    }
}
```

피자의 원재료를 제공하는 팩토리가 필요합니다. 각 피자 클래스는 생성자로부터 팩토리를 전달받고 그 팩토리를 인스턴스 변수에 저장합니다.

팩토리의 마법이 일어나는 부분!

prepare() 메소드에서 치즈 피자를 만드는 각 단계를 처리합니다. 재료가 필요할 때마다 팩토리에 있는 메소드를 호출해서 만듭니다.

코드 자세히 들여다보기

피자 코드에서는 팩토리로 피자 재료를 만듭니다. 만들어지는 재료는 어떤 팩토리를 쓰는지에 따라 달라집니다. 피자 클래스는 어떤 재료가 배달되는지 전혀 신경 쓰지 않습니다. 피자를 만드는 방법만 알고 있으면 되니까요. 이제 피자 클래스와 지역별 재료가 분리되어 있어서 로키산맥 지역, 북서부 지역 등 모든 지역에서 어떤 팩토리를 사용하든 클래스는 그대로 **재사용**할 수 있습니다.

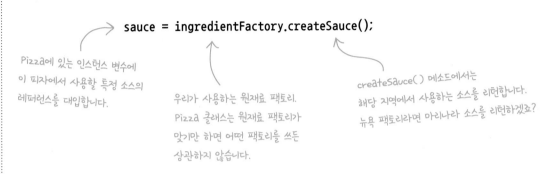

```
sauce = ingredientFactory.createSauce();
```

Pizza에 있는 인스턴스 변수에 이 피자에서 사용할 특정 소스의 레퍼런스를 대입합니다.

우리가 사용하는 원재료 팩토리. Pizza 클래스는 원재료 팩토리가 맞기만 하면 어떤 팩토리를 쓰든 상관하지 않습니다.

createSauce() 메소드에서는 해당 지역에서 사용하는 소스를 리턴합니다. 뉴욕 팩토리라면 마리나라 소스를 리턴하겠죠?

조개 피자를 만드는 ClamPizza 클래스도 살펴볼까요?

```java
public class ClamPizza extends Pizza {
    PizzaIngredientFactory ingredientFactory;

    public ClamPizza(PizzaIngredientFactory ingredientFactory) {
        this.ingredientFactory = ingredientFactory;
    }

    void prepare() {
        System.out.println("준비 중: " + name);
        dough = ingredientFactory.createDough();
        sauce = ingredientFactory.createSauce();
        cheese = ingredientFactory.createCheese();
        clam = ingredientFactory.createClam();
    }
}
```

ClamPizza도 원재료 팩토리를 이렇게 저장합니다.

prepare() 메소드는 조개 피자를 만들 때 필요한 재료를 자기 지역의 팩토리로부터 가져옵니다.

뉴욕 팩토리라면 신선한 조개를, 시카고 공장이라면 냉동 조개를 쓸 겁니다.

올바른 재료 공장 사용하기

피자 가게를 다시 살펴봅시다 ✦

이제 거의 끝나 갑니다. 이제 각 지점을 돌면서 제대로 된 피자를 만드는지 확인해 보면 됩니다. 아, 그리고 지역별 재료 공장의 레퍼런스도 전달해 줘야 합니다.

```java
public class NYPizzaStore extends PizzaStore {

    protected Pizza createPizza(String item) {
        Pizza pizza = null;
        PizzaIngredientFactory ingredientFactory =
            new NYPizzaIngredientFactory();

        if (item.equals("cheese")) {

            pizza = new CheesePizza(ingredientFactory);
            pizza.setName("뉴욕 스타일 치즈 피자");

        } else if (item.equals("veggie")) {

            pizza = new VeggiePizza(ingredientFactory);
            pizza.setName("뉴욕 스타일 야채 피자");

        } else if (item.equals("clam")) {

            pizza = new ClamPizza(ingredientFactory);
            pizza.setName("뉴욕 스타일 조개 피자");

        } else if (item.equals("pepperoni")) {

            pizza = new PepperoniPizza(ingredientFactory);
            pizza.setName("뉴욕 스타일 페퍼로니 피자");

        }
        return pizza;
    }
}
```

뉴욕 지점에는 뉴욕 피자 원재료 팩토리를 전달해 줘야 합니다. 뉴욕 스타일 피자를 만들 때 필요한 재료는 이 팩토리에서 공급합니다.

이제 피자에 맞는 재료를 만드는 팩토리를 피자 객체에 전달해 줍니다.

앞쪽을 보고 피자와 팩토리가 어떤 식으로 연결되는지 확실히 이해하고 넘어갑시다.

피자 형식마다 새로운 Pizza 인스턴스를 만들고 원재료를 공급받는데 필요한 팩토리를 지정해 줍니다.

뇌 단련

여기에 있는 createPizza() 메소드와 앞에서 팩토리 메소드 패턴을 써서 만들었던 메소드를 비교해 봅시다.

바뀐 내용 되돌아보기
지금까지 한 일을 정리해 봅시다 ☆

코드가 꽤 여러 번 바뀌었습니다. 지금까지 우리가 뭘
했는지 되돌아봅시다.

추상 팩토리*라고 부르는 새로운 형식의 팩토리를 도
입해서 피자 종류에 맞는 원재료군을 생산하는 방법을
구축했습니다.

추상 팩토리로 제품군을 생성하는 인터페이스를 제공
할 수 있습니다. 이 인터페이스를 사용하면 코드와 제
품을 생산하는 팩토리를 분리할 수 있습니다. 이렇게
함으로써 지역, 운영체제, 룩앤필 등 서로 다른 상황에
맞는 제품을 생산하는 팩토리를 구현할 수 있습니다.

코드가 실제 제품과 분리되어 있으므로 다른 결과가
필요하면 다른 팩토리를 사용하면 됩니다(플럼토마토
소스 대신 마리나라 소스를 쓰는 식으로 말이죠).

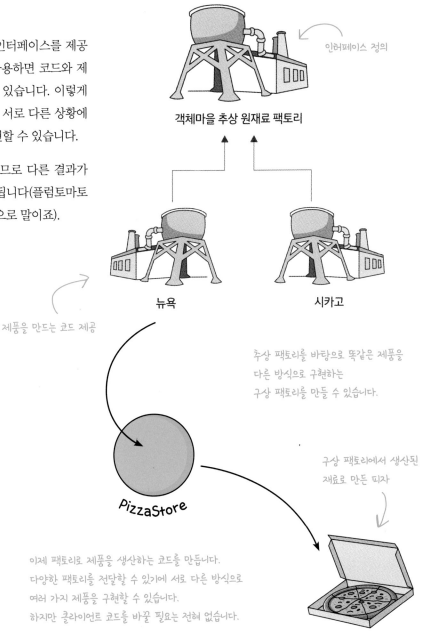

✳ 추상 팩토리는 제품군을 위한 인터페이스를 제공합니다.
군(family)은 무엇을 뜻할까요? 여기에서는 피자를 만들 때
필요한 모든 재료(반죽, 소스, 치즈, 고기, 야채 등)를 의미합니다.

인터페이스 정의

객체마을 추상 원재료 팩토리

제품을 만드는 코드 제공

뉴욕   **시카고**

추상 팩토리를 바탕으로 똑같은 제품을
다른 방식으로 구현하는
구상 팩토리를 만들 수 있습니다.

PizzaStore

구상 팩토리에서 생산된
재료로 만든 피자

이제 팩토리로 제품을 생산하는 코드를 만듭니다.
다양한 팩토리를 전달할 수 있기에 서로 다른 방식으로
여러 가지 제품을 구현할 수 있습니다.
하지만 클라이언트 코드를 바꿀 필요는 전혀 없습니다.

새로운 코드로 또 피자 주문하기

에단과 조엘이 또 피자를 주문하는군요!

에단과 조엘이 또 피자를 먹고 싶어
하네요. 새로 도입된 원재료 공장에
서 생산한 재료로 피자를 만든다는
사실은 아직 모르고 있습니다.
그래서 다음과 같은 식으로 주문을
합니다.

난 여전히 뉴욕 스타일이
제일 좋더라.

난 그냥 시카고 스타일로
계속 먹을래.

New! 피자가 만들어지기까지

무대 뒤에서

01 주문 첫 단계는 전혀 바뀌지 않았습니다. 에단의 주문을 따라가 봅시다.
우선 뉴욕 피자 가게(NYPizzaStore)가 필요합니다.

```
PizzaStore nyPizzaStore = new NYPizzaStore();
```

NYPizzaStore 인스턴스 생성

nyPizzaStore

02 가게가 준비됐으니까 이제 주문을 해 볼까요?

```
nyPizzaStore.orderPizza("cheese");
```

nyPizzaStore 인스턴스의
orderPizza( ) 메소드가 호출됩니다.

03 orderPizza( ) 메소드는 일단 createPizza( ) 메소드를 호출합니다.

```
Pizza pizza  = createPizza("cheese");
```

createPizza("cheese")

다음 쪽으로 이어져 있습니다.

04 원재료 팩토리를 사용하므로 여기서부터는 달라집니다.

createPizza() 메소드가 호출되면 원재료 팩토리가 돌아가기 시작합니다.

PizzaStore에서 원재료 팩토리를 선택하고 그 인스턴스를 만듭니다.
원재료 팩토리는 각 피자의 생성자에 전달됩니다.

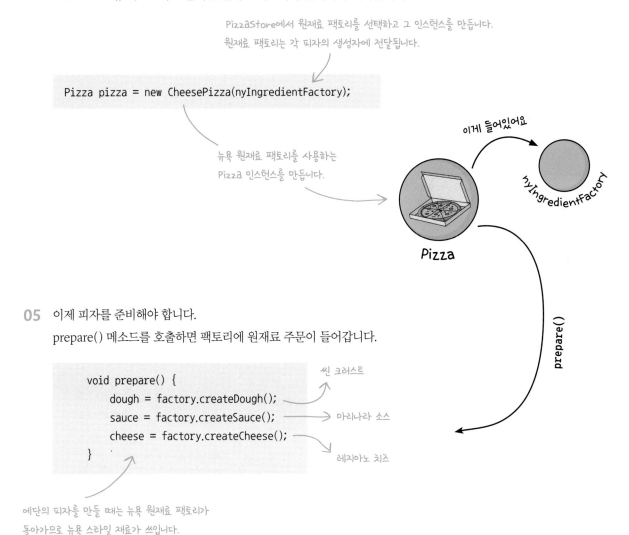

```
Pizza pizza = new CheesePizza(nyIngredientFactory);
```

뉴욕 원재료 팩토리를 사용하는
Pizza 인스턴스를 만듭니다.

이게 들어있어요

nyIngredientFactory

Pizza

prepare()

05 이제 피자를 준비해야 합니다.

prepare() 메소드를 호출하면 팩토리에 원재료 주문이 들어갑니다.

```
void prepare() {
    dough = factory.createDough();
    sauce = factory.createSauce();
    cheese = factory.createCheese();
}
```

씬 크러스트

마리나라 소스

레지아노 치즈

에단의 피자를 만들 때는 뉴욕 원재료 팩토리가
돌아가므로 뉴욕 스타일 재료가 쓰입니다.

06 피자 준비가 끝났습니다. orderPizza() 메소드는 피자를 굽고, 자르고, 포장합니다.

추상 팩토리 패턴의 정의

이제 팩토리 패턴을 하나 더 배웠습니다. 제품군을 만들 때 쓸 수 있는 패턴이죠. 이 패턴을 어떻게 정의할 수 있는지 살펴볼까요?

> **추상 팩토리 패턴**(Abstract Factory Pattern)은 구상 클래스에 의존하지 않고도 서로 연관되거나 의존적인 객체로 이루어진 제품군을 생산하는 인터페이스를 제공합니다. 구상 클래스는 서브클래스에서 만듭니다.

추상 팩토리 패턴을 사용하면 클라이언트에서 추상 인터페이스로 일련의 제품을 공급받을 수 있습니다. 이때, 실제로 어떤 제품이 생산되는지는 전혀 알 필요가 없습니다. 따라서 클라이언트와 팩토리에서 생산되는 제품을 분리할 수 있습니다. 클래스 다이어그램을 보면서 어떤 식으로 돌아가는지 알아봅시다.

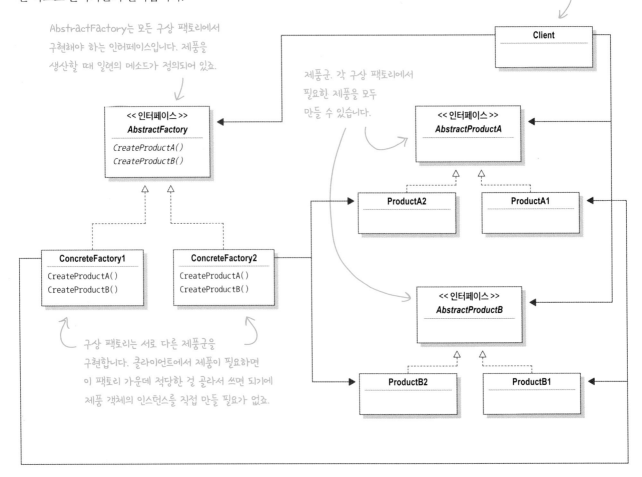

클라이언트를 만들 때는 추상 팩토리를 바탕으로 만듭니다. 실제 팩토리는 실행 시에 결정되죠.

AbstractFactory는 모든 구상 팩토리에서 구현해야 하는 인터페이스입니다. 제품을 생산할 때 일련의 메소드가 정의되어 있죠.

제품군. 각 구상 팩토리에서 필요한 제품을 모두 만들 수 있습니다.

구상 팩토리는 서로 다른 제품군을 구현합니다. 클라이언트에서 제품이 필요하면 이 팩토리 가운데 적당한 걸 골라서 쓰면 되기에 제품 객체의 인스턴스를 직접 만들 필요가 없죠.

클래스 다이어그램이 좀 복잡하군요.
이제 PizzaStore의 시선으로 전체 구조를 살펴볼까요?

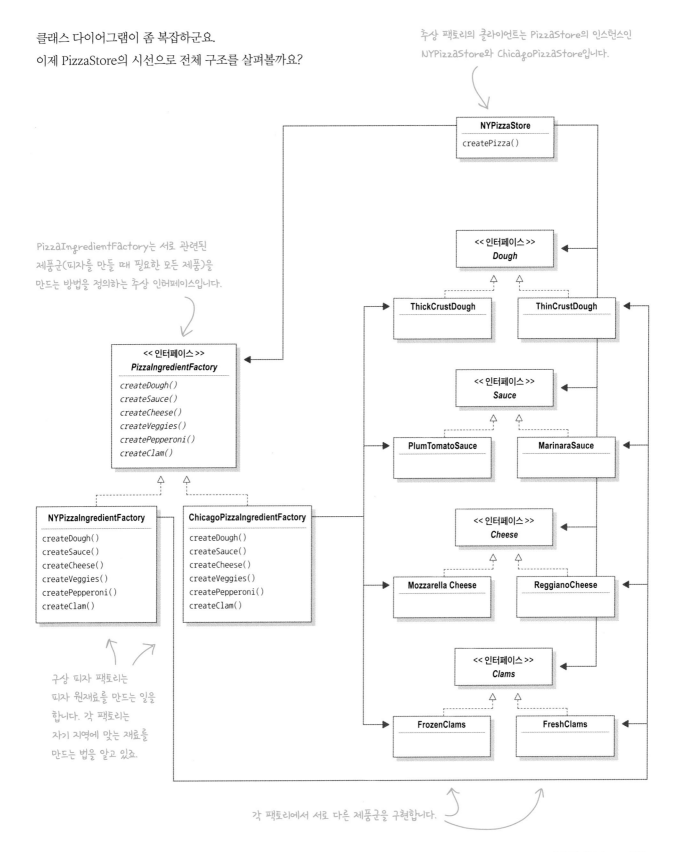

추상 팩토리의 클라이언트는 PizzaStore의 인스턴스인
NYPizzaStore와 ChicagoPizzaStore입니다.

NYPizzaStore

createPizza()

PizzaIngredientFactory는 서로 관련된
제품군(피자를 만들 때 필요한 모든 제품)을
만드는 방법을 정의하는 추상 인터페이스입니다.

<< 인터페이스 >>
Dough

ThickCrustDough

ThinCrustDough

<< 인터페이스 >>
PizzaIngredientFactory

createDough()
createSauce()
createCheese()
createVeggies()
createPepperoni()
createClam()

<< 인터페이스 >>
Sauce

PlumTomatoSauce

MarinaraSauce

NYPizzaIngredientFactory

createDough()
createSauce()
createCheese()
createVeggies()
createPepperoni()
createClam()

ChicagoPizzaIngredientFactory

createDough()
createSauce()
createCheese()
createVeggies()
createPepperoni()
createClam()

<< 인터페이스 >>
Cheese

Mozzarella Cheese

ReggianoCheese

구상 피자 팩토리는
피자 원재료를 만드는 일을
합니다. 각 팩토리는
자기 지역에 맞는 재료를
만드는 법을 알고 있죠.

<< 인터페이스 >>
Clams

FrozenClams

FreshClams

각 팩토리에서 서로 다른 제품군을 구현합니다.

객체지향 빵 굽기 **191**

추상 팩토리에 들어있는 각 메소드는 사실 팩토리 메소드(createDough( ), createSauce( ) 등) 같더군요. 메소드는 추상 메소드로 선언되어 있고 서브클래스에서 오버라이드해서 객체를 만들던데, 그러면 그냥 팩토리 메소드 아닌가요?

추상 팩토리 패턴 뒤에 팩토리 메소드 패턴이 숨어 있는 건가요?

좋은 질문입니다. 추상 팩토리 패턴에서 메소드가 팩토리 메소드로 구현되는 경우도 종종 있습니다. 당연히 그럴 수 있겠죠? 추상 팩토리가 원래 일련의 제품을 만드는 데 쓰이는 인터페이스를 정의하려고 만들어진 것이니까요. 그 인터페이스에 있는 각 메소드는 구상 제품을 생산하는 일을 맡고, 추상 팩토리의 서브클래스를 만들어서 각 메소드의 구현을 제공합니다. 따라서 추상 팩토리 패턴에서 제품을 생산하는 메소드를 구현하는 데 있어서 팩토리 메소드를 사용하는 건 너무나도 자연스러운 일이라고 할 수 있죠.

패턴 집중 인터뷰

금주의 인터뷰
팩토리 메소드 패턴과 추상 팩토리 패턴의 심경 고백

헤드 퍼스트	두 패턴을 한꺼번에 인터뷰하다니, 이런 일은 처음입니다.
팩토리 메소드 패턴	지금 추상 팩토리 패턴과 엮이는 게 좋은 일인지 모르겠네요. 둘 다 팩토리란 말이 들어가서 같이 인터뷰하는 거 같은데, 그냥 따로 인터뷰해도 괜찮았을 거 같은데요?
헤드 퍼스트	아, 괜한 오해는 하지 말아 주세요. 독자가 헷갈리는 부분을 해소해 주려고 두 분을 동시에 모셨으니까요. 두 분의 차이점도 많지만, 공통점도 많다 보니 많은 사람이 종종 혼동한다고 들었습니다.
추상 팩토리 패턴	예, 맞아요. 저를 팩토리 메소드 패턴으로 잘못 알아보는 분들을 자주 만납니다. 팩토리 메소드 패턴을 저로 착각하는 경우도 자주 있다고 들었고요. 사실 둘 다 애플리케이션을 특정 구현으로부터 분리하는 일을 전문으로 하고 있긴 합니다. 방법은 다르지만요. 그러니 사람들이 우리를 잘못 알아보는 것 같습니다.
팩토리 메소드 패턴	하지만 저는 별로 기분이 좋지 않아요. 사실 저는 클래스를 써서 제품을 만들고, 추상 팩토리 패턴은 객체를 써서 제품을 만들잖아요. 그건 전혀 다르죠.
헤드 퍼스트	팩토리 메소드 패턴 님, 조금 더 자세히 설명해 주시겠습니까?
팩토리 메소드 패턴	그러죠. 추상 팩토리 패턴과 저는 둘 다 객체를 만드는 일을 하죠. 하지만 저는 상속으로 객체를 만들어요.
추상 팩토리 패턴	그리고 저는 객체 구성(composition)으로 만들고요.

팩토리 메소드 패턴	그렇죠. 그러니까 팩토리 메소드 패턴으로 객체를 생성할 때는 클래스를 확장하고 팩토리 메소드를 오버라이드해야 하죠.
헤드 퍼스트	그 팩토리 메소드는 무슨 일을 하죠?
팩토리 메소드 패턴	물론 객체를 만들죠. 팩토리 메소드 패턴을 사용하는 이유는 서브클래스로 객체를 만들려는 거니까요. 그러면 클라이언트는 구상 형식을 서브클래스에서 처리해 주니까, 자신이 사용할 추상 형식만 알면 되죠. 즉, 저는 클라이언트와 구상 형식을 분리하는 역할을 합니다.
추상 팩토리 패턴	저도 마찬가지예요. 방법이 다를 뿐이죠.
헤드 퍼스트	그럼 추상 팩토리 패턴 님의 얘기를 들어 볼까요? 객체 구성을 쓴다고 하셨죠?
추상 팩토리 패턴	저는 제품군을 만드는 추상 형식을 제공합니다. 제품이 생산되는 방법은 이 형식의 서브클래스에서 정의합니다. 팩토리를 사용하고 싶으면 일단 인스턴스를 만든 다음 추상 형식을 써서 만든 코드에 전달하면 되죠. 따라서 팩토리 메소드 패턴을 쓸 때와 마찬가지로 클라이언트와 실제 구상 제품이 분리되는 것입니다.
헤드 퍼스트	아, 그렇군요. 그러면 일련의 연관된 제품을 하나로 묶을 수 있다는 장점도 있겠네요.
추상 팩토리 패턴	그렇죠.
헤드 퍼스트	제품군에 제품을 추가하는 식으로 관련된 제품을 확대해야 하면 어떡하죠? 그러면 인터페이스를 바꿔야 하지 않나요?
추상 팩토리 패턴	예, 맞습니다. 새로운 제품을 추가하려면 인터페이스를 바꿔야 하죠. 달가운 일은 아닙니다만…
팩토리 메소드 패턴	<큭큭큭>
추상 팩토리 패턴	왜 그렇게 웃으십니까?
팩토리 메소드 패턴	아니. 인터페이스를 바꾸는 건 너무 심하잖아요. 인터페이스를 바꾸면 모든 서브클래스의 인터페이스를 바꿔야 하는데, 정말 큰일 아닌가요?
추상 팩토리 패턴	예, 그렇긴 합니다. 하지만 저는 꽤 많은 제품이 들어있는 제품군을 생성하기에 인터페이스도 아주 큰 편입니다. 팩토리 메소드 패턴은 달랑 한 가지 제품만 생산하잖아요. 복잡한 인터페이스도 필요하지 않고, 메소드도 하나만 있으면 끝나지 않나요?
헤드 퍼스트	추상 팩토리 패턴 님, 팩토리 메소드로 구상 팩토리를 구현할 때도 있다고 하던데…
추상 팩토리 패턴	예, 그건 인정할 수밖에 없군요. 구상 팩토리를 구현할 때 팩토리 메소드로 제품을 생산할 때가 종종 있습니다. 제 경우에는 제품을 생산하는 용도로만 쓰긴 하지만요.
팩토리 메소드 패턴	저는 서브클래스에서 만드는 구상 형식을 활용하는 추상 생산자에서 코드를 구현합니다.
헤드 퍼스트	두 분 다 자기 분야에서 뛰어난 실력을 발휘하고 계신 것 같군요. 아마 다들 선택의 폭이 넓다는 사실에 기뻐하고 있을 겁니다. 팩토리가 유용한 거야 다들 잘 알고 있으니까요. 어떤 패턴을 쓰든 객체 생성을 캡슐화해서 애플리케이션의 결합을 느슨하게 만들고, 특정 구현에 덜 의존하도록 만들 수 있다는 건 바람직한 일이죠. 마지막으로 한 말씀씩 해주시겠습니까?
추상 팩토리 패턴	감사합니다. 추상 팩토리 패턴을 꼭 기억해 주세요. 클라이언트에서 서로 연관된 일련의 제품을 만들어야 할 때, 즉 제품군을 만들어야 할 때는 언제든지 저를 활용해 주세요.
팩토리 메소드 패턴	클라이언트 코드와 인스턴스를 만들어야 할 구상 클래스를 분리시켜야 할 때는 언제든지 팩토리 메소드 패턴을 활용해 주세요. 어떤 구상 클래스가 필요할지 미리 알 수 없을 때에도 정말 유용합니다. 저를 쓸 때는 서브클래스를 만들고 팩토리 메소드를 구현하기만 하면 됩니다.

팩토리 메소드 패턴과 추상 팩토리 패턴

4장에서 배운 2가지 패턴을 비교해 봅시다! ⭐

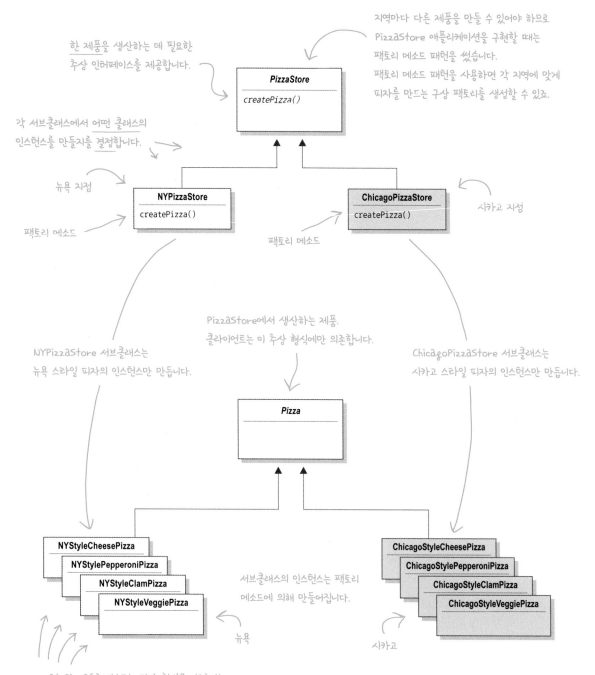

지역마다 다른 제품을 만들 수 있어야 하므로 PizzaStore 애플리케이션을 구현할 때는 팩토리 메소드 패턴을 썼습니다. 팩토리 메소드 패턴을 사용하면 각 지역에 맞게 피자를 만드는 구상 팩토리를 생성할 수 있죠.

한 제품을 생산하는 데 필요한 추상 인터페이스를 제공합니다.

PizzaStore
createPizza()

각 서브클래스에서 어떤 클래스의 인스턴스를 만들지를 결정합니다.

뉴욕 지점

NYPizzaStore
createPizza()

팩토리 메소드

ChicagoPizzaStore
createPizza()

시카고 지점

팩토리 메소드

PizzaStore에서 생산하는 제품. 클라이언트는 이 추상 형식에만 의존합니다.

Pizza

NYPizzaStore 서브클래스는 뉴욕 스타일 피자의 인스턴스만 만듭니다.

ChicagoPizzaStore 서브클래스는 시카고 스타일 피자의 인스턴스만 만듭니다.

NYStyleCheesePizza
NYStylePepperoniPizza
NYStyleClamPizza
NYStyleVeggiePizza

뉴욕

서브클래스의 인스턴스는 팩토리 메소드에 의해 만들어집니다.

ChicagoStyleCheesePizza
ChicagoStylePepperoniPizza
ChicagoStyleClamPizza
ChicagoStyleVeggiePizza

시카고

createPizza() 메소드는 피자 형식을 나타내는 매개변수에 따라 다른 형식의 객체를 만들기에 이 메소드 하나로 여러 종류의 피자를 만들 수 있습니다.

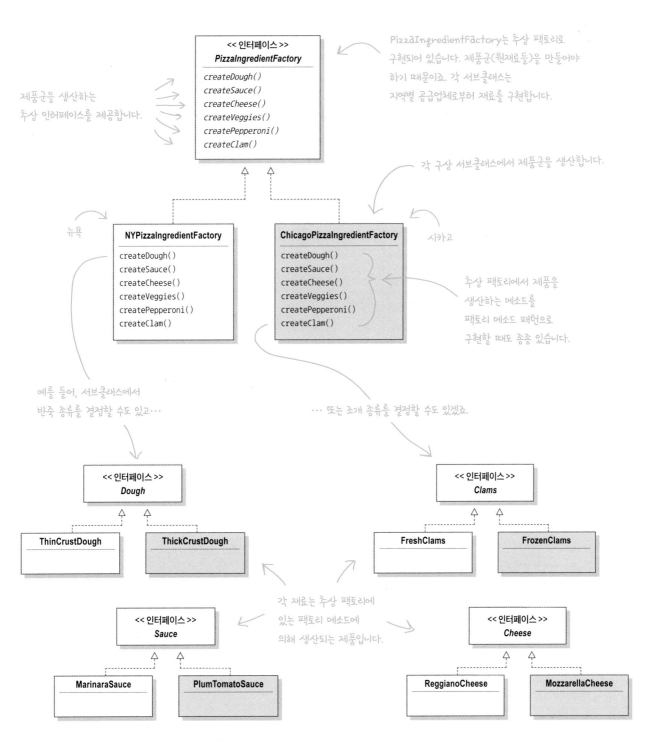

제품군을 생산하는
추상 인터페이스를 제공합니다.

PizzaIngredientFactory는 추상 팩토리로
구현되어 있습니다. 제품군(원재료들)을 만들어야
하기 때문이죠. 각 서브클래스는
지역별 공급업체로부터 재료를 구현합니다.

각 구상 서브클래스에서 제품군을 생산합니다.

뉴욕

시카고

추상 팩토리에서 제품을
생산하는 메소드를
팩토리 메소드 패턴으로
구현할 때도 종종 있습니다.

예를 들어, 서브클래스에서
반죽 종류를 결정할 수도 있고…

… 또는 조개 종류를 결정할 수도 있겠죠.

각 재료는 추상 팩토리에
있는 팩토리 메소드에
의해 생산되는 제품입니다.

제품 서브클래스에 의해서 여러 가지 제품군이 구성됩니다.
왼쪽에는 뉴욕 재료군, 오른쪽에는 시카고 제품군이 있죠?

디자인 도구상자 안에 들어가야 할 도구들

4장에서는 팩토리 메소드 패턴과 추상 팩토리 패턴, 이렇게 2가지 도구가 추가되었습니다. 2가지 패턴 모두 객체 생성을 캡슐화해서 코드와 구상 형식을 분리할 수 있게 도와줍니다.

객체지향 기초

추상화

캡슐화

다형성

상속

객체지향 원칙

- 바뀌는 부분은 캡슐화한다.
- 상속보다는 구성을 활용한다.
- 구현보다는 인터페이스에 맞춰서 프로그래밍한다.
- 상호작용하는 객체 사이에서는 가능하면 느슨한 결합을 사용해야 한다.
- 클래스는 확장에는 열려 있어야 하지만 변경에는 닫혀 있어야 한다(OCP).
- 추상화된 것에 의존하게 만들고 구상 클래스에 의존하지 않게 만든다.

가능하면 모든 것을 추상화하라는 원칙이 추가되었습니다.

객체지향 패턴

추상 팩토리 패턴 – 구상 클래스에 의존하지 않고도 서로 연관되거나 의존적인 객체로 이루어진 제품군을 생성하는 인터페이스를 제공합니다. 구상 클래스는 서브클래스에서 만듭니다.

팩토리 메소드 패턴 – 객체를 생성할 때 필요한 인터페이스를 만듭니다. 어떤 클래스의 인스턴스를 만들지는 서브클래스에서 결정합니다. 팩토리 메소드를 사용하면 인스턴스 만드는 일을 서브클래스에 맡길 수 있습니다.

새로 배운 2가지 패턴은 객체 생성을 캡슐화하는 패턴이며, 클라이언트와 구상 클래스가 서로 분리된 유연한 디자인을 구현할 수 있게 도와줍니다.

낱말 퀴즈

길고 긴 4장이 드디어 끝났군요.
피자 한 조각을 물고 편안하게 앉아서 낱말 퀴즈를 풀어 봅시다.
여기에 들어가는 단어는 모두 4장에 나와 있습니다.

단어는 영어 알파벳으로 되어 있습니다.
낱말 퀴즈 옆에 있는 단어 리스트를 참고해서 풀어보세요!

- **구상 생산자** CONCRETECREATOR
- **서브클래스** SUBCLASS
- **생산자** CREATOR
- **레지아노** REGGIANO
- **구상 팩토리** CONCRETEFACTORY
- **구현** IMPLEMENTATION
- **팩토리 메소드** FACTORYMETHOD
- **시카고 스타일** CHICAGOSTYLE
- **피자** PIZZA
- **의존** DEPENDENT
- **캡슐화** ENCAPSULATE
- **객체 구성** OBJECTCOMPOSITION
- **군** FAMILY
- **간단한 팩토리** SIMPLEFACTORY
- **뉴욕 스타일** NYSTYLE

가로

1. 팩토리 메소드 패턴을 쓸 때 각 지점은 _____ 입니다.
4. 팩토리 메소드에서 어떤 클래스의 인스턴스를 만들지 결정하는 것
6. 팩토리 메소드 패턴을 쓸 때 PizzaStore는 무슨 역할을 맡았죠?
7. 뉴욕 스타일 피자에서 사용한 치즈 이름
8. 추상 팩토리 패턴에서 각 원재료 공장은 _____ 입니다.
9. new 연산자를 사용하면 _____ 에 맞춰서 코딩을 하는 거죠.
11. createPizza( )는 _____ 입니다.
12. 조엘은 _____ 피자를 좋아하죠.
13. 팩토리 메소드 패턴을 쓸 때 PizzaStore와 Pizza 구상 클래스 둘 다 _____ 추상 클래스에 의존했죠.
14. 어떤 클래스에서 구상 클래스의 인스턴스를 만들면 그 클래스는 그 객체에 _____ 하게 되죠.
15. 팩토리 패턴을 사용하면 객체 생성을 _____ 할 수 있습니다.

세로

2. 간단한 팩토리와 추상 팩토리 패턴에서는 _____ 을, 팩토리 메소드 패턴에서는 상속을 사용했습니다.
3. 추상 팩토리 패턴에서는 제품 _____ 을 만듭니다.
5. 진정한 의미에서 팩토리 패턴이라고 할 수는 없지만, 편리하게 쓸 수 있긴 합니다.
10. 에단이 좋아하는 피자 종류

앞에서 NYPizzaStore를 만들었습니다. 이제 2개만 더 만들면 프랜차이즈 사업을 본격적으로 시작할 준비가 끝나겠네요. 여기에 시카고 스타일 피자와 캘리포니아 스타일 피자용 PizzaStore 클래스 (ChicagoPizzaStore, CaliforniaPizzaStore) 코드를 써 보세요.

이 두 지점도 뉴욕 지점과 거의 똑같습니다.
만드는 피자 종류가 다르다는 점을 제외하면 말이죠.

```java
public class ChicagoPizzaStore extends PizzaStore {
    protected Pizza createPizza(String item) {
        if (item.equals("cheese")) {
            return new ChicagoStyleCheesePizza();
        } else if (item.equals("veggie")) {
            return new ChicagoStyleVeggiePizza();
        } else if (item.equals("clam")) {
            return new ChicagoStyleClamPizza();
        } else if (item.equals("pepperoni")) {
            return new ChicagoStylePepperoniPizza();
        } else return null;
    }
}
```

시카고 지점을 만들 때
시카고 스타일 피자를 만드는지
확실히 짚고 넘어가야겠죠?

```java
public class CaliforniaPizzaStore extends PizzaStore {
    protected Pizza createPizza(String item) {
        if (item.equals("cheese")) {
            return new CaliforniaStyleCheesePizza();
        } else if (item.equals("veggie")) {
            return new CaliforniaStyleVeggiePizza();
        } else if (item.equals("clam")) {
            return new CaliforniaStyleClamPizza();
        } else if (item.equals("pepperoni")) {
            return new CaliforniaStylePepperoniPizza();
        } else return null;
    }
}
```

캘리포니아 지점에서는
캘리포니아 스타일 피자를
만들어야 하고요.

캘리포니아에서 왜 자기 동네만 무시하냐고 난리가 났습니다. 캘리포니아 스타일의
피자도 만들어야 할 것 같습니다. PizzaStore 캘리포니아 지점에 필요한 새로운 클
래스를 한번 그려 보세요.

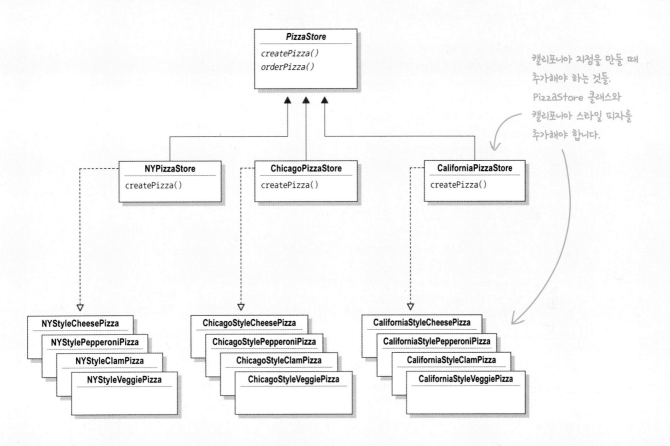

캘리포니아 지점을 만들 때
추가해야 하는 것들.
PizzaStore 클래스와
캘리포니아 스타일 피자를
추가해야 합니다.

재미있는 피자 토핑 5개를 적어 보세요.
그러면 캘리포니아에서 장사할 준비는 끝납니다.

이 답안은
예시일 뿐입니다.
여러분 마음대로
아무거나 써도
상관 없습니다!

구운 마늘을 섞은 으깬 감자

바베큐 소스

미나리

키세스 초콜릿

땅콩

여기에 팩토리를 사용하지 않는 '심하게 의존적인' PizzaStore 클래스가 있습니다. 이 피자 클래스가 의존하고 있는(즉, 이 피자 클래스에서 필요로 하는) 구상 피자 클래스의 개수를 한번 세어 봅시다. 이 PizzaStore에 캘리포니아 스타일 피자를 추가한다면 의존하고 있는 클래스의 개수가 얼마나 더 늘어날까요? 정답은 이렇습니다.

```java
public class DependentPizzaStore {

    public Pizza createPizza(String style, String type) {
        Pizza pizza = null;
        if (style.equals("NY")) {
            if (type.equals("cheese")) {
                pizza = new NYStyleCheesePizza();
            } else if (type.equals("veggie")) {
                pizza = new NYStyleVeggiePizza();
            } else if (type.equals("clam")) {
                pizza = new NYStyleClamPizza();
            } else if (type.equals("pepperoni")) {
                pizza = new NYStylePepperoniPizza();
            }
        } else if (style.equals("Chicago")) {
            if (type.equals("cheese")) {
                pizza = new ChicagoStyleCheesePizza();
            } else if (type.equals("veggie")) {
                pizza = new ChicagoStyleVeggiePizza();
            } else if (type.equals("clam")) {
                pizza = new ChicagoStyleClamPizza();
            } else if (type.equals("pepperoni")) {
                pizza = new ChicagoStylePepperoniPizza();
            }
        } else {
            System.out.println("오류: 알 수 없는 피자 종류");
            return null;
        }
        pizza.prepare();
        pizza.bake();
        pizza.cut();
        pizza.box();
        return pizza;
    }
}
```

뉴욕 스타일 피자를 처리하는 부분

시카고 스타일 피자를 처리하는 부분

답은 여기에 적어 주세요.   **8**   구상 피자 클래스 개수   **12**   캘리포니아 스타일 피자를 포함했을 때의 객체 개수

 ChicagoPizzaIngredientFactory를 만들어 봅시다. 코드를 구현할 때 밑에 있는 클래스들을 활용해도 됩니다.

```java
public class ChicagoPizzaIngredientFactory
    implements PizzaIngredientFactory
{

    public Dough createDough() {
        return new ThickCrustDough();
    }

    public Sauce createSauce() {
        return new PlumTomatoSauce();
    }

    public Cheese createCheese() {
        return new MozzarellaCheese();
    }

    public Veggies[] createVeggies() {
        Veggies veggies[] = { new BlackOlives(),
                              new Spinach(),
                              new Eggplant() };
        return veggies;
    }

    public Pepperoni createPepperoni() {
        return new SlicedPepperoni();
    }

    public Clams createClam() {
        return new FrozenClams();
    }
}
```

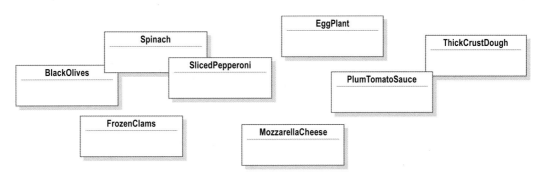

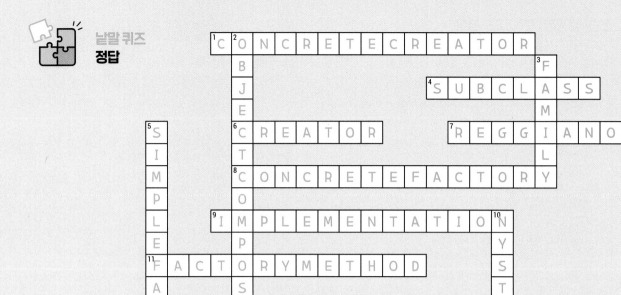

Across / Down crossword answers:

1. CONCRETECREATOR
4. SUBCLASS
6. CREATOR
7. REGGIANO
8. CONCRETEFACTORY
9. IMPLEMENTATION
11. FACTORYMETHOD
12. CHICAGOSTYLE
13. PIZZA
14. DEPENDENT
15. ENCAPSULATE

2. OBJECT
3. FAMILY
5. SIMPLEFACTORY
10. NYSTYL
(FACTORY, COMPOSITO...)

하나뿐인 특별한 객체 만들기

싱글턴 패턴

아… 정말 황홀해…
이 쭉 뻗은 직선, 흐르는 듯한 곡선,
아름다운 폼팩터에 8K 액정까지!
정말 아름답지 않아?
차보다 더 좋아!

지금 누구한테 얘기하는 거예요?
그리고 그 태블릿은
언제 돌려줄 거예요?

─── 인스턴스가 하나뿐인 특별한 객체를 만들어 봅시다 ───

싱글턴 패턴은 클래스 다이어그램만 보면 그 어떤 패턴보다도 간단합니다. 클래스 다이어그램
에 클래스가 하나뿐이니까요! 하지만 그렇다고 해서 너무 만만하게 보지는 마세요. 아주 단순
하지만 구현하기는 까다롭습니다. 자, 이제 마음을 단단히 먹고 싱글턴 패턴을 배워 볼까요?

개발자 어떤 용도로 쓰는 건가요?

전문가 사실 하나만 있어도 충분히 잘 돌아가는 객체는 많아요. 스레드 풀, 캐시, 대화상자, 사용자 설정, 레지스트리 설정을 처리하는 객체, 로그 기록용 객체, 디바이스 드라이버가 그 예죠. 사실 이런 객체를 쓸 때 인스턴스가 2개 이상이면 프로그램이 이상하게 돌아간다든가, 자원을 불필요하게 잡아먹는다든가, 결과에 일관성이 없어진다든가 하는 심각한 문제가 생길 수 있어요.

개발자 인스턴스를 하나만 만들어야 하는 클래스가 있다는 건 알겠어요. 하지만 이런 내용을 1개 장에 걸쳐서 설명해야 하나요? 그냥 간단하게 '이 클래스의 인스턴스는 하나만 만든다'라는 관행을 따르도록 하거나 전역 변수 같은 걸 쓰면 안 되나요? 자바에서는 정적 변수를 쓰면 되잖아요.

전문가 싱글턴 패턴은 특정 클래스에 객체 인스턴스가 하나만 만들어지도록 해 주는 패턴입니다. 더 나은 아이디어가 있다면 언제든지 얘기해 주세요. 그럴 수 있다면 정말 유명해질 겁니다. 다른 모든 패턴과 마찬가지로 싱글턴 패턴은 오랫동안 많은 사람의 경험으로 검증된 방법이에요. 싱글턴 패턴을 사용하면 전역 변수를 사용할 때와 마찬가지로 객체 인스턴스를 어디서든지 액세스할 수 있게 만들 수 있으며, 전역 변수를 쓸 때처럼 여러 단점을 감수할 필요도 없지요.

개발자 전역 변수에 어떤 단점이 있나요?

전문가 한 가지 예를 들어 볼까요? 전역 변수에 객체를 대입하면 애플리케이션이 시작될 때 객체가 생성될 겁니다. 그런데 그 객체가 자원을 많이 차지한다고 해 보죠. 만약 애플리케이션이 끝날 때까지 그 객체를 한 번도 쓰지 않는다면 괜히 자원만 잡아먹는 쓸데없는 객체가 되고 말겠죠? 앞으로 배우겠지만, 싱글턴 패턴을 사용하면 필요할 때만 객체를 만들 수가 있어요.

개발자 아무리 그래도 1개 장에 걸쳐서 배워야 할 만큼 어려운 주제 같지는 않은데요?

전문가 정적 클래스 변수와 메소드를 잘 처리할 수 있고 접근 변경자(access modifier)도 잘 다룰 줄 안다면 별로 어렵지는 않겠죠. 어쨌든 간에 싱글턴 패턴의 작동 방식을 배워 두면 도움이 될 거예요. 싱글턴 패턴은 언뜻 보기엔 아주 간단할 것 같지만, 제대로 이해하기는 절대 쉽지 않아요. 우선 스스로에게 "어떻게 하면 한 클래스의 인스턴스를 2개 이상 만들지 않게 하지?"라는 질문을 던져 보세요. 그리 간단한 질문이 아니라는 사실을 금방 깨달을 수 있을 거예요.

리틀 싱글턴 알아보기

리틀 리스퍼(The Little Lisper) 스타일의 문답

1개의 개체를 만들려면 어떻게 하면 좋을까요?

```
new MyObject();
```

다른 객체에서 MyObject를 만들려면 어떻게 해야 하죠?
MyObject에 new 연산자를 다시 쓸 수 있나요?

물론 가능하죠.

클래스만 있으면 언제든지 인스턴스를 만들 수 있는 거죠?

예, public으로 선언한 거라면 별문제 없습니다.

만약 public으로 선언하지 않았다면요?

public 클래스로 선언하지 않았다면 같은 패키지에 있는 클래스에서만 인스턴스를 만들 수 있습니다. 물론 2개 이상의 인스턴스도 만들 수 있죠.

흥미롭군요.
이렇게 할 수도 있다는데 혹시 알고 계신가요?

```
public MyClass  {
        private MyClass() {}
}
```

아, 그런 건 한 번도 생각해 보지 못했습니다. 하지만 문법적으로는 전혀 문제가 없어 보이는군요.

저 코드를 설명해 주실 수 있나요?

생성자가 private으로 선언되어 있어서 인스턴스를 만들 수 없는 클래스 같군요.

---

private으로 선언된 생성자를 사용할 수 있는 객체가 과연 존재할까요?

흠… MyClass에 있는 코드에서만 호출할 수 있는 것 같은데, 객체의 인스턴스를 만들 수 없을 것 같군요.

왜 안 되죠?

생성자를 호출하려면 일단 그 클래스의 인스턴스가 있어야 하는데, 다른 클래스에서 이 클래스의 인스턴스를 만들 수 없어 불가능합니다. 닭이 먼저냐 달걀이 먼저냐라는 문제와 같다고 볼 수 있습니다. MyClass 형식의 객체에서만 private으로 선언된 생성자를 사용할 수 있고, 다른 어떤 클래스에서 'new MyClass()'라고 쓸 수 없기에 결국 인스턴스를 만들 수 없죠.

그래요. 그건 그렇고
이건 어떻게 해석할 수 있을까요?

```
public MyClass {
    public static MyClass getInstance() {
    }
}
```

MyClass에 정적 메소드가 있습니다. 그 정적 메소드는 다음과 같은 방식으로 호출할 수 있죠.

```
MyClass.getInstance();
```

왜 객체 이름을 사용하지 않고 MyClass라는 클래스 이름을 그냥 사용한 거죠?

getInstance()는 정적 메소드입니다. 클래스 메소드라고 부르기도 하죠. 정적 메소드를 지칭할 때는 클래스 이름을 써야 합니다.

신기하군요. 그럼 이렇게 합쳐 놓으면 어떨까요?
그럼 MyClass의 인스턴스를 만들 수 있지 않나요?

```
public MyClass {
    private MyClass() {}
    public static MyClass getInstance() {
        return new MyClass();
    }
}
```

아! 그렇게 할 수도 있겠네요.

그러면 이제 객체를 만드는 또 다른 방법을
말해 주실 수 있을까요?

```
MyClass.getInstance();
```

MyClass의 인스턴스가 하나만 만들어지도록 코드를
마무리해 볼까요.

네, 마무리해 보죠.

(코드는 다음 쪽에 나와 있습니다)

고전적인 싱글턴 패턴 구현법

MyClass 대신 Singleton이라는
이름을 쓰겠습니다.

Singleton 클래스의
하나뿐인 인스턴스를
저장하는 정적 변수

```java
public class Singleton {
    private static Singleton uniqueInstance;

    // 기타 인스턴스 변수

    private Singleton() {}

    public static Singleton getInstance() {
        if (uniqueInstance == null) {
            uniqueInstance = new Singleton();
        }
        return uniqueInstance;
    }

    // 기타 메소드
}
```

생성자를 private으로
선언했으므로 Singleton에서만
클래스의 인스턴스를 만들 수 있습니다.

getInstance( ) 메소드는
클래스의 인스턴스를 만들어서 리턴합니다.

조금 특이하긴 하지만 Singleton도
보통 클래스입니다. 여기에도 다른 인스턴스
변수나 메소드가 있을 수 있습니다.

주의하세요!

혹시 이 책을 대충 훑어보고 있다
면 싱글턴을 만들 때 이 코드를 그
대로 쓰지 않도록 주의하세요. 조금
있으면 이 코드에 몇 가지 문제점이
있다는 사실 알 수 있으니까요.

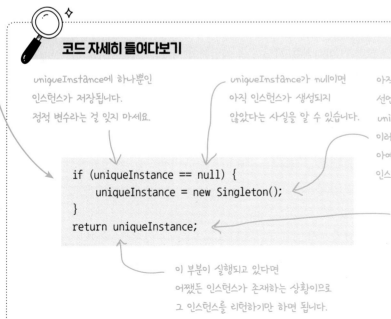

코드 자세히 들여다보기

uniqueInstance에 하나뿐인
인스턴스가 저장됩니다.
정적 변수라는 걸 잊지 마세요.

uniqueInstance가 null이면
아직 인스턴스가 생성되지
않았다는 사실을 알 수 있습니다.

아직 인스턴스가 만들어지지 않았다면 private으로
선언된 생성자를 사용해서 Singleton 객체를 만든 다음
uniqueInstance에 그 객체를 대입합니다.
이러면 인스턴스가 필요한 상황이 닥치기 전까지
아예 인스턴스를 생성하지 않게 되죠. 이런 방법을 '게으른
인스턴스 생성(lazy instantiation)'이라고 부릅니다.

```java
if (uniqueInstance == null) {
    uniqueInstance = new Singleton();
}
return uniqueInstance;
```

uniqueInstance가 null이 아니면
이미 객체가 생성된 것이죠. 이때는
바로 return 선언문으로 넘어갑니다.

이 부분이 실행되고 있다면
어쨌든 인스턴스가 존재하는 상황이므로
그 인스턴스를 리턴하기만 하면 됩니다.

패턴 집중 인터뷰

금주의 인터뷰
싱글턴 객체의 심경 고백

헤드 퍼스트   오늘은 싱글턴 객체 님과 인터뷰를 해 보겠습니다. 일단 자기 소개를 좀 부탁해도 될까요?

싱글턴   안녕하세요. 싱글턴입니다. 저는 진짜 유일한 존재죠.

헤드 퍼스트   유일하다고요?

싱글턴   네, 전 유일하죠. 인스턴스가 절대 2개 이상이 되지 않도록 해 주는 싱글턴 패턴을 바탕으로 만들어졌거든요.

헤드 퍼스트   힘들게 클래스를 만들었을 텐데 고작 객체를 하나밖에 만들 수 없다면 좀 억울할 것 같아요.

싱글턴   전혀요. 유일함이 얼마나 강력한데요. 레지스트리 설정이 담겨 있는 객체가 여러 개 있다면 서로 다른 설정 내역도 여러 개 있다는 말이 되죠. 그러면 혼란스럽지 않을까요? 하지만 저를 사용하면 한 애플리케이션에 들어있는 어떤 객체에서도 같은 자원을 활용할 수 있죠.

헤드 퍼스트   혹시 또 다른 예는 없을까요?

싱글턴   그밖에도 여러 용도로 유용하게 쓰이죠. 연결 풀이나 스레드 풀과 같은 자원 풀을 관리하는 데도 제가 자주 등장하죠.

헤드 퍼스트   하지만 혼자라면 왠지 외로울 것 같은데요?

싱글턴   딱히 외롭지는 않아요. 그렇지만 더 많은 개발자가 저를 알아 줬으면 해요. 자신도 모르는 사이에 객체 인스턴스가 여러 개 생겨서 의도하지 않은 버그를 맞닥뜨리게 되는 상황을 종종 보거든요.

헤드 퍼스트   근데, 혹시 하나뿐이란 걸 어떻게 확신할 수 있는지 여쭤봐도 될까요? new 연산자만 쓰면 언제든지 새 인스턴스를 만들 수 있지 않나요?

싱글턴   아니요, 저는 진짜로 유일한 객체란 말이에요.

헤드 퍼스트   개발자들이 2번 이상 인스턴스를 만들지 않겠다는 맹세라도 한 건가요?

싱글턴   그런 건 아니에요. 사실… 좀 개인적인 얘기긴 한데… 저한테는 public으로 지정된 생성자가 없어요.

헤드 퍼스트   공개된 생성자가 없다고요? 아, 정말 안타깝군요. 정말 public으로 지정된 생성자가 전혀 없는 거예요?

싱글턴   네, 그래요. 제 생성자는 private으로 저장돼 있어요.

헤드 퍼스트   어떻게 그럴 수 있죠? 그러면 인스턴스가 만들어질 수 없지 않나요?

싱글턴   싱글턴 객체가 필요할 때는 인스턴스를 달라고 요청해야 돼요. 제 클래스에는 그런 용도로 쓰이는 getInstance()라는 정적 메소드가 있죠. 그 메소드를 호출하면 제가 일할 준비를 마치고 바로 나타나죠. 사실 이미 만들어져 있는 상태에서 한 객체를 도와주다가 호출을 받고 다른 객체에게 불려가는 경우도 종종 있지요.

헤드 퍼스트   싱글턴 객체 님이 맡은 일이 정말 많아 보이는군요. 이렇게 솔직하게 인터뷰에 응해 주셔서 감사합니다. 조만간 다시 만나요!

초콜릿 보일러 코드 살펴보기

요즘은 대다수의 초콜릿 공장에서 초콜릿을 끓이는 장치(이하 '초콜릿 보일러'로 지칭)를 컴퓨터로 제어합니다. 이 초콜릿 보일러는 초콜릿과 우유를 받아서 끓이고 초코바를 만드는 단계로 넘겨줍니다. 아래에는 주식회사 초코홀릭의 최신형 초콜릿 보일러를 제어하는 클래스가 나와 있습니다. 코드를 잘 보면 아직 끓지 않은 재료 500갤런을 그냥 흘려 버린다거나, 보일러가 가득 차 있는 상태에서 새로운 재료를 붓는다거나, 빈 보일러에 불을 지핀다거나 하는 실수를 하지 않도록 꽤 세심한 주의를 기울였음을 알 수 있습니다.

> 미국 기준으로 1갤런은 약 3.78리터입니다!

```java
public class ChocolateBoiler {
    private boolean empty;
    private boolean boiled;

    private ChocolateBoiler() {          이 코드는 보일러가 비어 있을 때만 돌아갑니다.
        empty = true;
        boiled = false;
    }

    public void fill() {                 보일러가 비어 있을 때만 재료를 넣습니다.
        if (isEmpty()) {                 원료를 가득 채우고 나면 empty와
            empty = false;               boiled 플래그를 false로 설정합니다.
            boiled = false;
            // 보일러에 우유와 초콜릿을 혼합한 재료를 넣음
        }
    }

    public void drain() {                보일러가 가득 차 있고(비어 있지 않고),
        if (!isEmpty() && isBoiled()) {  다 끓여진 상태에서만 보일러에 들어있는 재료를
            // 끓인 재료를 다음 단계로 넘김   다음 단계로 넘깁니다. 보일러를 다 비우고 나면
            empty = true;                empty 플래그를 다시 true로 설정합니다.
        }
    }

    public void boil() {                 보일러가 가득 차 있고 아직 끓지 않은 상태에서만
        if (!isEmpty() && !isBoiled()) { 초콜릿과 우유가 혼합된 재료를 끓입니다.
            // 재료를 끓임                 재료를 다 끓이면 boiled 플래그를 true로 설정합니다.
            boiled = true;
        }
    }

    public boolean isEmpty() {
        return empty;
    }

    public boolean isBoiled() {
        return boiled;
    }
}
```

뇌 단련

초코홀릭의 코드를 보면 위험한 일이 생기지 않도록 세심한 주의를 기울였음을 느낄
수 있습니다. 하지만 2개의 ChocolateBoiler 인스턴스가 따로 돌아가면 상당히 안 좋
은 상황이 일어날 수 있습니다.

만약 한 애플리케이션에서 ChocolateBoiler 인스턴스가 2개 이상 만들어지면 어떤 문
제가 생길 수 있을까요?

쓰면서 제대로 공부하기

정답 222쪽

초코홀릭에서 ChocolateBoiler 클래스를 싱글턴으로 업그레이드하려는데, 한번 도와줘 볼까요?

```
public class ChocolateBoiler {
    private boolean empty;
    private boolean boiled;

    ┌─────────────────────────────────────────────────┐
    │                                                 │
    └─────────────────────────────────────────────────┘

    [      ]    ChocolateBoiler() {
        empty = true;
        boiled = false;              여기에 코드를 적어 보세요!
    }

    ┌─────────────────────────────────────────────────┐
    │                                                 │
    │                                                 │
    │                                                 │
    │                                                 │
    └─────────────────────────────────────────────────┘

    public void fill() {
        if (isEmpty()) {
            empty = false;
            boiled = false;
            // 보일러에 우유와 초콜릿을 혼합한 재료를 넣음
        }
    }
    // 기타 코드
}
```

싱글턴 패턴의 정의

지금까지 싱글턴의 고전적인 구현법을 배웠습니다.

이제 느긋하게 앉아서 초코바를 먹으면서 싱글턴 패턴의 정의를 살펴볼까요?

> **싱글턴 패턴**(Singleton Pattern)은 클래스 인스턴스를 하나만 만들고, 그 인스턴스로의 전역 접근을 제공합니다.

특별히 대단한 내용은 없지만, 하나씩 자세히 짚고 넘어가겠습니다.

- 싱글턴 패턴을 실제로 적용할 때는 클래스에서 하나뿐인 인스턴스를 관리하도록 만들면 됩니다. 그리고 다른 어떤 클래스에서도 자신의 인스턴스를 추가로 만들지 못하게 해야 합니다. 인스턴스가 필요하다면 반드시 클래스 자신을 거치도록 해야겠죠.

- 어디서든 그 인스턴스에 접근할 수 있도록 전역 접근 지점을 제공합니다. 언제든 이 인스턴스가 필요하면 클래스에 요청할 수 있게 만들어 놓고, 요청이 들어오면 그 하나뿐인 인스턴스를 건네주도록 만들어야 하죠. 앞에서 이미 봤듯이, 싱글턴이 게으른 방식으로 생성되도록 구현할 수도 있습니다. 특히 자원을 많이 잡아먹는 인스턴스가 있다면 이런 기법이 꽤 유용하죠.

이제 클래스 다이어그램을 살펴봅시다.

uniqueInstance 클래스 변수에
싱글턴의 하나뿐인 인스턴스가 저장됩니다.

```
            Singleton
─────────────────────────────
static uniqueInstance

// 기타 데이터
─────────────────────────────
static getInstance()

// 기타 메소드
```

getInstance() 메소드는
정적 메소드, 즉 클래스 메소드입니다.
그냥 Singleton.getInstance()라는 코드만
사용하면 언제 어디서든 이 메소드를 호출할 수 있죠.
전역 변수에 접근하는 것만큼이나 쉬우면서도 게으른
인스턴스를 생성할 수 있다는 장점이 있습니다.

싱글턴 패턴을 사용할 때 여기 있는 Singleton 클래스처럼
간단하게 만들어야 하는 건 아닙니다. 그냥 일반적인 클래스를 만들 때와
마찬가지로 다양한 데이터와 메소드를 사용할 수 있습니다.

허쉬! 초콜릿 보일러에 문제 발생

풀치덩어리 스레드 때문에 뭔가 문제가 생겼나 봅니다 ☆

초콜릿 보일러가 우리를 실망시키는군요. 고전적인 싱글턴 패턴으로 코드를 고쳤음에도 어찌 된 영문인지 ChocolateBoiler에 있는 fill() 메소드에서 아직 초콜릿이 끓고 있는데 새로운 재료를 넣고 말았습니다. 500갤런이나 되는 우유와 초콜릿이 흘러넘쳤네요. 대체 무슨 일이 일어난 걸까요?

약 1,893리러입니다!

도대체 무슨 일이 일어난 거죠?
새로 만든 싱글턴 코드가 얼마 전까지만 해도
문제없이 잘 돌아가고 있었는데 말이에요.
조금 전에 멀티스레드를 사용하도록
초콜릿 보일러 컨트롤러를 최적화시킨 걸 빼면
이런 문제를 일으킬 만한 게 없는데…

주의
초콜릿이
매우 뜨겁습니다!

스레드를 추가하는 바람에 이런 문제가 생긴 걸까요? uniqueInstance 변수에 ChocolateBoiler의 하나뿐인 인스턴스를 대입하면 getInstance()를 호출할 때마다 항상 같은 인스턴스가 리턴되어야 하는 것 아닌가요?

멀티스레딩 문제 살펴보기 JVM이 되어서 멀티스레딩을 체험해 봅시다 ☆

2개의 스레드에서 여기에 있는 코드를 실행한다고 가정해 봅시다. 이제 여러분이 JVM이 되었다고 생각하고 두 스레드가 다른 보일러 객체를 사용하게 될 가능성은 없는지 따져 봅시다. 이 밑에 있는 코드 조각을 어떤 식으로 겹치면 2개의 보일러 객체가 만들어질 수 있는지 생각해 보세요.

힌트: getInstance() 메소드에서 작업을 처리하는 순서와 uniqueInstance의 값을 자세히 살펴보면서 혹시 이상하게 겹칠 수 있는 것이 없는지만 잘 확인하면 됩니다.

```
ChocolateBoiler boiler =
        ChocolateBoiler.getInstance();
boiler.fill();
boiler.boil();
boiler.drain();
```

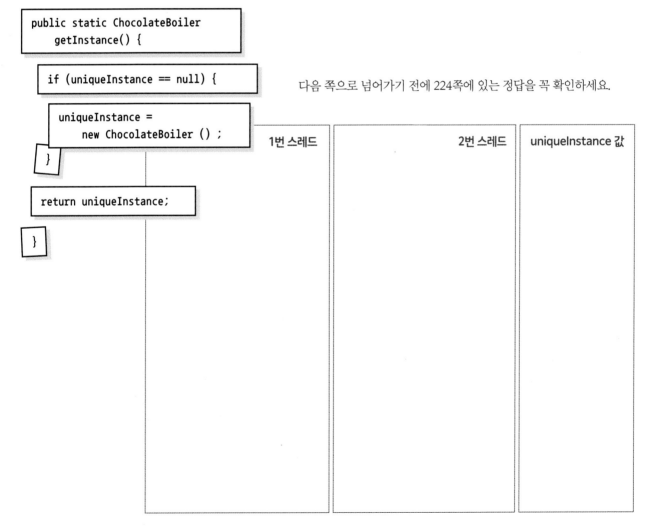

```
public static ChocolateBoiler
    getInstance() {

    if (uniqueInstance == null) {

        uniqueInstance =
            new ChocolateBoiler () ;
    }

    return uniqueInstance;

}
```

다음 쪽으로 넘어가기 전에 224쪽에 있는 정답을 꼭 확인하세요.

1번 스레드	2번 스레드	uniqueInstance 값

멀티스레딩 문제 해결하기

getInstance()를 동기화하면 멀티스레딩과 관련된 문제가 간단하게 해결됩니다.

```java
public class Singleton {
    private static Singleton uniqueInstance;

    // 기타 인스턴스 변수

    private Singleton() {}

    public static synchronized Singleton getInstance() {
        if (uniqueInstance == null) {
            uniqueInstance = new Singleton();
        }
        return uniqueInstance;
    }

    // 기타 메소드
}
```

getInstance()에 synchronized 키워드만 추가하면 한 스레드가 메소드 사용을 끝내기 전까지 다른 스레드는 기다려야 합니다. 즉, 2개의 스레드가 이 메소드를 동시에 실행하는 일은 일어나지 않죠.

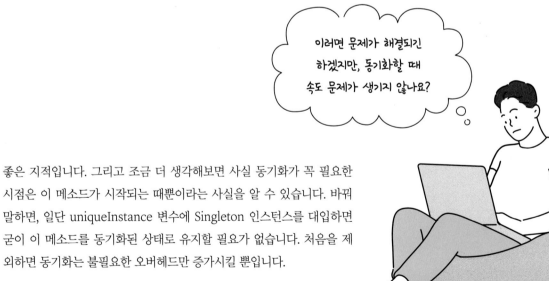

이러면 문제가 해결되긴 하겠지만, 동기화할 때 속도 문제가 생기지 않나요?

좋은 지적입니다. 그리고 조금 더 생각해보면 사실 동기화가 꼭 필요한 시점은 이 메소드가 시작되는 때뿐이라는 사실을 알 수 있습니다. 바꿔 말하면, 일단 uniqueInstance 변수에 Singleton 인스턴스를 대입하면 굳이 이 메소드를 동기화된 상태로 유지할 필요가 없습니다. 처음을 제외하면 동기화는 불필요한 오버헤드만 증가시킬 뿐입니다.

더 효율적으로 멀티스레딩 문제 해결하기

대부분의 자바 애플리케이션을 지원하려면 멀티스레드 환경에서도 싱글턴이 돌아가도록 만들어야 합니다. 하지만 getInstance() 메소드를 동기화하면 적지 않은 대가를 치러야 합니다. 혹시 다른 방법은 없을까요?

방법 1 **getInstance( )의 속도가 그리 중요하지 않다면 그냥 둡니다.**

getInstance() 메소드가 애플리케이션에 큰 부담을 주지 않는다면 그냥 둬도 됩니다. getInstance()를 동기화하는 게 그리 어려운 일도 아니고, 효율도 좋을 수 있습니다. 다만 메소드를 동기화하면 성능이 100배 정도 저하된다는 사실만은 기억해 둡시다. 만약 getInstance()가 애플리케이션에서 병목으로 작용한다면 다른 방법을 생각해 봐야 합니다.

방법 2 **인스턴스가 필요할 때는 생성하지 말고 처음부터 만듭니다.**

애플리케이션에서 Singleton의 인스턴스를 생성하고 계속 사용하거나 인스턴스를 실행 중에 수시로 만들고 관리하기가 성가시다면 다음과 같은 방식으로 처음부터 Singleton 인스턴스를 만들면 좋습니다.

```java
public class Singleton {
    private static Singleton uniqueInstance = new Singleton();

    private Singleton() {}

    public static Singleton getInstance() {
        return uniqueInstance;
    }
}
```

> 정적 초기화 부분(static initializer)에서 Singleton의 인스턴스를 생성합니다. 이러면 스레드를 써도 별문제가 없습니다.

> 인스턴스는 이미 있으니까 리턴만 하면 됩니다.

이런 방법을 사용하면 클래스가 로딩될 때 JVM에서 Singleton의 하나뿐인 인스턴스를 생성해 줍니다. JVM에서 하나뿐인 인스턴스를 생성하기 전까지 그 어떤 스레드도 uniqueInstance 정적 변수에 접근할 수 없습니다.

방법 3 **'DCL'을 써서 getInstance( )에서 동기화되는 부분을 줄입니다.**

DCL(Double-Checked Locking)을 사용하면 인스턴스가 생성되어 있는지 확인한 다음 생성되어 있지 않았을 때만 동기화할 수 있습니다. 이러면 처음에만 동기화하고 나중에는 동기화하지 않아도 됩니다. 바로 우리가 원하던 거죠.

```java
public class Singleton {
    private volatile static Singleton uniqueInstance;

    private Singleton() {}

    public static Singleton getInstance() {
        if (uniqueInstance == null) {
            synchronized (Singleton.class) {
                if (uniqueInstance == null) {
                    uniqueInstance = new Singleton();
                }
            }
        }
        return uniqueInstance;
    }
}
```

인스턴스가 있는지 확인하고,
없으면 동기화된 블록으로 들어갑니다.

이러면 처음에만 동기화됩니다.

블록에서도 다시 한 번 변수가 null인지
확인한 다음 인스턴스를 생성합니다.

✱ volatile 키워드를 사용하면 멀티스레딩을 쓰더라도
uniqueInstance 변수가 Singleton 인스턴스로
초기화되는 과정이 올바르게 진행됩니다.

싱글턴을 구현하면 getInstance( ) 메소드를 사용할 때 발생하는 속도를 극적으로 줄일 수 있습니다.

DCL은 자바 1.4 이전 버전에서는 쓸 수 없습니다

피치 못한 사정으로 옛날 버전의 자바를 사용할 수도 있을 텐데요, 자바 1.4보다 낮은 버전의 JVM 중에는 voiatile 키워드를 써도 DCL에서 동기화가 제대로 안 되는 일이 많습니다. 자바 5보다 낮은 버전의 JVM을 써야만 한다면 다른 방식으로 싱글턴을 구현해야 합니다.

문제를 해결하는 적절한 방법 선택하기

방금 배운 해결 방법 중 초콜릿 보일러 문제 해결에 알맞는 방법을 찾아봅시다! ☆

멀티스레딩 문제를 분석하고 있는 동안 청소도 끝났고 이제 초콜릿 보일러를 다시 가동할 준비가 끝났습니다. 하지만 우선 멀티스레딩 문제를 해결해야 합니다. 방금 배운 3가지 방법을 적용할 수 있을 텐데, 각각 장단점이 있습니다. 어떤 방법을 적용하는 것이 가장 좋을까요?

쓰면서 제대로 공부하기

정답 223쪽

초콜릿 보일러 코드를 고칠 때 방금 배운 3가지 방법을 어떤 식으로 적용할 수 있을지 적어 봅시다.

getInstance( ) 메소드를 동기화하는 방법:

_____

_____

인스턴스를 시작하자마자 만드는 방법:

_____

_____

DCL을 쓰는 방법:

_____

_____

축하합니다!

이제 초콜릿 보일러도 만족스럽게 잘 돌아가고, 초코홀릭에서도 보일러 코드에 조금 더 전문적인 기법이 들어가서 만족스러워하고 있습니다. 이제 와서 얘기하는 거지만 사실 어떤 방법을 적용하더라도 보일러는 정상적으로 돌아갈 것입니다. 아무튼 500갤런이나 되는 뜨거운 초콜릿이 넘쳐흐르는 일도 피할 수 있게 되었고 싱글턴의 잠재적인 문제점을 해결하는 방법도 배웠으니 축하할 만한 일이죠.

무엇이든 물어보세요
Q&A

Q1 싱글턴 패턴은 간단한 패턴치고는 문제점이 좀 많네요.

A1 그리 간단하지 않다고 처음에 말했었죠? 싱글턴을 올바르게 구현하기가 좀 어렵지만, 5장에 나온 내용만 잘 파악하고 있다면 싱글턴을 만드는 기법은 다 배운 셈입니다. 그러니 앞으로 인스턴스 개수를 제한해야 하는 상황에서 언제든지 활용할 수 있을 겁니다.

Q2 모든 메소드와 변수가 static으로 선언된 클래스를 만들어도 되지 않나요? 결과적으로 싱글턴 패턴을 사용한 것과 똑같을 것 같은데요?

A2 맞습니다. 하지만 필요한 내용이 클래스에 다 들어있고, 복잡한 초기화가 필요 없는 경우에만 그 방법을 쓸 수 있습니다. 그리고 자바에서 정적 초기화를 처리하는 방법 때문에 일이 꽤 복잡해질 수도 있습니다. 특히 여러 클래스가 얽혀 있다면 꽤 지저분해집니다. 초기화 순서 문제로 찾아내기 어려운 버그가 생길 수도 있습니다. 그런 식으로 처리할 특별한 이유가 없다면 쓰지 맙시다.

Q3 클래스 로더와 관련된 문제는 없나요? 클래스 로더 2개가 각기 다른 싱글턴의 인스턴스를 가지게 될 수도 있다는 얘기를 들었거든요.

A3 클래스 로더마다 서로 다른 네임스페이스를 정의하기에 클래스 로더가 2개 이상이라면 같은 클래스를 여러 번(각 클래스 로더마다 한 번씩) 로딩할 수도 있습니다. 그러니 싱글턴을 그런 식으로 로딩하면 인스턴스가 여러 개 만들어지는 문제가 발생할 수 있습니다. 따라서 클래스 로더가 여러 개라면 싱글턴을 조심해서 사용해야 합니다. 물론 클래스 로더를 직접 지정하면 이 문제를 피할 수 있습니다.

Q4 리플렉션, 직렬화, 역직렬화 문제도 있지 않나요?

A4 리플렉션, 직렬화, 역직렬화도 싱글턴에서 문제가 될 수 있습니다. 리플렉션, 직렬화, 역직렬화를 사용하는 고급 자바 사용자라면 그 점을 염두에 둘 필요가 있습니다.

Q5 싱글턴은 느슨한 결합 원칙에 위배되지 않나요? Singleton에 의존하는 객체는 전부 하나의 객체에 단단하게 결합되잖아요.

A5 실제로 싱글턴의 문제점으로 종종 제기되는 내용입니다. 느슨한 결합 원칙에 따르면 "상호작용하는 객체 사이에서 최대한 느슨한 결합을 추구"해야 합니다. 싱글턴을 사용하다 보면 이런 원칙을 위배하기 십상이죠. 싱글턴을 바꾸면 연결된 모든 객체도 바꿔야 할 가능성이 높으니까요.

Q6 한 클래스는 1가지 일만 해야 한다고 배웠거든요? 한 클래스에서 2가지 일을 하는 건 객체지향 관점에서 좋지 못한 디자인이잖아요. 싱글턴을 사용하면 그런 개념에서 벗어나지 않나요?

Q7 싱글턴의 서브클래스를 만들어도 되는 건가요?

A6 '한 클래스가 한 가지만 책임지기' 원칙을 말씀하나 보군요. 방금 지적한 내용이 맞습니다. 싱글턴은 자신의 인스턴스를 관리하는 일 외에도 원래 그 인스턴스를 사용하고자 하는 목적에 부합하는 작업을 책임져야 합니다. 따라서 2가지를 책임지고 있다고 말할 수도 있습니다. 하지만 클래스 내에 인스턴스 관리 기능을 포함한 클래스를 적지 않게 볼 수 있습니다. 그러면 전체적인 디자인을 더 간단하게 만들 수 있기 때문이죠. 게다가, 많은 개발자가 싱글턴에 이미 익숙합니다. 그리고 보니 싱글턴에 있는 기능을 별도로 뽑아내야 한다는 의견도 좀 있습니다.

A7 싱글턴의 서브클래스를 만들 때 가장 먼저 마주치는 걸림돌은 바로 생성자가 private으로 선언되어 있다는 점입니다. private으로 지정된 생성자를 가진 클래스는 확장할 수 없기에 생성자를 public 또는 protected로 선언해야만 합니다. 그러면 다른 클래스에서 인스턴스를 만들 수 있기에 더는 싱글턴이라고 할 수가 없죠.

생성자를 고쳐서 첫 번째 걸림돌을 넘어간다고 해도 또 다른 걸림돌이 있습니다. 싱글턴은 정적 변수를 바탕으로 구현하기에 서브클래스를 만들면 모든 서브클래스가 똑같은 인스턴스 변수를 공유하게 됩니다. 따라서 서브클래스를 만들려면 베이스 클래스에서 레지스트리 같은 걸 구현해야 합니다. 하지만 무엇보다도 "싱글턴을 확장해서 무엇을 할 것인가?"라는 질문에 먼저 답을 할 수 있어야 합니다. 싱글턴은 라이브러리에 넣을 수 있는 형태의 해법이 아니며 싱글턴 코드는 간단한 편이어서 기존 클래스에 있던 코드를 싱글턴 클래스에 넣기 쉽습니다.

마지막으로, 애플리케이션을 만드는데 싱글턴을 꽤 많이 사용했다면 전반적인 디자인을 다시 한번 생각해 봐야 합니다. 싱글턴은 특수한 상황에서 제한된 용도로 사용하려고 만들어진 것이니까요.

Q8 아직 전역 변수가 싱글턴보다 나쁜 이유를 잘 모르겠어요.

A8 자바의 전역 변수는 객체의 정적 레퍼런스입니다. 전역 변수를 이런 식으로 사용하는 데는 몇 가지 단점이 있습니다. 한 가지는 이미 앞에서 말씀드렸죠. 게으른 인스턴스 생성을 할 수 없고, 처음부터 끝까지 인스턴스를 가지고 있어야 한다는 것 말이죠. 싱글턴 패턴은 클래스가 하나의 인스턴스만 가지도록 하고, 전역적인 접근을 제공할 때 사용합니다. 전역 변수를 쓰면 두 번째 목표는 달성할 수 있지만, 첫 번째 목표는 달성할 수 없습니다. 전역 변수를 사용하다 보면 간단한 객체의 전역 레퍼런스를 자꾸 만들게 되어 네임스페이스 역시 지저분하게 만들어집니다. 물론 싱글턴도 남용될 수 있지만 네임스페이스가 지저분해지게 만들어질 정도까지 가는 경우는 잘 없습니다.

방금 깨달았는데요, enum을 사용하면 싱글턴의 여러 문제점을 해결할 수 있을 것 같아요. 아닌가요?

좋은 생각입니다!

지금까지 논의한 동기화 문제, 클래스 로딩 문제, 리플렉션, 직렬화와 역직렬화 문제 등은 enum으로 싱글턴을 생성해서 해결할 수 있습니다.

```java
public enum Singleton {
    UNIQUE_INSTANCE;
    // 기타 필요한 필드
}
public class SingletonClient {
    public static void main(String[] args) {
        Singleton singleton = Singleton.UNIQUE_INSTANCE;
        // 여기서 싱글턴 사용
    }
}
```

이러면 됩니다. 정말 간단한 싱글턴이죠, 안 그래요? 그럼 아마 이런 질문이 떠오를 겁니다. "지금까지 우리가 했던, getInstance() 메소드가 들어있는 Singleton 클래스를 만들고 동기화하는 일은 대체 뭐지?" 지금까지 설명한 내용은 싱글턴이 어떻게 작동하는지 확실히 이해하려고 싱글턴의 작동 원리를 하나하나 따라가 본 것입니다. 이제 이 내용을 배웠으니 싱글턴이 필요할 때면 바로 enum을 쓰면 됩니다. 그리고 혹시 자바 관련 기술 면접에서 enum을 쓰지 않고 싱글턴을 구현하는 방법을 묻는 문제가 나온다면 자신 있게 대답할 수 있을 겁니다!

옛날 옛적 눈길을 헤치고 언덕 위에 있는 학교로 걸어가던 시절에는 자바에 enum이 없었습니다(눈물).

뇌 단련

enum을 써서 초코홀릭의 코드를 고칠 수 있을까요? 한번 직접 해 봅시다!

디자인 도구상자 안에 들어가야 할 도구들

도구상자에 또 다른 패턴이 추가됐습니다. 싱글턴 패턴은 객체를 생성하는 또 다른 방법을 제공합니다. '하나뿐인' 객체를 생성하는 방법을 제공하죠.

객체지향 기초

추상화

캡슐화

다형성

상속

객체지향 원칙

- 바뀌는 부분은 캡슐화한다.
- 상속보다는 구성을 활용한다.
- 구현보다는 인터페이스에 맞춰서 프로그래밍한다.
- 상호작용하는 객체 사이에서는 가능하면 느슨한 결합을 사용해야 한다.
- 클래스는 확장에는 열려 있어야 하지만 변경에는 닫혀 있어야 한다(OCP).
- 추상화된 것에 의존하게 만들고 구상 클래스에 의존하지 않게 만든다.

애플리케이션에서 특정 클래스의
인스턴스가 하나만 있어야 한다면
그 클래스를 싱글턴으로 만들면 됩니다.

객체지향 패턴

싱글턴 패턴 - 클래스 인스턴스를 하나만 만들고, 그 인스턴스로의 전역 접근을 제공합니다.

싱글턴 패턴은 간단해 보이지만 구현할 때 여러 가지 자질구레한 부분에 신경을 써야 합니다.
하지만 5장에 나온 내용을 잘 기억한다면 실전에서 싱글턴을 사용하는 데 큰 문제는 없을 겁니다.

☑ 핵심 정리

- 어떤 클래스에 싱글턴 패턴을 적용하면 그 클래스의 인스턴스가 1개만 있도록 할 수 있습니다.

- 싱글턴 패턴을 사용하면 하나뿐인 인스턴스를 어디서든지 접근할 수 있도록 할 수 있습니다.

- 자바에서 싱글턴 패턴을 구현할 때는 private 생성자와 정적 메소드, 정적 변수를 사용합니다.

- 멀티 스레드를 사용하는 애플리케이션에서는 속도와 자원 문제를 파악해 보고 적절한 구현법을 사용해야 합니다(사실 모든 애플리케이션에서 멀티스레딩을 쓸 수 있다고 생각해야 합니다).

- DCL을 써서 구현하면 자바 5 이전에 나온 버전에서는 스레드 관련 문제가 생길 수 있습니다. 주의하세요.

- 클래스 로더가 여러 개 있으면 싱글턴이 제대로 작동하지 않고, 여러 개의 인스턴스가 생길 수 있습니다.

- 자바의 enum을 쓰면 간단하게 싱글턴을 구현할 수 있습니다.

낱말 퀴즈

편하게 앉아서 멀티스레딩 문제를 해결한 덕분에
초콜릿을 얻게 되었네요! 초콜릿을 먹으면서 낱말 퀴즈를 풀어 봅시다.
정답은 모두 5장에 나와 있습니다.

단어는 영어 알파벳으로 되어 있습니다.
낱말 퀴즈 옆에 있는 단어 리스트를 참고해서 풀어 보세요!

- **자동차** CAR
- **DCL** DOUBLECHECKED
- **생성자** CONSTRUCTOR
- **정적으로** STATICALLY
- **클래스 로더** CLASSLOADER
- PRIVATE
- **우유** MILK
- **보일러** BOILER
- **인스턴스** INSTANCE
- **전역 접근** GLOBALACCESSPOINT
- **허쉬** HERSHEY
- **게으른** LAZY
- **클래스** CLASS
- **초코홀릭** CHOC-O-HOLIC
- **자신** ITSELF
- ENUM
- **멀티스레딩** MULTITHREADING

가로

3. 초콜릿 보일러를 만드는 회사
6. 코드를 잘못 만들어서 이게 넘쳐 버렸습니다.
7. 싱글턴 패턴에는 이게 하나밖에 없습니다.
10. 인스턴스를 생성할 수 없게 하려면 생성자를 _____로 선언해야 하죠.
12. 고전적인 싱글턴은 이걸 제대로 처리할 수 없습니다.
13. 싱글턴을 쓰면 하나뿐인 인스턴스를 만들며 _____을 제공할 수 있습니다.
14. 이걸로 손쉽게 싱글턴을 만들 수 있습니다.
15. 싱글턴에는 public으로 선언된 _____가 없죠.
16. 싱글턴 클래스는 _____을 관리하는 능력이 뛰어나죠.

세로

1. 보일러에 초콜릿과 함께 들어간 것
2. 자바 5보다 낮은 버전에서는 사용할 수 없습니다.
3. 태블릿이 이것보다 더 좋았었죠?
4. _____ 가 여러 개 있으면 문제가 생길 수 있습니다.
5. 꼭 게으른 인스턴스 생성이 필요하지 않다면 인스턴스를 _____ 생성해도 됩니다.
8. 싱글턴이 전역 변수보다 나은 첫 번째 이유: _____ 인스턴스 생성
9. 미국의 유명한 초콜릿 회사
11. 싱글턴 패턴에는 이게 하나밖에 없습니다.

초코홀릭에서 ChocolateBoiler 클래스를 싱글턴으로 업그레이드하려는데, 한번 도와줘 볼까요?

```java
public class ChocolateBoiler {
    private boolean empty;
    private boolean boiled;
    private static ChocolateBoiler uniqueInstance;
    private ChocolateBoiler() {
        empty = true;
        boiled = false;
    }
    public static ChocolateBoiler getInstance() {
        if (uniqueInstance == null) {
            uniqueInstance = new ChocolateBoiler();
        }
        return uniqueInstance;
    }

    public void fill() {
        if (isEmpty()) {
            empty = false;
            boiled = false;
            // 보일러에 우유와 초콜릿을 혼합한 재료를 넣음
        }
    }
    // 기타 코드
}
```

초콜릿 보일러 코드를 고칠 때 방금 배운 3가지 방법을 어떤 식으로 적용할 수 있을지 적어 봅시다.

getInstance( ) 메소드를 동기화하는 방법:

항상 올바른 결과가 나온다.

초콜릿 보일러의 경우에는 속도 문제가 그리 중요하지 않으므로 이 방법을 써도 괜찮다.

인스턴스를 시작하자마자 만드는 방법:

어차피 초콜릿 보일러의 인스턴스는 항상 필요하기 때문에 정적으로 초기화하는 것도 괜찮은 방법이다.

표준적인 패턴에 익숙한 개발자들에게는 좀 이상하게 보일 수도 있지만

지금 상황에서는 위에 있는 동기화 방법이나 이 방법이나 그리 크게 차이가 나지 않을 것 같다.

DCL을 쓰는 방법:

속도 문제가 그리 중요하지 않은 상황이기에 굳이 DCL을 쓸 필요까지는 없을 듯하다.

그리고 반드시 자바 5 이상 버전에서만 쓸 수 있다는 점도 고려해야 한다.

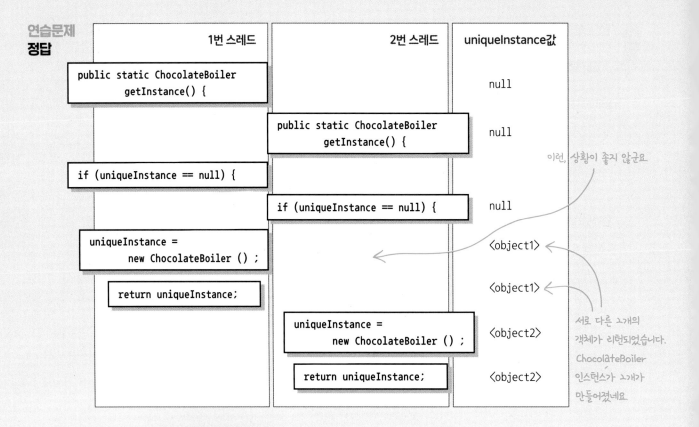

낱말 퀴즈
정답

호출 캡슐화하기

커맨드 패턴

> 1급 비밀 문서함 덕분에
> 스파이 산업에도 혁명적인 변화가 일어났습니다.
> 여기에 원하는 것을 적어서 넣기만 하면
> 누군가를 단숨에 제거하는 것도, 하룻밤 사이에
> 정권을 뒤집어 놓는 것도, 양복을 깨끗하게
> 드라이 클리닝하는 것도 아주 간단하게 처리할 수 있죠.
> 누가 언제 어떻게 하는지는 전혀 신경
> 쓸 필요가 없습니다. 일만 제대로 처리된다면
> 아무 상관이 없으니까요.

——— 캡슐화를 더 높은 수준으로 끌어올려 보겠습니다 ———

바로 메소드 호출을 캡슐화해서 말이죠. 메소드 호출을 캡슐화하면 계산 과정의 각 부분을 결정화할 수 있기에 계산하는 코드를 호출한 객체는 그 일이 어떤 식으로 처리되는지 전혀 신경쓸 필요가 없습니다. 그냥 결정화된 메소드를 호출해서 필요한 일만 잘 할 수 있으면 되는 거죠. 그 외에도 캡슐화된 메소드 호출을 로그 기록용으로 저장한다거나 재사용해서 취소 기능을 구현하는 일과 같이 스마트한 일도 할 수 있습니다.

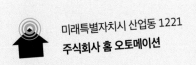

미래특별자치시 산업동 1221
주식회사 홈 오토메이션

안녕하십니까.

최근에 Weather-O-Rama의 CEO 조니 허리케인으로부터 새로 도입한 확장형 기상 스테이션 데모의 설명을 들었습니다. 그 소프트웨어 아키텍처에 크게 감명을 받아서 저희가 이번에 새로 개발한 홈오토메이션 리모컨의 API 디자인을 의뢰하고자 합니다. 프로젝트를 성공적으로 마쳐 주시면 스톡옵션을 제공해 드리겠습니다.

저희 회사에서 개발 중인 최신형 리모컨 시제품을 이미 받아 보셨을 겁니다. 이 리모컨에는 프로그래밍이 가능한 7개의 슬롯과 각 슬롯에 할당된 기능을 켜고 끄는 ON/OFF 스위치가 있습니다. 각 슬롯은 서로 다른 가정용 기기에 연결할 수 있습니다. 리모컨에는 작업 취소 버튼도 장착되어 있습니다.

그리고 이 이메일에 조명, 팬, 욕조, 오디오를 비롯한 각종 홈오토메이션 장비를 제어할 수 있도록 여러 업체로부터 공급받은 자바 클래스도 동봉해서 보내드립니다.

각 슬롯을 한 가지 기기 또는 하나로 엮여 있는 일련의 기기에 할당할 수 있도록 해주는 API를 제작해 주시길 부탁드립니다. 현재 고려 중인 장비 외에 향후 업체들로부터 공급받게 될 장비도 제어할 수 있도록 만들어 주시길 바랍니다.

Weather-O-Rama 기상 스테이션을 제작했던 실력이라면 저희 리모컨 프로젝트도 성공적으로 해내실 수 있으리라고 믿습니다.

여러분께서 설계하신 디자인을 하루빨리 볼 수 있기를 기대하고 있겠습니다.

건승을 기원합니다.

노진구, CEO

만능 IOT 리모컨

오… 재밌는 기계가 공짜로 생겼군요. 한번 구경해 볼까요? ⭐

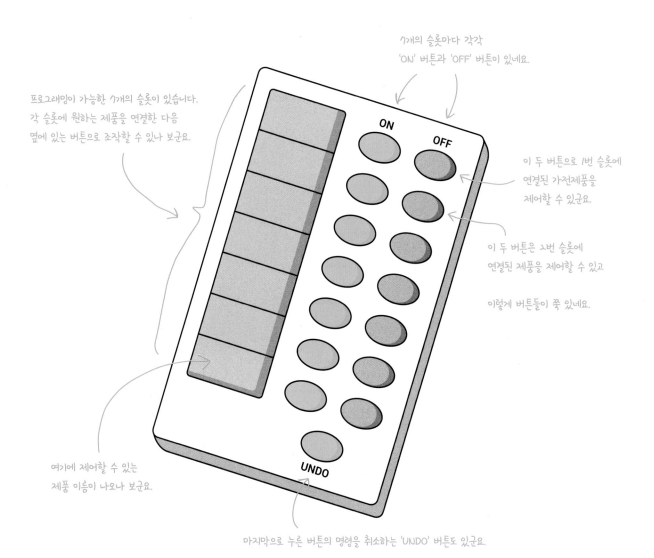

7개의 슬롯마다 각각
'ON' 버튼과 'OFF' 버튼이 있네요.

프로그래밍이 가능한 7개의 슬롯이 있습니다.
각 슬롯에 원하는 제품을 연결한 다음
옆에 있는 버튼으로 조작할 수 있나 보군요.

이 두 버튼으로 1번 슬롯에
연결된 가전제품을
제어할 수 있군요.

이 두 버튼은 2번 슬롯에
연결된 제품을 제어할 수 있고

이렇게 버튼들이 쭉 있네요.

여기에 제어할 수 있는
제품 이름이 나오나 보군요.

마지막으로 누른 버튼의 명령을 취소하는 'UNDO' 버튼도 있군요.

협력 업체 클래스 살펴보기 *협력업체에서 제공한 클래스를 살펴봅시다*

CEO가 이메일에 첨부해서 보낸, 협력 업체 클래스를 살펴볼까요?
우선 리모컨에서 제어해야 하는 객체의 인터페이스를 파악해 봅시다.

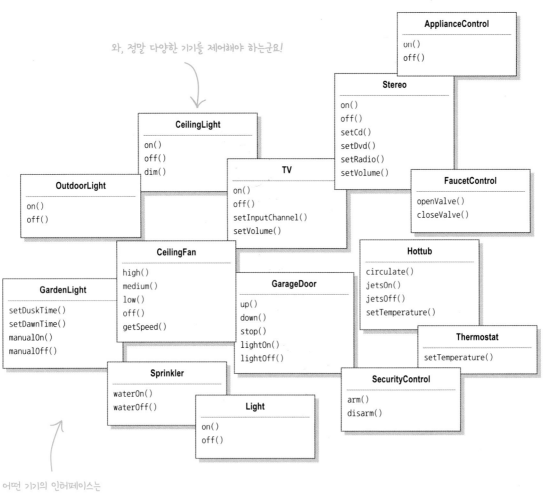

와, 정말 다양한 기기를 제어해야 하는군요!

어떤 기기의 인터페이스는
다른 기기와 꽤 많이 다르네요.

클래스가 정말 많군요. 그런데 공통적인 인터페이스가 있는 것 같진 않습니다. 더 큰 문제는
앞으로도 이런 클래스가 더 추가될 수 있다는 거죠. 리모컨 API를 만드는 게 그리 만만하진
않겠군요. 이제 본격적으로 디자인을 해 볼까요?

사무실 옆자리에서 들려온 이야기

같이 일하는 친구들이 벌써 리모컨 API 디자인에 관해 얘기하고 있군요.

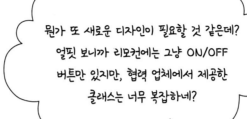

뭔가 또 새로운 디자인이 필요할 것 같은데?
얼핏 보니까 리모컨에는 그냥 ON/OFF
버튼만 있지만, 협력 업체에서 제공한
클래스는 너무 복잡하네?

수(Sue)

메리 그러게 말이야. 모든 클래스에 on()과 off() 메소드만 있을 줄 알았는데 dim()이나 setTemperature(), setVolume(), setDirection() 같은 메소드들이 잔뜩 있어.

수 게다가 나중에 또 다른 제품이 추가되면 메소드도 추가될 수 있다고 하던데?

메리 리모컨 버튼을 누르면 자동으로 해야 할 일을 처리할 수 있도록 만들어야겠네. 그러면서도 리모컨이 욕조를 켜는 방법처럼 홈오토메이션 장치가 하는 일의 자세한 내용은 모르도록 해야 될 것 같아.

수 좋은 생각이야. 하지만 리모컨 성능이 별로 좋지 않아서 몇 가지 간단한 요청밖에 할 수 없다면, 불을 켠다거나 주차장 문을 연다든가 하는 일을 하게 디자인할 수 있을까?

메리 흠… 잘 모르겠네. 하지만 리모컨이 협력 업체가 제공한 클래스를 자세하게 알 필요가 없도록 만들면 되지 않을까?

수 응? 무슨 말이야?

메리 "1번 슬롯에 조명이 연결되어 있으면 light.on()을 호출하고, 욕조가 연결되어 있으면 hottub.jetsOn()을 호출해!" 같은 방식으로 코드를 만들면 안 될 것 같단 말이야. 그런 디자인이 별로 좋지 않다는 것쯤은 이제 상식이니까.

수 그치. 그렇게 만들었다가는 새로운 클래스가 추가될 때마다 리모컨에 있는 코드를 고쳐야 하고, 그러면 버그가 생길 가능성도 높아지고 할 일도 많아지니까…

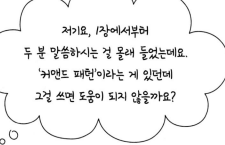

조(Joe)

메리 네? 조금 더 자세히 설명해 주시겠어요?

조 커맨드 패턴이라는 걸 쓰면 어떤 작업을 요청하는 쪽과 그 작업을 처리하는 쪽을 분리할 수 있다고 하더라고요. 그러니까 리모컨에서 작업을 요청하면 업체에서 제공한 클래스가 그 작업을 처리한다고 보면 이 패턴을 적용할 수 있지 않을까요?

수 어떻게 그 둘을 분리할 수 있나요? 리모컨 버튼을 누르면 결국 그 리모컨이 거실 불을 켜는 것 아닌가요?

조 디자인에 '커맨드 객체(command object)'를 추가하면 될 것 같아요. 커맨드 객체는 특정 객체(거실 조명 등)에 관한 특정 작업 요청(불을 켜는 것 등)을 캡슐화해 주거든요. 버튼마다 커맨드 객체를 저장해 두면 사용자가 버튼을 눌렀을 때 커맨드 객체로 작업을 처리할 수 있어요. 리모컨은 아무것도 몰라도 돼요. 어떤 객체에 어떤 일을 시켜야 하는지 잘 알고 있는 커맨드 객체가 있으니까요. 이러면 리모컨과 객체를 완전히 분리할 수 있지 않을까요?

수 이제 뭔가 가닥이 잡히는 것 같아요.

메리 하지만 아직 패턴을 제대로 파악하진 못했어요.

조 그렇게 객체를 분리하면 패턴이 실제로 어떻게 돌아가는지 파악하기가 조금 어려울 수 있어요.

메리 그러면 분리하기 전에 개념을 제대로 짚고 넘어가야겠네요. 이 패턴을 쓰면 커맨드 객체를 버튼 슬롯에 로드할 수 있는 API를 만들어서 아주 간단한 리모컨 코드만으로도 원하는 일을 쉽게 처리할 수 있는 거죠? 그리고 홈오토메이션 작업을 처리하는 방법과 필요한 작업을 처리하는 객체는 커맨드 객체에 캡슐화되어 있는 거죠?

조 네. 그리고 이 패턴을 쓰면 작업 취소(undo) 버튼도 쉽게 만들 수 있을 것 같은데 아직 거기까지는 저도 배우지 못했어요.

메리 그래도 이제 뭔가 보이는 것 같네요. 그런데 이 패턴을 제대로 이해하려면 조금 더 배워야 할 것 같아요.

수 저도요.

커맨드 패턴 소개 음식을 주문하는 방법으로 커맨드 패턴을 알아봅시다! ☆

조가 잘 설명해 주었지만, 설명만 듣고는 커맨드 패턴을 이해하기가 좀 어렵네요. 하지만 괜히 겁먹진 마세요. 지금부터 좀 더 자세히 살펴보겠습니다. 앨리스와 플로, 그리고 그 주방장을 만난 지도 오래됐는데, 객체마을 식당에 다시 한번 가 볼까요?

객체마을 식당으로 가서 고객과 웨이트리스 그리고 주문과 주방장 사이의 관계를 다시 살펴보면 커맨드 패턴 속 각 객체 사이의 관계를 쉽게 이해할 수 있을 겁니다. 그리고 객체들이 어떤 식으로 분리되는지 감을 잡을 수 있습니다. 일단 이 내용을 공부한 후에 리모컨 API를 생각해 보죠.

음식 주문 과정

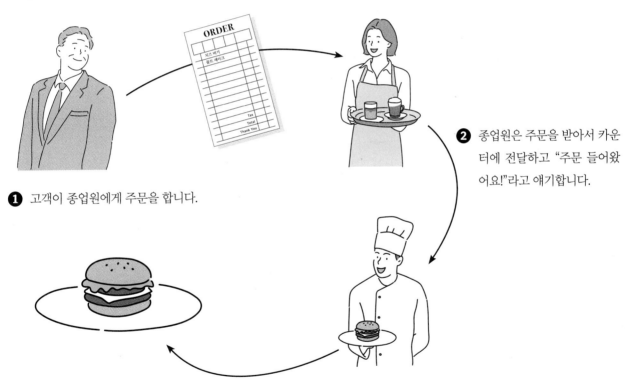

❶ 고객이 종업원에게 주문을 합니다.

❷ 종업원은 주문을 받아서 카운터에 전달하고 "주문 들어왔어요!"라고 얘기합니다.

❸ 주방장이 주문대로 음식을 준비합니다.

음식 주문 과정 자세히 살펴보기

서로 어떤 식으로 연관되는지 조금 더 자세히 봅시다

객체마을 식당인 만큼 객체와 메소드를 활용해 볼까요?

주문(Order)은 주문서와 그 위에 적혀 있는, 주문 내용으로 구성됩니다.

createOrder()

치즈 버거하고 몰트 셰이크하고 초록 달걀과 햄 하나 주세요.

시작

고객이 원하는 것을 주문합니다.

takeOrder()

종업원은 주문 처리를 준비하는 orderUp( ) 메소드를 호출합니다.

orderUp()

주방장은 Order로부터 전달받은 지시사항에 따라서 음식을 준비합니다.

makeBurger(), makeShake()

Order 객체에는 음식을 준비할 때 필요한 모든 지시 사항이 들어있습니다. Order 객체가 주방장에게 makeBurger( ) 같은 메소드 호출로 행동을 지시합니다.

객체마을 식당 등장인물의 역할

주문서는 주문 내용을 캡슐화합니다.

주문서는 주문 내용을 요구하는 객체라고 볼 수 있습니다. 다른 객체와 마찬가지로 여기저기 전달될 수 있죠. 종업원이 주문서 객체를 계산대나 다른 종업원에게 전달해 주는 식으로 말이죠. 이 객체의 인터페이스에는 식사 준비에 필요한 행동을 캡슐화한 orderUp( ) 메소드가 들어있습니다. 이게 유일한 메소드죠. 그리고 그 식사를 주문해야 하는 객체(주방장)의 레퍼런스도 들어있습니다. 이런 내용은 캡슐화되어 있어서 종업원은 어떤 메뉴가 주문되었는지, 누가 식사를 준비할 건지 등을 전혀 몰라도 됩니다. 그냥 이 주문서를 적당한 곳에 갖다주고 "주문 들어왔어요!"라고 한 마디만 해 주면 되죠.

물론 현실에서는 종업원이 고객이 어떤 것을 주문했는지, 누가 요리를 할 건지 등을 신경쓰겠지만, 여기 객체마을이라서 조금 다릅니다!

종업원은 주문서를 받고 orderUp( ) 메소드를 호출합니다.

종업원이 하는 일은 그리 어렵지 않습니다. 주문을 받고, 카운터로 가서 orderUp( ) 메소드를 호출해서 식사 준비를 요청하면 됩니다. 이미 언급했듯이, 객체마을 식당의 종업원은 주문서에 무슨 내용이 있는지, 누가 식사를 준비하는지는 전혀 걱정할 필요가 없습니다. 그냥 주문서에 orderUp( ) 메소드가 있으며, 그 메소드를 호출하면 식사가 준비된다는 것만 알고 있으면 되죠.

종업원의 takeOrder( ) 메소드에는 여러 고객의 주문서를 매개변수로 전달합니다. 하지만 주문이 많아도 별로 어려울 것은 없습니다. orderUp( ) 메소드만 호출하면 식사가 준비되니까요.

어머, 저는 요리를 안 해요. 그냥 "주문 받아요!"라고 얘기만 할 뿐이죠.

주방장은 식사를 준비하는 데 필요한 정보를 가지고 있습니다.

실제로 식사를 준비하는 방법은 주방장만 알고 있습니다. 종업원이 orderUp( ) 메소드를 호출하면 주방장이 그 주문을 받아서 음식을 만들 때 필요한 메소드를 전부 처리합니다. 여기서 주방장과 종업원은 완전히 분리되어 있습니다. 종업원은 각 주문서에 있는 메소드를 호출할 뿐이고, 주방장은 주문서로 할 일을 전달받습니다. 서로 직접 얘기할 필요가 전혀 없는 거죠.

종업원은 저하고 아무 상관도 없어요. 사실 제 타입도 아니고요.

객체마을 식당을 보면 종업원과 주방장이 주문서 덕분에 분리되어 있다는 건 알겠어요. 근데 그걸로 뭘 할 수 있는 거죠?

거의 다 왔습니다.

객체마을 식당은 어떤 것을 요구하는 객체와 그 요구를 받아들이고 처리하는 객체를 분리하는 객체지향 디자인 패턴의 한 모델이라고 볼 수 있습니다. 리모컨 API에 대입해 보면, 리모컨 버튼이 눌렸을 때 호출되는 코드와 실제로 일을 처리하는 코드를 분리해야 합니다.

리모컨 슬롯에 객체마을 식당의 주문서 같은 객체가 들어있다면 어떨까요? 버튼이 눌렸을 때 orderUp() 같은 메소드가 호출되면서, 리모컨에서는 어떤 객체가 무슨 일을 하는지는 모르지만 불이 켜진다거나 하는 식으로 필요한 일이 처리될 수 있습니다.

이제 조금 더 속도를 내서 객체마을 식당과 커맨드 패턴을 자세히 알아보죠.

💡 **뇌 단련**

다음 단계로 넘어가기 전에, 232쪽에 나와 있는 다이어그램과 233쪽에 있는 객체마을 식당의 등장인물에 관한 내용을 다시 살펴보면서 객체들 사이의 관계를 곰곰이 생각해 보세요. 어느 정도 파악한 후 본격적으로 커맨드 패턴을 파헤쳐 봅시다.

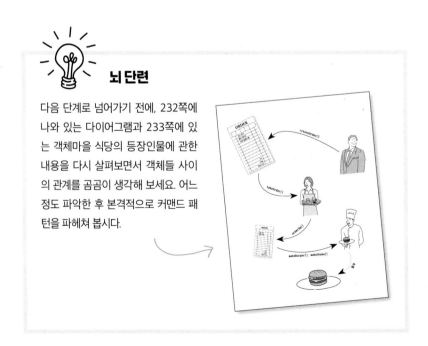

객체마을 식당과 커맨드 패턴

객체마을 식당은 충분히 살펴본 것 같죠? 객체의 특징과 역할도 거의 다 파악한 것 같군요.
이제 객체마을 다이어그램을 고쳐서 커맨드 패턴 다이어그램을 그려 봅시다. 이름만 바뀌었
을 뿐 등장인물은 객체마을 식당 때와 같다고 볼 수 있습니다.

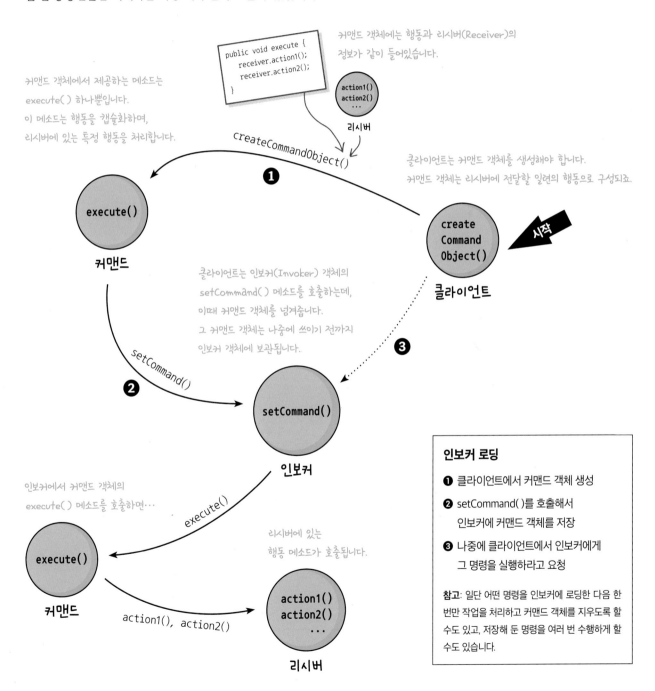

커맨드 객체에는 행동과 리시버(Receiver)의
정보가 같이 들어있습니다.

```
public void execute {
    receiver.action1();
    receiver.action2();
}
```

action1()
action2()
...

리시버

커맨드 객체에서 제공하는 메소드는
execute( ) 하나뿐입니다.
이 메소드는 행동을 캡슐화하며,
리시버에 있는 특정 행동을 처리합니다.

클라이언트는 커맨드 객체를 생성해야 합니다.
커맨드 객체는 리시버에 전달할 일련의 행동으로 구성되죠.

createCommandObject()

❶

execute()

커맨드

create
Command
Object()

시작

클라이언트

클라이언트는 인보커(Invoker) 객체의
setCommand( ) 메소드를 호출하는데,
이때 커맨드 객체를 넘겨줍니다.
그 커맨드 객체는 나중에 쓰이기 전까지
인보커 객체에 보관됩니다.

❸

setCommand()

❷

setCommand()

인보커

인보커에서 커맨드 객체의
execute( ) 메소드를 호출하면…

execute()

리시버에 있는
행동 메소드가 호출됩니다.

execute()

커맨드

action1(), action2()

action1()
action2()
...

리시버

인보커 로딩

❶ 클라이언트에서 커맨드 객체 생성

❷ setCommand( )를 호출해서
인보커에 커맨드 객체를 저장

❸ 나중에 클라이언트에서 인보커에게
그 명령을 실행하라고 요청

참고: 일단 어떤 명령을 인보커에 로딩한 다음 한
번만 작업을 처리하고 커맨드 객체를 지우도록 할
수도 있고, 저장해 둔 명령을 여러 번 수행하게 할
수도 있습니다.

누가 무엇을 할까요?

객체마을 식당에 등장했던 요소와 그에 대응하는 커맨드 패턴의 요소를 연결해 보세요.

객체마을 식당	커맨드 패턴

종업원 •　　　　　　　　　　　　• 커맨드 객체

주방장 •　　　　　　　　　　　　• execute( )

orderUp( ) •　　　　　　　　　　• 클라이언트 객체

주문서 •　　　　　　　　　　　　• 인보커 객체

고객 •　　　　　　　　　　　　　• 리시버 객체

takeOrder( ) •　　　　　　　　　• setCommand( )

정답 268쪽

첫 번째 커맨드 객체 만들기

이제 첫 번째 커맨드 객체를 만들어 볼 때가 된 것 같군요. 리모컨용 코드를 한번 만들어 봅시다. 아직 리모컨 API를 어떻게 디자인해야 할지는 잘 모르겠지만, 일단 뭔가를 만들다 보면 디자인에 도움이 될 겁니다.

커맨드 인터페이스 구현

커맨드 객체는 모두 같은 인터페이스를 구현해야 합니다. 그 인터페이스에는 메소드가 하나 밖에 없죠. 객체마을 식당에서는 orderUp()이라는 이름을 가진 메소드를 썼지만 일반적으로 execute()라는 이름을 더 많이 씁니다.

인터페이스는 다음과 같은 식으로 만들면 됩니다.

```
public interface Command {
    public void execute();
}
```

간단하죠?
execute()라는 메소드 하나만 있으면 됩니다.

조명을 켤 때 필요한 커맨드 클래스 구현

이제 조명을 켤 때 필요한 커맨드 클래스를 구현해 볼까요? 협력 업체에서 제공한 클래스를 보니 Light 클래스에는 on()과 off()라는 2개의 메소드가 있군요. 커맨드 객체는 다음과 같이 만들면 됩니다.

Light
on()
off()

```
public class LightOnCommand implements Command {
    Light light;

    public LightOnCommand(Light light) {
        this.light = light;
    }

    public void execute() {
        light.on();
    }
}
```

커맨드 클래스니까 Command 인터페이스를 구현해야겠죠?

생성자에 이 커맨드 객체로 제어할 특정 조명 ('거실 조명' 이런 식으로 어떤 조명인지를 알려 줘야 하니까요)의 정보가 전달됩니다. 그 객체는 light라는 인스턴스 변수에 저장이 되지요. execute() 메소드가 호출되면 light 객체가 바로 그 요청의 리시버가 됩니다.

execute() 메소드는 리시버 객체 (light 객체)에 있는 on() 메소드를 호출합니다.

이제 LightOnCommand 클래스가 준비됐으니 이 클래스를 사용해 볼까요?

커맨드 객체 사용하기

일단은 조금 간단하게 시작해 보죠. 제어할 기기를 연결할 슬롯과 버튼이 각각 하나씩밖에 없는 리모컨에 커맨드 객체를 사용해 봅시다.

```java
public class SimpleRemoteControl {
    Command slot;
    public SimpleRemoteControl() {}

    public void setCommand(Command command) {
        slot = command;
    }
    public void buttonWasPressed() {
        slot.execute();
    }
}
```

커맨드를 저장할 슬롯이 1개 있습니다.
이 슬롯으로 1개의 기기를 제어합니다.

슬롯을 가지고 제어할 명령을 설정하는 메소드.
리모컨 버튼의 기능을 바꾸고 싶다면
이 메소드를 사용해서 얼마든지 바꿀 수 있습니다.

버튼을 누르면 이 메소드가 호출됩니다.
지금 슬롯에 연결된 커맨드 객체의 execute( ) 메소드만 호출하면 됩니다.

리모컨을 사용할 때 필요한 간단한 테스트 클래스

다음과 같은 코드를 써서 위에 있는 SimpleRemoteControl을 테스트해 봅시다. 이 코드를 살펴보면서 어떤 식으로 커맨드 패턴 다이어그램과 연관 지어서 생각할 수 있을지 알아보겠습니다.

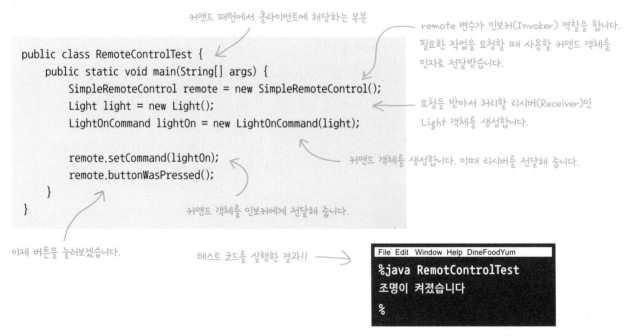

커맨드 패턴에서 클라이언트에 해당하는 부분

```java
public class RemoteControlTest {
    public static void main(String[] args) {
        SimpleRemoteControl remote = new SimpleRemoteControl();
        Light light = new Light();
        LightOnCommand lightOn = new LightOnCommand(light);

        remote.setCommand(lightOn);
        remote.buttonWasPressed();
    }
}
```

remote 변수가 인보커(Invoker) 역할을 합니다.
필요한 작업을 요청할 때 사용할 커맨드 객체를
인자로 전달받습니다.

요청을 받아서 처리할 리시버(Receiver)인
Light 객체를 생성합니다.

커맨드 객체를 생성합니다. 이때 리시버를 전달해 줍니다.

커맨드 객체를 인보커에게 전달해 줍니다.

이제 버튼을 눌러보겠습니다.

테스트 코드를 실행한 결과!!

```
File  Edit  Window  Help  DineFoodYum
%java RemotControlTest
조명이 켜졌습니다

%
```

GarageDoorOpenCommand 클래스를 만들어 차고 문을 열어 봅시다.
우선 이 클래스의 코드를 밑에 적어 보세요.
GarageDoor 클래스 다이어그램은 이렇게 생겼습니다.

GarageDoor
up()
down()
stop()
lightOn()
lightOff()

```java
public class GarageDoorOpenCommand
    implements Command {




                            ← 코드를 적어 보세요.



}
```

클래스 준비가 끝났으면, 다음 코드를 실행했을 때 어떤 결과가 나올지 예상해 봅시다.

힌트 GarageDoor의 up( ) 메소드에서는 실행이 끝날 때 "차고 문이 열렸습니다"라는 메시지를 출력합니다.

```java
public class RemoteControlTest {
    public static void main(String[] args) {
        SimpleRemoteControl remote = new SimpleRemoteControl();
        Light light = new Light();
        GarageDoor garageDoor = new GarageDoor();
        LightOnCommand lightOn = new LightOnCommand(light);
        GarageDoorOpenCommand garageOpen =
            new GarageDoorOpenCommand(garageDoor);

        remote.setCommand(lightOn);
        remote.buttonWasPressed();
        remote.setCommand(garageOpen);
        remote.buttonWasPressed();
    }
}
```

출력 결과를 적어 주세요. →

```
File  Edit  Window  Help  GreenEggs&Ham
%java RemotControlTest


```

커맨드 패턴의 정의

객체마을 식당을 살펴보며 커맨드 패턴의 작동 원리도 알아보았고 리모컨 API
도 어느 정도 구현해 봤습니다. 커맨드 패턴에서 각 클래스와 객체가 어떤 식으
로 작동하는지 감이 잡히죠? 이제 커맨드 패턴을 더 자세하게 알아봅시다.
우선 정의를 알아볼까요?

> **커맨드 패턴**(Command Pattern)을 사용하면 요청 내역을 객체로 캡슐화해서
> 객체를 서로 다른 요청 내역에 따라 매개변수화할 수 있습니다. 이러면 요청을
> 큐에 저장하거나 로그로 기록하거나 작업 취소 기능을 사용할 수 있습니다.

커맨드 객체는 일련의 행동을 특정 리시버와 연결함으로써 요청을 캡슐화한
것입니다. 이러려면 행동과 리시버를 한 객체에 넣고, execute()라는 메소드
하나만 외부에 공개하는 방법을 써야 합니다. 이 메소드 호출에 따라 리시버에
서 일련의 작업을 처리합니다. 밖에서 볼 때는 어떤 객체가 리시버 역할을 하
는지, 그 리시버가 어떤 일을 하는지 알 수 없습니다. 그냥 execute() 메소드를
호출하면 해당 요청이 처리된다는 사실만 알 수 있습니다.

명령으로 객체를 **매개변수화**하는 몇 가지 사례도 볼 수 있었습니다. 객체마을
식당에서는 종업원이 여러 개의 주문서로 매개변수화되는 것을 볼 수 있었습
니다. 간단한 리모컨 예제에서는 버튼 슬롯에 '조명 켜기' 명령을 로딩했다가
나중에 '차고 문 열기' 명령을 로딩하기도 했습니다. 종업원이나 리모컨은 특정
인터페이스만 구현되어 있다면 그 커맨드 객체에서 실제로 어떤 일을 하는지
신경 쓸 필요가 없습니다.

아직 커맨드 객체를 써서 **큐와 로그를 구현하거나 작업 취소를 하는 방법**은 배
우지 못했습니다. 하지만 기본적인 커맨드 패턴을 조금만 확장하면 되니까 별
로 걱정할 필요는 없습니다. 그리고 기본적인 커맨드 패턴을 제대로 사용할 수
있으면 메타 커맨드 패턴(Meta Command Pattern)도 그리 어렵지 않게 구현
할 수 있습니다. 메타 커맨드 패턴을 사용하면 여러 개의 명령을 매크로로 한
번에 실행할 수 있습니다.

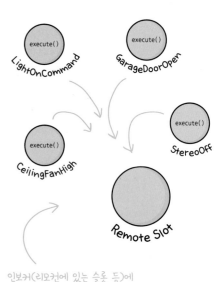

인보커(리모컨에 있는 슬롯 등)에
매개변수를 써서 여러 가지
요구 사항을 전달할 수도 있습니다.

커맨드 패턴 클래스 다이어그램 살펴보기

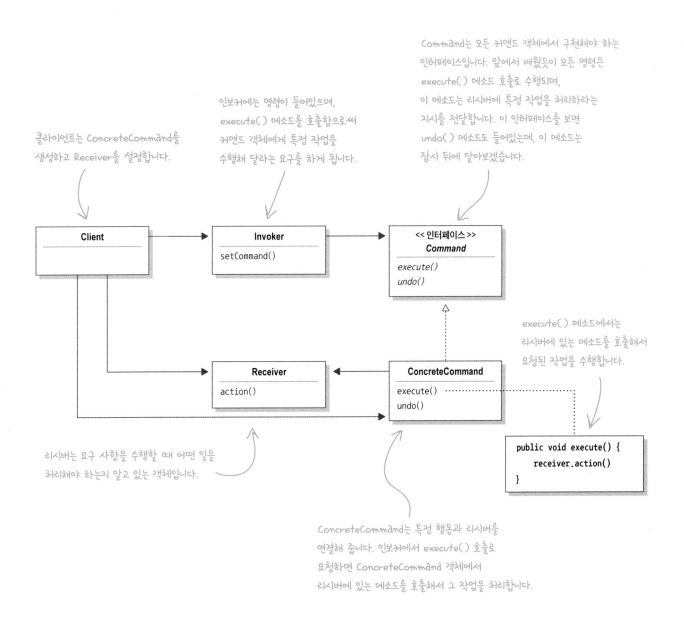

Command는 모든 커맨드 객체에서 구현해야 하는 인터페이스입니다. 앞에서 배웠듯이 모든 명령은 execute() 메소드 호출로 수행되며, 이 메소드는 리시버에 특정 작업을 처리하라는 지시를 전달합니다. 이 인터페이스를 보면 undo() 메소드도 들어있는데, 이 메소드는 잠시 뒤에 알아보겠습니다.

인보커에는 명령이 들어있으며, execute() 메소드를 호출함으로써 커맨드 객체에게 특정 작업을 수행해 달라는 요구를 하게 됩니다.

클라이언트는 ConcreteCommand를 생성하고 Receiver를 설정합니다.

execute() 메소드에서는 리시버에 있는 메소드를 호출해서 요청된 작업을 수행합니다.

리시버는 요구 사항을 수행할 때 어떤 일을 처리해야 하는지 알고 있는 객체입니다.

ConcreteCommand는 특정 행동과 리시버를 연결해 줍니다. 인보커에서 execute() 호출로 요청하면 ConcreteCommand 객체에서 리시버에 있는 메소드를 호출해서 그 작업을 처리합니다.

```
public void execute() {
    receiver.action()
}
```

뇌 단련

커맨드 패턴을 사용하면 작업을 요구한 인보커와 작업을 처리하는 리시버가 어떻게 분리되는 걸까요?

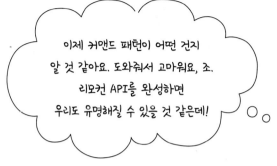

> 이제 커맨드 패턴이 어떤 건지
> 알 것 같아요. 도와줘서 고마워요, 조.
> 리모컨 API를 완성하면
> 우리도 유명해질 수 있을 것 같은데!

메리 그치? 근데 어디서부터 시작해야 하지?

수 simpleRemote를 만들 때랑 마찬가지로 슬롯에 명령을 할당하는 방법부터 시작해야 할 것 같아. 이번에는 각각 ON 버튼하고 OFF 버튼이 들어있는 슬롯이 총 7개 있어. 그러니까 7개의 명령 슬롯에

```
onCommands[0] = onCommand;
offCommands[0] = offCommand;
```

이런 식으로 명령을 할당하면 될 것 같은데?

메리 그러면 되겠네. 근데 Light 객체를 쓸 때, 거실에 있는 조명과 부엌에 있는 조명을 어떻게 구분하지?

수 구분할 필요가 없어. 리모컨은 사용자가 버튼을 눌렀을 때 거기에 할당된 커맨드 객체의 execute() 메소드만 호출하면 되니까.

메리 그건 이해하겠는데, 코드를 구현할 때 원하는 제품이 켜지고 꺼지는지 어떻게 확실히 알 수 있지?

수 리모컨에 로드할 커맨드 객체를 만들 때 LightCommand를 거실 조명용과 부엌 조명용으로 하나씩 만들면 되지 않을까? 어떤 요청을 처리하게 될 리시버의 정보는 그 요청이 캡슐화되어 커맨드 객체에 저장되잖아. 그러니까 사용자가 버튼을 누를 때 그 버튼은 어떤 조명이 켜질지 신경 쓰지 않아도 되지. 그냥 execute() 메소드만 호출하면 원하는 일을 할 수 있다는 사실만 기억하면 되니까.

메리 이제 좀 이해가 되네. 리모컨을 실제로 구현하다 보면 확실히 이해가 될 것 같아.

수 좋아. 그럼 한번 시작해 볼까?

슬롯에 명령 할당하기

리모컨의 각 슬롯에 명령을 할당해 보겠습니다. 리모컨이 인보커가 되게 만드는 거죠. 사용자가 버튼을 누르면 그 버튼에 맞는 커맨드 객체의 execute( ) 메소드가 호출되고, 리시버(조명, 선풍기, 오디오 등)에서 특정 행동을 담당하는 메소드가 실행됩니다.

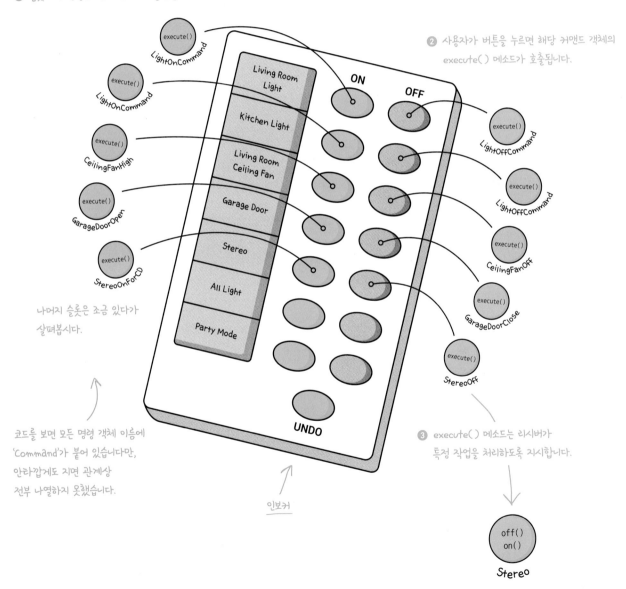

① 슬롯마다 명령(커맨드 객체)이 할당됩니다.

② 사용자가 버튼을 누르면 해당 커맨드 객체의 execute( ) 메소드가 호출됩니다.

나머지 슬롯은 조금 있다가 살펴봅시다.

코드를 보면 모든 명령 객체 이름에 'Command'가 붙어 있습니다만, 안타깝게도 지면 관계상 전부 나열하지 못했습니다.

인보커

③ execute( ) 메소드는 리시버가 특정 작업을 처리하도록 지시합니다.

리모컨 코드 만들기

```java
public class RemoteControl {
    Command[] onCommands;
    Command[] offCommands;

    public RemoteControl() {
        onCommands = new Command[7];
        offCommands = new Command[7];

        Command noCommand = new NoCommand();
        for (int i = 0; i < 7; i++) {
            onCommands[i] = noCommand;
            offCommands[i] = noCommand;
        }
    }

    public void setCommand(int slot, Command onCommand, Command offCommand) {
        onCommands[slot] = onCommand;
        offCommands[slot] = offCommand;
    }

    public void onButtonWasPushed(int slot) {
        onCommands[slot].execute();
    }

    public void offButtonWasPushed(int slot) {
        offCommands[slot].execute();
    }

    public String toString() {
        StringBuffer stringBuff = new StringBuffer();
        stringBuff.append("\n------ 리모컨 -------\n");
        for (int i = 0; i < onCommands.length; i++) {
            stringBuff.append("[slot " + i + "] " + onCommands[i].getClass().getName()
                + "      " + offCommands[i].getClass().getName() + "\n");
        }
        return stringBuff.toString();
    }
}
```

이 리모컨 코드는 7개의 ON, OFF 명령을 처리할 수 있습니다. 각 명령은 배열에 저장됩니다.

생성자는 각 ON, OFF 배열의 인스턴스를 만들고 초기화하기만 하면 됩니다.

setCommand() 메소드는 슬롯 번호와 그 슬롯에 저장할 On, Off 커맨드 객체를 인자로 전달받습니다.

각 커맨드 객체는 나중에 사용하기 편하게 onCommand와 offCommand 배열에 저장합니다.

사용자가 ON, OFF 버튼을 누르면 리모컨 하드웨어에서 각 버튼에 대응하는 onButtonWasPushed()나 offButtonWasPushed() 메소드를 호출합니다.

toString()을 오버라이드해서 슬롯별 명령을 출력하도록 고쳤습니다. 리모컨을 테스트할 때 이 메소드를 사용합니다.

커맨드 클래스 만들기

앞에서 SimpleRemoteControl을 만들 때 LightOnCommand라는 커맨드 클래스를 만든 적이 있습니다. 그 코드는 여기에 그대로 쓸 수 있습니다. 조명을 끌 때 쓰는 LightOff Command라는 커맨드 클래스도 그 코드와 별반 다르지 않으며, 다음과 같은 방식으로 만들면 됩니다.

```java
public class LightOffCommand implements Command {
    Light light;

    public LightOffCommand(Light light) {
        this.light = light;
    }

    public void execute() {
        light.off();
    }
}
```

LightOffCommand는 리시버를 off( ) 메소드와
결합시킨다는 점을 제외하면 LightOnCommand와 똑같은 방식으로 작동합니다.

조금 더 어려운 걸 해 볼까요? 오디오를 켜고 끌 때 사용할 커맨드 클래스를 만들어 봅시다. 끄는 건 간단합니다. 그냥 StereoOffCommand를 Stereo 클래스의 off( ) 메소드와 연결해 주면 되니까요. 하지만 켜는 건 조금 더 어렵습니다. 일단 오디오를 켤 때 자동으로 CD가 재생되도록 하는 StereoOnWithCDCommand 클래스를 만들어 보면서 설명하겠습니다.

Stereo
on()
off()
setCd()
setDvd()
setRadio()
setVolume()

```java
public class StereoOnWithCDCommand implements Command {
    Stereo stereo;

    public StereoOnWithCDCommand(Stereo stereo) {
        this.stereo = stereo;
    }

    public void execute() {
        stereo.on();
        stereo.setCD();
        stereo.setVolume(11);
    }
}
```

LightOnCommand와 마찬가지로 이 클래스로
제어할 오디오의 인스턴스를 전달받습니다.
그 인스턴스는 stereo라는 지역 인스턴스 변수에 저장됩니다.

이 요청을 수행하려면 Stereo 클래스에 있는 메소드 3개를 호출해야 합니다.
우선 전원을 켜야 하고(on( ) 메소드), 그다음에 CD를 재생하도록 하고(setCD( )),
마지막으로 볼륨을 11로 맞춰야(setVolume(11)) 합니다. 왜 11로 맞추냐고요?
별 이유는 없습니다(^^;).

이 정도면 괜찮아 보이는군요. 협력 업체에서 제공한 다른 클래스도 생각해 보세요. 이 정도 배웠으면 나머지 커맨드 클래스는 직접 만들 수 있을 겁니다.

리모컨 테스트 리모컨이 제대로 반응하는지 살펴봅시다 ★

이제 리모컨도 거의 다 만들었습니다. 작동이 잘 되는지 확인한 후 API 문서를 만들어 봅시다. 홈 오토메이션에서도 꽤 좋게 볼 것 같지 않습니까? 우리가 만든 디자인을 사용하면 리모컨 관리도 쉽고, 간단한 커맨드 클래스만 만들면 되니까 협력 업체가 활용하기도 상당히 편할 것입니다. 이제 테스트 코드를 만들어 볼까요?

```java
public class RemoteLoader {

    public static void main(String[] args) {
        RemoteControl remoteControl = new RemoteControl();

        Light livingRoomLight = new Light("Living Room");
        Light kitchenLight = new Light("Kitchen");
        CeilingFan ceilingFan = new CeilingFan("Living Room");
        GarageDoor garageDoor = new GarageDoor("Garage");
        Stereo stereo = new Stereo("Living Room");
```
장치를 각자의 위치에 맞게 생성합니다.

```java
        LightOnCommand livingRoomLightOn =
            new LightOnCommand(livingRoomLight);
        LightOffCommand livingRoomLightOff =
            new LightOffCommand(livingRoomLight);
        LightOnCommand kitchenLightOn =
            new LightOnCommand(kitchenLight);
        LightOffCommand kitchenLightOff =
            new LightOffCommand(kitchenLight);
```
조명용 커맨드 객체

```java
        CeilingFanOnCommand ceilingFanOn =
            new CeilingFanOnCommand(ceilingFan);
        CeilingFanOffCommand ceilingFanOff =
            new CeilingFanOffCommand(ceilingFan);
```
선풍기를 켜고 끄는 커맨드 객체

```java
        GarageDoorUpCommand garageDoorUp =
            new GarageDoorUpCommand(garageDoor);
        GarageDoorDownCommand garageDoorDown =
            new GarageDoorDownCommand(garageDoor);
```
차고 문을 열고 닫는 커맨드 객체

```java
        StereoOnWithCDCommand stereoOnWithCD =
            new StereoOnWithCDCommand(stereo);
        StereoOffCommand stereoOff =
            new StereoOffCommand(stereo);
```
오디오를 켜고 끄는 커맨드 객체

```
        remoteControl.setCommand(0, livingRoomLightOn, livingRoomLightOff);
        remoteControl.setCommand(1, kitchenLightOn, kitchenLightOff);
        remoteControl.setCommand(2, ceilingFanOn, ceilingFanOff);
        remoteControl.setCommand(3, stereoOnWithCD, stereoOff);

        System.out.println(remoteControl);

        remoteControl.onButtonWasPushed(0);
        remoteControl.offButtonWasPushed(0);
        remoteControl.onButtonWasPushed(1);
        remoteControl.offButtonWasPushed(1);
        remoteControl.onButtonWasPushed(2);
        remoteControl.offButtonWasPushed(2);
        remoteControl.onButtonWasPushed(3);
        remoteControl.offButtonWasPushed(3);
    }
}
```

커맨드가 준비되었으니
리모컨 슬롯에 커맨드를 로드합니다.

toString() 메소드로
리모컨 슬롯의 정보를 출력합니다.

슬롯을 켰다가 꺼 봅시다.

이제 리모컨 테스트를 실행해 봅시다.

```
File  Edit  Window  Help  CommandsGetThingsDone
% java RemoteLoader
------ 리모컨 -------
[slot 0] LightOnCommand            LightOffCommand
[slot 1] LightOnCommand            LightOffCommand
[slot 2] CeilingFanOnCommand       CeilingFanOffCommand
[slot 3] StereoOnWithCDCommand     StereoOffCommand
[slot 4] NoCommand                 NoCommand
[slot 5] NoCommand                 NoCommand
[slot 6] NoCommand                 NoCommand

           ON 슬롯     OFF 슬롯

거실 조명이 켜졌습니다
거실 조명이 꺼졌습니다
주방 조명이 켜졌습니다
주방 조명이 꺼졌습니다
거실 선풍기 속도가 HIGH로 설정되었습니다
거실 선풍기가 꺼졌습니다
거실 오디오가 켜졌습니다
거실 오디오에서 CD가 재생됩니다
거실 오디오의 볼륨이 11로 설정되었습니다.
거실 오디오가 꺼졌습니다
%
```

명령이 제대로 먹히고 있습니다!!
각 장치에서 출력되는 내용은
협력 업체에서 제공한 클래스에서
출력한 내용입니다. 예를 들어,
"거실 조명이 켜졌습니다"라는
메시지는 조명 제조 업체에서 제공한
클래스에서 출력한 것이죠.

잠깐만요. 4번부터 6번 슬롯까지는 NoCommand라고 나오던데 그건 뭔가요? 제가 모르는 뭔가가 더 있나요?

좋은 지적입니다. 4~6번 슬롯에 뭔가를 숨겨 놓긴 했습니다. 특정 슬롯을 쓰려고 할 때마다 거기에 뭔가가 로딩되어 있는지 확인하려면 좀 귀찮아요. 예를 들어 onButtonWasPushed() 메소드의 로딩 현황을 파악하려면 다음과 같이 만들어야겠죠.

```
public void onButtonWasPushed(int slot) {
    if (onCommands[slot] != null) {
        onCommands[slot].execute();
    }
}
```

일을 줄이려고 아무 일도 하지 않는 커맨드 클래스를 구현했습니다.

```
public class NoCommand implements Command {
    public void execute() { }
}
```

그리고 나서 RemoteControl 생성자에서 모든 슬롯에 기본 커맨드 객체로 NoCommand 객체를 넣었습니다. 이러면 모든 슬롯에 커맨드 객체가 들어 있을 수밖에 없습니다.

```
Command noCommand = new NoCommand();
for (int i = 0; i < 7; i++) {
    onCommands[i] = noCommand;
    offCommands[i] = noCommand;
}
```

앞쪽에 있는 테스트 결과처럼 커맨드 객체를 대입하지 않은 슬롯에는 NoCommand가 출력됩니다.

NoCommand 객체   NoCommand 객체는 일종의 널 객체(null object)입니다. 널 객체는 딱히 리턴할 객체도 없고 클라이언트가 null을 처리하지 않게 하고 싶을 때 활용하면 좋습니다. 예를 들어, 4~6번 슬롯처럼 리모컨에 명령이 아직 할당되지 않은 부분에 NoCommand 객체를 넣어서 execute() 메소드가 호출되어도 문제가 생기지 않도록 했습니다.

널 객체는 여러 디자인 패턴에서 유용하게 쓰입니다. 그래서 널 객체를 일종의 디자인 패턴으로 분류하기도 합니다.

API 문서 만들기

홈 오토메이션 리모컨 API 디자인

귀사의 리모컨에 적용할 다음과 같은 디자인과 API를 구축했습니다. 이 디자인은 리모컨 코드를 최대한 단순하게 만들어서 협력 업체가 새로운 클래스를 공급하더라도 리모컨 코드를 고치지 않도록 하는 것에 중점을 두었습니다. 목표를 이루려고 커맨드 패턴을 도입해서 RemoteControl 클래스와 협력 업체로부터 제공되는 클래스를 논리적으로 분리했습니다.

이런 디자인은 리모컨 생산 단가를 낮추는 것은 물론, 리모컨의 유지보수 비용을 줄이는 데도 크게 도움이 됩니다. 디자인 개요는 다음 다이어그램과 같습니다.

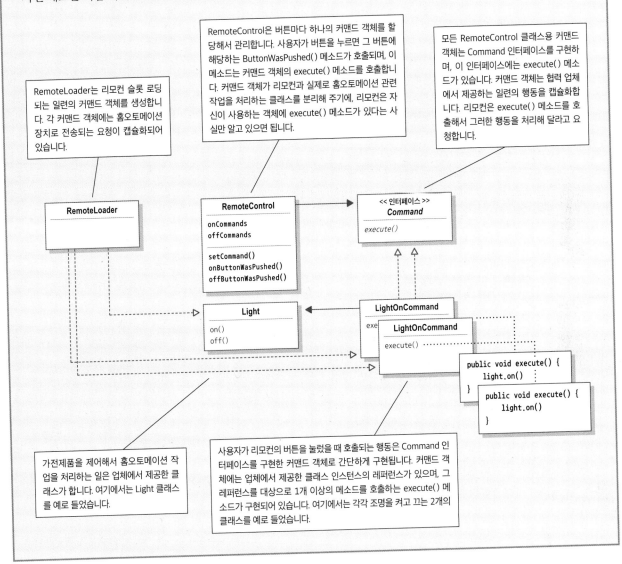

RemoteControl은 버튼마다 하나의 커맨드 객체를 할당해서 관리합니다. 사용자가 버튼을 누르면 그 버튼에 해당하는 ButtonWasPushed() 메소드가 호출되며, 이 메소드는 커맨드 객체의 execute() 메소드를 호출합니다. 커맨드 객체가 리모컨과 실제로 홈오토메이션 관련 작업을 처리하는 클래스를 분리해 주기에, 리모컨은 자신이 사용하는 객체에 execute() 메소드가 있다는 사실만 알고 있으면 됩니다.

모든 RemoteControl 클래스용 커맨드 객체는 Command 인터페이스를 구현하며, 이 인터페이스에는 execute() 메소드가 있습니다. 커맨드 객체는 협력 업체에서 제공하는 일련의 행동을 캡슐화합니다. 리모컨은 execute() 메소드를 호출해서 그러한 행동을 처리해 달라고 요청합니다.

RemoteLoader는 리모컨 슬롯 로딩되는 일련의 커맨드 객체를 생성합니다. 각 커맨드 객체에는 홈오토메이션 장치로 전송되는 요청이 캡슐화되어 있습니다.

가전제품을 제어해서 홈오토메이션 작업을 처리하는 일은 업체에서 제공한 클래스가 합니다. 여기에서는 Light 클래스를 예로 들었습니다.

사용자가 리모컨의 버튼을 눌렀을 때 호출되는 행동은 Command 인터페이스를 구현한 커맨드 객체로 간단하게 구현됩니다. 커맨드 객체에는 업체에서 제공한 클래스 인스턴스의 레퍼런스가 있으며, 그 레퍼런스를 대상으로 1개 이상의 메소드를 호출하는 execute() 메소드가 구현되어 있습니다. 여기에서는 각각 조명을 켜고 끄는 2개의 클래스를 예로 들었습니다.

코딩 심화학습

커맨드 패턴을 조금 더 잘 쓰고 싶나요? 자바의 람다 표현식을 쓰면 구상 커맨드 객체를 생성하는 단계를 건너뛸 수 있습니다. 람바 표현식을 쓰면 구상 커맨드 객체의 인스턴스를 생성하는 대신 그 자리에 **함수 객체**를 사용할 수 있어서 모든 구상 커맨드 클래스를 지울 수 있으니까요.

람다 표현식으로 앞에서 만든 코드를 좀 더 단순하게 만드는 방법을 알아봅시다.

람다 표현식을 써서 고친 코드

```
public class RemoteLoader {
  public static void main(String[] args) {
    RemoteControl remoteControl = new RemoteControl();
    Light livingRoomLight = new Light("Living Room");
    ...
    LightOnCommand livingRoomLightOn =
            new LightOnCommand(livingRoomLight);
    LightOffCommand livingRoomLightOff =
            new LightOffCommand(livingRoomLight);
    ...
    remoteControl.setCommand(0, () -> livingRoomLight.on(),
                                () -> livingRoomLight.off());
    ...
  }
}
```

Light 객체는 이전 코드와 똑같이 만듭니다.

LightOnCommand와 LightOffCommand 구상 객체를 생성하는 부분은 지웁니다.

나중에 어떤 리모컨 버튼을 누르면 리모컨은 버튼 슬롯에 할당되어 있는 커맨드 객체의 execute( ) 메소드를 이 람다 표현식으로 호출합니다.

대신 원래 구상 커맨드 객체의 execute( ) 메소드에서 하던 일(거실 불을 켜거나 끄는 일)을 람다 표현식으로 적어 줍니다.

구상 커맨드 객체를 람다 표현식으로 바꾸면 구상 커맨드 클래스(LightOnCommand, LightOff Command, HottubOnCommand, HottubOffCommand 등)를 모두 지워도 됩니다. 그러면 리모컨 애플리케이션에 들어있는 클래스를 22개에서 9개로 줄일 수 있습니다.

하지만 이 방법은 Command 인터페이스에 추상 메소드가 하나뿐일 때만 사용할 수 있습니다. 추상 메소드를 하나만 더 추가해도 이 방법을 쓸 수가 없다는 점을 주의하세요.

이 방법이 마음에 든다면 각자 즐겨 보는 자바 레퍼런스 문서에서 람다 표현식에 관한 내용을 더 공부해 보세요.

작업 취소 기능 추가하기   상태를 저장해서 작업을 취소해 봅시다 ☆

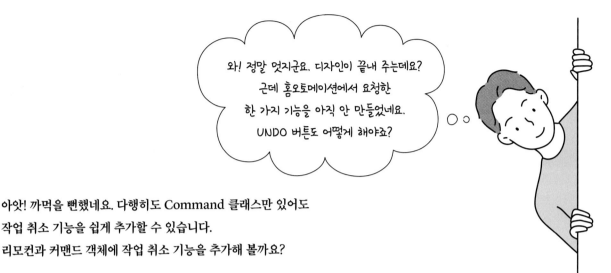

> 와! 정말 멋지군요. 디자인이 끝내 주는데요?
> 근데 홈오토메이션에서 요청한
> 한 가지 기능을 아직 안 만들었네요.
> UNDO 버튼도 어떻게 해야죠?

**아앗! 까먹을 뻔했네요. 다행히도 Command 클래스만 있어도
작업 취소 기능을 쉽게 추가할 수 있습니다.
리모컨과 커맨드 객체에 작업 취소 기능을 추가해 볼까요?**

생각해 보세요!

우선 리모컨에 작업을 취소하는 UNDO 버튼을 추가해야 합니다. 더 복잡한 예를 살펴보기
전에 우선 조명 작업 취소 기능을 추가해 봅시다.

지금 거실 조명이 꺼져 있고, ON 버튼을 눌렀다고 가정해 보죠. 그러면 불이 켜지겠죠? 이제
UNDO 버튼을 누르면 마지막으로 했던 작업이 취소되어야 합니다. 이 경우에는 거실 조명
이 다시 꺼져야겠죠. 어떻게 해야 할지 한번 살펴봅시다.

01   커맨드에서 작업 취소 기능을 지원하려면 execute() 메소드와 비슷한 undo() 메소드
가 있어야 합니다. execute() 메소드에서 했던 작업과 정반대의 작업을 처리하면 됩니
다. 커맨드 클래스에 작업 취소 기능을 추가하기 전에 우선 Command 인터페이스에
undo() 메소드를 추가해야 합니다.

```
public interface Command {
    public void execute();
    public void undo();         ← 새로 추가된 undo() 메소드
}
```

정말 간단하죠?

이제 Light 커맨드 클래스에서 undo() 메소드를 구현해 볼까요?

02 LightOnCommand부터 undo() 메소드를 추가해 봅시다. LightOnCommand()의 execute() 메소드가 호출되면서 Light의 on() 메소드도 호출되었다면 undo() 메소드에서는 그 반대로 off() 메소드를 호출해야 합니다.

```java
public class LightOnCommand implements Command {
    Light light;

    public LightOnCommand(Light light) {
        this.light = light;
    }

    public void execute() {
        light.on();
    }

    public void undo() {
        light.off();
    }
}
```

execute()는 불을 켜니까
undo()는 그냥 불을 끄기만 하면 되겠군요.

정말 쉽지 않나요? 이제 LightOffCommand를 살펴보겠습니다.
이 클래스의 undo() 메소드는 Light의 on() 메소드만 호출하면 됩니다.

```java
public class LightOffCommand implements Command {
    Light light;

    public LightOffCommand(Light light) {
        this.light = light;
    }

    public void execute() {
        light.off();
    }

    public void undo() {
        light.on();
    }
}
```

undo() 메소드는
불을 다시 켜면 되겠네요.

아직 끝난 건 아닙니다. RemoteControl 클래스에 사용자가 마지막으로 누른 버튼을 기록하고, UNDO 버튼을 눌렀을 때 필요한 작업을 처리하는 코드를 추가해야 합니다.

03 RemoteControl 클래스를 약간만 고치면 작업 취소 기능을 추가할 수 있습니다. 마지막으로 실행된 명령을 기록하는 인스턴스 변수를 추가하고 사용자가 UNDO 버튼을 누르면 기록해 뒀던 커맨드 객체 레퍼런스로 undo() 메소드를 호출합니다.

```java
public class RemoteControlWithUndo {
    Command[] onCommands;
    Command[] offCommands;
    Command undoCommand;          // UNDO 버튼을 눌렀을 때를 대비해서 마지막으로
                                  // 사용한 커맨드 객체를 넣는 변수입니다.

    public RemoteControlWithUndo() {
        onCommands = new Command[7];
        offCommands = new Command[7];

        Command noCommand = new NoCommand();
        for(int i=0;i<7;i++) {
            onCommands[i] = noCommand;
            offCommands[i] = noCommand;    // 다른 슬롯과 마찬가지로 작업 취소 기능을
        }                                  // 만들 때도 NoCommand를 사용합니다.
        undoCommand = noCommand;           // 사용자가 다른 버튼을 한 번도 누르지 않은 상태에서
    }                                      // UNDO 버튼을 누르더라도 별문제가 없도록 말이죠.

    public void setCommand(int slot, Command onCommand, Command offCommand)
    {
        onCommands[slot] = onCommand;
        offCommands[slot] = offCommand;
    }

    public void onButtonWasPushed(int slot) {     // 사용자가 버튼을 누르면 우선 해당 커맨드 객체의
        onCommands[slot].execute();               // execute() 메소드를 호출한 다음 그 객체의 레퍼런스를
        undoCommand = onCommands[slot];           // undoCommand 인스턴스 변수에 저장합니다.
    }                                             // ON과 OFF 버튼을 처리할 때도 같은 방법을 씁니다.

    public void offButtonWasPushed(int slot) {
        offCommands[slot].execute();
        undoCommand = offCommands[slot];
    }

    public void undoButtonWasPushed() {      // 사용자가 UNDO 버튼을 누르면 undoCommand에
        undoCommand.undo();                  // 저장된 커맨드 객체의 undo() 메소드를 호출합니다.
    }                                        // 그러면 마지막으로 했던 작업이 취소됩니다.

    public String toString() {
        // toString 코드                     // undoCommand를 추가한 내용으로 갱신해 줍니다.
    }
}
```

작업 취소 기능 테스트

UNDO 버튼을 테스트할 수 있도록 클래스를 고쳐보겠습니다.

```java
public class RemoteLoader {

    public static void main(String[] args) {
        RemoteControlWithUndo remoteControl = new RemoteControlWithUndo();

        Light livingRoomLight = new Light("Living Room");    // Light 객체와 undo() 기능이 추가된 조명을
                                                             //    켜고 끄는 커맨드 객체를 만듭니다.
        LightOnCommand livingRoomLightOn =
            new LightOnCommand(livingRoomLight);
        LightOffCommand livingRoomLightOff =
            new LightOffCommand(livingRoomLight);

        remoteControl.setCommand(0, livingRoomLightOn, livingRoomLightOff);
                                                             // 조명 커맨드 객체를 리모컨 0번 슬롯에 추가합니다.
        remoteControl.onButtonWasPushed(0);
        remoteControl.offButtonWasPushed(0);
        System.out.println(remoteControl);
        remoteControl.undoButtonWasPushed();                 // 불을 켰다가 끈 다음 작업을 취소합니다.
        remoteControl.offButtonWasPushed(0);
        remoteControl.onButtonWasPushed(0);
        System.out.println(remoteControl);
        remoteControl.undoButtonWasPushed();                 // 불을 끄고 켰다가 다시 작업을 취소합니다.
    }
}
```

테스트 결과는
다음과 같습니다.

```
File  Edit  Window  Help  UndoCommandsDefyEntropy
% java RemoteLoader
조명이 켜졌습니다        // 조명을 켰다가 다시 끕니다.
조명이 꺼졌습니다

------ 리모컨 -------                          // Light용 커맨드
[slot 0] LightOnCommand        LightOffCommand
[slot 1] NoCommand             NoCommand
[slot 2] NoCommand             NoCommand
[slot 3] NoCommand             NoCommand
[slot 4] NoCommand             NoCommand
[slot 5] NoCommand             NoCommand
[slot 6] NoCommand             NoCommand
[undo] LightOffCommand

조명이 켜졌습니다        // 사용자가 UNDO 버튼을 눌렀습니다.
                       // LightOffCommand의 undo() 메소드에서 조명을 다시 켭니다.
조명이 꺼졌습니다
조명이 켜졌습니다        // 조명을 껐다가 다시 켭니다.

------ 리모컨 -------
[slot 0] LightOnCommand        LightOffCommand
[slot 1] NoCommand             NoCommand
[slot 2] NoCommand             NoCommand
[slot 3] NoCommand             NoCommand
[slot 4] NoCommand             NoCommand
[slot 5] NoCommand             NoCommand
[slot 6] NoCommand             NoCommand
[undo] LightOnCommand

조명이 꺼졌습니다        // 사용자가 UNDO를 눌렀습니다. 이제 조명이 다시 꺼집니다.
```

마지막으로 호출된 커맨드
객체인 LightOffCommand가
undoCommand에 저장되어
있습니다.

이제 undoCommand에는 마지막으로 호출되었던
LightOnCommand가 저장되어 있습니다.

작업 취소 기능을 구현할 때 상태를 사용하는 방법

Light 클래스의 작업 취소 기능을 배웠는데, 싱겁게 끝난 느낌입니다. 작업 취소 기능을 구현하다 보면 간단한 상태를 저장해야 하는 상황도 종종 생깁니다. 선풍기 제조 업체에서 제공한 CeilingFan 클래스로 간단한 상태를 저장해 보겠습니다. 선풍기는 속도를 선택할 수 있다는 사실을 알아두세요.

CeilingFan
high()
medium()
low()
off()
getSpeed()

```java
public class CeilingFan {
    public static final int HIGH = 3;
    public static final int MEDIUM = 2;
    public static final int LOW = 1;
    public static final int OFF = 0;
    String location;
    int speed;

    public CeilingFan(String location) {
        this.location = location;
        speed = OFF;
    }

    public void high() {
        speed = HIGH;
        // 선풍기 속도를 HIGH로 맞추는 코드
    }

    public void medium() {
        speed = MEDIUM;
        // 선풍기 속도를 MEDIUM으로 맞추는 코드
    }

    public void low() {
        speed = LOW;
        // 선풍기 속도를 LOW로 맞추는 코드
    }

    public void off() {
        speed = OFF;
        // 선풍기를 끄는 코드
    }

    public int getSpeed() {
        return speed;
    }
}
```

CeilingFan 클래스는 선풍기의 속도를 나타내는 상태를 저장합니다.

이 메소드로 선풍기 속도를 설정합니다.

getSpeed()로 선풍기의 현재 속도를 구할 수 있습니다.

흠... 작업 취소 기능을 제대로 구현하려면 이전에 설정했던 선풍기 속도를 고려해야 겠네!

선풍기 명령어에 작업 취소 기능 추가하기

이제 CeilingFan 커맨드 클래스에 작업 취소 기능을 추가하는 방법을 알아봅시다. 작업 취소 기능을 추가하려면 선풍기의 이전 속도를 저장해 뒀다가 undo() 메소드가 호출되면 이전 속도로 되돌아갈 수 있도록 디자인해야 합니다. CeilingFanHighCommand용 코드는 다음과 같습니다.

```java
public class CeilingFanHighCommand implements Command {
    CeilingFan ceilingFan;
    int prevSpeed;          ←——— 상태 지역 변수로 선풍기의 속도를 저장합니다.

    public CeilingFanHighCommand(CeilingFan ceilingFan) {
        this.ceilingFan = ceilingFan;
    }

    public void execute() {
        prevSpeed = ceilingFan.getSpeed();      ←—— 선풍기 속도를 변경하기 전에 작업을
        ceilingFan.high();                           취소해야 할 때를 대비해서
    }                                                execute() 메소드에 이전 속도를 저장합니다.

    public void undo() {
        if (prevSpeed == CeilingFan.HIGH) {
            ceilingFan.high();
        } else if (prevSpeed == CeilingFan.MEDIUM) {      ←—— 작업을 취소하면 선풍기 속도를
            ceilingFan.medium();                               이전으로 되돌립니다.
        } else if (prevSpeed == CeilingFan.LOW) {
            ceilingFan.low();
        } else if (prevSpeed == CeilingFan.OFF) {
            ceilingFan.off();
        }
    }
}
```

뇌 단련

LOW, MEDIUM, OFF용 커맨드 클래스를 만들어야 합니다. 어떻게 구현할 수 있을까요?

선풍기 테스트 코드 만들기

리모컨에 선풍기용 커맨드 객체를 넣어 테스트해 볼 때가 되었습니다. 0번 슬롯의 ON 버튼에 선풍기 속도를 MEDIUM으로 설정하는 기능을, 1번 슬롯의 ON 버튼에 선풍기 속도를 HIGH로 설정하는 기능을 할당하겠습니다. OFF 버튼에는 속도를 OFF로 설정하는 기능을 할당하겠습니다.

테스트용 코드는 다음과 같습니다.

```java
public class RemoteLoader {

    public static void main(String[] args) {
        RemoteControlWithUndo remoteControl = new RemoteControlWithUndo();

        CeilingFan ceilingFan = new CeilingFan("Living Room");

        CeilingFanMediumCommand ceilingFanMedium =
                new CeilingFanMediumCommand(ceilingFan);
        CeilingFanHighCommand ceilingFanHigh =
                new CeilingFanHighCommand(ceilingFan);
        CeilingFanOffCommand ceilingFanOff =
                new CeilingFanOffCommand(ceilingFan);

        remoteControl.setCommand(0, ceilingFanMedium, ceilingFanOff);
        remoteControl.setCommand(1, ceilingFanHigh, ceilingFanOff);

        remoteControl.onButtonWasPushed(0);
        remoteControl.offButtonWasPushed(0);
        System.out.println(remoteControl);
        remoteControl.undoButtonWasPushed();

        remoteControl.onButtonWasPushed(1);
        System.out.println(remoteControl);
        remoteControl.undoButtonWasPushed();
    }
}
```

3개의 커맨드 객체 인스턴스를 만듭니다.

0번 슬롯에는 선풍기 속도를 MEDIUM으로 돌리는 커맨드 객체를, 1번 슬롯에는 HIGH로 설정하는 객체를 넣습니다. 선풍기를 끄는 커맨드도 로딩합니다.

선풍기 속도를 MEDIUM으로 설정합니다.

선풍기를 끕니다.

작업 취소. 다시 MEDIUM으로 돌아가야 합니다.

이번에는 HIGH로 설정합니다.

다시 작업 취소. MEDIUM으로 돌아가야 합니다.

선풍기 코드 테스트

이제 리모컨을 켜고 커맨드 객체를 로딩한 다음 버튼을 눌러 봅시다.

```
File Edit  Window Help  UndoThis!
% java RemoteLoader

거실 선풍기 속도가 MEDIUM으로 설정되었습니다  ⟸ 선풍기 속도를 MEDIUM으로 설정했다가 끕니다.
거실 선풍기가 꺼졌습니다


------ 리모컨 -------                                    리모컨에 들어있는 커맨드 객체의 정보
[slot 0] CeilingFanMediumCommand     CeilingFanOffCommand  ↙
[slot 1] CeilingFanHighCommand       CeilingFanOffCommand
[slot 2] NoCommand                   NoCommand
[slot 3] NoCommand                   NoCommand
[slot 4] NoCommand                   NoCommand
[slot 5] NoCommand                   NoCommand
[slot 6] NoCommand                   NoCommand        undo에는 마지막으로 실행된 CeilingFanCommand
[undo] CeilingFanOffCommand  ⟸                       커맨드 객체가 저장되어 있습니다.


거실 선풍기 속도가 MEDIUM으로 설정되었습니다  ⟸ 마지막 명령을 취소해서 다시 MEDIUM으로 설정합니다.
거실 선풍기 속도가 HIGH로 설정되었습니다  ↖ 이제 HIGH로 설정합니다.

------ 리모컨 -------
[slot 0] CeilingFanMediumCommand     CeilingFanOffCommand
[slot 1] CeilingFanHighCommand       CeilingFanOffCommand
[slot 2] NoCommand                   NoCommand
[slot 3] NoCommand                   NoCommand
[slot 4] NoCommand                   NoCommand
[slot 5] NoCommand                   NoCommand
[slot 6] NoCommand                   NoCommand
[undo] CeilingFanHighCommand  ⟸          이제 마지막으로 실행한 명령이
                                         HIGH로 설정하는 것이 됩니다.

거실 선풍기 속도가 MEDIUM으로 설정되었습니다
                      ↖ 다시 작업 취소.
%                       선풍기 속도가 다시 MEDIUM으로 돌아갑니다.
```

여러 동작을 한 번에 처리하기

리모컨에 파티 모드를 추가해 봅시다!

버튼 한 개만 누르면 조명이 어두워지면서 오디오와 TV가 켜지고, DVD 모드로 변경되고, 욕조에 물이 채워지는 것까지 한 번에 처리하는 기능이 있어야 진정한 리모컨이라고 할 수 있지 않을까요?

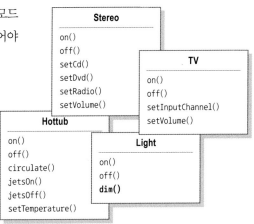

```
Stereo
─────────────
on()
off()
setCd()
setDvd()
setRadio()
setVolume()
```

```
TV
─────────────
on()
off()
setInputChannel()
setVolume()
```

```
Hottub
─────────────
on()
off()
circulate()
jetsOn()
jetsOff()
setTemperature()
```

```
Light
─────────────
on()
off()
dim()
```

흠… 우리 리모컨에는 장치마다 버튼이 있어야 해서 그렇게 못할 것 같은데?

수, 잠깐만! 그렇게 단정지을 것까진 없어. 리모컨을 전혀 바꾸지 않아도 그렇게 할 수 있을 것 같지 않아?

메리는 다른 커맨드를 실행할 수 있는 새로운 종류의 커맨드를 만들어서 여러 가지 커맨드를 한 번에 실행할 수 있을 거라 생각을 했습니다. 꽤 괜찮은 아이디어인데요?

```java
public class MacroCommand implements Command {
    Command[] commands;

    public MacroCommand(Command[] commands) {
        this.commands = commands;
    }

    public void execute() {
        for (int i = 0; i < commands.length; i++) {
            commands[i].execute();
        }
    }
}
```

Command 배열을 받아서 MacroCommand 안에 저장합니다.

매크로를 실행하면 각 커맨드를 순서대로 실행합니다.

매크로 커맨드 사용하기 매크로 커맨드를 만들어 봅시다! ☆

매크로 커맨드를 어떤 식으로 사용할 수 있는지 차근차근 알아봅시다.

생각해 보세요!

01 우선 매크로에 넣을 일련의 커맨드를 만듭니다.

```
Light light = new Light("Living Room");
TV tv = new TV("Living Room");
Stereo stereo = new Stereo("Living Room");
Hottub hottub = new Hottub();

LightOnCommand lightOn = new LightOnCommand(light);
StereoOnCommand stereoOn = new StereoOnCommand(stereo);
TVOnCommand tvOn = new TVOnCommand(tv);
HottubOnCommand hottubOn = new HottubOnCommand(hottub);
```

조명, TV, 오디오, 욕조를 생성합니다.

각 장치를 제어할 ON 명령을 만듭니다.

쓰면서 제대로 공부하기   정답 269쪽

OFF 버튼에 사용할 커맨드도 필요합니다. 각 커맨드를 생성하는 코드를 만들어 봅시다.

02 ON 커맨드와 OFF 커맨드용 배열을 하나씩 만들고 필요한 커맨드를 넣습니다.

```
Command[] partyOn = { lightOn, stereoOn, tvOn, hottubOn};
Command[] partyOff = { lightOff, stereoOff, tvOff, hottubOff};

MacroCommand partyOnMacro = new MacroCommand(partyOn);
MacroCommand partyOffMacro = new MacroCommand(partyOff);
```

ON 커맨드용 배열과
OFF 커맨드용 배열을 만듭니다.

그리고 각 배열을 전달해서
매크로 커맨드를 만듭니다.

03 MacroCommand 객체를 버튼에 할당합니다.

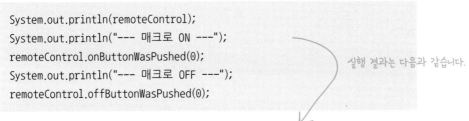

다른 커맨드를 할당하는 것과 같은 방법으로
매크로 커맨드를 버튼에 할당합니다.

```
remoteControl.setCommand(0, partyOnMacro, partyOffMacro);
```

04 버튼을 눌러 보고 제대로 작동하는지 확인합니다.

```
System.out.println(remoteControl);
System.out.println("--- 매크로 ON ---");
remoteControl.onButtonWasPushed(0);
System.out.println("--- 매크로 OFF ---");
remoteControl.offButtonWasPushed(0);
```

실행 결과는 다음과 같습니다.

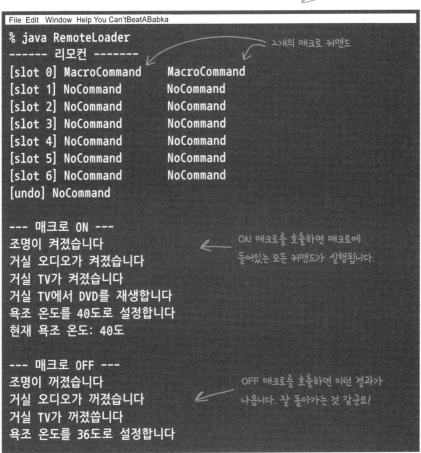

File Edit Window Help You Can'tBeatABabka

```
% java RemoteLoader
------ 리모컨 -------
[slot 0] MacroCommand      MacroCommand
[slot 1] NoCommand         NoCommand
[slot 2] NoCommand         NoCommand
[slot 3] NoCommand         NoCommand
[slot 4] NoCommand         NoCommand
[slot 5] NoCommand         NoCommand
[slot 6] NoCommand         NoCommand
[undo] NoCommand


--- 매크로 ON ---
조명이 켜졌습니다
거실 오디오가 켜졌습니다
거실 TV가 켜졌습니다
거실 TV에서 DVD를 재생합니다
욕조 온도를 40도로 설정합니다
현재 욕조 온도: 40도


--- 매크로 OFF ---
조명이 꺼졌습니다
거실 오디오가 꺼졌습니다
거실 TV가 꺼졌씁니다
욕조 온도를 36도로 설정합니다
```

2개의 매크로 커맨드

ON 매크로를 호출하면 매크로에
들어있는 모든 커맨드가 실행됩니다.

OFF 매크로를 호출하면 이런 결과가
나옵니다. 잘 돌아가는 것 같군요!

쓰면서 제대로 공부하기

MacroCommand에 작업 취소 기능만 추가하면 완벽하겠군요. 매크로 커맨드를 호출한 후에 사용자가 작업 취소 버튼을 누르면 매크로로 호출되었던 모든 커맨드의 작업을 취소해야 합니다.

옆에 있는 MacroCommand 코드의 undo() 메소드를 구현해 보세요.

```java
public class MacroCommand implements Command {
    Command[] commands;

    public MacroCommand(Command[] commands) {
        this.commands = commands;
    }

    public void execute() {
        for (int i = 0; i < commands.length; i++) {
            commands[i].execute();
        }
    }

    public void undo() {




    }
}
```

무엇이든 물어보세요
Q&A

Q1 항상 리시버가 필요한가요? 커맨드 객체에서 execute( )를 구현하면 안 되나요?

A1 일반적으로 리시버에 있는 행동을 호출하는 '더미' 커맨드 객체를 만듭니다. 하지만 요구 사항의 전부는 아니더라도 대부분을 구현하는 '스마트' 커맨드 객체를 만드는 경우도 자주 볼 수 있습니다. 물론 커맨드 객체에서 대부분의 행동을 처리해도 됩니다. 하지만 그러면 인보커와 리시버를 분리하기 어렵고, 리시버로 커맨드를 매개변수화할 수 없다는 점을 꼭 기억해 두세요.

Q2 작업 취소를 할 때 히스토리 기능은 어떻게 구현할 수 있나요? 즉, UNDO 버튼을 여러 번 누를 수 있도록 하려면 어떻게 해야 하나요?

A2 좋은 질문입니다. 사실 그리 어려운 일은 아닙니다. 앞에서는 마지막으로 실행한 커맨드의 레퍼런스만 저장했었는데, 그 대신 전에

실행한 커맨드 자체를 스택에 넣으면 됩니다. 그리고 나서 사용자가 UNDO 버튼을 누를 때마다 인보커에서 스택 맨 위에 있는 항목을 꺼내서 undo( ) 메소드를 호출하도록 만들면 됩니다.

Q3 파티 모드를 구현할 때 PartyCommand의 execute( ) 메소드에서 다른 커맨드 객체의 execute( )를 호출하는 방법을 써도 되나요?

A3 그렇게 해도 됩니다. 하지만 그러면 PartyCommand에 파티 모드 코드를 직접 넣어야 하는데, 나중에 문제가 생길 수도 있습니다. MacroCommand를 사용하면 PartyCommand에 넣을 커맨드를 동적으로 결정할 수 있기에 유연성이 훨씬 좋아집니다. 일반적으로 MacroCommand를 만들어서 쓰는 방법이 더 우아한 방법이며, 추가해야 할 코드를 줄이는 데도 도움이 됩니다.

커맨드 패턴 활용하기 _요청을 큐에 저장해 봅시다_ ⭐

커맨드로 컴퓨테이션(computation)의 한 부분(리시버와 일련의 행동)을 패키지로 묶어서 일급 객체 형태로 전달할 수도 있습니다. 그러면 클라이언트 애플리케이션에서 커맨드 객체를 생성한 뒤 오랜 시간이 지나도 그 컴퓨테이션을 호출할 수 있습니다. 심지어 다른 스레드에서 호출할 수도 있습니다. 이점을 활용해서 커맨드 패턴을 스케줄러나 스레드 풀, 작업 큐와 같은 다양한 작업에 적용할 수 있습니다.

작업 큐를 떠올려 봅시다. 큐 한 쪽 끝은 커맨드를 추가할 수 있도록 되어 있고, 다른 쪽 끝에는 커맨드를 처리하는 스레드들이 대기하고 있습니다. 각 스레드는 우선 execute( ) 메소드를 호출하고 호출이 완료되면 커맨드 객체를 버리고 새로운 커맨드 객체를 가져옵니다.

커맨드

커맨드 인터페이스를 구현하는 객체를 큐에 추가합니다.

작업 큐

컴퓨테이션을 고정된 개수의 스레드로 제한할 수 있습니다.

스레드는 큐에서 커맨드를 하나씩 제거하면서 커맨드의 _execute( )_ 메소드를 호출합니다. 메소드 실행이 끝나면 다시 큐에서 새로운 커맨드 객체를 가져갑니다.

작업 처리 스레드

작업 큐 클래스는 계산 작업을 하는 객체들과 완전히 분리되어 있습니다. 한 스레드가 한동안 금융 관련 계산을 하다가 잠시 후에는 네트워크로 뭔가를 내려받을 수도 있습니다. 작업 큐 객체는 전혀 신경쓸 필요가 없습니다. 큐에 커맨드 패턴을 구현하는 객체를 넣으면 그 객체를 처리하는 스레드가 생기고 자동으로 execute( ) 메소드가 호출됩니다.

뇌 단련

웹 서버에서 이런 큐를 어떻게 활용할 수 있을까요? 큐를 사용할 수 있는 다른 예로는 어떤 것이 있을까요?

커맨드 패턴 더 활용하기

어떤 애플리케이션은 모든 행동을 기록해 두었다가 애플리케이션이 다운되었을 때 그 행동을 다시 호출해서 복구할 수 있어야 합니다. 커맨드 패턴을 사용하면 store()와 load() 메소드를 추가해서 이런 기능을 구현할 수 있습니다. 자바에서는 이런 메소드를 객체 직렬화로 구현할 수도 있지만, 직렬화와 관련된 제약 조건 때문에 그리 쉽지 않습니다.

로그 기록은 어떤 명령을 실행하면서 디스크에 실행 히스토리를 기록하고, 애플리케이션이 다운되면 커맨드 객체를 다시 로딩해서 execute() 메소드를 자동으로 순서대로 실행하는 방식으로 작동합니다.

지금까지 예로 든 리모컨에는 이런 로그 기록이 무의미합니다. 하지만 데이터가 변경될 때마다 매번 저장할 수 없는 방대한 자료구조를 다루는 애플리케이션에 로그를 사용해서 마지막 체크 포인트 이후로 진행한 모든 작업을 저장한 다음 시스템이 다운되었을 때 최근 수행된 작업을 다시 적용하는 방법으로 사용할 수 있습니다.

스프레드시트 애플리케이션을 예로 들어 볼까요? 매번 데이터가 변경될 때마다 디스크에 저장하지 않고, 특정 체크 포인트 이후의 모든 행동을 로그에 기록하는 방식으로 복구 시스템을 구축할 수 있습니다. 더 복잡한 애플리케이션에서는 이런 테크닉을 확장해서 일련의 작업에 트랜잭션을 활용해서 모든 작업이 완벽하게 처리되도록 하거나, 아무것도 처리되지 않게 롤백되도록 할 수 있습니다.

로그 기록용
2개의 메소드를 추가합니다.

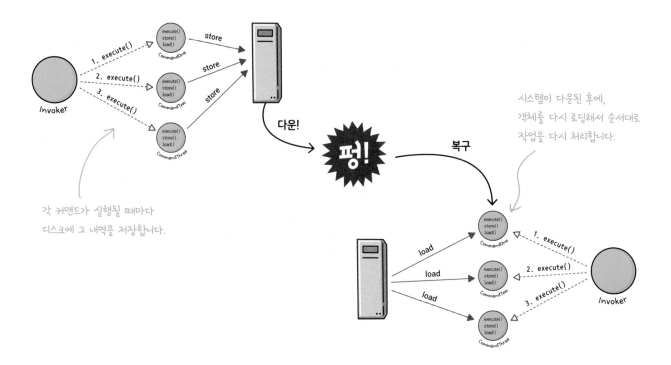

각 커맨드가 실행될 때마다
디스크에 그 내역을 저장합니다.

시스템이 다운된 후에,
객체를 다시 로딩해서 순서대로
작업을 다시 처리합니다.

실전 적용! 커맨드 패턴

2장에서 만들었던 인생을 바꿀 애플리케이션 기억하나
요? 2장에서는 자바의 스윙 라이브러리에는 사용자 인
터페이스 구성 요소에서 발생하는 이벤트에 귀를 기울이
는 ActionListener 형태의 옵저버가 어마어마하게 많다
는 걸 배웠습니다. 그런데 알고 보니 ActionListener는
Observer 인터페이스이자 Command 인터페이스이기
도 하며, AngelListener와 DevilListener 클래스는 그
냥 Observer가 아니라 구상 Command 클래스였습니
다. 두 패턴이 한꺼번에 들어가 있는 예제였네요!

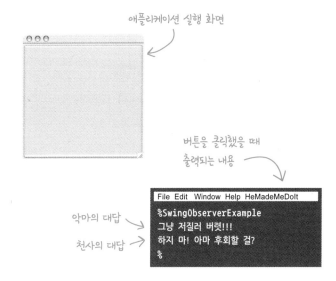

애플리케이션 실행 화면

버튼을 클릭했을 때
출력되는 내용

악마의 대답

천사의 대답

File Edit Window Help HeMadeMeDoIt

%SwingObserverExample
그냥 저질러 버렷!!!
하지 마! 아마 후회할 걸?
%

쓰면서 제대로 공부하기

정답 270쪽

2장에서 만들었던 인생을 바꿀 애플리케이션 코드 중에서 중요한 부분만 뽑아 봤습니다. 무엇이 클라이언트이고 무엇이 커맨드인지,
무엇이 인보커이고 무엇이 리시버인지 구분해 봅시다.

```java
public class SwingObserverExample {
    // 셋업 처리
    JButton button = new JButton("할까 말까?");
    button.addActionListener(new AngelListener());
    button.addActionListener(new DevilListener());
    // 프레임 속성을 설정합니다.
}
class AngelListener implements ActionListener {
    public void actionPerformed(ActionEvent event) {
        System.out.println("하지 마! 아마 후회할 걸?");
    }
}
class DevilListener implements ActionListener {
    public void actionPerformed(ActionEvent event) {
        System.out.println("그냥 저질러 버렷!");
    }
}
}
```

디자인 도구상자 안에 들어가야 할 도구들

이제 도구상자가 슬슬 무거워지기 시작하는군요. 6장에서는 메소드를 커맨드 객체로 캡슐화할 수 있는 패턴을 새로 배웠습니다. 필요하다면 그 객체를 저장하거나 전달할 수도 있고, 그 메소드를 호출할 수도 있죠!

객체지향 기초

추상화
캡슐화
다형성
상속

객체지향 원칙

• 바뀌는 부분은 캡슐화한다.

• 상속보다는 구성을 활용한다.

• 구현보다는 인터페이스에 맞춰서 프로그래밍한다.

• 상호작용하는 객체 사이에서는 가능하면 느슨한 결합을 사용해야 한다.

• 클래스는 확장에는 열려 있어야 하지만 변경에는 닫혀 있어야 한다(OCP).

• 추상화된 것에 의존하게 만들고 구상 클래스에 의존하지 않게 만든다.

요청하는 객체와 요청을 수행하는 객체를 분리하고 싶다면 커맨드 패턴을 사용하면 됩니다.

객체지향 패턴

싱글턴 패턴 - 클래스 인스턴스가 하나만

커맨드 패턴 - 요청 내역을 객체로 캡슐화해서 객체를 서로 다른 요청 내역에 따라 매개변수화할 수 있습니다. 이러면 요청을 큐에 저장하거나 로그로 기록하거나 작업 취소 기능을 사용할 수 있습니다.

고생했습니다. 이제 편안히 휴식을 즐겨 봅시다.
낱말 퀴즈나 풀어 볼까요? 정답은 전부 다 이 장에 나와 있습니다.

단어는 영어 알파벳으로 되어 있습니다.
낱말 퀴즈 옆에 있는 단어 리스트를 참고해서 풀어 보세요!

낱말 퀴즈

- WEATHER-O-RAMA
- 인보커 Invoker
- 리시버 RECEIVER
- 요청 REQUEST
- 조명 LIGHT
- 연결 BINDS
- EXECUTE
- 커맨드 COMMAND
- 협력 업체 클래스 VENDORCLASSES
- 리시버 RECEIVER
- 분리 DECOUPLED
- 요리 COOK
- 객체마을 OBJECTVILLE
- 클라이언트 CLIENT
- 종업원 WAITRESS
- 초록 달걀과 햄 GREENEGGSANDHAM
- UNDO

가로

5. 우리가 가장 좋아하는 동네 이름.
6. 홈오토메이션에 우리를 소개해 준 회사 이름.
7. 커맨드 패턴에서 고객 역할을 맡은 것.
9. 뭘 해야 하는지, 리시버가 누구인지 아는 객체.
12. 인보커와 리시버는 서로 _____되어 있습니다.
15. 종업원도 _____였죠.
16. 객체마을 식당에서 파는 음식 이름(가장 긴 단어).
17. 커맨드 패턴으로 할 수 있는 또 다른 일.

세로

1. 주방장과 이 사람은 분명히 서로 분리되어 있었죠.
2. 종업원은 이 일을 하지 않았습니다.
3. 커맨드에서 무엇을 캡슐화할까요?
4. 리모컨에서 리시버 역할을 하는 것 (○○○○ 클래스).
8. 일을 해내는 방법을 아는 객체.
10. 요청을 처리하는 것은?
11. 모든 커맨드에서 이 메소드를 제공합니다.
13. 우리가 다룬 첫 번째 커맨드 객체에서 이걸 제어했죠.
14. 커맨드는 일련의 행동과 리시버를 _____해 줍니다.

누가 무엇을 할까요? 정답

객체마을 식당에 등장했던 요소와 그에 대응하는 커맨드 패턴의 요소를 연결해 보세요.

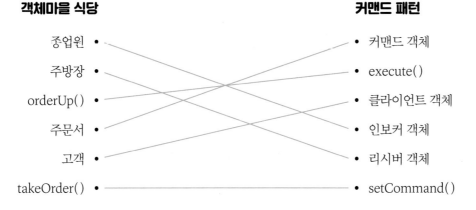

객체마을 식당

- 종업원
- 주방장
- orderUp( )
- 주문서
- 고객
- takeOrder( )

커맨드 패턴

- 커맨드 객체
- execute( )
- 클라이언트 객체
- 인보커 객체
- 리시버 객체
- setCommand( )

쓰면서 제대로 공부하기 정답

GarageDoorOpenCommand 클래스를 만들어 차고 문을 열어 봅시다. 우선 이 클래스의 코드를 밑에 적어 보세요.
GarageDoor 클래스 다이어그램은 이렇게 생겼습니다.

```java
public class GarageDoorOpenCommand implements Command {
    GarageDoor garageDoor;

    public GarageDoorOpenCommand(GarageDoor garageDoor) {
        this.garageDoor = garageDoor;
    }
    public void execute() {
        garageDoor.up();
    }
}
```

```
File  Edit  Window  Help  GreenEggs&Ham
%java RemoteControlTest
거실 조명이 켜졌습니다
차고 문이 열렸습니다
%
```

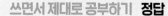 **쓰면서 제대로 공부하기 정답**

OFF 버튼에 사용할 커맨드도 필요합니다. 각 커맨드를 생성하는 코드를 만들어 봅시다.

```java
LightOffCommand lightOff = new LightOffCommand(light);
StereoOffCommand stereoOff = new StereoOffCommand(stereo);
TVOffCommand tvOff = new TVOffCommand(tv);
HottubOffCommand hottubOff = new HottubOffCommand(hottub);
```

 쓰면서 제대로 공부하기 정답

MacroCommand에 작업 취소 기능만 추가하면 완벽하겠군요. 매크로 커맨드를 호출한 후에 사용자가 작업 취소 버튼을 누르면 매크로로 호출되었던 모든 커맨드의 작업을 취소해야 합니다.

옆에 있는 MacroCommand 코드의 undo( ) 메소드를 구현해 보세요

```java
public class MacroCommand implements Command {
    Command[] commands;
    public MacroCommand(Command[] commands) {
        this.commands = commands;
    }
    public void execute() {
        for (int i = 0; i < commands.length; i++) {
            commands[i].execute();
        }
    }
    public void undo() {
        for (int i = commands.length - 1; i >= 0; i--) {
            commands[i].undo();
        }
    }
}
```

 낱말 퀴즈 정답

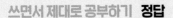

쓰면서 제대로 공부하기 **정답**

2장에서 만들었던 인생을 바꿀 애플리케이션 코드 중에서 중요한 부분만 뽑아 봤습니다. 무엇이 클라이언트이고 무엇이 커맨드인지, 무엇이 인보커이고 무엇이 리시버인지 구분해 볼까요?
정답은 다음과 같습니다!

> 버튼이 인보커입니다. 사용자가 버튼을 클릭하면 그 버튼에서 커맨드(ActionListener)에 있는 execute( )와 마찬가지 역할을 하는 actionPerformed( )를 호출합니다.

```java
public class SwingObserverExample {
    // 셋업 처리

    JButton button = new JButton("할까? 말까?");
    button.addActionListener(new AngelListener());
    button.addActionListener(new DevilListener());

    // 프레임 속성을 설정합니다.
}

class AngelListener implements ActionListener {
    public void actionPerformed(ActionEvent event) {
        System.out.println("하지마! 아마 후회할 걸?");
    }
}

class DevilListener implements ActionListener {
    public void actionPerformed(ActionEvent event) {
        System.out.println("그냥 저질러 버렷!");
    }
}
}
```

> 클라이언트는 스윙 구성 요소를 설정하고 인보커(버튼)의 커맨드(AngelListener와 DevilListener)를 설정하는 클래스입니다.

> ActionListener가 커맨드 인터페이스입니다. 여기에는 커맨드를 호출했을 때 실행되는, execute( )와 비슷한 역할을 하는 actionPerformed( ) 메소드가 들어있죠.

> 이 예제에서 리시버는 System 객체입니다. 커맨드를 호출하면 리시버에서 어떤 동작을 취하게 되어 있었죠? 일반적인 스윙 애플리케이션은 UI에 있는 다른 구성 요소를 호출하게 될 겁니다.

> AngelListener와 DevilListener는 우리의 구상 커맨드 클래스입니다. 커맨드 인터페이스(여기서는 ActionListener)를 구현하죠.

적응시키기

어댑터 패턴과 퍼사드 패턴

독자들이 우리가 영화를 보고 있다고 믿어 줄까? 사실 사진 찍으려고 이러고 있을 뿐이잖아…

그 앞에 이 일을 하는 거지. 원래 '~하는 척'하는 게 우리 일이잖아.

───── 불가능해 보이는 묘기를 배워 보겠습니다 ─────

네모난 기둥을 동그란 구멍에 끼우는 일 같은 거 말이죠. 절대 안 될 것 같죠? 디자인 패턴을 사용하면 가능합니다. 데코레이터 패턴 기억나죠? 객체를 래퍼로 감싸서 새로운 역할을 부여했었죠. 이번에는 실제와 다른 인터페이스를 가진 것처럼 보이도록 객체를 감싸겠습니다. 왜 그렇게 해야 할까요? 그러면 특정 인터페이스가 필요한 디자인을 다른 인터페이스를 구현하는 클래스에 적응시킬 수 있기 때문입니다. 여기에 더해 객체를 감싸서 인터페이스를 단순화할 수 있는 패턴도 알아보겠습니다.

어댑터 살펴보기 어댑터는 늘 우리다 함께 합니다 ☆

우리 주변에 있는 어댑터를 살펴보면 객체지향 어댑터(adaptor)가 무엇인지 쉽게 이해할 수 있습니다. 한국에서 사용하던 휴대전화 충전기를 영국에서도 사용하려면 플러그 모양을 바꿔 주는 **어댑터**가 필요합니다.

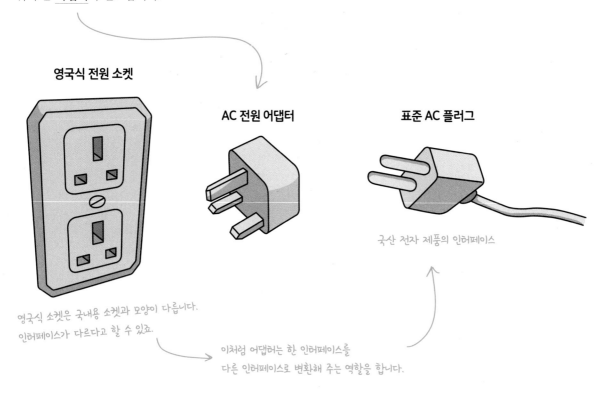

영국식 전원 소켓

AC 전원 어댑터

표준 AC 플러그

국산 전자 제품의 인터페이스

영국식 소켓은 국내용 소켓과 모양이 다릅니다.
인터페이스가 다르다고 할 수 있죠.

이처럼 어댑터는 한 인터페이스를
다른 인터페이스로 변환해 주는 역할을 합니다.

어댑터의 역할은 이미 다들 알고 있을 겁니다. 국산 전원 플러그를 영국식 소켓에 꽂을 수 있게 해 주는 역할을 하죠. 조금 다르게 설명하자면, 어댑터는 소켓의 인터페이스를 플러그에서 필요로 하는 인터페이스로 바꿔 준다고 할 수 있습니다.

어댑터에는 간단한 것도 있고, 복잡한 것도 있습니다. 어떤 어댑터는 모양만 바꿔 주고 교류 전원을 그대로 보냅니다. 더 복잡한 어댑터도 있습니다.

일상생활에서 볼 수 있는 또 다른
어댑터로는 어떤 게 있을까요?

객체지향 어댑터는 어떨까요? **객체지향 어댑터**도 일상생활에서 쓰이는 어댑터와 똑같은 역할을 합니다. 어떤 인터페이스를 클라이언트에서 요구하는 형태로 적응시키는 역할을 하죠.

객체지향 어댑터 알아보기

어떤 소프트웨어 시스템에 새로운 업체에서 제공한 클래스 라이브러리를 사용해야 하는데 그 업체에서 사용하는 인터페이스가 기존에 사용하던 인터페이스와 다르다고 가정해 봅시다.

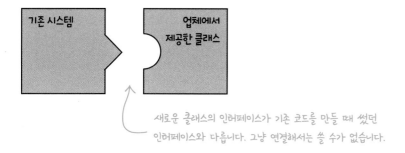

새로운 클래스의 인터페이스가 기존 코드를 만들 때 썼던 인터페이스와 다릅니다. 그냥 연결해서는 쓸 수가 없습니다.

그런데 기존 코드를 바꿔서 이 문제를 해결할 수 없는 상황입니다. 게다가 업체에서 공급받은 클래스도 변경할 수 없다면 어떻게 해야 할까요? 새로운 업체에서 사용하는 인터페이스를 기존에 사용하던 인터페이스에 적응시켜 주는 클래스를 만들면 됩니다.

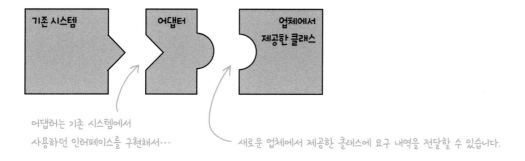

어댑터는 기존 시스템에서 사용하던 인터페이스를 구현해서…

새로운 업체에서 제공한 클래스에 요구 내역을 전달할 수 있습니다.

어댑터는 클라이언트로부터 요청을 받아서 새로운 업체에서 제공하는 클래스를 클라이언트가 받아들일 수 있는 형태의 요청으로 변환해 주는 중개인 역할을 합니다.

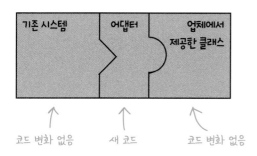

코드 변화 없음   새 코드   코드 변화 없음

새로 제공받은 클래스를 사용하려고 여러분이 직접 코딩을 하지 않아도 되는 방법은 없을까요? 클래스를 제공하는 업체에 어댑터 클래스도 함께 납품해 달라고 요청하는 건 어떨까요?

어댑터 사용 방법 알아보기

오리처럼 걷고 꽥꽥거린다고 모두 다 오리는 아닙니다
오리 어댑터로 감싼 칠면조일 수도 있습니다! ☆

어댑터를 어떻게 쓰는지 한번 살펴봅시다. 1장에서 함께 했던 오리들 기억나죠? 오리와의 추억을 떠올리며 약간 단순하게 만든 Duck 인터페이스와 클래스를 살펴봅시다.

```java
public interface Duck {
    public void quack();
    public void fly();
}
```

여기에 오리들이 꽥꽥거리고 날아다닐 수 있게 해 주는
Duck 인터페이스를 구현해서 오리 클래스를 만듭니다.

Duck을 구현하는 MallardDuck 클래스

```java
public class MallardDuck implements Duck {
    public void quack() {
        System.out.println("꽥");
    }

    public void fly() {
        System.out.println("날고 있어요!!");
    }
}
```

오리를 간단하게 구현했습니다.
그냥 무슨 일을 하고 있는지를 출력합니다.

이제 새로 등장한 가금류를 만나 볼까요?

```java
public interface Turkey {
    public void gobble();
    public void fly();
}
```

칠면조는 꽥꽥거리지 않습니다. 골골거리는 소리를 내죠.

칠면조도 날 수 있긴 합니다. 멀리 날지는 못하지만요.

```
public class WildTurkey implements Turkey {
    public void gobble() {
        System.out.println("골골");
    }

    public void fly() {
        System.out.println("짧은 거리를 날고 있어요!");
    }
}
```

Turkey 구상 클래스.
Duck 구상 클래스와 마찬가지로
무슨 행동을 하는지 출력하는 정도로
간단하게 구현했습니다.

Duck 객체가 모자라서 Turkey 객체를 대신 사용해야 하는 상황이라고 가정해 봅시다.
물론 인터페이스가 다르기에 Turkey 객체를 바로 사용할 수는 없습니다.
그러니 어댑터를 만들어야겠죠?

코드 자세히 들여다보기

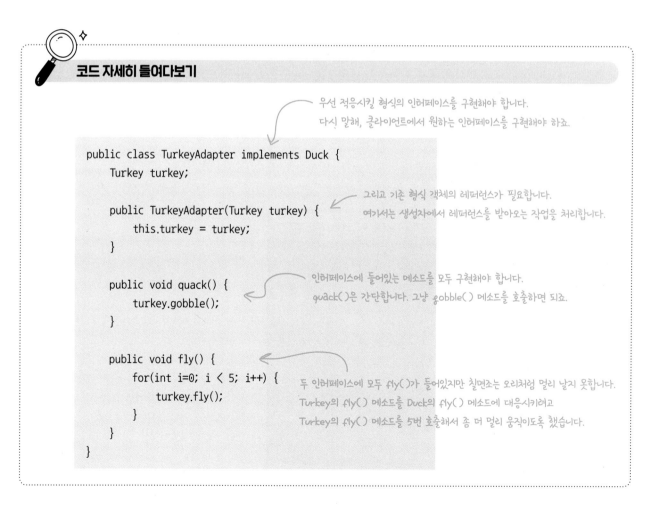

우선 적응시킬 형식의 인터페이스를 구현해야 합니다.
다시 말해, 클라이언트에서 원하는 인터페이스를 구현해야 하죠.

```
public class TurkeyAdapter implements Duck {
    Turkey turkey;

    public TurkeyAdapter(Turkey turkey) {
        this.turkey = turkey;
    }

    public void quack() {
        turkey.gobble();
    }

    public void fly() {
        for(int i=0; i < 5; i++) {
            turkey.fly();
        }
    }
}
```

그리고 기존 형식 객체의 레퍼런스가 필요합니다.
여기서는 생성자에서 레퍼런스를 받아오는 작업을 처리합니다.

인터페이스에 들어있는 메소드를 모두 구현해야 합니다.
quack()은 간단합니다. 그냥 gobble() 메소드를 호출하면 되죠.

두 인터페이스에 모두 fly()가 들어있지만 칠면조는 오리처럼 멀리 날지 못합니다.
Turkey의 fly() 메소드를 Duck의 fly() 메소드에 대응시키려고
Turkey의 fly() 메소드를 5번 호출해서 좀 더 멀리 움직이도록 했습니다.

오리 어댑터 테스트

오리 어댑터 테스트용 코드를 만들어 봅시다.

```java
public class DuckTestDrive {
    public static void main(String[] args) {
        Duck duck = new MallardDuck();          // 오리를 생성합니다.

        Turkey turkey = new WildTurkey();          // 칠면조도 만들어야겠죠.
        Duck turkeyAdapter = new TurkeyAdapter(turkey);   // Turkey 객체를 TurkeyAdapter로 감싸서
                                                          // Duck 객체처럼 보이도록 만듭니다.

        System.out.println("칠면조가 말하길");    // 칠면조를 테스트합니다.
        turkey.gobble();                         // 꼴꼴거리는 소리도 내게 하고 날게도 해 봅시다.
        turkey.fly();

        System.out.println("\n오리가 말하길");     // Duck 객체를 전달하는 testDuck() 메소드를
        testDuck(duck);                          // 호출해서 Duck 객체를 테스트합니다.

        System.out.println("\n칠면조 어댑터가 말하길");
        testDuck(turkeyAdapter);
    }
    // 가장 중요한 부분입니다.
    // 오리 대신 칠면조를 넘겨 봅시다.

    static void testDuck(Duck duck) {
        duck.quack();                   // testDuck() 메소드.
        duck.fly();                     // Duck 객체를 받아서 quack()과 fly() 메소드를 호출합니다.
    }
}
```

테스트 결과

```
File  Edit  Window  Help  Don'tForgetToDuck
%java DuckTestDrive
칠면조가 말하길
꼴꼴                               Turkey 객체의 gobble()과 fly() 메소드 실행 결과
짧은 거리를 날고 있어요!

오리가 말하길
꽥                                Duck 객체의 quack()과 fly() 실행 결과
날고 있어요!

칠면조 어댑터가 말하길
꼴꼴                               어댑터는 quack()이 호출되면 꼴꼴거리는 소리를 내고,
짧은 거리를 날고 있어요!             fly()가 호출되면 5번을 날아갑니다.
짧은 거리를 날고 있어요!             testDuck() 메소드는 오리와 칠면조를
짧은 거리를 날고 있어요!             전혀 구분하지 못합니다.
짧은 거리를 날고 있어요!
짧은 거리를 날고 있어요!
```

어댑터 패턴 알아보기

어댑터가 무슨 일을 하는지 이해했죠?
이제 한 발 뒤로 물러서서 어댑터가 어떤 식으로 작동하는지 살펴봅시다.

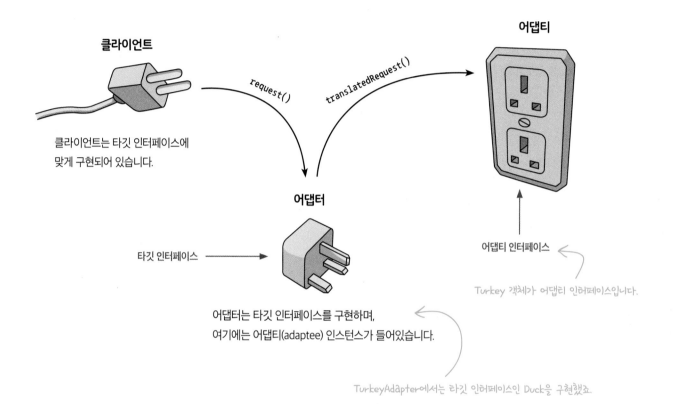

클라이언트

클라이언트는 타깃 인터페이스에
맞게 구현되어 있습니다.

request()

translatedRequest()

어댑티

어댑터

타깃 인터페이스 ⟶

어댑티 인터페이스 ⟵

Turkey 객체가 어댑티 인터페이스입니다.

어댑터는 타깃 인터페이스를 구현하며,
여기에는 어댑티(adaptee) 인스턴스가 들어있습니다.

TurkeyAdapter에서는 타깃 인터페이스인 Duck을 구현했죠.

클라이언트에서 어댑터를 사용하는 방법

01 클라이언트에서 타깃 인터페이스로 메소드를 호출해서 어댑터에 요청을 보냅니다.

02 어댑터는 어댑티 인터페이스로 그 요청을 어댑티에 관한 (하나 이상의) 메소드 호출로
    변환합니다.

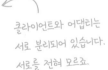

클라이언트와 어댑티는
서로 분리되어 있습니다.
서로를 전혀 모르죠.

03 클라이언트는 호출 결과를 받긴 하지만 중간에 어댑터가 있다는 사실을 모릅니다.

정답 308쪽

Duck을 Turkey로 변환해 주는 어댑터가 필요합니다. DuckAdapter 클래스를 만들어 보세요.

fly( ) 메소드는 어떻게 처리했나요? 오리는 칠면조보다 멀리 날아갈 수 있잖아요!
308쪽에 있는 답을 한번 확인해 보세요. 혹시 더 나은 방법이 있나요?

무엇이든 물어보세요
Q&A

Q1 어댑터가 얼마나 적응시켜 줘야 하나요? 대형 타깃 인터페이스를 구현해야 한다면 할 일이 정말 많아질 것 같은데요?

A1 어댑터 구현은 타깃 인터페이스로 지원해야 하는 인터페이스의 크기에 비례해서 복잡해지죠. 하지만 다른 대안이 있는지 생각해 보세요. 클라이언트에서 호출하는 부분을 새로운 인터페이스에 맞춰서 고치려면 정말 많은 부분을 고려해야 하고, 코드도 엄청나게 많이 고쳐야 합니다. 이보다는 그냥 모든 변경 사항을 캡슐화할 클래스 하나만 제공하는 방법이 더 낫지 않을까요?.

Q2 하나의 어댑터는 하나의 클래스만 감싸야 하나요?

A2 어댑터 패턴은 하나의 인터페이스를 다른 인터페이스로 변환하는 용도로 쓰입니다. 대부분의 어댑터 패턴 예제에서는 한 어댑티 클래스만 감싸지만, 세상 일이 그리 간단하지는 않죠. 하나의 어댑터에서 타깃 인터페이스를 구현하려고 2개 이상의 어댑티를 감싸야 하는 상황도 생길 수 있습니다. 사실 이런 내용은 퍼사드 패턴과 관련이 있습니다. 많은 사람이 이 두 패턴을 혼동하곤 하죠. 잠시 후에 퍼사드 패턴을 배울 때 다시 얘기하겠습니다.

Q3 제가 가지고 있는 시스템에 오래된 부분과 새로 만든 부분이 섞여 있으면 어떻게 하죠? 어떤 곳에는 어댑터를 사용하고 다른 곳에는 어댑터로 감싸지 않은 인터페이스를 사용하면 헷갈리지 않을까요? 이런 경우에는 그냥 어댑터를 쓰지 않고, 기존 코드를 고쳐야 할까요?

A3 굳이 코드를 고칠 필요는 없습니다. 그런 상황에는 두 인터페이스를 모두 지원하는 다중 어댑터(Two Way Adapter)를 만들면 됩니다. 다중 어댑터로 필요한 인터페이스를 둘 다 구현해서 어댑터가 기존 인터페이스와 새로운 인터페이스 역할을 할 수 있게 하면 됩니다.

어댑터 패턴의 정의

지금까지 오리와 칠면조 그리고 AC 전원 어댑터로 어댑터 패턴의 원리를 살펴봤습니다. 이제 어댑터 패턴의 정의를 알아보겠습니다.

> **어댑터 패턴**(Adapter Pattern)은 특정 클래스 인터페이스를 클라이언트에서 요구하는 다른 인터페이스로 변환합니다. 인터페이스가 호환되지 않아 같이 쓸 수 없었던 클래스를 사용할 수 있게 도와줍니다.

이 패턴을 사용하면 호환되지 않는 인터페이스를 사용하는 클라이언트를 그대로 활용할 수 있습니다. 인터페이스를 변환해 주는 어댑터를 만들면 되니까요. 이러면 클라이언트와 구현된 인터페이스를 분리할 수 있으며, 변경 내역이 어댑터에 캡슐화되기에 나중에 인터페이스가 바뀌더라도 클라이언트를 바꿀 필요가 없습니다.

애플리케이션이 실행될 때 이 패턴이 어떤 식으로 작동하는지 살펴봤으니 이제 클래스 다이어그램도 살펴볼까요?

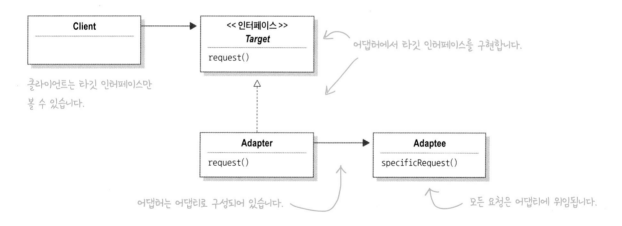

어댑터 패턴은 여러 객체지향 원칙을 반영하고 있습니다. 어댑티를 새로 바뀐 인터페이스로 감쌀 때는 객체 구성(composition)을 사용합니다. 이런 접근법은 어댑티의 모든 서브클래스에 어댑터를 쓸 수 있다는 장점이 있습니다.

그리고 이 패턴은 클라이언트를 특정 구현이 아닌 인터페이스에 연결합니다. 서로 다른 백엔드 클래스로 변환시키는 여러 어댑터를 사용할 수도 있습니다. 이렇게 인터페이스를 기준으로 코딩했기에 타깃 인터페이스만 제대로 유지한다면 나중에 다른 구현을 추가하는 것도 가능합니다.

객체 어댑터와 클래스 어댑터 클래스 어댑터를 찍먹해 봅시다! ★

어댑터 패턴의 정의를 알아보았습니다. 아직 이 패턴의 모든 것을 살펴보진 않았습니다. 어댑터에는 두 종류가 있습니다. 하나는 **객체 어댑터**, 다른 하나는 **클래스 어댑터**죠. 7장에서는 객체 어댑터를 배우고 있으며, 앞쪽에 있는 다이어그램도 객체 어댑터의 다이어그램입니다.

그러면 클래스 어댑터란 무엇이며 왜 배우지 않는 걸까요? 클래스 어댑터 패턴을 쓰려면 다중 상속이 필요한데 자바에서는 다중 상속이 불가능하므로 지금까지 언급하지 않았습니다. 하지만 다중 상속이 가능한 언어를 사용하다 보면 클래스 어댑터를 써야 할 때도 있으니 클래스 다이어그램만이라도 간단하게 살펴봅시다.

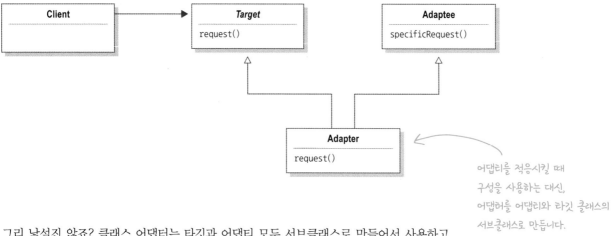

어댑티를 적응시킬 때 구성을 사용하는 대신, 어댑터를 어댑티와 타깃 클래스의 서브클래스로 만듭니다.

그리 낯설진 않죠? 클래스 어댑터는 타깃과 어댑티 모두 서브클래스로 만들어서 사용하고, 객체 어댑터는 구성으로 어댑티에 요청을 전달한다는 점을 빼면 별 다를 게 없습니다.

뇌 단련

객체 어댑터와 클래스 어댑터는 어댑티를 적응시킬 때 서로 다른 방법(구성 vs 상속)을 사용합니다.
이런 구현상의 차이점은 어댑터의 유연성에 어떤 영향을 미칠까요?

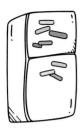

오리 자석

아래에 있는 오리와 칠면조 자석을 다이어그램의 알맞는 위치로 옮겨 봅시다(절대 다음 쪽을 들춰보지 마세요).

그런 다음 어떤 식으로 작동하는지 간단하게 설명해 보세요.

클래스 어댑터

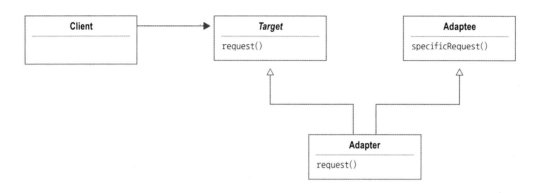

객체 어댑터

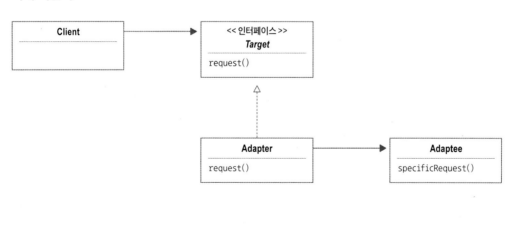

이 그림들을 옮겨서, 다이어그램의
어떤 부분이 Duck을 나타내고, 어떤 부분이
Turkey를 나타내는지 표시해 봅시다.

오리 자석
정답

주의 클래스 어댑터는 다중 상속을 사용하기에
자바에서는 쓸 수 없습니다.

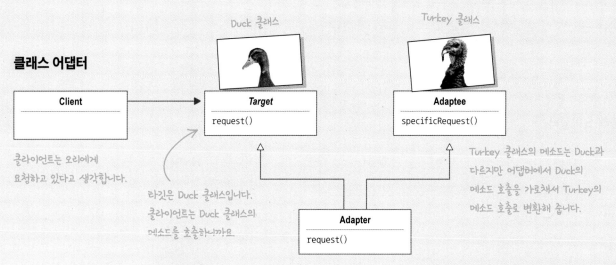

클래스 어댑터

Duck 클래스

Turkey 클래스

Client

Target
request()

Adaptee
specificRequest()

클라이언트는 오리에게
요청하고 있다고 생각합니다.

라깃은 Duck 클래스입니다.
클라이언트는 Duck 클래스의
메소드를 호출하니까요

Turkey 클래스의 메소드는 Duck과
다르지만 어댑터에서 Duck의
메소드 호출을 가로채서 Turkey의
메소드 호출로 변환해 줍니다.

Adapter
request()

어댑터는 Duck을 대상으로 하는 요청에 Turkey 클래스도 반응할 수 있게 해 줍니다.
두 클래스(Duck과 Turkey)를 모두 확장한 클래스니까요.

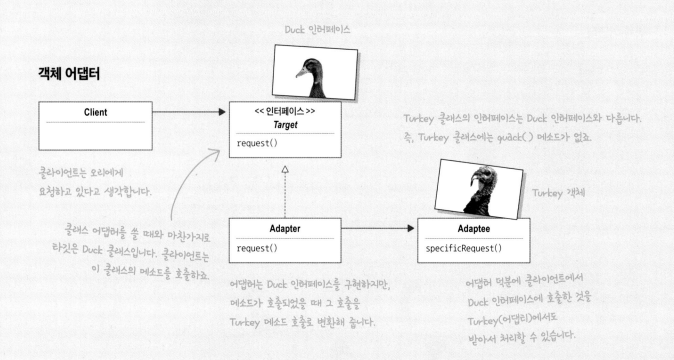

객체 어댑터

Duck 인터페이스

Client

<< 인터페이스 >>
Target
request()

클라이언트는 오리에게
요청하고 있다고 생각합니다.

클래스 어댑터를 쓸 때와 마찬가지로
라깃은 Duck 클래스입니다. 클라이언트는
이 클래스의 메소드를 호출하죠.

Turkey 클래스의 인터페이스는 Duck 인터페이스와 다릅니다.
즉, Turkey 클래스에는 quack( ) 메소드가 없죠.

Turkey 객체

Adapter
request()

Adaptee
specificRequest()

어댑터는 Duck 인터페이스를 구현하지만,
메소드가 호출되었을 때 그 호출을
Turkey 메소드 호출로 변환해 줍니다.

어댑터 덕분에 클라이언트에서
Duck 인터페이스에 호출한 것을
Turkey(어댑티)에서도
받아서 처리할 수 있습니다.

방구석 토크

오늘의 게스트 객체 어댑터와 클래스 어댑터

객체 어댑터

저는 구성을 사용하니까 더 뛰어납니다. 어댑티 클래스와 그 서브클래스에 대해서도 어댑터 역할을 할 수 있거든요.

클래스 어댑터

예, 맞아요. 저한테는 특정 어댑티 클래스에만 적용할 수 있다는 단점이 있죠. 대신 어댑티 전체를 다시 구현하지 않아도 된다는 장점이 있어요. 그리고 저는 서브클래스라서 어댑티의 행동을 오버라이드할 수 있는데, 그것도 장점이라면 장점이죠.

저희 동네에서는 상속보다는 구성을 활용하는 걸 선호합니다. 상속을 사용하면 코드 분량을 줄일 수 있지만, 구성을 사용하더라도 어댑티한테 필요한 일을 시키는 코드만 만들면 되니까 코드를 많이 쓸 필요도 없죠. 될 수 있으면 유연성을 최대한 확보하는 게 좋지 않을까요?

유연할지는 모르지만 별로 효율적이진 않은 것 같네요. 저를 쓰면 어댑티는 없어도 돼요. 그냥 어댑터 하나만 있으면 되죠.

겨우 객체 하나 가지고 그러시나요? 당신을 쓰면 메소드를 빠르게 오버라이드할 수 있을지도 모르겠습니다만, 제가 어댑터 코드에 어떤 행동을 추가하면 그 어댑터 코드는 어댑티 클래스와 더불어 모든 서브클래스에 그대로 적용됩니다.

하지만 어댑티의 서브클래스에서 새로운 행동을 추가하면 어떻게 되는 거죠?

서브클래스 레퍼런스만 가지고 있으면 전혀 문제가 없다니까요.

좀 지저분한 방법 같지 않아요?

진짜 지저분한 걸 보고 싶으신가요? 거울을 한 번 들여다보세요.

실전 적용! 어댑터 패턴

실전에서 간단한 어댑터를 사용하는 예를 한번 살펴볼까요?
적어도 Duck 클래스 예제보다는 실전에 가깝습니다.

Enumeration

자바를 비교적 오래전부터 써왔다면 Enumeration을 리
턴하는 elements( ) 메소드가 구현되어 있었던 초기 컬렉
션 형식(Vector, Stack, Hashtable 등)을 알고 있을 겁니다.
Enumeration 인터페이스를 사용하면 컬렉션의 각 항목이
어떻게 관리되는지 신경 쓸 필요 없이 컬렉션의 모든 항목
에 접근할 수 있습니다.

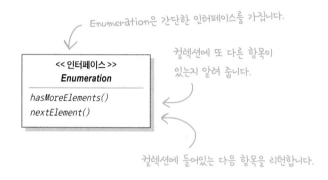

Enumeration은 간단한 인터페이스를 가집니다.

컬렉션에 또 다른 항목이 있는지 알려 줍니다.

컬렉션에 들어있는 다음 항목을 리턴합니다.

Iterator

최근에는 Enumeration과 마찬가지로 컬렉션에 있는 일
련의 항목에 접근하고, 그 항목을 제거할 수 있게 해 주는
Iterator 인터페이스를 쓰기 시작했습니다.

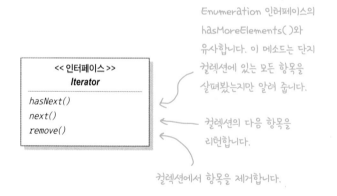

Enumeration 인터페이스의 hasMoreElements( )와 유사합니다. 이 메소드는 단지 컬렉션에 있는 모든 항목을 살펴봤는지만 알려 줍니다.

컬렉션의 다음 항목을 리턴합니다.

컬렉션에서 항목을 제거합니다.

Iterator vs Enumeration

Enumeration 인터페이스를 사용하는 구형 코드를 다뤄야 할 때도 가끔 있지만 새로운 코드
를 만들 때는 Iterator만 사용하는 게 좋습니다. 이때 어댑터 패턴을 적용하면 좋겠죠?

Enumeration을 Iterator에 적응시키기

우선 두 인터페이스를 살펴보고 각 인터페이스의 메소드가 서로 어떻게 대응되는지 살펴보 겠습니다. 다시 말해, 클라이언트에서 타깃의 특정 메소드를 호출했을 때 어댑터의 어떤 메소 드를 호출해야 하는지 알아봅니다.

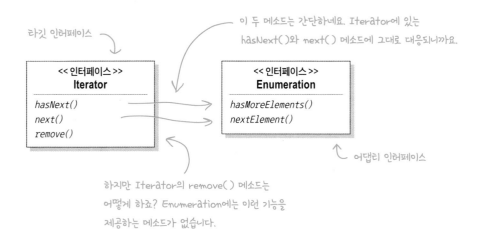

이 두 메소드는 간단하네요. Iterator에 있는 hasNext()와 next() 메소드에 그대로 대응되니까요.

타깃 인터페이스

하지만 Iterator의 remove() 메소드는 어떻게 하죠? Enumeration에는 이런 기능을 제공하는 메소드가 없습니다.

어댑터 인터페이스

어댑터 디자인하기

클래스를 이런 식으로 만들어야 할 것 같습니다. 먼저 타깃 인터페이스를 구현하고, 어댑티 객체로 구성된 어댑터를 구현해야 합니다. hasNext()와 next() 메소드는 타깃에서 어댑티로 바로 연결됩니다. 하지만 remove()는 어떻게 처리할까요? 잠시 생각해 봅시다(다음 쪽에서 배울 것입니다). 일단 클래스 다이어그램은 다음과 같이 그릴 수 있습니다.

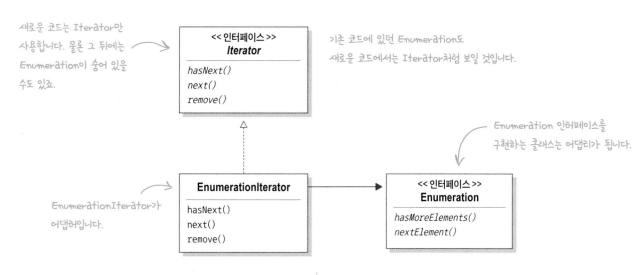

새로운 코드는 Iterator만 사용합니다. 물론 그 뒤에는 Enumeration이 숨어 있을 수도 있죠.

기존 코드에 있던 Enumeration도 새로운 코드에서는 Iterator처럼 보일 것입니다.

Enumeration 인터페이스를 구현하는 클래스는 어댑터가 됩니다.

EnumerationIterator가 어댑터입니다.

remove( ) 메소드 처리하기

Enumeration은 remove( )에 해당하는 기능을 제공하지 않습니다. 읽기 전용 인터페이스라고 할 수 있죠. 어댑터 차원에서 완벽하게 작동하는 remove( ) 메소드 구현 방법은 없습니다. 그나마 가장 좋은 방법은 런타임 예외를 던지는 것입니다. 다행히도 Iterator 인터페이스를 디자인한 사람들은 이런 상황을 미리 예견하고 remove( ) 메소드를 구현할 때 Unsupported OperationException을 지원하도록 만들었습니다.

이처럼 메소드가 일대일로 대응되지 않는 상황에서는 어댑터를 완벽하게 적용할 수 없습니다. 클라이언트는 예외 발생 가능성을 염두에 두고 있어야 하니까요. 하지만 클라이언트에서 충분히 주의를 기울이고, 어댑터 문서를 잘 만들어 두면 이만한 해결책이 또 없을 겁니다.

EnumerationIterator 어댑터 코드 만들기

다음은 Enumeration을 만드는 구형 클래스에 사용 가능한, 간단하고 효과적인 코드입니다.

```java
public class EnumerationIterator implements Iterator<Object> {
    Enumeration<?> enumeration;

    public EnumerationIterator(Enumeration<?> enumeration) {
        this.enumeration = enumeration;
    }

    public boolean hasNext() {
        return enumeration.hasMoreElements();
    }

    public Object next() {
        return enumeration.nextElement();
    }

    public void remove() {
        throw new UnsupportedOperationException();
    }
}
```

Enumeration을 Iterator에 적응시키고 있기에 어댑터는 Iterator 인터페이스를 구현해야 합니다. 겉에서 봤을 때 Iterator처럼 생겨야 하니까요.

적응시켜야 하는 Enumeration 객체. 구성을 활용하고 있기에 인스턴스 변수에 저장합니다.

Iterator의 hasNext( ) 메소드는 Enumeration의 hasMoreElements( ) 메소드로 연결됩니다.

Iterator의 next( ) 메소드는 Enumeration의 nextElement( ) 메소드로 연결되죠.

안타깝게도 Iterator의 remove( ) 메소드는 지원되지 않으므로 포기해야 합니다. 여기서는 그냥 예외를 던지는 방법을 썼습니다.

자바에서 Iterator를 쓰는 것이 더 좋지만 기존 클라이언트 코드 중에는 Enumeration 인터페이스에 의존하는 것들이 여전히 있으므로 Iterator를 Enumeration으로 변환시켜 주는 어댑터도 유용하게 쓰일 수 있습니다.

Iterator를 Enumeration으로 변환해 주는 어댑터를 만들어 보세요. ArrayList를 써서 코드를 테스트해 볼 수 있습니다. ArrayList 클래스는 Iterator 인터페이스는 지원하지만 Enumeration은 지원하지 않습니다.

뇌 단련

AC 어댑터 중에는 인터페이스를 바꾸는 기능 외에도 서지 프로텍션이라든가 지시등이라든가 벨 소리 등의 추가 기능을 갖춘 것도 있습니다. 이런 기능을 구현할 때 어떤 패턴을 사용하면 좋을까요?

오늘의 게스트 데코레이터 패턴과 어댑터 패턴

데코레이터 패턴

> 제가 얼마나 중요한지 아시죠? 저는 '책임'과 관련된 일을 맡고 있습니다. 데코레이터가 적용된다는 것은 새로운 책임과 행동이 디자인에 추가된다는 뜻입니다.

어댑터 패턴

> 우리가 여기에 쳐박혀서 열심히 인터페이스를 변환하는 동안 모든 영광은 당신들이 차지하는군요. 우리가 하는 일이 별로 거창해 보이진 않겠지만, 클라이언트들은 우리 덕분에 편하게 살 수 있어서 분명히 고마워하고 있을 겁니다.

> 그렇게 생각할 수도 있겠죠. 하지만 그렇다고 해서 우리가 열심히 일하지 않는다고 생각하시면 곤란합니다. 커다란 인터페이스를 장식할 때는, 어휴, 코드가 얼마나 많이 필요한데요.

> 여러 클래스를 클라이언트에서 원하는 인터페이스에 맞게 변환하려면 얼마나 힘든데요. 정말 힘들지만 "분리된 클라이언트는 행복한 클라이언트다"라는 말 하나에 힘을 얻고 살아가고 있습니다.

> 귀엽군요. 하지만 우리가 모든 영광을 차지하고 있는 건 아닙니다. 저도 몇 개인지 모를 데코레이터로 겹겹이 싸여 있을 때가 종종 있어요. 메소드 호출이 전달되어도 얼마나 많은 데코레이터들을 거쳐왔는지도 알 수 없고, 그 요청을 처리한 후 어떤 연락을 받을지도 전혀 알 수 없습니다.

> 저기요, 우리가 어떤 일을 해도 클라이언트는 우리가 거기에 있었다는 사실조차 몰라요. 열심히 일을 해도 고맙다는 말 한 마디도 못 들었어요.

하지만 우리 덕분에 클라이언트들은 코드 하나 고치지 않고 새로운 라이브러리를 쓸 수 있어요. 우리가 알아서 변환해 주거든요. 비록 틈새를 메꿔주는 역할에 불과할지 몰라도 우리는 그 일을 처리하고 있어요.

데코레이터 패턴

우리도 비슷해요. 기존 코드를 고치지 않아도 클래스에 새로운 행동을 추가할 수 있다는 차이점만 제외하면 말이죠. 저는 아직도 당신들이 그냥 메소드 호출을 통과시켜 주기만 하는 데코레이터에 불과하다고 생각합니다. 당신들도 우리와 마찬가지로 객체를 감싸잖아요.

아뇨. 전혀 그렇지 않아요. 우리는 언제나 우리가 감싸고 있는 인터페이스를 변환하지만 당신들은 그렇지 않잖아요. 제 생각에는 데코레이터가 일종의 어댑터라고 해야 될 것 같은데요? 인터페이스를 변환시키지 않는다는 차이점이 있긴 하지만요.

말도 안 돼요. 우리는 우리가 감싸고 있는 객체의 행동과 책임을 확장하는 일을 맡고 있단 말이에요. 그냥 통과시키는 것과는 차원이 다르죠!

그냥 통과시킨다니요! 말 조심하세요. 어디 한번 실제로 인터페이스를 변환해 볼래요! 당신들이 얼마나 오래 버틸 수 있을까요?

오늘 대화로 서로 다른 입장만 확인했네요. 겉으로 보기엔 조금 비슷해 보일지 몰라도 속은 한참 다른 것 같군요.

그거 하나는 저도 동의할 수 있을 것 같군요.

퍼사드 패턴 맛보기 조금 다른 걸 생각해 봅시다 ☆

이제 또 다른 패턴을 배웁니다.

지금까지 어댑터 패턴을 써서 어떤 클래스의 인터페이스를 클라이언트가 원하는 인터페이스로 변환하는 방법을 배웠습니다. 자바에서는 호환성이 없는 인터페이스 객체를 올바른 인터페이스 객체로 감싸서 어댑터 패턴을 구현할 수 있다는 사실도 배웠죠.

이제부터 조금 다른 이유로 인터페이스를 변경하는 패턴을 알아보겠습니다. 이 패턴은 인터페이스를 단순하게 바꾸려고 인터페이스를 변경하죠. 이 패턴의 이름은 퍼사드 패턴입니다. 하나 이상의 클래스 인터페이스를 깔끔하면서도 효과적인 퍼사드*로 덮어 주거든요.

* 퍼사드(facade)는 겉모양이나 외관이라는 뜻입니다.

누가 무엇을 할까요?

패턴과 용도를 연결해 보세요.

패턴	용도
데코레이터 •	• 하나의 인터페이스를 다른 인터페이스로 변환
어댑터 •	• 인터페이스는 바꾸지 않고 책임(기능)만 추가
퍼사드 •	• 인터페이스를 간단하게 변경

정답 309쪽

홈시어터 만들기

퍼사드 패턴을 자세히 알아보기 전에 영화나 TV 시리즈 몰아보기가 유행하는
요즘 시대에 각광받고 있는 홈시어터를 구축해 봅시다.
스트리밍 플레이어, 프로젝터, 자동 스크린, 서라운드 음향은 물론 팝콘 기계까
지 갖춘 시스템을 구성해 두었습니다.

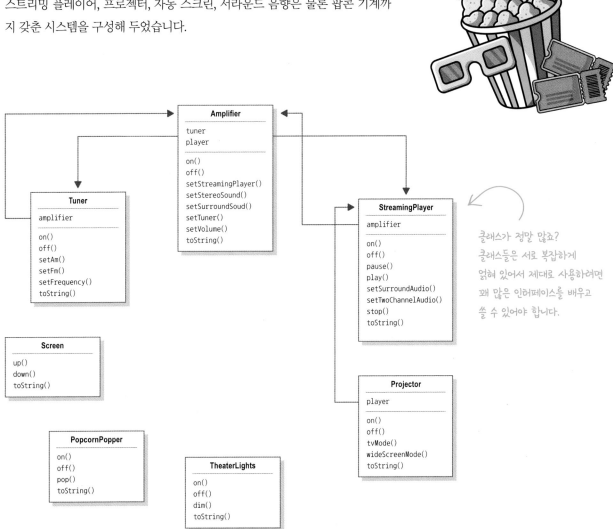

클래스가 정말 많죠?
클래스들은 서로 복잡하게
얽혀 있어서 제대로 사용하려면
꽤 많은 인터페이스를 배우고
쓸 수 있어야 합니다.

전선과 프로젝터를 설치하고 각 장치를 케이블로 연결하고 자잘한 부분을 조절하는 데 몇 주
를 보내야 했습니다. 이제 본격적으로 영화를 즐길 때가 되었습니다.

복잡한 방법으로 영화 보기

이제 편안하게 누워서 영화를 즐깁시다. 근데 빼먹은 게 있군요.
영화를 보려면 몇 가지 일을 더해야 합니다.

01 팝콘 기계를 켠다.

02 팝콘을 튀기기 시작한다.

03 조명을 어둡게 조절한다.

04 스크린을 내린다.

05 프로젝터를 켠다.

06 프로젝터 입력을 스트리밍 플레이어로 설정한다.

07 프로젝터를 와이드 스크린 모드로 전환한다.

08 앰프를 켠다.

09 앰프 입력을 스트리밍 플레이어로 설정한다.

10 앰프를 서라운드 음향 모드로 전환한다.

11 앰프 볼륨을 중간(5)으로 설정한다.

12 스트리밍 플레이어를 켠다.

13 영화를 재생한다.

앞쪽에 나와 있는 작업을 처리하려면 어떤 클래스와 메소드가 필요한지 살펴봅시다.

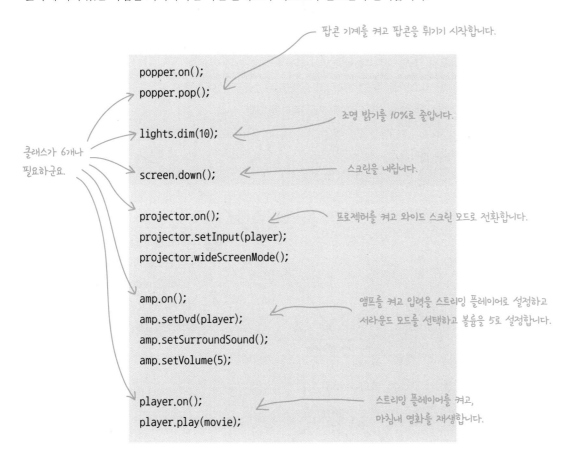

팝콘 기계를 켜고 팝콘을 튀기기 시작합니다.

```
popper.on();
popper.pop();

lights.dim(10);

screen.down();

projector.on();
projector.setInput(player);
projector.wideScreenMode();

amp.on();
amp.setDvd(player);
amp.setSurroundSound();
amp.setVolume(5);

player.on();
player.play(movie);
```

클래스가 6개나 필요하군요.

조명 밝기를 10%로 줄입니다.

스크린을 내립니다.

프로젝터를 켜고 와이드 스크린 모드로 전환합니다.

앰프를 켜고 입력을 스트리밍 플레이어로 설정하고 서라운드 모드를 선택하고 볼륨을 5로 설정합니다.

스트리밍 플레이어를 켜고, 마침내 영화를 재생합니다.

그런데 아직 끝난 게 아닙니다.

- 영화가 끝나면 어떻게 꺼야 할까요?
  방금 했던 일을 전부 역순으로 처리해야 하지 않을까요?

- 라디오를 들을 때도 이렇게 복잡할까요?

- 시스템을 업그레이드하면 작동 방법을 또 배워야 하지 않을까요?

홈시어터 사용법이 너무 복잡하지 않나요?
어떻게 이런 복잡한 일을 퍼사드 패턴으로 간단하게 처리할 수 있는지 알아봅시다.

퍼사드 작동 원리 알아보기 조명, 카메라, 퍼사드! ⭐

쓰기 쉬운 인터페이스를 제공하는 퍼사드 클래스를 구현함으로써 복잡한 시스템을 훨씬 편리하게 사용할 수 있습니다. 물론 복잡한 시스템을 직접 건드리고 싶다면 기존 인터페이스를 그대로 쓰면 됩니다. 하지만 간단하고 편리한 것을 원한다면 퍼사드를 써야겠죠!

퍼사드가 어떤 방식으로 작동하는지 살펴볼까요?

1 홈시어터 시스템용 퍼사드를 만들어 봅시다. watchMovie( )와 같이 몇 가지 간단한 메소드만 들어있는 HomeTheaterFacade 클래스를 새로 만들어야 합니다.

2 퍼사드 클래스는 홈시어터 구성 요소를 하나의 서브시스템으로 간주하고, watchMovie( ) 메소드는 서브시스템의 메소드를 호출해서 필요한 작업을 처리합니다.

퍼사드

HomeTheaterFacade
watchMovie()
endMovie()
listenToRadio()
endRadio()

Amplifier
tuner
player

on()
off()
setStreamingPlayer()
setStereoSound()
setSurroundSoud()
setTuner()
setVolume()
toString()

Tuner
amplifier

on()
off()
setAm()
setFm()
setFrequency()
toString()

StreamingPlayer
amplifier

on()
off()
pause()
play()
setSurroundAudio()
setTwoChannelAudio()
stop()
toString()

play()

Screen
up()
down()
toString()

퍼사드를 써서 단순하게 만들 서브시스템

Projector
player

on()
off()
tvMode()
wideScreenMode()
toString()

PopcornPopper
on()
off()
pop()
toString()

TheaterLights
on()
off()
dim()
toString()

on()

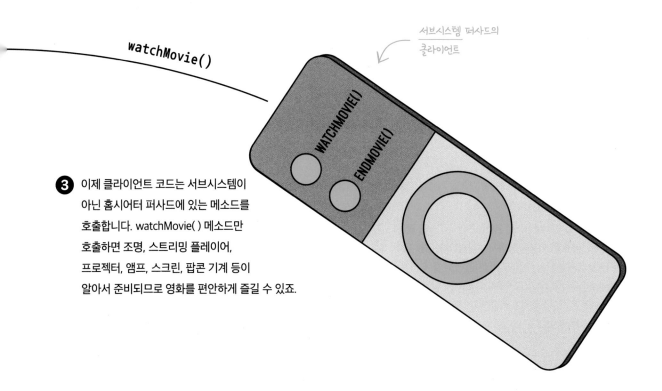

watchMovie( )

서브시스템 퍼사드의
클라이언트

❸ 이제 클라이언트 코드는 서브시스템이
아닌 홈시어터 퍼사드에 있는 메소드를
호출합니다. watchMovie( ) 메소드만
호출하면 조명, 스트리밍 플레이어,
프로젝터, 앰프, 스크린, 팝콘 기계 등이
알아서 준비되므로 영화를 편안하게 즐길 수 있죠.

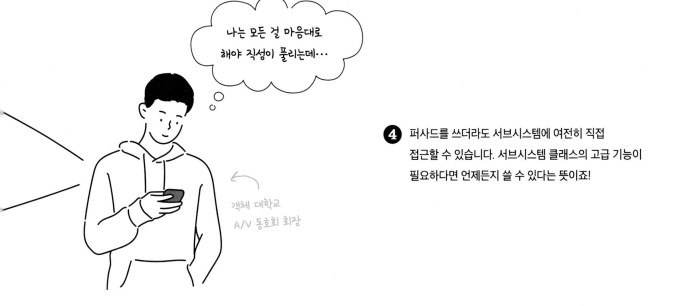

나는 모든 걸 마음대로
해야 직성이 풀리는데…

객체 대학교
A/V 동호회 회장

❹ 퍼사드를 쓰더라도 서브시스템에 여전히 직접
접근할 수 있습니다. 서브시스템 클래스의 고급 기능이
필요하다면 언제든지 쓸 수 있다는 뜻이죠!

무엇이든 물어보세요
Q&A

Q1 퍼사드로 서브시스템 클래스를 캡슐화하면 저수준 기능을 원하는 클라이언트는 어떻게 서브시스템 클래스에 접근할 수 있나요?

A1 퍼사드 클래스는 서브시스템 클래스를 캡슐화하지 않습니다. 서브시스템의 기능을 사용할 수 있는 간단한 인터페이스를 제공할 뿐이죠. 클라이언트에서 득정 인터페이스가 필요하다면 서브시스템 클래스를 그냥 사용하면 됩니다. 이 점이 퍼사드 클래스의 대표적인 장점이죠. 단순화된 인터페이스를 제공하면서도, 클라이언트에서 필요로 한다면 시스템의 모든 기능을 사용할 수 있도록 해 줍니다.

Q2 퍼사드에서 기능을 추가하거나 각각의 요청을 서브시스템에 그대로 전달하기도 하나요?

A2 퍼사드는 단순화된 인터페이스로 서브시스템의 기능을 활용하게 해 주는 일 외에도 '스마트'한 기능을 알아서 추가합니다. 예를 들어, 홈시어터 퍼사드는 새로운 행동을 구현하지 않지만, 팝콘을 튀기기 전에 팝콘 기계를 켜야 한다는 사실은 알고 있습니다. 그래서 팝콘 기계를 알아서 켜죠. 그리고 각 구성 요소를 켜고 적절한 모드를 선택하는 것도 알아서 잘할 정도로 '스마트'합니다.

Q3 하나의 서브시스템에는 하나의 퍼사드만 만들 수 있나요?

A3 그렇지 않습니다. 특정 서브시스템에 대해 만들 수 있는 퍼사드의 개수에는 제한이 없습니다.

Q4 더 간단한 인터페이스를 만들 수 있다는 점 말고 퍼사드의 또 다른 장점은 없나요?

A4 퍼사드를 사용하면 클라이언트 구현과 서브시스템을 분리할 수 있습니다. 예를 들어 이번 달에 보너스를 많이 받아서 홈시어터 시스템을 업그레이드하기로 했다고 가정해 봅시다. 이런 경우에 인터페이스가 크게 달라질 수도 있겠죠? 만약 클라이언트를 퍼사드로 만들었다면 클라이언트 코드는 고칠 필요 없이 퍼사드만 바꾸면 됩니다(홈시어터 시스템을 만드는 회사에서 퍼사드를 제공한다면 금상첨화겠죠?).

Q5 '어댑터는 한 클래스만 감싸고 퍼사드는 여러 클래스를 감쌀 수 있다'라고 생각하면 되는 건가요?

A5 그건 아닙니다. 어댑터 패턴은 하나 이상의 클래스 인터페이스를 클라이언트에서 필요로 하는 인터페이스로 변환합니다. 대부분의 디자인 패턴 책은 한 클래스에 대한 어댑터를 만드는 예시만을 다루고 있지만, 클라이언트가 여러 클래스를 사용할 수도 있습니다. 반대로 퍼사드도 꼭 여러 클래스를 감싸야만 하는 건 아닙니다. 아주 복잡한 인터페이스를 가지고 있는 단 하나의 클래스에 대한 퍼사드를 만들 수도 있죠. 어댑터와 퍼사드의 차이점은 감싸는 클래스의 개수에 있는 것이 아니라 그 용도에 있습니다. 어댑터 패턴은 인터페이스를 변경해서 클라이언트에서 필요로 하는 인터페이스로 적응시키는 용도로 쓰입니다. 반면 퍼사드 패턴은 어떤 서브시스템에 대한 간단한 인터페이스를 제공하는 용도로 쓰이죠.

> 퍼사드는 인터페이스를 단순하게 만들고 클라이언트와 구성 요소로 이루어진 서브시스템을 분리하는 역할로 합니다.
>
> 퍼사드와 어댑터는 모두 여러 개의 클래스를 감쌀 수 있습니다.
> 하지만 퍼사드는 인터페이스를 단순하게 만드는 용도로 쓰이는 반면,
> 어댑터는 인터페이스를 다른 인터페이스로 변환하는 용도로 쓰입니다.

홈시어터 퍼사드 만들기

HomeTheaterFacade를 만들어 볼까요? 우선 퍼사드에서 서브시스템에 있는 모든 구성 요소에 접근할 수 있도록 구성해야 합니다.

```java
public class HomeTheaterFacade {
    Amplifier amp;
    Tuner tuner;
    StreamingPlayer player;
    Projector projector;
    TheaterLights lights;
    Screen screen;
    PopcornPopper popper;

    public HomeTheaterFacade(Amplifier amp,
                Tuner tuner,
                StreamingPlayer player;
                Projector projector,
                Screen screen,
                TheaterLights lights,
                PopcornPopper popper) {

        this.amp = amp;
        this.tuner = tuner;
        this.player = player;
        this.projector = projector;
        this.screen = screen;
        this.lights = lights;
        this.popper = popper;
    }

        // 기타 메소드

}
```

구성 부분. 우리가 사용하고자 하는 서브시스템의 모든 구성 요소가 인스턴스 변수 형태로 저장됩니다.

퍼사드의 생성자에는 서브시스템 구성 요소의 레퍼런스가 전달됩니다. 퍼사드는 각 레퍼런스를 인스턴스 변수에 저장합니다.

이제 이 부분을 완성하면 됩니다.

단순화된 인터페이스 만들기

이제 서브시스템의 구성 요소를 모두 합쳐서 통합 인터페이스를 만들어야 합니다. 영화를 볼때 사용하는 watchMovie() 메소드와 영화가 끝난 후 사용하는 endMovie() 메소드를 구현해 봅시다.

```java
public void watchMovie(String movie) {
    System.out.println("영화 볼 준비 중");
    popper.on();
    popper.pop();
    lights.dim(10);
    screen.down();
    projector.on();
    projector.wideScreenMode();
    amp.on();
    amp.setStreamingPlayer(player);
    amp.setSurroundSound();
    amp.setVolume(5);
    player.on();
    player.play(movie);
}

public void endMovie() {
    System.out.println("홈시어터를 끄는 중");
    popper.off();
    lights.on();
    screen.up();
    projector.off();
    amp.off();
    player.stop();
    player.off();
}
```

watchMovie() 메소드는 앞에서 일일이 수동으로 했던 작업을 순서대로 처리합니다. 꽤 복잡한 일을 하나의 메소드로 간단하게 처리할 수 있죠. 각 작업은 서브시스템에 들어있는 구성 요소에게 위임됩니다.

endMovie() 메소드는 모든 구성 요소를 끄는 기능을 제공합니다. 이 메소드에서도 각 작업은 서브시스템에 있는 구성 요소에게 위임됩니다.

뇌 단련

퍼사드 패턴을 사용하는 자바 API를 찾아봅시다.
찾은 API 중 퍼사드를 추가하고 싶은 부분이 있나요?

편한 방법으로 영화 보기

퍼사드로 단순화한 인터페이스를 둘러 봅시다! ☆

```
public class HomeTheaterTestDrive {
    public static void main(String[] args) {
        // 구성 요소 초기화

        HomeTheaterFacade homeTheater =
            new HomeTheaterFacade(amp, tuner, player,
                projector, screen, lights, popper);

        homeTheater.watchMovie("인디아나 존스:레이더스");
        homeTheater.endMovie();
    }

}
```

지금은 테스트 중이므로 구성 요소를 직접 생성합니다. 보통은 클라이언트에 퍼사드가 주어지므로 직접 구성 요소를 생성하지 않아도 됩니다.

우선 서브시스템에 들어가는 모든 구성 요소를 매개변수로 전달해서 퍼사드 인스턴스를 만듭니다.

단순화된 인터페이스를 써서 영화 재생을 시작한 다음 홈시어터를 끕니다.

출력 결과.
퍼사드의 watchMovie( )만 호출하면 필요한 작업을 전부 알아서 해 줍니다.

```
File  Edit  Window  Help  SnakesWhy'dItHaveToBeSnakes?
%java HomeTheaterTestDrive
영화 볼 준비 중
팝콘 기계가 켜졌습니다.
팝콘 기계에서 팝콘을 튀기고 있습니다.
조명 밝기를 10%로 설정합니다.
스크린이 내려옵니다.
프로젝터가 켜졌습니다.
프로젝터 화면 비율을 와이드 모드로 설정합니다(16:9 비율).
앰프가 켜졌습니다.
앰프를 스트리밍 플레이어와 연결합니다.
엠프를 서라운드 모드로 설정합니다(5.1채널).
앰프 볼륨을 5로 설정합니다.
스트리밍 플레이어가 켜졌습니다.
스트리밍 플레이어에서 "인디아나 존스: 레이더스"를 재생합니다.
홈시어터를 끄는 중
팝콘 기계가 꺼졌습니다.
조명이 켜졌습니다.
스크린이 올라갑니다.
프로젝터가 꺼졌습니다.
앰프가 꺼졌습니다.
스트리밍 플레이어에서 "인디아나 존스: 레이더스" 재생을 종료합니다.
스트리밍 플레이어가 꺼졌습니다.
%
```

영화가 끝났다면 endMovie( )만 호출하면 됩니다. 모든 구성 요소가 자동으로 꺼지죠.

퍼사드 패턴의 정의

퍼사드 패턴을 사용하려면 어떤 서브시스템에 속한 일련의 복잡한 클래스를 단순하게 바꿔서 통합한 클래스를 만들어야 합니다. 다른 패턴과 달리 퍼사드 패턴은 상당히 단순한 편입니다. 복잡한 추상화 같은 게 필요 없죠. 하지만 그렇다고 해서 퍼사드 패턴이 별 볼 일 없는 패턴은 아닙니다. 퍼사드 패턴을 사용하면 클라이언트와 서브시스템이 서로 긴밀하게 연결되지 않아도 되고, 다음 쪽에서 살펴볼 새로운 객체지향 원칙을 준수하는 데도 도움이 됩니다. 새로운 원칙을 배우기 전에 퍼사드 패턴 정의를 알아보죠.

> **퍼사드 패턴**(Facade Pattern)은 서브시스템에 있는 일련의 인터페이스를 통합 인터페이스로 묶어 줍니다. 또한 고수준 인터페이스도 정의하므로 서브시스템을 더 편리하게 사용할 수 있습니다.

여기서 가장 중요한 점은 패턴의 용도입니다. 정의를 보면 퍼사드 패턴은 단순화된 인터페이스로 서브시스템을 더 편리하게 사용하려고 쓰인다는 사실을 알 수 있습니다. 퍼사드 패턴의 클래스 다이어그램에서도 이 사실을 확인할 수 있습니다.

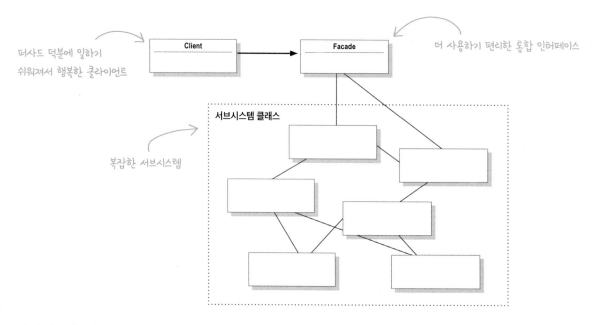

이게 전부입니다. 어느새 새로운 패턴을 배웠네요!

이제 새로운 객체지향 원칙도 배워보겠습니다. 이번에 새로 배우는 원칙은 기존 상식과 다를 수 있어서 눈을 크게 뜨고 집중해서 읽어야 합니다.

최소 지식 원칙

최소 지식 원칙(Principle of Least Knowledge)에 따르면 객체 사이의 상호작용은 될 수 있으면 아주 가까운 '친구' 사이에서만 허용하는 편이 좋습니다. 이 원칙은 보통 다음과 같이 정의할 수 있습니다.

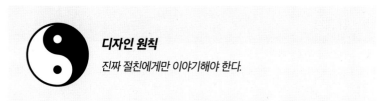

디자인 원칙

진짜 절친에게만 이야기해야 한다.

근데 이게 무슨 소리일까요? 시스템을 디자인할 때 어떤 객체든 그 객체와 상호작용을 하는 클래스의 개수와 상호작용 방식에 주의를 기울여야 한다는 뜻입니다.

이 원칙을 잘 따르면 여러 클래스가 복잡하게 얽혀 있어서, 시스템의 한 부분을 변경했을 때 다른 부분까지 줄줄이 고쳐야 하는 상황을 미리 방지할 수 있습니다. 여러 클래스가 서로 복잡하게 의존하고 있다면 관리하기도 힘들고, 남들이 이해하기 어려운 불안정한 시스템이 만들어집니다.

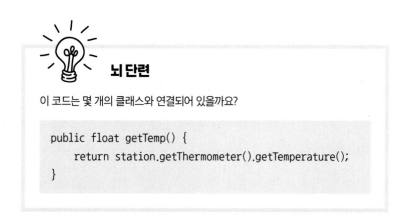

뇌 단련

이 코드는 몇 개의 클래스와 연결되어 있을까요?

```
public float getTemp() {
    return station.getThermometer().getTemperature();
}
```

친구를 만들지 않고 다른 객체에 영향력 행사하기

그런데 어떻게 하면 여러 객체와 친구가 되는 것을 피할 수 있을까요? 이 원칙은 친구를 만들지 않는 4개의 가이드라인을 제시합니다.

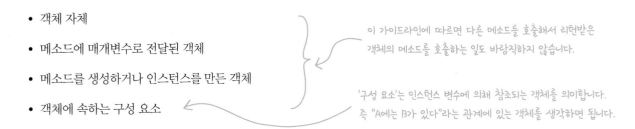

- 객체 자체
- 메소드에 매개변수로 전달된 객체
- 메소드를 생성하거나 인스턴스를 만든 객체
- 객체에 속하는 구성 요소

이 가이드라인에 따르면 다른 메소드를 호출해서 리턴받은 객체의 메소드를 호출하는 일도 바람직하지 않습니다.

'구성 요소'는 인스턴스 변수에 의해 참조되는 객체를 의미합니다. 즉 "A에는 B가 있다"라는 관계에 있는 객체를 생각하면 됩니다.

꽤 까다로운 가이드라인입니다. 메소드를 호출한 결과로 리턴받은 객체에 들어있는 메소드를 호출할 때 어떤 단점이 있을까요? 이러면 다른 객체의 일부분에 요청하게 되고, 직접적으로 알고 지내는 객체의 수가 늘어납니다.

이 상황에서 최소 지식 원칙을 따르려면 객체가 대신 요청하도록 만들어야 합니다. 그러면 그 객체의 한 구성 요소를 알고 지낼 필요가 없어지죠. 친구의 수를 줄이는 데도 도움이 되고요. 다음과 같이 말이죠.

원칙을 따르지 않은 경우

```
public float getTemp() {
    Thermometer thermometer = station.getThermometer();
    return thermometer.getTemperature();
}
```

station으로부터 thermometer 객체를 받은 다음, 그 객체의 getTemperature( ) 메소드를 직접 호출합니다.

원칙을 따르는 경우

```
public float getTemp() {
    return station.getTemperature();
}
```

최소 지식 원칙을 적용해서 thermometer에게 요청을 전달하는 메소드를 Station 클래스에 추가했습니다. 이러면 의존해야 하는 클래스의 개수를 줄일 수 있죠.

절친에게만 메소드 호출하기

다음은 자동차를 나타내는 Car 클래스입니다. 이 클래스를 살펴보면 최소 지식 원칙을 따르면서 메소드를 호출하는 방법을 어느 정도 파악할 수 있습니다.

```java
public class Car {
    Engine engine;
    // 기타 인스턴스 변수

    public Car() {
        // 엔진 초기화 등을 처리
    }

    public void start(Key key) {
        Doors doors = new Doors();
        boolean authorized = key.turns();
        if (authorized) {
        engine.start();
        updateDashboardDisplay();
        doors.lock();
        }
    }

    public void updateDashboardDisplay() {
        // 디스플레이 갱신
    }
}
```

이 클래스의 구성 요소.
이 구성 요소의 메소드는 호출해도 되죠.

새로운 객체를 생성합니다.
이 객체의 메소드는 호출해도 됩니다.

매개변수로 전달된 객체의 메소드는 호출해도 됩니다.

이 객체의 구성 요소를 대상으로 메소드를 호출해도 되죠?

객체 내에 있는 메소드는 호출해도 됩니다.

직접 생성하거나 인스턴스를 만든 객체의 메소드는 호출해도 됩니다.

무엇이든 물어보세요
Q&A

Q1 데메테르의 법칙이라는 것도 있던데, 이 법칙과 최소 지식 원칙은 어떤 관계인가요?

A1 데메테르의 법칙과 최소 지식 원칙은 완전히 똑같은 말입니다. 그래서 두 용어를 종종 섞어서 쓰기도 합니다. 하지만 저희는 2가지 이유로 최소 지식 원칙을 선호합니다. 첫 번째 이유는 최소 지식 원칙이좀 더 이해하기 쉽기 때문이고, 두 번째 이유는 '법칙'이라는 단어를 쓰면 이 원칙을 무조건 적용해야 될 것 같은 느낌을 주기 때문입니다. 사실 어떤 원칙도 법칙이라고 할 수 없습니다. 모든 원칙은 상황에 따라서 적절하게 따라야 합니다. 디자인마다 장단점(추상화 vs 속도, 공간 vs 시간

등)이 있습니다. 그러니 가이드라인과는 별개로 모든 요인을 살펴본 다음 원칙을 적용해야 합니다.

Q2 최소 지식 원칙도 단점이 있나요?

A2 네, 단점도 물론 있습니다. 이 원칙을 잘 따르면 객체 사이의 의존성을 줄일 수 있으며 소프트웨어 관리가 더 편해집니다. 하지만 이 원칙을 적용하다 보면 메소드 호출을 처리하는 '래퍼' 클래스를 더 만들어야할 수도 있습니다. 그러면 시스템이 복잡해지고, 개발 시간도 늘어나고, 성능도 떨어집니다.

다음의 두 클래스가 최소 지식 원칙을 위반하고 있는지 확인해 봅시다. 위반하고 있다면 그 이유도 적어 봅시다.

```java
public House {
    WeatherStation station;

    // 기타 메소드 및 생성자

    public float getTemp() {
        return station.getThermometer().getTemperature();
    }
}
public House {
    WeatherStation station;

    // 기타 메소드 및 생성자

    public float getTemp() {
        Thermometer thermometer = station.getThermometer();
        return getTempHelper(thermometer);
    }

    public float getTempHelper(Thermometer thermometer) {
        return thermometer.getTemperature();
    }
}
```

안전모 착용!
이상한 가정을 하게 될지도
모르니 주의하세요.

 뇌 단련

자바에서 일상적으로 사용하는 요소 중에서 최소 지식 원칙에 위반하는 것이 있는지 생각해 봅시다. 그런 걸 떠올렸다면 해결책도 생각해 봅시다.

정답 System.out.println() 메소드 호출도 이 원칙에 위배됩니다.

퍼사드 패턴과 최소 지식 원칙

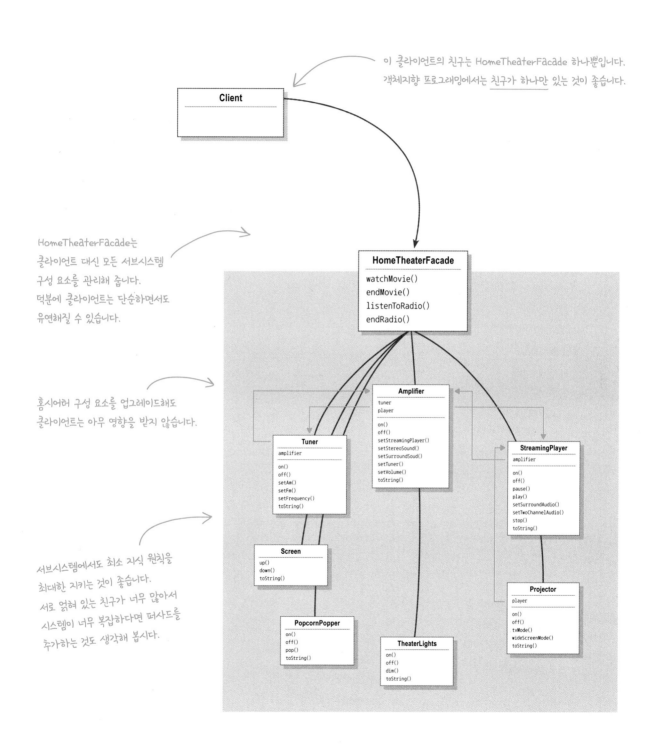

이 클라이언트의 친구는 HomeTheaterFacade 하나뿐입니다.
객체지향 프로그래밍에서는 친구가 하나만 있는 것이 좋습니다.

Client

HomeTheaterFacade는
클라이언트 대신 모든 서브시스템
구성 요소를 관리해 줍니다.
덕분에 클라이언트는 단순하면서도
유연해질 수 있습니다.

HomeTheaterFacade
watchMovie()
endMovie()
listenToRadio()
endRadio()

홈시어터 구성 요소를 업그레이드해도
클라이언트는 아무 영향을 받지 않습니다.

Amplifier
tuner
player

on()
off()
setStreamingPlayer()
setStereoSound()
setSurroundSoud()
setTuner()
setVolume()
toString()

Tuner
amplifier

on()
off()
setAm()
setFm()
setFrequency()
toString()

StreamingPlayer
amplifier

on()
off()
pause()
play()
setSurroundAudio()
setTwoChannelAudio()
stop()
toString()

Screen
up()
down()
toString()

서브시스템에서도 최소 지식 원칙을
최대한 지키는 것이 좋습니다.
서로 얽혀 있는 친구가 너무 많아서
시스템이 너무 복잡하다면 퍼사드를
추가하는 것도 생각해 봅시다.

Projector
player

on()
off()
tvMode()
wideScreenMode()
toString()

PopcornPopper
on()
off()
pop()
toString()

TheaterLights
on()
off()
dim()
toString()

디자인 도구상자 안에 들어가야 할 도구들

도구상자가 점점 더 무거워지고 있습니다. 7장에서는 인터페이스를 변경하거나, 클라이언트와 그 클라이언트에서 사용하는 시스템 사이의 결합을 더 느슨하게 만들어 주는 2가지 패턴이 도구상자에 추가되었습니다.

객체지향 기초

추상화
캡슐화
다형성
상속

객체지향 원칙

- 바뀌는 부분은 캡슐화한다.
- 상속보다는 구성을 활용한다.
- 구현보다는 인터페이스에 맞춰서 프로그래밍한다.
- 상호작용하는 객체 사이에서는 가능하면 느슨한 결합을 사용해야 한다.
- 클래스는 확장에는 열려 있어야 하지만 변경에는 닫혀 있어야 한다(OCP).
- 추상화된 것에 의존하게 만들고 구상 클래스에 의존하지 않게 만든다.
- 진짜 절친에게만 이야기해야 한다.

최소 결합을 해야 한다는 사실을 일러 주는 새로운 원칙이 추가되있습니나 (친한 친구들하고만 얘기합시다).

2가지 패턴이 새로 추가되었습니다. 둘 다 인터페이스를 바꿔 주는데 어댑터는 인터페이스를 변환하고, 퍼사드는 인터페이스를 통합하고 단순하게 바꿔주는 기능을 제공하죠.

객체지향 패턴

어댑터 패턴 – 특정 클래스 인터페이스를 클라이언트에서 요구하는 다른 인터페이스로 변환합니다. 인터페이스가 호환되지 않아 같이 쓸 수 없었던 클래스를 사용할 수 있게 도와줍니다.

퍼사드 패턴 – 서브시스템에 있는 일련의 인터페이스를 통합 인터페이스로 묶어 줍니다. 또한 고수준 인터페이스도 정의하므로 서브시스템을 더 편리하게 사용할 수 있습니다.

낱말 퀴즈

또 낱말 퀴즈를 풀어 볼 시간입니다.
정답은 모두 7장에 나와있습니다.

단어는 영어 알파벳으로 되어 있습니다.
낱말 퀴즈 옆에 있는 단어 리스트를
참고해서 풀어 보세요!

- 인디아나 존스: 레이더스 RAIDERSOFTHELOSTARK
- 분리 DECOUPLING
- 칠면조 TURKEY
- 날기 FLY
- PRINTLN
- 홈시어터 HOMETHEATER
- 변환 CONVERTS

- 퍼사드 FACADE
- 감싸는 WRAP
- 그냥 통과시켜 주기만 하면 되는 SIMPLEPASSTHROUGH
- AC 어댑터 ACADAPTER
- 거짓 FALSE
- 데코레이터 DECORATOR
- 다중 TWOWAY
- 허용 ALLOWS
- 래퍼 WRAPPERS
- 최소 지식 원칙 LEASTKNOWLEDGE
- 팝콘 POPCORN
- 타깃 TARGET

가로

1. 어댑터는 한 객체만 감쌀 수 있다. 참일까요, 거짓일까요?
5. 어댑터는 인터페이스를 _____ 합니다.
6. 우리가 봤던 영화 제목
10. 외국 나갈 때 필요한 것
11. 2가지 역할을 하는 어댑터를 _____ 어댑터라고 부르죠.
14. 퍼사드 패턴은 저수준 접근을 _____ 합니다.
15. 칠면조보다 오리가 더 잘 하는 것
16. 최소 지식 원칙의 단점: _____ 가 너무 많다.
17. _____ 로 인터페이스를 단순하게 바꿀 수 있습니다.
19. 수많은 사람이 집에 설치하고 싶어하는 것

세로

2. 데코레이터가 어댑터에게 "메소드를 _____ 데코레이터"라고 말했죠.
3. 퍼사드의 장점 가운데 하나로 객체들을 _____ 시킬 수 있다는 점을 들 수 있죠.
4. 이 원칙은 이름에 비해 좀 어려웠죠?
7. _____ 는 새로운 행동을 추가합니다.
8. _____ 가 오리 흉내를 냈었죠.
9. 최소 지식 원칙에 위배되는 System.out._____
12. 이게 없으면 영화 볼 때 허전하죠.
13. 어댑터의 클라이언트는 _____ 인터페이스를 사용합니다.
18. 어댑터와 데코레이터는 모두 객체를 _____ 하죠.

쓰면서 제대로 공부하기 **정답**

Duck을 Turkey로 변환해 주는 어댑터가 필요합니다. DuckAdapter 클래스를 만들어 보세요.

```java
public class DuckAdapter implements Turkey {
    Duck duck;
    Random rand;
    public DuckAdapter(Duck duck) {
        this.duck = duck;
        rand = new Random();
    }
    public void gobble() {
        duck.quack();
    }
    public void fly() {
        if (rand.nextInt(5) == 0) {
            duck.fly();
        }
    }
}
```

이번에는 Turkey를 Duck에 적응시켜야 하므로
Turkey 인터페이스를 구현해야 합니다.

Duck의 레퍼런스를 저장합니다.

Random 객체도 하나 챙겨 둡니다.
나중에 fly( ) 메소드에서 써야 하거든요.

gobble( ) 메소드가 호출되면 그냥 quack( )을 호출하면 됩니다.

오리는 칠면조보다 훨씬 오랫동안 날 수 있기에
평균 다섯 번에 한 번 정도씩만 날도록 만들었습니다.

쓰면서 제대로 공부하기 **정답**

다음의 두 클래스가 최소 지식 원칙을 위반하고 있는지 확인해 봅시다. 위반하고 있다면 그 이유도 적어 봅시다.

```java
public House {
    WeatherStation station;
    // 기타 메소드 및 생성자
    public float getTemp() {
        return station.getThermometer().getTemperature();
    }
}
public House {
    WeatherStation station;
    // 기타 메소드 및 생성자
    public float getTemp() {
        Thermometer thermometer = station.getThermometer();
        return getTempHelper(thermometer);
    }

    public float getTempHelper(Thermometer thermometer) {
        return thermometer.getTemperature();
    }
}
```

최소 지식 원칙을 위반하고 있습니다.
다른 메소드 호출 결과로 리턴된 객체에
메소드를 호출하고 있잖아요.

최소 지식 원칙을 위반하지 않습니다.
뭔가 이 원칙을 교묘하게 속이고 있는 듯한
느낌이 들죠? 메소드 호출을 다른
메소드에게 떠넘겼다고 해서 진짜로
뭔가 달라지는 걸까요?

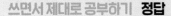

쓰면서 제대로 공부하기 **정답**

Enumeration을 Iterator로 변환해 주는 어댑터를 만드는 방법을 살펴봤습니다.
이제 Iterator를 Enumeration으로 변환해 주는 어댑터를 만들어 봅시다.

어떤 유형의 객체에도
쓸 수 있도록 유형
매개변수를 제네릭으로
지정합니다.

```java
public class IteratorEnumeration implements Enumeration<Object> {
    Iterator<?> iterator;

    public IteratorEnumeration(Iterator<?> iterator) {
        this.iterator = iterator;
    }

    public boolean hasMoreElements() {
        return iterator.hasNext();
    }

    public Object nextElement() {
        return iterator.next();
    }
}
```

누가 무엇을 할까요? **정답**

패턴과 용도를 연결해 보세요.

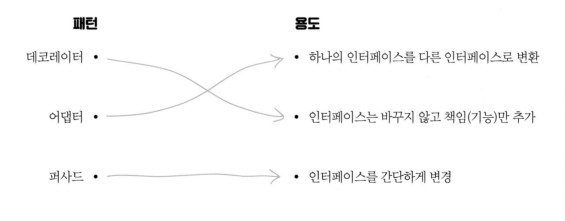

패턴

데코레이터 •

어댑터 •

퍼사드 •

용도

• 하나의 인터페이스를 다른 인터페이스로 변환

• 인터페이스는 바꾸지 않고 책임(기능)만 추가

• 인터페이스를 간단하게 변경

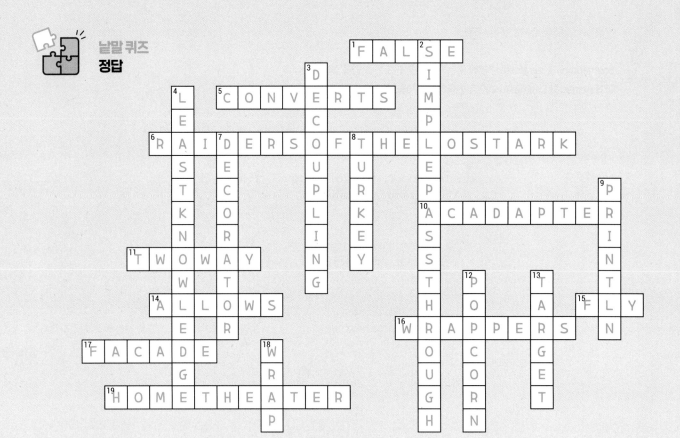

알고리즘 캡슐화하기
템플릿 메소드 패턴

우리 팀장님은 박스를 포장할 때만 빼면 꽤 괜찮은 분이죠. 박스를 포장해야 할 때면 꼭 어디론가 사라지더라고요.

알고리즘을 캡슐화해 봅시다

지금까지 여러 가지를 캡슐화했습니다. 객체 생성, 메소드 호출, 복잡한 인터페이스, 오리, 피자 같은 것 말이죠. 이번에는 어떤 걸 캡슐화해 볼까요? 8장에서는 서브클래스에서 언제든 필요할 때마다 알고리즘을 가져다가 쓸 수 있도록 캡슐화해 보겠습니다. 그리고 할리우드에서 영감을 받아 만들어진 디자인 원칙도 배워 보겠습니다.

커피와 홍차 만들기 카페인이 필요하신가요? ✦

커피 없이 살 수 없는 사람도 있습니다. 반면에 홍차에 중독된 사람도 있습니다.
커피와 홍차의 공통점은 뭘까요? 바로 카페인이 있다는 점이죠.
또 다른 공통점은 홍차와 커피가 매우 비슷한 방법으로 만들어진다는 점입니다.

스타버즈 커피 바리스타 훈련용 매뉴얼

바리스타 여러분. 아래에 나와 있는 제조법 대로 음료를 만들어 주세요.

스타버즈 커피 만드는 법

① 물을 끓인다.
② 끓는 물에 커피를 우려낸다.
③ 커피를 컵에 따른다.
④ 설탕과 우유를 추가한다.

스타버즈 홍차 만드는 법

① 물을 끓인다.
② 끓는 물에 찻잎을 우려낸다.
③ 홍차를 컵에 따른다.
④ 레몬을 추가한다.

여기에 나와 있는 모든 제조법은 스타버즈 커피의 영업 비밀입니다.
절대로 외부로 유출해서는 안됩니다.

> 커피 만드는 법과
> 홍차 만드는 법이
> 거의 같지 않나요?

Coffee 클래스와 Tea 클래스 만들기

이제 '코딩 바리스타'가 되어 커피와 홍차를 만드는 클래스를 준비해 봅시다.
일단 커피 클래스는 다음과 같이 만들 수 있습니다.

커피를 만드는 Coffee 클래스

```
public class Coffee {

    void prepareRecipe() {
        boilWater();
        brewCoffeeGrinds();
        pourInCup();
        addSugarAndMilk();
    }

    public void boilWater() {
        System.out.println("물 끓이는 중");
    }

    public void brewCoffeeGrinds() {
        System.out.println("필터로 커피를 우려내는 중");
    }

    public void pourInCup() {
        System.out.println("컵에 따르는 중");
    }

    public void addSugarAndMilk() {
        System.out.println("설탕과 우유를 추가하는 중");
    }
}
```

커피 만드는 법.
훈련용 매뉴얼에 나와 있는 것과 똑같습니다.

각 단계는 별도의 메소드로 구현했습니다.

메소드마다 알고리즘의
각 단계를 구현하고 있습니다.
첫 번째는 물을 끓이는 메소드,
두 번째는 커피를 우려내는 메소드,
세 번째는 커피를 컵에 따르는 메소드,
네 번째는 설탕과 우유를 추가하는
메소드입니다.

이제, 홍차를 우려내는 클래스를 만듭시다.

```java
public class Tea {

    void prepareRecipe() {
        boilWater();
        steepTeaBag();
        pourInCup();
        addLemon();
    }

    public void boilWater() {
        System.out.println("물 끓이는 중");
    }

    public void steepTeaBag() {
        System.out.println("찻잎을 우려내는 중");
    }

    public void addLemon() {
        System.out.println("레몬을 추가하는 중");
    }

    public void pourInCup() {
        System.out.println("컵에 따르는 중");
    }
}
```

조금 전에 Coffee 클래스에서 구현했던 방법과 비슷하죠? 두 번째와 네 번째 단계가 조금 다르긴 하지만, 기본적으로 같다고 할 수 있습니다.

이 두 메소드는 홍차 전용 메소드입니다.

이 두 메소드는 Coffee 클래스에 있는 것과 똑같죠? 코드가 중복된 부분이 발견됐습니다.

코드가 중복된다면 디자인 수정을 고려해 보세요. Coffee와 Tea 클래스는 거의 같으니까 두 클래스의 공통된 부분을 추상화해서 베이스 클래스로 만들면 좋지 않을까요?

디자인 퍼즐

정답 316쪽

Coffee와 Tea 클래스에 중복된 부분이 상당히 많습니다. 두 클래스를 다시 한 번 살펴보고 중복된 부분을 없앨 수 있는 디자인을 고민해 봅시다. 아래의 빈 공간에 클래스 다이어그램을 자유롭게 그려 봅시다.

Coffee 클래스와 Tea 클래스 추상화하기

Coffee와 Tea 클래스의 추상화는 별로 어려워 보이지 않군요.
아마 대부분의 사람은 다음과 같이 쉽게 추상화할 겁니다.

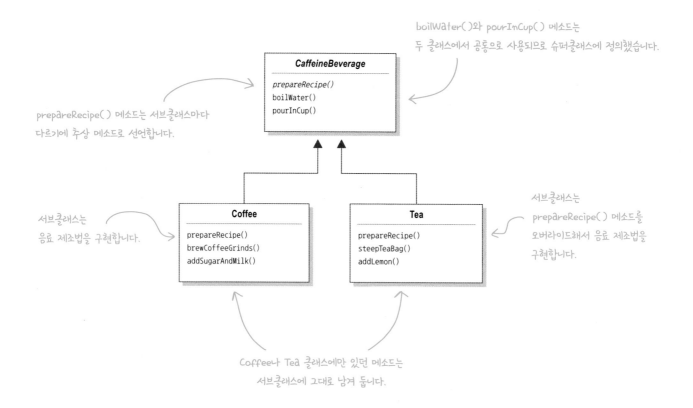

boilWater( )와 pourInCup( ) 메소드는
두 클래스에서 공통으로 사용되므로 슈퍼클래스에 정의했습니다.

prepareRecipe( ) 메소드는 서브클래스마다
다르기에 추상 메소드로 선언합니다.

서브클래스는
음료 제조법을 구현합니다.

서브클래스는
prepareRecipe( ) 메소드를
오버라이드해서 음료 제조법을
구현합니다.

Coffee나 Tea 클래스에만 있던 메소드는
서브클래스에 그대로 남겨 둡니다.

뇌 단련

방금 만든 디자인이 정말 괜찮아 보이나요? 다시 한번 잘 살펴보세요. 또 다른 공통점을 놓치지는 않았나요? Coffee와 Tea 클래스의 공통점이 더 있는지 생각해 봅시다.

추상화 방법 들여다보기 디자인을 좀 더 생각해 봅시다 ☆

Coffee와 Tea 클래스의 또 다른 공통점은 없을까요? 일단 제조법을 다시 살펴봅시다.

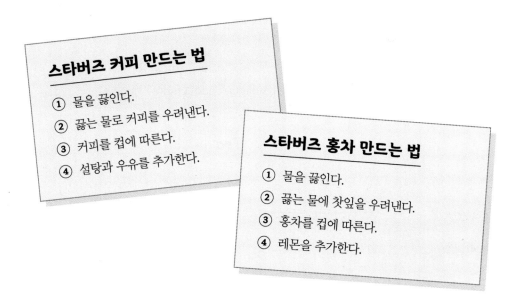

커피와 홍차 제조법의 알고리즘이 똑같다는 사실을 알 수 있습니다.

01. 물을 끓인다.

02. 뜨거운 물을 사용해서 커피 또는 찻잎을 우려낸다.

03. 만들어진 음료를 컵에 따른다.

04. 각 음료에 맞는 첨가물을 추가한다.

이 둘은 추상화되지 않았지만 똑같습니다. 서로 다른 음료에 적용될 뿐이죠.

이 둘은 베이스 클래스에 추상화되어 있습니다.

이제 prepareRecipe()까지 추상화하는 방법을 찾아봅시다.

prepareRecipe( ) 메소드 추상화하기

prepareRecipe()를 Coffee와 Tea 클래스에서 뽑아서 추상화하는 방법은 어떨까요?

생각해 보세요!

01 우리 앞길을 가로막는 첫 번째 문제점은 Coffee 클래스는 brewCoffccGrinds()외 addSugar AndMilk() 메소드를 쓰지만 Tea 클래스는 steepTeaBag()과 addLemon() 메소드를 쓴다는 점입니다.

Coffee

```
void prepareRecipe() {
    boilWater();
    brewCoffeeGrinds();
    pourInCup();
    addSugarAndMilk();
}
```

Tea

```
void prepareRecipe() {
    boilWater();
    steepTeaBag();
    pourInCup();
    addLemon();
}
```

생각해 보면 커피를 필터로 우려내는 일과 티백을 물에 넣어서 홍차를 우려내는 일은 별로 다르지 않습니다. 사실 거의 같다고 볼 수 있죠. 그러니 brew() 메소드를 만들어서 커피를 우려내든 홍차를 우려내든 똑같은 메소드를 씁시다.

이와 마찬가지로 설탕과 우유를 추가하는 일이나 레몬을 추가하는 일이나 그게 그거라고 할 수 있습니다. 음료에 첨가물을 넣는다는 사실 자체는 똑같으니까요. 그러니까 addCondiments() 메소드를 양쪽에 사용해도 괜찮습니다.

```
void prepareRecipe() {
    boilWater();
    brew();
    pourInCup();
    addCondiments();
}
```

02 다시 만든 prepareRecipe() 메소드가 준비되었습니다. 이제 이 메소드를 코드에 넣어야겠군요. 우선 CaffeineBeverage 슈퍼클래스에 넣어 봅시다.

코드는 다음 쪽에 있습니다.

```java
public abstract class CaffeineBeverage {

    final void prepareRecipe() {
        boilWater();
        brew();
        pourInCup();
        addCondiments();
    }

    abstract void brew();

    abstract void addCondiments();

    void boilWater() {
        System.out.println("물 끓이는 중");
    }

    void pourInCup() {
        System.out.println("컵에 따르는 중");
    }
}
```

03 마지막으로 Coffee와 Tea 클래스를 처리해야 합니다. 두 클래스에서 음료를 만드는 방법
은 CaffeineBeverage에 의해 결정되므로 음료를 우려내는 brew()와 첨가물을 추가하는
addCondiments()를 수정합시다.

```java
public class Tea extends CaffeineBeverage {
    public void brew() {
        System.out.println("찻잎을 우려내는 중");
    }
    public void addCondiments() {
        System.out.println("레몬을 추가하는 중");
    }
}
```

```java
public class Coffee extends CaffeineBeverage {
    public void brew() {
        System.out.println("필터로 커피를 우려내는 중");
    }
    public void addCondiments() {
        System.out.println("설탕과 우유를 추가하는 중");
    }
}
```

앞에서 prepareRecipe( )의 구현 코드를 CaffeineBeverage 클래스로 옮겼습니다.
바뀐 내용을 반영해서 클래스 다이어그램을 새로 그려 봅시다.

커피와 홍차를 만드는 과정 다시 살펴보기 지금까지 한 일을 정리해 봅시다 ⭐

조금 다른 방식으로 구현해야 하는 부분이 있긴 하지만, 커피와 홍차를 만드는 방법이 사실상 똑같으므로 제조법을 일반화해서 베이스 클래스에 넣었습니다.

Tea

❶ 물을 끓인다.
❷ 찻잎을 우려낸다.
❸ 홍차를 컵에 따른다.
❹ 레몬을 추가한다.

Coffee

❶ 물을 끓인다.
❷ 커피를 우려낸다.
❸ 커피를 컵에 따른다.
❹ 설탕과 우유를 추가한다.

일반화

CaffeineBeverage

❶ 물을 끓인다.
❷ 우려낸다.
❸ 음료를 컵에 따른다.
❹ 첨가물을 추가한다.

일반화

일부 단계는 서브클래스에 의존함

일부 단계는 서브클래스에 의존함

Tea 서브클래스

Coffee 서브클래스

❷ 찻잎을 우려낸다.
❹ 레몬을 추가한다.

❷ 커피를 우려낸다.
❹ 설탕과 우유를 추가한다.

CaffeineBeverage에서 전체 처리 과정을 관리합니다. 그리고 첫 번째와 세 번째 단계는 직접 처리하죠. 하지만 두 번째와 네 번째 단계는 Tea와 Coffee 서브클래스에 의존합니다.

템플릿 메소드 패턴 알아보기

지금까지 Coffee와 Tea 클래스에 템플릿 메소드 패턴을 적용했다고 할 수 있습니다. 그래서 템플릿 메소드 패턴이 뭐냐고요? 답을 찾으려면 CaffeineBeverage 클래스의 구조를 살펴 봐야 합니다. 그 클래스에 **템플릿 메소드**가 들어있거든요.

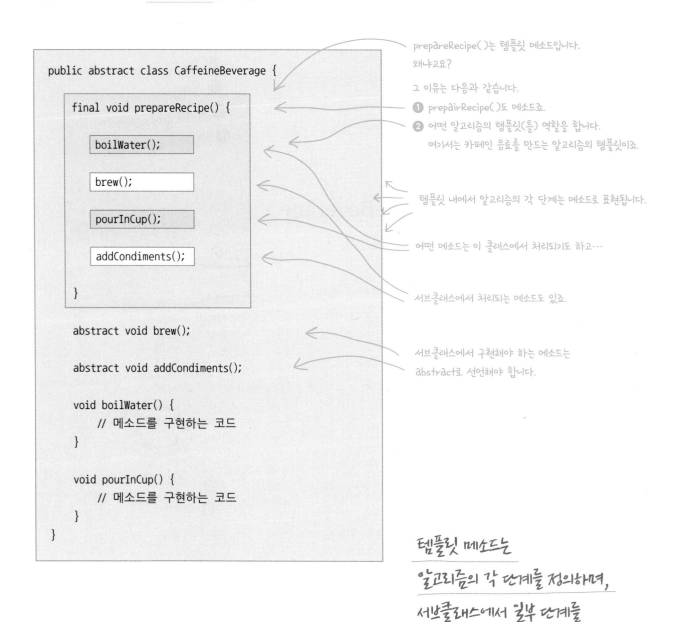

```
public abstract class CaffeineBeverage {

    final void prepareRecipe() {

        boilWater();

        brew();

        pourInCup();

        addCondiments();

    }

    abstract void brew();

    abstract void addCondiments();

    void boilWater() {
        // 메소드를 구현하는 코드
    }

    void pourInCup() {
        // 메소드를 구현하는 코드
    }
}
```

prepareRecipe( )는 템플릿 메소드입니다.
왜냐고요?

그 이유는 다음과 같습니다.
❶ prepairRecipe( )도 메소드죠.
❷ 어떤 알고리즘의 템플릿(틀) 역할을 합니다.
여기서는 카페인 음료를 만드는 알고리즘의 템플릿이죠.

템플릿 내에서 알고리즘의 각 단계는 메소드로 표현됩니다.

어떤 메소드는 이 클래스에서 처리되기도 하고⋯

서브클래스에서 처리되는 메소드도 있죠.

서브클래스에서 구현해야 하는 메소드는 abstract로 선언해야 합니다.

템플릿 메소드는
알고리즘의 각 단계를 정의하며,
서브클래스에서 일부 단계를
구현할 수 있도록 유도합니다.

홍차가 만들어지기까지 홍차를 만들어 볼까요?

무대 뒤에서

홍차를 만드는 과정을 살펴보면서 템플릿 메소드가 어떤 식으로 작동하는지 알아봅시다. 템플릿 메소드는 알고리즘을 관장합니다. 알고리즘을 수행하는 과정에서 상황에 따라 특정 단계를 서브클래스에서 처리하도록 하는 경우도 있습니다.

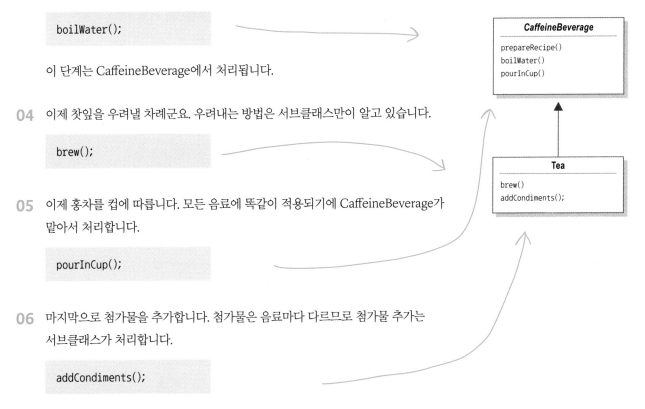

01 먼저 Tea 객체를 만듭니다.

```
Tea myTea = new Tea();
```

```
boilWater();
brew();
pourInCup();
addCondiments();
```

02 이제 템플릿 메소드를 호출합시다.

```
myTea.prepareRecipe();
```

그러면 카페인 음료를 만드는 알고리즘이 돌아갑니다.

> prepareRecipe() 메소드에서 알고리즘을 관리합니다. 이 알고리즘은 그 누구도 바꿀 수 없죠. 각 단계 중 일부나 전체가 서브클래스에 의해 제공될 수 있습니다.

03 우선 물을 끓입니다.

```
boilWater();
```

이 단계는 CaffeineBeverage에서 처리됩니다.

CaffeineBeverage
```
prepareRecipe()
boilWater()
pourInCup()
```

04 이제 찻잎을 우려낼 차례군요. 우려내는 방법은 서브클래스만이 알고 있습니다.

```
brew();
```

Tea
```
brew()
addCondiments();
```

05 이제 홍차를 컵에 따릅니다. 모든 음료에 똑같이 적용되기에 CaffeineBeverage가 맡아서 처리합니다.

```
pourInCup();
```

06 마지막으로 첨가물을 추가합니다. 첨가물은 음료마다 다르므로 첨가물 추가는 서브클래스가 처리합니다.

```
addCondiments();
```

템플릿 메소드 패턴의 장점 알아보기

템플릿 메소드 패턴으로 무엇을 얻을 수 있나요? ☆

시시한 Tea와 Coffee 클래스

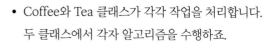

- Coffee와 Tea 클래스가 각각 작업을 처리합니다.
  두 클래스에서 각자 알고리즘을 수행하죠.

- Coffee와 Tea 클래스에 중복된 코드가 있습니다.

- 알고리즘이 바뀌면 서브클래스를 일일이 열어서
  여러 군데를 고쳐야 합니다.

- 클래스 구조상 새로운 음료를 추가하려면
  꽤 많은 일을 해야 합니다.

- 알고리즘 지식과 구현 방법이 여러 클래스에
  분산되어 있습니다.

템플릿 메소드로 새로 만든 힙한 CaffeineBeverage

- CaffeineBeverage 클래스에서 작업을 처리합니다.
  알고리즘을 독점하죠.

- CaffeineBeverage 덕분에 서브클래스에서 코드를
  재사용할 수 있습니다.

- 알고리즘이 한 군데에 모여 있으므로 한 부분만
  고치면 됩니다.

- 다른 음료도 쉽게 추가할 수 있는
  프레임워크를 제공합니다. 음료를 추가할 때
  몇 가지 메소드만 더 만들면 됩니다.

- CaffeineBeverage 클래스에 알고리즘 지식이 집중되어
  있으며 일부 구현만 서브클래스에 의존합니다.

템플릿 메소드 패턴의 정의

Tea와 Coffee 클래스를 살펴보면서 템플릿 메소드 패턴이 어떤 식으로 작동하는지 알아봤습니다. 이제 이 패턴의 정의를 살펴본 후 특징을 자세히 알아봅시다.

> **템플릿 메소드 패턴**(Template Method Pattern)은 알고리즘의 골격을 정의합니다. 템플릿 메소드를 사용하면 알고리즘의 일부 단계를 서브클래스에서 구현할 수 있으며, 알고리즘의 구조는 그대로 유지하면서 알고리즘의 특정 단계를 서브클래스에서 재정의할 수도 있습니다.

간단하게 말하자면 템플릿 메소드 패턴은 알고리즘의 **템플릿(틀)**을 만듭니다. 템플릿이란 앞에서도 봤듯이 그냥 메소드입니다. 조금 더 구체적으로 얘기하자면, 일련의 단계로 알고리즘을 정의한 메소드입니다. 여러 단계 가운데 하나 이상의 단계가 추상 메소드로 정의되며, 그 추상 메소드는 서브클래스에서 구현됩니다. 이러면 서브클래스가 일부분의 구현을 처리하게 하면서도 알고리즘의 구조는 바꾸지 않아도 됩니다. 클래스 다이어그램을 한번 살펴봅시다.

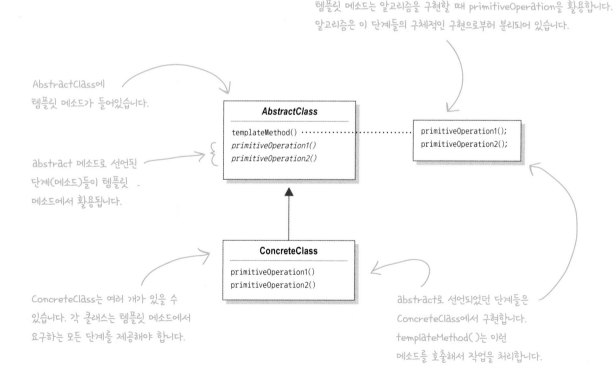

템플릿 메소드는 알고리즘을 구현할 때 primitiveOperation을 활용합니다. 알고리즘은 이 단계들의 구체적인 구현으로부터 분리되어 있습니다.

AbstractClass에 템플릿 메소드가 들어있습니다.

abstract 메소드로 선언된 단계(메소드)들이 템플릿 메소드에서 활용됩니다.

ConcreteClass는 여러 개가 있을 수 있습니다. 각 클래스는 템플릿 메소드에서 요구하는 모든 단계를 제공해야 합니다.

abstract로 선언되었던 단계들은 ConcreteClass에서 구현합니다. templateMethod( )는 이런 메소드를 호출해서 작업을 처리합니다.

AbstractClass

templateMethod()
primitiveOperation1()
primitiveOperation2()

primitiveOperation1();
primitiveOperation2();

ConcreteClass

primitiveOperation1()
primitiveOperation2()

코드 자세히 들여다보기

AbstractClass가 어떻게 정의되는지 좀 더 자세히 살펴볼까요?
템플릿 메소드와 기본 단계(primitive operation)가 어떤 식으로 정의되는지도 자세히 봅시다.

추상 클래스로 선언되므로 실제 연산을
구현해 주는 서브클래스를 만들어야 합니다.

템플릿 메소드입니다. 서브클래스가 알고리즘의 각 단계를
마음대로 건드리지 못하게 final로 선언합니다.

```
abstract class AbstractClass {

    final void templateMethod() {
        primitiveOperation1();
        primitiveOperation2();
        concreteOperation();
    }

    abstract void primitiveOperation1();

    abstract void primitiveOperation2();

    void concreteOperation() {
        // concreteOperation() 메소드 코드
    }
}
```

템플릿 메소드는 각 단계를
순서대로 정의하는데,
각 단계는 메소드로 표현됩니다.

기본 단계 가운데 2개를
구상 서브클래스에서 구현하게 만들었습니다.

추상 클래스 내에 구상 메소드로 정의된 단계도 있습니다.
이런 메소드는 잠시 후에 자세히 살펴보죠.

코드 더 자세히 들여다보기

이번에는 추상 클래스에 들어갈 수 있는 메소드의 형식을 조금 더 자세히 살펴봅시다.

templateMethod( )를 조금 고쳐서
메소드를 하나 더 호출하게 만들었습니다.

```
abstract class AbstractClass {

    final void templateMethod() {
        primitiveOperation1();
        primitiveOperation2();
        concreteOperation();
        hook();
    }

    abstract void primitiveOperation1();

    abstract void primitiveOperation2();

    final void concreteOperation() {
        // concreteOperation() 코드
    }

    void hook() {}

}
```

여기에도 기본 단계 메소드는 있습니다.
이 메소드들은 abstract로 선언했으니까
구상 서브클래스에서 구현해야겠죠?

구상 단계는 추상 클래스 내에서 정의됩니다.
이 메소드는 final로 선언되었으므로
서브클래스에서 오버라이드할 수 없겠죠.
이 메소드는 템플릿 메소드에서 직접 호출할 수도 있고,
서브클래스에서 호출해서 사용할 수도 있습니다.

구상 메소드이지만 아무것도 하지 않는군요.

기본적으로 아무것도 하지 않는 구상 메소드를 정의할 수도 있습니다.
이런 메소드를 후크(hook)라고 부릅니다. 서브클래스에서 오버라이드할
수도 있지만, 반드시 그래야 하는 건 아니죠. 이 메소드의 활용 방법은
다음 쪽에서 살펴보겠습니다.

템플릿 메소드 속 후크 알아보기

후크(hook)는 추상 클래스에서 선언되지만 기본적인 내용만 구현되어 있거나 아무 코드도 들어있지 않은 메소드입니다. 이러면 서브클래스는 다양한 위치에서 알고리즘에 끼어들 수 있습니다. 물론 그냥 무시하고 넘어갈 수도 있죠.

후크는 다양한 용도로 쓰입니다. 일단 한 가시 사용법을 살펴봅시다. 다른 사용법은 잠시 후에 알아보겠습니다.

후크가 있으면 그 메소드를 오버라이드할 수도 있고 그냥 넘어갈 수도 있죠. 제 맘대로 쓸 수 있어요. 오버라이드하지 않으면 추상 클래스에서 기본으로 제공한 코드가 실행되죠.

```java
public abstract class CaffeineBeverageWithHook {

    final void prepareRecipe() {
        boilWater();
        brew();
        pourInCup();
        if (customerWantsCondiments()) {
            addCondiments();
        }
    }

    abstract void brew();

    abstract void addCondiments();

    void boilWater() {
        System.out.println("물 끓이는 중");
    }

    void pourInCup() {
        System.out.println("컵에 따르는 중");
    }

    boolean customerWantsCondiments() {
        return true;
    }
}
```

customerWantsCondiments( ) 메소드로 실행 여부가 결정되는 조건문을 추가했습니다. 고객이 첨가물을 넣어 달라고 했을 때만, 즉 customerWantsCondiments( )에서 true가 리턴되면 addCondiments( )를 호출합니다.

별 내용이 없는 기본 메소드를 구현해 놓았습니다. 이 메소드는 그냥 true만 리턴할 뿐 다른 작업은 하지 않습니다.

이 메소드는 서브클래스에서 필요할 때 오버라이드할 수 있는 메소드이므로 후크입니다.

후크 활용하기

후크를 사용하려면 서브클래스에서 후크를 오버라이드해야 합니다.

다음의 코드에서는 CaffeineBeverage가 알고리즘의 특정 부분을 처리할지 말지를 결정하는 용도로 후크를 사용했습니다. 다시 말해서 음료에 첨가물을 추가할지 말지를 결정하는 메소드죠. 고객이 첨가물을 추가하고 싶어하는지 어떻게 알 수 있을까요? 그냥 물어보는 수밖에 없습니다.

```java
public class CoffeeWithHook extends CaffeineBeverageWithHook {

    public void brew() {
        System.out.println("필터로 커피를 우려내는 중");
    }

    public void addCondiments() {
        System.out.println("우유와 설탕을 추가하는 중");
    }

    public boolean customerWantsCondiments() {

        String answer = getUserInput();

        if (answer.toLowerCase().startsWith("y")) {
            return true;
        } else {
            return false;
        }
    }

    private String getUserInput() {
        String answer = null;

        System.out.print("커피에 우유와 설탕을 넣을까요? (y/n)? ");

        BufferedReader in = new BufferedReader(new InputStreamReader(System.in));
        try {
            answer = in.readLine();
        } catch (IOException ioe) {
            System.err.println("IO 오류");
        }
        if (answer == null) {
            return "no";
        }
        return answer;
    }
}
```

후크를 오버라이드해서 원하는 기능을 넣습니다.

첨가물을 추가할지 말지를 고객에게 물어보고, 고객이 입력한 내용에 따라 true 또는 false를 리턴합니다.

이 코드는 고객에게 우유와 설탕을 추가할지 말지를 물어보고, 명령줄로 추가 여부를 입력 받습니다.

후크 코드 테스트

자, 이제 물이 끓는군요. 뜨거운 홍차와 커피를 우려내는 테스트 코드를 만들어 봅시다.

```java
public class BeverageTestDrive {
    public static void main(String[] args) {

        TeaWithHook teaHook = new TeaWithHook();
        CoffeeWithHook coffeeHook = new CoffeeWithHook();

        System.out.println("\n홍차 준비 중...");
        teaHook.prepareRecipe();

        System.out.println("\n커피 준비 중...");
        coffeeHook.prepareRecipe();
    }
}
```

홍차 객체를 만듭니다.

커피 객체를 만듭니다.

각각 prepareRecipe( )를 호출합니다.

이제 돌려 볼까요?

```
File  Edit  Window  Help  send-more-honesttea
%java BeverageTestDrive
홍차 준비 중...
물 끓이는 중
찻잎을 우려내는 중
컵에 따르는 중
차에 레몬을 넣을까요? (y/n)? y
레몬을 추가하는 중

커피 준비 중...
물 끓이는 중
필터로 커피를 우려내는 중
컵에 따르는 중
커피에 우유와 설탕을 넣을까요? (y/n) n
%
```

따뜻한 홍차가 준비됐네요.
레몬은 당연히 넣어야겠죠?

따뜻한 커피도 준비됐군요.
우유와 설탕은 살 찔까 봐 못 넣겠습니다.

고객한테 무언가를 물어보는 기능 같은 건 대부분의 서브클래스에서 사용할 수 있는 것 아닌가요?

사실 저희도 그렇게 생각합니다. 하지만 후크로 상황에 따라 알고리즘 진행을 변경하는 방법을 배울 수 있었잖아요? 그쵸? 템플릿 메소드 패턴을 적용하다 보면 후크를 사용해야 하는 상황을 수없이 만나게 될 겁니다. 그때 어떤 식으로 후크를 사용할 수 있을지 직접 생각해 보세요.

무엇이든 물어보세요
Q&A

Q1 템플릿을 만들 때 추상 메소드를 써야할 때와 후크를 써야할 때를 어떻게 구분할 수 있나요?

A1 서브클래스가 알고리즘의 특정 단계를 제공해야만 한다면 추상 메소드를 써야 합니다. 알고리즘의 특정 단계가 선택적으로 적용된다면 후크를 쓰면 됩니다. 후크를 쓰면 서브클래스에서 필요할 때 후크를 구현할 수도 있지만, 꼭 구현해야 하는 건 아니니까요.

Q2 후크는 정확하게 어떤 용도로 쓰이는 건가요?

A2 여러 가지 용도로 쓰입니다. 방금 얘기한 것처럼, 알고리즘에서 필수적이지 않은 부분을 서브클래스에서 구현하도록 만들고 싶을 때 후크를 쓸 수 있습니다. 템플릿 메소드에서 앞으로 일어날 일이나 막 일어난 일에 서브클래스가 반응할 수 있도록 기회를 제공하는 용도로도 쓰일 수 있습니다. 예를 들어, 내부적으로 특정 목록을 재정렬한 후에 서브클래스에서 특정 작업(화면상에 표시되는 내용을 다시 보여 주는 등)을 수행하도록 하고 싶을 때 justReOrderedList( ) 같은 이름을 가진 후크 메소드를 쓸 수도 있겠죠. 앞에서 봤듯이 서브클래스가 추상 클래스에서 진행되는 작업을 처리할지 말지 결정하게 하는 기능을 부여하는 용도로 후크를 쓸 수도 있습니다.

Q3 서브클래스에서 AbstractClass에 있는 모든 추상 메소드를 구현해야 하나요?

A3 네. 모든 서브클래스에서 모든 추상 메소드를 정의해야 합니다. 즉, 템플릿 메소드에 있는 알고리즘의 단계 중에서 정의되지 않은 부분을 모두 채워 줘야 합니다.

Q4 추상 메소드가 너무 많아지면 서브클래스에서 일일이 추상 메소드를 구현해야 하니까 별로 좋지 않을 것 같아요.

A4 맞습니다. 템플릿 메소드를 만들 때는 그 점을 꼭 생각해 봐야 합니다. 알고리즘의 단계를 너무 잘게 쪼개지 않는 것도 한 가지 방법이 될 수 있습니다. 하지만 알고리즘을 큼직한 몇 가지 단계로만 나눠 놓으면 유연성이 떨어진다는 단점도 있으니까 잘 생각해 보고 결정해야 합니다. 그리고 모든 단계가 필수는 아니라는 점도 기억해 둡시다. 필수가 아닌 부분을 후크로 구현하면 그 추상 클래스의 서브클래스를 만들 때 부담이 조금 줄어 들겠죠.

할리우드 원칙

새로운 디자인 원칙을 소개하겠습니다.
바로 **할리우드 원칙**(Hollywood Principle)입니다.

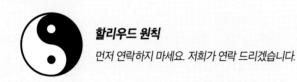

할리우드 원칙
먼저 연락하지 마세요. 저희가 연락 드리겠습니다.

외우기 정말 쉽죠? 그런데 객체지향 디자인과 이 원칙이 무슨 상관일까요? 할리우드 원칙을 활용하면 **의존성 부패**(dependency rot)를 방지할 수 있습니다. 어떤 고수준 구성 요소가 저수준 구성 요소에 의존하고, 그 저수준 구성 요소는 다시 고수준 구성 요소에 의존하고, 그 고수준 구성 요소는 다시 또 다른 구성 요소에 의존하고, 그 다른 구성 요소는 또 저수준 구성 요소에 의존하는 것과 같은 식으로 의존성이 복잡하게 꼬여있는 상황을 의존성이 부패했다고 부릅니다. 이렇게 의존성이 부패하면 시스템 디자인이 어떤 식으로 되어 있는지 아무도 알아볼 수 없죠.
할리우드 원칙을 사용하면, 저수준 구성 요소가 시스템에 접속할 수는 있지만 언제, 어떻게 그 구성 요소를 사용할지는 고수준 구성 요소가 결정합니다. 즉, 고수준 구성 요소가 저수준 구성 요소에게 "먼저 연락하지 마세요. 제가 먼저 연락 드리겠습니다"라고 얘기하는 것과 같죠.

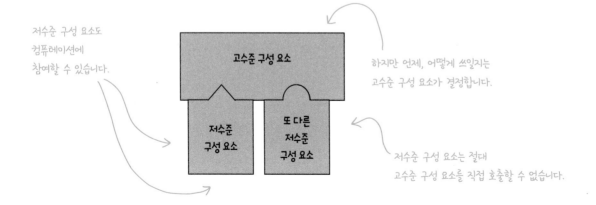

저수준 구성 요소도 컴퓨테이션에 참여할 수 있습니다.

고수준 구성 요소

저수준 구성 요소

또 다른 저수준 구성 요소

하지만 언제, 어떻게 쓰일지는 고수준 구성 요소가 결정합니다.

저수준 구성 요소는 절대 고수준 구성 요소를 직접 호출할 수 없습니다.

할리우드 원칙과 템플릿 메소드 패턴

할리우드 원칙과 템플릿 메소드 패턴의 관계는 쉽게 알 수 있습니다. 템플릿 메소드 패턴을
써서 디자인하면 서브클래스에게 "우리가 연락할 테니까 먼저 연락하지 마"라고 얘기하는
셈이니까요. 어떻게 그렇게 되냐고요? CaffeineBeverage 디자인을 다시 살펴보죠.

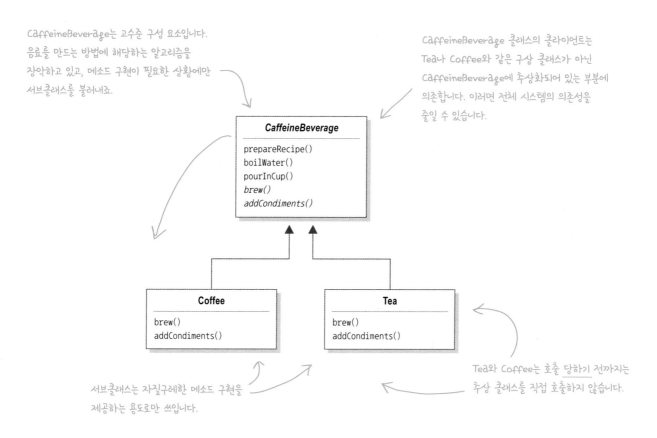

CaffeineBeverage는 고수준 구성 요소입니다.
음료를 만드는 방법에 해당하는 알고리즘을
장악하고 있고, 메소드 구현이 필요한 상황에만
서브클래스를 불러내죠.

CaffeineBeverage 클래스의 클라이언트는
Tea나 Coffee와 같은 구상 클래스가 아닌
CaffeineBeverage에 추상화되어 있는 부분에
의존합니다. 이러면 전체 시스템의 의존성을
줄일 수 있습니다.

CaffeineBeverage
prepareRecipe()
boilWater()
pourInCup()
brew()
addCondiments()

Coffee
brew()
addCondiments()

Tea
brew()
addCondiments()

서브클래스는 자질구레한 메소드 구현을
제공하는 용도로만 쓰입니다.

Tea와 Coffee는 호출 당하기 전까지는
추상 클래스를 직접 호출하지 않습니다.

뇌 단련

이밖에 할리우드 원칙을 활용하는 패턴을 떠올려 봅니다.

정답 팩토리 메소드, 옵저버 등이 떠오르는군요. 또 다른 패턴도 찾아보세요.

Q1 할리우드 원칙과 의존성 뒤집기 원칙은 어떤 관계인가요?

A1 의존성 뒤집기 원칙은 될 수 있으면 구상 클래스 사용을 줄이고 추상화된 것을 사용해야 한다는 원칙이죠. 할리우드 원칙은 저수준 구성 요소가 컴퓨테이션에 참여하면서도 저수준 구성 요소와 고수준 계층 간 의존을 없애도록 프레임워크나 구성 요소를 구축하는 기법입니다. 따라서 이 두 원칙은 객체를 분리한다는 하나의 목표를 공유하지만, 의존성을 피하는 방법에 있어서 의존성 뒤집기 원칙이 훨씬 더 강하고 일반적인 내용을 담고 있습니다.

할리우드 원칙은 저수준 구성 요소를 다양하게 사용할 수 있으면서도, 다른 클래스가 구성 요소에 너무 의존하지 않게 만들어 주는 디자인 구현 기법을 제공하죠.

Q2 저수준 구성 요소에서는 고수준 구성 요소에 있는 메소드를 호출할 수 없는 건가요?

A2 그런 건 아닙니다. 사실 저수준 구성 요소에서도 상속 계층구조 위에 있는 클래스가 정의한 메소드를, 상속으로 호출하는 경우도 빈번하게 있습니다. 하지만 저수준 구성 요소와 고수준 구성 요소 사이에 순환 의존성이 생기지 않도록 해야합니다.

누가 무엇을 할까요?

패턴과 올바른 설명을 연결해 보세요.

패턴	설명
템플릿 메소드 패턴 •	• 바꿔 쓸 수 있는 행동을 캡슐화하고, 어떤 행동을 사용할지는 서브클래스에 맡깁니다.
전략 패턴 •	• 알고리즘의 어떤 단계를 구현하는 방법을 서브클래스에서 결정합니다.
팩토리 메소드 패턴 •	• 구상 클래스의 인스턴스 생성을 서브클래스에서 결정합니다.

정답 348쪽

자바 API 속 템플릿 메소드 패턴 알아보기  야생의 템플릿 메소드를 찾아서 ⭐

템플릿 메소드 패턴은 정말 많이 쓰이는 패턴이라서 야생에서도 그리 어렵지 않게 발견할 수 있습니다. 하지만 패턴 교과서에서 예시로 자주 드는 디자인과는 꽤 다른 모양으로 구현한 템플릿 메소드도 많이 있습니다. 따라서 주의 깊게 살펴보지 않으면 템플릿 메소드 패턴이 적용되어 있다는 사실도 모르고 넘어가기가 쉽습니다.

이 패턴이 자주 쓰이는 이유는 프레임워크를 만드는 데 아주 훌륭한 디자인 도구이기 때문입니다. 프레임워크로 작업이 처리되는 방식을 제어하면서도 프레임워크에서 처리하는 알고리즘의 각 단계를 사용자가 마음대로 지정할 수 있으니까요.

야생에서 발견할 수 있는 디자인 패턴을 한번 찾아볼까요? 여기서 야생은 자바 API를 뜻합니다!

수련 과정에서는 고전적인 패턴만 배우는 법이지요.
하지만 강호의 세계로 뛰어들려면
숨겨진 패턴도 찾아낼 수 있어야 합니다.
변형된 패턴을 알아보는 방법도 배워야 해요.
실제 세계에서는 어떤 정사각형도 완벽한
정사각형이 될 수는 없으니까요.

템플릿 메소드로 정렬하는 방법
Arrays 클래스 속 템플릿 메소드를 알아봅시다

배열로 자주 하는 일은 무엇일까요?
역시 정렬이겠죠? 자바의 Arrays 클래스에는 정렬할 때
쓸 수 있는 편리한 템플릿 메소드가 포함되어 있습니다.
이 메소드가 어떤 식으로 작동하는지 살펴봅시다.

설명하기 편하게 코드를 조금 고쳤습니다.
전체 코드가 궁금하다면
www.hanbit.co.kr/src/10536 또는
wickedlysmart.com/head-first-design-patterns에서
자바 소스 코드를 내려받아서 확인해 보세요.

정확히 말하자면 여기에는 메소드가 2개 나옵니다.
이 둘을 합치면 정렬 기능을 사용할 수 있습니다.

이 sort( ) 메소드는 배열의 복사본을 만든 다음 mergeSort( )를 호출할 때
대상 배열로 전달해 주는 보조 메소드입니다. mergeSort( )를 호출할 때는
배열의 길이와 첫 번째 원소의 위치(0)도 알려 줘야 합니다.

```java
public static void sort(Object[] a) {
    Object aux[] = (Object[])a.clone();
    mergeSort(aux, a, 0, a.length, 0);
}
```

mergeSort( ) 메소드에는 정렬 알고리즘이 들어있으며, compareTo( ) 메소드에
의해 결과가 결정됩니다. 정렬이 실제로 어떤 식으로 진행되는지 알고 싶다면
자바 소스 코드를 확인해 보세요.

템플릿 메소드입니다.

```java
private static void mergeSort(Object src[], Object dest[],
                int low, int high, int off)
{
    // 많은 코드
    for (int i=low; i<high; i++){
        for (int j=i; j>low &&
            ((Comparable)dest[j-1]).compareTo((Comparable)dest[j])>0; j--)
        {
            swap(dest, j, j-1);
        }
    }
    // 많은 코드
}
```

Arrays 클래스에 이미 정의되어 있는 구상 메소드

템플릿 메소드를 완성하려면
compareTo( ) 메소드를 구현해야만 합니다.

오리 정렬하기

오리 배열 속 오리들을 정렬해야 합니다. 어떻게 정렬할 수 있을까요? Arrays에 있는 정렬용 템플릿 메소드에서 알고리즘을 제공하지만, 오리 비교 방법은 compareTo() 메소드로 구현해야 합니다.

Duck 객체들로 이루어진 배열이 있는데, 그 오리들을 정렬해야 합니다.

이상한데요? 서브클래스를 만들어야 하지 않나요? 템플릿 메소드 패턴을 배울 때 서브클래스에서 일부 단계를 구현한다고 배운 것 같은데요. 이 예제에서는 Arrays의 서브클래스를 만들지 않을 거 같은데, 어떻게 sort()를 사용할 수 있죠?

좋은 지적입니다. 실제로 sort()만 쓰면 몇 가지 문제점이 있죠. 한번 자세히 살펴봅시다. sort()를 디자인한 사람은 모든 배열에서 그 메소드를 쓸 수 있도록 노력했습니다. 그래서 sort()를 정적 메소드로 만들었죠. 정적 메소드 자체는 별문제가 되지 않습니다. 슈퍼클래스에 들어있다고 생각하면 되니까요. 더 큰 문제점은 sort() 자체가 특정 슈퍼클래스에 정의되어 있는 게 아니므로 sort() 메소드가 여러분이 compareTo() 메소드를 구현했는지를 알아낼 수 있는 방법이 필요하다는 점입니다. 만약 그 메소드가 없다면 정렬 알고리즘이 제대로 작동할 수 없을 테니까요.

이 문제를 해결하려는 목적으로 Comparable 인터페이스가 도입되었습니다. 이제 compareTo() 메소드밖에 없는 이 인터페이스를 구현하기만 하면 문제가 해결됩니다.

그래서 compareTo( )가 뭐죠?

compareTo( ) 메소드는 두 객체를 비교해서 그 대소 관계를 리턴하는 메소드입니다. sort( ) 메소드에서 그 결과를 사용해서 배열을 정렬하죠.

내가 더 큰가?

아닌 것 같은데? compareTo( )에서 판단해 줄 거야.

오리 대소 비교

오리를 정렬하려면 compareTo()를 구현해야 한다는 사실 쯤은 이제 따로 얘기 안 해도 되죠? 이 메소드를 구현하면 배열 클래스에 들어있는 알고리즘이 완성되고, 오리 배열을 정렬할 수 있습니다.

서브클래스를 만들어서 쓰는 대신 Comparable 인터페이스를 구현해야 한다는 사실을 꼭 기억하세요.

```java
public class Duck implements Comparable<Duck> {
    String name;
    int weight;                                    // Duck에는 이름과 체중이 부여됩니다.

    public Duck(String name, int weight) {
        this.name = name;
        this.weight = weight;
    }
                                                   // 최대한 간단하게 만들려고 Duck에
    public String toString() {                     // 자신의 이름과 체중을 출력하는 기능만 넣었습니다.
        return name + " 체중: " + weight;
    }


                                                   // sort() 메소드에서 필요로 하는 것
    public int compareTo(Duck otherDuck) {
                                                   // compareTo() 메소드는 다른 Duck 객체를
                                                   // 인자로 받아서 이 객체와 비교합니다.

        if (this.weight < otherDuck.weight) {
            return -1;                             // Duck 객체들을 비교하는 방법이 들어있는 부분.
        } else if (this.weight == otherDuck.weight) {  // 이 오리의 무게가 otherDuck보다 가벼우면 -1을,
            return 0;                              // 무거우면 1을, 무게가 같으면 0을 리턴합니다.
        } else { // this.weight > otherDuck.weight
            return 1;
        }
    }
}
```

오리 정렬 코드 테스트

Duck을 정렬해 볼까요?

```java
public class DuckSortTestDrive {

    public static void main(String[] args) {
        Duck[] ducks = {
                            new Duck("Daffy", 8),
                            new Duck("Dewey", 2),
                            new Duck("Howard", 7),
                            new Duck("Louie", 2),
                            new Duck("Donald", 10),
                            new Duck("Huey", 2)
        };

        System.out.println("정렬 전:");
        display(ducks);

        Arrays.sort(ducks);

        System.out.println("\n정렬 후:");
        display(ducks);
    }

    public static void display(Duck[] ducks) {
        for (Duck d : ducks) {
            System.out.println(d);
        }
    }
}
```

Duck으로 이루어진 배열을 만듭니다.

전부 출력해서 이름과 무게를 살펴봅시다.

모든 배열에 쓸 수 있는 sort( ) 정적 메소드를 호출합니다. ducks라는 배열을 인자로 전달하죠.

드디어 정렬합니다.

이름과 무게를 다시 출력합니다.

정렬 테스트 결과입니다!

```
File  Edit  Window  Help send-more-honesttea
%java DuckSortTestDrive
정렬 전:
Daffy 체중: 8
Dewey 체중: 2
Howard 체중: 7          정렬되지 않은 오리들
Louie 체중: 2
Donald 체중: 10
Huey 체중: 2

정렬 후:
Dewey 체중: 2
Louie 체중: 2
Huey 체중: 2           정렬된 오리들
Howard 체중: 7
Daffy 체중: 8
Donald 체중: 10
%
```

오리가 정렬될 때까지 오리 정렬 메이킹 필름을 살펴봅시다! ⭐

무대 뒤에서

Arrays의 sort() 템플릿 메소드가 어떤 식으로 돌아가는지 차근차근 살펴봅시다. 템플릿 메소드에서 알고리즘을 어떻게 처리하는지, 그리고 알고리즘을 처리하는 특정 단계에서 필요한 코드를 Duck 클래스에게 어떤 식으로 요구하는지 등을 확인해 봅시다.

01 우선 Duck 배열이 필요합니다.

```
Duck[] ducks = {new Duck("Daffy", 8), ... };
```

```
for (int i=low; i<high; i++){
        ... compareTo() ...
        ... swap() ...
}
```

02 Arrays 클래스에 있는 sort() 템플릿 메소드를 호출합니다.
오리 배열을 인자로 전달합니다.

```
Arrays.sort(ducks);
```

sort() 메소드와 그 보조 메소드인 mergeSort()에서 정렬 작업을 처리합니다.

> sort() 메소드에서 알고리즘을 처리합니다. 어떤 클래스도 이 과정을 고칠 수 없죠. sort()는 Comparable 인터페이스에서 제공하는 compareTo() 메소드에 의존합니다.

03 배열을 정렬하려면 전체 목록이 정렬될 때까지 두 항목을 하나씩 비교해야 합니다. sort() 메소드는 두 오리 객체를 비교할 때 compareTo() 메소드에 의존합니다. 한 오리 객체의 compareTo() 메소드를 호출할 때 비교해야 할 다른 오리 객체를 매개변수로 전달하죠.

```
ducks[0].compareTo(ducks[1]);
```

첫 번째 오리   비교해야 할 오리

Duck
compareTo()
toString()

> 일반적인 템플릿 메소드에서 사용하는 상속은 전혀 쓰지 않았습니다.

04 비교한 결과 순서가 맞지 않으면 Arrays에 들어있는 swap() 구상 메소드를 써서 두 오리 객체를 맞바꿉니다.

```
swap()
```

Arrays
sort()
swap()

05 sort() 메소드는 배열이 완전히 정렬될 때까지 오리들을 비교하고 맞바꾸는 작업을 반복합니다.

무엇이든 물어보세요
Q&A

Q1 오리 정렬 코드도 정말 템플릿 메소드 패턴인가요? 너무 억지로 끼워 맞춘 것 아닌가요?

A1 템플릿 메소드 패턴의 정의를 보면 알고리즘을 구현하고, 일부 단계는 서브클래스에서 구현한 것을 써서 처리한다고 나와 있습니다. Arrays의 sort( ) 메소드는 분명히 그런 방법을 쓰지 않고 있습니다. 하지만 실전에서 패턴을 적용하는 방법이 책에 나와 있는 방법과 완전히 같을 수는 없습니다. 주어진 상황과 구현상 제약조건에 맞게 고쳐서 적용해야 합니다.

Arrays의 sort( ) 메소드를 디자인한 사람도 몇 가지 제약조건이 있었습니다. 일반적으로 자바에서는 배열의 서브클래스를 만들 수 없지만, 어떤 배열에서도 정렬 기능을 사용할 수 있도록 만들어야 했습니다(배열은 어떤 클래스로든 만들 수 있다는 점을 생각하면 참 당황스럽죠). 그래서 정적 메소드를 정의한 다음, 대소를 비교하는 부분은 정렬될 객체에서 구현하도록 만든 거죠.

온전한 템플릿 메소드라고 할 순 없겠지만, sort( ) 메소드 구현 자체는 템플릿 메소드 패턴의 기본 정신을 충실히 따르고 있습니다. 또한 Arrays의 서브클래스를 만들어야 한다는 제약 조건을 없앰으로써 오히려 더 유연하면서 유용한 정렬 메소드를 만들었습니다.

Q2 구현해 놓은 것을 보니 템플릿 메소드 패턴보다는 전략 패턴에 더 가까운 것 같네요. 이 메소드에 템플릿 패턴이 적용되었다고 볼 수 있는 정확한 근거가 뭐죠?

A2 전략 패턴에서 객체 구성을 사용하니까 그런 식으로 생각했나 보군요. 지적한 내용도 일리가 있습니다. Arrays를 써서 배열을 정렬했으니까 전략 패턴과 비슷해 보입니다. 하지만 전략 패턴에서는 구성할 때 사용하는(즉, 객체 레퍼런스에 의해 참조되는) 클래스에서 알고리즘을 완전히 구현합니다. Arrays 클래스에서 사용하는 알고리즘은 불완전하죠. compareTo( )를 다른 클래스에서 제공해 줘야 하니까요. 그러니 오리 배열 코드에는 템플릿 메소드 패턴이 적용되었다고 볼 수 있습니다.

Q3 자바 API에서 템플릿 메소드 패턴이 적용된 다른 예도 있나요?

A3 네, 몇몇 API에서 찾을 수 있습니다. 예를 들어, java.io의 InputStream에 있는 read( ) 메소드는 서브클래스에서 구현해야 하며 read(byte b[], int off, int len) 템플릿 메소드가 read( ) 메소드를 사용합니다.

뇌 단련

상속보다는 구성을 활용하라고 배웠었죠? sort( ) 템플릿 메소드를 구현한 사람은 상속을 사용하지 않고, 대신 sort( ) 메소드를 정적 메소드로 구현하고, 실행 시에 Comparable이 그 안에 포함되도록 디자인했습니다. 이런 방법이 더 나을까요? 아니면 더 나쁠까요? 여러분이라면 이 문제를 어떻게 해결하겠습니까? 자바 배열 때문에 특별히 더 어려워지는 점이 있을까요?

뇌 단련

어떤 패턴은 특화된 템플릿 메소드 패턴이라고 할 수 있습니다. 이 패턴은 기본 단계에서 객체를 생성하고 리턴합니다. 이 패턴은 무슨 패턴일까요?

템플릿 메소드로 그래픽 출력하기

JFrame 속 템플릿 메소드를 살펴봅시다

이번에 살펴볼 야생의 템플릿 메소드는 바로 JFrame입니다. JFrame을 한 번도 써본 적 없는 분들을 위해 간단하게 설명하자면, JFrame은 가장 기본적인 스윙 컨테이너로, paint() 메소드를 상속받는 컨테이너입니다. 기본적으로 paint() 메소드는 후크 메소드라서 아무 일도 하지 않습니다. paint()를 오버라이드하면 특정 화면 영역에 특정 내용을 표시하는 JFrame의 알고리즘에 사용자가 원하는 그래픽을 추가할 수 있습니다. JFrame에서 paint() 후크 메소드를 오버라이드하는 아주 간단한 예를 살펴봅시다.

```java
public class MyFrame extends JFrame {

    public MyFrame(String title) {
        super(title);
        this.setDefaultCloseOperation(JFrame.EXIT_ON_CLOSE);

        this.setSize(300,300);
        this.setVisible(true);
    }

    public void paint(Graphics graphics) {
        super.paint(graphics);
        String msg = "내가 최고!!";
        graphics.drawString(msg, 100, 100);
    }

    public static void main(String[] args) {
        MyFrame myFrame = new MyFrame("Head First Design Patterns");
    }
}
```

update( ) 메소드가 들어있는 JFrame을 확장합니다. update( ) 메소드는 화면 갱신 알고리즘을 제어합니다. paint( ) 후크 메소드를 오버라이드하면 그 알고리즘에 끼어들 수 있습니다.

그냥 몇 가지를 초기화하는 부분입니다. 별로 신경 쓸 필요는 없습니다.

JFrame의 update( ) 알고리즘은 paint( )를 호출합니다. 기본적으로 paint( )는 아무 밑도 하지 않습니다. 그냥 후크 메소드죠. 여기에서는 paint( )를 오버라이드해서 윈도우에 메시지를 그리겠습니다.

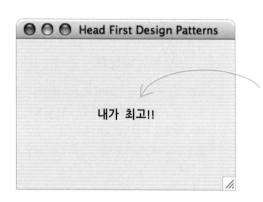

paint( ) 후크 메소드를 오버라이드해서 프레임에 원하는 그래픽을 추가했습니다.

AbstractList로 나만의 리스트 만들기

마지막으로 AbstractList를 알아보겠습니다.

ArrayList, LinkedList 같은 자바의 리스트 컬렉션은 리스트에서 필요한 기능을 구현해 주는 AbstractList 클래스를 확장합니다. 예를 들어 String만 들어가는 나만의 리스트를 만들고 싶다면 AbstractList를 확장해서 기본적인 기능을 그대로 받아올 수 있습니다.

AbstractList에는 get()과 size() 추상 메소드에 의존하는 subList() 템플릿 메소드가 있습니다. 따라서 AbstractList를 확장해서 나만의 리스트를 만들 때는 이 2가지 메소드를 구현해야 합니다.

String 객체만 담을 수 있는 나만의 리스트를 다음과 같이 구현했습니다. 이 구현에서는 배열을 사용해서 객체를 저장합니다.

```java
public class MyStringList extends AbstractList<String> {
    private String[] myList;
    MyStringList(String[] strings) {
        myList = strings;
    }
    public String get(int index) {
        return myList[index];
    }
    public int size() {
        return myList.length;
    }
    public String set(int index, String item) {
        String oldString = myList[index];
        myList[index] = item;
        return oldString;
    }
}
```

AbstractList를 확장해서 나만의 리스트를 만듭니다.

subList() 템플릿 메소드에서 사용하는 get()과 size() 메소드를 구현해야 합니다.

리스트를 수정할 수 있도록 set() 메소드도 구현합니다.

MyStringList 구현에 있는 subList() 템플릿 메소드는 다음과 같은 식으로 테스트할 수 있습니다.

```java
String[] ducks = { "Mallard Duck", "Redhead Duck", "Rubber Duck", "Decoy Duck"};
MyStringList ducksList = new MyStringList(ducks);
List ducksSubList = ducksList.subList(2, 3);
```

인덱스 2, 즉 'Rubber Duck'에서 시작하는 서브리스트를 생성합니다.

방구석 토크

오늘의 게스트 템플릿 메소드 패턴과 전략 패턴

팩토리 메소드 패턴

저기요, 저도 다 듣고 있거든요.

전략 패턴

템플릿 메소드 패턴

저기, 전략 패턴 씨, 여기서 뭐 하는 거예요? 팩토리 메소드 패턴인 줄 알고 깜짝 놀랐잖아요.

아니에요. 저예요. 물론 저라고 해서 방심할 수는 없겠지만요. 근데 템플릿 메소드 패턴 씨는 팩토리 메소드 패턴 씨와 잘 알고 지내지 않나요?

장난친 거죠. 근데 여긴 어쩐 일로 왔어요? 그리고 보니 못 본 지 한참 됐네요.

템플릿 메소드 패턴에 관한 장이 거의 다 끝나간다는 소문을 듣고 궁금해서 한번 들렸어요. 우리는 여러 면에서 비슷하잖아요. 그래서 혹시 도와줄 만한 게 없을까 해서 와 봤죠.

그것보단 오랜만에 독자에게 얼굴 한 번 비추러 온 거죠? 맞죠?

음, 글쎄요? 사실 1장에서 한 번 등장한 이후로 종종 "혹시 그 패턴 아닌가요…?" 라면서 말을 거는 분들이 있더라고요. 이제 저도 꽤 유명해졌나 봐요. 그래도 혹시 모르니 제 소개를 하자면, 저는 일련의 알고리즘군을 정의하고 그 알고리즘들을 서로 바꿔가면서 쓸 수 있게 해 줍니다. 각 알고리즘은 캡슐화되어 있으므로 클라이언트에서 손쉽게 서로 다른 알고리즘을 사용할 수 있죠.

어? 제가 하는 일과 꽤 비슷한 것 같은데요? 목표가 좀 다른 것 같지만요. 저는 알고리즘의 개요를 정의하는 일을 합니다. 하지만 진짜 작업 중 일부는 제 밑에 있는 서브클래스에서 처리하죠. 이러면 알고리즘의 각 단계마다 다른 구현을 사용하면서도 알고리즘 구조 자체는 그대로 유지할 수 있죠. 전략 패턴에서는 알고리즘에 서브클래스가 개입할 여지가 없어 보이네요.

저 같으면 그런 식으로 얘기하지 않을 것 같은데… 어쨌든 저는 알고리즘을 구현할 때 상속만을 사용하진 않아요. 클라이언트에게 객체 구성으로 알고리즘을 구현 할지 말지 선택할 기회를 주죠.

템플릿 메소드 패턴

그건 저도 알고 있죠. 하지만 저는 알고리즘을 더 꽉 잡고 있고, 코드 중복도 거의 없어요. 사실 알고리즘이 전부 똑같고 코드 한 줄만 다르다면 템플릿 메소드 패턴을 사용한 클래스가 전략 패턴을 사용한 클래스보다 훨씬 효율적이죠. 중복되는 코드는 전부 슈퍼클래스에 들어있으니까 서브클래스도 공유받을 수 있잖아요.

필요한 객체 개수도 적어서 아주 조금 효율적일 것 같군요. 제가 사용하는 위임 모형에 비하면 조금 덜 복잡한 것 같기도 하고요. 하지만 저는 객체 구성을 사용하니까 더 유연하다는 장점이 있어요. 저를 사용하면 클라이언트에서 다른 전략 객체를 사용해서 알고리즘을 변경할 수 있죠. 제가 괜히 1장에 나와 있는 게 아니라니까요.

그 점은 인정합니다만, 제가 많이 쓰이는 패턴 중 하나라는 건 꼭 기억해 주세요. 왜냐고요? 저는 서브클래스에서 일부 행동을 지정할 수 있게 해 주면서도 코드를 재사용할 수 있게 해 주는 기본 메소드를 제공하니까요. 프레임워크를 만드는 데 있어서 이보다 완벽한 방법이 또 있을까요?

그런 것 같긴 하네요. 하지만 의존은 어떻게 생각하시죠? 저에 비하면 의존성이 훨씬 큰 것 같은데요?

왜 의존성이 크죠? 제 슈퍼클래스는 추상 클래스란 말이에요.

하지만 알고리즘의 일부를 슈퍼클래스에서 구현한 메소드에 의존해야 하잖아요. 저는 어떤 것에도 의존하지 않아요. 알고리즘을 전부 알아서 구현할 수 있거든요.

아까도 말했지만, 그런 장점은 저도 인정합니다. 아무튼 와 줘서 고마워요. 근데 이제 8장을 마무리해야 할 것 같네요.

알았어요, 이제 그만 방해하고 갈게요. 언제든지 제가 가지고 있는 특별한 기법이 필요하면 말씀하세요. 기꺼이 도와 드리죠.

잘 알겠습니다. 먼저 연락하진 마세요. 연락할 일 있으면 제가 전화 드릴게요.

낱말 퀴즈

또 낱말 퀴즈 시간이 찾아왔군요.
이번에는 같은 단어가 여러 번 들어갈 수도 있습니다.

단어는 영어 알파벳으로 되어 있습니다.
낱말 퀴즈 옆에 있는 단어 리스트를
참고해서 풀어 보세요!

- **카페인** CAFFEINE
- **스타버즈** STARBUZZ
- **상속** INHERITANCE
- **알고리즘** ALGORITHM
- **2** TWO
- **홍차** TEA
- **필수적이지 않은** OPTIONAL
- **PAINT**
- **정적** STATIC
- **특화** SPECIALIZATION
- ABSTRACTLIST
- **전략 패턴** STRATEGY
- **할리우드** HOLLYWOOD
- MERGESORT
- **추상** ABSTRACT
- **구성** COMPOSITION
- **후크** HOOK

가로

1. Huey, Louie, Dewey는 모두 _____ 파운드입니다.
2. 템플릿 메소드는 보통 _____ 클래스에서 정의합니다.
4. 8장에서 _____의 음료를 만들었죠?
7. 알고리즘상 반드시 서브클래스에서 제공해야 하는 단계는 _____ 메소드로 정의합니다.
11. "내가 최고!"라고 출력하려고 사용했던 JFrame의 후크 메소드
12. _____ 에는 subList( ) 템플릿 메소드가 들어있죠?
13. Arrays에서 사용하는 정렬 메소드
14. 템플릿 메소드 패턴에서는 _____ 으로 다른 클래스에 구현을 위임합니다.
15. "먼저 연락하지 마세요. 저희가 연락 드리겠습니다"를 _____ 원칙이라고 불렀죠?
16. 전략 패턴에서는 상속보다는 _____ 을 사용합니다.

세로

1. 커피로 하실래요, _____ 로 하실래요?
3. 팩토리 메소드 패턴은 _____ 된 템플릿 메소드 패턴입니다.
5. 템플릿 메소드에서는 _____ 의 단계를 정의합니다.
6. 이 책에서 처음으로 배웠던 패턴 이름
8. 알고리즘에서 _____ 단계는 후크 메소드로 구현합니다.
9. 객체마을에서 제일 유명한 카페 이름
10. Arrays 클래스에서는 템플릿 메소드를 _____ 메소드로 구현했습니다.
15. 추상 슈퍼클래스에 있는 메소드 중에서 아무 일도 하지 않거나 기본적인 행동만 하는 것을 _____ 메소드라고 합니다.

디자인 도구상자 안에 들어가야 할 도구들

도구상자에 템플릿 메소드 패턴이 추가되었습니다. 템플릿 메소드 패턴을 활용하면 알고리즘은 그대로 유지하면서 코드를 원활하게 재사용할 수 있습니다.

객체지향 기초

추상화

캡슐화

다형성

상속

객체지향 원칙

- 바뀌는 부분은 캡슐화한다.
- 상속보다는 구성을 활용한다.
- 구현보다는 인터페이스에 맞춰서 프로그래밍한다.
- 상호작용하는 객체 사이에서는 가능하면 느슨한 결합을 사용해야 한다.
- 클래스는 확장에는 열려 있어야 하지만 변경에는 닫혀 있어야 한다(OCP).
- 추상화된 것에 의존하게 만들고 구상 클래스에 의존하지 않게 만든다.
- 진짜 절친에게만 이야기해야 한다.
- 먼저 연락하지 마세요. 저희가 연락 드리겠습니다.

할리우드에서 배우들과 연락하는 것과 비슷하게, 슈퍼클래스에서 모든 것을 관리하고 필요한 서브클래스를 불러서 써야 한다는 원칙입니다.

템플릿 메소드 패턴을 사용하면 클래스에서 알고리즘을 구현하면서 일부 단계를 서브클래스에게 떠넘길 수 있습니다.

객체지향 패턴

템플릿 메소드 패턴 – 알고리즘의 골격을 정의합니다. 템플릿 메소드를 사용하면 알고리즘의 일부 단계를 서브클래스에서 구현할 수 있으며, 알고리즘의 구조는 그대로 유지하면서 알고리즘의 특정 단계를 서브클래스에서 재정의할 수도 있습니다.

앞에서 prepareRecipe( )의 구현 코드를 CaffeineBeverage 클래스로 옮겼습니다.
바뀐 내용을 반영해서 클래스 다이어그램을 새로 그려 봅시다.

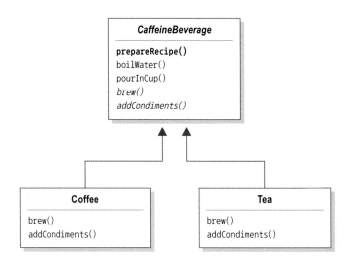

누가 무엇을 할까요? **정답**

패턴과 올바른 설명을 연결해 보세요.

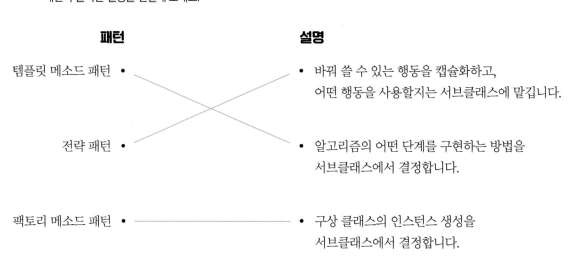

패턴	설명

템플릿 메소드 패턴 •

전략 패턴 •

팩토리 메소드 패턴 •

• 바꿔 쓸 수 있는 행동을 캡슐화하고,
어떤 행동을 사용할지는 서브클래스에 맡깁니다.

• 알고리즘의 어떤 단계를 구현하는 방법을
서브클래스에서 결정합니다.

• 구상 클래스의 인스턴스 생성을
서브클래스에서 결정합니다.

컬렉션 잘 관리하기

반복자 패턴과 컴포지트 패턴

저는 컬렉션을 캡슐화해서 잘 보관하죠. 누가 캡슐화를 더 잘하는지 내기해도 좋아요.

객체를 컬렉션에 추가하는 방법은 정말 다양합니다

배열이든 스택이든 해시 테이블이든 아무거나 마음대로 골라서 사용하면 됩니다. 물론 각각의 장단점을 따져 보고 선택해야겠죠. 그런데, 언젠가는 클라이언트가 컬렉션에 들어있는 모든 객체에게 일일이 접근하고 싶어하는 날이 올 겁니다. 그런 날이 와도 객체들을 어떤 식으로 저장했는지 클라이언트에게 전부 보여 줄 필요는 없습니다. 전부 보여 주는 건 프로답지 못한 행동이죠. 객체 저장 방식을 보여 주지 않으면서도 클라이언트가 객체에 일일이 접근할 수 있게 해 주는 방법을 알아보겠습니다. 그리고 한 방에 멋진 자료 구조를 만들 수 있는, 객체들로 구성된 슈퍼 컬렉션도 알아보겠습니다. 그밖에 객체의 역할도 몇 가지 더 배워 봅시다.

속보! 객체마을 식당과 팬케이크 하우스 합병

놀라운 뉴스군요. 이제 팬케이크 하우스에서 파는 아침 메뉴와 객체마을 식당에서
파는 맛있는 점심 메뉴를 한 곳에서 먹을 수 있게 되었습니다. 근데 무슨 문제가 있는 모양이군요.

메뉴 항목 살펴보기

루와 멜은 메뉴 항목을 나타내는 MenuItem 클래스의
구현 방법은 합의했습니다.
각 메뉴에 있는 항목과 MenuItem 클래스 코드를
살펴볼까요?

객체마을 식당 메뉴는 점심 식사를,
팬케이크 하우스 메뉴는 아침 식사를 노리고 만들었습니다.
모든 항목에는 이름, 설명, 가격이 써 있습니다.

객체마을 식당

채식주의자용
통밀 위에 콩고기

BLT
감자 샐러드를 곁

핫도그
사워크라우트, 겨

찐 채소와 브
찐 채소와 브라운

팬케이크 하우스

K&B 팬케이크 세트   2.99
스크램블 에그와 토스트가 곁들여진 팬케이크

레귤러 팬케이크 세트   2.99
달걀 프라이와 소시지가 곁들여진 팬케이크

블루베리 팬케이크   3.49
신선한 블루베리와 블루베리 시럽으로 만든 팬케이크

와플   3.59
취향에 따라 블루베리나 딸기를 얹을 수 있는 와플

```java
public class MenuItem {
    String name;
    String description;
    boolean vegetarian;
    double price;

    public MenuItem(String name,
                    String description,
                    boolean vegetarian,
                    double price)
    {
        this.name = name;
        this.description = description;
        this.vegetarian = vegetarian;
        this.price = price;
    }

    public String getName() {
        return name;
    }

    public String getDescription() {
        return description;
    }

    public double getPrice() {
        return price;
    }

    public boolean isVegetarian() {
        return vegetarian;
    }
}
```

MenuItem은 이름(name), 설명(description),
채식주의 메뉴 여부(vegetarian), 가격(price)으로
구성되어 있습니다. MenuItem을 초기화할 때는
생성자에 이 값들을 모두 매개변수로 전달해야 합니다.

이 게터 메소드를 사용해서 메뉴 항목의 각 필드에 접근할 수 있습니다.

루와 멜의 메뉴 구현법 비교하기

이제 루와 멜이 어떤 문제 때문에 다투고 있는지 알아봐야겠네요.
둘 다 메뉴에 항목들을 저장하려고 적지 않은 시간을 투자해서 쓸 만한 코드를
만들어 놨습니다. 게다가 그 메뉴에 의존하는 다른 코드도 많이 만들었죠.

> 나는 메뉴에 새로운 항목을
> 추가하기 쉽게 하려고
> ArrayList를 썼단 말야.

```java
public class PancakeHouseMenu {          루는 팬케이크 하우스 메뉴를 이렇게 구현했습니다.
    List<MenuItem> menuItems;
                                         루의 가게에서는 ArrayList에 메뉴 항목을 저장합니다.
    public PancakeHouseMenu() {
        menuItems = new ArrayList<MenuItem>();

        addItem("K&B 팬케이크 세트",
            "스크램블 에그와 토스트가 곁들여진 팬케이크",
            true,
            2.99);

        addItem("레귤러 팬케이크 세트",
            "달걀 프라이와 소시지가 곁들여진 팬케이크",         각 메뉴 항목은 생성자 내에서 ArrayList에 추가됩니다.
            false,                                       각 MenuItem에는 이름, 설명, 채식주의자용 메뉴 여부,
            2.99);                                       가격이 들어있습니다.

        addItem("블루베리 팬케이크",
            "신선한 블루베리와 블루베리 시럽으로 만든 팬케이크",
            true,
            3.49);

        addItem("와플",
            "취향에 따라 블루베리나 딸기를 얹을 수 있는 와플",
            true,                                        메뉴 항목을 추가하고 싶으면
            3.59);                                       필요한 인자를 전달해서
    }                                                    MenuItem 객체를 새로 만들고
                                                         그 객체를 ArrayList에
    public void addItem(String name, String description, 추가하면 됩니다.
                        boolean vegetarian, double price)
    {
        MenuItem menuItem = new MenuItem(name, description, vegetarian, price);
        menuItems.add(menuItem);
    }
                            getMenuItems() 메소드는 메뉴 항목의 목록을 리턴합니다.
    public ArrayList<MenuItem> getMenuItems() {
        return menuItems;
    }
                         ArrayList로 구현한 코드에 의존하는 다른 코드가 잔뜩 있습니다.
    // 기타 메뉴 관련 메소드   이 코드를 전부 고치고 싶진 않겠죠.
}
```

하하하! ArrayList라고? 나는 메뉴에 들어가는 항목의
최대 개수를 딱 정해 놓고 진짜 배열을 쓴다고.
이러면 MenuItem을 그냥 쓸 수 있지.

```java
public class DinerMenu {
    static final int MAX_ITEMS = 6;
    int numberOfItems = 0;
    MenuItem[] menuItems;

    public DinerMenu() {
        menuItems = new MenuItem[MAX_ITEMS];

        addItem("채식주의자용 BLT",
            "통밀 위에 콩고기 베이컨, 상추, 토마토를 얹은 메뉴", true, 2.99);
        addItem("BLT",
            "통밀 위에 베이컨, 상추, 토마토를 얹은 메뉴", false, 2.99);
        addItem("오늘의 스프",
            "감자 샐러드를 곁들인 오늘의 스프", false, 3.29);
        addItem("핫도그",
            "사워크라우트, 갖은 양념, 양파, 치즈가 곁들여진 핫도그",
            false, 3.05);
        // 기타 메뉴 항목이 추가되는 부분
    }

    public void addItem(String name, String description,
                        boolean vegetarian, double price)
    {
        MenuItem menuItem = new MenuItem(name, description, vegetarian, price);
        if (numberOfItems >= MAX_ITEMS) {
            System.err.println("죄송합니다, 메뉴가 꽉 찼습니다. 더 이상 추가할 수 없습니다");
        } else {
            menuItems[numberOfItems] = menuItem;
            numberOfItems = numberOfItems + 1;
        }
    }

    public MenuItem[] getMenuItems() {
        return menuItems;
    }

    // 기타 메뉴 관련 메소드
}
```

멜이 구현한 객체마을 식당 메뉴는 이렇게 생겼습니다.

멜은 다른 방식으로 메뉴를 구현했습니다. 배열을 사용하고 있기에 메뉴의
크기를 정해 놓았고, 객체를 캐스팅할 필요 없이 바로 꺼내서 쓸 수 있도록 했죠.

루와 마찬가지로 메뉴 항목을 생성자에서 만듭니다.
addItem()이라는 보조 메소드를 사용하죠.

addItem()은 MenuItem을 생성할 때
필요한 모든 매개변수를 받아서 인스턴스를 만듭니다.
그리고 최대 메뉴 항목 개수 초과 여부도 확인합니다.

멜은 메뉴 항목 개수를 제한했습니다
(이러면 조리법을 몇 가지만 잘 기억해 두면 되니까 편하겠죠).

getMenuItem()은 메뉴 항목으로 구성된 배열을 리턴합니다.

루와 마찬가지로 멜도 메뉴에 의존하는 메소드를 많이 만들어놨습니다.
요리하기도 바쁜데 이 코드를 전부 고칠 시간이 있을 턱이 없죠.

메뉴 구현 방식이 다르면 어떤 문제가 생길까요? 서로 다른 메뉴를 사용하는 클라이언트를 만들어서 한번 알아봅시다. 객체마을 식당과 팬케이크 하우스를 합병해서 만든 가게에서 '자바 종업원'을 만들어 달라고 요청했다고 생각해 보죠(객체마을이니까 자바는 기본이죠). 자바 종업원은 고객이 주문한 내용에 맞춰서 주문 메뉴를 출력하는 능력은 물론, 주방장에게 물어보지 않고도 알아서 어떤 메뉴가 채식주의자용인지 알아내는 능력도 갖춰야 합니다. 가히 혁명적이라고 할 수 있죠. 밑에 나와 있는 자격 조건을 어떤 식으로 구현할 수 있을지 생각해 봅시다.

자바 종업원

자바 종업원의 자격 요건

자바 종업원: 코드명 '앨리스'

printMenu()
 - 메뉴에 있는 모든 항목을 출력

printBreakfastMenu()
 - 아침 식사 항목만 출력

printLunchMenu()
 - 점심 식사 항목만 출력

printVegetarianMenu()
 - 채식주의자용 메뉴 항목만 출력

isItemVegetarian(name)
 - 해당 항목이 채식주의자용이면 true를 리턴하고
   그렇지 않으면 false를 리턴

종업원의 자격 요건

자격 요건 구현하기: 1차 시도

printMenu() 메소드를 구현하는 방법을 순서대로 생각해 봅시다.

생각해 보세요!

01 각 메뉴에 들어있는 모든 항목을 출력하려면 PancakeHouseMenu와 DinerMenu 클래스의 getMenuItem() 메소드를 호출해서 메뉴 항목을 가져와야 합니다. 이 두 메소드의 리턴 형식이 다르다는 점에 주의합시다.

메소드 이름은 똑같지만 리턴 형식은 다릅니다.

```java
PancakeHouseMenu pancakeHouseMenu = new PancakeHouseMenu();
ArrayList<MenuItem> breakfastItems = pancakeHouseMenu.getMenuItems();

DinerMenu dinerMenu = new DinerMenu();
MenuItem[] lunchItems = dinerMenu.getMenuItems();
```

breakfastItems는 ArrayList에, lunchItems는 배열에 저장됩니다.

02 breakfastItems ArrayList에 들어있는 모든 항목에 순환문을 돌려 PancakeHouseMenu의 항목을 출력합니다. 그리고 DinerMenu에 들어있는 항목을 출력할 때는 배열에 순환문을 돌립니다.

메뉴 항목이 서로 다른 식으로 구현되어 있으므로 2개의 서로 다른 순환문을 만들어야 합니다.

```java
for (int i = 0; i < breakfastItems.size(); i++) {
    MenuItem menuItem = breakfastItems.get(i);
    System.out.print(menuItem.getName() + " ");
    System.out.println(menuItem.getPrice() + " ");
    System.out.println(menuItem.getDescription());
}
for (int i = 0; i < lunchItems.length; i++) {
    MenuItem menuItem = lunchItems[i];
    System.out.print(menuItem.getName() + " ");
    System.out.println(menuItem.getPrice() + " ");
    System.out.println(menuItem.getDescription());
}
```

여기서는 ArrayList에, 여기서는 배열에 순환문을 돌립니다.

03 자바 종업원에 들어있는 다른 메소드도 위에 있는 코드와 비슷한 식으로 작성해야 합니다. 항상 두 메뉴를 사용하고, 각 항목에서 반복 작업을 수행하려면 2개의 순환문을 써야하죠. 만약 다른 구현법을 사용하는 레스토랑과 또 합병한다면 3개의 순환문이 필요하게 될 겁니다.

다음 문항 중 printMenu( )의 설명으로 옳은 것을 골라 보세요.

☐ **A.** 인터페이스가 아닌 PancakeHouseMenu와 DinerMenu 구상 클래스에 맞춰서 코딩하고 있습니다.

☐ **B.** 종업원 코드에서 자바 종업원 API를 구현하고 있지 않으므로 표준을 순수하지 않고 있습니다.

☐ **C.** 메뉴 항목의 목록을 DinerMenu를 사용하는 방식에서 Hashtable을 사용하는 방식으로 전환하려면 종업원 코드를 아주 많이 수정해야 합니다.

☐ **D.** 종업원은 각 메뉴에서 항목의 컬렉션을 표현하는 방법을 알아야 하므로 캡슐화의 기본 원칙이 지켜지지 않고 있습니다.

☐ **E.** 코드가 중복됩니다. printMenu( )에서 서로 다른 종류의 메뉴에 들어있는 항목에 일일이 접근하려면 서로 다른 순환문이 필요합니다. 그리고 다른 메뉴를 추가로 사용하려면 순환문도 추가해야 합니다.

☐ **F.** 코드가 MXML(Menu XML)을 바탕으로 하고 있지 않기에 협업성(interoperability)이 떨어집니다.

그럼 이제 어떻게 할까요?

멜과 루 때문에 참 난처한 상황에 빠져 버렸습니다. 둘 다 자기가 사용하는 메뉴 클래스의 코드를 건드리는 것에 반대하고 있죠. 하지만 둘 중 한 명이 양보하지 않는 이상 종업원을 구현하는 일이 상당히 불편해 지고, 코드 관리와 확장이 힘들어 집니다.

만약 각 메뉴에 똑같은 인터페이스를 구현할 수 있다면(사실 getMenuItems( ) 메소드의 리턴 형식을 제외하면 거의 비슷합니다) 정말 편리하지 않을까요? 인터페이스가 같아지면 종업원 코드에서 구상 객체의 레퍼런스를 거의 안 써도 되고, 각 메뉴에 있는 항목을 전부 찾으려고 순환문을 여러 개 쓸 필요도 없습니다.

정말 멋진 방법 아닙니까? 자, 그럼 이제 어떻게 해야 인터페이스를 통합할 수 있을까요?

반복을 캡슐화하기 반복을 캡슐화할 수 있을까요? ☆

지금까지 배운 내용 중 가장 중요한 내용은 "바뀌는 부분은 캡슐화하라"입니다. 지금 문제에서 바뀌는 부분은 반복 작업 처리 방법입니다. 왜냐하면 메뉴에서 리턴하는 객체 컬렉션의 형식이 다르기 때문이죠. 반복 작업을 어떻게 캡슐화할지 한번 생각해 봅시다.

생각해 보세요!

01 breakfastItems의 각 항목에 순환문을 돌릴 때는 ArrayList의 size()와 get() 메소드를 사용합니다.

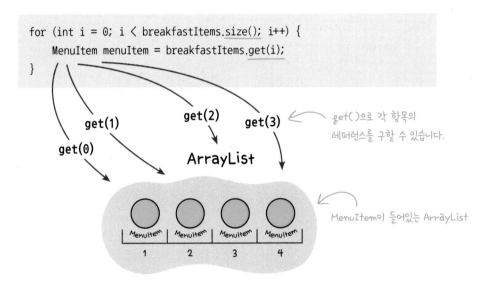

```
for (int i = 0; i < breakfastItems.size(); i++) {
    MenuItem menuItem = breakfastItems.get(i);
}
```

get(1) get(2) get(3) ← get()으로 각 항목의 레퍼런스를 구할 수 있습니다.

get(0)

ArrayList

MenuItem이 들어있는 ArrayList

02 lunchItems에 순환문을 돌릴 때는 배열의 length 필드와 배열 첨자를 사용합니다.

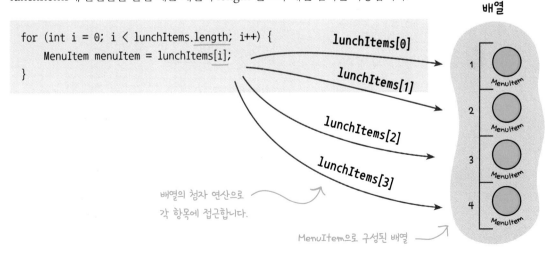

배열

```
for (int i = 0; i < lunchItems.length; i++) {
    MenuItem menuItem = lunchItems[i];
}
```

lunchItems[0]

lunchItems[1]

lunchItems[2]

lunchItems[3]

배열의 첨자 연산으로 각 항목에 접근합니다.

MenuItem으로 구성된 배열

03 이제 객체 컬렉션의 반복 작업 처리 방법을 캡슐화한 Iterator라는 객체를 만들면 어떨
까요? ArrayList에 한번 적용해 볼까요?

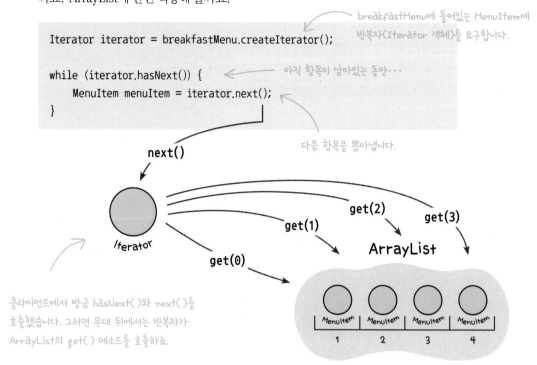

breakfastMenu에 들어있는 MenuItem에
반복자(Iterator 객체)를 요구합니다.

```
Iterator iterator = breakfastMenu.createIterator();

while (iterator.hasNext()) {
    MenuItem menuItem = iterator.next();
}
```

아직 항목이 남아있는 동안...

다음 항목을 뽑아냅니다.

next()

get(1)

get(2)

get(3)

get(0)

Iterator

ArrayList

클라이언트에서 방금 hasNext()와 next()를
호출했습니다. 그러면 무대 뒤에서는 반복자가
ArrayList의 get() 메소드를 호출하죠.

MenuItem 1 | MenuItem 2 | MenuItem 3 | MenuItem 4

04 배열에도 적용해 봅시다.

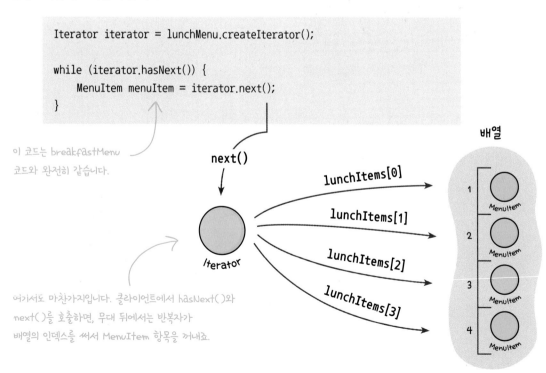

```
Iterator iterator = lunchMenu.createIterator();

while (iterator.hasNext()) {
    MenuItem menuItem = iterator.next();
}
```

이 코드는 breakfastMenu
코드와 완전히 같습니다.

next()

Iterator

배열

lunchItems[0]

lunchItems[1]

lunchItems[2]

lunchItems[3]

여기서도 마찬가지입니다. 클라이언트에서 hasNext()와
next()를 호출하면, 무대 뒤에서는 반복자가
배열의 인덱스를 써서 MenuItem 항목을 꺼내죠.

1 MenuItem
2 MenuItem
3 MenuItem
4 MenuItem

반복자 패턴 알아보기

반복 작업을 캡슐화하려는 계획이 정말 통할 것 같은 분위기네요. 아마 지금 쯤이면 눈치챘겠지만, 이 방법도 일종의 디자인 패턴으로 반복자(iterator) 패턴이라고 부르죠. 반복자 패턴이 Iterator 인터페이스에 의존한다는 사실을 가장 먼저 알아야 합니다. Iterator 인터페이스는 다음과 같은 식으로 만들 수 있겠죠.

hasNext( ) 메소드를 사용하면 반복 작업을 적용할 대상이 더 있는지 확인할 수 있습니다.

next( ) 메소드는 다음 객체를 리턴합니다.

일단 이 인터페이스가 있으면 배열, 리스트, 해시테이블은 물론, 모든 종류의 객체 컬렉션에 반복자를 구현할 수 있습니다.

DinerMenu에서 사용하는 배열 Iterator 인터페이스를 다음과 같이 구현할 수 있습니다.

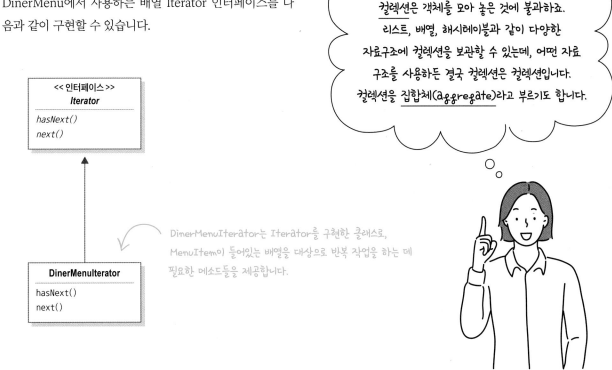

컬렉션은 객체를 모아 놓은 것에 불과하죠. 리스트, 배열, 해시테이블과 같이 다양한 자료구조에 컬렉션을 보관할 수 있는데, 어떤 자료구조를 사용하든 결국 컬렉션은 컬렉션입니다. 컬렉션을 집합체(aggregate)라고 부르기도 합니다.

DinerMenuIterator는 Iterator를 구현한 클래스로, MenuItem이 들어있는 배열을 대상으로 반복 작업을 하는 데 필요한 메소드들을 제공합니다.

이제 Iterator를 DinerMenu에 적용해 볼까요?

객체마을 식당 메뉴에 반복자 추가하기 _본격적으로 반복자를 만들어 봅시다!_ ☆

DinerMenu 클래스에 반복자를 추가하기 전에 먼저 Iterator 인터페이스를 정의해야 합니다.

메소드가 2개 있습니다.

```java
public interface Iterator {
    boolean hasNext();
    MenuItem next();
}
```

hasNext() 메소드는 반복 작업을 수행할 항목이 있는지 확인한 다음 그 결과를 불리언 값으로 리턴합니다.

next() 메소드는 다음 항목을 리턴합니다.

이제 DinerMenu 클래스에 사용할 구상 Iterator 클래스를 만들어야 합니다.

Iterator 인터페이스를 구현합니다.

```java
public class DinerMenuIterator implements Iterator {
    MenuItem[] items;
    int position = 0;

    public DinerMenuIterator(MenuItem[] items) {
        this.items = items;
    }

    public MenuItem next() {
        MenuItem menuItem = items[position];
        position = position + 1;
        return menuItem;
    }

    public boolean hasNext() {
        if (position >= items.length || items[position] == null) {
            return false;
        } else {
            return true;
        }
    }
}
```

position은 반복 작업이 처리되고 있는 위치를 저장합니다.

생성자는 반복 작업을 수행할 메뉴 항목 배열을 인자로 받아들입니다.

next() 메소드는 배열의 다음 원소를 리턴하고 position 변수값을 1 증가시킵니다.

hasNext() 메소드는 배열에 있는 모든 원소를 돌았는지 확인한 다음 아직 더 돌아야 할 원소가 있으면 true를 리턴합니다.

객체마을 식당 주방장이 최대 개수가 정해진 배열을 만들었으므로 배열 끝에 있는지를 확인하는 것 외에도 다음 항목이 널인지도 확인해야 합니다. 그래야 원소가 더 남아있는지 확인할 수 있으니까요.

객체마을 식당 메뉴에서 반복자 사용하기

반복자도 만들었으니 이제 DinerMenu 클래스에서 반복자를 사용해 봅시다.
DinerMenuIterator를 생성하고 클라이언트에게 리턴하는 코드만 추가하면 바로 사용할 수
있습니다.

```
public class DinerMenu {
    static final int MAX_ITEMS = 6;
    int numberOfItems = 0;
    MenuItem[] menuItems;

    // 생성자

    // addItem 메소드 호출

    public MenuItem[] getMenuItems() {
        return menuItems;
    }

    public Iterator createIterator() {
        return new DinerMenuIterator(menuItems);
    }

    // 기타 메뉴 관련 메소드
}
```

getMenuItenns() 메소드는 더 이상 필요 없습니다.
내부 구조를 다 드러내는 단점이 있어서 없애는 게 낫죠.

createIterator() 메소드. menuItenns 배열을 가지고
DinerMenuIterator를 생성한 다음 클라이언트에게 리턴합니다.

Iterator 인터페이스를 리턴합니다. 클라이언트는 menuItem이 어떻게 관리되는지는
물론 DinerMenuIterator가 어떤 식으로 구현되어 있는지 알 필요가 없습니다.
그냥 반복자로 메뉴에 들어있는 항목 하나하나에 접근할 수만 있으면 됩니다.

뇌 단련

PancakeHouseIterator를 만들고, PancakeHouseMenu가 그 반복자를 리턴하도록 만들어 봅시다.

종업원 코드에 반복자 적용하기

이제 반복자 코드를 종업원에도 적용해야 합니다. 이러면 중복된 부분을 어느 정도 줄일 수 있을 겁니다. 종업원에 반복자를 적용하는 방법은 간단합니다. 우선 반복자를 인자로 받는 printMenu() 메소드를 만들고 각 메뉴의 getIterator() 메소드로 반복자를 받은 후 새로운 메소드에 넘기면 됩니다.

Iterator를 써서 업그레이드된 종업원

```java
public class Waitress {
    PancakeHouseMenu pancakeHouseMenu;
    DinerMenu dinerMenu;

    public Waitress(PancakeHouseMenu pancakeHouseMenu, DinerMenu dinerMenu) {
        this.pancakeHouseMenu = pancakeHouseMenu;
        this.dinerMenu = dinerMenu;
    }

    public void printMenu() {
        Iterator pancakeIterator = pancakeHouseMenu.createIterator();
        Iterator dinerIterator = dinerMenu.createIterator();

        System.out.println("메뉴\n----\n아침 메뉴");
        printMenu(pancakeIterator);
        System.out.println("\n점심 메뉴");
        printMenu(dinerIterator);
    }

    private void printMenu(Iterator iterator) {
        while (iterator.hasNext()) {
            MenuItem menuItem = iterator.next();
            System.out.print(menuItem.getName() + ", ");
            System.out.print(menuItem.getPrice() + " -- ");
            System.out.println(menuItem.getDescription());
        }
    }

    // 기타 메소드
}
```

생성자에서 두 메뉴를 인자로 받아옵니다.

printMenu() 메소드에서 2개의 반복자를 생성합니다. 메뉴마다 하나씩 필요 하니까요.

반복자를 가지고 오버로드된 printMenu() 메소드를 호출합니다.

오버로드된 printMenu() 메소드는 반복자를 써서 모든 메뉴 항목에 접근해서 그 내용을 출력합니다.

항목이 더 남아 있는지 확인하고…

다음 항목을 가져옵니다.

이름, 가격, 설명을 가져와서 출력합니다.

이제 순환문이 하나만 있어도 됩니다!

종업원 코드 테스트

이제 테스트용 코드를 만들어서 종업원이 제대로 일을 처리하는지 확인해 봅시다.

```
public class MenuTestDrive {
    public static void main(String args[]) {
        PancakeHouseMenu pancakeHouseMenu = new PancakeHouseMenu();
        DinerMenu dinerMenu = new DinerMenu();

        Waitress waitress = new Waitress(pancakeHouseMenu, dinerMenu);

        waitress.printMenu();
    }
}
```

우선 메뉴를 생성합니다.

종업원을 생성합니다.
두 메뉴를 인자로 전달해야 합니다.

메뉴를 출력합니다.

테스트 결과...

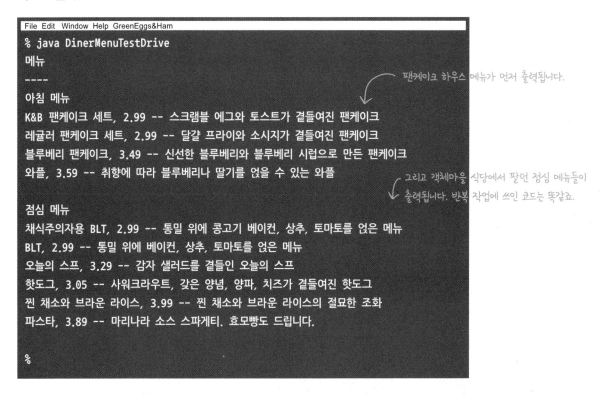

```
File Edit Window Help GreenEggs&Ham
% java DinerMenuTestDrive
메뉴
----
아침 메뉴
K&B 팬케이크 세트, 2.99 -- 스크램블 에그와 토스트가 곁들여진 팬케이크
레귤러 팬케이크 세트, 2.99 -- 달걀 프라이와 소시지가 곁들여진 팬케이크
블루베리 팬케이크, 3.49 -- 신선한 블루베리와 블루베리 시럽으로 만든 팬케이크
와플, 3.59 -- 취향에 따라 블루베리나 딸기를 얹을 수 있는 와플

점심 메뉴
채식주의자용 BLT, 2.99 -- 통밀 위에 콩고기 베이컨, 상추, 토마토를 얹은 메뉴
BLT, 2.99 -- 통밀 위에 베이컨, 상추, 토마토를 얹은 메뉴
오늘의 스프, 3.29 -- 감자 샐러드를 곁들인 오늘의 스프
핫도그, 3.05 -- 사워크라우트, 갖은 양념, 양파, 치즈가 곁들여진 핫도그
찐 채소와 브라운 라이스, 3.99 -- 찐 채소와 브라운 라이스의 절묘한 조화
파스타, 3.89 -- 마리나라 소스 스파게티. 효모빵도 드립니다.

%
```

팬케이크 하우스 메뉴가 먼저 출력됩니다.

그리고 객체마을 식당에서 팔던 점심 메뉴들이 출력됩니다. 반복 작업에 쓰인 코드는 똑같죠.

반복자 패턴의 특징 알아보기 지금까지 살펴본 내용을 정리하고 넘어갑시다 ★

일단 두 주방장이 모두 흡족해하고 있습니다. 서로의 차이점을 인정하고 원래 쓰던 코드를 그대로 활용하기로 했습니다. Pancake HouseIterator와 DinerMenuIterator를 받은 다음 createIterator() 메소드만 추가하면 되니까요.

이 방법은 우리에게도 도움이 됩니다. 종업원을 관리하고 확장하기가 훨씬 편해졌으니까요. 지금까지 한 일을 정리해 보고 그 결과를 확인해 봅시다.

관리하기 힘든 종업원 코드

- 메뉴가 캡슐화되어 있지 않습니다. 객체마을 식당에서는 배열을 쓰고 팬케이크 하우스에서는 ArrayList를 쓴다는 사실을 누구나 다 알 수 있죠.

- MenuItems을 대상으로 반복 작업을 하려면 2개의 순환문이 필요합니다.

- 종업원이 구상 클래스(MenuItem[ ]과 ArrayList)에 직접 연결되어 있습니다.

- 유사한 인터페이스를 가졌음에도 2개의 서로 다른 구상 메뉴 클래스에 묶여 있습니다.

Iterator가 장착된 신형 종업원 코드

- 메뉴 구현법이 캡슐화되어 있습니다. 종업원은 메뉴에서 메뉴 항목의 컬렉션을 어떤 식으로 저장하는지 전혀 알 수가 없죠.

- 반복자만 구현한다면 다형성을 활용해서 어떤 컬렉션이든 1개의 순환문으로 처리할 수 있습니다.

- 종업원은 인터페이스(반복자)만 알면 됩니다.

- Menu 인터페이스가 완전히 똑같… 어? 아직 인터페이스가 통일되지 않았군요. 종업원은 여전히 2개의 구상 메뉴 클래스에 묶여 있습니다. 고쳐야겠네요.

통합 식당 코드 다시 살펴보기

다음 단계로 넘어가기 전에 지금까지 만든 통합 식당 코드 디자인을 한번 살펴보고 넘어갑시다.

이 두 메뉴에서는 똑같은 메소드를 제공하지만
아직 같은 인터페이스를 구현하고 있진 않습니다.
이 문제점을 해결해서 Waitress 클래스의
구상 메뉴 클래스 의존성을 제거하겠습니다.

반복자 덕분에 Waitress 클래스가 실제로
구현된 구상 클래스로부터 분리되었습니다.
Menu가 배열로 구현되었는지, ArrayList로
구현되었는지, 포스트잇 메모지로 구성되어 있는지는
전혀 신경 쓸 필요가 없게 됐죠.
Iterator를 받아서 컬렉션에 들어있는
모든 객체를 사용할 수만 있으면 되니까요.

이제 Iterator 인터페이스를
만들어서 사용하고 있으며
두 구상 클래스에서
이 인터페이스를 구현합니다.

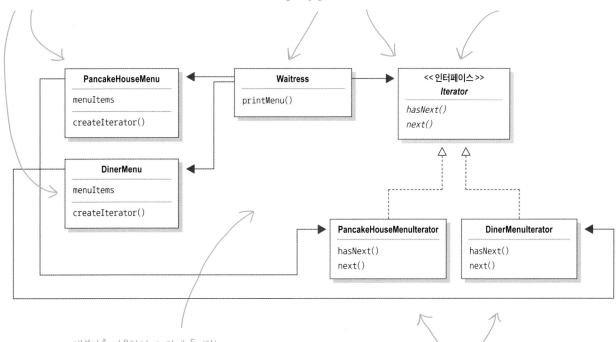

반복자를 사용하면, 그 안에 들어있는
모든 항목에 접근할 수 있게 하려고 여러 메소드를
외부에 노출시키지 않으면서도, 컬렉션에 들어있는
모든 객체에 접근할 수 있습니다. 그리고 반복자를 구현한
코드를 컬렉션 밖으로 끄집어낼 수 있다는 장점도 있죠.
그러니까 반복 작업을 캡슐화했다고 말할 수 있습니다.

PancakeHouseMenu와 DinerMenu는
createIterator( ) 메소드를 구현합니다.
이 메소드는 각 메뉴 항목의 반복자를
만들어 주는 일을 하죠.

인터페이스 개선하기

PancakeHouseMenu와 DinerMenu의 인터페이스가 완전히 똑같음에도 아직 인터페이스를 통일하진 않았습니다. 이제 인터페이스를 통일한 다음에 종업원 코드를 조금 더 깔끔하게 고쳐 봅시다.

왜 자바에 있는 Iterator 인터페이스를 사용하지 않을까 하는 의문이 들 겁니다. 반복자를 만드는 과정을 살펴보려고 Iterator 인터페이스를 사용하지 않았습니다. 이제 반복자를 어떻게 만드는지는 배웠으니까 자바에 있는 Iterator 인터페이스를 사용해 봅시다. 반복자용 인터페이스를 직접 만들어서 쓰는 것 보다는 자바에서 제공하는 인터페이스를 활용하면 더 편리하니까요. 어떤 점이 편리하냐고요? 잠시 후에 알 수 있습니다.

우선 java.util.Iterator 인터페이스를 알아보죠.

이 정도면 거의 식은 죽 먹기죠. PancakeHouseMenuIterator와 DinerMenuIterator에서 사용하는 인터페이스만 바꾸면 되니까요. 근데 사실 그보다도 더 쉽습니다. java.util에 Iterator 인터페이스도 있지만 ArrayList에 반복자를 리턴하는 iterator() 메소드도 있습니다. 즉, ArrayList에서 별도로 Iterator를 구현할 필요가 없는 거죠. 하지만 DinerMenu에는 따로 반복자를 구현해야 합니다. 배열에 iterator() 메소드가 없기도 하고, 배열 반복자를 만드는 방법 자체가 아예 없으니까요.

무엇이든 물어보세요
Q&A

Q1 객체 컬렉션에서 어떤 항목을 제거하는 기능을 제공하고 싶지 않을 때는 어떻게 해야 하죠?

A1 remove() 메소드를 반드시 제공해야 하는 건 아닙니다. 물론 Iterator 인터페이스에 포함되어 있는 메소드라서 메소드를 정의하지 않을 수는 없습니다. 대신 remove()를 쓰지 않도록 하는 방법이 있습니다. 실행 중에 java.lang.UnsupportedOperationException을 던지도록 하면 됩니다. Iterator API 문서를 보면 remove() 메소드에서 이 예외를 던질 수 있고, 제대로 만든 클라이언트라면 remove() 메소드를 호출할

때 이 예외를 확인해야 한다는 내용이 나와 있으니까요.

Q2 멀티스레드를 사용할 때 같은 객체 컬렉션에 여러 반복자가 있다면 remove는 어떤 식으로 작동하나요?

A2 반복자를 써서 컬렉션에 있는 각 항목에 접근하고 있는 상황에서 컬렉션이 변경될 때를 대비한 remove() 행동은 정의되어 있지 않습니다. 따라서 컬렉션에 동시에 접근하는 멀티스레드 코드를 디자인할 때는 매우 조심해야 합니다.

java.util.Iterator 적용하기

PancakeHouseMenu에서 java.util.Iterator를 사용하도록 하는 편이 더 편하니까 우선 그
것부터 시작해 봅시다. 일단 PancakeHouseMenuIterator 클래스를 지워 버리고 Pancake
HouseMenu 코드 맨 위에 import java.util.Iterator를 추가한 다음 1줄의 코드만 고치면 됩
니다.

```java
public Iterator<MenuItem> createIterator() {
    return menuItems.iterator();
}
```
반복자를 직접 만드는 대신 menuItems ArrayList의
iterator( ) 메소드만 호출하면 됩니다.
잠시 후에 좀 더 살펴볼게요.

PancakeHouseMenu는 저렇게 고치기만 하면 됩니다.
이제 DinerMenu에서 java.util.Iterator를 사용할 수 있도록 고쳐 봅시다.

```java
import java.util.Iterator;

public class DinerMenuIterator implements Iterator<MenuItem> {
    MenuItem[] items;
    int position = 0;

    public DinerMenuIterator(MenuItem[] items) {
        this.items = items;
    }

    public MenuItem next() {
        //기타 코드
    }

    public boolean hasNext() {
        //기타 코드
    }

    public void remove() {
        throw new UnsupportedOperationException
                    ("메뉴 항목은 지우면 안 됩니다.");
    }
}
```

우선 import java.util.Iterator 구문을 추가합니다.

이 부분은 바꿀 필요가 없습니다.

Iterator 인터페이스에서 remove( ) 메소드는
필수가 아닙니다. 종업원이 마음대로
메뉴 항목을 없애는 것은 이상한 일이죠
그러니 그냥 예외를 던지는 식으로 처리합니다.

이제 거의 끝나갑니다. 메뉴 인터페이스를 통일하고 종업원 코드를 약간 고치기만 하면 됩니다. 메뉴 인터페이스는 간단합니다. 항목을 추가하는 addItem() 메소드를 넣을 수도 있겠지만, 일단 은 주방장들이 알아서 항목을 추가하게 하고, 공개된 인터페이스에는 넣지 않겠습니다.

```java
public interface Menu {
    public Iterator<MenuItem> createIterator();
}
```

클라이언트에서 메뉴에 들어있는 항목의 반복자를 획득할 수 있게 해 주는 간단한 인터페이스

pancakeHouseMenu와 DinerMenu 클래스를 정의하는 부분에 implements Menu를 추가하고 Waitress 클래스도 고칩니다.

```java
import java.util.Iterator;

public class Waitress {
    Menu pancakeHouseMenu;
    Menu dinerMenu;

    public Waitress(Menu pancakeHouseMenu, Menu dinerMenu) {
        this.pancakeHouseMenu = pancakeHouseMenu;
        this.dinerMenu = dinerMenu;
    }

    public void printMenu() {
        Iterator<MenuItem> pancakeIterator = pancakeHouseMenu.createIterator();
        Iterator<MenuItem> dinerIterator = dinerMenu.createIterator();
        System.out.println("MENU\n----\n아침 식사");
        printMenu(pancakeIterator);
        System.out.println("\n점심 식사");
        printMenu(dinerIterator);
    }

    private void printMenu(Iterator iterator) {
        while (iterator.hasNext()) {
            MenuItem menuItem = iterator.next();
            System.out.print(menuItem.getName() + ", ");
            System.out.print(menuItem.getPrice() + " -- ");
            System.out.println(menuItem.getDescription());
        }
    }

    // 기타 메소드
}
```

이제 Waitress 클래스도 java.util.Iterator를 사용합니다.

구상 메뉴 클래스를 Menu 인터페이스로 바꿔야 합니다.

이 부분은 바꾸지 않아도 됩니다.

변경된 통합 식당 코드 살펴보기

PancakeHouseMenu와 DinerMenu 클래스에서 Menu 인터페이스를 구현합니다. Waitress 클래스에서 각 메뉴 객체를 참조할 때는 구상 클래스 대신 인터페이스를 사용하면 되죠. 이러면 "구현보다는 인터페이스에 맞춰서 프로그래밍한다"라는 원칙을 따를 수 있어서 Waitress 클래스와 구상 클래스 사이의 의존성을 줄일 수 있습니다.

이러면 Waitress 클래스가 구상 메뉴 클래스에 의존하는 문제를 해결할 수 있습니다.

새로 정의한 Menu 인터페이스에는 createIterator() 메소드만 있습니다. PancakeHouse Menu와 DinerMenu에서 모두 이 메소드를 구현합니다. 각 메뉴 클래스에서 메뉴 항목을 내부적으로 구현한 방법에 따라 적절한 방식으로 구상 반복자 클래스를 만들어서 리턴할 책임을 가지게 되는 거죠.

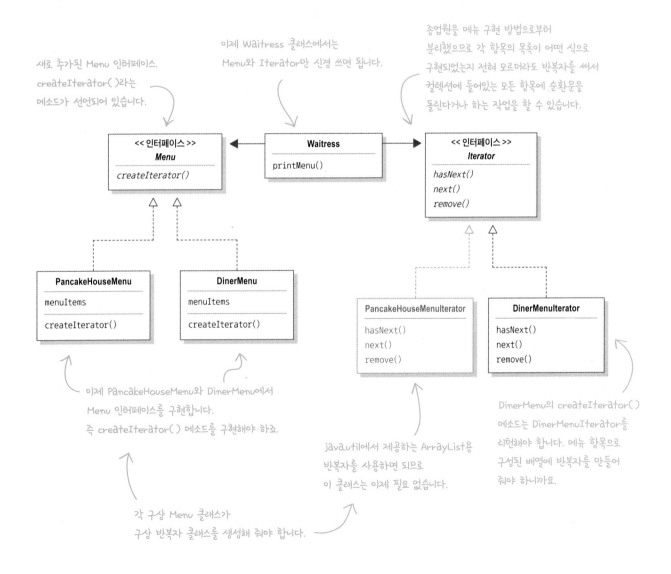

새로 추가된 Menu 인터페이스. createIterator()라는 메소드가 선언되어 있습니다.

이제 Waitress 클래스에서는 Menu와 Iterator만 신경 쓰면 됩니다.

종업원을 메뉴 구현 방법으로부터 분리했으므로 각 항목의 목록이 어떤 식으로 구현되었는지 전혀 모르더라도 반복자를 써서 컬렉션에 들어있는 모든 항목에 순환문을 돌린다거나 하는 작업을 할 수 있습니다.

이제 PancakeHouseMenu와 DinerMenu에서 Menu 인터페이스를 구현합니다. 즉 createIterator() 메소드를 구현해야 하죠.

각 구상 Menu 클래스가 구상 반복자 클래스를 생성해 줘야 합니다.

java.util에서 제공하는 ArrayList용 반복자를 사용하면 되므로 이 클래스는 이제 필요 없습니다.

DinerMenu의 createIterator() 메소드는 DinerMenuIterator를 리턴해야 합니다. 메뉴 항목으로 구성된 배열에 반복자를 만들어 줘야 하니까요.

반복자 패턴의 정의

지금까지 반복자를 만들어서 반복자 패턴을 구현하는 방법을 살펴봤습니다. 자바의 일부 컬렉션 클래스(ArrayList 등)에서 반복자를 지원한다는 사실도 배웠죠. 이제 이 패턴의 정의를 살펴봅시다.

> **반복자 패턴**(Iterator Pattern)온 컬렉션의 구현 방법을 노출하지 않으면서 집합체 내의 모든 항목에 접근하는 방법을 제공합니다.

이 패턴을 사용하면 집합체 내에서 어떤 식으로 일이 처리되는지 전혀 모르는 상태에서 그 안에 들어있는 모든 항목을 대상으로 반복 작업을 수행할 수 있습니다. 앞에서는 Menu 객체에 이 방법을 적용했죠.

여기에 더해 디자인에 반복자를 적용했을 때 얻는 효과도 매우 중요합니다. 컬렉션 객체 안에 들어있는 모든 항목에 접근하는 방식이 통일되어 있으면 종류에 관계없이 모든 집합체에 사용할 수 있는 다형적인 코드를 만들 수 있으니까요. Iterator 객체만 있으면 메뉴 항목이 배열로 저장되어 있든 ArrayList로 저장되어 있든 신경 쓰지 않고 작업을 처리할 수 있었던 printMenu() 메소드가 바로 그 예입니다.

또한, 반복자 패턴을 사용하면 모든 항목에 일일이 접근하는 작업을 컬렉션 객체가 아닌 반복자 객체가 맡게 된다는 사실도 중요합니다. 이러면 집합체의 인터페이스와 구현이 간단해지고 집합체는 반복 작업에서 손을 떼고 원래 자신이 할 일(객체 컬렉션 관리)에만 전념할 수 있으니까요.

반복자 패턴을 사용하면 내부 구현 방법을 외부로 노출하지 않으면서 집합체에 있는 모든 항목에 일일이 접근할 수 있습니다.

또한 각 항목에 일일이 접근할 수 있게 해 주는 기능을 집합체가 아닌 반복자 객체가 책임진다는 장점도 있습니다.

그러면 집합체 인터페이스와 구현이 간단해지고,

각자에게 중요한 일만을 처리할 수 있게 됩니다.

반복자 패턴의 구조 알아보기

클래스 다이어그램을 보면서 반복자 패턴이 어떤 식으로 돌아가는지 알아볼까요?

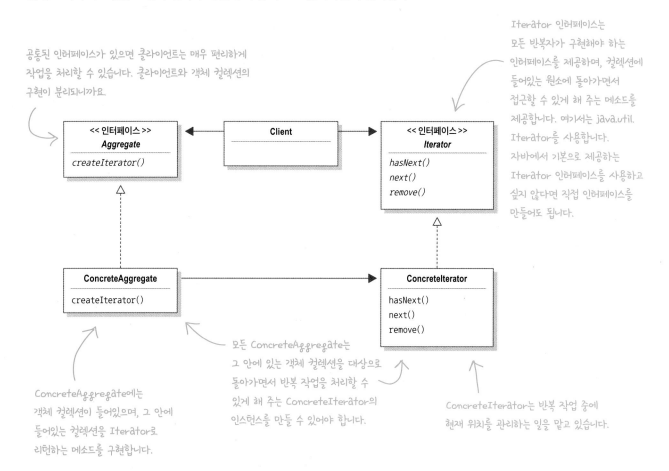

공통된 인터페이스가 있으면 클라이언트는 매우 편리하게
작업을 처리할 수 있습니다. 클라이언트와 객체 컬렉션의
구현이 분리되니까요.

Iterator 인터페이스는
모든 반복자가 구현해야 하는
인터페이스를 제공하며, 컬렉션에
들어있는 원소에 돌아가면서
접근할 수 있게 해 주는 메소드를
제공합니다. 여기서는 java.util.
Iterator를 사용합니다.
자바에서 기본으로 제공하는
Iterator 인터페이스를 사용하고
싶지 않다면 직접 인터페이스를
만들어도 됩니다.

ConcreteAggregate에는
객체 컬렉션이 들어있으며, 그 안에
들어있는 컬렉션을 Iterator로
리턴하는 메소드를 구현합니다.

모든 ConcreteAggregate는
그 안에 있는 객체 컬렉션을 대상으로
돌아가면서 반복 작업을 처리할 수
있게 해 주는 ConcreteIterator의
인스턴스를 만들 수 있어야 합니다.

ConcreteIterator는 반복 작업 중에
현재 위치를 관리하는 일을 맡고 있습니다.

뇌 단련

반복자 패턴의 클래스 다이어그램은 전에 배웠던 어떤 패턴의 클래스 다이어그램과 상당히 유사
합니다. 어떤 패턴인지 기억하나요? 힌트를 드리자면 이 패턴에서는 객체 생성을 서브클래스에서
결정했죠.

단일 역할 원칙

집합체에서 내부 컬렉션 관련 기능과 반복자용 메소드 관련 기능을 전부 구현한다면 어떻게 될까요? 그러면 집합체에 들어가는 메소드 개수가 늘어나겠죠. 근데 그게 그렇게 나쁠까요?

왜 그게 나쁜지 이해하려면, 클래스에서 원래 그 클래스의 역할(집합체 관리) 외에 다른 역할(반복자 메소드)을 처리할 때 2가지 이유로 그 클래스가 바뀔 수 있다는 사실을 알아야 합니다.

첫째, 컬렉션이 어떤 이유로 바뀌게 되면 그 클래스도 바뀌어야 합니다. 둘째, 반복자 관련 기능이 바뀌었을 때도 클래스가 바뀌어야 합니다. 이런 이유로 **'변경'과 관련된 디자인 원칙**이 하나 더 추가됩니다.

어떤 클래스에서 맡고 있는 모든 역할은 나중에 코드 변화를 불러올 수 있습니다. 역할이 2개 이상 있으면 바뀔 수 있는 부분이 2개 이상이 되는 것이죠.

이 원칙에 따라 하나의 클래스는 하나의 역할만 맡아야 합니다.

디자인 원칙
어떤 클래스가 바뀌는 이유는 하나뿐이어야 한다.

클래스를 고치는 일은 최대한 피해야 합니다. 코드를 변경하다 보면 온갖 문제가 생길 수 있으니까요. 코드를 변경할 만한 이유가 2가지나 되면 그만큼 그 클래스를 나중에 고쳐야 할 가능성이 커지며 디자인에 있어서 2가지 부분에 영향이 미치게 됩니다.

그러면 어떻게 해야 할까요? 이 원칙에 따르면 하나의 역할은 하나의 클래스에서만 맡아야 합니다.

이 원칙은 어찌 보면 지키기 쉬울 것 같지만, 매우 지키기 힘들 수도 있습니다. 디자인할 때 역할을 분리하는 일은 어려우니까요. 인간의 두뇌는 워낙 훌륭한 나머지 종종 실제로는 2가지 이상의 역할을 가지는 행동을 하나로 묶어서 인식합니다. 그러니 이 원칙을 제대로 지키려면 디자인을 열심히 살펴보고, 시스템이 점점 커짐에 따라 클래스가 바뀌는 부분의 역할이 2가지 이상이 아닌지 생각해 봐야 합니다.

응집도(cohesion)란 한 클래스 또는 모듈이 특정 목적이나 역할을 얼마나 일관되게 지원하는지를 나타내는 척도입니다.

어떤 모듈이나 클래스의 응집도가 높다는 것은 서로 연관된 기능이 묶여있다는 것을, 응집도가 낮다는 것은 서로 상관 없는 기능들이 묶여있다는 것을 뜻합니다.

사실 응집도는 단일 역할 원칙에서만 쓰이는 용어는 아니고, 좀 더 광범위한 용도로 쓰이는 용어입니다. 하지만 단일 역할 원칙과 응집도는 서로 밀접하게 연관되어 있습니다. 이 원칙을 잘 따르는 클래스는 2개 이상의 역할을 맡고 있는 클래스에 비해 응집도가 높고, 관리하기도 쉽습니다.

뇌 단련

다음 클래스 가운데 여러 역할을 맡고 있는 클래스를 찾아봅시다.

Game

login()
signup()
move()
fire()
rest()

Person

setName()
setAddress()
setPhoneNumber()
save()
load()

Phone

dial()
hangUp()
talk()
sendData()
flash()

GumballMachine

getCount()
getState()
getLocation()

DeckOfCards

hasNext()
next()
remove()
addCard()
removeCard()
shuffle()

ShoppingCart

add()
remove()
checkOut()
saveForLater()

Iterator

hasNext()
next()
remove()

안전모 착용!
불필요한 가정을 하게 될지 모르니 주의합시다.

뇌 단련

클래스의 응집도가 높은지 낮은지 판단해 봅시다.

Game

login()
signup()
move()
fire()
rest()
getHighScore()
getName()

GameSession

login()
signup()

PlayerActions

move()
fire()
rest()

Player

getHighScore()
getName()

Q1 다른 책을 보니까 반복자 패턴의 클래스 다이어그램에 first( ), next( ), isDone( ), currentItem( ), 메소드가 들어있던데요?

A1 예전에는 그런 이름을 가진 메소드들을 많이 썼습니다. 고전적인 이름이라고 할 수 있겠죠. 하지만 요즘은 java.util.Iterator에 나와 있는 것처럼 next( ), hasNext( ), remove( ) 등의 메소드를 사용하는 게 대세죠. 고전적인 메소드들을 살펴볼까요? 우선 next( )와 currentItem( ) 메소드는 java.util에서 next( ) 메소드 하나로 합쳐졌습니다. isDone( )은 hasNext( ) 메소드랑 똑같은 기능을 제공하죠? 근데 first( )에 해당하는 메소드는 없습니다. 왜냐하면 자바에서는 무언가를 처음부터 다시 돌리고 싶을 때 반복자를 새로 만드는 방식을 주로 사용하기 때문입니다. 이렇게 메소드 이름과 종류가 조금씩 다르지만, 모양새는 비슷합니다. 사실 반복자에 여러 가지 다른 기능을 추가할 수도 있는데 remove( ) 메소드도 그러한 확장 중 하나라고 할 수 있죠.

Q2 '내부(internal)' 반복자와 '외부(external)' 반복자라는 말을 들은 적이 있는데요, 이게 대체 무슨 뜻이며 방금 살펴본 예에서는 어떤 반복자를 쓴 건가요?

A2 여기에서 우리가 사용한 반복자는 외부 반복자입니다. 클라이언트에서 next( )를 호출해서 다음 항목을 가져오기에, 클라이언트가 반복 작업을 제어하죠. 내부 반복자는 반복자 자신이 반복 작업을 제어합니다. 반복자가 다음 원소를 대상으로 작업을 직접 처리하기에 반복자에게 모든 원소를 대상으로 어떤 일을 해야 하는지 알려 줘야 합니다. 즉 클라이언트가 반복자에게 작업을 넘겨줘야 하죠. 내부 반복자를 쓸 때는 클라이언트가 반복 작업을 마음대로 제어할 수 없기에 외부 반복자를 쓸 때보다 유연성이 떨어집니다. 하지만 할 일을 넘겨주기만 하면 나머지 작업을 반복자에서 전부 알아서 해 줘서 그게 더 편리하다고 생각하는 사람도 있습니다.

Q3 반대 방향으로 움직이는 반복자도 만들 수도 있나요?

A3 물론 만들 수 있죠. 이 경우에는 이전 항목으로 돌아갈 때 필요한 메소드와 원소 컬렉션의 첫 번째 원소에 위치해 있는지를 알려 주는 메소드를 추가해야 됩니다. 자바의 컬렉션 프레임워크는 ListIterator 반복자 인터페이스를 제공하는데, 그 인터페이스에는 표준 Iterator 인터페이스에 있는 메소드와 previous( )를 비롯한 몇 가지의 인터페이스가 추가되어 있습니다. List 인터페이스를 구현하면 모든 종류의 컬렉션에 사용할 수 있습니다.

Q4 해시테이블 같이 정해진 순서가 없는 컬렉션의 반복 작업 순서는 어떻게 정하나요?

A4 반복자에는 특별한 순서가 정해져 있지 않습니다. 컬렉션이 해시테이블이나 그냥 책가방처럼 정렬되지 않은 것일 수도 있고, 중복된 항목이 들어있을 수노 있죠. 따라서 접근 순서는 사용된 컬렉션의 특성 및 구현과 연관되어 있습니다. 일반적으로 컬렉션 문서에 특별하게 언급이 되어 있지 않은 이상 순서를 가정하면 안 됩니다.

Q5 반복자로 '다형적인 코드'를 만들 수 있다고 했는데요, 좀 더 자세히 설명해 주실 수 있나요?

A5 Iterator를 매개변수로 받는 메소드를 만들면 다형적인 반복 작업을 사용한다고 할 수 있습니다. Iterator를 지원하기만 하면 모든 컬렉션에 써먹을 수 있는 코드를 만든 것과 같습니다. 컬렉션의 구체적인 구현 방식은 신경쓰지 않아도 됩니다. 어차피 원하는 반복 작업은 할 수 있으니까요.

Q6 자바를 사용한다면 웬만해서는 java.util.Iterator 인터페이스를 쓰게 되지 않나요? 이미 자바 Iterator를 사용하고 있는 클래스에 우리가 구현한 반복자를 사용할 수 있으니까 말이죠.

A6 거의 그렇습니다. 똑같은 Iterator 인터페이스를 사용한다면 여러분이 직접 만든 집합체를 ArrayList나 Vector 같은 자바 집합체와 섞어 쓰기가 편할 테니까요. 하지만 집합체의 Iterator 인터페이스에 다른 기능을 추가하고 싶다면 Iterator 인터페이스를 확장해서 쓰면 된다는 점을 잘 기억해 두세요.

Q7 Enumeration 인터페이스에서도 반복자 패턴을 사용하나요?

A7 전에 어댑터 패턴을 배울 때도 이와 관련된 얘기를 했던 것 같군요. java.util.Enumeration은 예전에 Iterator 용도로 쓰였습니다. 하지만 지금은 java.util.Iterator가 대신 쓰이죠. Enumeration에는 hasNext( )에 해당하는 hasMoreElements( ) 메소드와 next( )에 해당하는 nextElement( ) 메소드가 있습니다. 하지만 Iterator를 지원하는 자바 클래스가 더 많기에 대부분은 Enumeration보다는 Iterator를 쓰게 됩니다. Enumeration에서 Iterator로, 또는 그 반대로 변환해야 한다면 7장에서 배웠던 어댑터를 사용하면 됩니다.

Q8 자바의 향상된 for 순환문과 반복자 사이에는 어떤 관계가 있나요?

A8 좋은 질문입니다. 그 둘 사이에는 밀접한 관계가 있지만 질문에 답하려면 Iterable 인터페이스를 이해해야 합니다. 다음 쪽에서 알아보죠.

Iterable 인터페이스 알아보기

Iterator 인터페이스는 이제 잘 알겠죠? 이번에는 Iterable 인터페이스를 알아봅시다. 자바의 모든 컬렉션 유형에서 Iterable 인터페이스를 구현합니다. 혹시 그거 아세요? ArrayList를 사용하는 코드에서 이미 이 인터페이스를 쓴 적이 있답니다. 아무튼 Iterable 인터페이스를 살펴볼까요?

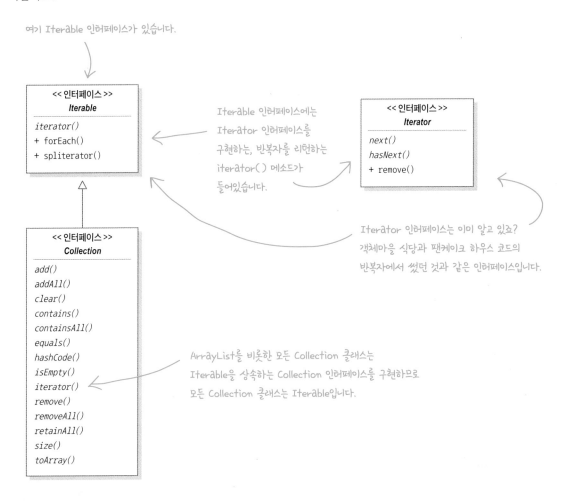

여기 Iterable 인터페이스가 있습니다.

<< 인터페이스 >>
Iterable

iterator()
+ forEach()
+ spliterator()

Iterable 인터페이스에는 Iterator 인터페이스를 구현하는, 반복자를 리턴하는 iterator() 메소드가 들어있습니다.

<< 인터페이스 >>
Iterator

next()
hasNext()
+ remove()

Iterator 인터페이스는 이미 알고 있죠? 객체마을 식당과 팬케이크 하우스 코드의 반복자에서 썼던 것과 같은 인터페이스입니다.

<< 인터페이스 >>
Collection

add()
addAll()
clear()
contains()
containsAll()
equals()
hashCode()
isEmpty()
iterator()
remove()
removeAll()
retainAll()
size()
toArray()

ArrayList를 비롯한 모든 Collection 클래스는 Iterable을 상속하는 Collection 인터페이스를 구현하므로 모든 Collection 클래스는 Iterable입니다.

어떤 클래스에서 Iterable을 구현한다면 그 클래스는 iterator() 메소드를 구현합니다. 그 메소드는 Iterator 인터페이스를 구현하는 반복자를 리턴합니다. 또한 이 인터페이스에는 컬렉션에 있는 항목을 대상으로 반복 작업을 수행하는 방법을 제공하는 forEach() 메소드가 기본으로 포함됩니다. 그 외에도 자바는 **향상된 for 순환문**으로 몇 가지 편리한 문법적 기능을 제공합니다. 어떤 식으로 돌아가는지 살펴볼까요?

Iterable 인터페이스에는 컬렉션을 대상으로 반복 작업을 할 때 더 발전된 기능을 제공하는 spliterator() 메소드도 포함되어 있습니다.

향상된 for 순환문 알아보기

Iterable 인터페이스를 구현하는 클래스 객체를 살펴봅시다. 팬케이크 하우스 메뉴에서 썼던
ArrayList를 한번 볼까요?

```
List<MenuItem> menuItems = new ArrayList<MenuItem>();
```

전에 했던 것처럼 ArrayList의 원소를 대상으로 반복 작업을 수행할 수 있습니다.

```
Iterator iterator = menu.iterator();
while (iterator.hasNext()) {
    MenuItem menuItem = iterator.next();
    System.out.print(menuItem.getName() + ", ");
    System.out.print(menuItem.getPrice() + " -- ");
    System.out.println(menuItem.getDescription());
}
```

← 지금까지는 이처럼 반복자와 hasNext( ),
Next( ) 메소드를 써서 반복 작업을 처리했습니다.

하지만 ArrayList도 Iterable이므로 다음과 같이 간편하게 자바의 향상된 for 순환문을 사용
할 수 있습니다.

```
for (MenuItem item: menu) {
    System.out.print(menuItem.getName() + ", ");
    System.out.print(menuItem.getPrice() + " -- ");
    System.out.println(menuItem.getDescription());
}
```

← hasNext( ), next( ) 메소드를
직접 사용하지 않아도 됩니다.

Iterator를 써서 코드를 아주 간단하게 만들 수 있군요!
hasNext( )와 next( ) 메소드를 호출할 필요도 없네요.
그러면 이제 Iterable 코드와 향상된 for 순환문을 써서 종업원이
모든 메뉴를 처리할 수 있도록 종업원 코드를 고칠 수 있는 건가요?

향상된 for 순환문 사용 시 주의사항 잠깐만요! 배열은 Iterable이 아닙니다 ☆

나쁜 소식이 있어요. 객체마을 식당에서 배열로 메뉴를 저장했던 게 문제가 될 수 있습니다. 알고 보니
배열은 자바 컬렉션이 아니라서 Iterable 인터페이스를 구현하지 않는다고 합니다. 그러면 종업원 코드
에서 Iterable을 받아서, 팬케이크 하우스의 아침 메뉴와 객체마을 식당의 점심 메뉴를 전부 처리할 수
가 없겠네요. 다음과 같이 Iterator 대신 Iterable을 받고, Iterator API를 쓰는 대신 for-each 순환문을
쓰도록 종업원 코드의 printMenu() 메소드를 고쳐 봅시다.

```java
public void printMenu(Iterable<MenuItem> iterable) {
    for (MenuItem menuItem : iterable) {
        // menuItem 출력
    }
}
```
팬케이크 하우스 메뉴에 쓰이는 ArrayList에만 적용됩니다.

그러면 printMenu()에 lunchIntems를 넘겨줄 때 컴파일러 오류가 발생합니다.

```java
printMenu(lunchItems);
```
← 컴파일 에러! 배열은 Iterable이 아닙니다.

앞에서 말했듯이 배열은 Iterable 인터페이스를 구현하지 않기 때문이죠.
종업원 코드에 2개의 순환문을 그대로 남겨 두면 전과 다를 바가 없겠죠. 메뉴를 저장하려고 사용하는
집합체의 유형에 의존하게 되고 ArrayList용 코드와 배열용 코드를 따로 만들어야 하므로 코드가 중복
될 수밖에 없습니다. 이 문제를 해결하는 여러 가지 방법이 있지만 리팩터링처럼 대부분은 지금 배우고
있는 주제에서 조금씩 벗어나 있습니다. 9장에서는 자바의 Iterable 인터페이스가 아니라 반복자 패턴
을 공부하고 있으니 반복자 패턴에 집중해 봅시다. 어쨌든 Iterable을 배웠고 Iterable과 Iterator 인터
페이스와의 관계, 반복자 패턴과의 관계도 알게 됐으니 좋은 일이죠. 자바의 향상된 for 순환문을 제대
로 활용할 수는 없지만 그래도 여전히 괜찮은 코드를 만들 수 있으니 그냥 다음 단계로 넘어가죠.

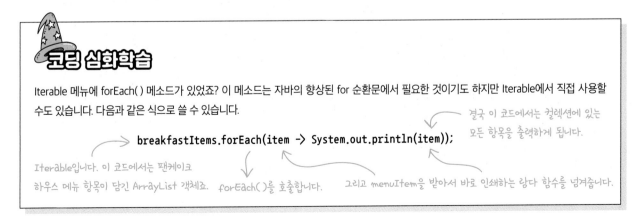

코딩 심화학습

Iterable 메뉴에 forEach() 메소드가 있었죠? 이 메소드는 자바의 향상된 for 순환문에서 필요한 것이기도 하지만 Iterable에서 직접 사용할
수도 있습니다. 다음과 같은 식으로 쓸 수 있습니다.

```java
breakfastItems.forEach(item -> System.out.println(item));
```

결국 이 코드에서는 컬렉션에 있는 모든 항목을 출력하게 됩니다.

Iterable입니다. 이 코드에서는 팬케이크 하우스 메뉴 항목이 담긴 ArrayList 객체죠.　forEach()을 호출합니다.　그리고 menuItem을 받아서 바로 인쇄하는 람다 함수를 넘겨줍니다.

조(Joe)

객체마을 카페 메뉴 살펴보기

객체마을 카페 메뉴를 살펴봅시다. 카페 메뉴를 우리가 사용하던 프레임워크에 넣는 게 그리
어려울 것 같아 보이진 않군요. 한번 확인해 보죠.

CafeMenu는 Menu 인터페이스를 구현하지 않습니다. 하지만 이건 금방 고칠 수 있죠.

카페는 메뉴 항목을 HashMap에 저장합니다. HashMap도 Iterator를 지원할까요? 잠시 후에 알아보죠.

```java
public class CafeMenu {
    Map<String, MenuItem> menuItems = new HashMap<String, MenuItem>();

    public CafeMenu() {
        addItem("베지 버거와 에어 프라이",
            "통밀빵, 상추, 토마토, 감자 튀김이 첨가된 베지 버거",
            true, 3.99);
        addItem("오늘의 스프",
            "샐러드가 곁들여진 오늘의 스프",
            false, 3.69);
        addItem("부리토",
            "통 핀토콩과 살사, 구아카몰이 곁들여진 푸짐한 부리토",
            true, 4.29);
    }

    public void addItem(String name, String description,
                        boolean vegetarian, double price)
    {
        MenuItem menuItem = new MenuItem(name, description, vegetarian, price);
        menuItems.put(name, menuItem);
    }

    public Map<String, MenuItem> getMenuItems() {
        return menuItems;
    }
}
```

다른 메뉴와 마찬가지로 메뉴 항목은 생성자에서 초기화합니다.

새 MenuItem을 생성하고 menuItems 해시테이블에 추가합니다.

항목 이름이 키로 쓰입니다.

menuItem 객체가 값으로 저장됩니다.

이제 이건 안 써도 되겠죠?

정답 411쪽

쓰면서 제대로 공부하기

다음 쪽으로 가기 전에 이 코드를 지금 사용중인 프레임워크에서 쓸 수 있게 고칠 때 해야 할 일 3가지를 간단하게 적어 봅시다.

❶ _____

❷ _____

❸ _____

객체마을 카페 메뉴 코드 고치기

객체마을 카페 메뉴를 기존 프레임워크에 추가하는 일은 꽤 간단합니다. 왜 그럴까요?

Hashtable도 Iterator를 지원하는 자바 컬렉션이기 때문이죠. 하지만 ArrayList와는 조금 다른 식으로 고쳐야 합니다.

CafeMenu도 Menu 인터페이스를 구현하도록 고칩니다.
이러면 Waitress도 다른 메뉴와 같은 방식으로 사용할 수 있겠죠?

```java
public class CafeMenu implements Menu {
    Map<String, MenuItem> menuItems = new HashMap<String, MenuItem>();

    public CafeMenu() {
        // 생성자 코드
    }

    public void addItem(String name, String description,
                        boolean vegetarian, double price)
    {
        MenuItem menuItem = new MenuItem(name, description, vegetarian, price);
        menuItems.put(name, menuItem);
    }

    public Map<String, MenuItem> getMenuItems() {
        return menuItems;
    }

    public Iterator<MenuItem> createIterator() {
        return menuItems.values().iterator();
    }
}
```

Hashtable은 다양한 값을 저장할 때 많이 쓰이는
자료구조입니다. HashMap을 사용하는 것도 괜찮겠죠.

전과 같이 getItems( )는 없애버립니다.
menuItems 구현을 Waitress에
모두 공개할 필요는 없으니까요.

createIterator( )를 구현하는 부분입니다.
HashMap 전체를 대상으로 반복자를 리턴하는 것이 아니라
값을 대상으로 반복자를 리턴한다는 사실에 주의하세요.

코드 자세히 들여다보기

HashMap은 키와 값을 모두 지원하므로 ArrayList보다 조금 복잡합니다. 하지만 값(MenuItem)을 대상으로 하는 반복자를 여전히 가져올 수 있습니다.

```java
public Iterator<MenuItem> createIterator() {
    return menuItems.values().iterator();
}
```

우선 HashMap의 값들을 가져옵니다.
HashMap에 있는 모든 객체의 컬렉션입니다.

다행히도 컬렉션에서 java.util.Iterator 유형의
객체를 리턴하는 iterator( ) 메소드를 지원합니다.

뇌 단련

이 코드에서 최소 지식의 원칙을
위배하는 건 아닐까요? 만약 위
배한다면 어떻게 해야 할까요?

종업원 코드에 카페 메뉴 추가하기

이제 우리가 고친 메뉴를 지원하도록 종업원 코드를 바꿔 줍시다.
Waitress 클래스에서 Iterator를 쓰도록 고치면 되니까 별로 어려울 건 없습니다.

```java
public class Waitress {
    Menu pancakeHouseMenu;
    Menu dinerMenu;
    Menu cafeMenu;

    public Waitress(Menu pancakeHouseMenu, Menu dinerMenu, Menu cafeMenu) {
        this.pancakeHouseMenu = pancakeHouseMenu;
        this.dinerMenu = dinerMenu;
        this.cafeMenu = cafeMenu;
    }

    public void printMenu() {
        Iterator<MenuItem> pancakeIterator = pancakeHouseMenu.createIterator();
        Iterator<MenuItem> dinerIterator = dinerMenu.createIterator();
        Iterator<MenuItem> cafeIterator = cafeMenu.createIterator();

        System.out.println("메뉴\n----\n아침 메뉴");
        printMenu(pancakeIterator);
        System.out.println("\n점심 메뉴");
        printMenu(dinerIterator);
        System.out.println("\n저녁 메뉴");
        printMenu(cafeIterator);
    }

    private void printMenu(Iterator iterator) {
        while (iterator.hasNext()) {
            MenuItem menuItem = iterator.next();
            System.out.print(menuItem.getName() + ", ");
            System.out.print(menuItem.getPrice() + " -- ");
            System.out.println(menuItem.getDescription());
        }
    }
}
```

CafeMenu 객체도 다른 메뉴와 함께 Waitress 클래스의 생성자에 전달됩니다. 그 객체는 인스턴스 변수로 저장됩니다.

카페 메뉴는 저녁 메뉴로 제공됩니다. 메뉴를 출력할 때는 반복자를 생성하고 printMenu() 메소드에 전달해 주기만 하면 됩니다.

이 부분은 바꿀 필요가 전혀 없죠.

카페 메뉴까지 추가된 통합 식당 코드 테스트

클래스를 테스트용으로 고쳐서 여전히 잘 작동하는지 확인해 봅시다.

```java
public class MenuTestDrive {
    public static void main(String args[]) {
        PancakeHouseMenu pancakeHouseMenu = new PancakeHouseMenu();
        DinerMenu dinerMenu = new DinerMenu();
        CafeMenu cafeMenu = new CafeMenu();

        Waitress waitress = new Waitress(pancakeHouseMenu, dinerMenu, cafeMenu);

        waitress.printMenu();
    }
}
```

CafeMenu를 생성합니다.

그리고 Waitress에 전달합니다.

이러면 3가지 메뉴가 모두 출력되어야 합니다.

테스트 결과입니다. 카페에서 도입된 저녁 메뉴를 확인해 보세요.

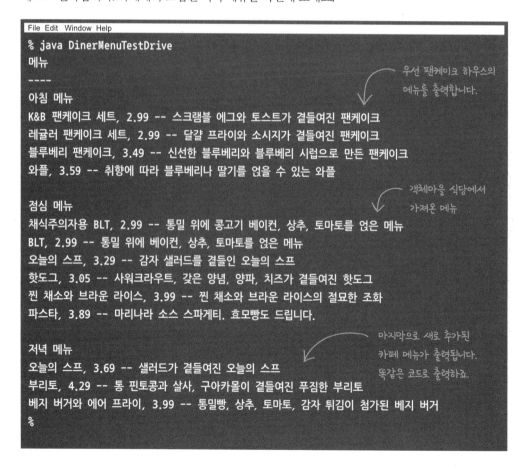

File Edit Window Help

```
% java DinerMenuTestDrive
메뉴
----
아침 메뉴
K&B 팬케이크 세트, 2.99 -- 스크램블 에그와 토스트가 곁들여진 팬케이크
레귤러 팬케이크 세트, 2.99 -- 달걀 프라이와 소시지가 곁들여진 팬케이크
블루베리 팬케이크, 3.49 -- 신선한 블루베리와 블루베리 시럽으로 만든 팬케이크
와플, 3.59 -- 취향에 따라 블루베리나 딸기를 얹을 수 있는 와플

점심 메뉴
채식주의자용 BLT, 2.99 -- 통밀 위에 콩고기 베이컨, 상추, 토마토를 얹은 메뉴
BLT, 2.99 -- 통밀 위에 베이컨, 상추, 토마토를 얹은 메뉴
오늘의 스프, 3.29 -- 감자 샐러드를 곁들인 오늘의 스프
핫도그, 3.05 -- 사워크라우트, 갖은 양념, 양파, 치즈가 곁들여진 핫도그
찐 채소와 브라운 라이스, 3.99 -- 찐 채소와 브라운 라이스의 절묘한 조화
파스타, 3.89 -- 마리나라 소스 스파게티. 효모빵도 드립니다.

저녁 메뉴
오늘의 스프, 3.69 -- 샐러드가 곁들여진 오늘의 스프
부리토, 4.29 -- 통 핀토콩과 살사, 구아카몰이 곁들여진 푸짐한 부리토
베지 버거와 에어 프라이, 3.99 -- 통밀빵, 상추, 토마토, 감자 튀김이 첨가된 베지 버거
%
```

우선 팬케이크 하우스의 메뉴를 출력합니다.

객체마을 식당에서 가져온 메뉴

마지막으로 새로 추가된 카페 메뉴가 출력됩니다. 똑같은 코드로 출력하죠.

지금까지 한 일을 정리해 볼까요?

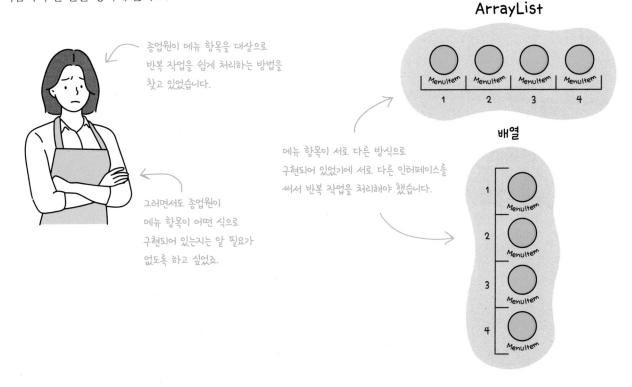

종업원이 메뉴 항목을 대상으로
반복 작업을 쉽게 처리하는 방법을
찾고 있었습니다.

그러면서도 종업원이
메뉴 항목이 어떤 식으로
구현되어 있는지는 알 필요가
없도록 하고 싶었죠.

메뉴 항목이 서로 다른 방식으로
구현되어 있었기에 서로 다른 인터페이스를
써서 반복 작업을 처리해야 했습니다.

ArrayList

배열

그래서 종업원을 구현과 분리했죠.

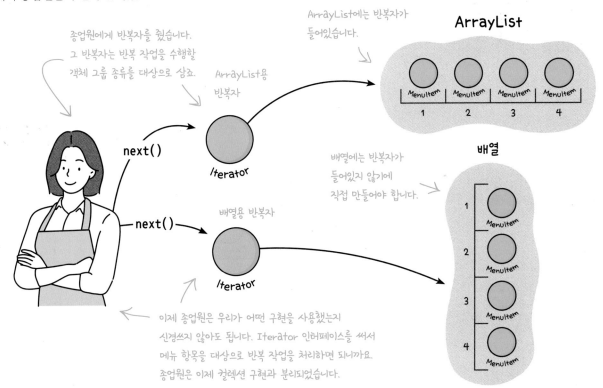

종업원에게 반복자를 줬습니다.
그 반복자는 반복 작업을 수행할
객체 그룹 종류를 대상으로 삼죠.

ArrayList용
반복자

ArrayList에는 반복자가
들어있습니다.

ArrayList

배열용 반복자

배열에는 반복자가
들어있지 않기에
직접 만들어야 합니다.

배열

이제 종업원은 우리가 어떤 구현을 사용했는지
신경쓰지 않아도 됩니다. Iterator 인터페이스를 써서
메뉴 항목을 대상으로 반복 작업을 처리하면 되니까요.
종업원은 이제 컬렉션 구현과 분리되었습니다.

그리고 종업원의 확장성도 강화했습니다.

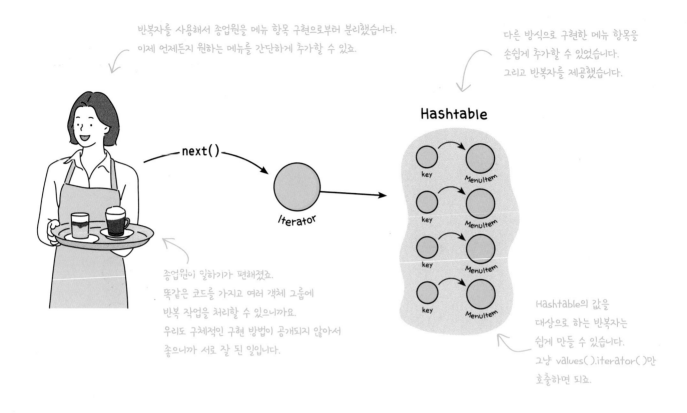

반복자를 사용해서 종업원을 메뉴 항목 구현으로부터 분리했습니다.
이제 언제든지 원하는 메뉴를 간단하게 추가할 수 있죠.

다른 방식으로 구현한 메뉴 항목을
손쉽게 추가할 수 있었습니다.
그리고 반복자를 제공했습니다.

Hashtable

종업원이 일하기가 편해졌죠.
똑같은 코드를 가지고 여러 객체 그룹에
반복 작업을 처리할 수 있으니까요.
우리도 구체적인 구현 방법이 공개되지 않아서
좋으니까 서로 잘 된 일입니다.

Hashtable의 값을
대상으로 하는 반복자는
쉽게 만들 수 있습니다.
그냥 values( ).iterator( )만
호출하면 되죠.

그리고 다른 것이 더 있습니다.

LinkedList

자바는 여러 객체를 저장하고 불러오는
다양한 '컬렉션' 클래스를 제공합니다.
Vector와 LinkedList 등이 있죠.

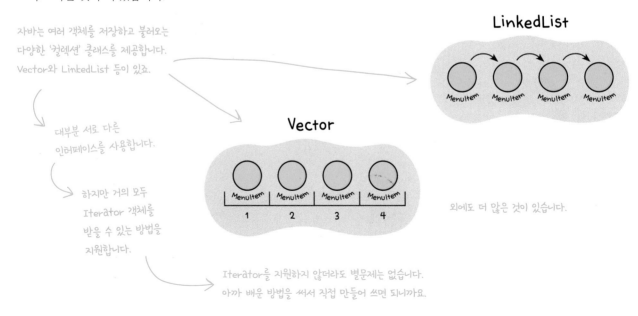

대부분 서로 다른
인터페이스를 사용합니다.

하지만 거의 모두
Iterator 객체를
받을 수 있는 방법을
지원합니다.

Vector

외에도 더 많은 것이 있습니다.

Iterator를 지원하지 않더라도 별문제는 없습니다.
아까 배운 방법을 써서 직접 만들어 쓰면 되니까요.

반복자와 컬렉션

지금까지 자바 컬렉션 프레임워크(Java Collections Framework)에 속하는 클래스를 몇 가지 사용했습니다. 이 **프레임워크**는 그냥 클래스와 인터페이스를 모아 놓은 것에 불과합니다. 우리가 썼던 ArrayList를 비롯하여 Vector, LinkedList, Stack, PriorityQueue 등이 모두 이 프레임워크에 속합니다. 이 클래스들은 모두 java.util.Collection 인터페이스를 구현하는데, 그 인터페이스에는 객체로 구성된 그룹을 조작하는 여러 유용한 메소드가 포함되어 있습니다.

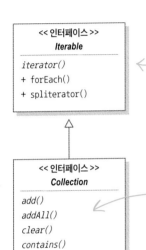

```
<< 인터페이스 >>
Iterable

iterator()
+ forEach()
+ spliterator()
```

Collection 인터페이스에서 Iterable 인터페이스를 구현한다는 사실을 잊지 맙시다.

```
<< 인터페이스 >>
Collection

add()
addAll()
clear()
contains()
containsAll()
equals()
hashCode()
isEmpty()
iterator()
remove()
removeAll()
retainAll()
size()
toArray()
```

여기에 별별 좋은 게 다 들어있네요. 어떤 식으로 구현되는지 전혀 몰라도 컬렉션에 항목을 추가하거나 컬렉션에서 항목을 없애 버릴 수 있습니다.

우리의 절친, iterator() 메소드가 여기 있네요. Collection 인터페이스를 구현하는 클래스라면 언제든 이 메소드로 필요한 반복자를 받아올 수 있습니다.

이 외에도 원소 개수를 알려 주는 size() 메소드, 컬렉션을 배열로 바꿔 주는 toArray() 같은 편리한 메소드도 있습니다.

주의하세요!

HashMap은 반복자를 간접적으로 지원하는 클래스입니다

CafeMenu를 구현할 때 봤던 것처럼 HashMap에서 반복자를 가져올 수 있긴 하지만 어디까지나 values 컬렉션을 먼저 가져온 후에나 가능한 일입니다. 잘 생각해 보면 당연한 일입니다. HashMap에는 2개의 객체 모음이 들어있어요. 하나는 keys이고 다른 하나는 values죠. 그러나 값들을 대상으로 반복 작업을 하고 싶다면 먼저 HashMap에서 values를 가져온 다음 그 반복자를 받아 와야 합니다.

컬렉션과 반복자를 사용하면 모든 컬렉션 객체에서 자신을 대상으로 하는 반복자를 리턴할 줄 안다는 장점을 활용할 수 있습니다. ArrayList의 iterator() 메소드를 호출하면 그 ArrayList용 구상 Iterator 클래스가 리턴되죠. 그 안에서 사용하는 구상 클래스는 전혀 신경 쓰지 않아도 됩니다. 그냥 Iterator 인터페이스만 사용하면 되니까요.

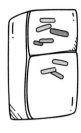

코드 자석

정답 412쪽

주방장이 요일별로 점심 메뉴 항목을 바꾸기로 했습니다. 즉, 월, 수, 금, 일요일에 제공하는 메뉴와 화, 목, 토요일에 제공하는 메뉴가 달라지는 거죠. 누군가가 이미 AlternatingDinerMenuIterator라는 이름으로 메뉴 항목이 요일에 따라 달라지는 코드를 만들어 놨습니다. 근데 장난이랍시고 코드를 아무렇게나 흩어서 식당 냉장고에 붙여 놨네요. 이걸 전부 순서에 맞게 다시 맞춰 놔야 합니다. 중괄호 몇 개는 바닥에 떨어져서 찾기가 힘드니까 필요한 대로 추가해서 쓰세요.

```java
MenuItem menuItem = items[position];
position = position + 2;
return menuItem;
```

```java
import java.util.Iterator;
import java.util.Calendar;
```

```java
public Object next() {
```

```java
{
```

```java
public AlternatingDinerMenuIterator(MenuItem[] items)
```

```java
this.items = items;
position = Calendar.DAY_OF_WEEK % 2;
```

```java
implements Iterator<MenuItem>
```

```java
public void remove() {
```

```java
MenuItem[] items;
int position;
```

```java
}
```

```java
public class AlternatingDinerMenuIterator
```

```java
public boolean hasNext() {
```

```java
throw new UnsupportedOperationException(
    "remove()는 지원하지 않습니다");
```

```java
if (position >= items.length || items[position] == null) {
    return false;
} else {
    return true;
}
```

```java
}
```

종업원 코드 개선하기

지금 종업원 코드는 처음 만들었던 코드에 비해 훨씬 나아졌습니다. 하지만 printMenu( )를 3번이나 호출해야 한다는 점과 새로운 메뉴가 추가될 때마다 종업원에 코드를 추가해야 한다는 점이 문제로 남아 있습니다. OCP(Open Closed Principle)에 위배되죠.

createIterator( )를 3번 호출합니다.

```java
public void printMenu() {
    Iterator<MenuItem> pancakeIterator = pancakeHouseMenu.createIterator();
    Iterator<MenuItem> dinerIterator = dinerMenu.createIterator();
    Iterator<MenuItem> cafeIterator = cafeMenu.createIterator();

    System.out.println("메뉴\n----\n아침 메뉴");
    printMenu(pancakeIterator);

    System.out.println("\n점심 메뉴");
    printMenu(dinerIterator);

    System.out.println("\n저녁 메뉴");
    printMenu(cafeIterator);
}
```

printMenu( )도 3번 호출해야 하죠.

메뉴를 추가하거나 삭제할 때마다 이 코드를 직접 수정해야 합니다.

종업원의 잘못은 아닙니다. 메뉴 구현을 분리하고 반복 작업에 필요한 부분을 반복자로 뽑아 낸 것만 해도 매우 훌륭하죠. 하지만 여전히 여러 메뉴를 서로 다른 독립적인 객체로 다루고 있다는 문제가 있습니다. 여러 메뉴를 한꺼번에 관리할 수 있는 방법이 필요합니다.

뇌 단련

종업원은 여전히 printMenu( )를 메뉴마다 1번씩, 총 3번 호출해야 합니다. 메뉴를 전부 합쳐서 메소드를 1번만 호출할 수는 없을까요? 아니면 반복자 하나로 모든 메뉴를 대상으로 반복 작업을 처리할 수 있는 방법은 없을까요?

그것도 괜찮겠네요. 메뉴들을 ArrayList로 잘 묶어서 반복자로 각 메뉴를 대상으로 반복 작업을 수행할 수 있잖아요. 종업원 코드도 간단해지고, 메뉴 개수에 구애받지 않고 작업을 처리 할 수 있지 않겠어요?

루의 아이디어도 괜찮아 보이네요. 한번 시도해 볼까요?

```java
public class Waitress {
    List<Menu> menus;

    public Waitress(List<Menu> menus) {
        this.menus = menus;
    }

    public void printMenu() {
        Iterator<Menu> menuIterator = menus.iterator();
        while(menuIterator.hasNext()) {
            Menu menu = menuIterator.next();
            printMenu(menu.createIterator());
        }
    }

    void printMenu(Iterator<MenuItem> iterator) {
        while (iterator.hasNext()) {
            MenuItem menuItem = iterator.next();
            System.out.print(menuItem.getName() + ", ");
            System.out.print(menuItem.getPrice() + " -- ");
            System.out.println(menuItem.getDescription());
        }
    }
}
```

이제 각 메뉴를 따로 받지 않고 목록으로 받아옵니다.

각 메뉴에 반복 작업을 수행합니다. 각 메뉴의 반복자를 오버로드된 printMenu() 메소드에 넘겨주면 되죠.

이 코드는 그대로 쓰면 됩니다.

꽤 괜찮아 보이네요? 메뉴 이름이 없어졌지만 각 메뉴에 이름을 추가할 수도 있을 겁니다.

이번에는 디저트 서브메뉴를 추가해달라고 하네요.

이런, 이번에는 여러 개의 메뉴만 지원하는 걸로 끝나는 게 아니라 메뉴 안에 서브메뉴가 들어가 있는 것도 지원해 달라는군요. 그냥 디저트 메뉴를 DinerMenu 컬렉션의 원소로 넣을 수 있으면 좋겠지만, 지금 구현되어 있는 코드를 가지고는 그렇게 할 수 없을 것 같습니다.

객체마을 식당에서 디저트 메뉴를 만들어서 일반 메뉴판 사이에 끼워 넣을 거라고 하던데요.

우리가 원하는 것

전체 메뉴

PancakeHouseMenu DinerMenu CafeMenu

1 2 3

식당별 메뉴가 들어있는 ArrayList

팬케이크 하우스 메뉴

MenuItem MenuItem MenuItem MenuItem

1 2 3 4

ArrayList

객체마을 식당 메뉴

1 MenuItem
2 MenuItem
3 MenuItem
4 MenuItem

배열

객체마을 카페 메뉴

key → MenuItem
key → MenuItem
key → MenuItem
key → MenuItem

HashMap

디저트 메뉴

1 MenuItem
2 MenuItem
3 MenuItem
4 MenuItem

이렇게 할 수 없습니다.

DinerMenu 안에 서브메뉴가 들어갈 수 있으면 좋겠지만, 형식이 다르므로 서브메뉴를 넣을 수가 없습니다. 따라서 이렇게 할 수는 없습니다.

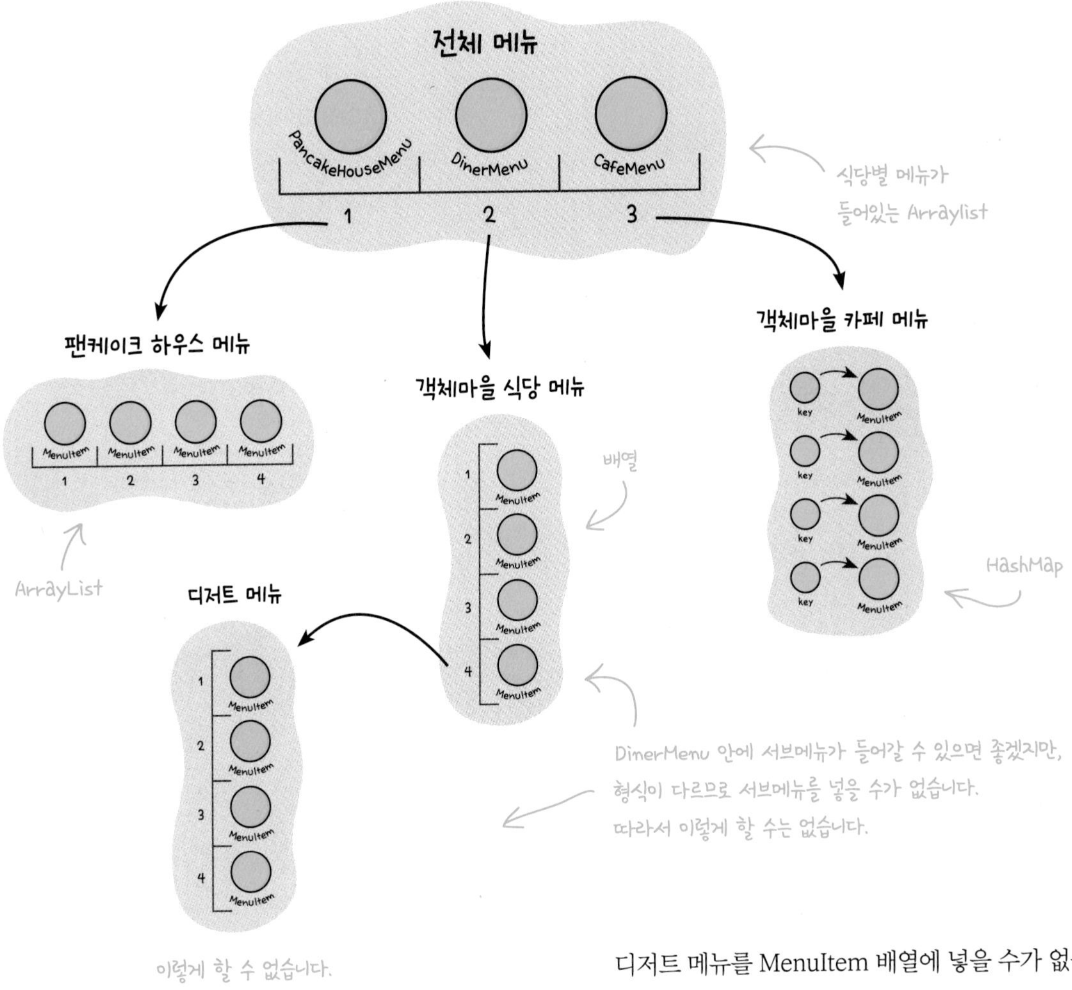

디저트 메뉴를 MenuItem 배열에 넣을 수가 없습니다. 새로운 디자인이 필요하겠군요.

리팩터링 준비하기 드디어 리팩터링을 할 시간이 왔습니다 ☆

결국 모든 메뉴(서브메뉴 포함)를 대상으로 제대로 작동할 수 있도록 코드를 고쳐야 할 때가 오고 말았습니다. 주방장들에게 메뉴 코드를 새로 구현해달라고 요청해야 합니다.

시스템이 복잡해져서 지금 당장 디자인을 윈진이 뜯어 고치지 않으면 서브메뉴를 기존 메뉴에 추가할 수가 없습니다. 그러니 우선 새로운 디자인에 어떤 것들이 필요한지 생각해 봅시다.

- 메뉴, 서브메뉴, 메뉴 항목 등을 모두 넣을 수 있는 트리 형태의 구조가 필요합니다.

- 각 메뉴에 있는 모든 항목을 대상으로 특정 작업을 할 수 있는 방법을 제공해야 하며, 그 방법은 적어도 지금 사용 중인 반복자만큼 편리해야 합니다.

- 더 유연한 방법으로 아이템을 대상으로 반복 작업을 수행할 수 있어야 합니다. 예를 들어, 객체마을 식당 메뉴에 껴있는 디저트 메뉴를 대상으로만 반복 작업을 할 수 있으면서도 디저트 서브메뉴까지 포함한, 모든 객체마을 식당 메뉴를 대상으로 반복 작업을 할 수 있어야 합니다.

코드가 자라나면 언젠가는 리팩터링이 필요한 시기가 오기 마련입니다. 리팩터링을 너무 미루다 보면 유연성이 떨어져서 더 이상 새로운 일을 하기가 힘들어집니다.

메뉴, 메뉴 안에 들어있는 서브메뉴, 메뉴 항목을
모두 표현하려면 트리구조을 사용하는 게 좋겠죠?

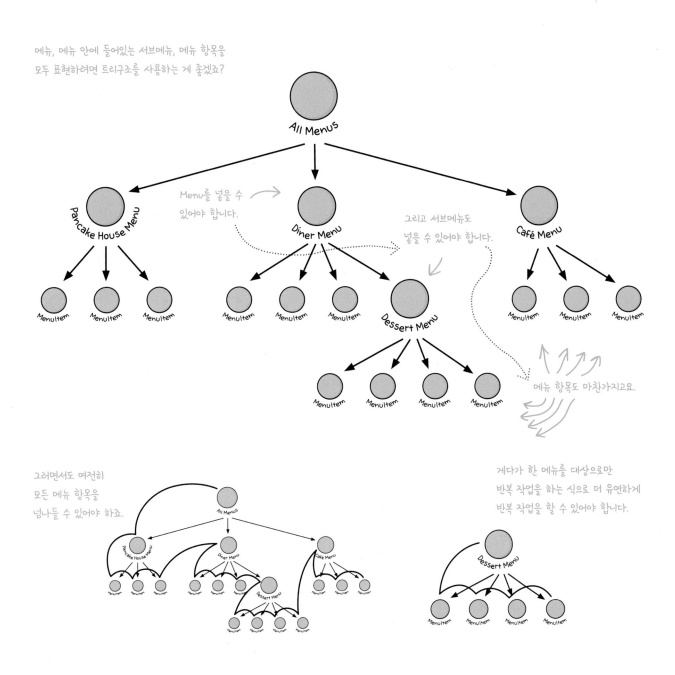

새로 추가된 디자인 요건을 어떤 식으로 처리할 수 있을까요? 다음 쪽으로 넘어가기 전에 생각해 봅시다.

뇌 단련

새로 추가된 디자인 요건을 어떤 식으로 처리할 수 있을까요? 다음 쪽으로 넘어가기 전에 생각해 봅시다.

컴포지트 패턴의 정의

반복자 패턴을 쓰는 걸 포기한 건 아니지만 (여전히 반복자 패턴도 쓰입니다) 메뉴 관리는 반복자 패턴만으로 처리하기 어려우니 메뉴 관리에 도움이 되는 컴포지트 패턴을 쓰기로 결정했습니다. 일단 컴포지트 패턴을 알아본 다음 본격적으로 문제를 해결해 보겠습니다.

> **컴포지트 패턴**(Composite Pattern)으로 객체를 트리구조로 구성해서 부분-전체 계층구조를 구현합니다. 컴포지트 패턴을 사용하면 클라이언트에서 개별 객체와 복합 객체를 똑같은 방법으로 다룰 수 있습니다.

우리가 만들고 있는 메뉴를 기준으로 생각해 봅시다. 이 패턴을 사용하면 중첩되어 있는 메뉴 그룹과 항목을 똑같은 구조 내에서 처리할 수 있습니다. 메뉴와 항목을 같은 구조에 넣어서 **부분-전체 계층구조(part-whole hierarchy)**를 생성할 수 있습니다. 여기서 부분-전체 계층구조란, 부분(메뉴 및 메뉴 항목)들이 계층을 이루고 있지만 모든 부분을 묶어서 전체로 다룰 수 있는 구조를 뜻합니다.

메뉴를 이런 방식으로 만들어 두면 컴포지트 패턴을 써서 개별 객체와 복합 객체에도 똑같은 방식을 적용할 수 있습니다. 조금 어렵죠? 다시 설명하자면, 메뉴, 서브메뉴, 서브서브메뉴로 구성된 트리구조가 있다고 하면 각각이 모두 복합 객체가 될 수 있다는 말입니다. 각 메뉴 안에 다른 메뉴와 메뉴 항목이 또 들어갈 수 있으니까요. 결국 개별 객체도 메뉴라고 할 수 있습니다. 다른 객체가 들어있지 않을 뿐이죠.

앞으로 배우게 되겠지만, 컴포지트 패턴을 따르는 디자인을 사용하면 간단한 코드만 가지고도 (출력 같은) 똑같은 작업을 전체 메뉴 구조를 대상으로 반복해서 적용할 수 있습니다.

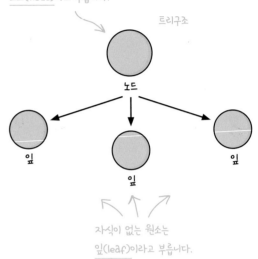

자식 원소가 있는 원소는 노드(node)라고 부릅니다.

트리구조

노드

잎

잎

잎

자식이 없는 원소는 잎(leaf)이라고 부릅니다.

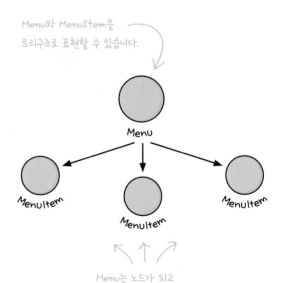

Menu와 MenuItem을 트리구조로 표현할 수 있습니다.

Menu

MenuItem

MenuItem

MenuItem

Menu는 노드가 되고 MenuItem은 잎이 됩니다.

매우 복잡한 트리도 얼마든지 만들 수 있습니다.

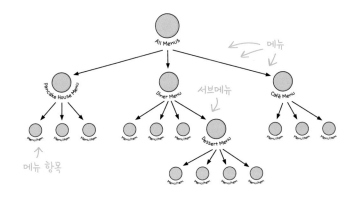

컴포지트 패턴을 사용하면 객체의 구성과 개별 객체를 노드로 가지는 트리 형태의 객체 구조를 만들 수 있습니다.

이런 복합 구조(composite structure)를 사용하면 복합 객체와 개별 객체를 대상으로 똑같은 작업을 적용할 수 있습니다. 즉, 복합 객체와 개별 객체를 구분할 필요가 거의 없어지죠.

이 모든 걸 하나로 묶어서 생각할 수 있습니다.

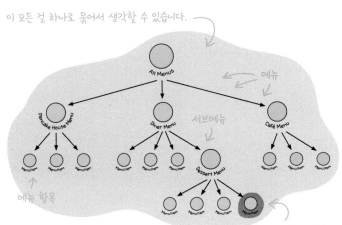

이렇게 한 부분씩만 생각할 수도 있죠.

print()

전체를 대상으로 작업을 수행할 수도 있고

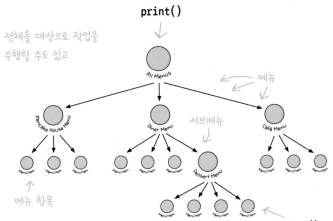

print() 부분을 대상으로 작업을 수행할 수도 있습니다.

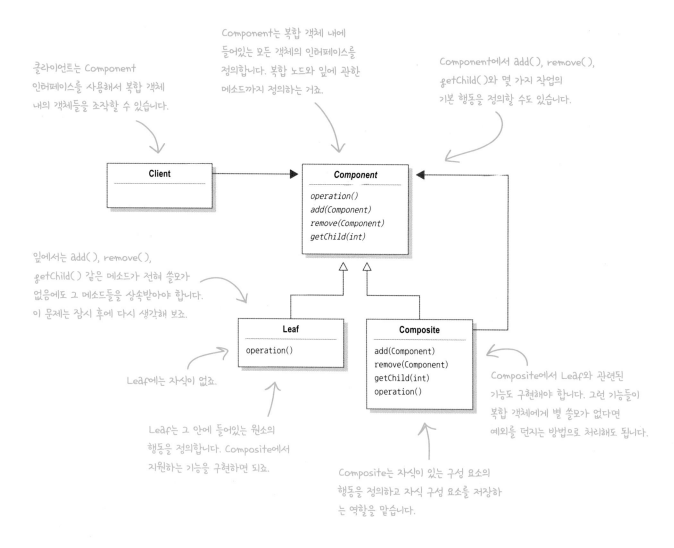

클라이언트는 Component 인터페이스를 사용해서 복합 객체 내의 객체들을 조작할 수 있습니다.

Component는 복합 객체 내에 들어있는 모든 객체의 인터페이스를 정의합니다. 복합 노드와 잎에 관한 메소드까지 정의하는 거죠.

Component에서 add( ), remove( ), getChild( )와 몇 가지 작업의 기본 행동을 정의할 수도 있습니다.

잎에서는 add( ), remove( ), getChild( ) 같은 메소드가 전혀 쓸모가 없음에도 그 메소드들을 상속받아야 합니다. 이 문제는 잠시 후에 다시 생각해 보죠.

Leaf에는 자식이 없죠.

Leaf는 그 안에 들어있는 원소의 행동을 정의합니다. Composite에서 지원하는 기능을 구현하면 되죠.

Composite는 자식이 있는 구성 요소의 행동을 정의하고 자식 구성 요소를 저장하는 역할을 맡습니다.

Composite에서 Leaf와 관련된 기능도 구현해야 합니다. 그런 기능들이 복합 객체에게 별 쓸모가 없다면 예외를 던지는 방법으로 처리해도 됩니다.

무엇이든 물어보세요
Q&A

Q1 Component, Composite, 트리라니 뭐가 이렇게 복잡하죠?

A1 복합 객체(composite)에는 구성 요소(component)가 들어있습니다. 구성 요소는 두 종류로 나눌 수 있습니다. 하나는 복합 객체이고 다른 하나는 잎입니다. 뭔가 재귀적인 느낌이 들죠? 맞습니다. 실제로 재귀 구조입니다. 복합 객체에는 자식들이 들어있으며, 그 자식들은 복합 객체일 수도 있고 아니면 그냥 잎일 수도 있습니다.

데이터를 이런 식으로 조직화하다 보면 복합 객체를 따라서 가지가 연결되다가 마지막에는 잎으로 끝나는 트리구조(정확하게 말하자면 뿌리(루트)가 맨 위에 있고 거기에서부터 점점 넓어지면서 아래로 내려가는 뒤집힌 나무 모양)가 만들어 집니다.

Q2 이 패턴과 반복자 패턴은 어떤 관계가 있죠?

A2 반복자 패턴과 컴포지트 패턴을 묶어서 생각할 필요는 없습니다. 컴포지트 패턴이라는 새로운 패턴을 도입해서 메뉴를 다시 구현하려고 하는 거니까요. 반복자 패턴에서 컴포지트 패턴으로 자연스럽게 전환할 수 있다거나 하는 건 아닙니다. 그냥 그 두 패턴을 잘 조합해서 지금 주어진 문제를 해결하려고 하는 거죠. 잠시 후에 지금 배우고 있는 컴포지트 패턴을 구현할 때 반복자 패턴을 활용하는 방법을 배웁니다.

컴포지트 패턴으로 메뉴 디자인하기

컴포지트 패턴을 메뉴에 어떻게 적용할 수 있을까요? 우선 구성 요소 인터페이스를 만드는 것부터 시작합시다. 이 인터페이스는 메뉴와 메뉴 항목 모두에 적용되는 공통 인터페이스 역할을 하며, 이 인터페이스가 있어야만 메뉴와 메뉴 항목을 똑같은 방법으로 처리할 수 있습니다. 즉, 같은 메소드를 호출할 수 있죠.

사실 메소드 중에는 메뉴 항목을 호출하면 이상한 메소드도 있을 것이고 메뉴를 호출하면 이상한 메소드도 있을 것입니다. 이 문제를 해결하는 방법은 잠시 후에 알아보고 우선은 메뉴를 어떤 식으로 컴포지트 패턴 구조에 끼워 맞출 수 있을지 생각해 봅시다.

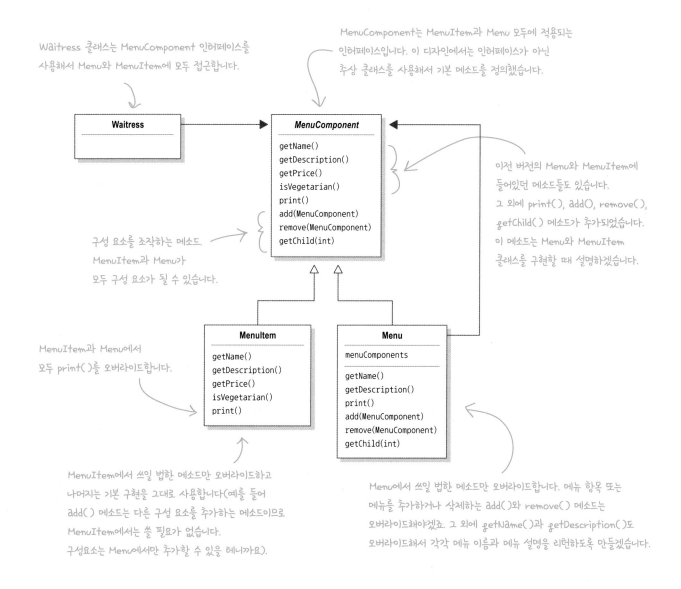

Waitress 클래스는 MenuComponent 인터페이스를 사용해서 Menu와 MenuItem에 모두 접근합니다.

MenuComponent는 MenuItem과 Menu 모두에 적용되는 인터페이스입니다. 이 디자인에서는 인터페이스가 아닌 추상 클래스를 사용해서 기본 메소드를 정의했습니다.

이전 버전의 Menu와 MenuItem에 들어있던 메소드들도 있습니다. 그 외에 print( ), add(), remove( ), getChild( ) 메소드가 추가되었습니다. 이 메소드는 Menu와 MenuItem 클래스를 구현할 때 설명하겠습니다.

구성 요소를 조작하는 메소드. MenuItem과 Menu가 모두 구성 요소가 될 수 있습니다.

MenuItem과 Menu에서 모두 print( )를 오버라이드합니다.

MenuItem에서 쓰일 법한 메소드만 오버라이드하고 나머지는 기본 구현을 그대로 사용합니다(예를 들어 add( ) 메소드는 다른 구성 요소를 추가하는 메소드이므로 MenuItem에서는 쓸 필요가 없습니다. 구성요소는 Menu에서만 추가할 수 있을 테니까요).

Menu에서 쓰일 법한 메소드만 오버라이드합니다. 메뉴 항목 또는 메뉴를 추가하거나 삭제하는 add( )와 remove( ) 메소드는 오버라이드해야겠죠. 그 외에 getName( )과 getDescription( )도 오버라이드해서 각각 메뉴 이름과 메뉴 설명을 리턴하도록 만들겠습니다.

메뉴 구성 요소 구현하기

이제 MenuComponent 추상 클래스를 만들어 봅시다. 메뉴 구성 요소는 잎과 복합 노드 모두에서 쓰이는 인터페이스 역할을 한다는 점을 꼭 기억해 둡시다.

어쩌면 'MenuComponent에서 2가지 역할을 맡고 있는 것 아닌가?'라는 생각이 들지도 모릅니다. 물론 그렇게 생각할 수 있지만, 그 점은 나중에 다시 생각해 보죠. 일단 지금은 MenuItem(잎)과 Menu(복합 객체) 각자의 용도에 맞지 않아서 구현할 필요가 없는 메소드를 쓰지 않고, 기본 메소드를 그대로 쓰도록 구현하겠습니다.

모든 구성 요소에 MenuComponent 인터페이스를 구현해야만 합니다. 하지만 잎과 노드는 각각 역할이 다르므로 모든 메소드에 알맞은 기본 메소드 구현은 불가능합니다. 그래서 자기 역할에 맞지 않는 상황을 기준으로 예외를 던지는 코드를 기본 구현으로 제공하기로 했습니다.

```java
public abstract class MenuComponent {

    public void add(MenuComponent menuComponent) {
        throw new UnsupportedOperationException();
    }
    public void remove(MenuComponent menuComponent) {
        throw new UnsupportedOperationException();
    }
    public MenuComponent getChild(int i) {
        throw new UnsupportedOperationException();
    }

    public String getName() {
        throw new UnsupportedOperationException();
    }
    public String getDescription() {
        throw new UnsupportedOperationException();
    }
    public double getPrice() {
        throw new UnsupportedOperationException();
    }
    public boolean isVegetarian() {
        throw new UnsupportedOperationException();
    }

    public void print() {
        throw new UnsupportedOperationException();
    }
}
```

MenuComponent에서는 모든 메소드를 기본적으로 구현해 놓았습니다.

이 중 어떤 메소드는 MenuItem에서만 쓸 수 있고, 또 어떤 메소드는 Menu에서만 쓸 수 있기에 기본적으로 모두 UnsupportedOperationException을 던지도록 했습니다. 이러면 자기 역할에 맞지 않는 메소드는 오버라이드하지 않고 기본 구현을 그대로 사용할 수 있죠.

MenuComponent를 추가하거나 제거하고 가져오는 메소드

MenuItem에서 작업을 처리하는 메소드. 잠시 후에 Menu 코드를 살펴보면 알 수 있겠지만, 이 중 몇 개는 Menu에서도 쓸 수 있습니다.

print( )는 Menu와 MenuItem에서 모두 구현하는 작업용 메소드입니다. 하지만 이 메소드에도 기본 구현을 제공합시다.

메뉴 항목 구현하기

이제 MenuItem 클래스를 만들어 봅시다. 이 클래스는 컴포지트 패턴 다이어그램에서 잎에 해당하는 클래스라는 사실과 복합 객체의 원소에 해당하는 행동을 구현해야 한다는 점을 잘 기억해 둡시다.

> 진작부터 이런 식으로 했으면 좋았을 텐데. 전부터 메뉴에 넣고 싶었지만 디자인의 유연성이 부족해서 추가할 수 없었던 크레페 메뉴도 이제 맘대로 추가할 수 있겠군요.

```java
public class MenuItem extends MenuComponent {
    String name;                          // 우선 MenuComponent 인터페이스를
    String description;                   // 확장해야 합니다.
    boolean vegetarian;
    double price;

    public MenuItem(String name,          // 생성자는 이름, 설명, 채식주의자용
                    String description,   // 식단 여부, 가격을 인자로 받아서 저장합니다.
                    boolean vegetarian,   // 예전에 사용하던 메뉴 항목 구현법과
                    double price)         // 별로 다르지 않죠.
    {
        this.name = name;
        this.description = description;
        this.vegetarian = vegetarian;
        this.price = price;
    }

    public String getName() {             // 게터 메소드.
        return name;                      // 기존에 사용하던 것과 거의 같습니다.
    }

    public String getDescription() {
        return description;
    }

    public double getPrice() {
        return price;
    }

    public boolean isVegetarian() {
        return vegetarian;
    }

    public void print() {                 // 이 부분은 전과 달라졌습니다. 이 코드에서는 MenuComponent
        System.out.print("  " + getName()); // 클래스에 있는 print() 메소드를 오버라이드합니다.
        if (isVegetarian()) {             // MenuItem에 이 메소드를 호출하면 메뉴에 수록해야 할
            System.out.print("(v)");      // 모든 내용(이름, 설명, 가격, 채식주의자용 식단 여부)이 출력됩니다.
        }
        System.out.println(", " + getPrice());
        System.out.println("     -- " + getDescription());
    }
}
```

메뉴 구현하기

MenuItem도 다 준비됐으니 이제 복합 객체 클래스인 Menu만 준비하면 됩니다. 복합 객체 클래스에는 MenuItem은 물론 다른 Menu도 저장할 수 있습니다. MenuComponent에 있는 메소드 가운데 getPrice( )와 isVegetarian( )은 메뉴에서 별 의미가 없으므로 구현하지 않습니다.

Menu도 MenuItem과 마찬가지로 MenuComponent입니다.

Menu에는 MenuComponent 형식의 자식을 몇 개든지 저장할 수 있습니다. 이 코드에서는 ArrayList에 저장하겠습니다.

```java
public class Menu extends MenuComponent {
    List<MenuComponent> menuComponents = new ArrayList<MenuComponent>();
    String name;
    String description;

    public Menu(String name, String description) {
        this.name = name;
        this.description = description;
    }

    public void add(MenuComponent menuComponent) {
        menuComponents.add(menuComponent);
    }

    public void remove(MenuComponent menuComponent) {
        menuComponents.remove(menuComponent);
    }

    public MenuComponent getChild(int i) {
        return menuComponents.get(i);
    }

    public String getName() {
        return name;
    }

    public String getDescription() {
        return description;
    }

    public void print() {
        System.out.print("\n" + getName());
        System.out.println(", " + getDescription());
        System.out.println("--------------------");
    }
}
```

이 부분은 전에 구현했던 것과 다릅니다. 이번에는 메뉴마다 이름과 설명을 붙이기로 했습니다. 전에는 메뉴마다 다른 클래스를 사용했죠.

MenuItem이나 다른 Menu를 추가하는 코드입니다. MenuItem과 Menu는 모두 MenuComponent이므로 한 메소드만 가지고 둘 다 처리할 수 있습니다. MenuComponent를 삭제하거나 MenuComponent를 리턴할 수도 있습니다.

이름과 설명을 리턴하는 게터 메소드. getPrice( )와 isVegetarian( )은 Menu에는 어울리지 않는 메소드이므로 구현하지 않습니다. 어쩌면 isVegetarian( )은 메뉴에도 적용할 수 있을 것 같지만, 이 코드에서는 그러지 않겠습니다. Menu에 이 메소드를 호출하면 UnsupportedOperationException을 던집니다.

Menu의 print( ) 메소드가 호출되면 메뉴의 이름과 설명을 출력합니다.

잠깐만요. print() 코드가 잘 이해가 안 되는데요? 복합 객체에도 잎과 같은 작업을 수행할 수 있다고 하지 않았나요? 이 코드를 썼을 때 복합 객체에 print()를 호출하면 메뉴 이름과 설명만 출력되고 복합 객체에 관한 내용은 출력되지 않네요.

좋은 지적입니다. Menu는 복합 객체라서 그 안에는 MenuItem과 Menu가 모두 들어있을 수도 있습니다. 따라서 메뉴의 print() 메소드를 호출하면 그 안에 있는 모든 구성 요소가 출력되어야 합니다. 만약 그러지 않으면 복합 객체를 일일이 돌아다니면서 그 안에 들어있는 내용을 직접 출력해 줘야겠죠. 그렇게 할 생각이었다면 굳이 복합 객체를 만들 필요도 없었을 것입니다.

print()를 올바르게 구현하는 일은 그리 어렵지 않습니다. 각 구성 요소에서 자기 자신의 정보를 출력하는 방법을 알고 있으니까요. 재귀적인 방법으로 줄줄이 정보를 출력할 수 있죠. 어떻게 하는지 한번 볼까요?

print() 메소드 고치기

주의: 반복 작업을 수행하는 중에 다른 메뉴가 나타나면 그 메뉴에서 또 다른 반복 작업을 실행하게 됩니다. 서브메뉴가 여러 단계로 중첩되어 있으면 그런 과정이 여러 번 반복되겠죠.

```java
public class Menu extends MenuComponent {
    List<MenuComponent> menuComponents = new ArrayList<MenuComponent>();
    String name;
    String description;

    // 생성자 코드

    // 생성자 코드

    public void print() {
        System.out.print("\n" + getName());
        System.out.println(", " + getDescription());
        System.out.println("--------------------");

        for (MenuComponent menuComponent : menuComponents) {
            menuComponent.print();
        }
    }
}
```

print() 메소드에서 Menu 정보와 Menu에 들어있는 모든 구성 요소, 즉 다른 메뉴 및 메뉴 항목 정보까지 출력하도록 고치기만 하면 됩니다.

향상된 for 순환문에는 Iterator가 활용됩니다. 그 반복자를 사용해서 Menu에 있는 모든 구성 요소(다른 메뉴일 수도 있고 MenuItem일 수도 있죠)를 대상으로 반복 작업을 처리합니다.

Menu와 MenuItem에서 모두 print()를 구현하므로 그냥 print()만 호출하고 나머지는 각 클래스에게 맡겨 두면 됩니다.

종업원 코드에 컴포지트 적용하기

이제 코드를 테스트해 볼 때가 되었습니다. 하지만 테스트하기 전에 종업원 코드도 고쳐야 합니다. 종업원은 이 코드를 사용하는 클라이언트니까요.

```java
public class Waitress {
    MenuComponent allMenus;

    public Waitress(MenuComponent allMenus) {
        this.allMenus = allMenus;
    }

    public void printMenu() {
        allMenus.print();
    }
}
```

종업원 코드는 정말 간단합니다. 다른 모든 메뉴를 포함하고 있는 최상위 메뉴 구성 요소만 넘겨주면 되죠. 최상위 메뉴를 allMenus라고 부르겠습니다.

메뉴 전체의 계층구조(모든 메뉴 및 메뉴 항목)를 출력하고 싶다면 그냥 최상위 메뉴의 print() 메소드만 호출하면 됩니다. 정말 행복한 종업원이군요.

테스트에 앞서 복합 객체들의 구성을 확인해 봅시다.

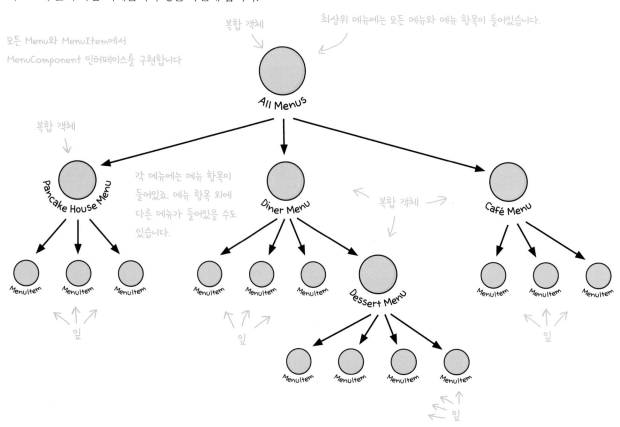

모든 Menu와 MenuItem에서 MenuComponent 인터페이스를 구현합니다

복합 객체

최상위 메뉴에는 모든 메뉴와 메뉴 항목이 들어있습니다.

All Menus

복합 객체

각 메뉴에는 메뉴 항목이 들어있죠. 메뉴 항목 외에 다른 메뉴가 들어있을 수도 있습니다.

Pancake House Menu

Diner Menu

복합 객체

Café Menu

MenuItem   MenuItem   MenuItem

MenuItem   MenuItem   MenuItem   Dessert Menu

MenuItem   MenuItem   MenuItem

잎

잎

MenuItem   MenuItem   MenuItem   MenuItem

잎

잎

메뉴 코드 테스트

이제 테스트만 남았습니다. 이번에는 테스트 코드에 모든 메뉴를 만들겠습니다. 각 주방장에게 메뉴를 달라고 할 수도 있겠지만, 일단 테스트를 해 보는 게 더 급한 일이죠. 테스트 코드는 다음과 같습니다.

```java
public class MenuTestDrive {
    public static void main(String args[]) {
        MenuComponent pancakeHouseMenu =
            new Menu("팬케이크 하우스 메뉴", "아침 메뉴");          우선 메뉴 객체를 전부 만듭니다.
        MenuComponent dinerMenu =
            new Menu("객체마을 식당 메뉴", "점심 메뉴");
        MenuComponent cafeMenu =
            new Menu("카페 메뉴", "저녁 메뉴");                    이번에는 최상위 메뉴도 만들어야 합니다.
        MenuComponent dessertMenu =                               변수 이름은 allMenus로 하죠.
            new Menu("디저트 메뉴", "디저트를 즐겨 보세요");

        MenuComponent allMenus = new Menu("전체 메뉴", "전체 메뉴");

        allMenus.add(pancakeHouseMenu);          복합 객체의 add( ) 메소드를 써서 최상위 메뉴인
        allMenus.add(dinerMenu);                 allMenus에 각 메뉴를 추가합니다.
        allMenus.add(cafeMenu);

        // 메뉴 항목을 추가하는 부분
                                                 메뉴 항목도 전부 넣어 줘야 합니다.
                                                 이 코드에서는 한 가지만 다루겠습니다.
        dinerMenu.add(new MenuItem(              나머지 부분은 www.hanbit.co.kr/src/10526 또는
            "파스타",                             wickedlysmart.com/head-first-design-patterns에서
            "마리나라 소스 스파게티, 효모빵도 드립니다.",   내려받을 수 있는 전체 소스 코드를 참조하세요.
            true,
            3.89));
                                                 메뉴에 메뉴를 추가하는 코드.
        dinerMenu.add(dessertMenu);              메뉴 항목이든 메뉴든 MenuComponent 클래스에
                                                 속하기만 하면 마음대로 추가할 수 있습니다.
        dessertMenu.add(new MenuItem(
            "애플 파이",
            "바삭바삭한 크러스트에 바닐라 아이스크림이 얹혀 있는 애플 파이",
            true,
            1.59));
                                                 디저트 메뉴에 애플 파이를 추가해 봅시다.
        // 메뉴 항목을 추가하는 부분

        Waitress waitress = new Waitress(allMenus);
                                                 메뉴 계층구조를 모두 만들고 나면 전부 다
        waitress.printMenu();                    종업원에 넘기면 됩니다. 종업원에게
    }                                            전체 메뉴를 출력하는 일쯤은 식은 죽 먹기죠.
}
```

메뉴 코드 테스트 결과

전체 소스 코드를 실행한 결과입니다.

```
File Edit  Window Help  GreenEggs&Spam
% java MenuTestDrive
전체 메뉴, 전체 메뉴
---------------------

팬케이크 하우스 메뉴, 아침 메뉴
---------------------
  K&B 팬케이크 세트(v), 2.99
    -- 스크램블 에그와 토스트가 곁들여진 팬케이크
  레귤러 팬케이크 세트, 2.99
    -- 달걀 프라이와 소시지가 곁들여진 팬케이크
  블루베리 팬케이크(v), 3.49
    -- 신선한 블루베리와 블루베리 시럽으로 만든 팬케이크
  와플(v), 3.5
    -- 취향에 따라 블루베리나 딸기를 얹을 수 있는 와플

객체마을 식당 메뉴, 점심 메뉴
---------------------
  채식주의자용 BLT(v), 2.99
    -- 통밀 위에 콩고기 베이컨, 상추, 토마토를 얹은 메뉴
  BLT, 2.99
    -- 통밀 위에 베이컨, 상추, 토마토를 얹은 메뉴
  오늘의 스프, 3.29
    -- 감자 샐러드를 곁들인 오늘의 스프
  핫도그, 3.05
    -- 사워크라우트, 갖은 양념, 양파, 치즈가 곁들여진 핫도그
  찐 채소와 브라운 라이스(v), 3.99
    -- 찐 채소와 브라운 라이스의 절묘한 조화
  파스타(v), 3.89
    -- 마리나라 소스 스파게티. 효모빵도 드립니다.

디저트 메뉴, 디저트를 즐겨 보세요!
---------------------
  애플 파이(v), 1.59
    -- 바삭바삭한 크러스트에 바닐라 아이스크림이 얹혀 있는 애플 파이
  치즈케이크(v), 1.99
    -- 초콜릿 그레이엄 크러스트 위에 부드러운 뉴욕 치즈케이크
  소르베(v), 1.89
    -- 라스베리와 라임의 절묘한 조화

카페 메뉴, 저녁 메뉴
---------------------
  베지 버거와 에어 프라이(v), 3.99
    -- 통밀빵, 상추, 토마토, 감자 튀김이 첨가된 베지 버거
  오늘의 스프, 3.69
    -- 샐러드가 곁들여진 오늘의 스프
  부리토(v), 4.29
    -- 통 핀토콩과 살사, 구아카몰이 곁들여진 푸짐한 부리토
%
```

전체 메뉴가 나와 있습니다. 최상위 메뉴의
print()만 호출하면 자동으로 이렇게 출력되죠.

새로 추가된 디저트 메뉴는
객체마을 식당 메뉴 구성 요소들을
출력할 때 같이 출력됩니다.

이게 어떻게 된 거죠? 한 클래스에서 한 역할만 맡아야 한다고 했으면서 이 패턴에서는 한 클래스에 2가지 역할을 넣고 있네요? 컴포지트 패턴에서는 계층구조를 관리하는 일과 메뉴 관련 작업을 처리해야 하잖아요.

방금 지적한 내용도 일리가 있습니다. 컴포지트 패턴에서는 단일 역할 원칙을 깨는 대신 투명성을 확보하는 패턴이라고 할 수 있습니다. 여기에서 **투명성 (transparency)**이란 무엇일까요? Component 인터페이스에 자식들을 관리하는 기능과 잎으로써의 기능을 전부 넣어서 클라이언트가 복합 객체와 잎을 똑같은 방식으로 처리할 수 있도록 만들 수 있습니다. 어떤 원소가 복합 객체인지 잎인지가 클라이언트에게는 투명하게 보이죠.

Component 클래스에는 두 종류의 기능이 모두 들어있다 보니 안전성은 약간 떨어집니다. 클라이언트가 어떤 원소를 대상으로 무의미하거나 부적절한 작업(메뉴 항목에 메뉴를 추가한다든가 하는 일)을 처리하려고 할 수도 있을 테니까요. 이런 문제는 디자인상의 결정 사항에 속합니다. 다른 방향으로 디자인해서 여러 역할을 서로 다른 인터페이스로 분리할 수도 있습니다. 그러면 어떤 원소에 부적절한 메소드를 호출하는 일이 일어나지 않을 테고, 컴파일 중에, 또는 실행 중에 문제가 생기는 일도 없을 것입니다. 하지만 그 대신 투명성이 떨어지게 되고, 코드에서 조건문이라든가 instanceof 연산자 같은 걸 써야합니다.

이제 다시 질문으로 돌아가서 지적한 내용은 상황에 따라 원칙을 적절하게 사용해야 함을 보여 주는 대표 사례라고 할 수 있습니다. 디자인 원칙에서 제시하는 가이드라인을 따르면 좋지만 그 원칙이 디자인에 어떤 영향을 끼칠지를 항상 고민하고 원칙을 적용해야 합니다. 때때로 일부러 원칙에 위배되는 방식으로 디자인을 하는 경우도 있습니다. 물론 상황과 원칙을 바라보는 관점에 따라 해석 방법이 크게 달라질 수도 있습니다. 예를 들어 잎에 자식을 관리하는 기능(add(), remove(), getChild() 등)을 넣는 것이 올바르지 못한 디자인이라고 생각할 수도 있지만, 조금만 시각을 바꿔 보면 잎을 자식이 0개인 노드라고 생각할 수도 있을 테니까요.

패턴 집중 인터뷰

금주의 인터뷰
컴포지트 패턴의 심경 고백

헤드 퍼스트	오늘은 컴포지트 패턴 님을 만나 보겠습니다. 우선 간단하게 자기 소개를 부탁드려도 될까요?
컴포지트 패턴	안녕하세요? 저는 부분-전체 계층구조를 가진 객체 컬렉션에서 그 객체들을 모두 똑같은 방식으로 다루고 싶을 때 쓰이는 패턴입니다.
헤드 퍼스트	그럼 바로 본론으로 들어가서, 부분-전체 계층구조라는 게 무엇을 뜻하는지 말씀해 주시겠습니까?
컴포지트 패턴	GUI를 예로 들어 보죠. GUI에는 프레임이나 패널 같은 최상위 구성 요소가 있고, 그 안에 메뉴나 텍스트틀, 스크롤바, 버튼 같은 구성 요소가 들어 있죠. GUI는 여러 부분으로 이루어져 있지만, 화면에 표시할 때는 대개 부분을 나눠서 생각하기보다는 전체를 하나로 묶어서 생각하죠. 최상위 구성 요소가 화면에 표시되도록 한 다음, 나머지 부분은 그 구성 요소에서 알아서 처리하도록 하는 경우를 흔하게 볼 수 있습니다. 다른 구성 요소를 포함하고 있는 구성 요소는 복합 객체(composite object)라고 부르고, 다른 구성 요소를 포함하지 않는 구성 요소는 잎 객체(leaf object)라고 부릅니다.
헤드 퍼스트	그럼 객체들을 똑같이 다룬다는 말은 복합 객체와 잎 객체에 똑같은 메소드를 호출한다는 것을 뜻하나요?
컴포지트 패턴	네, 맞습니다. 복합 객체에게 화면에 나타나라는 명령을 내리는 것과 똑같은 식으로 잎 객체에게 화면에 나타나라는 명령을 내릴 수 있죠. 복합 객체는 화면에 나타나라는 명령을 받았을 때 그 안에 있는 다른 구성 요소에게도 같은 명령을 반복해서 전달합니다.
헤드 퍼스트	그러면 모든 객체의 인터페이스가 똑같아야겠군요. 복합 객체 내에 조금 다른 일을 하는 객체가 들어있으면 어떻게 하죠?
컴포지트 패턴	클라이언트에서 봤을 때 제가 투명하게 작동하려면 복합 객체 내에 있는 모든 객체의 인터페이스가 똑같아야 합니다. 그러지 않으면 클라이언트가 각 객체의 인터페이스에 신경을 써야 해서 처음에 달성하려고 했던 목표에서 벗어나게 되죠. 물론 인터페이스를 통일하다 보면 객체에 따라 아무 의미가 없는 메소드도 생길 수 있습니다.
헤드 퍼스트	그런 메소드는 어떻게 처리하십니까?
컴포지트 패턴	몇 가지 방법이 있는데요, 우선 그냥 아무 일도 하지 않거나 널 또는 false를 상황에 맞게 리턴하는 방법이 있습니다. 아니면 예외를 던질 수도 있죠. 물론 예외를 던지는 방법을 쓴다면, 클라이언트에서 예외 상황을 적절히 처리할 준비를 하고 있어야 할 겁니다.
헤드 퍼스트	하지만 클라이언트가 어떤 형식의 객체를 다룰지 미리 알 수 없다면, 어떤 메소드를 호출하면 안 되는지를 어떻게 알 수 있나요?
컴포지트 패턴	메소드 구조를 잘 조절해서 기본 구현으로 그럴듯한 행동을 하게 만들 수 있습니다. 예를 들어 클라이언트가 getChild()를 호출한다면, 복합 객체는

그런 메소드가 호출되는 것이 이상하다고 생각하지 않겠죠. 잎 객체는 조금 이상하다고 느낄 수도 있지만, 단지 자식이 하나도 없는 객체에 불과하다고 보면 그리 이상한 일도 아닙니다.

헤드 퍼스트 괜찮은 방법이네요. 하지만 어떤 클라이언트는 이 문제로 서로 다른 객체에 서로 다른 인터페이스를 요구해서 엉뚱한 메소드가 호출되지 않게 하더라고요. 그래도 컴포지트 패턴이라고 할 수 있나요?

컴포지트 패턴 네. 훨씬 안전한 버전의 컴포지트 패턴이라고 할 수 있습니다. 하지만 그러려면 객체를 올바르게 캐스팅할 수 있도록, 메소드를 호출하기 전에 객체의 형식을 매번 확인해야 합니다.

헤드 퍼스트 복합 객체와 잎 객체가 어떤 식으로 구성되는지 조금 더 자세히 설명해 주시겠어요?

컴포지트 패턴 보통 트리구조를 이룹니다. 뿌리는 최상위 복합 객체로, 그 자식들은 모두 복합 객체나 잎으로 이루어지죠.

헤드 퍼스트 자식한테 부모의 레퍼런스가 있을 수도 있나요?

컴포지트 패턴 트리 내에서 돌아다니기 편하도록 자식에게 부모 노드의 포인터를 넣을 수도 있습니다. 그리고 자식의 레퍼런스를 지워야 할 때도 반드시 그 부모한테 자식을 지우라고 해야 하는데, 레퍼런스를 만들어 두면 더 쉽게 지울 수 있습니다.

헤드 퍼스트 구현할 때 고려해야 할 게 정말 많네요. 이밖에 더 고려할 점이 있나요?

컴포지트 패턴 네, 몇 가지가 더 있는데요, 우선 자식의 순서도 고려해야 합니다. 어떤 복합 객체에서 자식을 특별한 순서에 맞게 저장해야 한다면 어떻게 해야 할까요? 그럴 때는 자식을 추가하거나 제거할 때 더 복잡한 관리 방법을 사용해야 합니다. 그리고 계층구조를 돌아다니는 데 있어서도 더 많은 주의를 기울여야 하고요.

헤드 퍼스트 아, 그건 미처 생각하지 못했네요.

컴포지트 패턴 혹시 캐시에 관해서도 생각해 보셨나요?

헤드 퍼스트 캐시요?

컴포지트 패턴 네, 캐시 말입니다. 복합 구조가 너무 복잡하거나, 복합 객체 전체를 도는 데 너무 많은 자원이 필요하다면 복합 노드를 캐싱해 두면 도움이 됩니다. 예를 들어, 복합 객체에 있는 모든 자식이 어떤 계산을 하고, 그 계산을 반복 작업한다면 계산 결과를 임시로 저장하는 캐시를 만들어서 속도를 향상시킬 수도 있습니다.

헤드 퍼스트 컴포지트 패턴 님은 예상한 것보다 훨씬 복잡하군요. 인터뷰를 끝내기 전에 마지막으로 한 가지만 여쭤봐도 될까요? 자신의 가장 큰 장점이 무엇이라고 생각하십니까?

컴포지트 패턴 저의 가장 큰 장점을 꼽으라면 클라이언트를 단순화시킬 수 있다는 점을 꼽겠습니다. 저를 사용하는 클라이언트들은 복합 객체를 사용하고 있는지, 잎 객체를 사용하고 있는지를 신경 쓰지 않아도 됩니다. 올바른 객체에 관한 올바른 메소드를 호출하고 있는지 확인하려고 지저분하게 여기저기에 if 문을 쓰지 않아도 됩니다. 그리고 메소드 하나만 호출하면 전체 구조를 대상으로 반복 작업을 처리할 수도 있죠.

헤드 퍼스트 꽤 강력하군요. 객체들을 모아서 관리할 때 매우 유용하다는 사실에 모두 이견이 없을 것 같습니다. 이런, 시간이 벌써 이렇게 됐군요. 인터뷰에 응해 주셔서 고맙습니다. 나중에 또 만날 수 있으면 좋겠습니다.

낱말 퀴즈

또 낱말 퀴즈의 시간이 찾아왔군요.

↑ 단어는 영어 알파벳으로 되어 있습니다.
낱말 퀴즈 옆에 있는 단어 리스트를
참고해서 풀어 보세요!

- 팬케이크 하우스 PANCAKEHOUSE
- HASHMAP
- ARRAYLIST
- 바뀌는 CHANGE
- 객체마을 카페 CAFE
- 종업원 WAITRESS
- 반복자 ITERATOR
- 반복 작업 ITERATION

- 구성 요소 COMPONENTS
- 잎 객체 LEAF
- 디저트 DESSERT
- 컬렉션 COLLECTION
- 구현 IMPLEMENTATION
- 팩토리 메소드 패턴 FACTORYMETHOD
- 단일 역할 SINGLE RESPONSIBILITY
- JAVA.UTIL
- 컴포지트 패턴 COMPOSITE

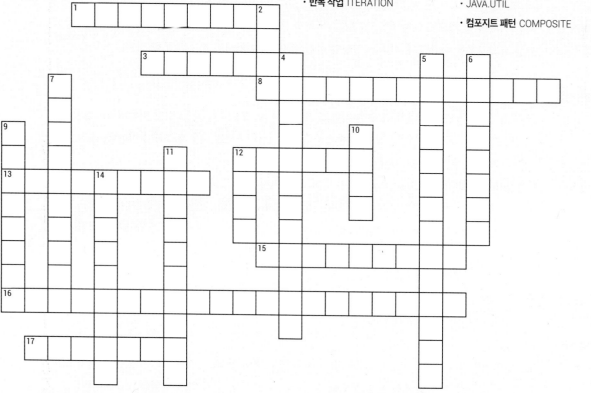

가로

1. 컬렉션과 반복자가 들어있는 패키지
3. 이 클래스에서 반복자를 간접적으로 지원합니다.
8. 반복자는 보통 이 패턴을 써서 만듭니다.
12. 한 클래스가 _____ 이유는 하나뿐이어야 합니다.
13. 이것도 캡슐화할 수 있습니다.
15. 사용자 인터페이스 패키지에서 사용하는 구성 요소에 이 패턴이 적용되어 있는 경우를 종종 볼 수 있습니다.
16. 한 클래스는 한 가지 역할만 맡아야 한다는 원칙을 _____원칙이라고 부릅니다.
17. 이 메뉴 때문에 코드 전체에 손을 대야 했었죠?

세로

2. 자식이 없습니다.
4. 객체마을 식당과 처음으로 합병된 가게 이름
5. 반복자 패턴은 클라이언트와 집합체 _____을 분리시켜 줍니다.
6. 컬렉션에 있는 모든 원소를 대상으로 반복 작업을 할 때 쓰는 객체
7. HashMap의 values와 ArrayList에서 둘 다 이 인터페이스를 구현하죠?
9. 자바 기능을 갖춘 _____를 만들었습니다.
10. 구성 요소는 복합 객체일 수도 있고 __일 수도 있습니다.
11. 복합 객체에 들어있는 것
12. 세 번째로 합병된 가게 이름
14. 이 클래스에서 원래 반복자를 제공하기에 PancakeHouseMenuIterator는 지워버렸습니다.

누가 무엇을 할까요?

패턴과 올바른 설명을 연결해 보세요.

패턴	패턴에 대한 설명

전략 패턴 •

어댑터 패턴 •

반복자 패턴 •

퍼사드 패턴 •

컴포지트 패턴 •

옵저버 패턴 •

• 클라이언트에서 객체 컬렉션과 개별 객체를 똑같은 식으로 처리할 수 있습니다.

• 컬렉션의 구현을 드러내지 않으면서도 컬렉션에 있는 모든 객체를 대상으로 반복 작업을 할 수 있습니다.

• 클래스의 인터페이스를 단순화합니다.

• 하나 이상의 클래스의 인터페이스를 변환합니다.

• 어떤 상태가 변경되었을 때 일련의 객체에게 연락할 수 있습니다.

• 바뀔 수 있는 행동을 캡슐화하고 어떤 행동을 적용할지 위임해서 결정합니다.

정답 413쪽

디자인 도구상자 안에 들어가야 할 도구들

2개의 패턴이 도구상자에 추가되었습니다. 객체 컬렉션을 다룰 때 매우 유용하죠.

객체지향 원칙

- 바뀌는 부분은 캡슐화한다.
- 상속보다는 구성을 활용한다.
- 구현보다는 인터페이스에 맞춰서 프로그래밍한다.
- 서로 상호작용 하는 객체 사이에는 가능하면 느슨한 결합을 사용해야 한다.
- 확장에는 열려 있어야 하지만 변경에는 닫혀 있어야 한다.(OCP)
- 추상화된 것에 의존하게 만들고 구상 클래스에 의존하지 않게 만든다.
- 진짜 절친에게만 이야기해야 한다.
- 먼저 연락하지 마세요. 저희가 연락 드리겠습니다.
- 어떤 클래스가 바뀌는 이유는 하나뿐이어야만 한다.

객체지향 기초

- 추상화
- 캡슐화
- 다형성
- 상속

디자인 변경과 관련된 중요한 원칙을 또 배웠습니다.

9장에서도 패턴을 한꺼번에 2개나 배웠습니다.

객체지향 패턴

반복자 패턴 – 컬렉션의 구현 방법을 노출하지 않으면서 집합체 내의 모든 항목에 접근하는 방법을 제공합니다.

컴포지트 패턴 – 객체를 트리구조로 구성해서 부분-전체 계층구조를 구현합니다. 컴포지트 패턴을 사용하면 클라이언트에서 개별 객체와 복합 객체를 똑같은 방법으로 다룰 수 있습니다.

핵심 정리

- 반복자를 사용하면 내부 구조를 드러내지 않으면서도 클라이언트가 컬렉션 안에 들어있는 모든 원소에 접근하도록 할 수 있습니다.
- 반복자 패턴을 사용하면 집합체를 대상으로 하는 반복 작업을 별도의 객체로 캡슐화할 수 있습니다.
- 반복자 패턴을 사용하면 컬렉션에 있는 모든 데이터를 대상으로 반복 작업을 하는 역할을 컬렉션에서 분리할 수 있습니다.
- 반복자 패턴을 쓰면 반복 작업에 똑같은 인터페이스를 적용할 수 있으므로 집합체에 있는 객체를 활용하는 코드를 만들 때 다형성을 활용할 수 있습니다.
- 한 클래스에는 될 수 있으면 한 가지 역할만 부여하는 것이 좋습니다.
- 컴포지트 패턴은 개별 객체와 복합 객체를 모두 담아 둘 수 있는 구조를 제공합니다.
- 컴포지트 패턴을 사용하면 클라이언트가 개별 객체와 복합 객체를 똑같은 방법으로 다룰 수 있습니다.
- 복합 구조에 들어있는 것을 구성 요소라고 부릅니다. 구성 요소에는 복합 객체와 잎 객체가 있습니다.
- 컴포지트 패턴을 적용할 때는 여러 가지 장단점을 고려해야합니다. 상황에 따라 투명성과 안정성 사이에서 적절한 균형을 찾아야 합니다.

다음 문항 중 printMenu( )의 설명으로 옳은 것을 골라 보세요.

☑ **A.** 인터페이스가 아닌 PancakeHouseMenu와
DinerMenu 구상 클래스에 맞춰서 코딩하고 있습니다.

☐ **B.** 종업원 코드에서 자바 종업원 API를 구현하고 있지
않으므로 표준을 준수하지 않고 있습니다.

☑ **C.** 메뉴 항목의 목록을 DinerMenu를 사용하는 방식에서
Hashtable을 사용하는 방식으로 전환하려면 종업원 코
드를 아주 많이 수정해야 합니다.

☑ **D.** 종업원은 각 메뉴에서 항목의 컬렉션을 표현하는 방법
을 알아야 하므로 캡슐화의 기본 원칙이 지켜지지 않고
있습니다.

☑ **E.** 코드가 중복됩니다. printMenu( )에서 서로 다른 종류의
메뉴에 들어있는 항목에 일일이 접근하려면 서로 다른
순환문이 필요합니다. 그리고 다른 메뉴를 추가로 사용
하려면 순환문도 추가해야 합니다.

☐ **F.** 코드가 MXML(Menu XML)을 바탕으로 하고 있지 않기
에 협업성(interoperability)이 떨어집니다.

다음 쪽으로 가기 전에 이 코드를 지금 사용중인 프레임워크에서 쓸 수 있게 고칠 때 해야 할 일 3가지를 간단하게 적어 봅시다.

➊ Menu 인터페이스 구현

➋ getItems( ) 제거

➌ HashMap 값들에 반복 작업을 할 수 있는 반복자를 리턴하는 createIterator( ) 메소드 추가

코드 자석
정답

```java
import java.util.Iterator;
import java.util.Calendar;

public class AlternatingDinerMenuIterator implements Iterator<MenuItem> {

    MenuItem[] items;
    int position;

    public AlternatingDinerMenuIterator(MenuItem[] items) {
        this.items = items;
        position = Calendar.DAY_OF_WEEK % 2;
    }

    public boolean hasNext() {
        if (position >= items.length || items[position] == null) {
            return false;
        } else {
            return true;
        }
    }

    public MenuItem next() {
        MenuItem menuItem = items[position];
        position = position + 2;
        return menuItem;
    }

    public void remove() {
        throw new UnsupportedOperationException(
            "remove()는 지원하지 않습니다");
    }
}
```

이 반복자는 remove()
메소드를 지원하지 않습니다.

누가 무엇을 할까요? 정답

패턴과 올바른 설명을 연결해보세요.

패턴	설명

전략 패턴 •

어댑터 패턴 •

반복자 패턴 •

퍼사드 패턴 •

컴포지트 패턴 •

옵저버 패턴 •

• 클라이언트에서 객체 컬렉션과 개별 객체를 똑같은 식으로 처리할 수 있습니다.

• 컬렉션의 구현을 드러내지 않으면서도 컬렉션에 있는 모든 객체를 대상으로 반복 작업을 할 수 있습니다.

• 클래스의 인터페이스를 단순화합니다.

• 하나 이상의 클래스의 인터페이스를 변환합니다.

• 어떤 상태가 변경되었을 때 일련의 객체에게 연락할 수 있습니다.

• 바뀔 수 있는 행동을 캡슐화하고 어떤 행동을 적용할지 위임해서 결정합니다.

객체의 상태 바꾸기

상태 패턴

객체마을에서는 모든 게 다 쉬울 줄 알았어요.
그런데 이제 시도 때도 없이 뭔가 바꿔 달라는
요구가 들어와요. 저도 더 이상 못 참겠단 말이에요.
저도 베티네 집에서 모이는 패턴 그룹에
들어가든지 해야겠어요.
지금 제 상태가 말이 아니에요.

--- **사실, 전략 패턴과 상태 패턴은 쌍둥이입니다** ---

태어나자 마자 헤어졌지만요. 아무튼 둘이 비슷하게 살아왔을 것 같지만 전략 패턴은 바꿔 쓸
수 있는 알고리즘을 내세워 큰 성공을 거둔 반면에, 상태 패턴은 내부 상태를 바꿈으로써 객체
가 행동을 바꿀 수 있도록 도와주는 고상한 길을 택했습니다. 살아온 길이 꽤나 다르지만 그 밑
바탕에 깔린 설계는 거의 같습니다. 사실 전략 패턴과 상태 패턴은 그 용도가 꽤나 다른데 어
떻게 그럴 수 있을까요? 10장에서는 우선 상태 패턴이 무엇인지 파헤쳐 본 다음 둘 사이의 관
계를 알아보겠습니다.

최첨단 뽑기 기계 새로운 고객사 주식회사 왕뽑기를 만나 봅시다! ☆

최근 기술이 발달함에 따라 뽑기 기계 회사도 제품에 CPU를 넣어서 매출액도 늘리고 네트워크로 재고 조사도 하고 고객 만족도도 더 정확하게 집계하고 싶어 합니다.

하지만 그 회사가 소프트웨어 개발 전문 회사가 아닌 뽑기 기계 전문 회사다 보니 우리에게 도움을 요청했습니다.

그 회사에서는 이렇게 얘기하고 있습니다만, 저희 생각에는 생긴지 200년도 넘은 기술로 비슷한 물건을 계속 만드는 데 질려서 뭔가 재미있는 일이 없을까 생각하다가 이런 일을 시작한 것 같습니다.

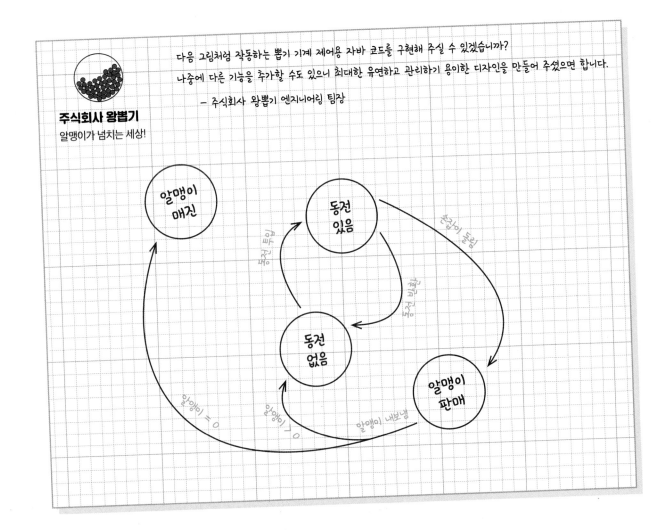

주식회사 왕뽑기
알맹이가 넘치는 세상!

다음 그림처럼 작동하는 뽑기 기계 제어용 자바 코드를 구현해 주실 수 있겠습니까?
나중에 다른 기능을 추가할 수도 있으니 최대한 유연하고 관리하기 용이한 디자인을 만들어 주셨으면 합니다.

― 주식회사 왕뽑기 엔지니어링 팀장

사무실 옆자리에서 들려온 이야기

프랭크 (Frank)

혜리 (Hyeri)

조 (Joe)

혜리 이 다이어그램은 상태 다이어그램 같은데요?

조 그렇군요. 동그라미 친 부분을 상태라고 보면 되겠네요.

혜리 화살표는 상태 전환을 나타내는 것 같고요.

프랭크 잠깐만요. 상태 다이어그램을 공부한지 오래돼서 다 까먹었네요. 상태 다이어그램을 잠깐 설명해 주실래요?

혜리 그러죠. 동그라미 친 부분을 보세요. 이건 전부 상태(state)를 나타내는 거예요. '동전 없음'은 아마 뽑기 기계의 시작 상태일 거예요. 동전 넣기를 기다리고 있는 상태에서 시작해야 할 테니까요. 각 상태는 기계가 어떤 식으로 설정되어 있는지를 나타내죠. 그 설정에 따라 특정한 방법으로 작동하고, 한 상태에서 다른 상태로 전환하려면 어떤 행동이 필요하죠.

조 여기 좀 봐요. 다른 상태로 전환하려면 기계에 동전을 넣는다든가 하는 식으로 어떤 행동을 취해야 돼요. 여기 '동전 없음'에서 '동전 있음'으로 화살표가 그려져 있는 부분 보이죠?

프랭크 네, 보이네요.

조 이 부분을 말로 풀어 보면, 뽑기 기계가 '동전 없음' 상태일 때 동전을 집어넣으면 '동전 있음' 상태로 바뀐다는 거예요. 그게 상태 전환이고요.

프랭크 아, 이제 알겠네요. 그러면 '동전 있음' 상태에서 손잡이를 돌리면 '알맹이 판매' 상태로 바뀌는 거군요. 아니면 그냥 동전을 반환 받으면 다시 '동전 없음' 상태로 되돌아가는 거고요.

혜리 그렇죠.

프랭크 그러면 상태는 총 4개고, 행동도 4개인 것 같네요. '동전 투입', '동전 반환', '손잡이 돌림', '알맹이 내보냄' 이렇게 말이죠. 근데 알맹이를 꺼낼 때 '알맹이 판매' 상태에 남아 있는 알맹이가 몇 개인지 확인한 다음 조건에 따라서 '알맹이 매진' 또는 '동전 없음' 상태로 넘어가야 하는군요. 그러면 사실상 한 상태에서 다른 상태로 넘어가는 전환 종류가 5개가 되겠네요.

혜리 그리고 남아 있는 알맹이 개수를 테스트하는 부분이 있다면, 알맹이 개수를 알고 있어야겠죠. 알맹이를 꺼냈을 때 그 알맹이가 마지막 알맹이라면 '알맹이 매진' 상태로 전환해야 하니까요.

조 그리고 사용자가 '동전 없음' 상태에서 동전을 반환 받으려고 한다든가, 동전이 이미 들어있는데 하나 더 집어넣으려고 하는 것처럼 엉뚱한 행동을 할 수 있다는 사실도 꼭 기억해 둬야 해요.

프랭크 아, 그 부분은 생각도 못했네요. 그런 것도 신경을 써야 하는군요.

조 사용자가 어떤 행동을 하든 지금 어떤 상태에 있는지 확인하고, 그 상태에 맞게 적절한 행동을 취해야 하죠. 구현하는 데 그리 큰 문제가 있을 것 같진 않은데요? 이제 상태 다이어그램을 코드로 바꿔 보죠.

상태 기계 기초 지식 알아보기

앞에 있는 상태 다이어그램으로 어떻게 코드를 만들 수 있을까요?
상태 기계를 구현하는 방법을 간단하게 살펴보겠습니다.

생각해 보세요!

01 우선 상태들을 모아 봅니다.

총 4개의 상태가 있습니다.

02 현재 상태를 저장하는 인스턴스 변수를 만들고 각 상태의 값을 정의합니다.

'알맹이 매진' 상태를 나타냅니다.

```
final static int SOLD_OUT = 0;
final static int NO_QUARTER = 1;
final static int HAS_QUARTER = 2;
final static int SOLD = 3;

int state = SOLD_OUT;
```

각 상태(동전 없음: NO_QUARTER, 동전 있음: HAS_QUARTER,
알맹이 판매: SOLD)마다 유일한 정수를 부여합니다.

현재 상태를 저장하는 인스턴스 변수.
뽑기 기계를 상자에서 꺼내서 처음 설치하는 시점에서는
알맹이가 하나도 없을 테니까 일단 알맹이 매진 상태로 설정합니다.

03 이 시스템에서 일어날 수 있는 모든 행동을 모아 봅니다.

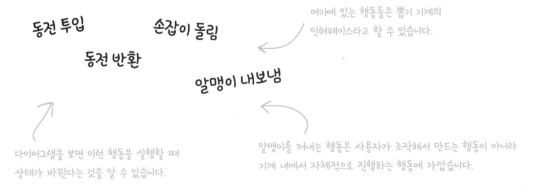

동전 투입   **손잡이 돌림**

동전 반환

알맹이 내보냄

여기에 있는 행동들은 뽑기 기계의
인터페이스라고 할 수 있습니다.

다이어그램을 보면 이런 행동을 실행할 때
상태가 바뀐다는 것을 알 수 있습니다.

알맹이를 꺼내는 행동은 사용자가 조작해서 만드는 행동이 아니라
기계 내에서 자체적으로 진행하는 행동에 가깝습니다.

04 이제 상태 기계 역할을 하는 클래스를 만들어야 합니다. 각 행동을 구현할 때는 조건문을 써서 상태별로 어떤 작업을 처리해야 할지 결정합니다. 예를 들어, '동전 투입' 행동은 다음과 같은 메소드로 처리할 수 있죠.

```java
public void insertQuarter() {

    if (state == HAS_QUARTER) {

        System.out.println("동전은 한 개만 넣어주세요.");

    } else if (state == NO_QUARTER) {

        state = HAS_QUARTER;
        System.out.println("동전이 투입되었습니다.");

    } else if (state == SOLD_OUT) {

        System.out.println("매진되었습니다. 다음 기회에 이용해주세요.");

    } else if (state == SOLD) {

        System.out.println("알맹이를 내보내고 있습니다.");

    }
}
```

조건문으로 상태를 확인합니다.

그리고 가능한 상태별로 적절한 행동을 취합니다.

하지만 다이어그램에서 봤던 것처럼 다른 상태로 넘어갈 수도 있습니다.

> 상태 기계를 구현할 때 이런 기법을 많이 사용합니다. 상태값을 저장하는 인스턴스 변수를 만들고, 메소드 내에서 조건문을 써서 다양한 상태를 처리하죠.

이제 기초 지식도 살펴봤으니, 뽑기 기계를 구현해 봅시다.

뽑기 기계 코드 만들기 — 이제 뽑기 기계를 구현해 봅시다 ★

아까 얘기했던 대로 현재 상태는 인스턴스 변수에 저장하겠습니다. 그리고 그 상태값으로 모든 행동 및 상태 전환을 처리하겠습니다. 동전 투입, 동전 반환, 손잡이 돌림, 알맹이 내보냄 행동도 구현해야 합니다. 그리고 알맹이 개수를 확인해서 매진 여부를 판단하는 코드도 구현해야겠죠.

4가지 상태.
주식회사 왕뽑기에서 제공한
상태 다이어그램에 맞춰서 정의했습니다.

현재 상태를 관리하는 인스턴스 변수.
초기값은 SOLD_OUT으로 설정합니다.

기계에 들어있는 알맹이의 개수를
저장하는 두 번째 인스턴스 변수

```java
public class GumballMachine {

    final static int SOLD_OUT = 0;
    final static int NO_QUARTER = 1;
    final static int HAS_QUARTER = 2;
    final static int SOLD = 3;

    int state = SOLD_OUT;
    int count = 0;

    public GumballMachine(int count) {
        this.count = count;
        if (count > 0) {
            state = NO_QUARTER;
        }
    }

    public void insertQuarter() {
        if (state == HAS_QUARTER) {
            System.out.println("동전은 한 개만 넣어 주세요.");
        } else if (state == NO_QUARTER) {
            state = HAS_QUARTER;
            System.out.println("동전을 넣으셨습니다.");
        } else if (state == SOLD_OUT) {
            System.out.println("매진되었습니다. 다음 기회에 이용해 주세요.");
        } else if (state == SOLD) {
            System.out.println("알맹이를 내보내고 있습니다.");
        }
    }
}
```

생성자에서는 초기 알맹이 개수를 인자로 받아들입니다. 알맹이 개수가 0이 아니면 동전을 누군가가 넣어 주길 기다리고 있는 NO_QUARTER 상태로 전환됩니다. 알맹이 개수가 0이면 그냥 SOLD_OUT 상태에 머무르게 됩니다.

행동을 메소드로 구현합니다.

동전이 투입된 경우

동전이 이미 투입되어 있다면 동전이 이미 들어있다고 알립니다.

그렇지 않다면 동전을 받은 다음 HAS_QUARTER 상태로 넘어갑니다.

매진 상태에서는 동전을 반환합니다.

손잡이를 돌렸을 때 아직 판매 상태에 있다면 조금 더 기다려 달라는 메시지를 출력합니다.

```java
    public void ejectQuarter() {
        if (state == HAS_QUARTER) {
            System.out.println("동전이 반환됩니다.");
            state = NO_QUARTER;
        } else if (state == NO_QUARTER) {
            System.out.println("동전을 넣어 주세요.");
        } else if (state == SOLD) {
            System.out.println("이미 알맹이를 뽑으셨습니다.");
        } else if (state == SOLD_OUT) {
            System.out.println("동전을 넣지 않으셨습니다. 동전이 반환되지 않습니다.");
        }
    }
    public void turnCrank() {
        if (state == SOLD) {
            System.out.println("손잡이는 한 번만 돌려 주세요.");
        } else if (state == NO_QUARTER) {
            System.out.println("동전을 넣어 주세요.");
        } else if (state == SOLD_OUT) {
            System.out.println("매진되었습니다.");
        } else if (state == HAS_QUARTER) {
            System.out.println("손잡이를 돌리셨습니다.");
            state = SOLD;
            dispense();
        }
    }

    public void dispense() {
        if (state == SOLD) {
            System.out.println("알맹이를 내보내고 있습니다.");
            count = count - 1;
            if (count == 0) {
                System.out.println("더 이상 알맹이가 없습니다.");
                state = SOLD_OUT;
            } else {
                state = NO_QUARTER;
            }
        } else if (state == NO_QUARTER) {
            System.out.println("동전을 넣어 주세요.");
        } else if (state == SOLD_OUT) {
            System.out.println("매진입니다.");
        } else if (state == HAS_QUARTER) {
            System.out.println("알맹이를 내보낼 수 없습니다.");
        }
    }

    // toString()과 refill() 같은 기타 메소드
}
```

사용자가 동전을 반환 받으려고 하는 경우

동전이 있으면 반환하고 NO_QUARTER 상태로 전환합니다.

동전이 없다면 돌려줄 수도 없겠죠.

손잡이를 돌렸다면 동전을 돌려줄 수 없습니다. 이미 알맹이를 뽑았을 테니까요.

손잡이를 돌리는 경우

매진 상태에서는 동전을 투입할 수가 없기에 동전을 돌려줄 일도 없겠죠.

누군가가 장난을 치고 있군요.

동전을 먼저 넣어야 합니다.

알맹이가 없으므로 아무것도 줄 수가 없습니다.

성공! 사용자가 알맹이를 받을 수 있습니다. 상태를 SOLD로 바꾸고 dispense() 메소드를 호출합니다.

알맹이 내보내기

SOLD 상태이므로 알맹이를 내보냅니다.

매진되었는지 확인하는 부분.
방금 나간 알맹이가 마지막 알맹이라면 기계의 상태를 SOLD_OUT으로 설정하고, 그렇지 않다면 NO_QUARTER 상태로 전환합니다.

이런 일은 절대 없어야겠죠.
알맹이가 아니라 오류가 나가는 상황입니다.

뽑기 기계 코드 테스트

문제를 멋지게 잘 해결한 것 같군요. 주식회사 왕뽑기에 코드를 넘기기 전에 일단 테스트는
해 봐야겠죠? 다음 코드로 테스트해 봅시다.

```java
public class GumballMachineTestDrive {

    public static void main(String[] args) {
        GumballMachine gumballMachine = new GumballMachine(5);      // 처음에 알맹이를 5개 넣고 시작합니다.

        System.out.println(gumballMachine);          // 기계의 상태를 출력합니다.

        gumballMachine.insertQuarter();          // 동전을 넣습니다.
        gumballMachine.turnCrank();          // 손잡이를 돌립니다. 알맹이가 나와야겠죠?

        System.out.println(gumballMachine);          // 기계의 상태를 다시 출력합니다.

        gumballMachine.insertQuarter();          // 동전을 넣습니다.
        gumballMachine.ejectQuarter();          // 동전을 반환해 달라고 요청합니다.
        gumballMachine.turnCrank();          // 손잡이를 돌립니다. 알맹이가 나오면 안 되겠죠?

        System.out.println(gumballMachine);          // 기계의 상태를 다시 출력합니다.

        gumballMachine.insertQuarter();          // 동전을 넣습니다.
        gumballMachine.turnCrank();          // 손잡이를 돌립니다. 알맹이가 나와야겠죠.
        gumballMachine.insertQuarter();          // 동전을 넣습니다.
        gumballMachine.turnCrank();          // 손잡이를 돌립니다. 이번에도 알맹이가 나와야 합니다.
        gumballMachine.ejectQuarter();          // 동전을 넣지 않은 상태에서 반환 요청을 합니다.

        System.out.println(gumballMachine);          // 기계의 상태를 다시 출력합니다.

        gumballMachine.insertQuarter();          // 동전을 2번 넣습니다.
        gumballMachine.insertQuarter();
        gumballMachine.turnCrank();          // 손잡이를 돌립니다. 알맹이가 나와야 합니다.
        gumballMachine.insertQuarter();
        gumballMachine.turnCrank();          // 내구성 검사 ☺
        gumballMachine.insertQuarter();
        gumballMachine.turnCrank();

        System.out.println(gumballMachine);          // 기계의 상태를 다시 출력합니다.
    }
}
```

```
File Edit Window Help mightygumball.com

%java GumballMachineTestDrive
주식회사 왕뽑기
자바로 돌아가는 최신형 뽑기 기계
남은 개수: 5개
동전 투입 대기중

동전을 넣으셨습니다.
손잡이를 돌리셨습니다.
알맹이를 내보내고 있습니다.

주식회사 왕뽑기
자바로 돌아가는 최신형 뽑기 기계
남은 개수: 4개
동전 투입 대기중

동전을 넣으셨습니다.
동전이 반환됩니다.
동전을 넣어 주세요.

주식회사 왕뽑기
자바로 돌아가는 최신형 뽑기 기계
남은 개수: 4개
동전 투입 대기중

동전을 넣으셨습니다.
손잡이를 돌리셨습니다.
알맹이를 내보내고 있습니다.
동전을 넣으셨습니다.
손잡이를 돌리셨습니다.
알맹이를 내보내고 있습니다.
동전을 넣어 주세요.

주식회사 왕뽑기
자바로 돌아가는 최신형 뽑기 기계
남은 개수: 2개
동전 투입 대기중

동전을 넣으셨습니다.
동전은 한 개만 넣어 주세요.
손잡이를 돌리셨습니다.
알맹이를 내보내고 있습니다.
동전을 넣으셨습니다.
손잡이를 돌리셨습니다.
알맹이를 내보내고 있습니다.
매진되었습니다.
매진되었습니다. 다음 기회에 이용해 주세요.
매진되었습니다.

주식회사 왕뽑기
자바로 돌아가는 최신형 뽑기 기계
남은 개수: 0개
매진
```

알림! 뽑기 기계 코드 수정 요청 이럴 줄 알았어요. 코드 수정 요청이 있습니다 ☆

주식회사 왕뽑기에서 코드를 신형 뽑기 기계에 장착했습니다. 지금은 품질관리 전문가들이
다양한 테스트를 수행하고 있는 단계죠. 아직 별문제는 없는 모양입니다.
그런데 테스트가 잘 진행되고 나니 또 다른 요청을 하기 시작했습니다.

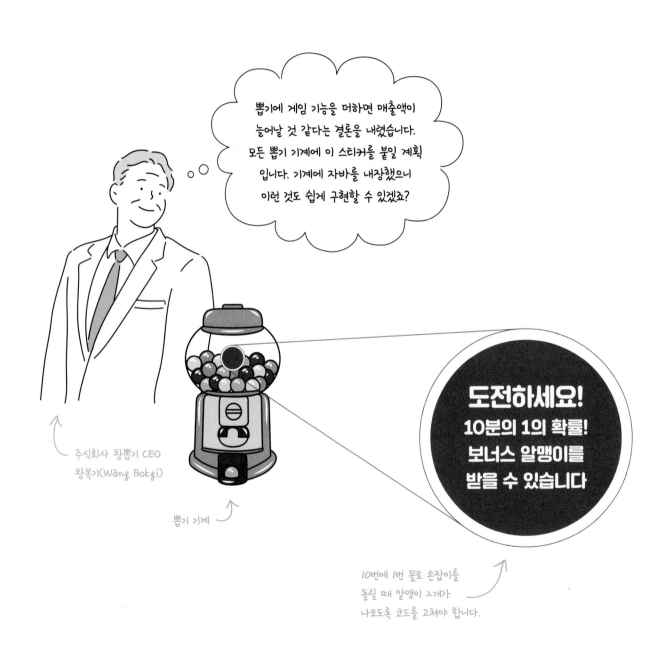

뽑기에 게임 기능을 더하면 매출액이
늘어날 것 같다는 결론을 내렸습니다.
모든 뽑기 기계에 이 스티커를 붙일 계획
입니다. 기계에 자바를 내장했으니
이런 것도 쉽게 구현할 수 있겠죠?

주식회사 왕뽑기 CEO
왕복기(Wang Bokgi)

뽑기 기계

도전하세요!
10분의 1의 확률!
보너스 알맹이를
받을 수 있습니다

10번에 1번 꼴로 손잡이를
돌릴 때 알맹이 2개가
나오도록 코드를 고쳐야 합니다.

디자인 퍼즐

정답 454쪽

10번에 1번 꼴로 알맹이를 하나 더 주는 뽑기 기계용 상태 다이어그램을 그려
봅시다. 디자인이 완성되면 454쪽에 있는 정답과 비교해 보세요.

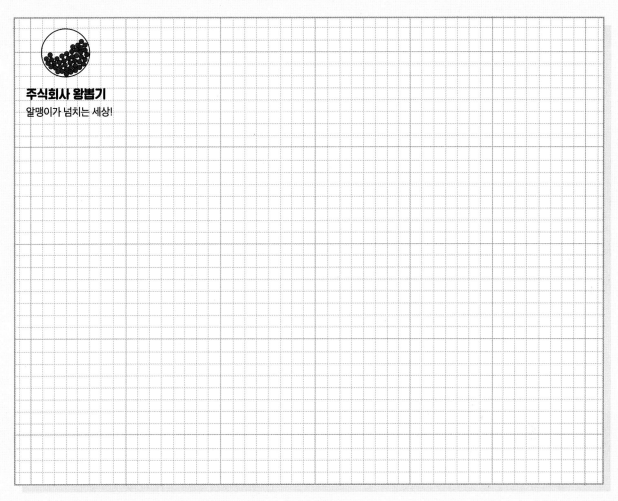

주식회사 왕뽑기
알맹이가 넘치는 세상!

다이어그램은 주식회사 왕뽑기에서 나눠 준
종이에 그려 봅시다!

요청 사항 살펴보기 많이 지저분한 상태가 되겠군요 ☆

나름대로 잘 생각해서 괜찮은 코드를 만들긴 했지만, 코드를 확장하는 일이 쉽지는 않죠. 앞에서 만들었던 코드를 어떻게 고치면 좋을지 생각해 봅시다. 벌써부터 머리가 아파오는군요.

```java
final static int SOLD_OUT = 0;
final static int NO_QUARTER = 1;
final static int HAS_QUARTER = 2;
final static int SOLD = 3;

public void insertQuarter() {
    // 동전이 들어올 때 해야할 일
}

public void ejectQuarter() {
    // 동전을 반환할 때 해야할 일
}

public void turnCrank() {
    // 손잡이가 돌아갔을 때 해야할 일
}

public void dispense() {
    // 알맹이를 내보낼 때 해야할 일
}
```

우선 WINNER 상태(당첨됐다는 사실을 나타내는 상태)를 추가해야 할 것 같네요. 이건 뭐 그리 나쁘지 않군요.

그런데 새로 추가된 WINNER 상태를 확인하는 조건문을 전에 만들었던 모든 메소드에 추가해야겠군요. 코드를 엄청나게 많이 고쳐야 합니다.

손잡이를 돌리는 turnCrank( ) 메소드가 특히 지저분해지겠어요. 당첨되었는지 확인하는 코드를 추가한 다음 WINNER 또는 SOLD 상태로 전환해야 하니까요.

쓰면서 제대로 공부하기

정답 455쪽

수정 사항을 반영해서 만들고자 하는 코드의 설명으로 올바른 것을 모두 골라 보세요.

☐ **A.** 이 코드는 OCP를 지키지 않고 있습니다.

☐ **B.** 포트란(FORTRAN) 프로그래머들이 이 코드를 좋아할 것입니다.

☐ **C.** 이런 디자인은 객체지향 디자인이라고 하기 힘듭니다.

☐ **D.** 상태 전환이 복잡한 조건문 속에 숨어 있어서 분명하게 드러나지 않습니다.

☐ **E.** 바뀌는 부분을 전혀 캡슐화하지 않았습니다.

☐ **F.** 새로운 기능을 추가하는 과정에서 기존 코드에 없던 새로운 버그가 생길 가능성이 높습니다.

정말 좋지 않군요. 처음에 만들었던 코드는 꽤 훌륭하다고 생각했는데, 주식회사 왕뽑기에서 새로운 기능을 추가해 달라는 요청을 받고 보니 이 코드로는 확장이 어렵겠군요. 버그가 정말 많아질 것 같고, 그러면 그 회사 CEO도 괴롭지만 우리도 정말 괴로워질 거예요.

프랭크 맞아요. 관리와 수정하기 편하게 코드를 리팩토링하는 수밖에 없겠군요.

헤리 상태별로 일어나는 일을 국지화해서 하나의 상태 코드를 수정할 때 다른 코드까지 엉망이 되는 일을 막아야 할 것 같아요.

프랭크 그렇죠. 오래 전에 배운 "바뀌는 부분은 캡슐화한다"라는 원칙을 지켜야겠죠.

헤리 제 말이 그 말이예요.

프랭크 상태별 행동을 별도의 클래스에 넣어 두고 모든 상태에서 각각 자기가 할 일을 구현하도록 하면 어떨까요?

헤리 그거 괜찮겠네요. 그런 다음에 뽑기 기계가 현재 상태를 나타내는 상태 객체에게 작업을 넘기게 하면 될 것 같군요.

프랭크 '구성'을 활용하라는 원칙을 적용하는 셈이군요.

헤리 맞아요. 근데 아직 어떻게 만들어야 할지는 잘 모르겠어요. 그래도 일단 방향은 잡은 것 같네요.

프랭크 이러면 상태를 새로 추가하는 일도 좀 쉬워 질까요?

헤리 제 생각엔 그럴 것 같은데요? 여전히 코드를 고치긴 해야겠지만, 새로운 상태를 추가할 때 그냥 클래스를 새로 추가하고 상태 전환과 관련된 코드를 조금만 손 보면 될 테니까 이전 코드에 비하면 훨씬 적은 부분만 영향을 받을 것 같네요.

프랭크 꽤 근사해 보이네요. 그럼 새로 디자인해 보죠.

새로운 디자인 구상하기

계획이 바뀌었습니다. 기존 코드를 그대로 활용하는 대신 상태 객체들을 별도의 코드에 넣고, 어떤 행동이 일어나면 현재 상태 객체에서 필요한 작업을 처리하게 하는 거죠.

여러 가지 디자인 원칙을 제대로 지키다 보면, 이전 코드보다 훨씬 관리하기 쉬운 코드를 만들 수 있겠죠? 계획을 정리해 보면 다음과 같습니다.

01 우선 뽑기 기계와 관련된 모든 행동에 관한 메소드가 들어있는 State 인터페이스를 정의해야 합니다.

02 그다음에는 기계의 모든 상태를 대상으로 상태 클래스를 구현해야 합니다. 기계가 어떤 상태에 있다면, 그 상태에 해당하는 상태 클래스가 모든 작업을 책임져야 하죠.

03 마지막으로 조건문 코드를 전부 없애고 상태 클래스에 모든 작업을 위임합니다.

기존에 배웠던 디자인 원칙들을 따르면서도 **상태 패턴**이라는 새로운 패턴을 구현하게 되었습니다. 상태 패턴의 정의는 우선 이 디자인을 코드로 만들어 본 다음 자세히 알아보겠습니다.

이번에는 각 상태의 모든 행동을
한 클래스에 넣을 예정입니다.
그러면 행동을 국지화할 수 있으므로
코드를 이해하고 수정하기가
훨씬 쉬워질 거예요.

State 인터페이스 및 클래스 정의하기

우선 모든 상태 클래스에서 구현할 State 인터페이스를 만들어 봅시다.

모든 상태 클래스에서 사용할 인터페이스.
메소드는 뽑기 기계에서 일어날 수 있는 모든 행동에 직접적으로 대응됩니다.
(전에 만들었던 코드에 있는 메소드와 똑같습니다)

디자인에 들어있는 모든 상태를 캡슐화해서
State 인터페이스를 구현하는 클래스를 만듭니다.

```
<< 인터페이스 >>
State
─────────────
insertQuarter()
ejectQuarter()
turnCrank()
dispense()
```

어떤 상태가 필요한지 궁금하면
420쪽에서 만들었던 코드를
참조하면 됩니다.

```
SoldState
─────────────
insertQuarter()
ejectQuarter()
turnCrank()
dispense()
```

```
SoldOutState
─────────────
insertQuarter()
ejectQuarter()
turnCrank()
dispense()
```

```
NoQuarterState
─────────────
insertQuarter()
ejectQuarter()
turnCrank()
dispense()
```

```
HasQuarterState
─────────────
insertQuarter()
ejectQuarter()
turnCrank()
dispense()
```

각 상태를 직접 클래스에 대응시킵니다.

```java
public class GumballMachine {

    final static int SOLD_OUT = 0;
    final static int NO_QUARTER = 1;
    final static int HAS_QUARTER = 2;
    final static int SOLD = 3;

    int state = SOLD_OUT;
    int count = 0;
```

당첨되었음을 나타내는 상태도 필요합니다.
이 상태와 관련된 내용은 우선 뽑기 기계 코드를
새로운 디자인에 맞게 다시 구현한 후에 생각하겠습니다.

```
WinnerState
─────────────
insertQuarter()
ejectQuarter()
turnCrank()
dispense()
```

쓰면서 제대로 공부하기

정답 456쪽

상태를 구현하려면 우선 각 메소드가 호출되었을 때 무슨 일을 해야 하는지 생각해 봐야 합니다.
아래에 있는 다이어그램에 무슨 일을 해야 하는지 적어 봅시다. 몇 가지 일은 미리 적어 두었습니다.

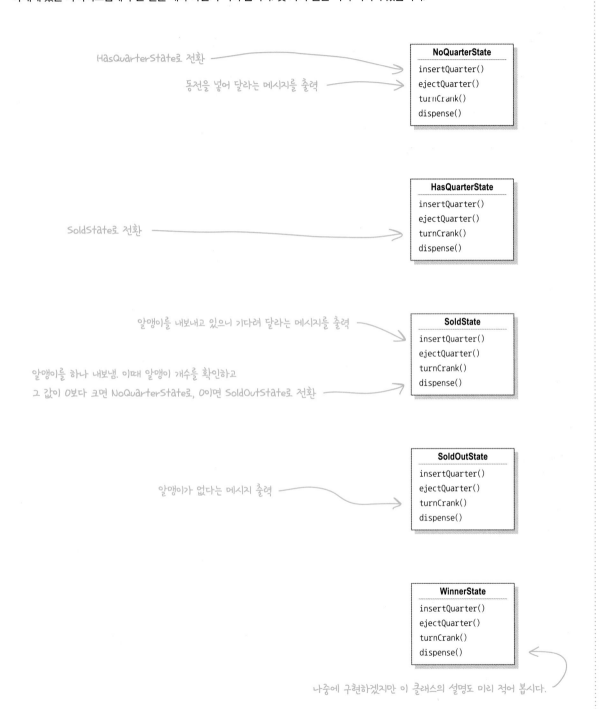

HasQuarterState로 전환

동전을 넣어 달라는 메시지를 출력

NoQuarterState
insertQuarter()
ejectQuarter()
turnCrank()
dispense()

SoldState로 전환

HasQuarterState
insertQuarter()
ejectQuarter()
turnCrank()
dispense()

알맹이를 내보내고 있으니 기다려 달라는 메시지를 출력

알맹이를 하나 내보냄. 이때 알맹이 개수를 확인하고
그 값이 0보다 크면 NoQuarterState로, 0이면 SoldOutState로 전환

SoldState
insertQuarter()
ejectQuarter()
turnCrank()
dispense()

알맹이가 없다는 메시지 출력

SoldOutState
insertQuarter()
ejectQuarter()
turnCrank()
dispense()

WinnerState
insertQuarter()
ejectQuarter()
turnCrank()
dispense()

나중에 구현하겠지만 이 클래스의 설명도 미리 적어 봅시다.

State 클래스 구현하기

상태를 구현할 때가 되었습니다. 각 메소드에서 어떤 일을 해야 하는지는 방금 정리했으니 코딩만 하면 됩니다. 전에 만들었던 상태 코드와 거의 비슷하게 만들면 되지만 이번에는 모든 코드가 서로 다른 클래스에 분산됩니다.

우선 NoQuarterState부터 시작해 봅시다.

State 인터페이스를 구현해야 합니다.

생성자로부터 뽑기 기계의 레퍼런스가 전달됩니다.
이 레퍼런스를 인스턴스 변수에 저장합니다.

```java
public class NoQuarterState implements State {
    GumballMachine gumballMachine;

    public NoQuarterState(GumballMachine gumballMachine) {
        this.gumballMachine = gumballMachine;
    }

    public void insertQuarter() {
        System.out.println("동전을 넣으셨습니다.");
        gumballMachine.setState(gumballMachine.getHasQuarterState());
    }

    public void ejectQuarter() {
        System.out.println("동전을 넣어 주세요.");
    }

    public void turnCrank() {
        System.out.println("동전을 넣어 주세요.");
    }

    public void dispense() {
        System.out.println("동전을 넣어 주세요.");
    }
}
```

누군가가 동전을 넣으면 동전이 투입되었다는 메시지를 출력하고 기계의 상태를 HasQuarterState로 전환합니다.

이 부분은 잠시 후에 설명하겠습니다.

동전을 넣지도 않고 돌려 달라고 하면 안 되겠죠?

동전을 넣지 않고 알맹이를 달라고 해서도 안 되죠.

돈이 들어오기 전에는 알맹이를 내줄 수는 없습니다.

상태에 맞게 적절한 행동을 구현해야 합니다.
상황에 따라 뽑기 기계의 상태가
다른 상태로 전환될 수도 있습니다.

뽑기 기계 코드 수정하기

상태 클래스를 끝내기 전에 뽑기 기계 코드도 고쳐야 합니다. 그래야 클래스가 잘 작동하는지
알 수 있죠. 우선 상태와 관련된 인스턴스 변수부터 고쳐 봅시다. 정수를 사용하는 방식에서
상태 객체를 사용하는 방식으로 바꿔 볼 예정입니다.

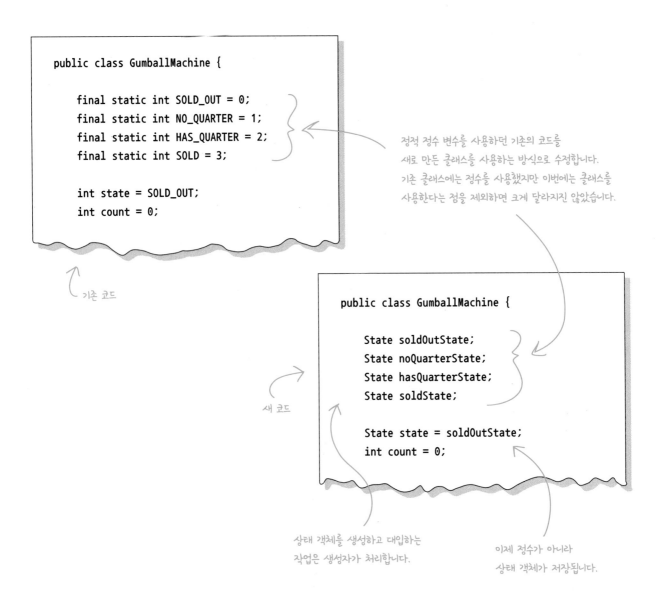

```java
public class GumballMachine {

    final static int SOLD_OUT = 0;
    final static int NO_QUARTER = 1;
    final static int HAS_QUARTER = 2;
    final static int SOLD = 3;

    int state = SOLD_OUT;
    int count = 0;
```

기존 코드

정적 정수 변수를 사용하던 기존의 코드를
새로 만든 클래스를 사용하는 방식으로 수정합니다.
기존 클래스에는 정수를 사용했지만 이번에는 클래스를
사용한다는 점을 제외하면 크게 달라지진 않았습니다.

새 코드

```java
public class GumballMachine {

    State soldOutState;
    State noQuarterState;
    State hasQuarterState;
    State soldState;

    State state = soldOutState;
    int count = 0;
```

상태 객체를 생성하고 대입하는
작업은 생성자가 처리합니다.

이제 정수가 아니라
상태 객체가 저장됩니다.

뽑기 기계 전체 코드 살펴보기

```java
public class GumballMachine {

    State soldOutState;
    State noQuarterState;
    State hasQuarterState;
    State soldState;

    State state;
    int count = 0;

    public GumballMachine(int numberGumballs) {
        soldOutState = new SoldOutState(this);
        noQuarterState = new NoQuarterState(this);
        hasQuarterState = new HasQuarterState(this);
        soldState = new SoldState(this);

        this.count = numberGumballs;
        if (numberGumballs > 0) {
            state = noQuarterState;
        } else {
            state = soldOutState;
        }
    }

    public void insertQuarter() {
        state.insertQuarter();
    }
    public void ejectQuarter() {
        state.ejectQuarter();
    }
    public void turnCrank() {
        state.turnCrank();
        state.dispense();
    }

    void setState(State state) {
        this.state = state;
    }

    void releaseBall() {
        System.out.println("알맹이를 내보내고 있습니다.");
        if (count > 0) {
            count = count - 1;
        }
    }
    // 상태 객체를 위한 게터 메소드 등의 기타 메소드...
}
```

모든 상태 객체를 선언합니다.

상태 인스턴스 변수(State 형식)

count 인스턴스 변수에는 알맹이 개수가 저장됩니다.
처음에는 비어 있으니까 0으로 설정합니다.

생성자 알맹이의 초기 개수를
인자로 받아서 인스턴스 변수에 저장합니다.

그리고 State 인스턴스도 각각 하나씩 생성합니다.

알맹이 개수가 0개보다 많으면 state를 NoQuarterState로 설정합니다.

메소드를 구현하는 부분.
현재 상태가 작업을 처리하게 만듭니다.
구현하기 정말 쉽죠.

dispense() 메소드를 구현하지 않아도 됩니다.
내부에서만 필요한 행동이니까요. 사용자가 직접 기계에 알맹이를
내놓으라고 요청할 수는 없습니다. 물론 상태 객체는
turnCrank() 메소드에서 dispense() 메소드를 호출하기도 합니다.

이 메소드를 사용하면 이 안에 들어있는 State 객체를 비롯한
다른 객체에서 뽑기 기계의 상태를 다른 상태로 전환할 수 있습니다.

알맹이를 내보내고 count 인스턴스 변수의 값을 1 줄이는
보조 메소드인 releaseBall() 메소드를 지원합니다.

각 상태 객체를 가져오는 getNoQuarterState()와 남아 있는 알맹이 개수를
구하는 getCount() 메소드 등이 여기에 들어갈 수 있습니다.

다른 상태 클래스 구현하기

이제 GumballMachine 클래스와 상태 클래스가 어떤 식으로 맞물려 돌아가는지 어느 정도 감이 잡혔을 것 같군요. 그럼 HasQuarterState와 SoldState 클래스도 구현해 볼까요?

```java
public class HasQuarterState implements State {
    GumballMachine gumballMachine;

    public HasQuarterState(GumballMachine gumballMachine) {
        this.gumballMachine = gumballMachine;
    }

    public void insertQuarter() {
        System.out.println("동전은 한 개만 넣어 주세요.");
    }

    public void ejectQuarter() {
        System.out.println("동전이 반환됩니다.");
        gumballMachine.setState(gumballMachine.getNoQuarterState());
    }

    public void turnCrank() {
        System.out.println("손잡이를 돌리셨습니다.");
        gumballMachine.setState(gumballMachine.getSoldState());
    }

    public void dispense() {
        System.out.println("알맹이를 내보낼 수 없습니다.");
    }
}
```

상태 인스턴스를 만들 때는 GumballMachine의 레퍼런스를 전달합니다. 나중에 다른 상태로 전환할 때 이 레퍼런스가 필요하죠.

이 상태에서는 부적절한 메소드

동전을 돌려주고 NoQuarterState로 전환합니다.

사용자가 손잡이를 돌리면 setState() 메소드를 호출하고 SoldState 객체를 인자로 전달해서 뽑기 기계를 다른 상태로 전환합니다. SoldState 객체는 GumballMachine의 getSoldState() 게러 메소드(각 상태 객체마다 게러 메소드를 만들어야 합니다)를 써서 구할 수 있습니다.

이 메소드도 이 상태에서는 부적절합니다.

SoldState 클래스도 살펴봅시다.

```java
public class SoldState implements State {
    //인스턴스 변수 및 생성자

    public void insertQuarter() {
        System.out.println("알맹이를 내보내고 있습니다.");
    }

    public void ejectQuarter() {
        System.out.println("이미 알맹이를 뽑으셨습니다.");
    }

    public void turnCrank() {
        System.out.println("손잡이는 한 번만 돌려 주세요.");
    }

    public void dispense() {
        gumballMachine.releaseBall();
        if (gumballMachine.getCount() > 0) {
            gumballMachine.setState(gumballMachine.getNoQuarterState());
        } else {
            System.out.println("Oops, out of gumballs!");
            gumballMachine.setState(gumballMachine.getSoldOutState());
        }
    }
}
```

이 메소드들은 전부 이 상태에서는 부적절합니다.

중요한 부분

사용자가 동전을 넣고 손잡이를
돌렸을 때만 이 상태가 될 수 있습니다.
따라서 일단 뽑기 기계에서 알맹이를 내보내도록 만들었습니다.

그리고 나서 현재 알맹이 개수를 구한 다음, 그 개수에 따라서
NoQuarterState 또는 SoldOutState로 전환합니다.

뇌 단련

GumballMachine을 구현한 부분을 다시 한번 살펴봅시다. 손잡이를 돌렸는데 알맹이가 나오지 않았을 때(동전을 넣지 않고 돌리면 알맹이가 나오지 않겠죠)에도 dispense( ) 메소드는 여전히 호출됩니다. 사실 별로 필요하지도 않은데 말이죠. 어떻게 하면 이 문제를 해결할 수 있을까요?

아직 SoldOutState 클래스는 구현하지 않았습니다. 직접 한번 구현해 보는 건 어떨까요?

구현하기 전에 각 상황에서 뽑기 기계가 어떤 식으로 작동해야 할지 곰곰이 생각해 보세요.

다 적고 나면 정답을 확인해 보세요.

```java
public class SoldOutState implements _____ {
    GumballMachine gumballMachine;

    public SoldOutState(GumballMachine gumballMachine) {



    }

    public void insertQuarter() {



    }

    public void ejectQuarter() {




    }

    public void turnCrank() {




    }

    public void dispense() {




    }
}
```

뽑기 기계 구조 다시 살펴보기

조금 전에 구현한 GumballMachine 클래스의 구조는 처음 구조와는 꽤 거리가 있습니다. 하지만 기능 면에서 보면 완전히 같죠. 구현을 구조적으로 바꿈으로써 다음과 같은 결과를 얻을 수 있었습니다.

- 각 상태의 행동을 별개의 클래스로 국지화했습니다.

- 관리하기 힘든 골칫덩어리 if 선언문들을 없앴습니다.

- 각 상태를 변경에는 닫혀 있게 했고, GumballMachine 클래스는 새로운 상태 클래스를 추가하는 확장에는 열려 있도록 고쳤습니다(OCP).

- 주식회사 왕뽑기에서 처음 제시했던 다이어그램에 훨씬 가까우면서 더 이해하기 좋은 코드 베이스와 클래스 구조를 만들었습니다.

이제 우리가 한 일을 기능적인 면에서 조금 더 자세히 살펴봅시다.

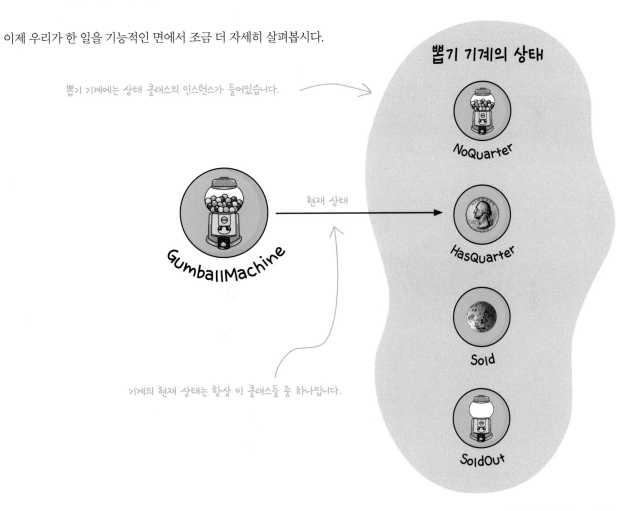

뽑기 기계에는 상태 클래스의 인스턴스가 들어있습니다.

뽑기 기계의 상태

NoQuarter

현재 상태

HasQuarter

GumballMachine

Sold

SoldOut

기계의 현재 상태는 항상 이 클래스들 중 하나입니다.

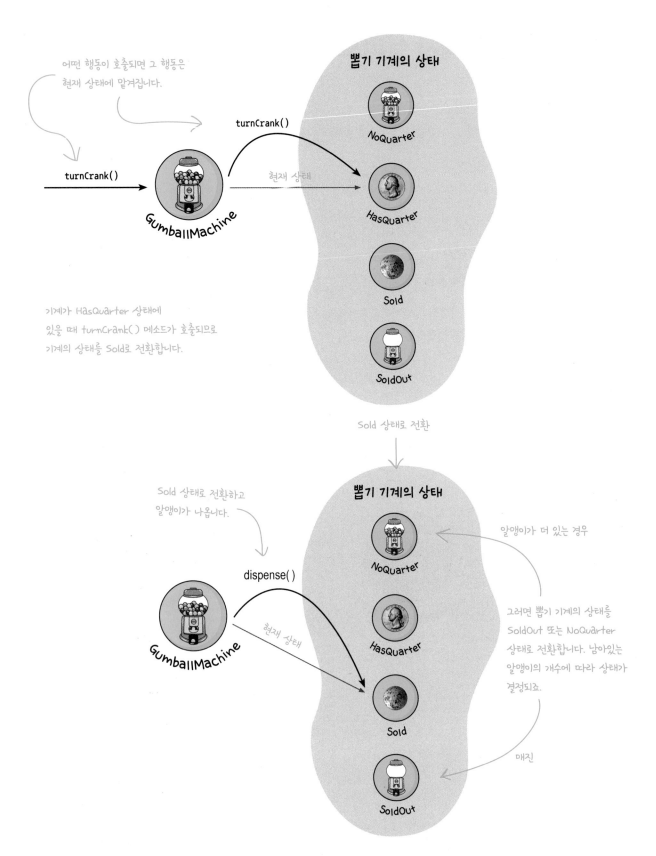

어떤 행동이 호출되면 그 행동은
현재 상태에 맡겨집니다.

turnCrank()

turnCrank()

GumballMachine

현재 상태

뽑기 기계의 상태

NoQuarter

HasQuarter

Sold

SoldOut

기계가 HasQuarter 상태에
있을 때 turnCrank() 메소드가 호출되므로
기계의 상태를 Sold로 전환합니다.

Sold 상태로 전환

Sold 상태로 전환하고
알맹이가 나옵니다.

dispense()

GumballMachine

현재 상태

뽑기 기계의 상태

NoQuarter

HasQuarter

Sold

SoldOut

알맹이가 더 있는 경우

그러면 뽑기 기계의 상태를
SoldOut 또는 NoQuarter
상태로 전환합니다. 남아있는
알맹이의 개수에 따라 상태가
결정되죠.

매진

정답 457쪽

NoQuarter 상태에서 시작해서, 사용자가 동전을 넣고 손잡이를 돌려서 알맹이를 받을 때까지 뽑기 기계가 어떤 식으로 돌아가는지 생각해 봅시다. 아래에 있는 그림에 행동 설명도 덧붙이고 기계가 출력하는 내용도 적어봅시다. 뽑기 기계에 무수히 많은 알맹이가 들어있다고 가정하고 문제를 풀어 보세요.

**무대 뒤에서
직접 해 봅시다.**

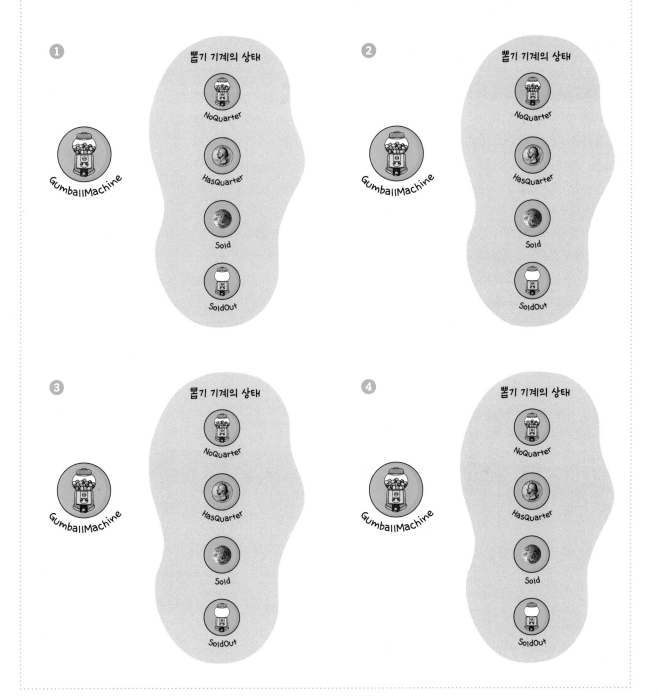

상태 패턴의 정의

우리가 방금 구현한 것이 바로 상태 패턴입니다. 그러면 상태 패턴을 좀 더 알아볼까요?

> **상태 패턴**(State Pattern)을 사용하면 객체의 내부 상태가 바뀜에 따라서 객체의 행동을 바꿀 수 있습니다. 마치 객체의 클래스가 바뀌는 것과 같은 결과를 얻을 수 있습니다.

위에 있는 정의의 첫 번째 부분은 금방 이해되죠? 이 패턴은 상태를 별도의 클래스로 캡슐화한 다음 현재 상태를 나타내는 객체에게 행동을 위임하므로 내부 상태가 바뀔 때 행동이 달라지게 된다는 사실을 쉽게 알 수 있습니다. 앞에 있는 뽑기 기계가 매우 좋은 예입니다. 뽑기 기계가 NoQuarterState에 있을 때 동전을 넣는 경우(기계에서 동전을 받아들임)와 HasQuarterState에 있을 때 동전을 넣는 경우(기계에서 동전을 받아들이지 않음)에 각각 다른 결과가 나오죠.

두 번째 부분은 어떻게 해석할 수 있을까요? '클래스가 바뀌는 것 같은' 결과를 얻는다는 게 무엇을 뜻할까요? 클라이언트의 관점에서 생각해 보죠. 만약 지금 사용하는 객체의 행동이 완전히 달라진다면 마치 그 객체가 다른 클래스로부터 만들어진 객체처럼 느끼겠죠? 물론 이미 배웠듯이 실제로 다른 클래스로 변신하는 게 아니라 구성으로 여러 상태 객체를 바꿔 가면서 사용하니까 이런 결과를 얻을 수 있는 거죠.

자, 그럼 상태 패턴 클래스 다이어그램을 살펴볼까요?

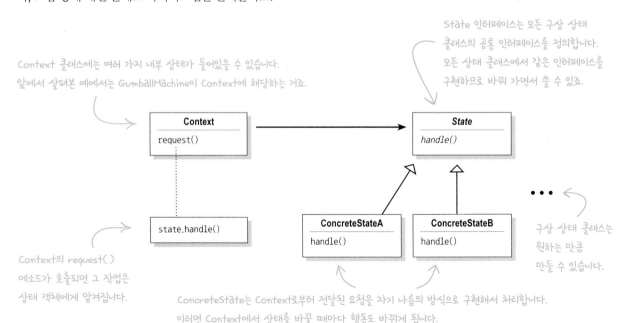

State 인터페이스는 모든 구상 상태 클래스의 공통 인터페이스를 정의합니다. 모든 상태 클래스에서 같은 인터페이스를 구현하므로 바꿔 가면서 쓸 수 있죠.

Context 클래스에는 여러 가지 내부 상태가 들어있을 수 있습니다. 앞에서 살펴본 예에서는 GumballMachine이 Context에 해당하는 거죠.

구상 상태 클래스는 원하는 만큼 만들 수 있습니다.

Context의 request() 메소드가 호출되면 그 작업은 상태 객체에게 맡겨집니다.

ConcreteState는 Context로부터 전달된 요청을 자기 나름의 방식으로 구현해서 처리합니다. 이러면 Context에서 상태를 바꿀 때마다 행동도 바뀌게 됩니다.

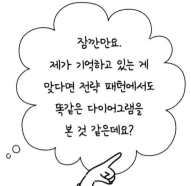

잠깐만요. 제가 기억하고 있는 게 맞다면 전략 패턴에서도 똑같은 다이어그램을 본 것 같은데요?

정말 날카로우시군요. 다이어그램은 똑같습니다. 하지만 **상태 패턴과 전략 패턴의 용도는 다릅니다.**

상태 패턴을 사용할 때는 상태 객체에 일련의 행동이 캡슐화됩니다. 상황에 따라 Context 객체에서 여러 상태 객체 중 한 객체에게 모든 행동을 맡기게 되죠. 그 객체의 내부 상태에 따라 현재 상태를 나타내는 객체가 바뀌게 되고, 그 결과로 Context 객체의 행동도 자연스럽게 바뀌게 됩니다. 클라이언트는 상태 객체를 몰라도 됩니다.

하지만 전략 패턴을 사용할 때는 일반적으로 클라이언트가 Context 객체에게 어떤 전략 객체를 사용할지를 지정해 줍니다. 전략 패턴은 주로 실행 시에 전략 객체를 변경할 수 있는 유연성을 제공하는 용도로 쓰이죠. 보통 가장 적합한 전략 객체를 선택해서 사용하게 됩니다. 예를 들어, 1장에서는 특정한 방식으로 날아다니도록 설정된 오리와 날지 못하도록 설정된 오리가 등장했었죠. 이럴 때 각각 필요한 전략 객체를 지정해서 사용했습니다.

일반적으로 전략 패턴은 서브클래스를 만드는 방법을 대신해서 유연성을 극대화하는 용도로 쓰입니다. 상속을 사용해서 클래스의 행동을 정의하다 보면 행동을 변경해야 할 때 마음대로 변경하기가 힘들죠. 하지만 전략 패턴을 사용하면 구성으로 행동을 정의하는 객체를 유연하게 바꿀 수 있습니다.

Context 객체에 수많은 조건문을 넣는 대신에 상태 패턴을 사용한다고 생각하면 됩니다. 행동을 상태 객체 내에 캡슐화하면 Context 내의 상태 객체를 바꾸는 것만으로도 Context 객체의 행동을 바꿀 수 있으니까요.

무엇이든 물어보세요
Q&A

Q1 GumballMachine 클래스를 보면 지금 상태로 다음 상태가 결정됐잖아요. 그런데 반드시 구상 상태 클래스에서 다음 상태를 결정해야 하나요?

A1 꼭 그래야 하는 건 아닙니다. Context에서 상태 전환 흐름을 결정하도록 할 수도 있습니다.

상태 전환이 고정되어 있으면 상태 전환 흐름을 결정하는 코드를 Context에 넣어도 됩니다. 하지만 상태 전환이 동적으로 결정된다면 상태 클래스 내에서 처리하는 것이 좋습니다. 예를 들어, GumballMachine에서 NoQuarter 또는 SoldOut으로 전환하는 결정은 실행 중에 남아있는 알맹이의 개수에 따라 동적으로 결정될 수밖에 없습니다.

상태 전환 코드를 상태 클래스에 넣으면 상태 클래스 사이에 의존성이 생기는 단점이 있습니다. GumballMachine 구현 코드를 보면 구상 상태 클래스를 코드에 직접 넣는 대신 Context 객체의 게터 메소드를 써서 의존성을 최소화하려고 노력했음을 알 수 있습니다.

상태 전환의 흐름을 결정하는 코드를 어느 쪽에 넣는지에 따라서 시스템이 점점 커지게 될 때, 어떤 클래스(Context 또는 상태 클래스)가 변경에 닫혀 있게 되는지도 결정됩니다.

Q2 클라이언트에서 상태 객체와 직접 연락 하는 경우도 있나요?

A2 그런 일은 없습니다. 상태는 Context 쪽에서 내부 상태 및 행동을 표현하는 용도로 사용되므로 상태 요청은 전부 Context로부터 오게 됩니다. 클라이언트는 Context의 상태를 직접 바꿀 수 없죠. 상태를 관리하는 일은 전적으로 Context가 책임져야 하며, Context 몰래 클라이언트가 직접 Context의 상태를 변경할 일은 없습니다.

Q3 애플리케이션에 Context의 인스턴스가 아주 많은데요, 여러 Context에서 상태 객체를 공유할 수도 있나요?

A3 그럼요. 당연히 됩니다. 그리고 실제로 그렇게 할 때도 많습니다. 상태 객체 내에 자체 상태를 보관하지 않아야 한다는 조건만 만족하면 상관 없습니다. 상태 객체 내에 자체 상태를 보관하려면 각 Context마다 유일한 객체가 필요하니까요.

상태를 공유할 때는 일반적으로 각 상태를 정적 인스턴스 변수에 할당하는 방법을 씁니다. 상태 객체에서 Context에 있는 메소드 또는 인스턴스 변수를 활용해야 한다면 각 handle( ) 메소드에 Context 객체의 레퍼런스도 전달해야 합니다.

Q4 상태 패턴을 사용하면 디자인에 필요한 클래스의 개수가 늘어나나요? GumballMachine의 클래스가 정말 많아진 것 같아서요.

A4 예, 맞습니다. 상태의 행동을 별도의 상태 클래스에 캡슐화하다 보면 클래스 개수가 늘어나기 마련이죠. 유연성을 향상시키려고 지불해야 할 비용이라고 생각하면 됩니다. 한 번만 쓰고 치워 버릴 클래스가 아닌 이상 조금 귀찮아도 클래스를 추가해서 유연한 디자인을 만드는 것이 좋습니다. 나중에 분명히 그렇게 하길 잘 했다는 생각이 들 것입니다.

그리고 사실 대부분의 경우에 실제 클래스 개수보다는 클라이언트에게 노출되는 클래스 개수가 중요하며, 나머지 클래스를 숨길 수 있는 방법도 있습니다(패키지 내에서만 볼 수 있도록 선언하면 되겠죠).

그리고 상태 패턴을 쓰지 않고 여러 개의 클래스를 추가한다면 어떻게 될까요? 애플리케이션을 만들 때 상태 클래스를 만들기 귀찮아서 상태 패턴을 쓰지 않는다면, 정말 복잡한 조건문을 사용해야 합니다. 그러면 코드를 관리하기도 힘들고, 이해하기도 힘들어지죠. 하지만 객체를 사용하면 상태를 확실하게 표현할 수 있기에 코드 이해는 물론, 관리도 쉬워집니다.

Q5 상태 패턴 클래스 다이어그램을 보면 State가 추상 클래스로 되어 있잖아요? 그런데 뽑기 기계의 상태에는 왜 인터페이스를 쓴 거죠?

A5 추상 클래스에 넣을 만한 공통적인 기능이 없었기에 그냥 인터페이스를 사용했습니다. 하지만 State에 해당하는 클래스를 디자인할 때는 추상 클래스 사용도 생각해 보면 좋습니다. 추상 클래스를 사용하면 나중에 구상 상태 클래스 코드를 건드리지 않고도 추상 클래스에 메소드를 추가할 수 있으니까요.

보너스 알맹이 당첨 기능 추가하기 보너스 알맹이 당첨 기능을 마무리합시다 ✰

아직 다 안 끝났어요. 10번에 1번 꼴로 알맹이를 하나 더 주는 기능을 마무리해야죠. 일단 상태 패턴을 구현해 놨으니까 별로 어렵진 않을 겁니다. 우선 GumballMachine 클래스에 상태를 추가하는 것부터 시작해 보죠.

```java
public class GumballMachine {

    State soldOutState;
    State noQuarterState;
    State hasQuarterState;
    State soldState;
    State winnerState;          // WinnerState를 추가하고 생성자 내에서
                                // 그 상태 객체를 초기화하는 코드만 추가하면 됩니다.

    State state = soldOutState;
    int count = 0;              // WinnerState의 게터 메소드도 빼먹으면 안 되겠죠?
    // 메소드 구현
}
```

이제 WinnerState를 구현해 봅시다. SoldState 클래스를 만들 때와 비슷하게 하면 됩니다.

```java
public class WinnerState implements State {

    // 인스턴스 변수 및 생성자        SoldState와 똑같습니다.
    // insertQuarter 오류 메시지
    // ejectQuarter 오류 메시지
    // turnCrank 오류 메시지

    public void dispense() {       // 알맹이를 2개 내보내고
        gumballMachine.releaseBall();   // NoQuarterState 또는 SoldOutState로 갑니다.
        if (gumballMachine.getCount() == 0) {
            gumballMachine.setState(gumballMachine.getSoldOutState());
        } else {
            gumballMachine.releaseBall();    // 알맹이가 하나 더 있으면 내보냅니다.
            System.out.println("축하드립니다! 알맹이를 하나 더 받으실 수 있습니다.");
            if (gumballMachine.getCount() > 0) {
                gumballMachine.setState(gumballMachine.getNoQuarterState());
            } else {
                System.out.println("더 이상 알맹이가 없습니다.");
                gumballMachine.setState(gumballMachine.getSoldOutState());
            }
        }
    }
}
```

알맹이를 하나 더 내보내면서 당첨되었다는 축하 메시지를 띄웁니다.

이제 한 가지만 더 바꾸면 됩니다. 10% 확률로 당첨 여부를 결정해서 뽑기 기계의 상태를 WinnerState로 전환하는 기능을 추가하는 거죠. 이 두 기능은 고객이 손잡이를 돌릴 때 작동해야 하므로 HasQuarterState에 추가하겠습니다.

```java
public class HasQuarterState implements State {
    Random randomWinner = new Random(System.currentTimeMillis());
    GumballMachine gumballMachine;

    public HasQuarterState(GumballMachine gumballMachine) {
        this.gumballMachine = gumballMachine;
    }

    public void insertQuarter() {
        System.out.println("동전은 한 개만 넣어 주세요.");
    }

    public void ejectQuarter() {
        System.out.println("동전이 반환됩니다.");
        gumballMachine.setState(gumballMachine.getNoQuarterState());
    }

    public void turnCrank() {
        System.out.println("손잡이를 돌리셨습니다.");
        int winner = randomWinner.nextInt(10);
        if ((winner == 0) && (gumballMachine.getCount() > 1)) {
            gumballMachine.setState(gumballMachine.getWinnerState());
        } else {
            gumballMachine.setState(gumballMachine.getSoldState());
        }
    }

    public void dispense() {
        System.out.println("알맹이를 내보낼 수 없습니다.");
    }
}
```

우선 10% 확률로 당첨 여부를 결정하는 난수 발생기를 추가합니다.

그리고 지금 손잡이를 돌린 고객이 당첨되었는지 확인합니다.

당첨되었고 남아있는 알맹이도 2개 이상이면 WinnerState로 전환합니다. 두 조건 중 하나라도 만족되지 않으면 SoldState로 넘어 갑니다.

꽤 간단하게 구현했죠? GumballMachine에 새로운 상태를 추가하고, 그 클래스를 구현했습니다. 그리고 당첨 여부를 결정하고 올바른 상태로 전환하는 코드만 추가했습니다. 힘들게 디자인을 바꾼 보람이 있지 않나요?

데모 버전 돌려보기

주식회사 왕뽑기 CEO가 새로 만들어진 뽑기 기계 코드 데모를 보러 왔습니다. 상태 패턴이 제대로 작동해야 할텐데요. 데모는 가능하면 짧고 굵게 하는 게 좋겠죠(CEO들이 시간을 길게 끄는 걸 좋아하지 않는다는 건 잘 알려져 있으니까요)? 하지만 제대로 돌아가는지 확인하려면 당첨이 될 때가지는 돌려야겠죠.

사실 이 코드는 전과 똑같습니다. 그냥 조금 간단하게 줄였을 뿐이죠.

```java
public class GumballMachineTestDrive {

    public static void main(String[] args) {
        GumballMachine gumballMachine = new GumballMachine(5);

        System.out.println(gumballMachine);

        gumballMachine.insertQuarter();
        gumballMachine.turnCrank();

        System.out.println(gumballMachine);

        gumballMachine.insertQuarter();
        gumballMachine.turnCrank();
        gumballMachine.insertQuarter();
        gumballMachine.turnCrank();

        System.out.println(gumballMachine);
    }
}
```

이번에도 알맹이를 5개만 넣어 두고 뽑기 기계를 돌립니다.

당첨되는 걸 봐야 하니까 동전을 넣고 손잡이를 돌리는 과정을 여러 번 반복합니다. 뽑기 기계의 상태도 종종 출력해 줘야겠죠.

엔지니어링 팀원 모두가 상태 패턴으로 만든 디자인이 제대로 돌아가는지 보려고 회의실 문 앞에서 기다리고 있습니다.

오, 정말 좋은데요?

```
File  Edit  Window  Help  Whenisagumballajawbreaker?

%java GumballMachineTestDrive
주식회사 왕뽑기
자바로 돌아가는 최신형 뽑기 기계
남은 개수: 5개
동전 투입 대기중

동전을 넣으셨습니다.
손잡이를 돌리셨습니다.
축하드립니다! 알맹이를 하나 더 받으실 수 있습니다.
알맹이를 내보내고 있습니다.
알맹이를 내보내고 있습니다.

주식회사 왕뽑기
자바로 돌아가는 최신형 뽑기 기계
남은 개수: 3개
동전 투입 대기중

동전을 넣으셨습니다.
손잡이를 돌리셨습니다.
알맹이를 내보내고 있습니다.
동전을 넣으셨습니다.
손잡이를 돌리셨습니다.
축하드립니다! 알맹이를 하나 더 받으실 수 있습니다.
알맹이를 내보내고 있습니다.
알맹이를 내보내고 있습니다.
매진입니다.

주식회사 왕뽑기
자바로 돌아가는 최신형 뽑기 기계
남은 개수: 0개
매진
%
```

운이 좋았던 걸까요?
데모를 돌리는 동안
2번이나 당첨됐네요.

무엇이든 물어보세요
Q&A

Q WinnerState가 꼭 있어야 하나요? 그냥 SoldState에서 알맹이를 2개 내보내도록 하면 안 되나요?

A 좋은 질문입니다. 코드를 보면 사실 WinnerState에서 알맹이를 1개가 아닌 2개 내보낸다는 점을 제외하면 SoldState와 WinnerState는 비슷합니다. 따라서 SoldState에서 알맹이를 2개 내보내는 방식으로 해도 별문제는 없습니다. 대신 하나의 상태 클래스에서 2가지 상태를 표현하게 된다는 단점이 있습니다. 당첨이 된 상태와 그렇지 않은 상태가 모두 SoldState에서 표현하니까요. 코드 중복은 어느 정도 줄

일 수 있지만, 대신 상태 클래스가 조금 불분명해집니다. 그리고 9장에서 배웠던 단일 역할 원칙에 위배되죠. WinnerState에서 맡을 역할을 SoldState에 넣게 되면서 SoldState의 역할이 2가지가 되니까요. 특별 행사 기간이 끝나면 어떻게 해야 할까요? 아니면 당첨 확률이 달라지면 어떻게 해야 할까요? 이런 몇 가지 장단점을 고려해야 하기에, 디자인 단계에서 여러분이 상황에 따라 가장 적합하다고 생각하는 방법을 선택해야 합니다.

훌륭해요. 정말 멋지군요. 영업부에서 이걸 보면 정말 기뻐하겠는데요? 실은 저희 회사에서 음료수 자판기도 만들고 있는데, 자판기 옆에 슬롯 머신 같은 걸 달아서 보너스 기능을 넣으려고 하고 있거든요. 4살짜리 꼬맹이들도 뽑기 기계 앞에 앉아서 도박을 즐기는데 음료수 자판기에 그런 기능을 넣는다고 무슨 큰일 있겠습니까?

정상성 점검하기

CEO의 생각이 좀 이상하군요. 하지만 이 위에 써 있는 **정상성 점검(sanity check)**은 CEO의 정신 상태를 얘기하는 건 아닙니다. GumballMachine 최종판을 납품하기 전에 마지막으로 체크해야 할 몇 가지 사항과 관련되어 있습니다.

- SoldState와 WinnerState에는 중복되어 있는 코드가 꽤 많기에 웬만하면 고쳐야 합니다. 어떻게 고칠 수 있을까요? State를 추상 클래스로 만들고 몇 가지 기본 기능을 추가하는 것도 좋지 않을까요? 생각해 보면 뽑기 기계에는 디스플레이가 없으니, "동전은 한 개만 넣어 주세요" 같은 메시지를 사용자들에게 보여 줄 수 없습니다. 결국 오류 반응은 모두 똑같을테니까 State 추상 클래스에서 상속받아도 괜찮겠죠.

    어? 이봐…
    난 뽑기 기계지
    컴퓨터가 아니라고…

- dispense() 메소드는 항상 호출됩니다. 심지어 동전 없이 손잡이를 돌려도 호출되죠. 물론 올바른 상태가 아니라면 알맹이가 나가지 않겠지만, turnCrank()에서 불리언 값을 리턴하게 하거나 예외를 도입해서 쉽게 이 문제를 해결할 수 있습니다. 어떤 방법을 쓰는 것이 더 나을까요?

- 상태 전환 정보는 모두 상태 클래스에 있습니다. 이로 인해 어떤 문제가 생길까요? 그 부분을 GumballMachine 클래스로 옮기는 게 좋을까요? 그렇게 할 때 어떤 장단점이 있을까요?

- GumballMachine 객체의 인스턴스를 여러 개 만들게 될까요? 만약 그렇다면 상태 인스턴스를 정적 인스턴스 변수로 만들어서 공유하는 편이 좋습니다. 그러려면 GumballMachine과 상태 클래스를 각각 어떻게 고쳐야 할까요?

오늘의 게스트 상태 패턴과 전략 패턴

전략 패턴

상태 패턴

> 오랜만이야, 친구. 내가 1장에 나왔다는 얘기 들었어?

그럼. 벌써 여기저기 소문이 다 났어.

> 얼마 전에는 템플릿 메소드를 조금 도와줬지. 내가 있어야 8장을 끝낼 수 있다나 뭐라나. 그나저나, 그동안 어떻게 지냈어?

그냥 똑같지 뭐. 클래스들이 서로 다른 상황에서 서로 다른 행동을 보여 주는 걸 도와주는 거.

> 뭐 확실한 건 아니지만, 네가 하는 일이랑 내가 하는 일이 똑같아 보이는데, 그냥 설명만 다른 거 같아. 한번 생각해 보라고. 내가 하는 일은 구성과 위임으로 객체가 다른 행동과 알고리즘을 보이도록 해 주는 거잖아. 그런데 네가 하는 것도 결국 내가 하는 거랑 똑같잖아.

우리가 하는 일이 서로 연관되어 있다는 건 나도 인정하지만, 내가 하는 일이랑 네가 하는 일은 목적이 완전히 다르잖아. 내가 클라이언트에게 구성과 위임을 사용하게 하는 방법은 네가 하는 방법이랑 완전히 다르단 말야.

> 아, 그러셔? 어떻게? 잘 이해가 안 되는데?

네 생각만 하는 건 이제 그만하고 남 생각도 좀 하다 보면 이해가 될 거야. 네가 일하는 방식을 한번 잘 생각해 봐. 너는 어떤 클래스의 인스턴스를 만들고 그 인스턴스에게 어떤 행동을 구현하는 전략 객체를 건네주잖아. 1장에서 꽥꽥거리는 행동을 건네줬던 것처럼 말이지. 진짜 오리에게는 꽥꽥거리는 행동을, 고무 오리에게는 삑삑 소리내는 행동을 줬었잖아.

전략 패턴

그랬었지. 그거 정말 대단하지 않았어? 상속보다 훨씬 강력한 방법이라는 걸 너도 잘 알 거야. 그치?

물론 그렇지. 그럼 이번엔 내가 하는 방식을 생각해 보자고. 완전히 다르다고.

미안하지만 어떤 방법인지 설명해 줄래?

Context 객체를 생성할 때 초기 상태를 지정해 줘도 되지만 그렇게 해도 그 후로는 그 Context 객체가 알아서 자기 상태를 변경하지.

에이, 실행 중에 행동을 변경하는 건 나도 할 수 있다고. 구성을 사용하면 원래 그렇게 할 수 있잖아.

물론 그렇긴 하지. 하지만 나는 몇 가지 상태를 가지고 작업을 한다고. Context 객체는 미리 정해진 상태 전환 규칙에 따라 알아서 자기 상태를 변경하거든. 그러니까 원래 상황에 맞게 상태를 바꾸는 걸 염두에 둔 디자인이라고 할 수 있어.

그 점은 인정할게. 나는 객체가 상태를 변경하는 것을 장려하지는 않으니까. 객체에서 어떤 전략을 사용하는지는 보통 내가 직접 결정하거든.

그것 봐. 구조가 비슷하다는 건 맞는 말이지만 그 용도나 목적은 확실히 다르다니까. 어떤 사람은 너를 활용할 테고, 어떤 사람은 나를 활용할 거야. 이건 인정 해야지.

알았어, 알았다고. 하던 일 계속 열심히 해. 네가 나만큼 유명한 패턴인 줄 아는 모양인데 나는 1장에 나왔고, 너는 겨우 10장이나 되어서야 등장했잖아. 여기까지 읽는 사람이 몇 명이나 될까?

지금 농담하는 거지? 헤드 퍼스트 시리즈가 얼마나 좋은데… 그리고 이 책을 읽는 독자가 그렇게 게으른 줄 알아? 아무리 10장에 있는 내용이라고 해도 다들 읽을 거라고.

네가 그렇지 뭐… 너무 이상주의적이야. 현실을 직시하라고.

리필 기능 추가해보기 하마터면 리필 기능을 빼먹을 뻔 했네요 ☆

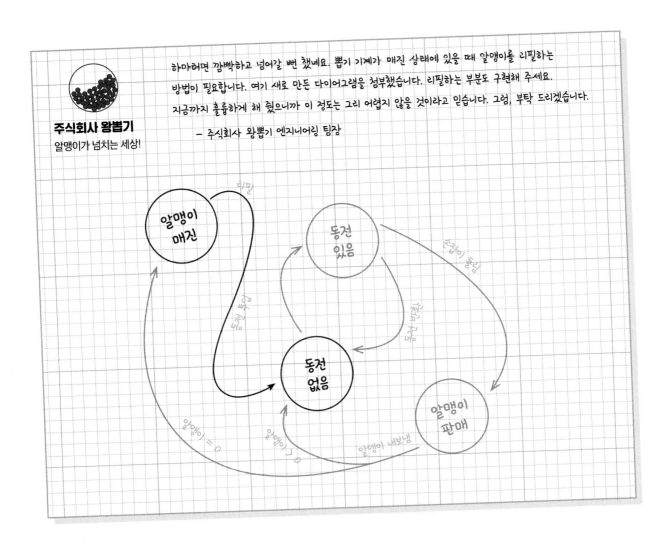

하마터면 깜빡하고 넘어갈 뻔 했네요. 뽑기 기계가 매진 상태에 있을 때 알맹이를 리필하는
방법이 필요합니다. 여기 새로 만든 다이어그램을 첨부했습니다. 리필하는 부분도 구현해 주세요.
지금까지 훌륭하게 해 줬으니까 이 정도는 그리 어렵지 않을 것이라고 믿습니다. 그럼, 부탁 드리겠습니다.

― 주식회사 왕뽑기 엔지니어링 팀장

주식회사 왕뽑기
알맹이가 넘치는 세상!

뽑기 기계에 알맹이를 다시 채워 주는 refill( ) 메소드를 State 인터페이스에 추가해서 모든 상태에서 해당 메소드를 구현하도록 만들어 봅시다. SoldOutState를 제외한 다른 상태에서 refill( ) 메소드가 아무 일도 하지 않습니다. SoldOutState에서는 refill( ) 메소드가 NoQuarterState로 전환됩니다. GumballMachine에도 알맹이 개수를 주어진 수만큼 늘리고 현재 상태의 refill( ) 메소드를 호출하는 refill( ) 메소드를 추가합시다.

지금까지 정말 너무 잘 해 주셨습니다.
지금까지 한 일 말고도 뽑기 기계 업계를
송두리째 바꿔 놓을 만한 아이디어가 있는데,
그것도 구현해 주셨으면 합니다.
일단은 비밀을 지켜 주세요. 자세한 내용은
11장에서 말씀 드리겠습니다.

누가 무엇을 할까요?

패턴과 올바른 설명을 연결해 보세요.

패턴	설명

상태 패턴 •

전략 패턴 •

템플릿 메소드 패턴 •

• 바꿔 쓸 수 있는 행동을 캡슐화한 다음, 실제 행동은 다른 객체에 위임합니다.

• 알고리즘의 각 단계를 구현하는 방법을 서브클래스에서 구현합니다.

• 상태를 기반으로 하는 행동을 캡슐화하고 행동을 현재 상태에게 위임합니다.

정답 458쪽

디자인 도구상자 안에 들어가야 할 도구들

10장도 끝났군요. 이 정도 공부했으면 이제 웬만한 기술 면접에는 끄떡 없을 겁니다.

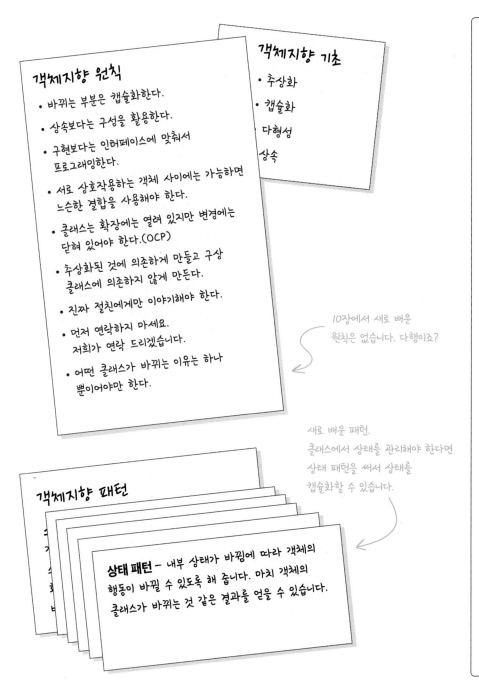

객체지향 기초

- 추상화
- 캡슐화
- 다형성
- 상속

객체지향 원칙

- 바뀌는 부분은 캡슐화한다.
- 상속보다는 구성을 활용한다.
- 구현보다는 인터페이스에 맞춰서 프로그래밍한다.
- 서로 상호작용하는 객체 사이에는 가능하면 느슨한 결합을 사용해야 한다.
- 클래스는 확장에는 열려 있지만 변경에는 닫혀 있어야 한다.(OCP)
- 추상화된 것에 의존하게 만들고 구상 클래스에 의존하지 않게 만든다.
- 진짜 절친에게만 이야기해야 한다.
- 먼저 연락하지 마세요. 저희가 연락 드리겠습니다.
- 어떤 클래스가 바뀌는 이유는 하나뿐이어야만 한다.

10장에서 새로 배운 원칙은 없습니다. 다행이죠?

새로 배운 패턴. 클래스에서 상태를 관리해야 한다면 상태 패턴을 써서 상태를 캡슐화할 수 있습니다.

객체지향 패턴

상태 패턴 – 내부 상태가 바뀜에 따라 객체의 행동이 바뀔 수 있도록 해 줍니다. 마치 객체의 클래스가 바뀌는 것 같은 결과를 얻을 수 있습니다.

☑ 핵심 정리

- 상태 패턴을 사용하면 내부 상태를 바탕으로 여러 가지 서로 다른 행동을 사용할 수 있습니다.

- 상태 패턴을 사용하면 프로시저형 상태 기계를 쓸 때와는 달리 각 상태를 클래스로 표현합니다.

- Context 객체는 현재 상태에게 행동을 위임합니다.

- 각 상태를 클래스로 캡슐화해서 나중에 변경해야 하는 내용을 국지화할 수 있습니다.

- 상태 패턴과 전략 패턴의 클래스 다이어그램은 똑같지만 그 용도는 다릅니다.

- 전략 패턴에서 Context 클래스를 만들 때 행동과 알고리즘을 설정합니다.

- 상태 패턴을 사용하면 Context의 내부 상태가 바뀜에 따라 객체가 알아서 행동을 바꿀 수 있도록 할 수 있습니다.

- 상태 전환은 State 클래스로 제어할 수도 있고, Context 클래스로 제어할 수도 있습니다.

- 상태 패턴을 쓰면 디자인에 필요한 클래스의 개수가 늘어납니다.

- State 클래스를 여러 Context 객체의 인스턴스에서 공유하도록 디자인할 수도 있습니다.

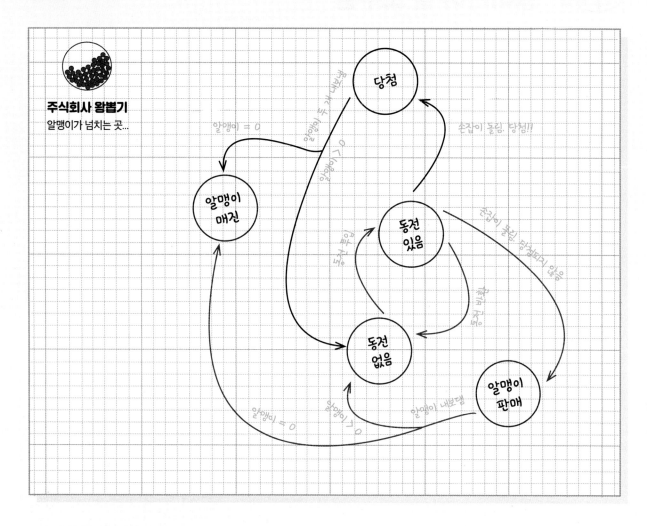

주식회사 왕뽑기
알맹이가 넘치는 곳...

쓰면서 제대로 공부하기 **정답**

수정 사항을 반영해서 만들고자 하는 코드의 설명으로 올바른 것을 모두 골라 보세요.

☑ **A.** 이 코드는 OCP를 지키지 않고 있습니다.

☑ **B.** 포트란(FORTRAN) 프로그래머들이 이 코드를 좋아할 것입니다.

☑ **C.** 이런 디자인은 객체지향 디자인이라고 하기 힘듭니다.

☑ **D.** 상태 전환이 복잡한 조건문 속에 숨어 있어서 분명하게 드러나지 않습니다.

☑ **E.** 바뀌는 부분을 전혀 캡슐화하지 않았습니다.

☑ **F.** 새로운 기능을 추가하는 과정에서 기존 코드에 없던 새로운 버그가 생길 가능성이 높습니다.

쓰면서 제대로 공부하기 **정답**

아직 SoldOutState 클래스는 구현하지 않았습니다. 직접 한번 구현해 보는 건 어떨까요?
구현하기 전에 각 상황에서 뽑기 기계가 어떤 식으로 작동해야 할지 곰곰이 생각해 보세요. 다 적고 나면 정답을 확인해 보세요.

```java
public class SoldOutState implements State {
    GumballMachine gumballMachine;

    public SoldOutState(GumballMachine gumballMachine) {
        this.gumballMachine = gumballMachine;
    }

    public void insertQuarter() {
        System.out.println("죄송합니다. 매진되었습니다.");
    }

    public void ejectQuarter() {
        System.out.println("동전을 반환할 수 없습니다. 동전을 넣지 않았습니다.");
    }

    public void turnCrank() {
        System.out.println("죄송합니다. 매진되었습니다.");
    }

    public void dispense() {
        System.out.println("알맹이를 내보낼 수 없습니다.");
    }
}
```

SoldOutState에서는 누군가가 뽑기 기계에 알맹이를 새로 채워 넣기 전까지는 아무것도 할 수가 없습니다.

상태를 구현하려면 우선 각 메소드가 호출되었을 때 무슨 일을 해야 하는지 생각해 봐야 합니다.
아래에 있는 다이어그램에 무슨 일을 해야 하는지 적어 봅시다. 몇 가지 일은 미리 적어 두었습니다.

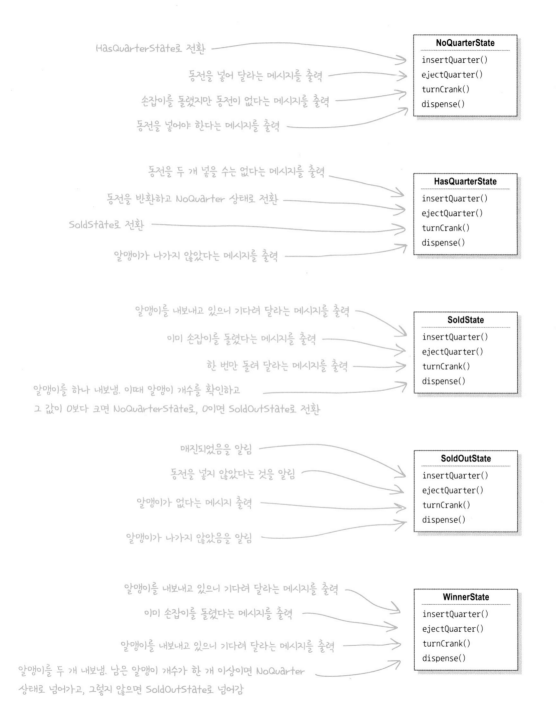

HasQuarterState로 전환

동전을 넣어 달라는 메시지를 출력

손잡이를 돌렸지만 동전이 없다는 메시지를 출력

동전을 넣어야 한다는 메시지를 출력

NoQuarterState

insertQuarter()
ejectQuarter()
turnCrank()
dispense()

동전을 두 개 넣을 수는 없다는 메시지를 출력

동전을 반환하고 NoQuarter 상태로 전환

SoldState로 전환

알맹이가 나가지 않았다는 메시지를 출력

HasQuarterState

insertQuarter()
ejectQuarter()
turnCrank()
dispense()

알맹이를 내보내고 있으니 기다려 달라는 메시지를 출력

이미 손잡이를 돌렸다는 메시지를 출력

한 번만 돌려 달라는 메시지를 출력

알맹이를 하나 내보냄. 이때 알맹이 개수를 확인하고
그 값이 0보다 크면 NoQuarterState로, 0이면 SoldOutState로 전환

SoldState

insertQuarter()
ejectQuarter()
turnCrank()
dispense()

매진되었음을 알림

동전을 넣지 않았다는 것을 알림

알맹이가 없다는 메시지 출력

알맹이가 나가지 않았음을 알림

SoldOutState

insertQuarter()
ejectQuarter()
turnCrank()
dispense()

알맹이를 내보내고 있으니 기다려 달라는 메시지를 출력

이미 손잡이를 돌렸다는 메시지를 출력

알맹이를 내보내고 있으니 기다려 달라는 메시지를 출력

알맹이를 두 개 내보냄. 남은 알맹이 개수가 한 개 이상이면 NoQuarter
상태로 넘어가고, 그렇지 않으면 SoldOutState로 넘어감

WinnerState

insertQuarter()
ejectQuarter()
turnCrank()
dispense()

쓰면서 제대로 공부하기 정답

NoQuarter 상태에서 시작해서, 사용자가 동전을 넣고 손잡이를 돌려서 알맹이를 받을 때까지 뽑기 기계가 어떤 식으로 돌아가는지 생각해 봅시다. 아래에 있는 그림에 행동 설명도 덧붙이고 기계가 출력하는 내용도 적어 봅시다. 뽑기 기계에 무수히 많은 알맹이가 들어있다고 가정하고 문제를 풀어 보세요.

무대 뒤에서 직접 해 봅시다.

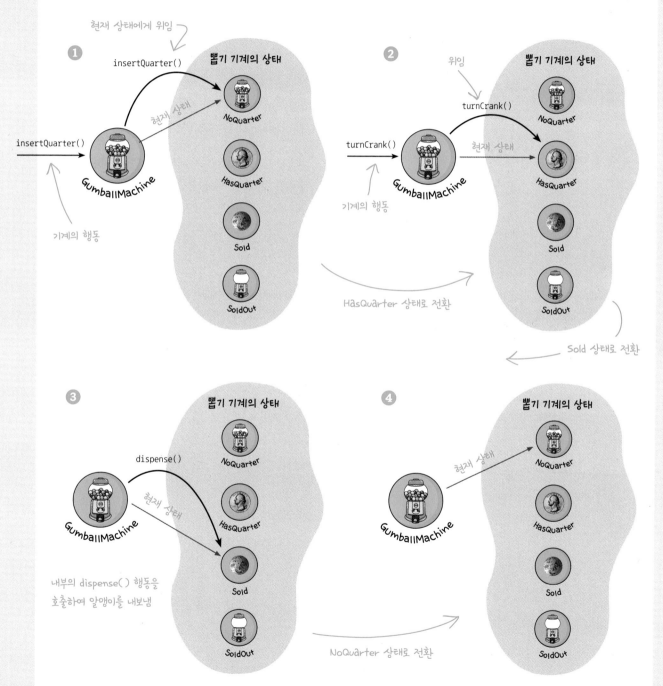

① insertQuarter()

현재 상태에게 위임

뽑기 기계의 상태

insertQuarter()

GumballMachine

현재 상태

기계의 행동

NoQuarter
HasQuarter
Sold
SoldOut

② turnCrank()

위임

뽑기 기계의 상태

turnCrank()

GumballMachine

현재 상태

기계의 행동

NoQuarter
HasQuarter
Sold
SoldOut

HasQuarter 상태로 전환

Sold 상태로 전환

③ dispense()

뽑기 기계의 상태

GumballMachine

현재 상태

내부의 dispense() 행동을 호출하여 알맹이를 내보냄

NoQuarter
HasQuarter
Sold
SoldOut

④

뽑기 기계의 상태

GumballMachine

현재 상태

NoQuarter
HasQuarter
Sold
SoldOut

NoQuarter 상태로 전환

누가 무엇을 할까요? **정답**

패턴과 올바른 설명을 연결해 보세요.

<table>
<tr><th>패턴</th><th>설명</th></tr>
</table>

패턴

상태 패턴 •

전략 패턴 •

템플릿 메소드 패턴 •

설명

• 비꿔 쓸 수 있는 행동을 캡슐화한 다음, 실제 행동은 다른 객체에 위임합니다.

• 알고리즘의 각 단계를 구현하는 방법을 서브클래스에서 구현합니다.

• 상태를 기반으로 하는 행동을 캡슐화하고 행동을 현재 상태에게 위임합니다.

쓰면서 제대로 공부하기 **정답**

뽑기 기계에 알맹이를 다시 채워 주는 refill( ) 메소드를 State 인터페이스에 추가해서 모든 상태에서 해당 메소드를 구현하도록 만들어 봅시다. SoldOutState를 제외한 다른 상태에서 refill( ) 메소드가 아무 일도 하지 않습니다. SoldOutState에서는 refill( ) 메소드가 NoQuarterState로 전환됩니다. GumballMachine에도 알맹이 개수를 주어진 수만큼 늘리고 현재 상태의 refill( ) 메소드를 호출하는 refill( ) 메소드를 추가합시다.

```java
public void refill() {
    gumballMachine.setState(gumballMachine.getNoQuarterState());
}
```
← 이 메소드를 SoldOutState에 추가합니다.

```java
void refill(int count) {
    this.count += count;
    System.out.println("The gumball machine was just refilled; its new count is: " + this.count);
    state.refill();
}
```
← 이 메소드는 GumballMachine 클래스에 추가합니다.

객체 접근 제어하기

프록시 패턴

> 너를 대리인으로 내세우면 친구들한테서 점심값을 지금보다 3배는 더 뽑아낼 수 있을 거야.

⎯⎯ 혹시 좋은 경찰, 나쁜 경찰 놀이라고 들어 보셨나요? ⎯⎯

좋은 경찰은 다양한 서비스를 성심성의껏 제공합니다. 하지만 모든 사람이 서비스를 요구하게 되면 일이 너무 많아지기에, 사람들이 좋은 경찰에 접근하는 일을 나쁜 경찰이 제어합니다. 패턴에서 나쁜 경찰은 프록시(proxy)입니다. 접근을 제어하고 관리하죠. 조만간 배우게 되겠지만 프록시는 자신이 대변하는 객체와 그 객체에 접근하려는 클라이언트 사이에서 여러 가지 방식으로 작업을 제어합니다. 프록시는 자신이 대변하는 객체를 향해 인터넷으로 들어오는 메소드 호출을 쫓아내기도 하고, 또한 게으른 객체들을 대신해서 끈기 있게 기다리기도 하죠.

안녕하세요. 뽑기 기계의 상태를 조금 더 확실히 파악하고 싶어서 연락드립니다. 모든 뽑기 기계의 재고와 현재 상태를 알려 주는 기능을 추가해 주시겠습니까?

별로 어려워 보이진 않군요. 뽑기 기계 코드에 알맹이의 개수를 알려 주는 메소드(getCount())와 기계의 현재 상태를 알려 주는 메소드(getState())는 10장에서 이미 만들었으니까요.

CEO용 보고서를 출력하는 메소드만 만들면 될 것 같군요. 그리고 각 뽑기 기계의 위치를 알려 주는 필드도 추가해야겠군요. 그래야 CEO가 기계별 상태를 알 수 있을 테니까요.

바로 코드를 만들어 CEO를 놀라게 합시다.

주식회사 왕뽑기 CEO 기억나죠?

모니터링 코드 만들기

우선 GumballMachine 클래스에 뽑기 기계의 현재 위치를 알려 주는 기능을 추가해 봅시다.

```java
public class GumballMachine {
    // 기타 인스턴스 변수          위치는 그냥 String으로 저장하면 되겠죠?
    String location;  ←

    public GumballMachine(String location, int count) {
        // 기타 생성자 코드            위치는 생성자로 전달되어 인스턴스 변수에 저장됩니다.
        this.location = location;
    }

    public String getLocation() {  ←
        return location;
    }
                        위치를 알려 주는 용도로 호출할 수 있는
    // 기타 메소드           게터 메소드도 추가합시다.
}
```

이제 뽑기 기계의 위치, 재고, 현재 상태를 가져와서 깔끔한 보고서를 출력해 주는
GumballMonitor 클래스를 만들어 볼까요?

```java
public class GumballMonitor {
    GumballMachine machine;
                                    생성자로부터 뽑기 기계를 전달받아서
    public GumballMonitor(GumballMachine machine) {   그 객체를 인스턴스 변수에 저장합니다.
        this.machine = machine;
    }

    public void report() {
        System.out.println("뽑기 기계 위치: " + machine.getLocation());
        System.out.println("현재 재고: " + machine.getCount() + " 개");
        System.out.println("현재 상태: " + machine.getState());
    }
}
```

report( ) 메소드에서는 뽑기 기계의 위치, 재고, 현재 상태를 출력합니다.

모니터링 기능 테스트

금방 구현했죠? CEO도 엄청 빠른 개발 속도에 크게 놀랄 겁니다.

이제 GumballMonitor 클래스의 인스턴스를 만들고 모니터링이 필요한 뽑기 기계를 넘겨줍시다.

```java
public class GumballMachineTestDrive {

    public static void main(String[] args) {
        int count = 0;

        if (args.length < 2) {
            System.out.println("GumballMachine <name> <inventory>");
            System.exit(1);
        }

        count = Integer.parseInt(args[1]);
        GumballMachine gumballMachine = new GumballMachine(args[0], count);

        GumballMonitor monitor = new GumballMonitor(gumballMachine);

        // 기타 코드

        monitor.report();
    }
}
```

명령줄에 위치와 초기 알맹이 개수를 입력하도록 만들었습니다.

생성자에 위치와 재고량을 전달해야겠죠?

그리고 모니터링 객체의 인스턴스를 만들어서 생성자에
모니터링이 필요한 뽑기 기계의 인스턴스를 전달해 줘야 합니다.

보고서가 필요할 때는
report() 메소드만 호출하면 됩니다.

```
File  Edit  Window  Help  FlyingFish
%java GumballMachineTestDrive Ausein 112
뽑기 기계 위치: Austin
현재 재고: 112 개
현재 상태: 동전 투입 대기중
```

출력 결과!

> 멋지군요. 그런데 제가 제대로 얘기하지 못했군요.
> 저는 뽑기 기계를 원격으로 모니터링하고 싶었거든요.
> 이미 네트워크도 연결해 놨어요.
> 인터넷 세대답게 멋진 결과를 보여 주세요.

코드를 만들기 전에 요구 사항을 확실히 파악해야 한다는 사실을 배울 수 있었군. 완전히 뒤엎지만 않았으면 좋겠는데…

걱정하지 말아요. 디자인 패턴 참고서를 쭉 훑어봤는데, 원격 프록시만 있으면 해결할 수 있을 것 같아요.

짐(Jim)

프랭크(Frank)

조(Joe)

프랭크 원격… 뭐라고요?

짐 원격 프록시요. 모니터링 코드는 벌써 만들어 놨잖아요. GumballMonitor 클래스에 뽑기 기계 레퍼런스만 넘겨주면 거기서 보고서를 만들어 주죠. 문제는 이 코드가 뽑기 기계랑 같은 JVM 에서 돌아가는데 CEO는 자기 사무실에 있는 컴퓨터로 멀리 떨어져 있는 뽑기 기계를 모니터링하고 싶어 한다는 거죠. 그러면 GumballMonitor 클래스는 그대로 두고, 원격 객체의 프록시만 넘기면 되지 않겠어요?

프랭크 무슨 소린지 잘 모르겠는데요?

짐 저도요….

조 그럼 처음부터 다시 시작해 보죠. 프록시는 진짜 객체를 대신하는 역할을 맡아요. 이 경우에는 뽑기 기계 객체 역할을 맡는 거죠. 그런데 실제로는 네트워크로 멀리 떨어져 있는 진짜 GumballMachine 클래스와 데이터를 주고받죠.

짐 그러면 코드는 그대로 두고 GumballMonitor 클래스의 프록시를 레퍼런스로 건네주자는 건 가요?

프랭크 그리고 그 프록시는 진짜 객체처럼 행동하지만, 실제로는 네트워크로 진짜 객체와 데이터를 주고받는 건 가요?

조 그렇게 보면 되겠죠.

프랭크 근데 말처럼 쉬울 것 같진 않은데요?

조 간단한 일은 아니겠지만 그렇게 힘들 것 같지도 않아요. 뽑기 기계가 일종의 서비스 역할을 맡고, 네트워크로 들어오는 요청을 수용할 수 있도록 만들어야 해요. 그리고 GumballMonitor 클래스에 프록시 객체의 레퍼런스를 받아 오는 기능도 추가해야 하고요. 하지만 자바에서 여러 가지 훌륭한 기능을 지원하니 그걸 활용하면 될 거예요. 우선 원격 프록시를 조금 더 살펴보죠.

원격 프록시의 역할

원격 프록시는 원격 객체의 **로컬 대변자 역할**을 합니다. 원격 객체란 무엇을 뜻할까요? 다른 자바 가상 머신의 힙에서 살고 있는 객체(조금 더 일반적으로 얘기하자면 다른 주소 공간에서 돌아가고 있는 객체)를 뜻합니다. 로컬 대변자는 또 뭘까요? 로컬 대변자의 어떤 메소드를 호출하면, 다른 원격 객체에게 그 메소드 호출을 전달해 주는 객체를 로컬 대변자라고 합니다.

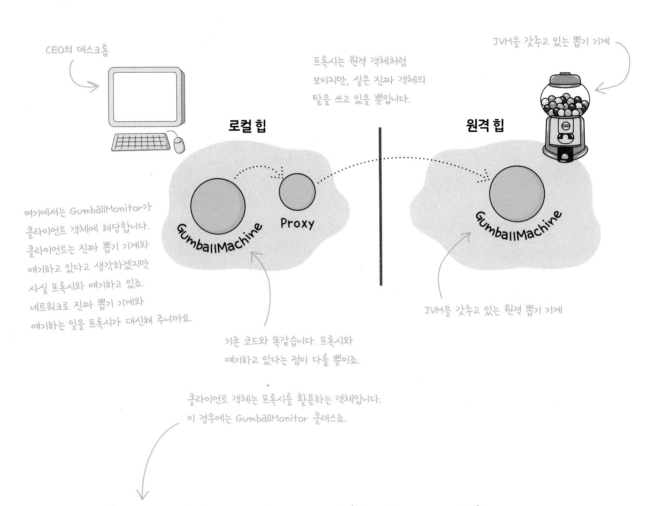

CEO의 데스크톱

JVM을 갖추고 있는 뽑기 기계

프록시는 원격 객체처럼 보이지만, 실은 진짜 객체의 탈을 쓰고 있을 뿐입니다.

로컬 힙

원격 힙

GumballMachine

Proxy

GumballMachine

여기에서는 GumballMonitor가 클라이언트 객체에 해당합니다. 클라이언트는 진짜 뽑기 기계와 얘기하고 있다고 생각하겠지만 사실 프록시와 얘기하고 있죠. 네트워크로 진짜 뽑기 기계와 얘기하는 일을 프록시가 대신해 주니까요.

기존 코드와 똑같습니다. 프록시와 얘기하고 있다는 점이 다를 뿐이죠.

JVM을 갖추고 있는 원격 뽑기 기계

클라이언트 객체는 프록시를 활용하는 객체입니다. 이 경우에는 GumballMonitor 클래스죠.

클라이언트 객체는 원격 객체의 메소드 호출을 하는 것처럼 행동합니다.

하지만 실제로는 로컬 힙에 들어있는 '프록시' 객체의 메소드를 호출하고 있죠.

네트워크 통신과 관련된 저수준 작업은 이 프록시 객체에서 처리해 줍니다.

뇌 단련

다음 단계로 넘어가기 전에, 시스템에서 원격 메소드를 호출하게 하는 방법을 생각해 봅시다. 어떻게 디자인하면 코드를 최대한 적게 쓰면서 매끄럽게 원격 메소드를 호출할 수 있을까요?

뇌 단련

원격 호출을 완전히 투명하게 처리할 수 있을까요? 그러면 정말 좋을까요? 그런 방법을 썼을 때 어떤 문제가 생길까요?

모니터링 코드에 원격 프록시 추가하기

이론적으로만 보면 꽤 괜찮아 보입니다. 하지만 다른 JVM에 들어있는 객체의 메소드를 호출하는 프록시를 어떻게 만들어야 할까요?
다음과 같은 방법으로 다른 힙에 들어있는 객체 레퍼런스를 가져올 순 없습니다.

```
Duck d = 〈다른 힙에 있는 객체〉
```

변수 d가 어떤 객체를 참조하든, 그 객체는 선언문이 들어있는 코드와 같은 힙 공간에 있어야만 합니다. 그러면 어떻게 해야 할까요? 바로 그 부분에서 자바의 원격 메소드 호출(RMI, Remote Method Invocation)이 쓰입니다. RMI를 사용하면 원격 JVM에 있는 객체를 찾아서 그 메소드를 호출할 수 있죠.
이쯤에서 각자 즐겨 보는 자바 참고서에 있는 RMI에 관한 내용을 다시 한번 살펴보는 것도 좋을 것 같습니다. 하지만 RMI를 잘 모르는 분들도 있으니 뽑기 기계 코드에 프록시 지원 기능을 추가하기 전에 잠시 RMI를 알아보고 넘어가겠습니다.

RMI의 기초

01   우선 RMI의 기초를 공부해 보죠. RMI를 이미 배웠더라도 쭉 훑어보고 넘어갑시다.

RMI를 잘 모른다면 앞으로
12쪽에 걸쳐서 RMI를 공부해 봅시다.
잘 알고 있어도 여기에 있는 내용을
훑어보면 도움이 될 것입니다.
원격 프록시의 요점만 파악하고

02   그다음에는 GumballMachine 클래스를 원격 호출이 가능한 일련의 메소드를 제공하도록 고쳐 봅시다.

그냥 다음 단계로 넘어가고 싶다면
RMI의 기초 부분은 건너뛰어도
괜찮습니다.

03   마지막으로 RMI를 활용해서 원격 GumballMachine 클래스와 데이터를 주고받는 프록시를 만들어 봅시다. 그리고 나서 CEO가 모든 원격 뽑기 기계를 감시할 수 있도록 모니터링 시스템을 구축해 봅시다.

원격 메소드의 기초 원격 메소드 호출을 알아 봅시다! ⭐

이 디자인을 생각해 봅시다.

클라이언트 보조 객체는 진짜 서비스인 척하고 있지만,
실제로는 진짜 객체의 프록시일 뿐입니다.

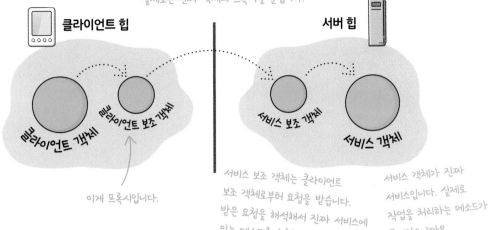

클라이언트 힙   **서버 힙**

클라이언트 객체는 진짜
서비스의 메소드를 호출한다고
생각합니다.
클라이언트 보조 객체에서
자신이 원하는 작업을
처리한다고 생각하거든요.

클라이언트 객체   클라이언트 보조 객체   서비스 보조 객체   서비스 객체

이게 프록시입니다.

서비스 보조 객체는 클라이언트
보조 객체로부터 요청을 받습니다.
받은 요청을 해석해서 진짜 서비스에
있는 메소드를 호출합니다.

서비스 객체가 진짜
서비스입니다. 실제로
작업을 처리하는 메소드가
들어있으니까요.

디자인 살펴보기

로컬 객체의 메소드를 호출하면, 그 요청을 원격 객체에 전달해 주는 시스템을 디자인해야 한다고
가정해 봅시다. 어떻게 디자인할 수 있을까요? 우선 우리 대신 통신을 처리해 주는 보조 객체가
필요합니다. 보조 객체를 사용하면 클라이언트는 로컬 객체의 메소드만 호출하면 됩니다. 클라이
언트 보조 객체(client helper)의 메소드를 호출하는 거죠.

클라이언트는 그 보조 객체가 실제 서비스를 제공한다고 생각합니다. 그러면 클라이언트 보조 객
체가 그 요청을 원격 객체에게 전달합니다. 클라이언트 보조 객체가 클라이언트에서 호출하고자
하는 메소드가 들어있는 객체인 척하기 때문입니다.

하지만 클라이언트 보조 객체는 진짜 원격 서비스가 아닙니다. 진짜 서비스와 같은 메소드가 들어
있으므로 진짜 원격 서비스인 것 같아 보이기긴 하지만, 클라이언트에서 요구하는 실제 메소드 로직
이 그 안에 들어있는 것은 아니니까요. 클라이언트 보조 객체는 서버에 연락을 취하고, 메소드 호
출에 관한 정보(메소드 이름, 인자 등)를 전달하고, 서버로부터 리턴되는 정보를 기다립니다.

서버는 서비스 보조 객체(service helper)가 있어서, Socket 연결로 클라이언트 보조 객체로부터
요청을 받아 오고, 호출 정보를 해석해서 진짜 서비스 객체에 있는 진짜 메소드를 호출합니다. 따
라서 서비스 객체는 그 메소드 호출이 원격 클라이언트가 아닌 로컬 객체로부터 들어온다고 생각
하죠.

서비스 보조 객체는 서비스로부터 리턴값을 받아서 Socket의 출력 스트림으로 클라이언트 보조
객체에게 전송합니다. 클라이언트 보조 객체는 그 정보를 해석해서 클라이언트 객체에 리턴하죠.
이 과정이 어떤 식으로 돌아가는지 구체적으로 살펴볼까요?

메소드 호출 과정 알아보기 원격 메소드가 어떤 식으로 작동하는지 알아 봅시다! ☆

01 클라이언트 객체에서 클라이언트 보조 객체의 doBigThing()을 호출합니다.

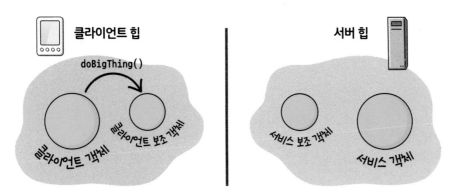

02 클라이언트 보조 객체는 메소드 호출 정보(인자, 메소드 이름 등)를 잘 포장해서 네트
워크로 서비스 보조 객체에게 전달합니다.

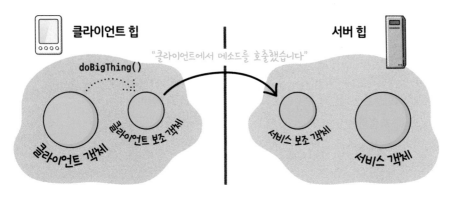

03 서비스 보조 객체는 클라이언트 보조 객체로부터 받은 정보를 해석해서 어떤 객체의 어떤
메소드를 호출할지 알아낸 다음 진짜 서비스 객체의 메소드를 호출합니다.

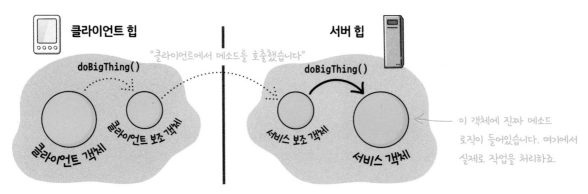

이 객체에 진짜 메소드
로직이 들어있습니다. 여기에서
실제로 작업을 처리하죠.

04 서비스 객체의 메소드 실행이 끝나면 서비스 보조 객체에 어떤 결과가 리턴됩니다.

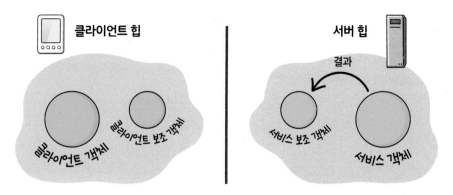

05 서비스 보조 객체는 호출 결과로 리턴된 정보를 포장해서 네트워크로 클라이언트 보조 객체에게 전달합니다.

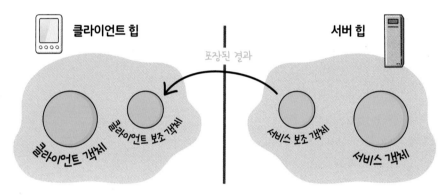

06 클라이언트 보조 객체는 리턴된 정보를 해석해서 클라이언트 객체에게 리턴합니다. 클라이언트 객체는 메소드 호출이 어디로 전달되었는지, 어디에서 리턴되었는지 전혀 알 수 없습니다.

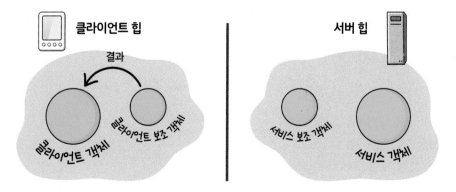

자바 RMI의 개요

이 정도면 원격 메소드가 어떤 식으로 돌아가는지 감이 잡혔을 겁니다. 이제 RMI를 활용해서 원격 메소드를 호출하는 방법만 이해하면 됩니다.

RMI는 우리 대신 클라이언트와 서비스 보조 객체를 만들어 줍니다. 보조 객체에는 원격 서비스와 똑같은 메소드가 들어있죠. RMI를 사용하면 네트워킹 및 입출력 관련 코드를 직접 작성하지 않아도 됩니다. 클라이언트는 그냥 같은 로컬 JVM에 있는 메소드를 호출하듯이 원격 메소드(진짜 서비스 객체에 있는 메소드)를 호출할 수 있죠.

또한 클라이언트가 원격 객체를 찾아서 접근할 때 쓸 수 있는 룩업(lookup) 서비스도 RMI에서 제공합니다.

RMI와 로컬 메소드 호출의 차이점도 있습니다. 클라이언트는 로컬 메소드 호출과 똑같은 식으로 메소드를 호출하지만, 실제로는 클라이언트 보조 객체가 네트워크로 호출을 전송해야 하므로 네트워킹 및 입출력 기능이 반드시 필요하다는 차이점 말이죠.

네트워킹이나 입출력 기능을 쓸 때는 문제가 발생할 위험이 따르므로 클라이언트에서 항상 예상치 못한 상황을 대비하고 있어야 합니다. 대비 방법은 잠시 후에 배웁니다.

RMI 용어   RMI에서 클라이언트 보조 객체는 <u>스텁(stub)</u>,
서비스 보조 객체는 <u>스켈레톤(skeleton)</u>이라고 부릅니다.

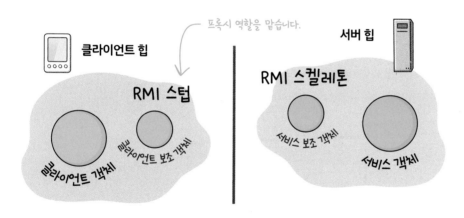

이제를 원격 호출을 받아들일 수 있는 서비스 객체를 생성하고,
클라이언트에서 원격 호출을 할 수 있도록 만들어 봅시다.
그리 걱정할 필요는 없지만 안전벨트를 꼭 매세요. 이 길이 생각보다 험난하거든요.

원격 서비스 만들기

원격 서비스를 만드는 4단계를 간단하게 살펴보겠습니다. 여기에 나와 있는 대로 하면, 일반 객체를 원격 클라이언트로부터 들어온 메소드 호출을 처리하도록 개조할 수 있습니다. 나중에 뽑기 기계 코드에 이 4단계를 적용할 예정입니다. 일단 여기에서는 4단계를 전체적으로 살펴보고, 다음 쪽부터 각 단계를 자세히 알아보겠습니다.

1단계   원격 인터페이스 만들기

원격 인터페이스는 클라이언트가 원격으로 호출할 메소드를 정의합니다. 클라이언트에서 이 인터페이스를 서비스의 클래스 형식으로 사용하죠. 스텁과 실제 서비스에 이 인터페이스를 구현해야 합니다.

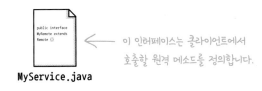

이 인터페이스는 클라이언트에서 호출할 원격 메소드를 정의합니다.

2단계   서비스 구현 클래스 만들기

실제 작업을 처리하는 클래스입니다. 원격 메소드를 실제로 구현한 코드가 들어있는 부분이죠. 나중에 클라이언트에서 이 객체에 있는 메소드를 호출합니다 (GumballMachine 클래스 같은 거라고 보면 됩니다).

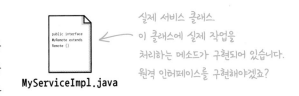

실제 서비스 클래스. 이 클래스에 실제 작업을 처리하는 메소드가 구현되어 있습니다. 원격 인터페이스를 구현해야겠죠?

3단계   RMI 레지스트리(rmiregistry) 실행하기

rmiregistry는 전화번호부와 비슷하다고 보면 됩니다. 클라이언트는 이 레지스트리로부터 프록시(스텁, 클라이언트 보조 객체)를 받아 갑니다.

이 명령은 다른 터미널 창에서 실행합니다.

4단계   원격 서비스 실행하기

서비스 객체를 실행해야 합니다. 서비스를 구현한 클래스에서 서비스의 인스턴스를 만들고 그 인스턴스를 RMI 레지스트리에 등록합니다. 이러면 그 서비스를 클라이언트에서 사용할 수 있습니다.

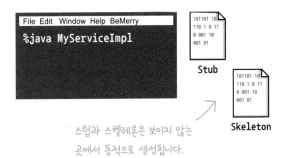

스텁과 스켈레톤은 보이지 않는 곳에서 동적으로 생성됩니다.

1단계: 원격 인터페이스 만들기

01 **java.rmi.Remote를 확장합니다.** Remote는 '표식용(marker)' 인터페이스인데 메소드가 없죠. 하지만 RMI에서 Remote는 특별한 의미를 가지므로 반드시 확장해야 합니다. 인터페이스를 확장해서 다른 인터페이스를 만들 수 있다는 사실을 알아 둡시다.

```
public interface MyRemote extends Remote {
```
이 인터페이스에서 원격 호출을 지원한다는 사실을 알려 줍니다.

02 **모든 메소드를 RemoteException을 던지도록 선언합니다.** 클라이언트는 서비스 원격 인터페이스 형식으로 선언해서 사용합니다. 즉, 클라이언트는 원격 인터페이스를 구현하는 스텁의 메소드를 호출하죠. 그런데 스텁이 각종 입출력 작업을 처리할 때 네트워크 등에 안 좋은 일이 일어날 수 있습니다. 따라서 클라이언트는 원격 예외를 처리하거나 선언해서 안 좋은 일에 대비해야 합니다. 인터페이스를 정의할 때 모든 메소드에서 예외를 선언했다면, 인터페이스 형식의 레퍼런스에 관한 메소드를 호출하는 코드에서 반드시 그 예외를 처리하거나 선언해야 합니다.

```
import java.rmi.*;
```
Remote 인터페이스는 java.rmi에 들어있습니다.

```
public interface MyRemote extends Remote {
    public String sayHello() throws RemoteException;
}
```
모든 원격 메소드 호출은 위험이 따르는 것으로 간주해야 합니다. 모든 메소드에서 RemoteException을 선언하면 클라이언트에서 예외 상황 발생을 대비할 수 있습니다.

03 **원격 메소드의 인자와 리턴값은 반드시 원시 형식(primitive) 또는 Serializable 형식으로 선언합니다.** 원격 메소드의 인자는 모두 네트워크로 전달되어야 하며, 직렬화로 포장됩니다. 리턴값도 마찬가지죠. 원시 형식이나 String 또는 API에서 많이 쓰이는 일반적인 형식(배열, 컬렉션 등)을 사용한다면 걱정하지 않아도 됩니다. 혹시 직접 만든 형식을 전달한다면, 클래스를 만들 때 Serializable 인터페이스도 구현해야 합니다.

Serializable이 무엇인지 잘 모르겠다면 각자 주로 보는 자바 참고서에서 직렬화에 관한 부분을 찾아서 읽어 봅시다.

```
public String sayHello() throws RemoteException;
```
서버에서 클라이언트로 다시 전송해야 하므로 이 리턴값을 직렬화할 수 있어야 합니다. 모든 인자 및 리턴값이 직렬화로 포장되어 전송되니까요.

2단계: 서비스 구현 클래스 만들기

01 **서비스 클래스에 원격 인터페이스를 구현합니다.** 클라이언트가 인터페이스의 메소드를 호출할 테니까요.

```java
public class MyRemoteImpl extends UnicastRemoteObject implements MyRemote {
    public String sayHello() {
        return "Server says, 'Hey'";
    }
    // 기타 코드
}
```

인터페이스에 들어있는 모든 메소드를 구현했는지 컴파일러에서 체크해 줍니다. 여기에는 sayHello( ) 하나밖에 없습니다.

02 **UnicastRemoteObject를 확장합니다.** 원격 서비스 객체 역할을 하려면 객체에 '원격 객체' 기능을 추가해야 합니다. 가장 간단한 방법은 (java.rmi.server 패키지에 들어있는) UnicastRemote Object를 확장해서, 슈퍼클래스에서 제공하는 기능으로 처리하기입니다.

```java
public class MyRemoteImpl extends UnicastRemoteObject implements MyRemote {
    private static final long serialVersionUID = 1L;
```

UnicastRemoteObject는 Serializable을 구현하므로 serialVersionUID 필드가 필요합니다.

03 **RemoteException을 선언하는 생성자를 구현합니다.** 슈퍼클래스 UnicastRemoteObject에는 생성자가 RemoteException을 던진다는 문제가 있죠. 이 문제를 해결하려면 서비스를 구현하는 클래스에 RemoteException을 선언하는 생성자를 만들어야 합니다. 어떤 클래스가 생성될 때 그 슈퍼클래스의 생성자도 반드시 호출되므로 슈퍼클래스 생성자가 어떤 예외를 던진다면 서브클래스의 생성자도 그 예외를 선언해야 한다는 사실을 기억합시다.

```java
public MyRemoteImpl() throws RemoteException { }
```

생성자에 별다른 코드를 넣을 필요는 없습니다. 이 생성자에서도 예외를 선언하려고 코드를 그냥 만든 거니까요.

04 **서비스를 RMI 레지스트리에 등록합니다.** 원격 서비스를 원격 클라이언트에서 쓸 수 있게 만들 어야 합니다. 인스턴스를 만든 다음 RMI 레지스트리에 등록하면 됩니다(이 클래스가 실행될 때 RMI 레지스트리가 돌아가고 있어야 합니다). 서비스를 구현한 객체를 등록하면 RMI 시스템은 레 지스트리에 스텁만 등록합니다. 클라이언트는 스텁만 필요하니까요. 서비스를 등록할 때는 java. rmi.Naming 클래스에 있는 rebind( ) 정적 메소드를 사용합니다.

```java
try {
    MyRemote service = new MyRemoteImpl();
    Naming.rebind("RemoteHello", service);
} catch(Exception ex) {...}
```

서비스를 등록할 때는 이름을 지정해 줘야 합니다. 클라이언트는 그 이름으로 레지스트리를 검색하죠. rebind( ) 메소드로 서비스 객체를 결합하면 RMI는 서비스에 해당하는 스텁을 레지스트리에 추가합니다.

3단계: rmiregistry 실행하기

터미널을 새로 띄워서 rmiregistry를 실행합니다. 클래스에 접근할 수 있는 디렉토리에서 실행해야 합니다. classes 디렉토리에서 실행하면 간단하게 처리할 수 있습니다.

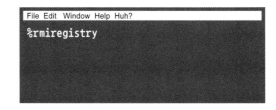

```
File Edit Window Help Huh?
%rmiregistry
```

4단계: 원격 서비스 실행하기

다른 터미널을 열고 서비스를 실행합니다. 이 작업은 원격 서비스를 구현한 클래스의 main( ) 메소드로 실행할 수도 있지만, 별도의 클래스로부터 실행할 수도 있습니다. 이 예제에서는 서비스를 구현한 클래스의 main( ) 메소드에서 바로 객체 인스턴스를 만들고 RMI 레지스트리에 등록했습니다.

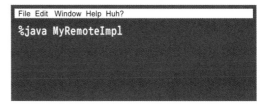

```
File Edit Window Help Huh?
%java MyRemoteImpl
```

무엇이든 물어보세요
Q&A

Q 왜 RMI 코드 다이어그램에 스텁과 스켈레톤이 그려져 있나요? 그건 오래전에 없어진 줄 알았는데 말이죠.

A 맞아요. RMI 런타임에서 리플렉션을 사용해서 클라이언트 호출을 직접 원격 서비스로 보낼 수 있어 스켈레톤은 그릴 필요 없고, 스텁은 동적 프록시(503쪽 참고)로 처리되므로 그릴 필요가 없습니다. 스텁은 클라이언트의 java.lang.reflect.Proxy 인스턴스로, 클라이언트의 로컬 메소드 호출을 원격 객체로 운반하는 것과 관련된 온갖 자질구레한 내용을 처리하는 목적으로 자동 생성됩니다. 하지만 클라이언트 스텁과 원격 서비스 사이에서 통신이 이루어질 수 있게 해 주는 뭔가가 뒤에서 돌아가고 있다는 사실을 이해하는 데 도움이 되므로 스텁과 스켈레톤을 모두 넣었습니다.

서버에 필요한 코드 살펴보기

서버에서 쓰는 코드를 전부 살펴봅시다.

원격 인터페이스

RemoteException과 Remote 인터페이스는 java.rmi 패키지에 들어있습니다.

```java
import java.rmi.*;

public interface MyRemote extends Remote {

    public String sayHello() throws RemoteException;
}
```

인터페이스를 만들 때 반드시 java.rmi.Remote를 확장해서 만들어야 합니다.

모든 원격 메소드에서 RemoteException을 선언해야 합니다.

원격 서비스를 구현한 클래스

```java
import java.rmi.*;
import java.rmi.server.*;

public class MyRemoteImpl extends UnicastRemoteObject implements MyRemote {
    private static final long serialVersionUID = 1L;

    public String sayHello() {
        return "Server says, 'Hey'";
    }

    public MyRemoteImpl() throws RemoteException { }

    public static void main (String[] args) {
        try {
            MyRemote service = new MyRemoteImpl();
            Naming.rebind("RemoteHello", service);
        } catch(Exception ex) {
            ex.printStackTrace();
        }
    }
}
```

UnicastRemoteObject는 java.rmi.server 패키지에 들어있습니다.

원격 객체를 만드는 가장 쉬운 방법은 UnicastRemoteObject 확장하기입니다.

조금 전에 만든 원격 인터페이스를 반드시 구현해야 합니다.

인터페이스 메소드는 당연히 전부 구현해야겠죠? 하지만 RemoteException을 반드시 선언할 필요는 없습니다.

슈퍼클래스 생성자(UnicastRemoteObject 생성자)에서 예외를 선언하므로 반드시 생성자 코드를 작성해야 합니다. 생성자에서 위험 요소가 있는 코드(슈퍼클래스 생성자)를 호출해야 하니까요.

원격 객체의 인스턴스를 만들고 Naming.rebind() 정적 메소드를 써서 rmiregistry에 결합합니다. 클라이언트에서 RMI 레지스트리로 서비스를 검색할 때는 여기에서 지정한 이름을 사용합니다.

클라이언트는 실제로 어떻게
스텁 객체를 가져올 수 있을까요?

RMI 레지스트리가 활약할 때가 됐습니다.

클라이언트는 스텁 객체(프록시)를 가져와야 합니다. 거기에
있는 메소드를 호출해야 하니까요. 그리고 이때 RMI 레지스
트리가 활약합니다. 클라이언트는 룩업(lookup)으로 스텁
객체를 요청합니다. 이름을 건네주면서 그 이름에 맞는 스텁
객체를 요구하는 거죠. 스텁 객체를 룩업하고 가져오는 데
필요한 코드를 살펴봅시다.

이런 방식으로 작동합니다.

코드 자세히 들여다보기

클라이언트는 항상 서비스를
원격 인터페이스 형식으로 지정합니다.
원격 서비스를 구현한 클래스의 이름은
전혀 몰라도 됩니다.

lookup( )은 Naming 클래스에
들어있는 정적 메소드입니다.

서비스를 등록할 때 사용한 이름을
적어 줘야 합니다.

```
MyRemote service =
    (MyRemote) Naming.lookup("rmi://127.0.0.1/RemoteHello");
```

리턴된 스텁은 인터페이스 형식으로
캐스팅해야 합니다. lookup( ) 메소드는 항상
Object 형식의 객체를 리턴하기 때문이죠.

서비스가 돌아가고 있는 시스템의
호스트 이름 또는 IP 주소

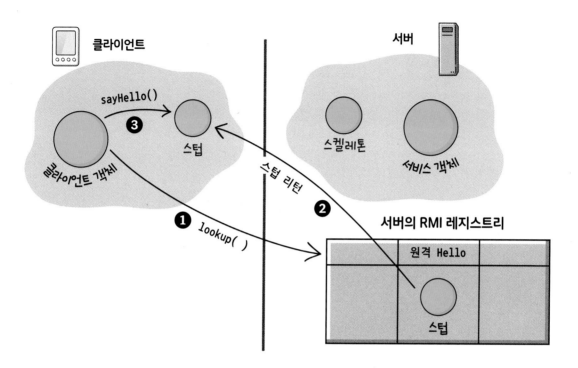

작동 방식

❶ 클라이언트에서 RMI 레지스트리를 룩업합니다.

```
Naming.lookup("rmi://127.0.0.1/RemoteHello");
```

❷ RMI 레지스트리에서 스텁 객체를 리턴합니다. 스텁 객체는 lookup() 메소드의 리턴
값으로 전달되며, RMI에서는 그 스텁을 자동으로 역직렬화합니다. 이때 (rmic에서 생
성해 준) 스텁 클래스는 반드시 클라이언트에만 있어야 합니다. 그 클래스가 없으면 역
직렬화를 할 수 없죠.

❸ 클라이언트는 스텁의 메소드를 호출합니다. 스텁이 진짜 서비스 객체라고 생각하죠.

클라이언트 코드 살펴보기

클라이언트에서 쓰는 코드를 전부 살펴봅시다.

```
import java.rmi.*;  ←──────  (RMI 레지스트리 룩업을 처리하는) Naming 클래스가 java.rmi 패키지에 들어있습니다.

public class MyRemoteClient {
    public static void main (String[] args) {
        new MyRemoteClient().go();
    }

    public void go() {
                                        레지스트리에서 리턴된 객체는 그냥 Object 형식이므로 반드시 캐스팅을 해야 합니다.
        try {
            MyRemote service = (MyRemote) Naming.lookup("rmi://127.0.0.1/RemoteHello");
                                                                   ↑                    ↑
            String s = service.sayHello();              IP 주소 또는 호스트        서비스를 결합(재결합)할 때
                                                        이름이 필요합니다.          지정했던 이름도 필요하죠.
            System.out.println(s);
        } catch(Exception ex) {     그냥 보통 메소드를 호출할 때와 똑같은 식으로 호출하면 됩니다.
            ex.printStackTrace();   (RemoteException이 발생할 것에 대비하기만 하면 됩니다)
        }
    }
}
```

> **주의하세요!**
>
> **RMI를 사용할 때 흔히 하는 실수**
>
> 1. **원격 서비스를 돌리기 전에 rmiregistry를 실행하지 않는다.**
>   Naming.rebind( )를 호출해서 서비스를 등록할 때 RMI 레지스트리가 돌아가고 있어야
>   합니다.
> 2. **인자와 리턴 형식을 직렬화할 수 없게 만든다.**
>   실행하기 전까지는 직렬화가 되지 않았다는 사실을 알 수 없습니다. 컴파일러에서는 잡아
>   낼 수 없는 문제니까요.

RMI의
기초 끝

뽑기 기계용 원격 프록시 고민하기

이제 RMI의 기초도 배웠으니까 뽑기 기계용 원격 프록시를 만들 준비가 다 된 셈입니다. GumballMachine 클래스를 지금까지 배운 프레임워크에 어떻게 추가할 수 있을지 고민해 봅시다.

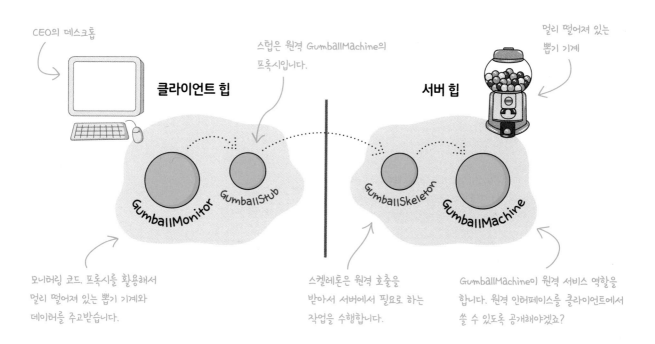

CEO의 데스크톱

클라이언트 힙

스텁은 원격 GumballMachine의 프록시입니다.

서버 힙

멀리 떨어져 있는 뽑기 기계

GumballMonitor

GumballStub

GumballSkeleton

GumballMachine

모니터링 코드. 프록시를 활용해서 멀리 떨어져 있는 뽑기 기계와 데이터를 주고받습니다.

스켈레톤은 원격 호출을 받아서 서버에서 필요로 하는 작업을 수행합니다.

GumballMachine이 원격 서비스 역할을 합니다. 원격 인터페이스를 클라이언트에서 쓸 수 있도록 공개해야겠죠?

뇌 단련

잠시 진도를 멈추고 뽑기 기계의 코드를 어떻게 하면 원격 프록시에서 쓸 수 있도록 바꿀 수 있을지 생각해 봅시다. 어느 부분을 바꿔야 할지, 이전 버전과 비교해서 무엇이 달라질지도 적어 보세요.

GumballMachine 클래스를 원격 서비스로 바꾸기

원격 프록시를 쓸 수 있도록 코드를 바꿀 때 가장 먼저 할 일은 GumballMachine 클래스를
클라이언트로부터 전달된 원격 요청을 처리하도록 바꾸기입니다. 즉, 서비스를 구현한 클래
스로 만들어야 하죠. 그 방법은 다음과 같습니다.

① GumballMachine의 원격 인터페이스를 만듭니다.

   이 인터페이스는 원격 클라이언트에서 호출할 수 있는 메소드를 정의합니다.

② 인터페이스의 모든 리턴 형식을 직렬화할 수 있는지 확인합니다.

③ 구상 클래스에서 인터페이스를 구현합니다.

원격 인터페이스부터 만들어 볼까요?

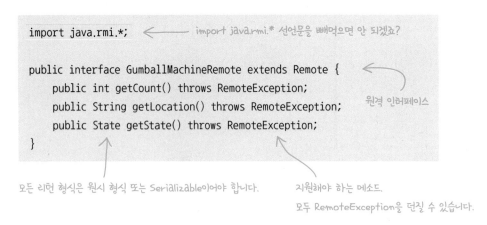

```
import java.rmi.*;          ←—— import java.rmi.* 선언문을 빼먹으면 안 되겠죠?


public interface GumballMachineRemote extends Remote {
    public int getCount() throws RemoteException;
    public String getLocation() throws RemoteException;        원격 인터페이스
    public State getState() throws RemoteException;
}
```

모든 리턴 형식은 원시 형식 또는 Serializable이어야 합니다.   지원해야 하는 메소드.
모두 RemoteException을 던질 수 있습니다.

State 클래스는 직렬화할 수 없는 리턴 형식으로 되어있습니다. 고쳐야겠죠?

```
import java.io.*;          ←—— Serializable은 java.io 패키지에 들어있습니다.

public interface State extends Serializable {
    public void insertQuarter();
    public void ejectQuarter();         (아무 메소드도 없는) Serializable 인터페이스를 확장합니다.
    public void turnCrank();            이러면 State의 서브클래스를 직렬화해서 네트워크로 전송할 수 있죠.
    public void dispense();
}
```

아직 Serializable 문제가 완전히 해결되지 않았습니다. 아직 State에 한 가지 문제가 남아 있거든요. 모든 State 객체에는 뽑기 기계의 메소드를 호출하거나 상태를 변경할 때 사용하는 뽑기 기계의 레퍼런스가 들어 있습니다. 하지만 State 객체가 전송될 때 GumballMachine 클래스도 전부 직렬화해서 같이 보내는 일은 별로 바람직하지 않습니다. 다음과 같이 간단하게 수정하겠습니다.

```java
public class NoQuarterState implements State {
    private static final long serialVersionUID = 2L;
    transient GumballMachine gumballMachine;
    // 기타 메소드
}
```

State를 구현하는 모든 클래스에서, GumballMachine 인스턴스 변수를 선언하는 부분에 transient 키워드를 추가합니다. 이러면 JVM에서는 그 필드를 직렬화하지 않습니다. 하지만 객체를 직렬화해서 전송받은 후에 이 필드를 호출하면 안 좋은 일이 생길 수 있다는 사실도 기억해 두세요.

GumballMachine 클래스를 네트워크로 들어온 요청을 처리하는 서비스로 고쳐야 합니다. 우선 Gumball Machine 클래스에서 GumballMachineRemote 인터페이스를 구현할 때 필요한 메소드를 모두 구현했는지 확인해야겠죠?

RMI의 기초에서 살펴봤듯이 별로 어려운 부분은 없습니다. 다음과 같이 몇 군데만 손보면 됩니다.

```java
import java.rmi.*;
import java.rmi.server.*;

public class GumballMachine
    extends UnicastRemoteObject implements GumballMachineRemote
{
    private static final long serialVersionUID = 2L;
    // 기타 인스턴스 변수

    public GumballMachine(String location, int numberGumballs) throws RemoteException {
        // 생성자 코드
    }

    public int getCount() {
        return count;
    }

    public State getState() {
        return state;
    }

    public String getLocation() {
        return location;
    }
    // 기타 메소드
}
```

우선 rmi 패키지를 임포트해야 합니다.

GumballMachine 클래스를 UnicastRemoteObject의 서브클래스로 만들어야 합니다. 이래야 원격 서비스 역할을 할 수 있습니다.

원격 인터페이스도 구현해야겠죠?

슈퍼클래스에서 RemoteException을 던질 수도 있으므로 이 생성자에도 RemoteException을 던질 수 있어야 합니다.

다 끝났습니다.
여기는 안 바꿔도 되죠.

RMI 레지스트리 등록하기

뽑기 기계 서비스 부분은 다 끝났습니다. 이제 서비스 요청을 받아서 처리하도록 시동을 거는 일
만 남았네요. 우선 클라이언트가 찾을 수 있게 뽑기 기계를 RMI 레지스트리에 등록해야 합니다.
레지스트리 등록을 처리해 주는 간단한 테스트 클래스를 만들어보겠습니다.

```java
public class GumballMachineTestDrive {

    public static void main(String[] args) {
        GumballMachineRemote gumballMachine = null;
        int count;

        if (args.length < 2) {
            System.out.println("GumballMachine <name> <inventory>");
            System.exit(1);
        }

        try {
            count = Integer.parseInt(args[1]);

            gumballMachine = new GumballMachine(args[0], count);
            Naming.rebind("//" + args[0] + "/gumballmachine", gumballMachine);
        } catch (Exception e) {
            e.printStackTrace();
        }
    }
}
```

뽑기 기계의 인스턴스를 만드는 부분을 try/catch 블록으로 감싸야 합니다.
생성자가 예외를 던질 수도 있으니까요.

Naming.rebind() 메소드도 호출합니다.
GumballMachine 스텁을 gumballmachine이라는 이름으로 등록합니다.

이제 테스트 클래스를 실행해 볼까요?

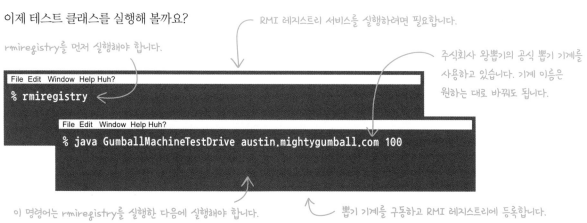

RMI 레지스트리 서비스를 실행하려면 필요합니다.

rmiregistry를 먼저 실행해야 합니다.

주식회사 왕뽑기의 공식 뽑기 기계를
사용하고 있습니다. 기계 이름은
원하는 대로 바꿔도 됩니다.

```
File  Edit  Window  Help Huh?
% rmiregistry
```

```
File  Edit  Window  Help Huh?
% java GumballMachineTestDrive austin.mightygumball.com 100
```

이 명령어는 rmiregistry를 실행한 다음에 실행해야 합니다.

뽑기 기계를 구동하고 RMI 레지스트리에 등록합니다.

GumballMonitor 클라이언트 코드 고치기

GumballMonitor 클래스 기억하고 있죠? 이 클래스는 그대로 두고, 네트워크로 데이터를 받아오기로 계획을 세웠습니다. 그대로 두는 건 맞지만, 그래도 약간은 고쳐야 합니다.

```java
import java.rmi.*;        ← RemoteException 클래스를 사용하므로
                            RMI 패키지를 임포트해야 합니다.

public class GumballMonitor {          이제 GumballMachine 구상 클래스 대신
    GumballMachineRemote machine;  ←   원격 인터페이스를 사용합니다.

    public GumballMonitor(GumballMachineRemote machine) {
        this.machine = machine;
    }

    public void report() {
        try {
            System.out.println("뽑기 기계 위치: " + machine.getLocation());
            System.out.println("현재 재고: " + machine.getCount() + " gumballs");
            System.out.println("현재 상태: " + machine.getState());
        } catch (RemoteException e) {
            e.printStackTrace();
        }
    }                    이제 메소드를 네트워크로 호출하므로,
}                        RemoteException이 던져질 때 잡아낼 수 있어야 합니다.
```

조가 맞았어요.
멋지게 잘 된 것 같네요.

새로운 모니터링 기능 테스트

이제 준비가 끝난 것 같군요. CEO가 수많은 뽑기 기계를 모니터링할 수 있도록 도와주는 코드만 만들면 되겠어요.

모니터링 테스트 클래스입니다.
CEO는 이것만 실행하면 되죠.

```java
import java.rmi.*;

public class GumballMonitorTestDrive {                          모니터링할 위치

    public static void main(String[] args) {                         위치를 배열로 저장합니다.
        String[] location = {"rmi://santafe.mightygumball.com/gumballmachine",
                             "rmi://boulder.mightygumball.com/gumballmachine",
                             "rmi://austin.mightygumball.com/gumballmachine"};

        GumballMonitor[] monitor = new GumballMonitor[location.length];
                                                              GumballMonitor의 배열도 만듭니다.
        for (int i=0; i < location.length; i++) {
            try {
                GumballMachineRemote machine =
                    (GumballMachineRemote) Naming.lookup(location[i]);
                monitor[i] = new GumballMonitor(machine);
                System.out.println(monitor[i]);
            } catch (Exception e) {                      각 기계의 프록시도 필요하겠죠?
                e.printStackTrace();
            }
        }

        for (int i=0; i < monitor.length; i++) {
            monitor[i].report();
        }
    }                          순환문을 돌려서 각 기계로부터 보고서를 받아옵니다.
}
```

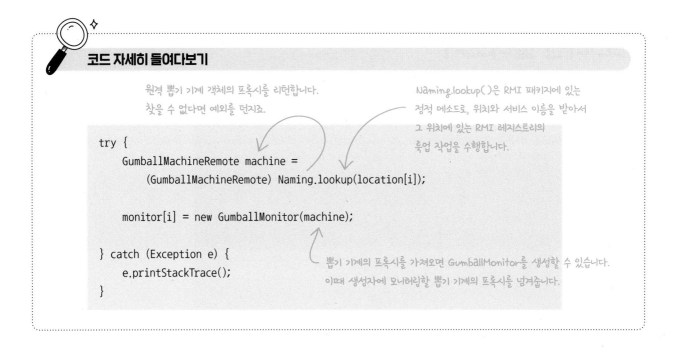
데모 버전 만들기

지금까지 한 일을 전부 모아서 새로운 데모를 만들어 봅시다. 우선 새로운 코드를 사용하는
뽑기 기계를 몇 대 돌려야겠죠?

각 뽑기 기계를 실행할 때마다 rmiregistry를
백그라운드 또는 별도의 터미널 윈도우에서 실행해야 합니다.

GumballMachine을 실행할 때는 위치와
초기 알맹이 개수를 인자로 넘겨야 합니다.

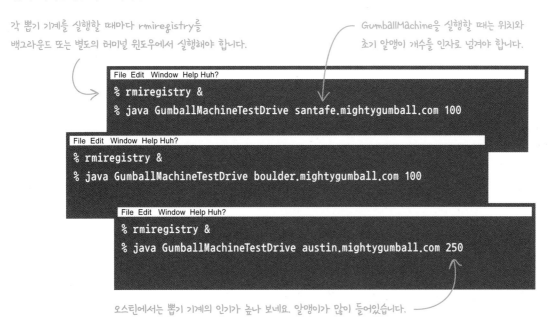

```
File  Edit  Window  Help  Huh?
% rmiregistry &
% java GumballMachineTestDrive santafe.mightygumball.com 100
```

```
File  Edit  Window  Help Huh?
% rmiregistry &
% java GumballMachineTestDrive boulder.mightygumball.com 100
```

```
File  Edit  Window  Help  Huh?
% rmiregistry &
% java GumballMachineTestDrive austin.mightygumball.com 250
```

오스틴에서는 뽑기 기계의 인기가 높나 보네요. 알맹이가 많이 들어있습니다.

데모 버전 돌려보기

CEO에게 결과를 보여 줍시다.
CEO 마음에 들어야 할텐데요! ☆

```
File  Edit  Window  Help  GumballsAndBeyond
% java GumballMonitorTestDrive
뽑기 기계 위치: santafe.mightygumball.com
현재 재고: 99 개
현재 상태: 동전 투입 대기중


뽑기 기계 위치: boulder.mightygumball.com
현재 재고: 44 개
현재 상태: 동전 투입 대기중


뽑기 기계 위치: austin.mightygumball.com
현재 재고: 187 개
현재 상태: 동전 투입 대기중
%
```

기계별로 getLocation(), getCount(), getState() 메소드를 호출합니다.

와! 정말 훌륭합니다.
가히 혁명적이군요.
이제 업계 1위 자리를
확실히 굳힐 수 있겠어요.

프록시에 있는 메소드를 호출하면 네트워크로 메소드 호출이 전달됩니다.

호출 결과로 String, 정수, State 객체가 리턴됩니다.

프록시를 사용하므로 GumballMonitor는

원격 호출을 하고 있다는 사실을 몰라도 됩니다.

물론 RemoteException을 대비해야 하지만요···

프록시가 원격으로 일을 처리할 때까지

신나는 프록시의 하루! ⭐

일이 잘 풀려서 정말 다행이에요. 그런데 어떤 식으로 일이 처리되는지 확실하게 짚고 넘어가면 좋겠어요.

01 CEO가 모니터링을 시작하면, GumballMonitor는 우선 뽑기 기계 원격 객체의 프록시를 가져온 다음 getState( )와 getCount( ), getLocation( )을 호출합니다.

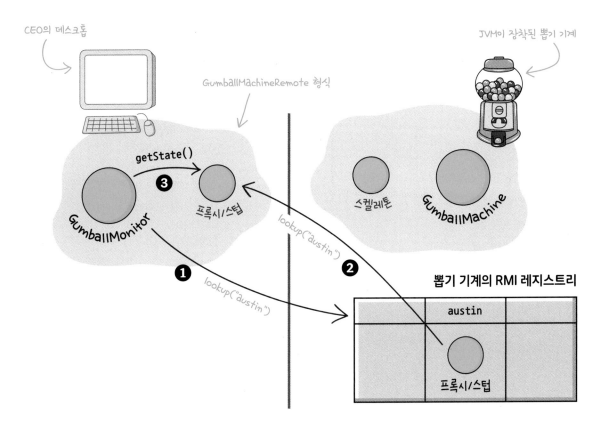

02 프록시의 getState()가 호출되면 프록시는 그 호출을 원격 서비스로 전달합니다. 스켈
레톤은 그 요청을 받아서 뽑기 기계에게 전달합니다.

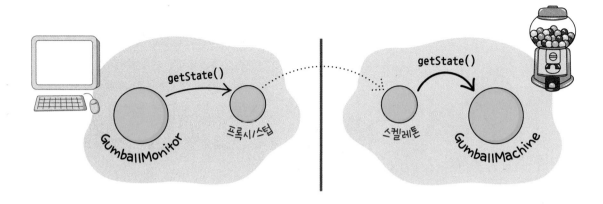

03 GumballMachine은 스켈레톤에게 상태를 리턴합니다. 그러면 스켈레톤은 리턴값
을 직렬화한 다음 네트워크로 프록시에게 전달하죠. 프록시는 리턴값을 역직렬화해서
GumballMonitor에게 리턴합니다.

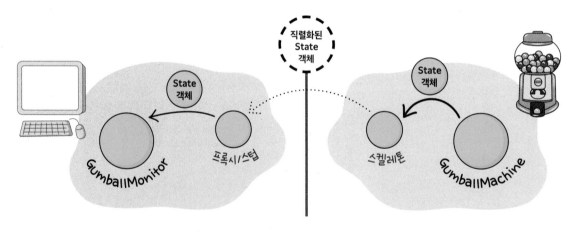

GumballMonitor는 RemoteException 발생을
대비하는 부분을 제외하면 전혀 바뀌지 않습니다.
아, 구상 클래스 대신 GumballMachineRemote
인터페이스를 사용하는 것도 바뀐 부분이라고 할 수 있겠군요.

GumballMachine도 다른 인터페이스를 구현하고,
생성자에서 RemoteException을 던져야 한다는 점을
제외하면 거의 바뀌지 않았습니다.

RMI 레지스트리를 써서 스텁을 등록하거나 룩업하는 코드도 추가해야 합니다.
인터넷으로 뭔가를 하려면 그런 코드가 필요할 수밖에 없죠.

프록시 패턴의 정의

11장을 시작하고 꽤 많은 시간이 지났습니다. 원격 프록시를 이해하려면 공부해야 하는 내용이 많다 보니 이제서야 프록시 패턴의 정의를 알아보게 됐네요. 프록시 패턴의 정의와 클래스 다이어그램은 그렇게 어렵지 않습니다. 원격 프록시(Remote Proxy)는 프록시 패턴을 구현할 때 자주 사용됩니다. 원격 프록시 외에도 다른 프록시를 사용하는 몇 가지 변형된 방법이 있는데, 잠시 후에 알아보겠습니다. 일단 지금은 일반적으로 사용하는 프록시 패턴을 알아보겠습니다.

> **프록시 패턴**(Proxy Pattern)은 특정 객체로의 접근을 제어하는 대리인(특정 객체를 대변하는 객체)을 제공합니다.

지금까지 프록시 패턴에서 어떤 식으로 다른 객체를 대변하는지 공부했습니다. 프록시는 다른 객체의 **'대리인'**이라고 봐도 무방합니다. 하지만 접근을 제어하는 프록시는 어떤 것일까요? 조금 이상하게 들릴 수도 있겠지만, 너무 어렵게 생각하진 않으셔도 됩니다. 뽑기 기계의 예에서는 프록시가 원격 객체의 접근을 제어하고 있다고 생각하면 되거든요. 클라이언트인 모니터링 객체와 원격 객체가 직접 데이터를 주고받을 수 없으므로 프록시에서 접근을 제어해 줘야 했습니다. 따라서 어떤 면에서 보면 원격 프록시가 접근을 제어해서 네트워크 관련 사항을 챙겨 줬다고 할 수도 있죠. 프록시 패턴에는 수많은 변종이 있습니다. 그리고 그러한 변종들은 대개 접근을 제어하는 방법을 다르게 제공합니다. 자세한 내용은 나중에 알아보기로 하고, 일단 프록시에서 접근을 제어하는 몇 가지 방법을 나열해 보겠습니다.

- 원격 프록시를 써서 원격 객체로의 접근을 제어할 수 있습니다.
- 가상 프록시(virtual proxy)를 써서 생성하기 힘든 자원으로의 접근을 제어할 수 있습니다.
- 보호 프록시(protection proxy)를 써서 접근 권한이 필요한 자원으로의 접근을 제어할 수 있습니다.

프록시 패턴의 정의는 여기까지 알아보고, 이제 클래스 다이어그램을 살펴볼까요?

> 프록시 패턴을 사용하면 원격 객체라든가 생성하기 힘든 객체, 보안이 중요한 객체와 같은 다른 객체로의 접근을 제어하는 대리인 객체를 만들 수 있습니다.

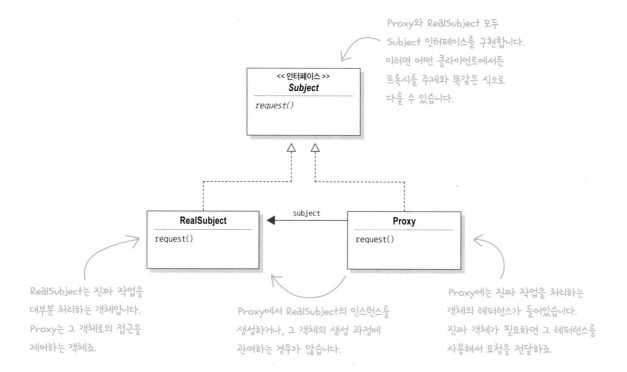

Proxy와 RealSubject 모두
Subject 인터페이스를 구현합니다.
이러면 어떤 클라이언트에서든
프록시를 주제와 똑같은 식으로
다룰 수 있습니다.

RealSubject는 진짜 작업을
대부분 처리하는 객체입니다.
Proxy는 그 객체로의 접근을
제어하는 객체죠.

Proxy에서 RealSubject의 인스턴스를
생성하거나, 그 객체의 생성 과정에
관여하는 경우가 많습니다.

Proxy에는 진짜 작업을 처리하는
객체의 레퍼런스가 들어있습니다.
진짜 객체가 필요하면 그 레퍼런스를
사용해서 요청을 전달하죠.

다이어그램을 훑어볼까요?

우선 RealSubject와 Proxy의 인터페이스를 제공하는 Subject 인터페이스가 있습니다. 두 객체는 똑같은 인터페이스를 구현하기에 RealSubject가 들어가야 할 자리에 Proxy를 대신 넣을 수 있습니다.

진짜 작업은 RealSubject 객체가 처리합니다. Proxy는 이 객체의 대변인 역할을 하면서 이 객체로의 접근을 제어하죠.

Proxy에는 RealSubject의 레퍼런스가 들어있습니다. Proxy에서 RealSubject를 생성하거나 제거하는 역할을 책임지는 경우도 있습니다. 클라이언트는 항상 Proxy로 RealSubject와 데이터를 주고받습니다. Proxy와 RealSubject는 똑같은 인터페이스(Subject)를 구현하기에 RealSubject 객체가 들어갈 자리라면 어디든지 Proxy를 대신 넣을 수 있습니다. Proxy는 RealSubject로의 접근을 제어하는 역할도 맡게 됩니다. RealSubject가 원격 시스템에서 돌아가거나, 그 객체를 생성하는 데 비용이 많이 드는 등 어떤 방식으로든지 RealSubject로의 접근이 통제되어야 한다면 접근을 제어하는 객체가 필요할 수 있습니다.

지금까지 일반적인 프록시 패턴을 살펴봤습니다. 이제 프록시를 활용하는 다른 방법을 살펴보겠습니다.

원격 프록시와 가상 프록시 비교하기

방금 전까지 프록시 패턴의 정의를 배웠습니다. 그리고 그전에 살펴본 예는 프록시 패턴 중 하나인 원격 프록시를 사용하는 예였죠. 이제 가상 프록시(Virtual Proxy)라는 다른 형식의 프록시를 살펴보겠습니다. 앞으로 계속해서 느끼겠지만, 프록시 패턴은 매우 다양한 형태로 쓰입니다. 하지만 어떤 형태로 사용하든 결국은 기본 프록시 디자인을 따르죠. 왜냐하면 프록시 패턴을 여러 가지 다양한 상황에 적용할 수 있기 때문입니다. 그럼 이제 본격적으로 가상 프록시와 원격 프록시를 비교해 볼까요?

원격 프록시

원격 프록시는 다른 JVM에 들어있는 객체의 대리인에 해당하는 로컬 객체입니다. 프록시의 메소드를 호출하면 그 호출이 네트워크로 전달되어 결국 원격 객체의 메소드가 호출됩니다. 그리고 그 결과는 다시 프록시를 거쳐서 클라이언트에게 전달됩니다.

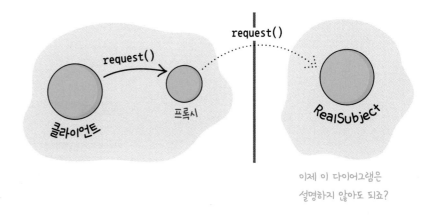

이제 이 다이어그램은 설명하지 않아도 되죠?

가상 프록시

가상 프록시는 생성하는 데 많은 비용이 드는 객체를 대신합니다. 진짜 객체가 필요한 상황이 오기 전까지 객체의 생성을 미루는 기능을 제공합니다. 객체 생성 전이나 객체 생성 도중에 객체를 대신하기도 하고요. 객체 생성이 끝나면 그냥 RealSubject에 직접 요청을 전달합니다.

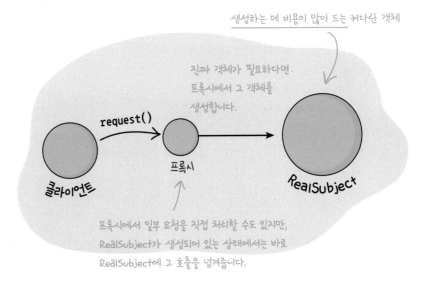

생성하는 데 비용이 많이 드는 커다란 객체

진짜 객체가 필요하다면, 프록시에서 그 객체를 생성합니다.

프록시에서 일부 요청을 직접 처리할 수도 있지만, RealSubject가 생성되어 있는 상태에서는 바로 RealSubject에 그 호출을 넘겨줍니다.

앨범 커버 뷰어 만들기

가상 프록시를 사용해 봅시다

앨범 커버 뷰어를 만들기로 했다고 가정해 봅시다. 앨범 타이틀 메뉴를 만든 다음 이미지를 아마존 같은 온라인 서비스로부터 가져오면 꽤 편리할 것입니다. 스윙을 사용한다면 아이콘을 만든 다음, 그 아이콘 객체로 하여금 네트워크로 이미지를 불러오도록 할 수 있습니다. 그런데, 이런 방법을 사용하면 네트워크의 상태와 인터넷 연결 속도에 따라서 앨범 커버 이미지를 가져오는 데 시간이 걸릴 수 있으므로, 이미지를 불러오는 동안 화면에 뭔가 다른 걸 보여 주면 좋습니다. 그리고 이미지를 기다리는 동안 애플리케이션 전체가 작동을 멈춰서도 안 됩니다.

가상 프록시를 사용하면 이 2가지 조건을 간단하게 만족할 수 있습니다. 가상 프록시가 아이콘 대신 백그라운드에서 이미지를 불러오는 작업을 처리하고, 이미지를 완전히 가져오기 전까지는 "앨범 커버를 불러오는 중입니다. 잠시만 기다려 주세요."와 같은 메시지를 보여 주면 되니까요. 이미지 로딩이 끝나면 프록시는 아이콘 객체에게 모든 작업을 넘기면 됩니다.

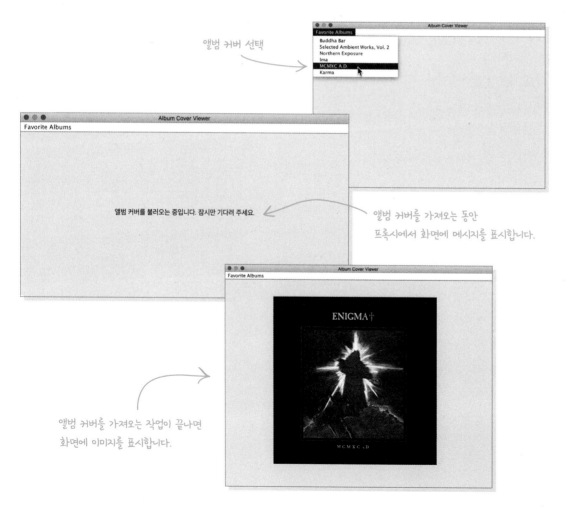

앨범 커버 선택

앨범 커버를 가져오는 동안
프록시에서 화면에 메시지를 표시합니다.

앨범 커버를 가져오는 작업이 끝나면
화면에 이미지를 표시합니다.

앨범 커버 가상 프록시 설계하기

앨범 커버 뷰어 코드를 작성하기 전에 클래스 다이어그램을 살펴봅시다. 490쪽의 원격 프록시 클래스 다이어그램과 똑같이 생겼지만, 여기에서는 프록시가 네트워크로 연결되어 있는 다른 객체를 대변하는 용도가 아니라 생성하는 데 많은 비용이 드는 객체(아이콘 데이터를 네트워크로 가져와야 하기에 시간이 많이 들죠)를 숨기는 용도로 쓰입니다.

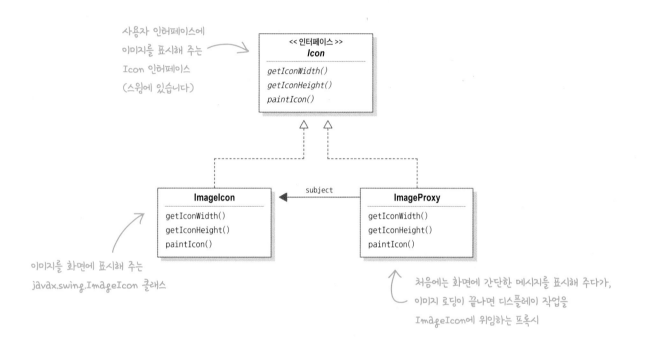

사용자 인터페이스에 이미지를 표시해 주는 Icon 인터페이스 (스윙에 있습니다)

이미지를 화면에 표시해 주는 javax.swing.ImageIcon 클래스

처음에는 화면에 간단한 메시지를 표시해 주다가, 이미지 로딩이 끝나면 디스플레이 작업을 ImageIcon에 위임하는 프록시

ImageProxy 작동 방법

01 ImageProxy는 ImageIcon을 생성하고 네트워크 URL로부터 이미지를 불러옵니다.

02 이미지를 가져오는 동안 "앨범 커버를 불러오는 중입니다. 잠시만 기다려 주세요."라는 메시지를 화면에 표시합니다.

03 이미지 로딩이 끝나면 paintIcon(), getWidth(), getHeight()를 비롯한 모든 메소드 호출을 이미지 아이콘 객체에게 넘깁니다.

04 새로운 이미지 요청이 들어오면 프록시를 새로 만들고 위의 과정을 처음부터 다시 반복합니다.

ImageProxy 코드 만들기

<< 인터페이스 >>
Icon

getIconWidth()
getIconHeight()
paintIcon()

imageProxy는 Icon 인터페이스를 구현합니다.

```java
class ImageProxy implements Icon {
    volatile ImageIcon imageIcon;
    final URL imageURL;
    Thread retrievalThread;
    boolean retrieving = false;

    public ImageProxy(URL url) { imageURL = url; }
    public int getIconWidth() {
        if (imageIcon != null) {
            return imageIcon.getIconWidth();
        } else {
            return 800;
        }
    }
    public int getIconHeight() {
        if (imageIcon != null) {
            return imageIcon.getIconHeight();
        } else {
            return 600;
        }
    }

    synchronized void setImageIcon(ImageIcon imageIcon) {
        this.imageIcon = imageIcon;
    }

    public void paintIcon(final Component c, Graphics  g, int x,  int y) {
        if (imageIcon != null) {
            imageIcon.paintIcon(c, g, x, y);
        } else {
            g.drawString("앨범 커버를 불러오는 중입니다. 잠시만 기다려 주세요.", x+300, y+190);
            if (!retrieving) {
                retrieving = true;

                retrievalThread = new Thread(new Runnable() {
                    public void run() {
                        try {
                            setImageIcon(new ImageIcon(imageURL, "Album Cover"));
                            c.repaint();
                        } catch (Exception e) {
                            e.printStackTrace();
                        }
                    }
                });
                retrievalThread.start();
            }
        }
    }
}
```

imageIcon은 이미지 로딩이 끝났을 때 실제 이미지를 화면에 표시하는 진짜 아이콘 객체입니다.

이미지의 URL을 생성자에 전달합니다. 로딩이 끝나면 이 URL에 있는 이미지를 화면에 표시합니다.

imageIcon 로딩이 끝나기 전까지는 기본 너비와 높이를 리턴합니다.

imageIcon은 2개의 서로 다른 스레드에서 사용합니다. 따라서 (읽기를 보호하는) 변수를 volatile로 선언하면서 (쓰기를 보호하는) 동기화된 세터 메소드를 사용합니다.

가장 중요한 부분입니다. 이 코드에서는 (imageIcon에 메소드 호출을 위임해서) 아이콘을 화면에 표시해 줍니다. 하지만 imageIcon이 아직 완전히 생성되지 않았으면 이미지를 불러오는 중이라는 메시지를 그림 형태로 표시합니다.

코드 자세히 들여다보기

아이콘을 화면에 표시할 때 이 메소드를 호출합니다.

```java
public void paintIcon(final Component c, Graphics  g, int x,  int y) {
    if (imageIcon != null) {

        imageIcon.paintIcon(c, g, x, y);

    } else {

        g.drawString("앨범 커버를 불러오는 중입니다. 잠시만 기다려 주세요.", x+300, y+190);
        if (!retrieving) {

            retrieving = true;
            retrievalThread = new Thread(new Runnable() {
                public void run() {
                    try {
                        setImageIcon(new ImageIcon(imageURL, "Album Cover"));
                        c.repaint();
                    } catch (Exception e) {
                        e.printStackTrace();
                    }
                }
            });

            retrievalThread.start();
        }
    }
}
```

아이콘이 이미 준비되어 있으면
그 아이콘 객체의 메소드를 호출합니다.

그렇지 않으면 불러오고 있다는 메시지를 표시합니다.

진짜 아이콘 이미지를 로딩하는 부분. IconImage를
사용해서 이미지를 로딩하는 과정은 동기화되어 진행됩니다.
이미지 로딩이 끝나기 전까지 ImageIcon 생성자에서
아무것도 리턴하지 않습니다. 따라서 화면을 갱신할 수 없고,
아무 메시지도 출력할 수 없으므로 비동기 방식으로
작업을 처리해야 합니다. 다음 쪽에 나와 있는
<코드 더 자세히 들여다보기>에서 더 자세하게 알아봅시다.

코드 더 자세히 들여다보기

이미지를 가져오고 있는 중이 아니면…

```
if (!retrieving) {
    retrieving = true;

    retrievalThread = new Thread(new Runnable() {
        public void run() {
            try {
                setImageIcon(new ImageIcon(imageURL, "Album Cover"));
                c.repaint();
            } catch (Exception e) {
                e.printStackTrace();
            }
        }
    });
    retrievalThread.start();
}
```

이미지 로딩 작업을 시작합니다. repaint( ) 메소드는 하나의
스레드에서만 호출하므로 스레드 안전성은 확보되었습니다.

사용자 인터페이스가 죽지 않도록
별도의 스레드에서 이미지를 가져옵니다.

이 스레드 내에서 Icon 객체의
인스턴스를 생성했습니다.
이미지가 완전히 로딩되어야
생성자가 객체를 리턴합니다.

이미지가 확보되면 repaint( ) 메소드를
호출해서 화면을 갱신합니다.

ImageIcon의 인스턴스가 만들어진 후에 화면을 표시하면
paintIcon( ) 메소드가 호출되면서 이미지가 화면에 표시됩니다.

디자인 퍼즐

정답 520쪽

ImageProxy 클래스에는 조건문으로 제어되는 2개의 상태가 있습니다. 이 코드를 조금 더 깔끔하게 고치려면 어떤 패턴을 사용해야 할까요?

```java
class ImageProxy implements Icon {
    // 인스턴스 변수 및 생성자

    public int getIconWidth() {
        if (imageIcon != null) {
            return imageIcon.getIconWidth();
        } else {
            return 800;
        }
    }

    public int getIconHeight() {
        if (imageIcon != null) {
            return imageIcon.getIconHeight();
        } else {
            return 600;
        }
    }

    public void paintIcon(final Component c, Graphics  g, int x,  int y) {
        if (imageIcon != null) {
            imageIcon.paintIcon(c, g, x, y);
        } else {
            g.drawString("앨범 커버를 불러오는 중입니다. 잠시만 기다려 주세요.", x+300,  y+190);
            // 기타 코드
        }
    }
}
```

2가지 상태

2가지 상태

2가지 상태

앨범 커버 뷰어 테스트

드디어 새로 배운 가상 프록시를 테스트해 볼 때가 되었습니다. 윈도우를 만들고 프레임을 준비하고, 메뉴를 설치하고, 프록시를 생성해 주는 ImageProxyTestDrive 클래스를 미리 준비해 뒀습니다. 이 코드를 자세히 설명하지는 않겠습니다. 웹 사이트에서 소스 코드를 내려받아서 직접 한번 살펴보세요. 아니면 11장 맨 뒤(523쪽)에 있는 가상 프록시 전체 소스 코드를 살펴봐도 됩니다.

대신 테스트 클래스 코드를 살짝만 살펴보겠습니다.

* www.hanbit.co.kr/src/10526 또는 wickedlysmart.com/head-first-design-patterns에서 내려받을 수 있습니다.

```
public class ImageProxyTestDrive {
    ImageComponent imageComponent;
    public static void main (String[] args) throws Exception {
        ImageProxyTestDrive testDrive = new ImageProxyTestDrive();
    }

    public ImageProxyTestDrive() throws Exception {

        // 프레임 및 메뉴 설정

        Icon icon = new ImageProxy(initialURL);
        imageComponent = new ImageComponent(icon);
        frame.getContentPane().add(imageComponent);
    }
}
```

이미지 프록시를 생성합니다. 초기 URL을 지정해야 합니다. 앨범 메뉴에서 앨범을 새로 선택해서 새로운 이미지 프록시를 만들 수 있습니다.

프레임에 프록시를 추가할 수 있게 ImageComponent 객체로 프록시를 감쌉니다. 프록시의 너비, 높이와 같은 자질구레한 정보를 ImageComponent에서 챙겨 줍니다.

마지막으로 프록시가 화면에 표시되도록 프레임에 추가합니다.

한번 테스트해 볼까요?

File Edit Window Help JustSomeOfTheAlbumsThatGotUsThroughThisBook

% java ImageProxyTestDrive

ImageProxyTestDrive를 실행하면 이런 윈도우가 만들어집니다.

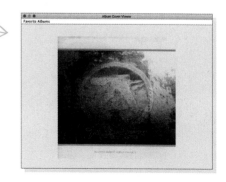

테스트해 봐야 하는 내용

- 메뉴로 다른 앨범 커버를 불러옵니다. 이미지 로딩이 완료될 때까지 프록시에서 불러오는 중이라는 메시지를 보여 주는지 확인해 봐야 합니다.
- 불러오는 중이라는 메시지가 화면에 표시된 상태에서 윈도우 크기를 조절해 봅시다. 프록시에서 이미지를 로딩하고 있을 때도 스윙 윈도우가 멈추지 않는지 확인해 봅시다.
- ImageProxyTestDrive에 좋아하는 앨범을 추가해 봅시다.

앨범 커버를 불러올 때까지

지금까지 한 내용을 정리해 봅시다 ✰

무대 뒤에서

01 화면에 이미지를 표시하는 ImageProxy를 만들었습니다. paintIcon() 메소드가 호출
되면 ImageProxy에서 이미지를 가져오고 ImageIcon 객체를 생성하는 스레드를 시
작합니다.

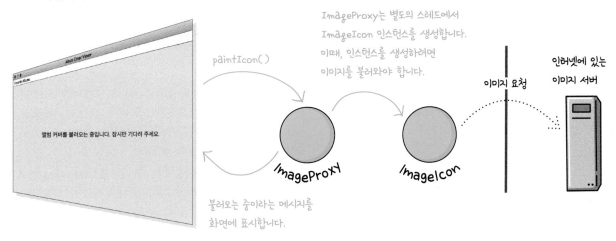

ImageProxy는 별도의 스레드에서
ImageIcon 인스턴스를 생성합니다.
이때, 인스턴스를 생성하려면
이미지를 불러와야 합니다.

이미지 요청

인러넷에 있는
이미지 서버

앨범 커버를 불러오는 중입니다. 잠시만 기다려 주세요.

paintIcon()

ImageProxy

ImageIcon

불러오는 중이라는 메시지를
화면에 표시합니다.

02 잠시 후, 이미지가 리턴되고 ImageIcon의 인스턴스를 만드는
작업이 완료됩니다.

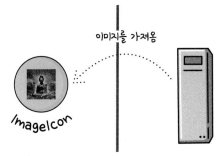

이미지를 가져옴

ImageIcon

03 ImageIcon 생성이 완료된 후에 paintIcon()이 호출되면 프록
시에서 그 호출을 곧바로 ImageIcon 객체에게 넘깁니다.

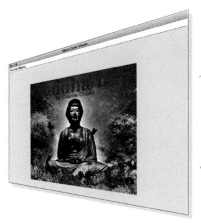

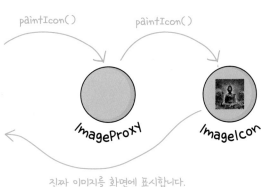

paintIcon()   paintIcon()

ImageProxy   ImageIcon

진짜 이미지를 화면에 표시합니다.

Q1 제가 보기엔 원격 프록시와 가상 프록시는 완전히 달라 보이는데 정말 둘이 같은 패턴에 속하는 게 맞아요?

A1 실전에서는 프록시 패턴의 변종을 더 많이 보게 될 것입니다. 그 모든 변종의 공통점은 클라이언트가 실제 객체의 메소드를 호출하면, 그 호출을 중간에 가로챈다는 점입니다. 이렇게 간접적으로 작업을 처리하면 요청 내역을 원격 시스템에 있는 객체에 전달할 수도 있고, 생성하는 데 많은 비용이 드는 객체를 대변해 줄 수도 있고, 클라이언트별로 호출할 수 있는 메소드를 제한하는 보디가드 역할을 하는 것도 가능합니다. 하지만 11장에서 배우는 내용은 빙산의 일각에 불과합니다. 프록시 패턴은 정말 다양한 방식으로 응용될 수 있거든요. 11장이 끝나기 전에 몇 가지 활용법을 더 알아보겠습니다.

Q2 제 생각에 ImageProxy는 데코레이터 같아 보이거든요. 한 객체를 다른 객체로 감싸고 메소드 호출이 들어오면 ImageIcon에게 일을 넘기니까요. 왜 데코레이터가 아니라 프록시라고 부르는 거죠?

A2 종종 프록시와 데코레이터 패턴이 똑같아 보이기도 합니다. 하지만 용도로 구분할 수 있습니다. 데코레이터는 클래스에 새로운 행동을 추가하는 용도로 쓰이지만 프록시는 어떤 클래스로의 접근을 제어하는 용도로 쓰이죠. 어쩌면 "로딩 메시지를 표시하는 것이 결국은 행동을 추가하는 것 아닌가?"라는 의문이 들 수도 있습니다. 하지만 그보다 더 중요한 점은 ImageProxy가 ImageIcon으로의 접근을 제어하고 있다는 사실입니다. 어떤 식으로 접근을 제어하고 있을까요? 이렇게 생각해 보죠. 프록시는 클라이언트와 ImageIcon을 분리합니다. 만약 그 둘이 결합되어 있다면 이미지가 완전히 로딩되기 전까지는 인터페이스를 화면에 표시할 수가 없습니다. 하지만 프록시가 ImageIcon으로의 접근을 통제하므로 ImageIcon 객체 생성이 완료되기 전까지는 프록시에서 다른 내용을 화면에 표시할 수 있습니다.

Q3 어떻게 클라이언트에서 진짜 객체가 아닌 프록시를 사용하도록 만들 수 있나요?

A3 좋은 질문입니다. 가장 흔히 쓰이는 기법은 진짜 객체의 인스턴스를 생성해서 리턴하는 팩토리 사용하기입니다. 이 작업은 팩토리 메소드 내에서 진행되므로 객체를 프록시로 감싼 다음에 리턴할 수 있죠. 그러면 클라이언트는 진짜 객체를 쓰고 있는지, 아니면 프록시 객체를 쓰고 있는지 전혀 알지 못합니다.

Q4 ImageProxy 예제를 살펴보니까 이미지를 받아올 때마다 ImageIcon 객체를 새로 생성하더라고요. 전에 가져왔던 이미지도 말이죠. 전에 가져왔던 이미지를 캐시에 저장해 두는 ImageProxy와 비슷한 객체를 구현할 수도 있지 않을까요?

A4 가상 프록시의 변종 가운데 하나인 캐싱 프록시(Caching Proxy)를 말하고 있는 것 같군요. 캐싱 프록시는 기존에 생성했던 객체들을 캐시에 저장해 뒀다가, 요청이 들어왔을 때 캐시에 저장되어 있는 객체를 리턴할 수 있습니다. 11장이 끝나기 전에 캐싱 프록시를 포함한 여러 가지 변형된 프록시 패턴을 살펴보겠습니다.

Q5 데코레이터와 프록시 사이의 관계는 이제 이해가 되는데요, 어댑터는 또 어떻게 다른가요? 어댑터와도 꽤 비슷해 보이던데 말이죠.

A5 프록시와 어댑터는 모두 클라이언트와 다른 객체 사이에서 클라이언트의 요청을 다른 객체에게 전달하는 역할을 합니다. 어댑터는 다른 객체의 인터페이스를 바꿔 주지만, 프록시는 똑같은 인터페이스를 사용한다는 차이점이 있죠. 그리고 어댑터와 정말 비슷한 보호 프록시(Protection Proxy)도 있습니다. 보호 프록시는 클라이언트의 역할에 따라서 객체에 있는 특정 메소드로의 접근을 제어합니다. 그러다 보니 보호 프록시는 클라이언트에게 인터페이스의 일부분만을 제공합니다. 이런 점은 어댑터와 비슷하다고 할 수 있죠. 보호 프록시는 잠시 후에 살펴보겠습니다.

방구석 토크

오늘의 게스트 프록시 패턴과 데코레이터 패턴

프록시 패턴

데코레이터 님, 안녕하세요. 사람들이 종종 데코레이터 님과 저를 혼동한다면서요?

데코레이터 패턴

제 생각에는 말이죠, 사람들이 자꾸 우리 둘을 혼동하는 이유는 아무래도 프록시 님이 조금 다른 껍데기를 쓰고 있는 데코레이터 패턴인데도 마치 전혀 다른 패턴인 것처럼 행동해서 그런 것 같아요. 이제 제 아이디어를 훔쳐 쓰는 일은 그만해 주셨으면 좋겠어요.

제가 아이디어를 훔쳐 쓴다고요? 데코레이터 님은 그냥 객체를 치장하는 기능만 제공하지만 저는 객체로의 접근을 제어하는 훨씬 더 중요한 기능을 제공한다고요. 너무 말도 안 되는 주장을 하시는군요.

'그냥' 치장하기만 한다고요? 제가 그렇게 하찮아 보이나요? 저는 행동을 추가하는 역할을 한다고요. 객체에게 그 객체가 할 수 있는 행동을 추가하는 것만큼 중요한 일이 또 어디 있습니까?

알았습니다. 그렇게 하찮은 존재는 아니었군요. 하지만 왜 제가 데코레이터 님 아이디어를 훔쳐 쓴다고 생각하시는지는 전혀 이해가 안 돼요. 결과적으로 저는 진짜 객체를 꾸미는 게 아니라 그 객체를 대변하잖아요.

"대변해 준다"라고 얘기할 수도 있겠지만, 오리와 똑같이 생기고, 똑같이 걷는다고 해서 모두 오리는 아니잖아요. 가상 프록시만 봐도 결국 생성하는 데 비용이 많이 드는 객체를 로딩하는 동안 다른 행동을 추가해 주고 있죠? 원격 프록시는 또 어떻고요? 클라이언트가 원격 객체의 메소드를 호출하는 일을 편하게 해 주려고 원격 객체와 통신하는 기능을 추가하는 일을 할 뿐이잖아요. 결국 전부 행동을 추가하는 셈인데, 제 말이 틀렸나요?

제 말을 이해하지 못하시는군요. 저는 주제(Subject)를 대신한다니까요. 그냥 행동을 추가해 주기만 하는 게 아니예요. 클라이언트는 저를 진짜 주제의 대리인으로 생각해요. 원치 않는 접근으로부터 보호해 주거나 커다란 객체를 로딩하는 동안 GUI가 멈추는 것을 방지해 주거나 주제가 원격 시스템에서 돌아가고 있다는 사실을 숨겨 주는 등의 일을 하니까요. 데코레이터 님과는 엄연히 다른 용도로 쓰이고 있는 것 같은데요?

마음대로 생각하는 건 좋습니다만, 저는 항상 원래 객체와 같은 인터페이스를 구현하는데, 프록시 님도 똑같은 일을 하고 있는 건 사실이잖아요.

프록시 패턴

아, 그러세요? 방금 하신 말씀을 다시 생각해 보죠. 데코레이터 님은 객체를 감싸 주죠? 종종 그냥 편하게 프록시가 주제를 감싼다고 얘기하지만, 사실 그건 정확한 표현은 아니에요.

아, 그래요? 왜 그렇죠?

원격 프록시를 생각해 보죠. 제가 무슨 객체를 감싸는 거죠? 제가 대변하고, 접근을 제어하고 있는 객체는 다른 시스템에 있잖아요. 그래도 정말 감싼다고 할 수 있나요?

그건 그렇긴 한데요, 원격 프록시만 조금 특이한 것 아닌가요? 앞에서 봤던 앨범 커버 뷰어에서는요? 그건 정말 객체를 감싸는 것 아닌가요?

가상 프록시도 생각해 보죠. 앨범 커버 뷰어를 보면, 클라이언트가 처음으로 저를 사용할 때, 진짜 객체는 아직 존재하지도 않잖아요. 그런데 제가 뭘 감싸고 있다는 거죠?

결국 프록시 님은 실제로 객체를 생성한다는 말을 하고 싶은 거군요?

데코레이터 님이 그렇게 사고력이 부족한지는 몰랐네요. 물론 객체를 생성할 때도 있어요. 가상 프록시에서 어떻게 주제를 가져오겠습니까? 사실 이 부분이 가장 중요한 것 같은데요. 데코레이터는 겉모양만 바꿔 준다는 건 엄연한 사실이죠? 객체의 인스턴스를 만들지는 않잖아요?

아, 그래요? 그럼 제 인스턴스도 생성해 보시죠?

이거 정말… 앞으로는 데코레이터를 그냥 어리버리한 프록시라고 불러야겠군요.

어리버리한 프록시요? 객체를 한 열 겹 정도 되는 데코레이터로 감싸고도 멀쩡하게 지낼 수 있는지 확인해 보고 싶어지는군요.

프록시는 웬만해서 하나의 주제를 여러 번 감싸지 않죠. 열 번씩이나 감싸야 하는 일이 생기면 디자인을 재검토하는 게 나을걸요?

진짜 일을 처리하는 객체는 따로 있는데 그 앞에 나서서 자기가 모든 일을 다하는 척하는 주제에 말이 많네요. 정말 구제 불능이군요.

보호 프록시 만들기

자바 API를 사용해서 보호 프록시를 만들어 봅시다 ☆

자바의 java.lang.reflect 패키지 안에 프록시 기능이 내장되어 있습니다. 이 패키지를 사용하면 즉석에서 하나 이상의 인터페이스를 구현하고, 지정한 클래스에 메소드 호출을 전달하는 프록시 클래스를 만들 수 있습니다. 진짜 프록시 클래스는 실행 중에 생성되므로 이러한 자바 기술을 **동적 프록시(dynamic proxy)**라고 부릅니다.

이번에는 자바의 동적 프록시를 활용해서 보호 프록시를 만들어 보겠습니다. 보호 프록시를 만들기 전에 클래스 다이어그램으로 동적 프록시가 어떤 식으로 돌아가는지 살펴보겠습니다. 실전 적용이 늘 그렇듯이 여기에 나오는 다이어그램은 프록시 패턴의 정의와는 조금 다른 양상을 보입니다.

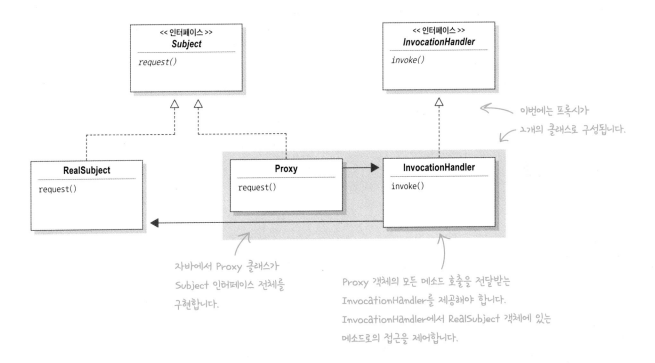

자바에서 Proxy 클래스를 생성해 주므로 Proxy 클래스에게 무슨 일을 해야 하는지 알려 줄 방법이 필요합니다. 필요한 코드를 직접 구현하는 건 아니기에 이전처럼 그 코드를 프록시 클래스에 넣을 수는 없습니다. 그 코드를 프록시 클래스에 넣을 수 없다면 어디에 넣어야 할까요? InvocationHandler에 넣으면 됩니다. InvocationHandler는 프록시에 호출되는 모든 메소드에 응답합니다. Proxy에서 메소드 호출을 받으면 항상 InvocationHandler에 진짜 작업을 부탁한다고 생각하면 되죠.

이제 동적 프록시를 사용하는 방법을 살펴볼까요?

객체마을 데이팅 서비스 나와 맞는 짝이 어딘가 있겠죠? ☆

객체마을 사람들의 제 짝을 찾아주는 데이팅 서비스를 만들려고 합니다. 이 서비스에서는 서로 상대방의 **괴짜 지수(좋은 쪽으로 얼마나 괴짜인지 따지는 점수)**를 매기는 기능을 더해서 사용자들이 더 적극적으로 서비스를 사용하고 더 좋은 상대를 찾을 수 있도록 만들기로 했습니다. 유사 서비스보다 더 재미있겠죠?

이 서비스는 어떤 사람의 정보를 설정하거나 가져올 수 있는 Person 인터페이스를 중심으로 돌아갑니다.

인터페이스.
구현 코드는 잠시 후에 알아보겠습니다.

그 사람의 이름, 성별, 관심 사항,
괴짜 지수를 얻을 수 있습니다.

```java
public interface Person {

    String getName();
    String getGender();
    String getInterests();
    int getGeekRating();

    void setName(String name);
    void setGender(String gender);
    void setInterests(String interests);
    void setGeekRating(int rating);

}
```

각 메소드를 호출해서 같은 정보를
설정할 수도 있습니다.

setGeekRating( )은 점수를
인자로 받아서 그 사람의 괴짜 지수를
이동평균 방식으로 계산합니다.

이제 구현 코드를 살펴볼까요?

Person 인터페이스 코드 만들기

PersonImpl은 Person 인터페이스를 구현합니다.

```java
public class PersonImpl implements Person {
    String name;
    String gender;          ←──── 인스턴스 변수
    String interests;
    int rating;
    int ratingCount = 0;

    public String getName() {
        return name;
    }

    public String getGender() {      ←──── 게터 메소드.
        return gender;                각각 대응되는 인스턴스 변수값을 리턴합니다.
    }

    public String getInterests() {
        return interests;
    }

    public int getGeekRating() {     getGeekRating()은 조금 다릅니다. rating 값을
        if (ratingCount == 0) return 0;   ratingCount로 나눠서 평가 결과의 평균을 계산합니다.
        return (rating/ratingCount);
    }


    public void setName(String name) {
        this.name = name;
    }
                                     각각 대응되는 인스턴스 변수값을
    public void setGender(String gender) {   설정하는 세터 메소드.
        this.gender = gender;
    }

    public void setInterests(String interests) {
        this.interests = interests;
    }

    public void setGeekRating(int rating) {   마지막으로 setGeekRating() 메소드는
        this.rating += rating;                전체 ratingCount를 1 늘리고,
        ratingCount++;                        rating 값을 총 평가 수치에 더해 줍니다.
    }                                         이러면 나중에 이동평균을 구할 수 있죠.
}
```

마음에 드는 사랑을 못 찾겠더라고요.
그런데 확인해 보니까 누군가가 제 관심 사항을
바꿔 놓더라고요. 그리고 어떤 사람은 자기 선호도
점수를 조작해서 왕창 올려놓기도 하던데요?
다른 사람의 관심 사항을 바꾼다거나 자기 선호도를
조작하는 일은 제재해야 하지지 않을까요?

현기(Hyungi)

현기가 순전히 그런 문제로 마음에 드는 상대를 못 찾은 것 같진 않지만 틀린 말은 아니네요. 자기가 직접 자기 점수를 매긴다거나, 다른 고객의 정보를 마음대로 바꾸는 건 막아야겠죠. Person 인터페이스를 지금처럼 둔다면 클라이언트에서 아무 메소드나 마음대로 호출할 수 있을 겁니다.

바로 이때, 보호 프록시(Protection Proxy)를 사용해야 합니다. 보호 프록시란 무엇일까요? 보호 프록시는 접근 권한을 바탕으로 객체로의 접근을 제어하는 프록시입니다. 예를 들어, 회사 직원을 나타내는 객체가 있다면 일반 직원 객체에서 호출할 수 있는 메소드가 정해져 있고, 관리자 객체는 (월급을 설정하는 setSalary()를 비롯한) 더 많은 메소드를 호출할 수 있고, 인사과 직원 객체는 모든 메소드를 호출할 수 있도록 만들어야 할 겁니다.

지금 우리가 만들고 있는 데이팅 서비스에서는 고객이 자기 정보를 직접 수정할 수 있게 하면서도 다른 사람은 그 정보를 수정할 수 없게 해야 합니다. 그리고 반대로 선호도는 다른 고객만 점수를 매길 수 있고 자신은 점수를 매길 수 없게 해야겠죠? 그리고 Person에 있는 게터 메소드에는 남들이 보면 안 되는 정보를 제공하는 메소드는 따로 없으므로 그 게터 메소드는 누구든지 호출할 수 있도록 해도 됩니다.

5분 드라마 | **주제 보호**

옛날 옛적 닷컴 버블이라고 불리던 시절이 있었습니다. 개발자라면 그냥 가만히 있어도 근무 환경도 좋고 연봉도 높은 회사에서 스카웃 제의를 받은 정도였죠. 그 시절에는 소프트웨어 개발자들에게도 매니저가 있을 정도였다니까요.

Person 인터페이스용 동적 프록시 만들기

데이팅 서비스의 몇 가지 문제점을 해결해야 합니다. 자기 괴짜 지수를 직접 조작할 수 없어야 하고, 다른 사람들의 개인 정보도 수정할 수 없도록 해야 하죠. 이 문제를 해결하려면 2개의 프록시를 만들어야 합니다. 하나는 본인의 Person 객체에 접근하는 프록시이고, 다른 하나는 다른 사람들의 Person 객체에 접근하는 프록시입니다. 이러면 각 프록시에서 상황에 맞게 메소드를 제어할 수 있습니다.

503쪽에서 봤던 자바 API의 동적 프록시 기술을 활용해서 이 프록시들을 만들어 보겠습니다. 프록시는 자바에서 만들어 주기에 프록시의 메소드가 호출되었을 때 할 일을 지정해 주는 핸들러만 만들면 됩니다.

1단계
2개의 InvocationHandler 만들기
InvocationHandler는 프록시의 행동을 구현합니다. 프록시 클래스와 객체를 만드는 일은 자바에서 알아서 해 주기에 프록시의 메소드가 호출되었을 때 할 일을 지정해 주는 핸들러만 만들면 됩니다.

2단계
동적 프록시 생성 코드 만들기
프록시 클래스를 생성하고 그 인스턴스를 만드는 코드가 필요합니다. 이 코드는 잠시 후에 살펴보죠.

3단계
적절한 프록시로 Person 객체 감싸기
Person 객체를 사용하는 객체는 고객 자신의 객체('본인(owner)'이라고 부릅시다), 아니면 데이팅 서비스를 사용하는 다른 고객의 객체('타인(non-owner)'이라고 부르기로 하죠), 이렇게 둘 중 하나입니다.
어떤 경우든 해당 Person에 따라서 적절한 프록시를 생성해야 합니다.

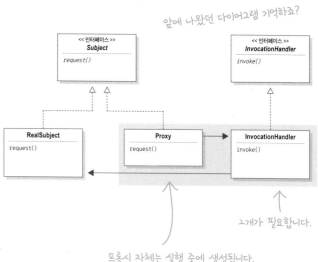

앞에 나왔던 다이어그램 기억하죠?

2개가 필요합니다.

프록시 자체는 실행 중에 생성됩니다.

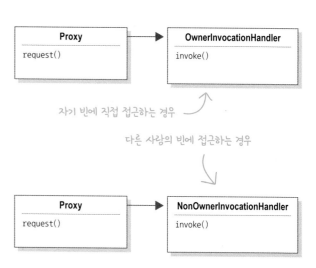

자기 빈에 직접 접근하는 경우

다른 사람의 빈에 접근하는 경우

1단계: InvocationHandler 만들기

2개의 호출 핸들러를 만들어야 합니다. 하나는 본인용 핸들러, 다른 하나는 타인용 핸들러죠. 그런데 호출 핸들러(invocation handler)란 무엇일까요? 이런 식으로 생각하면 됩니다. 프록시의 메소드가 호출되면 프록시는 그 호출을 호출 핸들러에게 넘깁니다. 하지만 호출 핸들러에 있는 같은 이름의 메소드를 호출하는 것은 아닙니다.
그러면 도대체 무엇을 호출할까요? InvocationHandler 인터페이스를 살펴봅시다.

```
<< 인터페이스 >>
InvocationHandler

invoke()
```

메소드는 invoke() 하나뿐이죠. 프록시의 어떤 메소드가 호출되든 무조건 핸들러에 있는 invoke() 메소드가 호출됩니다. 어떤 식으로 돌아가는지 살펴보죠.

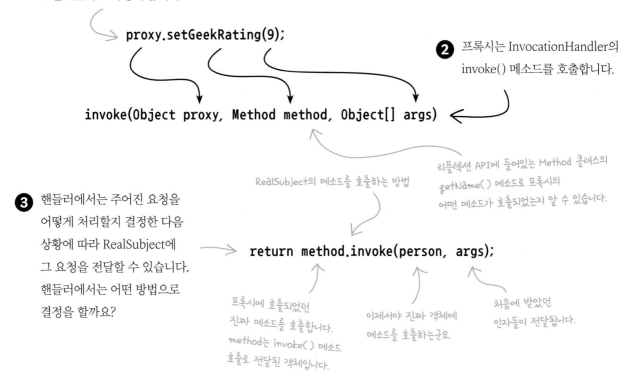

❶ 프록시의 setGeekRating() 메소드가 호출되었다고 가정해 봅시다.

`proxy.setGeekRating(9);`

❷ 프록시는 InvocationHandler의 invoke() 메소드를 호출합니다.

`invoke(Object proxy, Method method, Object[] args)`

리플렉션 API에 들어있는 Method 클래스의 getName() 메소드로 프록시의 어떤 메소드가 호출되었는지 알 수 있습니다.

RealSubject의 메소드를 호출하는 방법

❸ 핸들러에서는 주어진 요청을 어떻게 처리할지 결정한 다음 상황에 따라 RealSubject에 그 요청을 전달할 수 있습니다. 핸들러에서는 어떤 방법으로 결정을 할까요?

`return method.invoke(person, args);`

프록시에 호출되었던 진짜 메소드를 호출합니다. method는 invoke() 메소드 호출로 전달된 객체입니다.

이제서야 진짜 객체에 메소드를 호출하는군요.

처음에 받았던 인자들이 전달됩니다.

호출 핸들러 만들기

프록시가 invoke()를 호출했을 때 그 호출을 처리하는 방법을 어떻게 알 수 있을까요? 일반
적으로는 프록시에서 호출된 메소드를 확인해 보고 메소드의 이름과 인자를 바탕으로 결정
합니다. 본인이 호출할 때 사용되는 OwnerInvocationHandler를 직접 구현해 보면서 어떤
식으로 돌아가는지 살펴봅시다.

InvocationHandler는 java.lang.reflect 패키지에
들어있으므로 import 선언문이 필요합니다.

호출 핸들러에서 반드시 InvocationHandler
인터페이스를 구현해야 합니다.

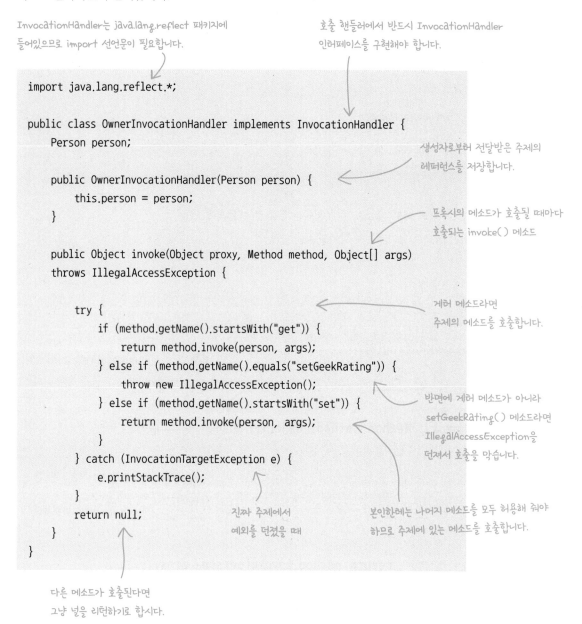

```java
import java.lang.reflect.*;

public class OwnerInvocationHandler implements InvocationHandler {
    Person person;

    public OwnerInvocationHandler(Person person) {
        this.person = person;
    }

    public Object invoke(Object proxy, Method method, Object[] args)
    throws IllegalAccessException {

        try {
            if (method.getName().startsWith("get")) {
                return method.invoke(person, args);
            } else if (method.getName().equals("setGeekRating")) {
                throw new IllegalAccessException();
            } else if (method.getName().startsWith("set")) {
                return method.invoke(person, args);
            }
        } catch (InvocationTargetException e) {
            e.printStackTrace();
        }
        return null;
    }
}
```

생성자로부터 전달받은 주제의
레퍼런스를 저장합니다.

프록시의 메소드가 호출될 때마다
호출되는 invoke( ) 메소드

게터 메소드라면
주제의 메소드를 호출합니다.

반면에 게터 메소드가 아니라
setGeekRating( ) 메소드라면
IllegalAccessException을
던져서 호출을 막습니다.

진짜 주제에서
예외를 던졌을 때

본인한테는 나머지 메소드를 모두 허용해 줘야
하므로 주제에 있는 메소드를 호출합니다.

다른 메소드가 호출된다면
그냥 널을 리턴하기로 합시다.

setGeekRating( )은 호출하게 해 주지만 다른 세터 메소드는 호출하지 못하게 한다는 점을 제외하면 NonOwnerInvocationHandler
와 OwnerInvocationHandler는 거의 같습니다. NonOwnerInvocationHandler 코드를 써 보세요.

2단계: 동적 프록시 생성 코드 만들기

이제 동적으로 프록시 클래스를 생성하는 프록시 객체 인스턴스를 만들어야 합니다. 우선 Person 객체를 인자로 받고 본인용 프록시를 만드는 메소드를 만들어 봅시다. 다시 말해, 메소드 호출을 OwnerInvocationHandler에게 넘겨주는 프록시를 만드는 거죠.

코드는 다음과 같습니다.

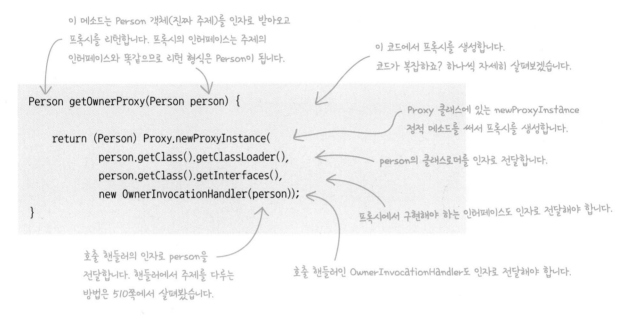

이 메소드는 Person 객체(진짜 주제)를 인자로 받아오고 프록시를 리턴합니다. 프록시의 인터페이스는 주제의 인터페이스와 똑같으므로 리턴 형식은 Person이 됩니다.

이 코드에서 프록시를 생성합니다. 코드가 복잡하죠? 하나씩 자세히 살펴보겠습니다.

```java
Person getOwnerProxy(Person person) {

    return (Person) Proxy.newProxyInstance(
            person.getClass().getClassLoader(),
            person.getClass().getInterfaces(),
            new OwnerInvocationHandler(person));
}
```

Proxy 클래스에 있는 newProxyInstance 정적 메소드를 써서 프록시를 생성합니다.

person의 클래스로더를 인자로 전달합니다.

프록시에서 구현해야 하는 인터페이스도 인자로 전달해야 합니다.

호출 핸들러의 인자로 person을 전달합니다. 핸들러에서 주제를 다루는 방법은 510쪽에서 살펴봤습니다.

호출 핸들러인 OwnerInvocationHandler도 인자로 전달해야 합니다.

쓰면서 제대로 공부하기

정답 521쪽

동적 프록시를 만드는 방법은 조금 복잡해 보이지만, 그리 어렵진 않습니다. NonOwnerInvocationHandler의 프록시를 리턴하는 getNonOwnerProxy( ) 메소드도 직접 만들어 봅시다.

추가 문제 핸들러와 주제를 인자로 받아서 그 핸들러의 프록시를 리턴하는 getProxy( ) 메소드도 만들어 봅시다.

데이팅 서비스 코드 테스트

프록시로 세터 메소드로의 접근을 제어하는 기능이 잘 작동하는지 확인해 봅시다.

```java
public class MatchMakingTestDrive {
    // 인스턴스 변수 선언

    public static void main(String[] args) {
        MatchMakingTestDrive test = new MatchMakingTestDrive();
        test.drive();
    }

    public MatchMakingTestDrive() {
        initializeDatabase();
    }

    public void drive() {
        Person joe = getPersonFromDatabase("김자바");
        Person ownerProxy = getOwnerProxy(kim);
        System.out.println("이름: " + ownerProxy.getName());
        ownerProxy.setInterests("볼링, 바둑");
        System.out.println("본인 프록시에 관심 사항을 등록합니다.");
        try {
            ownerProxy.setGeekRating(10);
        } catch (Exception e) {
            System.out.println("본인 프록시에는 괴짜 지수를 매길 수 없습니다.");
        }
        System.out.println("괴짜 지수: " + ownerProxy.getGeekRating());

        Person nonOwnerProxy = getNonOwnerProxy(joe);
        System.out.println("이름: " + nonOwnerProxy.getName());
        try {
            nonOwnerProxy.setInterests("볼링, 바둑");
        } catch (Exception e) {
            System.out.println("타인 프록시에는 관심 사항을 등록할 수 없습니다.");
        }
        nonOwnerProxy.setGeekRating(3);
        System.out.println("타인 프록시에 괴짜 지수를 매깁니다.");
        System.out.println("괴짜 지수: " + nonOwnerProxy.getGeekRating());
    }

    // getOwnerProxy, getNonOwnerProxy 같은 메소드
}
```

main 메소드는 테스트용 객체를 생성하고 drive() 메소드를 호출해서 테스트를 진행합니다.

생성자는 데이팅 서비스의 회원 데이터베이스를 초기화합니다.

인물 정보를 데이터베이스로부터 가져옵니다.

본인용 프록시를 생성합니다.

게터 메소드 호출

세터 메소드 호출

괴짜 지수 설정을 시도해 봅니다.

이건 안 돼야겠죠?

타인용 프록시를 생성합니다.

게터 메소드 호출

세터 메소드 호출

이것도 안 돼야겠죠?

괴짜 지수 설정

이건 작동해야 합니다!

데이팅 서비스 코드 테스트 결과

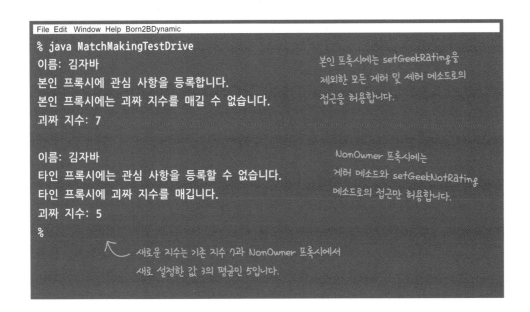

```
File  Edit  Window  Help  Born2BDynamic

% java MatchMakingTestDrive
이름: 김자바
본인 프록시에 관심 사항을 등록합니다.
본인 프록시에는 괴짜 지수를 매길 수 없습니다.
괴짜 지수: 7

이름: 김자바
타인 프록시에는 관심 사항을 등록할 수 없습니다.
타인 프록시에 괴짜 지수를 매깁니다.
괴짜 지수: 5
%
```

본인 프록시에는 setGeekRating을 제외한 모든 게터 및 세터 메소드로의 접근을 허용합니다.

NonOwner 프록시에는 게터 메소드와 setGeekNotRating 메소드로의 접근만 허용합니다.

← 새로운 지수는 기존 지수 7과 NonOwner 프록시에서 새로 설정한 값 3의 평균인 5입니다.

무엇이든 물어보세요
Q&A

Q1 동적 프록시에서 어느 부분이 '동적'이라는 거죠? 실행 중에 프록시 인스턴스를 생성하고 핸들러에 연결할 수 있다는 건가요?

A1 아닙니다. 여기에서 프록시가 동적이라고 하는 이유는 클래스가 실행 중에 생성되기 때문입니다. 실제로 코드가 실행되기 전까지는 프록시 클래스는 없습니다. 전달해 준 인터페이스로 즉석에서 클래스가 생성되죠.

Q2 여기에 있는 InvocationHandler는 정말 특이한 프록시인 것 같네요. 자기가 프록시 역할을 맡고 있는 클래스의 메소드를 하나도 구현하지 않잖아요.

A2 InvocationHandler 자체는 프록시가 아니라서 그렇습니다. 메소드 호출을 처리하는 클래스일 뿐이죠. 실제 프록시는 Proxy.newProxyInstance( ) 정적 메소드에 의해서 실행 중에 동적으로 생성됩니다.

Q3 어떤 클래스가 Proxy 클래스인지 알아낼 수 있는 방법이 있나요?

A3 Proxy 클래스에는 isProxyClass( ) 정적 메소드가 있습니다. 동적 프록시 클래스를 대상으로 이 메소드를 호출하면 true가 리턴되죠. 그 점을 제외하면 프록시 클래스는 지정해 준 인터페이스를 구현하는 다른 클래스와 똑같은 방식으로 동작합니다.

Q4 newProxyInstance( )를 호출할 때 인자로 전달할 수 있는 인터페이스 형식에 제한이 있나요?

A4 네, 몇 가지 제한이 있습니다. 우선 newProxyInstance( )에는 클래스가 아닌 인터페이스의 배열을 인자로 전달해야 합니다. 그리고 public으로 지정되지 않은 인터페이스는 같은 패키지에 들어있는 인터페이스만 인자로 전달할 수 있습니다. 같은 이름을 가진 인터페이스를 여러 개 사용하는 것도 불가능합니다(즉, 똑같은 서명을 가진 메소드가 들어있는 인터페이스가 2개 이상 있으면 안 됩니다). 그밖에도 몇 가지 자잘한 제한이 있습니다.

누가 무엇을 할까요?

패턴과 올바른 설명을 연결해 보세요.

패턴	설명

데코레이터 •

퍼사드 •

프록시 •

어댑터 •

• 다른 객체를 감싸서 다른 인터페이스를
  제공합니다.

• 다른 객체를 감싸서 새로운 행동을
  추가해 줍니다.

• 다른 객체를 감싸서 접근을 제어합니다.

• 여러 객체를 감싸서 인터페이스를
  단순하게 만듭니다.

정답 522쪽

실전! 프록시 동물원 탐방하기

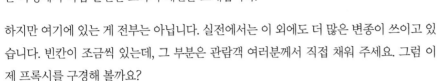

객체마을 동물원에 오신 것을 환영합니다!

지금까지 원격 프록시, 가상 프록시, 보호 프록시를 배웠습니다. 하지만 실전에서는 훨씬 다양한 프록시 패턴의 변종을 보게 될 것입니다. 여기 객체마을 동물원 프록시 코너에서는 야생에서 직접 발견한 프록시 패턴을 소개합니다.

하지만 여기에 있는 게 전부는 아닙니다. 실전에서는 이 외에도 더 많은 변종이 쓰이고 있습니다. 빈칸이 조금씩 있는데, 그 부분은 관람객 여러분께서 직접 채워 주세요. 그럼 이제 프록시를 구경해 볼까요?

서식지: 기업용 방화벽 시스템에서 자주 목격됩니다.

방화벽 프록시(Firewall Proxy)는 일련의
네트워크 자원으로의 접근을 제어함으로써
주제를 '나쁜' 클라이언트로부터 보호해 줍니다.

서식지를 찾아 주세요.

_____

_____

_____

_____

_____

스마트 레퍼런스 프록시(Smart Reference Proxy)는
주제가 참조될 때마다 추가 행동을 제공합니다.
객체의 레퍼런스 개수를 센다든가 하는 식으로 말이죠.

서식지: 웹 서버 프록시 또는 컨텐츠 관리 및
퍼블리싱 시스템에서 종종 볼 수 있습니다.

캐싱 프록시(Caching Proxy)는 비용이 많이 드는
작업의 결과를 임시로 저장해 줍니다.
여러 클라이언트에서 결과를 공유하게 해 줌으로써
계산 시간과 네트워크 지연을 줄여 주는 효과도 있습니다.

동기화 프록시(Synchronization Proxy)는
여러 스레드에서 주제에 접근할 때
안전하게 작업을 처리할 수 있게 해 줍니다.

분산 환경에서 일련의 객체로의 동기화된
접근을 제어해 주는 자바 스페이스라는 데서
목격된 적이 있습니다.

서식지를 찾아 주세요.

_____

_____

_____

_____

_____

복잡도 숨김 프록시(Complexity Hiding Proxy)는
복잡한 클래스의 집합으로의 접근을 제어하고,
그 복잡도를 숨겨 줍니다. 퍼사드 프록시(Facade Proxy)라고
부르기도 합니다. 이 프록시와 퍼사드 패턴의 차이점은
프록시는 접근을 제어하지만 퍼사드 패턴은
대체 인터페이스만 제공한다는 점에 있습니다.

지연 복사 프록시(Copy-On-Write Proxy)는
클라이언트에서 필요로 할 때까지 객체가
복사되는 것을 지연시킴으로써 객체의 복사를 제어합니다.
변형된 가상 프록시라고 할 수 있습니다.

서식지: 자바의 CopyOnWriteArrayList
근방에서 목격되곤 합니다.

체험 학습: 여러분이 알고 있는 프록시들을 여기에 적어 보세요.

_____

_____

_____

_____

_____

낱말 퀴즈

11장은 정말 길었죠?
11장을 끝내기 전에 낱말 퀴즈를
풀면서 스트레스도 풀어 봅시다.

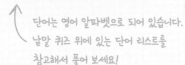

단어는 영어 알파벳으로 되어 있습니다.
낱말 퀴즈 위에 있는 단어 리스트를
참고해서 풀어 보세요!

- 데코레이터 DECORATOR
- 멜빵 SUSPENDERS
- 동적 DYNAMIC
- 보호 PROTECTION
- 가상 VIRTUAL
- RMIREGISTRY
- 메소드 호출 METHODINVOCATION
- 동물원 ZOO

- 원격 REMOTE
- RMI의 기초 DETOUR
- 웹 프록시 WEBPROXY
- 에이펙스 트윈 APHEXTWIN
- 호출 핸들러 INVOCATIONHANDLER
- 스텁 STUB
- 이니그마 ENIGMA
- 가상 VIRTUAL
- 스켈레톤 SKELETON
- 괴짜들 GEEKS

가로

5. 처음으로 표시한 앨범 커버의 그룹 이름 (두 단어)
7. 웹 서비스에서 많이 쓰이는 프록시 (두 단어)
8. RMI에서 서버에 네트워크 요청을 처리했던 객체
11. 권한이 없는 객체에서 메소드를 호출할 수 없도록 보호하는 프록시를 _____ 프록시라고 부릅니다
13. MCMXC a.D. 앨범을 만든 그룹
14. _____ 프록시 클래스는 런타임에 생성됩니다
15. 프록시 _____에서 여러 변형된 프록시를 만났었죠?
16. 앨범 뷰어에서 이 유형의 프록시를 사용했습니다
17. RMI에서 프록시를 이렇게 불렀죠?
18. RMI를 복습하려고 읽었던 부분의 이름은?
19. 현기가 데이트 상대를 찾지 못했던 진짜 이유는 뭐였을까요(힌트: 옷)?

세로

1. 객체마을 데이팅 서비스는 _____을 염두에 두고 만들었다고 하죠?
2. 자바의 동적 프록시는 모든 요청을 _____에게 넘깁니다.
3. 이 유틸리티는 RMI에 룩업 서비스를 제공합니다.
4. 비용이 많이 드는 객체 자리에 대신 쓰이는 프록시
6. 뽑기 기계를 모니터링하려고 원격 _____을 사용했습니다.
9. 소프트웨어 개발자의 매니저는 _____ 프록시의 일종이었죠?
10. 처음에 뽑기 기계 모니터링 기능이 _____으로 처리되어야 하는데 잘못 알고 실수했었죠?
12. 프록시와 비슷하지만 용도가 다릅니다.

디자인 도구상자 안에 들어가야 할 도구들

이제 디자인 도구상자가 거의 꽉 찼네요. 이제 웬만한 디자인 문제는 거뜬히 해결할 수 있을 것입니다.

객체지향 원칙

- 바뀌는 부분은 캡슐화한다.
- 상속보다는 구성을 활용한다.
- 구현보다는 인터페이스에 맞춰서 프로그래밍한다.
- 상호작용하는 객체 사이에는 가능하면 느슨한 결합을 사용해야 한다.
- 클래스는 확장에는 열려 있지만 변경에는 닫혀 있어야 한다(OCP).
- 추상화된 것에 의존하게 만들고 구상 클래스에 의존하지 않게 만든다.
- 진짜 절친에게만 이야기한다.
- 먼저 연락하지 마세요. 저희가 연락 드리겠습니다.
- 어떤 클래스가 바뀌는 이유는 하나뿐이어야만 한다.

객체지향 기초

- 추상화
- 캡슐화
- 다형성

상속

11장에서 새로운 디자인 원칙을 배우지 않았습니다. 책을 덮고 지금까지 배웠던 원칙을 쭉 읊어 볼까요?

객체지향 패턴

새로 배운 패턴. 프록시는 다른 객체를 대변해 줍니다.

프록시 패턴 – 특정 객체로의 접근을 제어하는 대리인(특정 객체를 대변하는 객체)을 제공합니다.

☑ **핵심 정리**

- 프록시 패턴을 사용하면 어떤 객체의 대리인을 내세워서 클라이언트의 접근을 제어할 수 있습니다. 접근을 관리하는 방법에는 여러 가지가 있습니다.

- 원격 프록시는 클라이언트와 원격 객체 사이의 데이터 전달을 관리해 줍니다.

- 가상 프록시는 인스턴스를 만드는 데 많은 비용이 드는 객체로의 접근을 제어합니다.

- 보호 프록시는 호출하는 쪽의 권한에 따라서 객체에 있는 메소드로의 접근을 제어합니다.

- 그 외에도 캐싱 프록시, 동기화 프록시, 방화벽 프록시, 지연 복사 프록시와 같이 다양한 변형된 프록시 패턴이 있습니다.

- 프록시 패턴의 구조는 데코레이터 패턴의 구조와 비슷하지만 그 용도는 다릅니다.

- 데코레이터 패턴은 객체에 행동을 추가하지만 프록시 패턴은 접근을 제어합니다.

- 자바에 내장된 프록시 지원 기능을 사용하면 동적 프록시 클래스를 만들어서 원하는 핸들러에서 호출을 처리하도록 할 수 있습니다.

- 다른 래퍼(Wrapper)를 쓸 때와 마찬가지로 프록시를 쓰면 디자인에 포함되는 클래스와 객체의 수가 늘어납니다.

setGeekRating( )은 호출하게 해 주지만 다른 세터 메소드는 호출하지 못하게 한다는 점을 제외하면 NonOwnerInvocation Handler 와 OwnerInvocationHandler는 거의 같습니다. NonOwnerInvocationHandler 코드를 써 보세요.

```java
import java.lang.reflect.*;

public class NonOwnerInvocationHandler implements InvocationHandler {
    Person person;

    public NonOwnerInvocationHandler(Person person) {
        this.person = person;
    }

    public Object invoke(Object proxy, Method method, Object[] args)
    throws IllegalAccessException {

        try {
            if (method.getName().startsWith("get")) {
                return method.invoke(person, args);
            } else if (method.getName().equals("setGeekRating")) {
                return method.invoke(person, args);
            } else if (method.getName().startsWith("set")) {
                throw new IllegalAccessException();
            }
        } catch (InvocationTargetException e) {
            e.printStackTrace();
        }
        return null;
    }
}
```

 디자인 퍼즐
정답

ImageProxy 클래스에는 조건문으로 제어되는 2개의 상태가 있습니다. 이 코드를 조금 더 깔끔하게 고치려면 어떤 패턴을 사용해야 할까요?

상태 패턴을 사용하면 됩니다. ImageLoaded와 ImageNotLoaded라는 2개의 상태 클래스를 만든 다음 if 선언문에 있는 코드를 각 상태 클래스 코드에 넣습니다. 처음에는 ImageNotLoaded 상태에서 시작한 다음 ImageIcon 인스턴스가 완성되면 ImageLoaded 상태로 전환하면 되죠.

쓰면서 제대로 공부하기 **정답**

동적 프록시를 만드는 방법은 조금 복잡해 보이지만, 그리 어렵진 않습니다. NonOwnerInvocationHandler의 프록시를 리턴하는 getNonOwnerProxy( ) 메소드도 직접 만들어 봅시다.

```java
Person getNonOwnerProxy(Person person) {

    return (Person) Proxy.newProxyInstance(
            person.getClass().getClassLoader(),
            person.getClass().getInterfaces(),
            new NonOwnerInvocationHandler(person));
}
```

낱말 퀴즈
정답

Across:
- 5. APHEXTWIN
- 7. WEBPROXY
- 8. SKELETON
- 11. PROTECTION
- 13. ENIGMA
- 14. DYNAMIC
- 15. ZOO
- 16. VIRTUAL
- 17. STUB
- 18. DETOUR
- 19. SUSPENDERS

Down:
- 1. GEES
- 2. INVCATION
- 3. MIRREGIS
- 4. VIRTUAL
- 6. METHODINVOCATIO
- 9. PROTCTON
- 10. REMOTE
- 12. DCRAO

누가 무엇을 할까요? **정답**

패턴과 올바른 설명을 연결해 보세요.

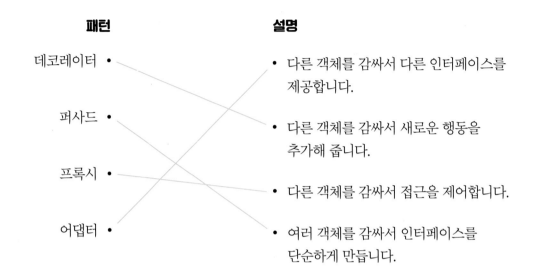

패턴

데코레이터 •

퍼사드 •

프록시 •

어댑터 •

설명

• 다른 객체를 감싸서 다른 인터페이스를 제공합니다.

• 다른 객체를 감싸서 새로운 행동을 추가해 줍니다.

• 다른 객체를 감싸서 접근을 제어합니다.

• 여러 객체를 감싸서 인터페이스를 단순하게 만듭니다.

앨범 커버 뷰어 코드

```java
package headfirst.designpatterns.proxy.virtualproxy;

import java.net.*;
import java.awt.*;
import java.awt.event.*;
import javax.swing.*;
import java.util.*;
public class ImageProxyTestDrive {
    ImageComponent imageComponent;
    JFrame frame = new JFrame("Album Cover Viewer");
    JMenuBar menuBar;
    JMenu menu;
    Hashtable<String, String> albums = new Hashtable<String, String>();

    public static void main (String[] args) throws Exception {
        ImageProxyTestDrive testDrive = new ImageProxyTestDrive();
    }

    public ImageProxyTestDrive() throws Exception{
        albums.put("Buddha Bar","http://images.amazon.com/images/P/B00009XBYK.01.LZZZZZZZ.jpg");
        albums.put("Ima","http://images.amazon.com/images/P/B000005IRM.01.LZZZZZZZ.jpg");
        albums.put("Karma","http://images.amazon.com/images/P/B000005DCB.01.LZZZZZZZ.gif");
        albums.put("MCMXC a.D.","http://images.amazon.com/images/P/B000002URV.01.LZZZZZZZ.jpg");
        albums.put("Northern Exposure","http://images.amazon.com/images/P/B000003SFN.01.LZZZZZZZ.jpg");
        albums.put("Selected Ambient Works, Vol. 2","http://images.amazon.com/images/P/B000002MNZ.01.LZZZZZZZ.jpg");

        URL initialURL = new URL((String)albums.get("Selected Ambient Works, Vol. 2"));
        menuBar = new JMenuBar();
        menu = new JMenu("Favorite Albums");
        menuBar.add(menu);
```

```java
        frame.setJMenuBar(menuBar);

        for(Enumeration e = albums.keys(); e.hasMoreElements();) {
            String name = (String)e.nextElement();
            JMenuItem menuItem = new JMenuItem(name);
            menu.add(menuItem);
            menuItem.addActionListener(event -> {
                imageComponent.setIcon(
                    new ImageProxy(getAlbumUrl(event.getActionCommand())));
                frame.repaint();
            });
        }

        // 프레임 및 메뉴 설정

        Icon icon = new ImageProxy(initialURL);
        imageComponent = new ImageComponent(icon);
        frame.getContentPane().add(imageComponent);
        frame.setDefaultCloseOperation(JFrame.EXIT_ON_CLOSE);
        frame.setSize(800,600);
        frame.setVisible(true);

    }
    URL getAlbumUrl(String name) {
        try {
            return new URL((String)albums.get(name));
        } catch (MalformedURLException e) {
            e.printStackTrace();
            return null;
        }
    }
}
```

```
package headfirst.designpatterns.proxy.virtualproxy;

import java.net.*;
import java.awt.*;
import javax.swing.*;

class ImageProxy implements Icon {
    volatile ImageIcon imageIcon;
    final URL imageURL;
    Thread retrievalThread;
    boolean retrieving = false;

    public ImageProxy(URL url) { imageURL = url; }

    public int getIconWidth() {
        if (imageIcon != null) {
            return imageIcon.getIconWidth();
        } else {
            return 800;
        }
    }

    public int getIconHeight() {
        if (imageIcon != null) {
            return imageIcon.getIconHeight();
        } else {
            return 600;
        }
    }

    synchronized void setImageIcon(ImageIcon imageIcon) {
        this.imageIcon = imageIcon;
    }

    public void paintIcon(final Component c, Graphics  g, int x,  int y) {
        if (imageIcon != null) {
            imageIcon.paintIcon(c, g, x, y);
        } else {
            g.drawString("Loading album cover, please wait...", x+300, y+190);
            if (!retrieving) {
                retrieving = true;
```

```
                    retrievalThread = new Thread(new Runnable() {
                        public void run() {
                            try {
                                setImageIcon(new ImageIcon(imageURL, "Album Cover"));
                                c.repaint();
                            } catch (Exception e) {
                                e.printStackTrace();
                            }
                        }
                    });
                    retrievalThread.start();
                }
            }
        }
}


package headfirst.designpatterns.proxy.virtualproxy;

import java.awt.*;
import javax.swing.*;

class ImageComponent extends JComponent {
    private Icon icon;

    public ImageComponent(Icon icon) {
        this.icon = icon;
    }

    public void setIcon(Icon icon) {
        this.icon = icon;
    }

    public void paintComponent(Graphics g) {
        super.paintComponent(g);
        int w = icon.getIconWidth();
        int h = icon.getIconHeight();
        int x = (800 - w)/2;
        int y = (600 - h)/2;
        icon.paintIcon(this, g, x, y);
    }
}
```

패턴을 모아 패턴 만들기
복합 패턴

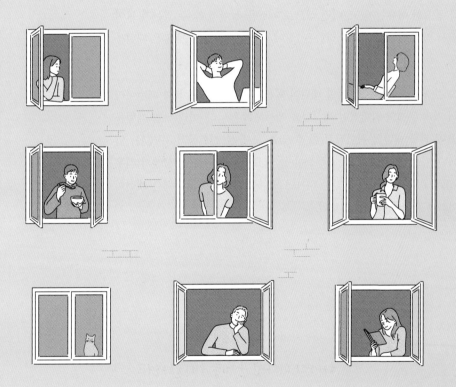

여러 패턴을 섞어서 쓸 수 있습니다!

혹시 저렇게 생각해 본 적이 있나요? 〈방구석 토크〉에서 디자인 패턴끼리 치열한 설전을 벌이는 것을 여러 번 보셨을 것입니다(편집 과정에서 제외된 패턴 데스 매치는 아마 못 보셨겠지만요). 그러니 사이가 나쁜 패턴들이 서로 힘을 합쳐서 문제를 해결한다는 사실을 쉽게 받아들이기는 힘들 것입니다. 하지만 여러 패턴을 함께 사용하면 더욱 강력한 객체지향 디자인을 만들 수 있습니다. 이제 패턴 활용법을 한 단계 끌어올려 줄 복합 패턴을 알아보겠습니다.

패턴 섞어 쓰기

패턴을 잘 활용하는 방법 가운데 하나로 서로 다른 패턴을 섞어 쓰기를 들 수 있습니다. 디자인 패턴을 많이 적용할수록 여러 패턴을 함께 쓰는 일에도 익숙해질 것입니다. 이처럼 여러 패턴을 함께 사용해서 다양한 디자인 문제를 해결하는 방법을 **복합 패턴**이라고 부릅니다. 패턴으로 이루어진 패턴인 셈이죠.

실전에서는 다양한 복합 패턴을 볼 수 있습니다. 중요한 패턴을 잘 기억하고 있다면 복합 패턴은 여러 패턴이 같이 작동할 뿐이라는 사실을 쉽게 이해할 수 있습니다.

우선 예전에 만들었던 SimUDuck 오리 시뮬레이션 게임을 개조하는 일부터 시작해 보겠습니다. 딱히 중요한 이유는 없고, 어떤 식으로 패턴을 섞어서 쓸 수 있는지 보여 주는 적절한 예라서 다시 꺼냈습니다. 오리들은 1장에서부터 우리와 함께 많은 패턴을 봐 왔기도 하고요.

패턴 몇 개를 결합한다고 해서 무조건 복합 패턴이 되는 것은 아닙니다. 복합 패턴이라고 불리려면 여러 가지 문제의 일반적인 해결법을 제시해야 합니다. 여러 복합 패턴을 먼저 살펴본 다음에 복합 패턴의 왕이라고 할 수 있는 모델-뷰-컨트롤러(MVC)를 알아보겠습니다. MVC를 잘 모른다고 해서 주눅이 들 필요는 없습니다. 12장에서 배우게 될 테니까요. 그리고 우리가 가지고 있는 디자인 도구상자에서 가장 강력한 패턴이 바로 복합 패턴이라는 사실도 깨달을 겁니다.

하나의 디자인 문제를 해결하려고
여러 패턴을 함께 사용하는 경우가 종종 있습니다.

복합 패턴이란 반복적으로 생길 수 있는
일반적인 문제를 해결하는 용도로
2개 이상의 패턴을 결합해서 사용하는 것을 뜻합니다.

오리 시뮬레이션 게임에 다양한 패턴 적용하기 오리를 다시 만나 봅시다 ☆

오리 시뮬레이션 게임을 처음부터 다시 만들면서 몇 가지 기능을 추가해 봅시다. 이 과정에서 하나의 문제를 해결할 때 여러 패턴이 어떻게 공존하고 협력하는지 배울 수 있습니다.

생각해 보세요!

01 우선 Quackable 인터페이스를 만듭니다.

방금 얘기한 대로 처음부터 다시 만들면서 모든 Duck 객체에서 Quackable 인터페이스를 구현하겠습니다. 이 인터페이스에는 꽥꽥거리는 행동을 구현하는 quack() 메소드가 있어서 물오리, 흰죽지오리, 오리 호출기, 심지어는 고무 오리에서도 이 인터페이스 하나로 소리 낼 수 있습니다.

```java
public interface Quackable {
    public void quack();
}
```

Quackable 객체에서는 하나의 일만 할 수 있으면 됩니다. 꽥꽥 소리를 내는 일이죠.

02 Quackable을 구현해서 오리 클래스를 만듭니다.

어떤 인터페이스를 만들었다면 당연히 그 인터페이스를 구현하는 클래스도 만들어야겠죠? 그러니 이제 구상 오리 클래스를 만들어 봅시다.

보편적인 물오리

```java
public class MallardDuck implements Quackable {
    public void quack() {
        System.out.println("꽥꽥");
    }
}

public class RedheadDuck implements Quackable {
    public void quack() {
        System.out.println("꽥꽥");
    }
}
```

오리가 1마리만 있으면 좀 재미가 없겠죠? 흰죽지오리도 추가합시다.

종류가 다른 Duck 객체도 추가합시다.

1장에서 만들었던 프로그램 기억나죠? 오리 호출기(사냥꾼이 오리를 찾을 때 쓰는 기계로 Quackable을 구현해도 문제가 없습니다)와 고무 오리도 만들겠습니다.

```java
public class DuckCall implements Quackable {
    public void quack() {
        System.out.println("꽉꽉");    ← 오리 호출기는 실제 오리가 내는 소리와
    }                                       조금 다른 소리를 냅니다.
}
public class RubberDuck implements Quackable {
    public void quack() {
        System.out.println("삑삑");    ←
    }                                       고무 오리는 꽉꽉 소리가 아닌 '삑삑' 소리를 냅니다.
}
```

03 오리는 준비가 다 되었으니 이제 시뮬레이터를 만들어야 합니다.

몇 가지 오리를 생성하고 다들 제대로 작동하는지 확인해 봅시다.

```java
public class DuckSimulator {               main 메소드
    public static void main(String[] args) {
        DuckSimulator simulator = new DuckSimulator();    ←    DuckSimulator 인스턴스를 생성한 다음
        simulator.simulate();              ←                    simulate() 메소드를 호출합니다.
    }

    void simulate() {
        Quackable mallardDuck = new MallardDuck();
        Quackable redheadDuck = new RedheadDuck();          오리들이 있어야 하므로 아까 구현한
        Quackable duckCall = new DuckCall();                Quackable 객체들을 1개씩 생성합니다.
        Quackable rubberDuck = new RubberDuck();

        System.out.println("\n오리 시뮬레이션 게임");

        simulate(mallardDuck);
        simulate(redheadDuck);            ← 그리고 오리들이 잘 돌아가는지 확인합니다.
        simulate(duckCall);
        simulate(rubberDuck);
                                          Quackable 객체를 받아서 테스트하는 메소드를 만들었습니다.
    }
    void simulate(Quackable duck) {
        duck.quack();       다형성이 활용되고 있습니다. 어떤 종류의 Quackable이 전달되든지
    }                       quack() 메소드를 호출해서 소리 낼 수 있으니까요.
}
```

아직은 볼품없지만 패턴을
추가하다 보면 나아질 것입니다.

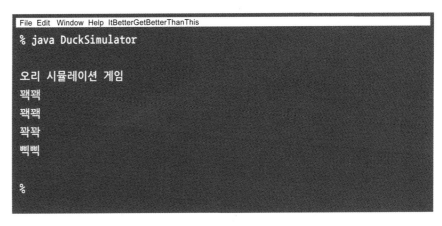

전부 Quackable 인터페이스를 구현하지만
구현 방법이 다르므로 내는 소리를 마음대로 정할 수 있습니다.

전부 제대로 작동하는 것 같죠? 아직은 별 탈 없이 진행되고 있습니다.

04 시뮬레이터에 거위도 추가해 봅시다.
    "오리 있는 곳에 거위도 있다"라는 말처럼 물을 좋아하는 가금류는 잘 몰려다니죠.

```java
public class Goose {
    public void honk() {
        System.out.println("끽끽");
    }
}
```

거위는 오리와는 다른 소리를 냅니다.

뇌 단련

오리를 넣을 수 있는 곳이라면 거위도 넣을 수 있어야 합니다.
사실 거위들도 소리를 내고 날기도 하고 헤엄도 치는데 시뮬레이션 게임에 넣지 못할 이유가 없죠.
어떤 패턴을 활용하면 거위와 오리가 잘 어울려 놀 수 있을까요?

05 거위용 어댑터가 필요합니다.

시뮬레이터는 Quackable 인터페이스를 원하지만, 거위는 quack()이 아닌 honk() 메소드가 들어있습니다. 그러니 오리 자리에 거위가 들어갈 수 있게 어댑터를 씁시다.

어댑터 클래스에서는 타깃 인터페이스를 구현해야 합니다. 이 코드에서는 Quackable을 구현해야 하죠.

```java
public class GooseAdapter implements Quackable {
    Goose goose;

    public GooseAdapter(Goose goose) {        // 생성자는 적응시킬 Goose 객체를 인자로 받아들입니다.
        this.goose = goose;
    }

    public void quack() {        // quack() 메소드가 호출되면 goose의 honk() 메소드가 호출됩니다.
        goose.honk();
    }
}
```

06 시뮬레이터에 이제 거위를 추가할 수 있습니다.

Goose 객체를 만들고 Quackable을 구현하는 인터페이스로 감싸면 됩니다.

```java
public class DuckSimulator {
    public static void main(String[] args) {
        DuckSimulator simulator = new DuckSimulator();
        simulator.simulate();
    }

    void simulate() {
        Quackable mallardDuck = new MallardDuck();
        Quackable redheadDuck = new RedheadDuck();
        Quackable duckCall = new DuckCall();
        Quackable rubberDuck = new RubberDuck();
        Quackable gooseDuck = new GooseAdapter(new Goose());
        // Goose를 GooseAdapter로 감싸면 오리의 탈을 쓴 거위를 만들 수 있습니다.

        System.out.println("\n오리 시뮬레이션 게임 (+거위 어댑터)");

        simulate(mallardDuck);
        simulate(redheadDuck);
        simulate(duckCall);
        // 일단 Goose를 감싸고 나면 그냥 Quackable 인터페이스를 구현하는 다른 오리들과 똑같은 방식으로 다루면 됩니다.
        simulate(rubberDuck);
        simulate(gooseDuck);
    }

    void simulate(Quackable duck) {
        duck.quack();
    }
}
```

07 잽싸게 한번 돌려 봅시다.

이번에는 simulate() 메소드에 전달되는 객체 목록에 GooseAdapter로 감싸 놓은 Goose 객체가 추가되었습니다. 결과를 보면 거위가 끽끽 소리를 내고 있다는 사실을 알 수 있습니다.

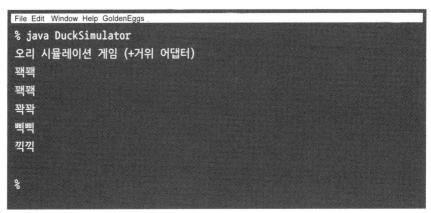

거위 소리군요. 이제 거위도
다른 오리들과 같이
소래 낼 수 있게 되었군요.

꽥꽥학

꽥꽥학자들은 Quackable의 행동에 푹 빠져 있습니다. 꽥꽥학자들은 오래전부터 하나의 오리 무리가 몇 번의 꽥꽥 소리를 내는지 연구하고 싶어 했습니다.

오리 클래스는 그대로 두면서 오리가 꽥꽥 소리를 낸 횟수를 세려면 어떤 패턴을 써야 할까요?

선호(Sunho),
공원 관리인, 꽥꽥학자

08 불쌍한 꽥꽥학자들에게 꽥꽥 소리를 낸 횟수를 세 주는 기능을 선물합시다.

그런데 어떻게 해야 할까요? 새로운 행동(꽥꽥 소리 낸 횟수를 세는 기능)을 추가하려면 데코레이터를 만들어서 객체들을 그 데코레이터 객체로 감싸면 되겠죠? Duck 코드는 건드리지 않아도 됩니다.

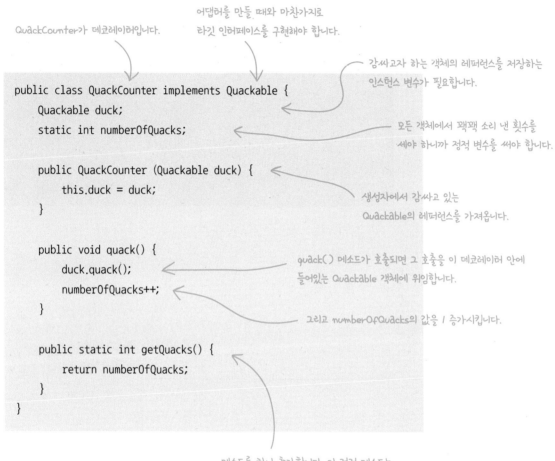

QuackCounter가 데코레이터입니다.

어댑터를 만들 때와 마찬가지로 타깃 인터페이스를 구현해야 합니다.

감싸고자 하는 객체의 레퍼런스를 저장하는 인스턴스 변수가 필요합니다.

모든 객체에서 꽥꽥 소리 낸 횟수를 세야 하니까 정적 변수를 써야 합니다.

```java
public class QuackCounter implements Quackable {
    Quackable duck;
    static int numberOfQuacks;

    public QuackCounter (Quackable duck) {
        this.duck = duck;
    }

    public void quack() {
        duck.quack();
        numberOfQuacks++;
    }

    public static int getQuacks() {
        return numberOfQuacks;
    }
}
```

생성자에서 감싸고 있는 Quackable의 레퍼런스를 가져옵니다.

quack() 메소드가 호출되면 그 호출을 이 데코레이터 안에 들어있는 Quackable 객체에 위임합니다.

그리고 numberOfQuacks의 값을 1 증가시킵니다.

메소드를 하나 추가합니다. 이 정적 메소드는 모든 Quackable에서 꽥꽥 소리 낸 횟수를 리턴해 줍니다.

09 시뮬레이터를 고쳐서 모든 오리를 데코레이터로 감싸 줍니다.

Quackable 객체를 생성할 때는 항상 QuackCounter 데코레이터로 감싸야 합니다. 데
코레이터로 감싸지 않으면 그 객체가 꽥꽥 소리를 몇 번 냈는지 알 수가 없죠.

```java
public class DuckSimulator {
    public static void main(String[] args) {
        DuckSimulator simulator = new DuckSimulator();
        simulator.simulate();
    }

    void simulate() {
        Quackable mallardDuck = new QuackCounter(new MallardDuck());
        Quackable redheadDuck = new QuackCounter(new RedheadDuck());
        Quackable duckCall = new QuackCounter(new DuckCall());
        Quackable rubberDuck = new QuackCounter(new RubberDuck());
        Quackable gooseDuck = new GooseAdapter(new Goose());

        System.out.println("\n오리 시뮬레이션 게임 (+데코레이터)");

        simulate(mallardDuck);
        simulate(redheadDuck);
        simulate(duckCall);
        simulate(rubberDuck);
        simulate(gooseDuck);

        System.out.println("오리가 소리 낸 횟수: " +
                        QuackCounter.getQuacks() + " 번");
    }

    void simulate(Quackable duck) {
        duck.quack();
    }
}
```

Quackable을 새로 생성할 때마다 새로운 데코레이터로 감쌉니다.

공원 관리인이 거위가 소리를 내는 횟수는 포함시키지 말아달라고 부탁을 했더군요. gooseDuck은 데코레이터로 포장하지 않습니다.

꽥꽥 소리 낸 횟수를 출력하는 부분

이 부분은 건드리지 않아도 됩니다. 데코레이터로 포장된 객체들도 결국은 Quackable 객체니까요.

출력 결과

거위가 소리 낸 횟수는 포함하지 않는다고 했죠?

```
File  Edit  Window  Help  GoldenEggs
% java DuckSimulator
오리 시뮬레이션 게임 (+데코레이터)
꽥꽥
꽥꽥
꽉꽉
삑삑
끽끽
오리가 소리 낸 횟수: 4 번

%
```

와, 정말 대단한 기능이에요. 오리의 습성을
새로운 방향으로 연구할 수 있게 됐습니다.
그런데 꽥꽥 소리 내는 횟수를 제대로
세지 못하는 경우도 꽤 있더라고요.
이 문제를 해결해 주실래요?

새로운 행동을 활용하려면 객체를 데코레이터로 감싸야만 합니다.

관리인에게 정곡을 찔렸습니다. 데코레이터를 쓸 때는 객체를 제대로
포장하지 않으면 원하는 행동을 추가할 수 없습니다.

오리 객체를 생성하는 작업을 한 군데에서 몰아서 하는 건 어떨까요?
오리를 생성하고 데코레이터로 감싸는 부분을 따로 빼내서 캡슐화하
는 거죠. 이러려면 어떤 패턴을 써야 할까요?

10 오리를 생산하는 팩토리가 필요합니다.

데코레이터로 모든 오리를 감쌀 때는 팩토리가 제격입니다. 여기서 사용할 팩토리는
여러 종류의 오리를 생산해야 하므로 추상 팩토리 패턴을 사용해서 만들겠습니다.
AbstractDuckFactory를 먼저 정의해 봅시다.

> 서브클래스는 이 추상 팩토리를 구현해서 다양
> 한 종류의 객체를 만들 수 있습니다.

```java
public abstract class AbstractDuckFactory {

    public abstract Quackable createMallardDuck();
    public abstract Quackable createRedheadDuck();
    public abstract Quackable createDuckCall();
    public abstract Quackable createRubberDuck();
}
```

각 메소드에서 서로 다른 종류의 오리를 생성합니다.

우선 데코레이터가 없는 오리 생성 팩토리를 어떤 식으로 구현할지 살펴봅시다.

```java
public class DuckFactory extends AbstractDuckFactory {

    public Quackable createMallardDuck() {
        return new MallardDuck();
    }

    public Quackable createRedheadDuck() {
        return new RedheadDuck();
    }

    public Quackable createDuckCall() {
        return new DuckCall();
    }

    public Quackable createRubberDuck() {
        return new RubberDuck();
    }
}
```

DuckFactory는 추상 팩토리를 확장해서 만듭니다.

각 메소드는 Quackable 객체를 만들죠.
시뮬레이터는 실제 어떤 제품이 만들어지는지 알 수 없습니다.
그냥 Quackable이 리턴된다는 사실만 알 수 있죠.

이제 우리가 진짜로 사용할 CountingDuckFactory를 만들어 봅시다.

CountingDuckFactory도 추상 팩토리를 확장해서 만들어야겠죠?

```java
public class CountingDuckFactory extends AbstractDuckFactory {

    public Quackable createMallardDuck() {
        return new QuackCounter(new MallardDuck());
    }

    public Quackable createRedheadDuck() {
        return new QuackCounter(new RedheadDuck());
    }

    public Quackable createDuckCall() {
        return new QuackCounter(new DuckCall());
    }

    public Quackable createRubberDuck() {
        return new QuackCounter(new RubberDuck());
    }
}
```

모든 메소드에서 Quackable 객체를 꽥꽥 소리 낸
횟수를 세는 데코레이터로 감쌉니다.
시뮬레이터는 조금 다른 객체가 리턴되었다는 사실을
전혀 알 수 없습니다. 그냥 Quackable을 받았다고
생각할 뿐이죠. 하지만 아까 그 꽥꽥학자는 오리들이
꽥꽥 소리 낸 횟수를 전부 셀 수 있습니다.

11 이제 팩토리를 쓰도록 시뮬레이터를 고쳐 봅시다.

추상 팩토리를 어떤 식으로 쓰는지 기억하죠? 팩토리를 받아서 다형성을 갖추면서 객체를 생성하는 메소드를 만들어야 합니다. 추상 팩토리 패턴을 쓰면 팩토리의 종류에 따라 다양한 제품군을 만들 수 있습니다.

전달받은 팩토리로 오리를 만들도록 simulate( ) 메소드를 고쳐 봅시다.

```java
public class DuckSimulator {
    public static void main(String[] args) {
        DuckSimulator simulator = new DuckSimulator();
        AbstractDuckFactory duckFactory = new CountingDuckFactory();

        simulator.simulate(duckFactory);
    }

    void simulate(AbstractDuckFactory duckFactory) {
        Quackable mallardDuck = duckFactory.createMallardDuck();
        Quackable redheadDuck = duckFactory.createRedheadDuck();
        Quackable duckCall = duckFactory.createDuckCall();
        Quackable rubberDuck = duckFactory.createRubberDuck();
        Quackable gooseDuck = new GooseAdapter(new Goose());

        System.out.println("\n오리 시뮬레이션 게임 (+추상 팩토리)");

        simulate(mallardDuck);
        simulate(redheadDuck);
        simulate(duckCall);
        simulate(rubberDuck);
        simulate(gooseDuck);

        System.out.println("오리가 소리 낸 횟수: " +
                        QuackCounter.getQuacks() +
                        " 번");
    }

    void simulate(Quackable duck) {
        duck.quack();
    }
}
```

우선 simulate( ) 메소드에 전달할 팩토리를 생성합니다.

simulate( ) 메소드는 AbstractDuckFactory를 인자로 받습니다. 객체의 인스턴스를 직접 생성하지 않고, 팩토리의 메소드로 생성합니다.

이 부분은 이전 코드와 같습니다.

팩토리를 사용했을 때의 실행 결과.

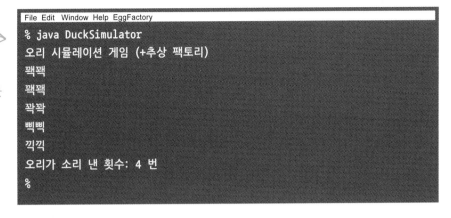

이전 코드와 실행 결과는 똑같은데, 이번에는 CountingDuckFactory를 썼으므로 모든 오리를 데코레이터로 확실하게 감쌀 수 있었습니다.

쓰면서 제대로 공부하기

정답 582쪽

조금 나아지긴 했지만 거위를 만들 때는 여전히 구상 클래스에 의존해서 직접 만들어야만 합니다.
거위를 생성하는 추상 팩토리를 만들어 주세요. '거위 오리'를 만드는 작업은 어떤 식으로 처리해야 할까요?

이 많은 오리를 따로따로 관리하기가 점점 힘들어지는군요. 오리들을 일괄적으로 관리할 수 있는 방법이 없을까요? 그리고 혹시 종별로 분류할 수 있을까요?

오리 무리를 관리하는 기능을 원하는군요.

공원 관리인 선호 씨가 좋은 질문을 했습니다. "왜 오리를 1마리씩 관리해야 하는 것일까?" 라는 질문이죠.

별로 관리하기 좋은 방법은 아니죠.

```
Quackable mallardDuck = duckFactory.createMallardDuck();
Quackable redheadDuck = duckFactory.createRedheadDuck();
Quackable duckCall = duckFactory.createDuckCall();
Quackable rubberDuck = duckFactory.createRubberDuck();
Quackable gooseDuck = new GooseAdapter(new Goose());


simulate(mallardDuck);
simulate(redheadDuck);
simulate(duckCall);
simulate(rubberDuck);
simulate(gooseDuck);
```

오리들로 구성된 컬렉션이나 그 컬렉션의 부분 컬렉션(선호 씨가 얘기한 종별 분류)을 다룰 수 있는 방법이 필요합니다. 여러 오리에 같은 작업을 적용할 수 있다면 정말 좋겠네요. 그러려면 어떤 패턴을 써야 할까요?

12 오리 무리(정확하게 말하자면 Quackable 무리)를 만들어 봅시다.

객체들로 구성된 컬렉션을 개별 객체와 같은 방식으로 다룰 수 있게 해 주는 컴포지트 패턴 기억나죠? Quackable 무리를 다룰 때도 이 패턴을 활용하면 딱 좋을 것 같군요. 어떤 식으로 하면 될지 살펴볼까요?

> 복합 객체와 잎 원소에서 같은 인터페이스를 구현해야 한다는 사실 기억하죠? 이 코드에서는 Quackable이 잎 원소가 됩니다.

```java
public class Flock implements Quackable {
    List<Quackable> quackers = new ArrayList<Quackable>();

    public void add(Quackable quacker) {
        quackers.add(quacker);
    }

    public void quack() {
        Iterator<Quackable> iterator = quackers.iterator();
        while (iterator.hasNext()) {
            Quackable quacker = iterator.next();
            quacker.quack();
        }
    }
}
```

> 그 Flock에 속하는 Quackable 객체들은 ArrayList에 저장합니다.

> Flock에 Quackable을 추가하는 메소드

> quack() 메소드. Flock도 결국은 Quackable입니다. Flock에 들어있는 quack() 메소드는 Flock 안에 들어있는 모든 오리를 챙겨야 합니다. ArrayList를 대상으로 순환문을 돌리면서 각 원소의 quack() 메소드를 호출합니다.

🔍 코드 자세히 들여다보기

위의 코드에 은근슬쩍 다른 디자인 패턴을 끼워넣었는데, 혹시 어떤 패턴인지 눈치챘나요?

```java
public void quack() {
    Iterator<Quackable> iterator = quackers.iterator();
    while (iterator.hasNext()) {
        Quackable quacker = iterator.next();
        quacker.quack();
    }
}
```

> 여기 있네요.
> 바로 반복자 패턴입니다!

13 시뮬레이터를 또 고쳐 봅시다.

복합 객체를 완성했습니다. 오리들이 복합 구조 안으로 들어가도록 코드를 고쳐야겠죠?

```java
public class DuckSimulator {
    // main 메소드

    void simulate(AbstractDuckFactory duckFactory) {
        Quackable redheadDuck = duckFactory.createRedheadDuck();
        Quackable duckCall = duckFactory.createDuckCall();
        Quackable rubberDuck = duckFactory.createRubberDuck();
        Quackable gooseDuck = new GooseAdapter(new Goose());
```
이전 코드와 마찬가지로 Quackable을 생성합니다.

```java
        System.out.println("\n오리 시뮬레이션 게임: 무리 (+컴포지트)");

        Flock flockOfDucks = new Flock();
```
Flock을 생성한 다음 Quackable을 그 안에 넣습니다.

```java
        flockOfDucks.add(redheadDuck);
        flockOfDucks.add(duckCall);
        flockOfDucks.add(rubberDuck);
        flockOfDucks.add(gooseDuck);

        Flock flockOfMallards = new Flock();
```
물오리(MallardDuck)만 들어가는 Flock 객체를 만듭니다.

```java
        Quackable mallardOne = duckFactory.createMallardDuck();
        Quackable mallardTwo = duckFactory.createMallardDuck();
        Quackable mallardThree = duckFactory.createMallardDuck();
        Quackable mallardFour = duckFactory.createMallardDuck();
```
물오리 무리를 만듭니다.

```java
        flockOfMallards.add(mallardOne);
        flockOfMallards.add(mallardTwo);
        flockOfMallards.add(mallardThree);
        flockOfMallards.add(mallardFour);
```
그리고 물오리 무리를 객체에 차곡차곡 넣습니다.

```java
        flockOfDucks.add(flockOfMallards);
```
물오리 무리를 아까 만든 오리 무리에 넣습니다.

```java
        System.out.println("\n오리 시뮬레이션 게임: 전체 무리");
        simulate(flockOfDucks);
```
이제 모든 오리를 테스트해 볼까요?

```java
        System.out.println("\n오리 시뮬레이션 게임: 물오리 무리");
        simulate(flockOfMallards);
```
이번에는 물오리 무리를 테스트해 봅시다.

```java
        System.out.println("\n오리가 소리 낸 횟수: " +
                        QuackCounter.getQuacks() +
                        " 번");
    }
```
마지막으로 꽥꽥학자들이 좋아할 만한 정보도 출력합시다.

```java
    void simulate(Quackable duck) {
        duck.quack();
    }
}
```
이 부분은 전혀 고칠 필요가 없습니다.
Flock도 결국은 Quackable이니까요.

고친 코드를 돌려 봅시다.

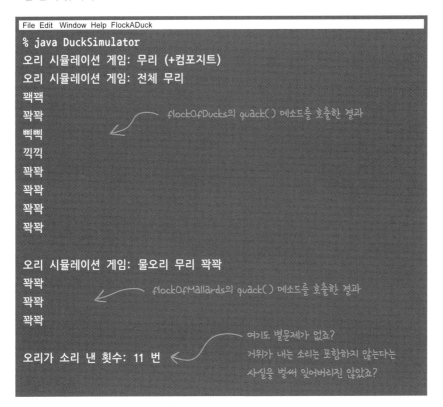

File Edit Window Help FlockADuck

```
% java DuckSimulator
오리 시뮬레이션 게임: 무리 (+컴포지트)
오리 시뮬레이션 게임: 전체 무리
꽥꽥
꽉꽉
삑삑
끽끽
꽉꽉
꽉꽉
꽉꽉
꽉꽉


오리 시뮬레이션 게임: 물오리 무리 꽉꽉
꽉꽉
꽉꽉
꽉꽉


오리가 소리 낸 횟수: 11 번
```

flockOfDucks의 quack() 메소드를 호출한 결과

flockOfMallards의 quack() 메소드를 호출한 결과

여기도 별문제가 없죠?
거위가 내는 소리는 포함하지 않는다는
사실을 벌써 잊어버리진 않았죠?

안전성 vs 투명성

9장에서 컴포지트 패턴을 배웠을 때, 복합 객체(Menu)와 잎 객체(MenuItem)에 똑같은 메소드가 들어있었다는 사실을 아직 기억하고 있는지 모르겠네요. 심지어 add( ) 메소드도 똑같이 들어있었습니다. 똑같은 메소드를 억지로 넣다 보니 MenuItem 객체에 전혀 쓸모없는 메소드까지 넣어야 했습니다(메뉴 항목을 추가하는 add( ) 메소드를 메뉴 항목에서 전혀 쓸 필요가 없죠). 이러면 잎과 복합 객체 사이의 차이점을 투명하게 만들 수 있다는 장점이 있습니다. 클라이언트는 잎 객체를 다루고 있는지, 아니면 복합 객체를 다루고 있는지를 전혀 신경 쓸 필요가 없죠. 그냥 무조건 같은 메소드를 호출하면 됩니다.

여기에서는 복합 객체에서 자식을 관리하는 메소드를 복합 객체에만 넣었습니다. add( ) 메소드는 Flock 클래스에만 있죠. 어차피 오리 객체는 add( )에게 아무 쓸모 없는 메소드니까요. 심지어 아예 오리를 add( ) 메소드를 호출할 수 없고 오로지 Flock만 호출할 수 있죠. 이런 디자인은 (구성 요소에서 어떤 의미도 갖지 못하는 메소드는 아예 호출할 수 없으므로) 더 안전하긴 합니다만, 대신 투명성은 떨어집니다. 클라이언트가 어떤 객체에 Quackable을 추가하려면 그 객체가 Flock인지 아닌지를 확실하게 알고 있어야 하니까요.

언제나 그렇듯이 객체지향 디자인을 할 때는 장점과 단점을 잘 따져봐야 합니다. 복합 객체를 만들 때도 상황에 따라서 안전성과 투명성을 적당히 조절해야 합니다.

컴포지트가 정말 멋지게 잘 돌아가네요.
고맙습니다. 근데 이번에는 정반대의 기능을
좀 부탁드리려고요. 오리들을 1마리씩 챙길 수 있으면
좋겠습니다. 꽥꽥 소리 내는 오리들을 1마리씩 실시간으로
추적할 수 있는 기능을 만들어 주실 수 있나요?

옵저버 기억하나요?

꽥꽥학자가 개별 오리의 행동을 관찰하고 싶은가 보네요.
객체의 행동을 관측하려고 만들어진 패턴을 쓰면 딱 좋을 만한 상황입니다.
바로 옵저버 패턴 말이죠.

14 우선 Observable 인터페이스가 필요합니다.

여기에서 관찰 대상이 되는 게 바로 Observable이라는 것 기억하죠? Observable에는
옵저버를 등록하는 메소드와 옵저버에게 연락을 돌리는 메소드가 있어야 합니다. 그리
고 옵저버를 제거하는 메소드를 만들 수도 있는데, 여기에서는 편의상 생략하겠습니다.

Quackable을 다른 객체에서 관측할 수 있게 만들고 싶다면
QuackObservable 인터페이스를 구현해서 만들어야 합니다.

```
public interface QuackObservable {
    public void registerObserver(Observer observer);
    public void notifyObservers();
}
```

옵저버를 등록하는 메소드.
Observer 인터페이스를 구현하는 객체라면
어떤 객체든 꽥꽥 소리 내는 걸 감시할 수 있습니다.
Observer 인터페이스는 잠시 후에 정의하겠습니다.

옵저버에게 연락을 돌리는 메소드

모든 Quackable에서 이 인터페이스를 구현하도록 만들어야겠죠?

```
public interface Quackable extends QuackObservable {
    public void quack();
}
```

Quackable 인터페이스를 정의할 때 QuackObservable을 확장합니다.

15 이제 Quackable을 구현하는 모든 구상 클래스에서 QuackObservable에 있는 메소드를 구현하도록 만듭시다.

(2장에서 했던 방식으로) 모든 클래스에서 일일이 등록하고, 연락용 메소드를 구현할 수도 있습니다. 하지만 이번에는 조금 다른 식으로 해 보죠. 등록 및 연락용 코드를 Observable 클래스에 캡슐화하고, 구성으로 QuackObservable에 포함시키는 겁니다. 이러면 실제 코드는 한 군데에만 작성해 놓고, QuackObservable이 필요한 작업을 Observable 보조 클래스에 전부 위임하게 만들 수 있습니다.

Observable 보조 클래스를 만들어 봅시다.

그만 좀 쳐다보세요. 긴장되잖아요!

QuackObserverable

Observable에서는 Quackable이 관찰 대상이 되는 데 필요한 모든 기능을 구현합니다. Observable 객체를 다른 클래스에 넣은 다음 필요한 작업을 Observable에 위임하도록 만들면 됩니다.

Observable은 반드시 QuackObservable을 구현해야 합니다. 나중에 QuackObservable에서 정의한 메소드를 Observable에 위임할 거니까요.

```java
public class Observable implements QuackObservable {
    List<Observer> observers = new ArrayList<Observer>();
    QuackObservable duck;

    public Observable(QuackObservable duck) {
        this.duck = duck;
    }

    public void registerObserver(Observer observer) {
        observers.add(observer);
    }

    public void notifyObservers() {
        Iterator iterator = observers.iterator();
        while (iterator.hasNext()) {
            Observer observer = iterator.next();
            observer.update(duck);
        }
    }
}
```

생성자의 인자로 이 객체를 써서 QuackObservable로서의 행동을 구현할 QuackObservable 객체가 전달됩니다. 밑에 있는 notifyObservers( )에서 연락을 돌릴 때, duck을 인자로 전달해서 옵저버에 그 QuackObservable 객체가 연락을 돌린다는 사실을 알려 주죠.

옵저버 등록 코드

연락을 돌리는 코드

이제 Quackable 클래스에서 이 보조 클래스를 어떻게 활용하는지 살펴볼까요?

16 Observer 보조 객체와 Quackable 클래스를 결합합니다.

별로 어려울 건 없습니다. Quackable 클래스에 Observable 레퍼런스를 추가하고, 메소드 실행을 넘겨주기만 하면 되니까요. 그 부분만 신경 쓰면 Observable이 되는 건 문제없습니다. MallardDuck 코드는 다음과 같습니다. Quackable을 구현하는 다른 클래스도 비슷한 방식으로 구현하면 됩니다.

```java
public class MallardDuck implements Quackable {
    Observable observable;          // Quackable에 Observable 인스턴스 변수를 넣습니다.

    public MallardDuck() {
        observable = new Observable(this);   // 생성자에서 Observable 객체를 만듭니다.
    }                                        // 이때 MallardDuck 객체의 레퍼런스를 인자로 전달합니다.

    public void quack() {
        System.out.println("꽥꽥");
        notifyObservers();          // quack() 메소드가 호출되면
    }                               // 옵저버들에게 알려야 합니다.

    public void registerObserver(Observer observer) {
        observable.registerObserver(observer);
    }

    public void notifyObservers() {
        observable.notifyObservers();   // QuackObservable에서 정의한 메소드.
    }                                    // 별다른 작업은 하지 않고 바로 보조 객체에게 넘깁니다.
}
```

쓰면서 제대로 공부하기

정답 580쪽

QuackCounter 데코레이터에도 Quackable을 구현해야 합니다. 코드를 직접 짜 보세요.

---

17 이제 거의 끝나갑니다. 옵저버를 만들어 봅시다.

Observable과 관련된 부분은 전부 만들었습니다. 이제 옵저버를 만들어야겠죠?

우선 Observer 인터페이스부터 만들어 봅시다.

Observer 인터페이스에는 꽥꽥 소리를 내는 QuackObservable을
인자로 전달받는 update( ) 메소드 하나만 있습니다.

```java
public interface Observer {
    public void update(QuackObservable duck);
}
```

옵저버 클래스를 만들어야겠죠? 꽥꽥학자들이 옵저버 역할을 하게 됩니다.

Observer 인터페이스를 구현해야만
QuackObservable 객체에 등록할 수 있습니다.

```java
public class Quackologist implements Observer {

    public void update(QuackObservable duck) {
        System.out.println("꽥꽥학자: " + duck + " 가 방금 소리냈다.");
    }
}
```

아주 간단하죠? 방금 꽥꽥거린 Quackable을 출력하는
update( ) 메소드밖에 없습니다.

꽥꽥학자들이 오리 무리 전체를 관찰하고 싶다면 어떻게 해야 할까요? 일단 오리 무리 관찰이 무엇인지 짚고 가야겠군요. 오리 무리라는 복합 객체 관찰은 그 복합 객체에 들어있는 모든 것을 관찰한다는 의미입니다. 그러니 오리 무리 전체를 관찰하려면 어떤 오리 무리에 옵저버를 등록하면 그 오리 무리에 등록되면서 다른 오리 무리에도 자동으로 등록되어야 합니다.

다음으로 넘어가기 전에 QuackObservable을 확장한 Quackable에 맞는 Flock 코드를 작성해 봅시다.

18 이제 오리를 관측할 준비가 다 됐습니다. 시뮬레이터를 고치고 다시 테스트해 봅시다.

```java
public class DuckSimulator {
    public static void main(String[] args) {
        DuckSimulator simulator = new DuckSimulator();
        AbstractDuckFactory duckFactory = new CountingDuckFactory();

        simulator.simulate(duckFactory);
    }

    void simulate(AbstractDuckFactory duckFactory) {

        // 오리 팩토리와 오리 생성

        // 오리 무리 생성

        System.out.println("\n오리 시뮬레이션 게임 (+옵저버)");

        Quackologist quackologist = new Quackologist();
        flockOfDucks.registerObserver(quackologist);

        simulate(flockOfDucks);

        System.out.println("\n오리가 소리 낸 횟수: " +
                        QuackCounter.getQuacks() +
                        " 번");
    }

    void simulate(Quackable duck) {
        duck.quack();
    }
}
```

Quackologist를 만들고
오리 무리의 옵저버로 설정합니다.

이번에는 전체 오리 무리만 테스트해 봅시다.

이제 결과를 살펴봅시다.

드디어 끝이 났습니다. 5, 아니, 6개의 패턴으로 오리 시뮬레이션 게임을 근사하게 만들 수 있었죠. 설명은 이제 그만하고 실행해 봅시다.

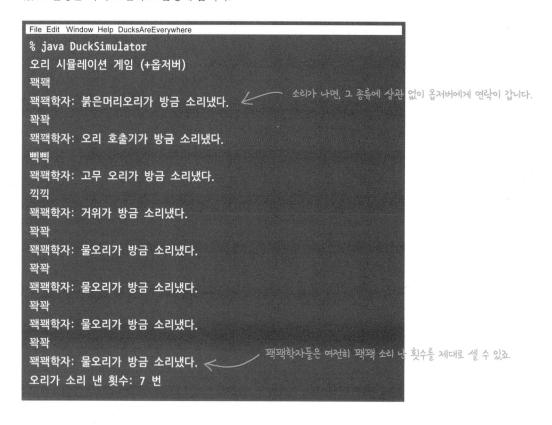

```
File Edit Window Help DucksAreEverywhere
% java DuckSimulator
오리 시뮬레이션 게임 (+옵저버)
꽥꽥
꽥꽥학자: 붉은머리오리가 방금 소리냈다.          ← 소리가 나면, 그 종류에 상관 없이 옵저버에게 연락이 갑니다.
꽉꽉
꽥꽥학자: 오리 호출기가 방금 소리냈다.
삑삑
꽥꽥학자: 고무 오리가 방금 소리냈다.
끽끽
꽥꽥학자: 거위가 방금 소리냈다.
꽉꽉
꽥꽥학자: 물오리가 방금 소리냈다.
꽉꽉
꽥꽥학자: 물오리가 방금 소리냈다.
꽉꽉
꽥꽥학자: 물오리가 방금 소리냈다.
꽉꽉
꽥꽥학자: 물오리가 방금 소리냈다.          ← 꽥꽥학자들은 여전히 꽥꽥 소리 난 횟수를 제대로 셀 수 있죠.
오리가 소리 낸 횟수: 7 번
```

무엇이든 물어보세요
Q&A

Q1 여기에서 쓰인 게 복합 패턴인가요?

A1 복합 패턴이라고 할 순 없습니다. 그냥 여러 패턴을 섞어서 썼을 뿐이죠. 복합 패턴은 몇 개의 패턴을 복합적으로 사용해서 일반적인 문제를 해결할 수 있어야 합니다. 잠시 후에 모델-뷰-컨트롤러를 살펴볼 텐데, 그 패턴은 다양한 디자인 문제를 해결하는 데 적용할 수 있으므로 복합 패턴입니다.

Q2 디자인 패턴의 진정한 매력은 어떤 문제가 닥쳤을 때 패턴을 적용하다 보면 문제가 해결된다는 거죠?

A2 그렇진 않습니다. 오리 시뮬레이션 게임을 만드는 데 여러 가지 패턴을 사용한 이유는 그냥 여러 패턴을 함께 사용할 수 있다는 사실을 보여 주려고 했던 것뿐입니다. 실전에서 방금까지 했던 방식으로 디자인을 적용하는 일은 없을 것입니다. 오리 시뮬레이션 게임에 적용된 패턴 중에는 조금 과하다 싶은 것들도 있었죠. 상황에 따라 올바른 객체지향 디자인 원칙을 적용하는 것만으로도 문제가 해결되기도 합니다.

이와 관련된 내용은 13장에서 좀 더 알아보겠습니다. 일단 지금은 "패턴은 반드시 상황에 맞게 써야 한다"라는 사실만 기억하세요. "이 패턴을 써 봐야지"라고 생각하고 억지로 패턴을 적용해서는 안 됩니다. 방금까지 살펴본 디자인은 상당히 부자연스럽고, 억지스러운 부분이 많다는 사실을 명심합시다. 하지만 그래도 재미있지 않았나요? 한 문제를 해결하는 데 여러 패턴을 적용할 수 있다는 사실은 배울 수 있었잖아요. 그렇죠?

바뀐 내용 되돌아보기

처음에 수많은 Quackable들이 있었습니다.

갑자기 거위가 나타나서는 자기도 Quackable이 되고 싶다고 했죠. 그래서 어댑터 패턴을 써서 거위를 Quackable에 맞게 만들어 줬습니다. 이제 거위는 어댑터로 싸여 있으므로 거위 객체의 quack( ) 메소드를 호출하면 자동으로 honk( ) 메소드가 실행됩니다.

꽥꽥학자들이 등장해서는 꽥꽥 소리가 난 횟수를 세고 싶다고 했습니다. 그래서 데코레이터 패턴을 적용해서, QuackCounter 데코레이터를 추가하고 quack( )이 호출된 회수를 셀 수 있게 만들었습니다. quack( ) 메소드 호출 자체는 그 데코레이터로 싸여 있는 Quackable 객체가 처리합니다.

하지만 꽥꽥학자들이 QuackCounter로 장식되지 않은 Quackable 객체가 있을까 봐 걱정된다고 하더군요. 그래서 추상 팩토리 패턴을 써서 팩토리가 객체를 만들도록 했습니다. 오리 객체를 만들 때는 항상 팩토리에 요청을 하게 되니까, 팩토리가 데코레이터로 싸여있는 오리를 리턴하게 해서 문제를 해결했습니다(그리고 데코레이터로 장식되지 않은 오리를 원한다면 다른 팩토리를 쓰면 된다는 것도 기억해 둡시다).

모든 오리와 거위, Quackable 객체를 관리하기가 힘들어지기 시작했습니다. 그래서 컴포지트 패턴을 써서 오리들을 모아서 오리 무리 단위로 관리하기로 했습니다. 이 패턴을 사용하면 꽥꽥학자들은 수많은 오리를 종별로 나눠서 관리할 수도 있습니다. 그 패턴을 구현하는 과정에서 java.util의 반복자를 사용해서 반복자 패턴까지 적용했죠.

꽥꽥학자들은 Quackable에서 소리를 냈을 때 바로 연락받고 싶어 했습니다. 그래서 옵저버 패턴을 써서 Quackologist를 Quackable의 옵저버로 등록했죠. 이제 Quackable에서 소리를 낼 때마다 연락을 받을 수 있습니다. 여기에서도 반복자 패턴이 적용되었습니다. 옵저버 패턴은 복합 객체 내에서도 전혀 문제없이 잘 작동했습니다.

와… 디자인 패턴 공부 한번 화끈하게 했네요. 다음 쪽에 나와 있는 클래스 다이어그램까지 공부한 다음에 잠시 쉬었다가 모델-뷰-컨트롤러로 넘어가야겠어요.

오리 시뮬레이션 게임 클래스 다이어그램 살펴보기

오리가 바라본 조감도를 살펴봅시다! ☆

간단한 오리 시뮬레이션 게임을 만드는 데 정말 많은 패턴을 구겨 넣었네요.
지금까지 한 일을 다이어그램으로 정리하면 다음과 같습니다.

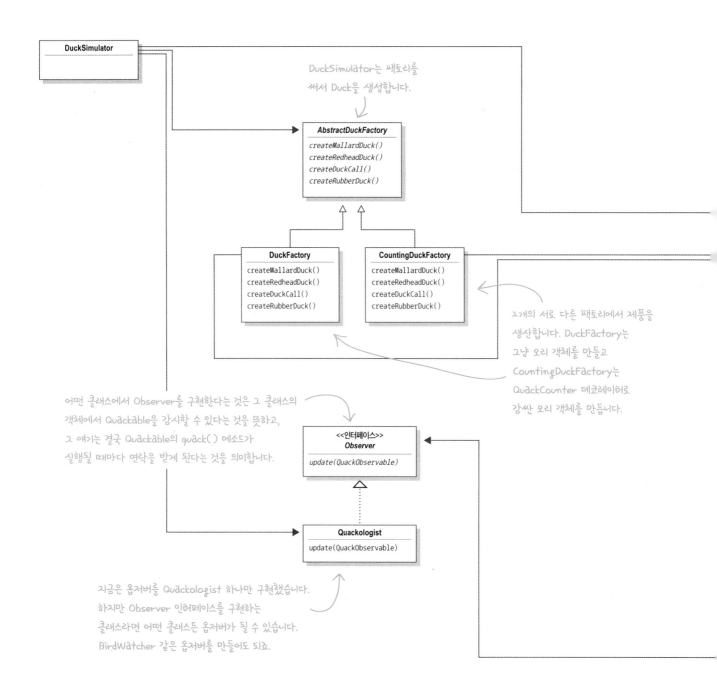

DuckSimulator

DuckSimulator는 팩토리를 써서 Duck을 생성합니다.

AbstractDuckFactory
createMallardDuck()
createRedheadDuck()
createDuckCall()
createRubberDuck()

DuckFactory
createMallardDuck()
createRedheadDuck()
createDuckCall()
createRubberDuck()

CountingDuckFactory
createMallardDuck()
createRedheadDuck()
createDuckCall()
createRubberDuck()

2개의 서로 다른 팩토리에서 제품을 생산합니다. DuckFactory는 그냥 오리 객체를 만들고 CountingDuckFactory는 QuackCounter 데코레이터로 감싼 오리 객체를 만듭니다.

어떤 클래스에서 Observer를 구현한다는 것은 그 클래스의 객체에서 Quackable을 감시할 수 있다는 것을 뜻하고, 그 얘기는 결국 Quackable의 quack() 메소드가 실행될 때마다 연락을 받게 된다는 것을 의미합니다.

<<인터페이스>>
Observer
update(QuackObservable)

Quackologist
update(QuackObservable)

지금은 옵저버를 Quackologist 하나만 구현했습니다. 하지만 Observer 인터페이스를 구현하는 클래스라면 어떤 클래스든 옵저버가 될 수 있습니다. BirdWatcher 같은 옵저버를 만들어도 되죠.

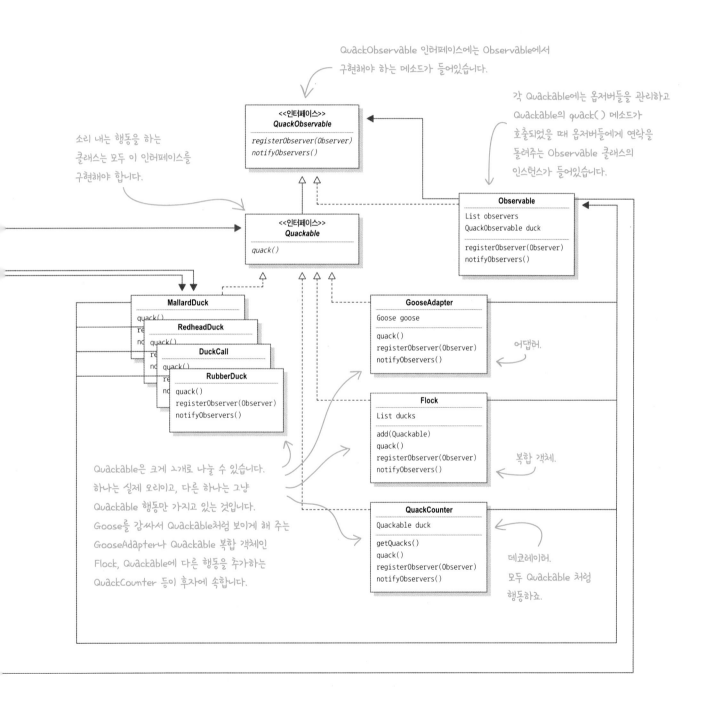

QuackObservable 인터페이스에는 Observable에서
구현해야 하는 메소드가 들어있습니다.

<<인터페이스>>
QuackObservable

registerObserver(Observer)
notifyObservers()

소리 내는 행동을 하는
클래스는 모두 이 인터페이스를
구현해야 합니다.

각 Quackable에는 옵저버들을 관리하고
Quackable의 quack() 메소드가
호출되었을 때 옵저버들에게 연락을
돌려주는 Observable 클래스의
인스턴스가 들어있습니다.

<<인터페이스>>
Quackable

quack()

Observable

List observers
QuackObservable duck

registerObserver(Observer)
notifyObservers()

MallardDuck

quack()
re
no

RedheadDuck

quack()
re
no

DuckCall

quack()
re
no

RubberDuck

quack()
registerObserver(Observer)
notifyObservers()

GooseAdapter

Goose goose

quack()
registerObserver(Observer)
notifyObservers()

어댑터.

Flock

List ducks

add(Quackable)
quack()
registerObserver(Observer)
notifyObservers()

복합 객체.

QuackCounter

Quackable duck

getQuacks()
quack()
registerObserver(Observer)
notifyObservers()

데코레이터.
모두 Quackable 처럼
행동하죠.

Quackable은 크게 2개로 나눌 수 있습니다.
하나는 실제 오리이고, 다른 하나는 그냥
Quackable 행동만 가지고 있는 것입니다.
Goose를 감싸서 Quackable처럼 보이게 해 주는
GooseAdapter나 Quackable 복합 객체인
Flock, Quackable에 다른 행동을 추가하는
QuackCounter 등이 후자에 속합니다.

복합 패턴의 왕 알현하기

만약 엘비스 프레슬리가 복합 패턴이었다면 아마 그의 이름은 모델-뷰-컨트롤러였을 겁니다.
그리고 이런 노래를 불렀겠죠.

모델, 뷰, 컨트롤러
작사, 작곡: 제임스 뎀시

MVC는 코드를 기능에 따라 나눠 주는 패러다임이지
우리의 머리가 쉴 수 있게 해 주지
재사용을 하려면 깔끔하게 나눠 줘야 한다네
한 쪽에는 모델이, 다른 쪽에는 뷰가,
그 사이에는 컨트롤러가 있다네

뷰 · 부드러운 컨트롤러 · 모델

모델 뷰, 크림 샌드 쿠키처럼 3층으로 되어 있지
모델 뷰 컨트롤러
모델 뷰, 모델 뷰, 모델 뷰 컨트롤러

모델 객체는 애플리케이션 존재의 의미지
데이터, 논리 같은 게 전부 들어있는 객체지
그 클래스는 애플리케이션의 문제를 해결하는 클래스지
어떤 뷰에서도 재사용할 수 있지
뷰가 바뀌어도 모델 객체는 그대로 남지

자동차의 움직임도 모델로 만들 수 있고
아이의 뒤뚱거림도 모델로 만들 수 있어
근사한 와인도 모델로 만들 수 있고
사람들이 말하는 것도 모델로 만들 수 있어

물속에서 팔팔 끓는 달걀까지도
바닷물의 출렁임도 모델로 만들 수 있어

모델 뷰, GQ 모델의 포즈도 모델로 만들 수 있네
모델 뷰 컨트롤러

자바에도 많아요.

뷰 객체는 표시하고 편집하는 컨트롤
코코아*에는 훌륭한 컨트롤이 가득하네
NSTextView 하나만 집어서,
아무 유니코드 문자열이나 건네줘 보자
사용자가 조작할 수도 있고, 거의 무엇이든 담을 수 있네
하지만 뷰는 모델을 모른다네
그 문자열은 전화번호일 수도 있고,
아리스토텔레스의 작품일 수도 있네
연결은 느슨하게
재사용을 최고로 끌어올리자

모델 뷰, 아쿠아 블루로 멋지게 표시되네
모델 뷰 컨트롤러

궁금하겠지
궁금할 거야
데이터는 모델과 뷰 사이에서 움직이지
컨트롤러는 둘 사이의 중계자
각 계층의 상태가 바뀔 때면
그 둘의 데이터를 동기화하지
바뀐 값들을 부지런히 날라다 주지

＊ **코코아(Cocoa):** MacOS에서 쓰이는 애플리케이션 제작용 프레임워크.
 NSTextView는 코코아에 있는 컨트롤 가운데 하나이며, 조금 아래에 있는 아쿠아
 는 MacOS 인터페이스의 룩 앤 필을 지칭합니다. - 역자주

모델 뷰, 스몰토크를 만든 이들에게 영광 있으리
모델 뷰 컨트롤러

모델 뷰, 오오 오오가 아니라 오오라네
모델 뷰 컨트롤러

이 얘기도 거의 끝나가네
조금만 더 가면 된다네
컨트롤러 코드를 만드는 사람들은
그리 빛을 발하지 못하네

모델은 중요한 임무를 맡지
뷰는 예쁘게 치장하고 사람들 앞에 나타나지
나는 게으름뱅이. 하지만 때론 미쳐 돌아가지
아무리 많은 코드를 작성해도 연결 고리만 될 뿐이지
그리 비참한 것은 아니라네
별 볼 일 없는 코드긴 하지만 말이지
열심히 값을 퍼 날라 주지

그리 가혹하게 얘기하고 싶진 않아
하지만 컨트롤러에서 하는 일이란
계속 같은 일을 반복하는 것이지

텍스트 필드에
문자열을 보낼 때마다
100원씩만 받아도 좋겠어

모델 뷰
어떻게 하면 지루한 일을 집어치울까
모델 뷰 컨트롤러

컨트롤러는 모델과 뷰 모두 하고 친하네
재사용의 가장 큰 적, 하드코딩도 종종 쓴다네
하지만 모델 키를 어떤 뷰 속성에도 마음대로
연결할 수 있다네

일단 연결을 하다 보면
소스 트리에 들어가는 코드는 그리 많지 않을 듯해

남들이 자동화해 놓은 것 때문에 우쭐해하고 있어
그건 공짜로 얻을 수 있는 것이지

스윙을 써서…

인터페이스 빌더*에서 연결하기만 하면
똑같은 코드를 반복해서 만들지 않아도 되지
자동으로 해 주니까

모델 뷰, 여러 군데를 선택한 것도 처리해 주네
모델 뷰 컨트롤러

모델 뷰, 분명히 남들보다 먼저 완성할 거야
모델 뷰 컨트롤러

＊ **인터페이스 빌더:** MacOS 애플리케이션을 개발할 때 Xcode와 함께 쓰이며, GUI를
만들고 객체 인스턴스와 연결을 편리하게 처리하도록 도와줍니다. - 역자주

귀 단련

그냥 읽어 보는 걸로는 성에 안 차죠? 헤드퍼스트 시리즈라면 직접 들어 봐야 제맛이죠! 다음 URL을 확인해 보세요.
www.youtube.com/watch?v=YYvOGPMLVDo
이제 편안히 앉아서 노래를 들어 보세요.

재미있는 노래네요. 근데 저 노래로 정말 모델-뷰-컨트롤러를 배울 수 있나요? 전에도 한번 배워 보려고 했는데, 머리만 아프고 하나도 모르겠더라고요.

흔히 MVC라고 줄여서 부릅니다!

모델-뷰-컨트롤러를 배울 때 핵심은 디자인 패턴입니다.

MVC 노래는 그냥 재미 삼아 소개드린 거죠. 아마 12장을 다 공부한 다음에 다시 앞쪽에 있는 노래를 들으면 더 재미있을 거예요.

MVC에 가슴 아픈 추억이 있으신가 보군요. 사실 다들 그런 경험이 있을 것입니다. 하지만 MVC를 세계 평화에 이바지하며, 자기 인생을 송두리째 바꿔 놓은 위대한 작품이라고 얘기하는 개발자들도 종종 볼 수 있습니다. 세계 평화에 이바지하는지는 잘 모르겠지만 적어도 매우 강력한 복합 패턴이며, 잘 써먹으면 코딩하느라 고생하는 시간을 획기적으로 줄여 줄 수 있다는 사실은 확실하게 말씀드릴 수 있습니다.

하지만 일단 배워야 써먹을 수 있겠죠? 지금은 아마 여러분이 옛날에 MVC를 공부하려고 했던 때 하고 상황이 크게 다를 거예요. 이미 여러 가지 패턴을 배웠으니까요.

왜냐고요? MVC를 이해할 때 가장 핵심적인 부분이 바로 디자인 패턴이니까요. 맨땅에 헤딩하는 듯이 MVC를 배우는 건 정말 힘들지도 모릅니다. 많은 개발자가 포기하고는 절망의 나락에 빠져들었죠. MVC를 배울 때 일단 여러 패턴을 합쳐 놓았다는 사실을 가장 먼저 이해해야 합니다. 패턴을 바라보는 눈으로 MVC를 공부하다 보면 어느 순간 깨달음을 얻을 겁니다.

이제 슬슬 시작해 봅시다. 이번에는 확실히 MVC를 정복하고 넘어갈 수 있을 거예요.

모델-뷰-컨트롤러 알아보기

iTunes 같은 음악 소프트웨어를 사용하고 있다고 가정해 봅시다. 소프트웨어에서 제공하는 인터페이스를 사용해서 새로운 곡을 추가하거나 재생목록을 관리하거나 트랙 이름을 바꿀 수 있습니다. 그 플레이어는 모든 곡의 정보, 그 곡과 관련된 모든 이름과 데이터를 담고 있는 조그만 데이터베이스를 관리합니다. 곡을 재생하고, 재생하는 동안에 현재 곡 제목, 재생 시간과 같은 다양한 정보를 사용자 인터페이스 상에서 갱신해 주는 일도 그 플레이어에서 처리해 주죠.

플레이어 뒤에서 일을 해 주고 있는 게 바로 모델-뷰-컨트롤러입니다.

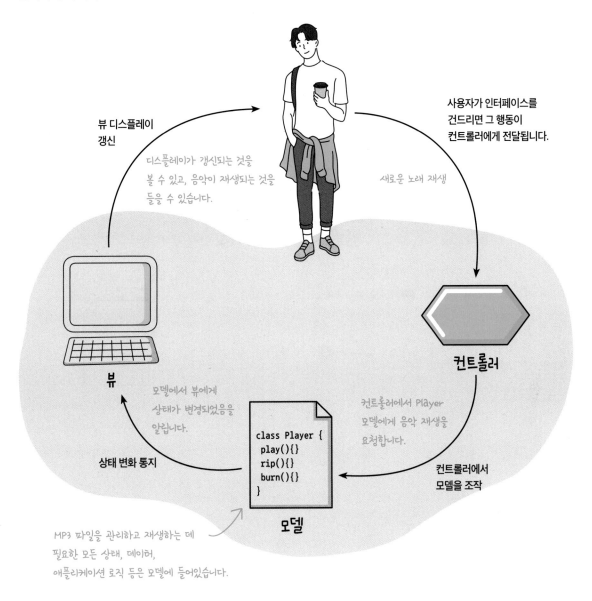

뷰 디스플레이 갱신

디스플레이가 갱신되는 것을 볼 수 있고, 음악이 재생되는 것을 들을 수 있습니다.

사용자가 인터페이스를 건드리면 그 행동이 컨트롤러에게 전달됩니다.

새로운 노래 재생

뷰

컨트롤러

모델에서 뷰에게 상태가 변경되었음을 알립니다.

상태 변화 통지

```
class Player {
play(){}
rip(){}
burn(){}
}
```

모델

컨트롤러에서 Player 모델에게 음악 재생을 요청합니다.

컨트롤러에서 모델을 조작

MP3 파일을 관리하고 재생하는 데 필요한 모든 상태, 데이터, 애플리케이션 로직 등은 모델에 들어있습니다.

모델-뷰-컨트롤러 조금 더 알아보기 *좀 더 자세히 살펴봅시다!* ☆

앞쪽에 나왔던 음악 플레이어 설명은 MVC를 전반적으로 이해하는 데에 어느 정도 도움이
되지만, 이 복합 패턴이 어떤 식으로 돌아가는지, 어떤 식으로 만들 수 있는지, 왜 그렇게 하
는 게 좋은지 등을 이해하는 데는 별 도움이 되지 않습니다. 우선 모델, 뷰, 컨트롤러의 관계
를 살펴본 다음 디자인 패턴의 관점으로 다시 한번 바라보겠습니다.

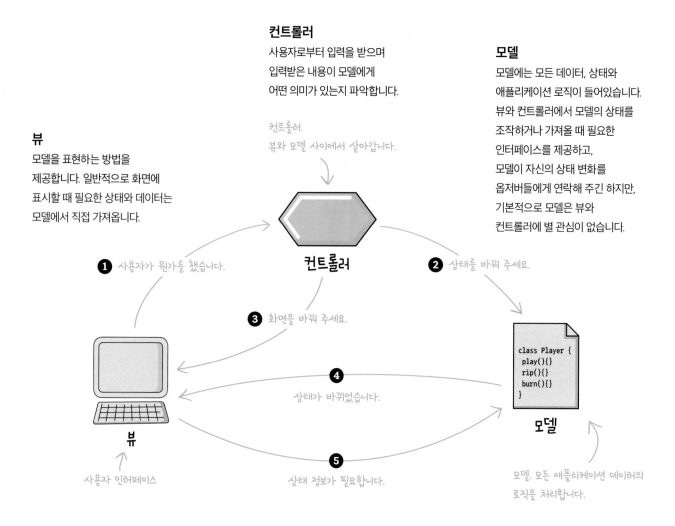

컨트롤러
사용자로부터 입력을 받으며
입력받은 내용이 모델에게
어떤 의미가 있는지 파악합니다.

모델
모델에는 모든 데이터, 상태와
애플리케이션 로직이 들어있습니다.
뷰와 컨트롤러에서 모델의 상태를
조작하거나 가져올 때 필요한
인터페이스를 제공하고,
모델이 자신의 상태 변화를
옵저버들에게 연락해 주긴 하지만,
기본적으로 모델은 뷰와
컨트롤러에 별 관심이 없습니다.

뷰
모델을 표현하는 방법을
제공합니다. 일반적으로 화면에
표시할 때 필요한 상태와 데이터는
모델에서 직접 가져옵니다.

*컨트롤러.
뷰와 모델 사이에서 살아갑니다.*

❶ 사용자가 뭔가를 했습니다.

❷ 상태를 바꿔 주세요.

❸ 화면을 바꿔 주세요.

컨트롤러

❹
상태가 바뀌었습니다.

```
class Player {
play(){}
rip(){}
burn(){}
}
```

모델

❺
상태 정보가 필요합니다.

뷰

사용자 인터페이스

*모델. 모든 애플리케이션 데이터의
로직을 처리합니다.*

❶ **사용자는 뷰에만 접촉할 수 있습니다.** 뷰는 모델을 보여 주는 창이라고 할 수 있습니다. 사용자가 뷰에서 (재생 버튼을 누른다든가 하는 식으로) 뭔가를 하면 뷰는 무슨 일이 일어났는지 컨트롤러에게 알려 줍니다. 그러면 컨트롤러가 상황에 맞게 작업을 처리합니다.

❷ **컨트롤러가 모델에게 상태를 변경하라고 요청합니다.** 컨트롤러는 사용자의 행동을 받아서 해석합니다. 사용자가 버튼을 클릭하면 컨트롤러는 그것이 무엇을 의미하는지 해석하고, 모델을 어떤 식으로 조작해야 하는지 결정합니다.

❸ **컨트롤러가 뷰를 변경해 달라고 요청할 수도 있습니다.** 컨트롤러는 뷰로부터 어떤 행동을 받았을 때, 그 행동의 결과로 뷰에게 뭔가를 바꿔 달라고 할 수도 있습니다. 예를 들어, 컨트롤러는 인터페이스에 있는 어떤 버튼이나 메뉴를 활성화하거나 비활성화할 수 있습니다.

❹ **상태가 변경되면 모델이 뷰에게 그 사실을 알립니다.** 사용자가 한 행동(버튼 클릭 등)이나 다른 내부적인 변화(재생목록에서 다음 곡이 재생되는 것 등) 등으로 모델에서 뭔가가 바뀌면 모델은 뷰에게 상태가 변경되었다고 알립니다.

❺ **뷰가 모델에게 상태를 요청합니다.** 뷰는 화면에 표시할 상태를 모델로부터 직접 가져옵니다. 예를 들어, 모델이 뷰에게 새로운 곡이 재생되었다고 알려 주면 뷰는 모델에게 곡 제목을 요청하고, 그것을 받아서 화면에 표시합니다. 컨트롤러가 뷰에게 뭔가를 바꾸라고 요청을 했을 때도 뷰는 모델에게 상태를 알려 달라고 요청할 수도 있겠죠.

무엇이든 물어보세요
Q&A

Q1 컨트롤러가 모델의 옵저버가 되는 경우는 없나요?

A1 옵저버가 되는 경우도 있습니다. 디자인에 따라 컨트롤러도 모델에 옵저버로 등록하고, 상태가 변경될 때 모델로부터 연락을 받을 수 있습니다. 모델에 있는 뭔가에 의해서 사용자 인터페이스 컨트롤이 직접 변경된다면 이렇게 해야겠죠. 예를 들어, 모델에 있는 어떤 상태에 따라서 인터페이스 항목이 활성화되거나 비활성화되는 경우를 생각할 수 있을 겁니다. 그런 경우에는 컨트롤러가 뷰에게 상황에 맞게 화면을 갱신해 달라고 요청합니다.

Q2 그러면 컨트롤러는 뷰로부터 사용자 입력을 받아 오고 모델에게 보내는 일만 하는 거죠? 그 일밖에 하지 않는다면 왜 굳이 컨트롤러를 쓰는 거죠? 뷰에 그 코드를 넣어도 되잖아요. 어차피 컨트롤러가 하는 일이라고는 모델에 있는 메소드를 호출하는 것뿐이잖아요.

A2 컨트롤러가 그냥 '모델한테 전달하는' 일만 하는 것은 아닙니다. 컨트롤러는 사용자가 입력한 내용을 해석해서, 모델을 조작하는 임무를 맡고 있습니다. 하지만 "왜 뷰에 그런 기능을 바로 넣지 않을까?"라는 질문은 따로 대답을 해야 할 것 같군요. 물론 뷰에 그런 기능을 직접 넣어도 되지만, 2가지 이유로 그렇게 하지 않는 것이 좋습니다. 우선 2가지 역할을 하게 되면 뷰 코드가 복잡해진다는 문제가 있죠. 사용자 인터페이스도 관리해야 하고 모델을 제어하는 로직도 처리해야 하니까요. 다른 이유로는 뷰를 모델에 너무 밀접하게 연관시켜야 한다는 문제가 있습니다. 이러면 뷰를 다른 모델과 연결해서 재사용하기가 아주 힘들어집니다. 컨트롤러는 제어 로직을 뷰로부터 분리해서 뷰와 모델의 결합을 끊어 주는 역할을 합니다. 뷰와 컨트롤러를 느슨하게 결합하면 더 유연하고 확장하기 좋은 디자인을 만들 수 있죠. 결국 나중에 뭔가를 바꿔야 할 때도 더 쉽게 바꿀 수 있고요.

모델-뷰-컨트롤러에 사용되는 패턴 알아보기

패턴 안경을 끼고 MVC를 살펴봅시다 ☆

MVC를 이해하는 가장 좋은 방법은 MVC를 여러 개의 패턴이 함께 적용되어서 완성된 하나의 디자인으로 생각하기입니다.

일단 모델부터 시작해 볼까요? 이미 짐작하고 있는 분도 있겠지만, 모델은 옵저버 패턴을 써서 상태가 바뀔 때마다 뷰와 컨트롤러에게 연락합니다. 뷰와 컨트롤러는 전략 패턴을 사용하죠. 컨트롤러는 뷰의 행동에 해당하며, 다른 행동이 필요하면 그냥 다른 컨트롤러로 바꾸면 됩니다. 그리고 뷰 안에는 내부적으로 컴포지트 패턴을 써서 윈도우, 버튼 같은 다양한 구성 요소를 관리합니다.

조금 더 자세히 살펴볼까요?

전략 패턴

뷰와 컨트롤러는 고전적인 전략 패턴으로 구현되어 있습니다. 뷰 객체를 여러 전략을 써서 설정할 수 있죠. 컨트롤러가 전략을 제공하고요. 뷰는 애플리케이션의 겉모습에만 신경을 쓰고, 인터페이스의 행동을 결정하는 일은 모두 컨트롤러에게 맡깁니다. 전략 패턴을 사용하면 뷰를 모델로부터 분리하는 데에도 도움이 됩니다. 사용자가 요청한 내역을 처리하려고 모델과 얘기하는 일을 컨트롤러가 맡고 있으니까요. 뷰는 그 방법을 전혀 알지 못합니다.

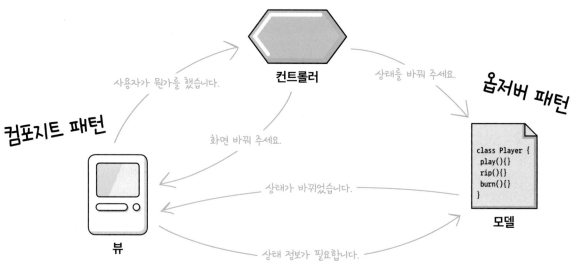

컴포지트 패턴

디스플레이는 여러 단계로 겹쳐 있는 윈도우, 패널, 버튼, 텍스트 레이블 등으로 구성됩니다. 각 디스플레이 항목은 복합 객체(윈도우 등)나 잎(버튼)이 될 수 있습니다. 컨트롤러가 뷰에게 화면을 갱신해 달라고 요청하면 최상위 뷰 구성 요소에게만 화면을 갱신하라고 얘기하면 됩니다. 나머지는 컴포지트 패턴이 알아서 처리해 주죠.

옵저버 패턴

모델은 옵저버 패턴을 써서 상태가 변경되었을 때 그 모델과 연관된 객체들에게 연락합니다. 옵저버 패턴을 사용하면 모델을 뷰와 컨트롤러로부터 완전히 독립시킬 수 있습니다. 한 모델에서 서로 다른 뷰를 사용할 수도 있고, 심지어 여러 개의 뷰를 동시에 사용하는 것도 가능합니다.

옵저버 패턴

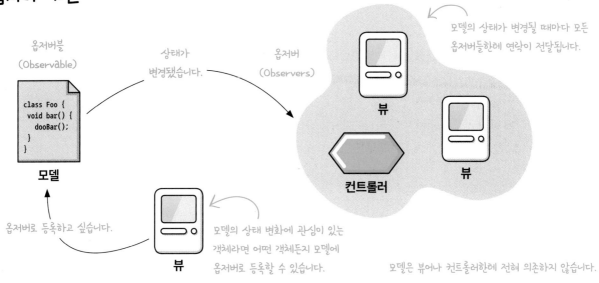

옵저버블
(Observable)

```
class Foo {
  void bar() {
    dooBar();
  }
}
```

모델

상태가
변경됐습니다.

옵저버
(Observers)

모델의 상태가 변경될 때마다 모든
옵저버들한테 연락이 전달됩니다.

뷰

컨트롤러

뷰

옵저버로 등록하고 싶습니다.

뷰

모델의 상태 변화에 관심이 있는
객체라면 어떤 객체든지 모델에
옵저버로 등록할 수 있습니다.

모델은 뷰어나 컨트롤러한테 전혀 의존하지 않습니다.

전략 패턴

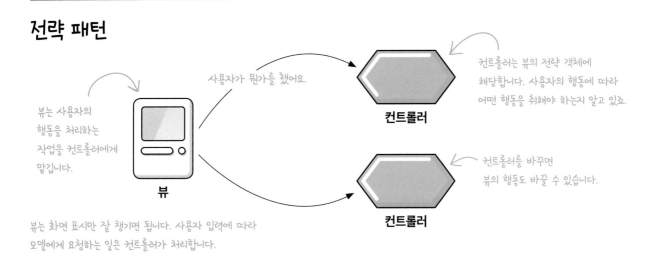

사용자가 뭔가를 했어요.

컨트롤러

컨트롤러는 뷰의 전략 객체에
해당합니다. 사용자의 행동에 따라
어떤 행동을 취해야 하는지 알고 있죠.

뷰는 사용자의
행동을 처리하는
작업을 컨트롤러에게
맡깁니다.

뷰

컨트롤러

컨트롤러를 바꾸면
뷰의 행동도 바꿀 수 있습니다.

뷰는 화면 표시만 잘 챙기면 됩니다. 사용자 입력에 따라
모델에게 요청하는 일은 컨트롤러가 처리합니다.

컴포지트 패턴

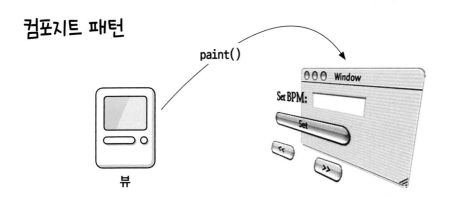

paint()

000 Window

Set BPM:

Set

뷰

뷰는 GUI 구성 요소(레이블, 버튼,
텍스트 항목 등)로 이루어진
복합 객체입니다. 최상위 구성 요소에는
다른 구성 요소들이 들어있고, 그 안에는
각각 다른 구성 요소가 들어갈 수 있습니다.
맨 끝에는 잎 객체가 있죠.

모델-뷰-컨트롤러로 BPM 제어 도구 만들기

DJ가 되어 봅시다. DJ에게 가장 중요한 건 바로 비트입니다.
템포를 95 BPM 정도로 느리게 돌리다가 140 BPM까지 천천히 올리는
트랜스 테크노로 청중을 열광하게 만들 수 있죠.
그러다가 나중에 80 BPM 정도의 앰비언트 믹스로 대미를 장식할 수 있죠.
이처럼 BPM(beat per minute)을 제어하는 도구를 만들이 볼까요?

자바 DJ 뷰

우선 **뷰**를 만들어 봅시다. 여기에 있는 뷰는 드럼 비트를 만들고 BPM을 조절하는 용도로 쓰
입니다.

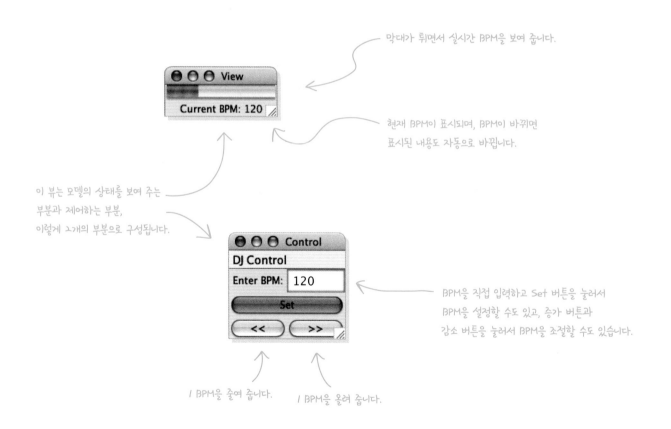

막대가 튀면서 실시간 BPM을 보여 줍니다.

현재 BPM이 표시되며, BPM이 바뀌면
표시된 내용도 자동으로 바뀝니다.

이 뷰는 모델의 상태를 보여 주는
부분과 제어하는 부분,
이렇게 2개의 부분으로 구성됩니다.

BPM을 직접 입력하고 Set 버튼을 눌러서
BPM을 설정할 수도 있고, 증가 버튼과
감소 버튼을 눌러서 BPM을 조절할 수도 있습니다.

1 BPM을 줄여 줍니다.

1 BPM을 올려 줍니다.

DJ 뷰를 제어하는 또 다른 방법

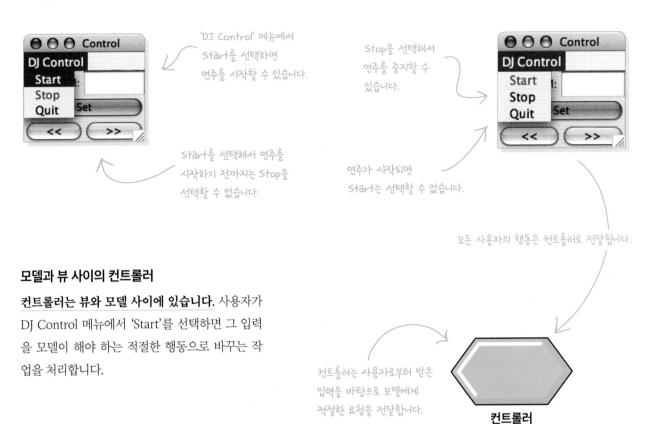

'DJ Control' 메뉴에서 Start를 선택하면 연주를 시작할 수 있습니다.

Stop을 선택해서 연주를 중지할 수 있습니다.

Start를 선택해서 연주를 시작하기 전까지는 Stop을 선택할 수 없습니다.

연주가 시작되면 Start는 선택할 수 없습니다.

모든 사용자의 행동은 컨트롤러로 전달됩니다.

모델과 뷰 사이의 컨트롤러

컨트롤러는 뷰와 모델 사이에 있습니다. 사용자가 DJ Control 메뉴에서 'Start'를 선택하면 그 입력을 모델이 해야 하는 적절한 행동으로 바꾸는 작업을 처리합니다.

컨트롤러는 사용자로부터 받은 입력을 바탕으로 모델에게 적절한 요청을 전달합니다.

컨트롤러

그 뒤에 떡하니 버티고 있는 모델

모델을 직접 볼 순 없겠지만, 적어도 들을 수는 있습니다. 모델은 멀찌감치 뒤에 숨어서 비트를 조절하고 스피커로 소리를 내보내는 작업을 처리합니다.

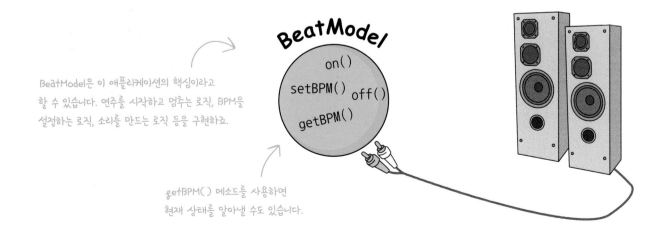

BeatModel은 이 애플리케이션의 핵심이라고 할 수 있습니다. 연주를 시작하고 멈추는 로직, BPM을 설정하는 로직, 소리를 만드는 로직 등을 구현하죠.

getBPM() 메소드를 사용하면 현재 상태를 알아낼 수도 있습니다.

모델, 뷰, 컨트롤러 합쳐서 보기

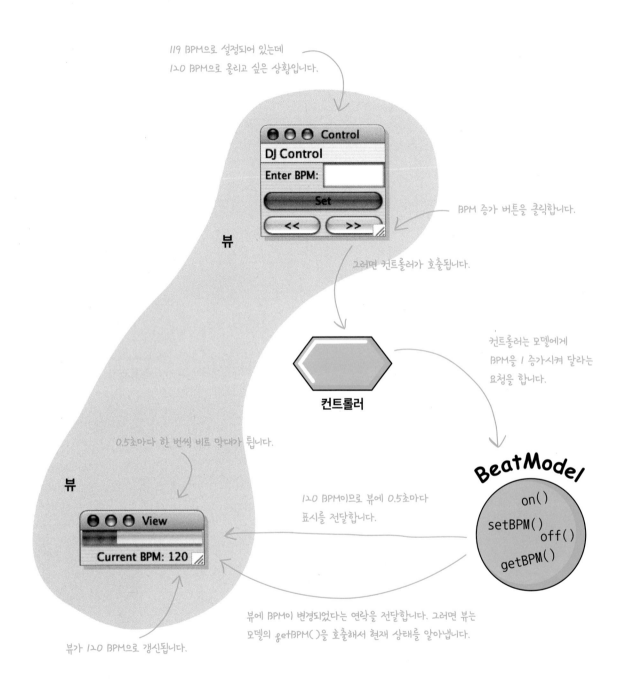

119 BPM으로 설정되어 있는데 120 BPM으로 올리고 싶은 상황입니다.

뷰

BPM 증가 버튼을 클릭합니다.

그러면 컨트롤러가 호출됩니다.

컨트롤러

컨트롤러는 모델에게 BPM을 1 증가시켜 달라는 요청을 합니다.

0.5초마다 한 번씩 비트 막대가 튑니다.

뷰

120 BPM이므로 뷰에 0.5초마다 표시를 전달합니다.

BeatModel
on( )
setBPM( )
off( )
getBPM( )

뷰에 BPM이 변경되었다는 연락을 전달합니다. 그러면 뷰는 모델의 øetBPM( )을 호출해서 현재 상태를 알아냅니다.

뷰가 120 BPM으로 갱신됩니다.

모델, 뷰, 컨트롤러 만들기

모델은 데이터, 상태, 애플리케이션 로직을 모두 관리하는 임무를 맡고 있습니다. 그러면 BeatModel에는 뭐가 들어가야 할까요? 주 임무는 비트 관리이므로 현재 BPM을 관리하는 상태와 소리를 내는 여러 가지 미디를 생성하는 코드가 필요하겠죠. 그리고 컨트롤러에서 비트를 조절하거나 뷰와 컨트롤러에서 모델의 상태를 알아낼 때 사용할 수 있도록 외부에 공개된 인터페이스도 있어야 합니다. 그리고 모델이 옵저버 패턴을 사용한다는 사실도 잊으면 안 되겠죠? 옵저버를 등록하고 옵저버에게 연락을 돌리는 메소드도 필요합니다.

실제 코드를 살펴보기 전에 BeatModelInterface를 먼저 살펴봅시다.

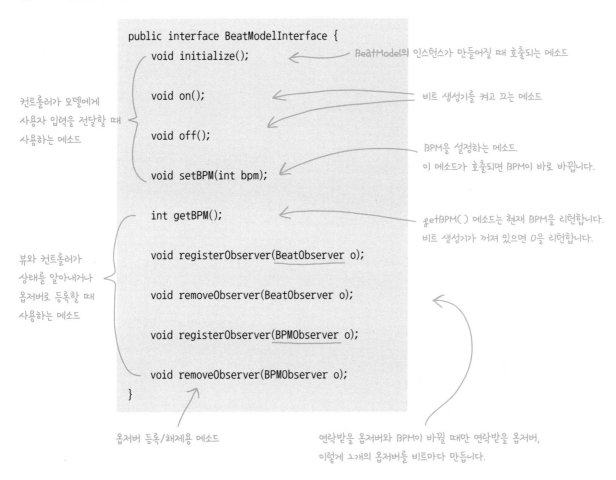

```
public interface BeatModelInterface {
    void initialize();

    void on();

    void off();

    void setBPM(int bpm);

    int getBPM();

    void registerObserver(BeatObserver o);

    void removeObserver(BeatObserver o);

    void registerObserver(BPMObserver o);

    void removeObserver(BPMObserver o);
}
```

BeatModel의 인스턴스가 만들어질 때 호출되는 메소드

비트 생성기를 켜고 끄는 메소드

BPM을 설정하는 메소드.
이 메소드가 호출되면 BPM이 바로 바뀝니다.

getBPM() 메소드는 현재 BPM을 리턴합니다.
비트 생성기가 꺼져 있으면 0을 리턴합니다.

컨트롤러가 모델에게 사용자 입력을 전달할 때 사용하는 메소드

뷰와 컨트롤러가 상태를 알아내거나 옵저버로 등록할 때 사용하는 메소드

옵저버 등록/해제용 메소드

연락받을 옵저버와 BPM이 바뀔 때만 연락받을 옵저버, 이렇게 2개의 옵저버를 비트마다 만듭니다.

모델 만들기 BeatModel 구상 클래스 코드 살펴봅시다 ✦

BeatModelInterface와
Runnable을 구현합니다.

```java
public class BeatModel implements BeatModelInterface, Runnable {
    List<BeatObserver> beatObservers = new ArrayList<BeatObserver>();
    List<BPMObserver> bpmObservers = new ArrayList<BPMObserver>();
    int bpm = 90;
    Thread thread;
    boolean stop = false;
    Clip clip;

    public void initialize() {
        try {
            File resource = new File("clap.wav");
            clip = (Clip) AudioSystem.getLine(new Line.Info(Clip.class));
            clip.open(AudioSystem.getAudioInputStream(resource));
        }
        catch(Exception ex) { /* ... */}
    }
    public void on() {
        bpm = 90;
        notifyBPMObservers();
        thread = new Thread(this);
        stop = false;
        thread.start();
    }
    public void off() {
        stopBeat();
        stop = true;
    }
    public void run() {
        while (!stop) {
            playBeat();
            notifyBeatObservers();
            try {
                Thread.sleep(60000/getBPM());
            } catch (Exception e) {}
        }
    }
    public void setBPM(int bpm) {
        this.bpm = bpm;
        notifyBPMObservers();
    }
    public int getBPM() {
        return bpm;
    }

    // 옵저버 등록 및 알림용 코드
    // 비트를 처리하는 오디오 코드
}
```

이 2개의 목록에 2가지 유형의 옵저버를 저장합니다.

bpm 변수에 BPM을 저장합니다.
기본값은 90으로 잡았습니다.

이 변수들을 이용해서
비트 스레드를 시작하고 멈춥니다.

비트용으로 재생하는 오디오 클립

비트 트랙을 설정하는 메소드

on( ) 메소드에는 BPM을 기본값으로 설정한 다음
비트를 재생하는 스레드를 시작합니다.

off( ) 메소드에는 BPM을 0으로 설정하고
비트를 재생하는 스레드를 멈춰서 음악을 끕니다.

run( ) 메소드는 비트 스레드를 실행해서 BPM 값에 맞춰
음악을 시작한 다음 옵저버들에게 비트가 시작됐다고 알려 줍니다.
사용자가 메뉴에서 Stop을 선택하면 루프가 끝납니다.

setBPM( ) 메소드로 컨트롤러에서 비트를 조작할
수 있습니다. 이 메소드는 bpm 변수 값을 설정하고
BPM 옵저버들에게 BPM이 바뀌었다고 알립니다.

getBPM( ) 메소드는 현재 BPM을 리턴합니다.

준비된 코드

이 모델은 오디오 클립을 이용해서
비트를 만듭니다. 모든 DJ 클래스를
구현한 코드는 www.hanbit.co.kr/
src/10526 또는 wickedlysmart.
com 사이트에서 자바 소스 파일로
다운받을 수 있습니다. 583쪽에도
코드를 수록해 뒀습니다.

뷰 알아보기

이제 슬슬 재미있는 부분으로 넘어가 볼까요? 뷰를 연결해서 BeatModel을 가지고 뭔가 눈에 보이는 걸 만드는 거죠. 뷰는 2개의 서로 다른 창으로 구현해야 합니다. 한 쪽 창에는 현재 BPM과 비트마다 통통 튀는 모습을 보여 주는 막대가 있고, 다른 쪽에는 제어용 인터페이스가 있죠. 왜 이렇게 하냐고요? 뷰가 들어있는 인터페이스와 사용자가 뭔가를 조절할 수 있게 해 주는 인터페이스를 구분해서 보여 주려고 이렇게 만들기로 했습니다. 뷰의 각 부분을 좀 더 자세히 살펴볼까요?

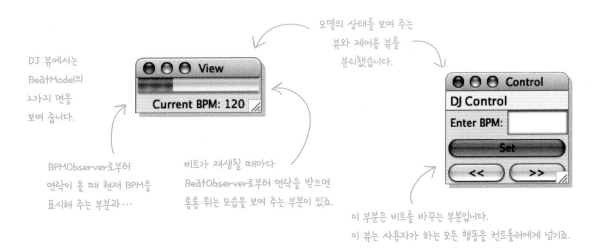

모델의 상태를 보여 주는 뷰와 제어용 뷰를 분리했습니다.

DJ 뷰에서는 BeatModel의 2가지 면을 보여 줍니다.

BPMObserver로부터 연락이 올 때 현재 BPM을 표시해 주는 부분과⋯

비트가 재생될 때마다 BeatObserver로부터 연락을 받으면 통통 튀는 모습을 보여 주는 부분이 있죠.

이 부분은 비트를 바꾸는 부분입니다.
이 뷰는 사용자가 하는 모든 행동을 컨트롤러에게 넘기죠.

뇌 단련

여기에 있는 BeatModel은 뷰를 대상으로 어떤 가정도 하지 않습니다. 모델은 옵저버 패턴으로 구현되므로 상태가 바뀔 때마다 옵저버로 등록된 모든 객체에게 연락을 돌리죠. 뷰는 모델의 API로 상태를 알아낼 수 있습니다. 여기서는 하나의 뷰만 구현했습니다. BeatModel로부터 받은 연락과, 그 모델 객체의 상태를 활용할 수 있는 뷰로 무엇을 만들 수 있을까요? 한번 고민해 봅시다.

재생되는 음악에 따라 실시간으로 바뀌는 불빛

BPM을 바탕으로 음악 장르(앰비언트, 다운비트, 테크노 등)를 알려 주는 텍스트 기반의 뷰

뷰 만들기

뷰의 2가지 부분(모델용 뷰와 인터페이스 제어용 뷰)은 서로 다른 창에 표시되지만 하나의 자바 클래스로 만들어집니다. 일단 현재 BPM과 비트 막대를 표시하는 모델용 뷰의 코드를 먼저 살펴보겠습니다. BPM을 입력할 수 있는 텍스트 필드와 BPM을 조절하는 버튼이 있는 사용자 인터페이스 제어 부분의 코드는 다음 쪽에서 살펴보겠습니다.

주의하세요!

여기에 나와 있는 코드만 가지고는 실행할 수 없습니다

뷰의 각 부분을 두 쪽에 걸쳐 보여 주려고 하나의 클래스 코드를 2개로 나눴습니다. 실은 이쪽에 있는 코드와 다음 쪽에 있는 코드는 같은 클래스(DJView.java)에 들어가야 하죠. 전체 코드는 583쪽에 나와 있습니다.

DJView는 비트마다 돌리는 연락과 BPM이 바뀌었을 때 돌리는 연락을 전부 받을 수 있는 옵저버입니다.

```java
public class DJView implements ActionListener, BeatObserver, BPMObserver {
    BeatModelInterface model;          // 뷰에는 모델과 컨트롤러의 레퍼런스가 들어있습니다.
    ControllerInterface controller;    // 컨트롤러의 레퍼런스는 다음 쪽에 나와 있는 제어용 인터페이스 코드에서만 쓰입니다.
    JFrame viewFrame;
    JPanel viewPanel;                  // 화면 표시용 구성 요소가 필요합니다.
    BeatBar beatBar;
    JLabel bpmOutputLabel;

    public DJView(ControllerInterface controller, BeatModelInterface model) {
        this.controller = controller;          // 생성자는 컨트롤러와 모델의 레퍼런스를 가지며,
        this.model = model;                    // 이 2개의 레퍼런스는 인스턴스 변수에 저장됩니다.
        model.registerObserver((BeatObserver)this);
        model.registerObserver((BPMObserver)this);
    }
    // BeatObserver와 BPMObserver을 모델에 등록합니다.

    public void createView() {
        // 스윙 구성 요소를 생성하는 부분
    }

    public void updateBPM() {          // 모델의 상태가 변경되면 updateBPM() 메소드가 호출됩니다.
        int bpm = model.getBPM();      // 이때는 현재 BPM을 보여 주는 부분을 갱신합니다.
        if (bpm == 0) {                // BPM은 모델에게 직접 물어보면 알 수 있습니다.
            bpmOutputLabel.setText("offline");
        } else {
            bpmOutputLabel.setText("Current BPM: " + model.getBPM());
        }
    }
    // 모델에서 새로운 비트가 연주될 때마다 updateBeat() 메소드가 호출됩니다.
    // 그러면 비트 막대가 한 번 튕기게 됩니다. beatBar의 값을 100으로 설정하고,
    public void updateBeat() {         // 그 구성 요소에서 막대가 튀는 모습을 애니메이션으로 표시하도록 만듭니다.
        beatBar.setValue(100);
    }
}
```

이제 사용자 인터페이스 제어 부분을 살펴보겠습니다. 이 뷰는 컨트롤러에게 할 일을 알려줌으로써
모델을 제어하는 역할을 합니다. 모델이 어떤 일을 해야 하는지 알려 주는 일은 컨트롤러가 맡아서 해 주죠.
이 코드는 앞쪽에 있는 뷰와 같은 클래스 파일 안에 들어가야 한다는 사실을 꼭 기억해 두세요

```java
public class DJView implements ActionListener, BeatObserver, BPMObserver {
    BeatModelInterface model;
    ControllerInterface controller;
    JLabel bpmLabel;
    JTextField bpmTextField;
    JButton setBPMButton;
    JButton increaseBPMButton;
    JButton decreaseBPMButton;
    JMenuBar menuBar;
    JMenu menu;
    JMenuItem startMenuItem;
    JMenuItem stopMenuItem;

    public void createControls() {
        // 스윙 구성 요소 생성
    }

    public void enableStopMenuItem() {
        stopMenuItem.setEnabled(true);
    }

    public void disableStopMenuItem() {
        stopMenuItem.setEnabled(false);
    }

    public void enableStartMenuItem() {
        startMenuItem.setEnabled(true);
    }

    public void disableStartMenuItem() {
        startMenuItem.setEnabled(false);
    }

    public void actionPerformed(ActionEvent event) {
        if (event.getSource() == setBPMButton) {
            int bpm = Integer.parseInt(bpmTextField.getText());
            controller.setBPM(bpm);
        } else if (event.getSource() == increaseBPMButton) {
            controller.increaseBPM();
        } else if (event.getSource() == decreaseBPMButton) {
            controller.decreaseBPM();
        }
    }
}
```

이 메소드는 모든 Control을 생성하고 인터페이스에 배치하는
메소드입니다. Stop이나 Start가 선택되면 컨트롤러에 있으면서
각 항목에 대응하는 메소드가 호출됩니다.

메뉴에 있는 Start 및 Stop을 활성화하거나 비활성화하는 메소드.
컨트롤러는 이 메소드들을 써서 인터페이스를 변경합니다.

사용자가 버튼을 클릭했을 때 호출되는 메소드

사용자가 Set 버튼을 클릭하면
새로운 BPM이 컨트롤러에게 전달됩니다.

마찬가지로 사용자가 >> 또는 << 버튼을
클릭하면 그 정보가 컨트롤러에게 전달되죠.

컨트롤러 만들기

이제 마지막으로 컨트롤러를 만들 때가 왔습니다. 컨트롤러는 뷰에서 쓰이는 전략이라고 했었죠?
전략 패턴을 구현하려면 DJ 뷰에 넣을 전략 객체의 인터페이스를 먼저 만들어야 합니다.
ControllerInterface라는 이름으로 만들어 볼까요?

```
public interface ControllerInterface {
    void start();
    void stop();
    void increaseBPM();
    void decreaseBPM();
    void setBPM(int bpm);
}
```

뷰가 컨트롤러를 호출할 때 사용하는 모든 인터페이스가 들어있습니다.

모델의 인터페이스를 떠올려 본다면 무슨 용도로 쓰이는 메소드인지 쉽게 짐작할 수 있습니다. start( )와 stop( )은 연주를 시작하거나 중단하는 메소드고, increaseBPM( )과 decreaseBPM( )은 더 빠르게 하거나 느리게 연주하는 메소드고, setBPM( )은 BPM을 정수로 지정해 주는 메소드입니다. BPM을 1씩 증가시키거나 감소시키는 메소드가 들어있으므로 BeatModel 인터페이스보다 더 다양한 기능을 제공합니다.

디자인 퍼즐

정답 582쪽

뷰와 컨트롤러는 전략 패턴을 따른다는 사실을 배웠습니다.
여기에서 전략 패턴이 어떤 식으로 구성되는지 클래스 다이어그램으로 그려 봅시다.

컨트롤러 코드 살펴보기

컨트롤러는 ControllerInterface를 구현해서 만들어야 합니다.

```java
public class BeatController implements ControllerInterface {
    BeatModelInterface model;
    DJView view;

    public BeatController(BeatModelInterface model) {
        this.model = model;
        view = new DJView(this, model);
        view.createView();
        view.createControls();
        view.disableStopMenuItem();
        view.enableStartMenuItem();
        model.initialize();
    }

    public void start() {
        model.on();
        view.disableStartMenuItem();
        view.enableStopMenuItem();
    }

    public void stop() {
        model.off();
        view.disableStopMenuItem();
        view.enableStartMenuItem();
    }

    public void increaseBPM() {
        int bpm = model.getBPM();
        model.setBPM(bpm + 1);
    }

    public void decreaseBPM() {
        int bpm = model.getBPM();
        model.setBPM(bpm - 1);
    }

    public void setBPM(int bpm) {
        model.setBPM(bpm);
    }
}
```

컨트롤러는 MVC 샌드 쿠키의 과자 사이에 들어있는 부드러운 크림 같은 역할을 합니다. 뷰와 모델에 모두 맞닿아 있으면서 그 둘을 이어 주죠.

컨트롤러의 생성자에는 모델이 인자로 전달되며, 생성자에서 뷰도 생성해야 합니다.

사용자 인터페이스 메뉴에서 Start를 선택하면 컨트롤러는 모델의 on() 메소드를 호출하고, 사용자 인터페이스 메뉴에서 Start는 비활성 상태로, Stop은 활성 상태로 바꿉니다.

마찬가지로 메뉴의 Stop 항목이 선택되면 모델의 off() 메소드를 호출한 다음 Stop 항목은 비활성 상태로, Start 항목은 활성 상태로 바꿉니다.

사용자가 >> 버튼을 클릭하면 컨트롤러는 모델로부터 현재 BPM을 알아내고, 거기에 1을 더한 다음 BPM을 새로 설정합니다.

여기도 마찬가지입니다. 현재 BPM에서 1을 뺀 값으로 BPM을 새로 설정합니다.

참고: 컨트롤러는 뷰와 연관된 결정을 내리는 역할도 맡습니다. 뷰는 메뉴 항목을 활성 또는 비활성 상태로 바꾸는 방법만 알고 있을 뿐, 어떤 상황에서 활성화하거나 비활성화해야 할지 결정을 내리는 기능은 없습니다.

마지막으로, 사용자가 임의의 BPM을 설정할 때 모델에 바로 연락해서 새로운 BPM을 설정합니다.

모델, 뷰, 컨트롤러 코드 합치기

모델, 뷰, 컨트롤러까지 모든 코드가 준비되었습니다. 이제 이 코드를 합쳐서 하나의 MVC를 만들기만 하면 됩니다. 잘 돌아가는지 한번 테스트해 볼까요?
다음과 같이 간단한 코드만 있으면 테스트할 수 있습니다. 별로 어렵지 않죠?

```java
public class DJTestDrive {

    public static void main (String[] args) {
        BeatModelInterface model = new BeatModel();          ← 우선 모델을 생성합니다.
        ControllerInterface controller = new BeatController(model);
    }
}
```

그리고 컨트롤러를 생성할 때 모델을 인자로 전달합니다.
뷰는 컨트롤러에서 생성해 주니까 여기에서 따로 만들지 않습니다.

이제 테스트해 봅시다.

먼저 코드 폴더 최상위 레벨에 clip.wav 파일을 저장해야 한다는 점을 잊지 말아 주세요!

```
File Edit Window Help LetTheBassKick
% java DJTestDrive
%
```

이걸 실행하면
다음과 같은 창이 나옵니다.

해야 할 일

❶ 메뉴에서 Start를 선택해서 비트 연주를 시작합시다. 일단 연주가 시작되면 Start는 비활성 상태로 바뀝니다.

❷ BPM을 직접 입력하거나 >>, << 버튼을 클릭해서 BPM을 바꿔 봅시다. View 창과 Control 창은 논리적으로 전혀 연결되어 있지 않지만 Control 창에서 어떤 내용을 바꾸면 바로 View 창의 내용도 바뀝니다.

❸ 비트 막대가 항상 비트에 맞게 움직인다는 점도 눈여겨봅시다. 모델의 옵저버로 만들었으니까 그럴 수 있는 거겠죠?

❹ 여러분이 제일 좋아하는 곡을 틀어 놓고, BPM이 얼마인지 맞춰 봅시다. >>와 << 버튼을 클릭하다 보면 비트를 맞출 수 있겠죠?

❺ 비트 생성기를 중지해 봅시다. Stop을 선택하고 나면 Stop은 비활성 상태로 바뀌고 Start가 다시 활성화됩니다.

MVC 속 전략 패턴 자세히 알아보기

전략 패턴이 얼마나 전략적으로 쓰였는지 알아봅시다 ☆

전략 패턴이 MVC에서 어떤 식으로 쓰이는지 조금 더 자세히 알아봅시다. 아, 그리고 전략 패턴을 살펴보다 보면 MVC에서 종종 쓰이는 어댑터 패턴도 만나게 됩니다.

조금 전에 만든 애플리케이션의 View 창이 어떤 역할을 했는지 잠시 생각해 보세요. BPM을 보여 주고 비트 막대의 움직임을 보여 줬죠? 혹시 이걸 다른 데 써먹을 수도 있을까요? 심장 박동을 보여 주는 용도로 쓰면 어떨까요? 심박수를 모니터링하는 클래스를 만들 때에도 그대로 써먹을 수 있겠죠? 클래스 다이어그램은 다음과 같이 그릴 수 있습니다.

```
HeartModel
─────────────────────
getHeartRate()
registerBeatObserver()
registerBPMObserver()
// 기타 심장 관련 메소드
```

← *현재 심박수를 알아내는 메소드*

← *이 클래스를 개발한 사람도 조금 전에 우리가 썼던 BeatObserver, BPMObserver 인터페이스를 알고 있었군요. 정말 다행입니다.*

뇌 단련

HeartModel에서도 지금 쓰고 있는 뷰를 그대로 쓸 수 있으면 정말 좋겠죠? 하지만 아쉽게도 이 모델에 맞는 컨트롤러가 필요합니다. 그리고 HeartModel의 인터페이스는 뷰에서 필요로 하는 모델 인터페이스와 맞지 않습니다. getHeartRate( ) 메소드가 필요한데 getBPM( ) 메소드가 있으니까요. BPM 제어 도구 뷰를 이 모델에서 사용할 수 있도록 필요한 클래스들을 디자인해 봅시다.

심박 모니터 모델 적응시키기   MVC와 어댑터의 관계도 알아봅시다! ☆

HeartModel을 BeatModel에 적응시키는 일부터 시작해 봅시다. 뷰는 getBPM() 메소드를 사용하는데, HeartModel은 getHeartRate() 메소드를 사용하므로 HeartModel을 있는 그대로 사용할 수는 없습니다. 어떻게 적응시켜야 할까요? 어댑터 패턴을 쓰면 되죠! MVC를 쓰다 보면 어댑터 패턴을 사용해야 하는 상황이 적지 않게 발생합니다. 어떤 모델을 기존 뷰 또는 컨트롤러와 함께 쓰고 싶으면 어댑터를 사용해서 모델을 기존 모델에 맞게 적응시키면 됩니다.

HeartModel을 BeatModel에 맞게 적응시키는 코드는 다음과 같습니다.

```java
public class HeartAdapter implements BeatModelInterface {
    HeartModelInterface heart;

    public HeartAdapter(HeartModelInterface heart) {
        this.heart = heart;
    }

    public void initialize() {}

    public void on() {}

    public void off() {}

    public int getBPM() {
        return heart.getHeartRate();
    }

    public void setBPM(int bpm) {}

    public void registerObserver(BeatObserver o) {
        heart.registerObserver(o);
    }

    public void removeObserver(BeatObserver o) {
        heart.removeObserver(o);
    }

    public void registerObserver(BPMObserver o) {
        heart.registerObserver(o);
    }

    public void removeObserver(BPMObserver o) {
        heart.removeObserver(o);
    }
}
```

타깃 인터페이스를 구현해야 합니다. 여기서는 BeatModelInterface죠.

HeartModel의 레퍼런스를 저장합니다.

이 메소드가 심장에 어떤 작용을 할지 몰라서 좀 무시무시한 기분도 드네요. 그러니 여기서는 아무것도 하지 않도록 그냥 두겠습니다.

getBPM()이 호출되는 즉시 HeartModel의 getHeartRate() 메소드를 호출합니다.

심박수를 마음대로 설정하면 큰일 나겠죠? 이것도 그냥 아무것도 하지 않게 내버려 둡시다.

옵저버 메소드입니다. 그냥 바로 HeartModel의 메소드를 호출합니다.

심박 모니터 컨트롤러 만들기

HeartController 클래스를 만들어 봅시다 ☆

HeartAdapter를 만들었으니까 HeartModel과 연결된 컨트롤러를 만들면 뷰를 돌릴 준비도
다 끝난 셈입니다. 훌륭한 재사용이죠?

```java
public class HeartController implements ControllerInterface {
    HeartModelInterface model;
    DJView view;

    public HeartController(HeartModelInterface model) {
        this.model = model;
        view = new DJView(this, new HeartAdapter(model));
        view.createView();
        view.createControls();
        view.disableStopMenuItem();
        view.disableStartMenuItem();
    }

    public void start() {}

    public void stop() {}

    public void increaseBPM() {}

    public void decreaseBPM() {}

    public void setBPM(int bpm) {}
}
```

HeartController도 BeatController를 만들 때와
마찬가지로 ControllerInterface를 구현합니다.

전과 마찬가지로
컨트롤러에서 뷰를 생성하고,
모델과 뷰를 모두 연결해 줍니다.

딱 하나 바뀐 게 있습니다.
BeatModel이 아니라 HeartModel을 전달받는 거죠.

그리고 그 모델을 뷰에 전달하기 전에
어댑터로 감싸야 합니다.

마지막으로, 이 코드에는 메뉴 항목이 필요 없으므로
메뉴 항목을 전부 비활성 상태로 만듭니다.

이 부분은 그냥 비워 둡니다.
심장은 우리 마음대로 제어할 수 없으니까요.

이제 끝났습니다. 테스트 코드를 만들어 봅시다.

```java
public class HeartTestDrive {

    public static void main (String[] args) {
        HeartModel heartModel = new HeartModel();
        ControllerInterface model = new HeartController(heartModel);
    }
}
```

컨트롤러를 만들고 심박 모니터에게 전달해 주기만 하면 됩니다.

심박 모니터 코드 테스트

이렇게 실행하면 되죠?

그러면 다음과 같은 화면을 볼 수 있습니다.

심박수가 적당하네요.

해야 할 일

❶ 심박 모니터로 쓰기에도 전혀 부족하지 않죠? 게다가 원래 비트를 표시하려고 썼던 막대는 심장 박동을 보여 주는 용도로 딱입니다. HeartModel도 BPMObserver와 BeatObserver를 지원하므로 DJ 뷰에서 비트와 관련된 연락을 받는 것과 같은 방식으로 필요한 작업을 처리할 수 있습니다.

❷ 심박수는 항상 일정하진 않죠? BPM 같이 종종 바뀌는 것을 확인할 수 있습니다.

❸ 매번 BPM이 갱신될 때마다 어댑터는 getBPM() 호출을 getHeartRate() 호출로 바꿔 줍니다.

❹ Start와 Stop은 컨트롤러에서 못 쓰게 만들어 놓았기에 선택할 수 없습니다.

❺ 다른 버튼도 작동은 하지만 클릭한다고 해서 무슨 일이 일어나지는 않습니다. 컨트롤러에 아무 기능도 구현해 놓지 않았으니까요. 뷰를 고쳐서 다른 항목들도 비활성 상태로 지정하는 기능을 추가해도 괜찮겠죠?

무엇이든 물어보세요
Q&A

Q1 솔직히 말해서 MVC에 컴포지트 패턴이 쓰인다고 말한 부분은 조금 받아들이기가 힘든데요, 정말로 컴포지트 패턴이 쓰인다고 할 수 있는 건가요?

A1 네, MVC에는 분명히 컴포지트 패턴이 들어있습니다. 하지만 질문한 내용은 생각해 볼 만한 문제긴 합니다. 요즘 나오는 스윙 같은 GUI 패키지는 워낙 복잡해서 그 내부 구조를 한눈에 알아보기가 힘들다 보니 디스플레이를 만들고 갱신하는 데 컴포지트 패턴이 쓰인다는 사실을 알기 힘듭니다. 마크업 언어를 받아서 사용자 인터페이스로 바꿔 주는 웹 브라우저라면 더 어렵죠.

MVC가 처음 만들어질 무렵에는 GUI를 만들 때 직접 건드려야 할 부분이 지금보다 훨씬 더 많았습니다. 그 시절에는 컴포지트 패턴이 MVC의 일부분이라는 점을 꽤 분명하게 알 수 있었죠.

Q2 컨트롤러에서 애플리케이션 로직을 구현하는 경우는 없나요?

A2 네, 없습니다. 컨트롤러는 뷰를 대상으로 하는 행동만 구현합니다. 사용자가 뷰를 대상으로 취한 행동을 모델로의 요청으로 바꿔 주는 것이 바로 컨트롤러의 역할이죠. 모델은 그러한 요청을 받아서 필요한 작업을 처리하는 애플리케이션 로직을 구현합니다. 컨트롤러에서 모델의 어떤 메소드를 호출해야 할지 결정하려고 어느 정도 간단한 작업을 처리할 수는 있지만 그렇다고 그런 부분을 '애플리케이션 로직'이라고 할 수는 없습니다. 애플리케이션 로직이란 데이터를 관리하고 조작하는 코드로, 그런 코드는 모델에 들어가야 합니다.

Q3 '모델'이라는 용어를 이해하는 게 항상 어려웠는데요, 이제 모델이 애플리케이션의 알맹이라고 생각하게 되었습니다. 그런데 MVC에서는 왜 그런 애매모호한 단어를 사용하게 된 건가요?

A3 MVC라는 이름을 일단 정한 다음 'M'으로 시작하는 단어를 찾다 보니 모델(model)이라는 단어를 사용하게 됐다는 얘기도 있습니다. 사실 진지하게 얘기하면, 저희도 모델이란 용어를 이해하기 어렵습니다. 하지만 모델이란 용어가 자리를 잡고 나니 더 나은 용어를 생각하기도 힘들어진 것 같습니다.

Q4 '모델의 상태'에 관한 이야기가 많이 나왔는데요, 그러면 혹시 상태 패턴도 적용된 건가요?

A4 그건 아닙니다. 여기에서 쓰인 '상태'라는 용어는 말 그대로 그냥 일반적인 상태를 일컫는 말입니다. 하지만 모델을 디자인하기에 따라 실제로 상태 패턴을 사용할 수도 있죠.

Q5 MVC 패턴을 설명할 때 컨트롤러를 뷰와 모델 사이의 '중재자(mediator)'로 설명하는 경우를 종종 봤습니다. 혹시 컨트롤러가 중재자 패턴을 구현한 건가요?

A5 (14장에 간단하게 설명되어 있습니다만) 이 책에서는 중재자 패턴을 자세히 다루지 않습니다. 여기서 간단하게 설명을 하자면, 중재자 패턴에서의 중재자는 객체 사이의 상호작용을 캡슐화해서 두 객체 사이의 연결을 느슨하게 만드는 역할을 합니다. 그러니 컨트롤러가 어느 정도 중재자 역할을 한다고 할 수 있습니다. 뷰에서 모델의 상태를 직접 설정하지 않고 항상 컨트롤러로 모델을 건드리게 되어 있으니까요. 하지만 뷰에서 모델의 상태를 알아내는 작업은 해야 하므로 뷰에도 모델의 레퍼런스가 들어있습니다. 만약 컨트롤러가 진정한 중재자라면 모델의 상태를 알아낼 때도 반드시 컨트롤러를 거치도록 해야겠죠.

Q6 뷰에서 꼭 모델에게 요청해서 상태를 알아내야 하나요? 그냥 푸시 방식을 써서 모델이 갱신되었다는 연락을 할 때 모델의 상태도 같이 전달하면 안 되나요?

A6 물론 전달해도 됩니다. 그리고 JSP나 HTML 뷰에서는 실제로 그런 방식을 사용하고 있죠. 모델 자체를 빈으로 보내면 뷰에서 빈 속성을 사용해서 필요한 상태를 알아냅니다. BeatModel도 마찬가지 방식으로 상태가 변경되었다는 연락을 전달할 때 뷰에서 필요한 상태를 같이 보내도 됩니다. 하지만 2장에서 배웠던 내용을 떠올려 보면 이런 방법에 몇 가지 단점이 있다는 사실이 기억날 것입니다. 혹시 잘 기억이 안 난다면 2장의 푸시 방식을 설명하는 부분을 다시 읽어 보세요.

Q7 뷰가 2개 이상 있으면 컨트롤러도 2개 이상 있어야 하나요?

A7 하나의 뷰에 하나의 컨트롤러를 만드는 게 일반적이지만 하나의 컨트롤러 클래스에서 여러 개의 뷰를 관리하는 것도 가능합니다.

Q8 뷰에서는 원래 모델을 조작하지 않도록 되어 있는데, 아까 구현한 코드를 보면 뷰에서도 모델의 상태를 변경하는 메소드에 접근할 수 있게 되어 있던데요. 그러면 위험하진 않나요?

A8 예. 올바른 지적입니다. 아까 구현한 코드에서는 뷰가 모델로 접근하는 일을 제한하지 않았습니다. 코드를 간단하게 만들려고 그렇게 했지만, 뷰 모델의 API 중 일부분에만 접근하도록 만들어야 할 때도 있을 것입니다. 이때는 일부 메소드에만 접근할 수 있도록 인터페이스를 고치도록 하면 되죠. 어떤 패턴을 쓰면 좋을지 생각해 보세요.

제 사용자 인터페이스는
거의 다 브라우저 기반인데요,
여기에 나온 내용이 도움이 될까요?

물론 도움이 됩니다!

MVC는 매우 유용합니다. 수많은 웹 프레임워크에도 적용되어 있어요. 물론 웹은 표준적인 애플리케이션과는 다른 식으로 돌아가니까 MVC 패턴을 웹에 적용하는 접근법도 다양합니다.

웹 애플리케이션에는 클라이언트 측(브라우저) 애플리케이션과 서버 측 애플리케이션이 있습니다. 상황이 이러니 모델, 뷰, 컨트롤러가 각각 어디 있는지에 따라 설계 방식이 달라집니다. 신 클라이언트(thin client) 접근법에서는 대부분의 모델과 뷰, 그리고 컨트롤러가 모두 서버로 들어가고 브라우저는 뷰를 화면에 표시하고 컨트롤러로 입력을 받아오는 역할만 합니다. 또 다른 접근법으로 단일 페이지 애플리케이션(single page application)이 있는데, 대부분의 모델, 뷰, 그리고 컨트롤러까지 클라이언트에 들어갑니다. 이 2가지 방법은 서로 양극단에 있으며 각 구성 요소(모델, 뷰, 그리고 컨트롤러)가 얼마나 클라이언트 또는 서버로 가는지에 따라 이 밖에 다양한 방식이 있습니다. 그리고 일부 구성 요소를 클라이언트와 서버에서 공유하는 하이브리드 모델도 있습니다.

Spring Web MVC, Django, ASP.NET MVC, AngularJS, EmberJS, JavaScriptMVC, Backbone을 비롯한 수없이 많은 웹 MVC 프레임워크가 있으며 앞으로도 더 다양한 프레임워크가 새로 등장할 겁니다. 대부분은 각각의 프레임워크에서 고유한 방식으로 모델, 뷰, 컨트롤러를 클라이언트와 서버에 나눠서 배치합니다. 아무튼 이제 MVC 패턴을 잘 알게 되었으니 어떤 프레임워크를 사용해도 문제가 없을 겁니다.

디자인 도구상자 안에 들어가야 할 도구들

이 정도면 정말 남부럽지 않은 디자인 도구상자를 갖춘 것 같군요. 저 수많은 원칙과 패턴을 보세요. 뿌듯하지 않나요? 이제 복합 패턴까지 갖췄습니다.

객체지향 원칙

- 바뀌는 부분은 캡슐화한다.
- 상속보다는 구성을 활용한다.
- 구현보다는 인터페이스에 맞춰서 프로그래밍한다.
- 상호작용하는 객체 사이에는 가능하면 느슨한 결합을 사용해야 한다.
- 클래스는 확장에는 열려 있지만 변경에는 닫혀 있어야 한다(OCP).
- 추상화된 것에 의존하게 만들고 구상 클래스에 의존하지 않게 만든다.
- 진짜 절친에게만 이야기한다.
- 먼저 연락하지 마세요. 저희가 연락드리겠습니다.
- 어떤 클래스가 바뀌는 이유는 하나뿐이어야만 한다.

객체지향 기초

- 추상화
- 캡슐화
- 다형성
- 상속

객체지향 패턴

프록시 패턴 – 특정 객체로의 접근을 제어하는 대리인(특정 객체를 대변하는 객체)을 제공합니다.

복합 패턴 – 2개 이상의 패턴을 결합해서 일반적으로 자주 등장하는 문제들의 해법을 제공합니다.

복합 패턴은 새로운 범주에 속한다고 할수 있습니다. MVC는 복합 패턴이죠.

☑ 핵심 정리

- 모델-뷰-컨트롤러(MVC)는 옵저버, 전략, 컴포지트 패턴으로 이루어진 복합 패턴입니다.

- 모델은 옵저버 패턴을 사용해서 의존성을 없애면서도 옵저버들에게 자신의 상태가 변경되었음을 알릴 수 있습니다.

- 컨트롤러는 뷰의 전략 객체입니다. 뷰는 컨트롤러를 바꿔서 또 다른 행동을 할 수 있습니다.

- 뷰는 컴포지트 패턴을 사용해서 사용자 인터페이스를 구현합니다. 보통 패널이나 프레임, 버튼과 같은 중첩된 구성 요소로 이루어집니다.

- 모델, 뷰, 컨트롤러는 방금 말한 3가지 패턴으로 서로 느슨하게 결합되므로 깔끔하면서도 유연한 구현이 가능합니다.

- 새로운 모델을 기존의 뷰와 컨트롤러에 연결해서 쓸 때는 어댑터 패턴을 활용하면 됩니다.

- MVC는 웹에도 적용됩니다.

- 클라이언트-서버 애플리케이션 구조에 MVC를 적응시켜 주는 다양한 웹 MVC 프레임워크가 있습니다.

QuackCounter 데코레이터에도 Quackable을 구현해야 합니다. 코드를 직접 짜 보세요.

QuackCounter는 Quackable이므로
자동으로 QuackObservable도 됩니다.

```java
public class QuackCounter implements Quackable {
    Quackable duck;
    static int numberOfQuacks;

    public QuackCounter(Quackable duck) {
        this.duck = duck;
    }

    public void quack() {
        duck.quack();
        numberOfQuacks++;
    }

    public static int getQuacks() {
        return numberOfQuacks;
    }

    public void registerObserver(Observer observer) {
        duck.registerObserver(observer);
    }

    public void notifyObservers() {
        duck.notifyObservers();
    }
}
```

QuackCounter로 포장할 오리 객체.
실제 옵저버 패턴과 관련된 메소드를
이 객체로 실행합니다.

이 부분은 기존 QuackCounter와 똑같습니다.

QuackObservable에 들어있는 2가지 메소드.
두 메소드를 생성자로부터 전달받은 오리 객체에게
바로 넘겨 버립니다.

꽥꽥학자들이 오리 무리 전체를 관찰하고 싶다면 어떻게 해야 할까요? 일단 오리 무리 관찰이 무엇인지 짚고 가야겠군요. 오리 무리라는 복합 객체 관찰은 그 복합 객체에 들어있는 모든 것을 관찰한다는 의미입니다. 그러니 오리 무리 전체를 관찰하려면 어떤 오리 무리에 옵저버를 등록하면 그 오리 무리에 등록되면서 다른 오리 무리에도 자동으로 등록되어야 합니다.

Flock도 Quackable이므로 자동으로 QuackObservable이 됩니다.

```java
public class Flock implements Quackable {
    List<Quackable> quackers = new ArrayList<Quackable>();

    public void add(Quackable duck) {
        ducks.add(duck);
    }

    public void quack() {
        Iterator<Quackable> iterator = quackers.iterator();
        while (iterator.hasNext()) {
            Quackable duck = iterator.next();
            duck.quack();
        }
    }

    public void registerObserver(Observer observer) {
        Iterator<Quackable> iterator = ducks.iterator();
        while (iterator.hasNext()) {
            Quackable duck = iterator.next();
            duck.registerObserver(observer);
        }
    }

    public void notifyObservers() { }

}
```

Flock에 포함되는 Quackable 객체들

Flock에 옵저버를 등록할 때 그 오리 무리 안에 들어있는 모든 Quackable 객체들(오리일 수도 있고 다른 Flock 객체일 수도 있죠)에 일일이 옵저버를 등록해야 합니다.

Flock에 포함되는 모든 Quackable 객체에 순환문을 돌리면서 메소드를 호출합니다.

Quackable이 또 다른 Flock이라면 재귀적으로 호출이 반복되겠죠.

Quackable 객체에서 알아서 옵저버에게 연락을 돌리므로 Flock은 아무 일도 하지 않아도 됩니다.

Flock에서 개별 Quackable 객체의 quack( ) 메소드를 호출하면 자동으로 처리되죠.

조금 나아지긴 했지만 거위를 만들 때는 여전히 구상 클래스에 의존해서 직접 만들어야만 합니다.
거위를 생성하는 추상 팩토리를 만들어 주세요. '거위 오리'를 만드는 작업은 어떤 식으로 처리해야 할까요?

기존 Duck용 팩토리에 createGooseDuck() 메소드를 추가하면 됩니다.

아니면 거위를 생성하는 팩토리를 별도로 만들어도 됩니다.

 ## 디자인 퍼즐 **정답**

뷰와 컨트롤러는 전략 패턴을 따른다는 사실을 배웠습니다.
여기에서 전략 패턴이 어떤 식으로 구성되는지 클래스 다이어그램으로 그려 봅시다.

뷰는 컨트롤러에게 행동을
위임합니다. 사용자 입력을
바탕으로 모델을 제어하는 행동이
컨트롤러에 의해 처리되죠.

모든 컨트롤러 구상 클래스에는
ControllerInterface를 구현해야
합니다. 전략 인터페이스라고 할 수 있죠.

DJView

controller

createView()
updateBPM()
updateBeat()
createControls()
enableStopMenuItem()
disableStopMenuItem()
enableStartMenuItem()
disableStartMenuItem()
actionPerformed()

<< 인터페이스 >>
ControllerInterface

setBPM()
increaseBPM()
decreaseBPM()

Controller

setBPM()
increaseBPM()
decreaseBPM()

다른 컨트롤러를 사용해서
다른 행동을 제공할 수 있습니다.

BPM 제어 도구 코드

준비된 코드

소리를 내는 미디 코드와 뷰를 만드는 스윙 구성 요소 코드도 전부 들어 있습니다.

이 코드는 www.hanbit.co.kr/src/10526 또는 www. wickedlysmart.com에서 내려받을 수 있습니다.

```java
package headfirst.designpatterns.combined.djview;

public class DJTestDrive {

    public static void main (String[] args) {
        BeatModelInterface model = new BeatModel();
        ControllerInterface controller = new BeatController(model);
    }
}
```

BPM 제어 도구 모델 코드

```java
package headfirst.designpatterns.combined.djview;

public interface BeatModelInterface {
    void initialize();

    void on();

    void off();

    void setBPM(int bpm);

    int getBPM();

    void registerObserver(BeatObserver o);

    void removeObserver(BeatObserver o);

    void registerObserver(BPMObserver o);

    void removeObserver(BPMObserver o);
}
```

```java
package headfirst.designpatterns.combined.djview;

import java.util.*;
import javax.sound.sampled.AudioSystem;
import javax.sound.sampled.Clip;
import java.io.*;
import javax.sound.sampled.Line;

public class BeatModel implements BeatModelInterface, Runnable {
    List<BeatObserver> beatObservers = new ArrayList<BeatObserver>();
    List<BPMObserver> bpmObservers = new ArrayList<BPMObserver>();
    int bpm = 90;
    Thread thread;
    boolean stop = false;
    Clip clip;

    public void initialize() {
        try {
            File resource = new File("clap.wav");
            clip = (Clip) AudioSystem.getLine(new Line.Info(Clip.class));
            clip.open(AudioSystem.getAudioInputStream(resource));
        }
        catch(Exception ex) {
            System.out.println("Error: Can't load clip");
            System.out.println(ex);
        }
    }

    public void on() {
        bpm = 90;
        notifyBPMObservers();
        thread = new Thread(this);
        stop = false;
        thread.start();
    }

    public void off() {
        stopBeat();
        stop = true;
    }
```

```java
public void run() {
        while (!stop) {
                playBeat();
                notifyBeatObservers();
                try {
                        Thread.sleep(60000/getBPM());
                } catch (Exception e) {}
        }
}

public void setBPM(int bpm) {
        this.bpm = bpm;
        notifyBPMObservers();
}

public int getBPM() {
        return bpm;
}

public void registerObserver(BeatObserver o) {
        beatObservers.add(o);
}

public void notifyBeatObservers() {
        for (int i = 0; i < beatObservers.size(); i++) {
                BeatObserver observer = (BeatObserver)beatObservers.get(i);
                observer.updateBeat();
        }
}

public void registerObserver(BPMObserver o) {
        bpmObservers.add(o);
}

public void notifyBPMObservers() {
        for (int i = 0; i < bpmObservers.size(); i++) {
                BPMObserver observer = (BPMObserver)bpmObservers.get(i);
                observer.updateBPM();
        }
}
```

```java
public void removeObserver(BeatObserver o) {
        int i = beatObservers.indexOf(o);
        if (i >= 0) {
                beatObservers.remove(i);
        }
}

public void removeObserver(BPMObserver o) {
        int i = bpmObservers.indexOf(o);
        if (i >= 0) {
                bpmObservers.remove(i);
        }
}

public void playBeat() {
        clip.setFramePosition(0);
        clip.start();
}
public void stopBeat() {
        clip.setFramePosition(0);
        clip.stop();
}

}
```

BPM 제어 도구 뷰 코드

```
package headfirst.designpatterns.combined.djview;

public interface BeatObserver {
    void updateBeat();
}

package headfirst.designpatterns.combined.djview;

public interface BPMObserver {
void updateBPM();
}

package headfirst.designpatterns.combined.djview;

import java.awt.*;
import java.awt.event.*;
import javax.swing.*;

public class DJView implements ActionListener, BeatObserver, BPMObserver {
    BeatModelInterface model;
    ControllerInterface controller;
    JFrame viewFrame;
    JPanel viewPanel;
    BeatBar beatBar;
    JLabel bpmOutputLabel;
    JFrame controlFrame;
    JPanel controlPanel;
    JLabel bpmLabel;
    JTextField bpmTextField;
    JButton setBPMButton;
    JButton increaseBPMButton;
    JButton decreaseBPMButton;
    JMenuBar menuBar;
    JMenu menu;
    JMenuItem startMenuItem;
    JMenuItem stopMenuItem;


    public DJView(ControllerInterface controller, BeatModelInterface model) {
        this.controller = controller;
        this.model = model;
        model.registerObserver((BeatObserver)this);
        model.registerObserver((BPMObserver)this);
    }
```

```java
public void createView() {
    // 스윙 구성 요소 생성하는 부분
    viewPanel = new JPanel(new GridLayout(1, 2));
    viewFrame = new JFrame("View");
    viewFrame.setDefaultCloseOperation(JFrame.EXIT_ON_CLOSE);
    viewFrame.setSize(new Dimension(100, 80));
    bpmOutputLabel = new JLabel("offline", SwingConstants.CENTER);
    beatBar = new BeatBar();
    beatBar.setValue(0);
    JPanel bpmPanel = new JPanel(new GridLayout(2, 1));
    bpmPanel.add(beatBar);
    bpmPanel.add(bpmOutputLabel);
    viewPanel.add(bpmPanel);
    viewFrame.getContentPane().add(viewPanel, BorderLayout.CENTER);
    viewFrame.pack();
    viewFrame.setVisible(true);
}

public void createControls() {
    // 스윙 구성 요소 생성하는 부분
    JFrame.setDefaultLookAndFeelDecorated(true);
    controlFrame = new JFrame("Control");
    controlFrame.setDefaultCloseOperation(JFrame.EXIT_ON_CLOSE);
    controlFrame.setSize(new Dimension(100, 80));

    controlPanel = new JPanel(new GridLayout(1, 2));

    menuBar = new JMenuBar();
    menu = new JMenu("DJ Control");
    startMenuItem = new JMenuItem("Start");
    menu.add(startMenuItem);
    startMenuItem.addActionListener(new ActionListener() {
        public void actionPerformed(ActionEvent event) {
            controller.start();
        }
    });
    stopMenuItem = new JMenuItem("Stop");
    menu.add(stopMenuItem);
    stopMenuItem.addActionListener(new ActionListener() {
        public void actionPerformed(ActionEvent event) {
            controller.stop();
        }
    });
    JMenuItem exit = new JMenuItem("Quit");
    exit.addActionListener(new ActionListener() {
        public void actionPerformed(ActionEvent event) {
            System.exit(0);
        }
    });
```

```
        menu.add(exit);
        menuBar.add(menu);
        controlFrame.setJMenuBar(menuBar);

        bpmTextField = new JTextField(2);
        bpmLabel = new JLabel("Enter BPM:", SwingConstants.RIGHT);
        setBPMButton = new JButton("Set");
        setBPMButton.setSize(new Dimension(10,40));
        increaseBPMButton = new JButton(">>");
        decreaseBPMButton = new JButton("<<");
        setBPMButton.addActionListener(this);
        increaseBPMButton.addActionListener(this);
        decreaseBPMButton.addActionListener(this);

        JPanel buttonPanel = new JPanel(new GridLayout(1, 2));
        buttonPanel.add(decreaseBPMButton);
        buttonPanel.add(increaseBPMButton);

        JPanel enterPanel = new JPanel(new GridLayout(1, 2));
        enterPanel.add(bpmLabel);
        enterPanel.add(bpmTextField);
        JPanel insideControlPanel = new JPanel(new GridLayout(3, 1));
        insideControlPanel.add(enterPanel);
        insideControlPanel.add(setBPMButton);
        insideControlPanel.add(buttonPanel);
        controlPanel.add(insideControlPanel);

        bpmLabel.setBorder(BorderFactory.createEmptyBorder(5,5,5,5));
        bpmOutputLabel.setBorder(BorderFactory.createEmptyBorder(5,5,5,5));

        controlFrame.getRootPane().setDefaultButton(setBPMButton);
        controlFrame.getContentPane().add(controlPanel, BorderLayout.CENTER);

        controlFrame.pack();
        controlFrame.setVisible(true);
    }

    public void enableStopMenuItem() {
        stopMenuItem.setEnabled(true);
    }

    public void disableStopMenuItem() {
        stopMenuItem.setEnabled(false);
    }
```

```
    public void enableStartMenuItem() {
        startMenuItem.setEnabled(true);
    }

    public void disableStartMenuItem() {
        startMenuItem.setEnabled(false);
    }

    public void actionPerformed(ActionEvent event) {
        if (event.getSource() == setBPMButton) {
            int bpm = 90;
            String bpmText = bpmTextField.getText();
            if (bpmText == null || bpmText.contentEquals("")) {
                bpm = 90;
            } else {
                bpm = Integer.parseInt(bpmTextField.getText());
            }
            controller.setBPM(bpm);
        } else if (event.getSource() == increaseBPMButton) {
            controller.increaseBPM();
        } else if (event.getSource() == decreaseBPMButton) {
            controller.decreaseBPM();
        }
    }

    public void updateBPM() {
        int bpm = model.getBPM();
        if (bpm == 0) {
            bpmOutputLabel.setText("offline");
        } else {
            bpmOutputLabel.setText("Current BPM: " + model.getBPM());
        }
    }

    public void updateBeat() {
        beatBar.setValue(100);
    }
}
```

BPM 제어 도구 컨트롤러 코드

```
package headfirst.designpatterns.combined.djview;

public interface ControllerInterface {
    void start();
    void stop();
    void increaseBPM();
    void decreaseBPM();
    void setBPM(int bpm);
}
```

```
ackage headfirst.designpatterns.combined.djview;

public class BeatController implements ControllerInterface {
    BeatModelInterface model;
    DJView view;

    public BeatController(BeatModelInterface model) {
        this.model = model;
        view = new DJView(this, model);
        view.createView();
        view.createControls();
        view.disableStopMenuItem();
        view.enableStartMenuItem();
        model.initialize();
    }

    public void start() {
        model.on();
        view.disableStartMenuItem();
        view.enableStopMenuItem();
    }

    public void stop() {
        model.off();
        view.disableStopMenuItem();
        view.enableStartMenuItem();
    }

    public void increaseBPM() {
        int bpm = model.getBPM();
        model.setBPM(bpm + 1);
    }

    public void decreaseBPM() {
        int bpm = model.getBPM();
        model.setBPM(bpm - 1);
    }

    public void setBPM(int bpm) {
        model.setBPM(bpm);
    }
}
```

심박 모니터 모델 코드

```java
package headfirst.designpatterns.combined.djview;

public class HeartTestDrive {

    public static void main (String[] args) {
        HeartModel heartModel = new HeartModel();
        ControllerInterface model = new HeartController(heartModel);
    }
}


package headfirst.designpatterns.combined.djview;

public interface HeartModelInterface {
    int getHeartRate();
    void registerObserver(BeatObserver o);
    void removeObserver(BeatObserver o);
    void registerObserver(BPMObserver o);
    void removeObserver(BPMObserver o);
}


package headfirst.designpatterns.combined.djview;

import java.util.*;

public class HeartModel implements HeartModelInterface, Runnable {
    List<BeatObserver> beatObservers = new ArrayList<BeatObserver>();
    List<BPMObserver> bpmObservers = new ArrayList<BPMObserver>();
    int time = 1000;
    int bpm = 90;
    Random random = new Random(System.currentTimeMillis());
    Thread thread;

    public HeartModel() {
        thread = new Thread(this);
        thread.start();
    }

    public void run() {
        int lastrate = -1;

        for(;;) {
            int change = random.nextInt(10);
            if (random.nextInt(2) == 0) {
                change = 0 - change;
            }
            int rate = 60000/(time + change);
```

```java
            if (rate < 120 && rate > 50) {
                time += change;
                notifyBeatObservers();
                if (rate != lastrate) {
                    lastrate = rate;
                    notifyBPMObservers();
                }
            }
            try {
                Thread.sleep(time);
            } catch (Exception e) {}
        }
    }
    public int getHeartRate() {
        return 60000/time;
    }

    public void registerObserver(BeatObserver o) {
        beatObservers.add(o);
    }

    public void removeObserver(BeatObserver o) {
        int i = beatObservers.indexOf(o);
        if (i >= 0) {
            beatObservers.remove(i);
        }
    }

    public void notifyBeatObservers() {
        for(int i = 0; i < beatObservers.size(); i++) {
            BeatObserver observer = (BeatObserver)beatObservers.get(i);
            observer.updateBeat();
        }
    }

    public void registerObserver(BPMObserver o) {
        bpmObservers.add(o);
    }

    public void removeObserver(BPMObserver o) {
        int i = bpmObservers.indexOf(o);
        if (i >= 0) {
            bpmObservers.remove(i);
        }
    }

    public void notifyBPMObservers() {
        for(int i = 0; i < bpmObservers.size(); i++) {
            BPMObserver observer = (BPMObserver)bpmObservers.get(i);
            observer.updateBPM();
        }
    }
}
```

심박 모니터 어댑터 코드

```java
package headfirst.designpatterns.combined.djview;

public class HeartAdapter implements BeatModelInterface {
    HeartModelInterface heart;

    public HeartAdapter(HeartModelInterface heart) {
        this.heart = heart;
    }

    public void initialize() {}

    public void on() {}

    public void off() {}

    public int getBPM() {
        return heart.getHeartRate();
    }

    public void setBPM(int bpm) {}

    public void registerObserver(BeatObserver o) {
        heart.registerObserver(o);
    }

    public void removeObserver(BeatObserver o) {
        heart.removeObserver(o);
    }

    public void registerObserver(BPMObserver o) {
        heart.registerObserver(o);
    }

    public void removeObserver(BPMObserver o) {
        heart.removeObserver(o);
    }
}
```

심박 모니터 컨트롤러 코드

```
package headfirst.designpatterns.combined.djview;

public class HeartController implements ControllerInterface {
    HeartModelInterface model;
    DJView view;

    public HeartController(HeartModelInterface model) {
        this.model = model;
        view = new DJView(this, new HeartAdapter(model));
        view.createView();
        view.createControls();
        view.disableStopMenuItem();
        view.disableStartMenuItem();
    }

    public void start() {}

    public void stop() {}

    public void increaseBPM() {}

    public void decreaseBPM() {}

    public void setBPM(int bpm) {}
}
```

패턴과 행복하게 살아가기

실전 디자인 패턴

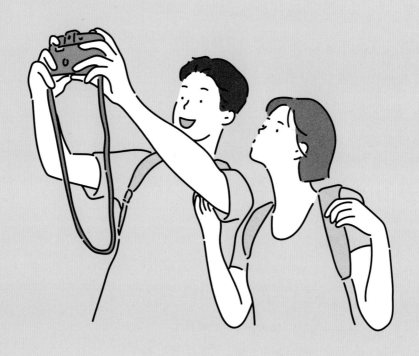

—— 디자인 패턴의 세계를 살아갈 준비가 끝났습니다 ——

새로운 세상으로 들어가기 전에 실전에서 맞닥뜨릴 수 있는 몇 가지 자질구레한 문제들을 다뤄 보겠습니다. 객체마을보다 현실 세계는 더 복잡하니까요. 다음 쪽으로 넘어가면 실전을 대비하는 훌륭한 가이드를 볼 수 있습니다.

디자인 패턴과 함께 하는 행복한 삶을 위한 객체마을 공식 가이드

실전에서 패턴을 활용하는 데 도움이 될 만한 몇 가지 팁을 정리했습니다.

- 널리 퍼져 있는 '디자인 패턴'의 정의에 관한 오해를 확실하게 풀고 갑시다.

- 디자인 패턴 카탈로그를 알아보고, 그 필요성을 제대로 파악합시다.

- 적절한 시점에 디자인 패턴을 사용합시다.

- 패턴을 제 범주에 맞게 사용합시다.

- 패턴 발견은 고수만이 할 수 있는 일은 아닙니다.
  간단한 설명을 읽고 나면 여러분도 패턴을 발견할 수 있습니다.

- 베일에 싸여 있던 4인방(GoF, Gang of Four)의 실체가 드러납니다.
  놓치지 마세요!

- 대세를 따릅시다.

- 패턴을 사용하는 사람이라면 반드시 가지고 있어야 하는 책을 소개합니다.

- 스승님으로부터 정신 수양법을 배웁시다.

- 패턴과 관련된 다양한 용어를 많이 익혀서
  친구들과 다른 개발자들에게 깊은 인상을 심어 줍시다.

디자인 패턴의 정의

아마 지금쯤이면 패턴이 무엇인지 잘 알고 있을 것 같군요. 하지만 아직 디자인 패턴의 정의를 알아본 적은 없었죠? 디자인 패턴의 정의는 다음과 같습니다. 처음 볼 때는 꽤 이상하다는 생각이 들 수도 있습니다.

> **패턴**(Pattern)은 특정 컨텍스트 내에서 주어진 문제의 해결책이다.

정의가 조금 애매하죠? 하지만 그리 어렵게 생각하진 마세요. 컨텍스트, 문제, 해결책을 하나하나 짚고 넘어갈 거니까요.

- **컨텍스트**(context)란 패턴이 적용되는 상황을 뜻합니다. 반복적으로 일어날 수 있는 상황이어야만 합니다.

  예: 객체들의 컬렉션이 주어져 있습니다.

- **문제**(problem)란 컨텍스트 내에서 이뤄야 하는 목표를 뜻합니다. 여기에는 컨텍스트 내의 제약조건도 포함됩니다.

  예: 컬렉션의 구현을 드러내지 않으면서 그 안에 있는 각 객체를 대상으로 순환 작업을 할 수 있어야 합니다.

- **해결책**(solution)이 바로 우리가 찾아내야 하는 것입니다. 제약조건 속에서 누가 적용해도 목표를 이룰 수 있는 일반적인 디자인을 뜻합니다.

  예: 반복 작업을 별도의 클래스로 캡슐화합니다.

꽤 이해하기 힘든 정의지만 하나하나 살펴보면 조금이나마 이해하기 쉽습니다. 다음과 같이 생각해 볼까요?

> "어떤 컨텍스트 내에서 일련의 제약조건에 의해 영향을 받는 문제가 발생했다면, 그 제약조건 내에서 목적 달성을 위한 해결책이 되는 디자인을 적용하면 된다"

디자인 패턴이 무엇인지 이해하는 것만 해도 만만치 않죠? 사실 디자인 패턴은 일상적이고 반복적으로 등장하는 디자인 문제의 해결책이라는 사실은 이미 알고 있을 것입니다. 근데 왜 이렇게 정의를 따져야 하는 걸까요? 패턴을 정의할 수 있어야 다양한 장점을 제공하는 패턴 카탈로그를 만들 수 있기 때문입니다.

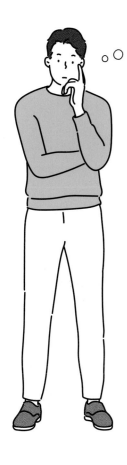

방금 전에 배운 패턴의 정의를 좀 생각해 봤는데요. 아무리 생각해도 그것만으로는 제대로 정의되는 것 같지가 않아요.

제대로 정의되지 않았다는 생각이 들 수도 있습니다. 조금 더 생각해 보죠. 패턴의 정의에는 문제, 해결책, 그리고 컨텍스트, 이렇게 3가지 용어가 있었죠?

- **문제:** 어떻게 회사에 제시간에 도착할 것인가?
- **컨텍스트:** 차에 자동차 열쇠를 두고 나왔는데 문이 잠겼다.
- **해결책:** 유리를 깬다. 차에 들어간다. 차를 몰고 출근한다.

패턴의 정의에 나와 있는 모든 구성 요소가 들어있습니다. 회사에 도착한다는 목표와 남아있는 시간, 회사까지의 거리를 비롯한 몇 가지 제약조건이 있는 '문제'가 주어졌습니다. 자동차 열쇠를 차 안에 뒀는데 문이 잠겼다는 컨텍스트도 주어졌죠. 그리고 시간과 거리 등의 제약조건도 모두 해결하면서 열쇠를 획득할 수 있게 해 주는 해결책도 있습니다. 그럼 패턴이 완성된 셈이네요. 그렇죠?

뇌 단련

방금 디자인 패턴의 정의에 따라 문제, 컨텍스트, 그리고 (실제로 통할 만한) 해결책을 정의했습니다. 이것을 패턴이라고 할 수 있을까요? 패턴이라고 할 수 없다면 그 이유는 무엇일까요? 객체지향 디자인 패턴을 정의할 때도 이런 일이 생길 수 있을까요?

디자인 패턴의 정의 자세히 살펴보기

앞쪽에 나와 있는 예도 디자인 패턴의 정의에 따르면 올바른 패턴이라고 할 수 있을 것 같지 않습니까? 하지만 패턴이라고 할 수는 없습니다. 그 이유는 무엇일까요? 우선 패턴은 반복적으로 등장하는 문제에 적용할 수 있어야 한다는 점을 이유로 들 수 있습니다.

가끔 정신을 딴 데 팔다 보면 열쇠를 차 안에 두고 내렸다가 문이 잠기는 일이 생길 수도 있지만, 그런 상황에서 차 유리를 깨는 방법은 반복적으로 적용할 수 있는 해결책이 아닙니다(혹시 반복할 수 있더라도, 비용이라는 또 다른 제약조건을 벗어날 수 있습니다).

그리고 다른 이유가 2가지 더 있습니다. 하나는 이런 해결책을 다른 사람에게 알려 줘서 그 사람이 처한 문제의 해결책으로 적용하게 하기가 힘들다는 점입니다. 그리고 다른 이유는 별거 아니면서도 아주 중요한 패턴의 특징을 위배했다는 점입니다. 바로 패턴에 이름을 붙이지 않았다는 것이죠. 이름이 없다면 다른 개발자들과 그 패턴에 관한 토론을 하기가 정말 어려울 것입니다.

다행히도 패턴은 단순하게 문제, 컨텍스트, 해결책만 가지고 기술되거나 문서화되지 않습니다. 패턴을 기술하고 패턴 카탈로그에 수록할 때 사용할 수 있는 훨씬 훌륭한 방법이 있습니다.

> 혹시 누군가가 패턴이란 특정 컨텍스트 내에서 주어진 문제의 해결책이라고 얘기하거든 조용히 미소를 지으면서 고개를 끄덕거려 주세요. 그 정의만 가지고 디자인 패턴을 제대로 기술할 수 없지만, 여러분은 그 뜻을 이해하니까요.

무엇이든 물어보세요
Q&A

Q1 그럼, 이제부터 문제, 컨텍스트, 해결책 형태로 기술된 패턴을 살펴보는 건가요?

A1 패턴 카탈로그에서 볼 수 있는 패턴 설명은 보통 좀 더 자세하게 적혀 있습니다. 조금 있으면 패턴 카탈로그를 자세하게 살펴볼 텐데, 패턴 카탈로그에는 패턴의 용도와 패턴이 만들어진 배경, 적용할 수 있는 범위, 해결책의 디자인 및 그 해결책을 적용한 결과(장단점)와 같이 다양한 내용이 자세히 적혀 있습니다.

Q2 패턴의 구조를 조금 변경해서 제가 사용하는 디자인에 맞게 써도 되나요? 아니면 정의를 있는 그대로 따라야만 하나요?

A2 물론 디자인에 맞게 바꿔도 됩니다. 디자인 원칙과 마찬가지로 디자인 패턴도 법칙이나 규칙이 아닌 지침 정도라고 생각하면 됩니다. 필요에 따라 적당히 고쳐서 써도 되죠. 실전에서 패턴이 적용되는 예를 보면

고전적인 패턴 디자인과 다른 부분도 많이 있습니다. 하지만 패턴을 바꿔서 사용할 때, 고전적인 디자인과 어떻게 다른지를 문서화해 놓으면 여러 모로 좋습니다. 다른 개발자가 여러분이 사용하고 있는 패턴을 빠르게 파악하고, 여러분이 사용한 패턴과 고전적인 패턴 사이의 차이점을 이해하는 데 큰 도움이 될 거니까요.

Q3 패턴 카탈로그는 어디서 구할 수 있나요?

A3 가장 훌륭한 패턴 카탈로그로 『GoF의 디자인 패턴』을 들 수 있습니다. 이 카탈로그에는 23개의 기본 패턴이 수록되어 있습니다. 이 책은 잠시 후에 다시 소개하겠습니다. 그밖에도 엔터프라이즈 소프트웨어, 컨커런트 시스템, 비즈니스 시스템 등과 같은 다양한 영역에 맞는 패턴 카탈로그들이 속속들이 출시되고 있습니다.

포스가 함께 하기를…

디자인 패턴의 정의
에 따르면 문제는 목적
과 일련의 제약조건으로 구
성됩니다. 그런데 패턴 전문
가들 중에는 이를 합쳐서 포스
(force)라고 부르는 사람들도 있
습니다. 왜 이렇게 부를까요? 뭐 나
름대로 이유가 있겠지만, 영화 스타
워즈에서 포스를 '우주를 형성하고 제어
하는 힘'이라고 설명합니다. 패턴의 정의
에서 포스란 해결책을 형성하고 제어하는 것
인 셈이죠. 해결책이 포스의 양면(밝은 면이라
고 할 수 있는 목표와 어두운 면이라고 할 수 있
는 제약조건) 사이에서 균형을 이룰 수 있어야 비
로소 제대로 된 패턴이 만들어지는 것입니다. 사람
들이 패턴에 관해서 이야기할 때 쓰는 '포스'라는 용어
는 처음에는 꽤 이해하기 힘들 수도 있습니다. 하지만 포
스에는 2가지 측면(목표와 제약조건)이 있다는 사실, 그
리고 그 둘 사이에서 적절하게 균형을 잡아야만 패턴의 해결
책이 완성된다는 점만 잘 기억해 두면 됩니다. 용어 때문에 괜
히 고생하는 일이 없기를 바라겠습니다. 포스가 함께 하기를…

패턴 카탈로그가 있다는 사실을 빨리 알았더라면 정말 좋았을 텐데…

짐(Jim)

프랭크(Frank)

조(Joe)

프랭크 우리도 끼워 줄 수 있어요, 짐? 저는 그냥 여기저기에 있는 글을 읽으면서 패턴을 공부했거든요.

짐 네, 같이 봐요. 패턴 카탈로그에는 일련의 패턴을 정해서 각각의 패턴을 다른 패턴과 비교하며 자세하게 설명해 주죠.

조 네? 혹시 패턴 카탈로그가 여러 개 있나요?

짐 그럼요. 기본 디자인 패턴에 관한 카탈로그들도 있고, EJB 패턴같이 특정 영역에서 쓰이는 패턴에 관한 카탈로그도 있어요.

프랭크 지금 보고 있는 건 무슨 카탈로그예요?

짐 고전적인 GoF 패턴 책이에요. 23개의 기본 디자인 패턴이 수록돼 있죠.

프랭크 GoF요?

짐 네. 4인방(Gang of Four)을 줄여서 GoF라고 불러요. 이 4인방이 처음으로 패턴 카탈로그를 만들었죠.

조 이 카탈로그에는 어떤 내용이 들어있나요?

짐 서로 연관된 패턴이 들어있어요. 각 패턴마다 그 패턴의 설명과 템플릿이 나와 있고, 세부사항이 자세하게 설명되어 있죠. 각 패턴마다 이름도 붙여 놨어요.

프랭크 별 걸 다 하네요. 이름까지 붙이다니…

짐 잠깐만요. 이름이 얼마나 중요한데요. 패턴에 이름을 붙이면 패턴에 관해서 얘기하기가 훨씬 쉬워지잖아요. 예전에 서로 공유할 수 있는 용어가 얼마나 중요한지 얘기했었잖아요.

프랭크 아, 알아요. 그냥 농담한 거예요. 그나저나 또 어떤 게 있나요?

짐 아까 얘기한 것처럼 모든 패턴은 템플릿을 따르죠. 각 패턴마다 이름이 붙어 있고, 그 패턴을 설명해 주는 몇 가지 부분이 수록되어 있습니다. 예를 들어 용도(Intent) 부분은 그 패턴이 무슨 패턴인지를 설명해 주는 부분입니다. 언제 어디에서 패턴을 사용할 수 있는지 설명해 주는 동기 및 적용 대상(Motivation and Applicability) 부분도 있습니다.

조 디자인 자체에 관해서는 어떤 내용이 수록되어 있나요?

짐 여러 부분에 걸쳐서 클래스 디자인 및 그 디자인에 포함되는 모든 클래스와 각 클래스의 역할을 설명합니다. 패턴을 구현하는 방법이 기술되어 있는 부분도 있고, 샘플 코드를 제공하기도 하죠.

프랭크 정말 자세한 내용이 수록되어 있는 것 같군요.

짐 그뿐이 아니예요. 실제 시스템에 패턴이 적용된 예도 나와 있고, 다른 패턴과의 관계를 설명하는 부분도 있죠. 제 생각에는 그 섹션이 가장 유용한 부분 중 하나인 것 같아요.

프랭크 상태 패턴과 전략 패턴의 차이점 같은 것도 나와 있나요?

짐 네, 물론이죠.

조 근데 이 카탈로그를 어떻게 활용하면 좋을까요? 해결해야 할 문제가 있으면 이 카탈로그를 뒤적거리면서 해결책을 찾는 건가요?

짐 저는 우선 모든 패턴을 익히고 여러 패턴 사이의 관계를 파악하는 데 중점을 뒀어요. 그러면 패턴을 적용해야 할 때 대강 어떤 걸 쓰면 되겠다는 걸 알 수 있죠. 그런 다음 적용 대상 섹션을 훑어보고 적절한 패턴인지 판단을 내려요. 그리고 결과(Consequences) 부분도 꼼꼼하게 살펴봐야겠더라고요. 새로 적용하는 디자인 때문에 의도치 않았던 부작용이 생기면 곤란하니까요.

프랭크 괜찮은 방법 같네요. 그러면 일단 어떤 패턴을 적용하면 되겠다는 결정을 내렸을 때, 어떤 식으로 패턴을 디자인에 반영하고 구현하나요?

짐 바로 그 시점에서 클래스 다이어그램을 활용하죠. 우선 구조(Structure) 부분을 읽어 보고 다이어그램을 다시 살펴본 다음 구성 요소(Participants) 부분에서 각 클래스의 역할을 제대로 파악하고 있는지 확인해 봅니다. 그런 다음 구현/샘플 코드(Implementation/Samplecode) 부분을 보면서 구현 기법과 주의사항 등을 공부하죠.

조 아, 드디어 패턴을 적용할 때 카탈로그를 활용하는 방법을 어느 정도 알 수 있을 것 같네요.

프랭크 저도요. 근데 패턴이 어떤 식으로 기술되는지 예를 들어서 알려 주실 수 있나요?

패턴 설명에서 가장 먼저 등장하는 내용은 바로 이름입니다. 이름은 패턴에서 중요한 것 중 하나입니다. 제대로 된 이름 없이는 패턴의 정보를 다른 개발자들과 공유하기가 아주 힘들어지니까요.

동기(Motivation) 부분에는 문제를 기술하고 주어진 해결책이 어떤 식으로 그 문제를 해결하는지 보여 주는 구체적인 시나리오가 주어집니다.

적용 대상(Applicability) 부분에는 그 패턴을 적용할 수 있는 상황이 기술됩니다.

구성 요소(Participant) 부분에는 클래스와 객체들의 설명이 들어있습니다. 이 부분에서는 패턴 내에서 각 클래스(객체)가 맡는 임무와 역할을 설명합니다.

결과(Consequences) 부분에는 이 패턴을 사용했을 때의 효과(장점과 단점)가 수록됩니다.

구현(Implementation) 섹션에는 이 패턴을 구현할 때 필요한 기술과 주의사항을 설명하고 있습니다.

사용 예(Known uses) 부분에는 실제 시스템에서 이 패턴을 사용하는 예시 설명이 들어 있습니다.

패턴의 종류 또는 범주. 잠시 후에 설명하겠습니다.

용도(Intent) 부분에는 패턴의 역할이 간단하게 기술됩니다. 지금까지 여러 패턴을 정의할 때 썼던 내용이 이 자리에 들어간다고 보면 됩니다.

구조(Structure) 부분에는 이 패턴에서 쓰이는 클래스들의 관계를 보여주는 다이어그램이 수록됩니다.

협동(Collaborations) 부분에는 각 구성 요소(Participant)가 패턴 내에서 어떤 식으로 서로 도움을 주는지 설명되어 있습니다.

샘플 코드(Sample Code) 부분에서는 구현하는 데 도움이 될 만한 코드를 제공합니다.

연관 패턴(Related Patterns) 부분에는 이 패턴과 다른 패턴 사이의 관계를 설명하는 내용이 나와 있습니다.

SINGLETON

Object Creational

Intent

Et aliquat, velesto ent lore feuis acillao rperci tat, quat nonsequam il ea at nim nos do enim qui eratio ex ea faci tet, sequis dion utat, volore magnisi.

Motivation

Et aliquat, velesto ent lore feuis acillao rperci tat, quat nonsequam il ea at nim nos do enim qui eratio ex ea faci tet, sequis dion utat, volore magnisi.Rud modolore dit laoreet augam iril el dipis dionsequis dignibh eummy nibh esequat. Duis nulputem ipisim esecte conullut wissi.

Os nisissenim et lumsandre do con el utpatuero corercipis augue doloreet luptat amet vel iuscidunt digna feugue dunt num etummy nim dui blaor sequat num vel etue magna augiat.

Aliquis nonse vel exer se minissequis do dolortis ad magnit, sim zzrillut ipsummo dolorem dignibh euger sequam ea am quate magnim illam zzrit ad magna feu facinit delit ut

Applicability

Duis nulputem ipisim esecte conullut wissiEctem ad magna aliqui blamet, conullandre dolore magna feuis nos alit ad magnim quate modolore vent lut luptat prat. Dui blaore min ea feuipit ing enit laore magnibh eniat wisissecte et, suscilla ad mincinci blam dolorpe rcilit irit, conse dolore dolore et, verci enis enit ip elesequisl ut ad esectem ing ea con eros autem diam nonullu tpatiss ismodignibh er.

Structure

Singleton
static *uniqueInstance*
// Other useful Singleton data...
static getInstance()
// Other useful Singleton methods...

Participants

Duis nulputem ipisim esecte conullut wissiEctem ad magna aliqui blamet, conullandre dolore magna feuis nos alit ad magnim quate modolore vent lut luptat prat. Dui blaore min ea feuipit ing enit laore magnibh eniat wisissecte et, suscilla ad mincinci blam dolorpe rcilit irit, conse dolore dolore et, verci enis enit ip elesequisl ut ad esectem ing ea con eros autem diam nonullu tpatiss ismodignibh er

A dolore dolore et, verci enis enit ip elesequisl ut ad esectem ing ea con eros autem diam nonullu tpatiss ismodignibh er

– A feuis nos alit ad magnim quate modolore vent lut luptat prat. Dui blaore min ea feuipit ing enit laore magnibh eniat wisissec

– Ad magnim quate modolore vent lut luptat prat. Dui blaore min ea feuipit ing enit

Collaborations

Feuipit ing enit laore magnibh eniat wisissecte et, suscilla ad mincinci blam dolorpe rcilit irit, conse dolore.

Consequences

Duis nulputem ipisim esecte conullut wissiEctem ad magna aliqui blamet, conullandre:

1. Dolore dolore et, verci enis enit ip elesequisl ut ad esectem ing ea con eros autem diam nonullu tpatiss ismodignibh er

2. Modolore vent lut luptat prat. Dui blaore min ea feuipit ing enit laore magnibh eniat wisissecte et, suscilla ad mincinci blam dolorpe rcilit irit, conse dolore dolore et, verci enis enit ip elesequisl ut ad esectem.

3. Dolore dolore et, verci enis enit ip elesequisl ut ad esectem ing ea con eros autem diam nonullu tpatiss ismodignibh er.

4. Modolore vent lut luptat prat. Dui blaore min ea feuipit ing enit laore magnibh eniat wisissecte et, suscilla ad mincinci blam dolorpe rcilit irit, conse dolore dolore et, verci enis enit ip elesequisl ut ad esectem.

Implementation/Sample Code

DuDuis nulputem ipisim esecte conullut wissiEctem ad magna aliqui blamet, conullandre dolore magna feuis nos alit ad magnim quate modolore vent lut luptat prat. Dui blaore min ea feuipit ing enit laore magnibh eniat wisissecte et, suscilla ad mincinci blam dolorpe rcilit irit, conse dolore dolore et, verci enis enit ip elesequisl ut ad esectem ing ea con eros autem diam nonullu tpatiss ismodignibh er.

```
public class Singleton {
    private static Singleton uniqueInstance;

    // other useful instance variables here

    private Singleton() {}

    public static synchronized Singleton getInstance() {
        if (uniqueInstance == null) {
            uniqueInstance = new Singleton();
        }
        return uniqueInstance;
    }

    // other useful methods here

}
```

Nos alit ad magnim quate modolore vent lut luptat prat. Dui blaore min ea feuipit ing enit laore magnibh eniat wisissecte et, suscilla ad mincinci blam dolorpe rcilit irit, conse dolore dolore et, verci enis enit ip elesequisl ut ad esectem ing ea con eros autem diam nonullu tpatiss ismodignibh er.

Known Uses

DuDuis nulputem ipisim esecte conullut wissiEctem ad magna aliqui blamet, conullandre dolore magna feuis nos alit ad magnim quate modolore vent lut luptat prat. Dui blaore min ea feuipit ing enit laore magnibh eniat wisissecte et, suscilla ad mincinci blam dolorpe rcilit irit, conse dolore dolore et, verci enis enit ip elesequisl ut ad esectem ing ea con eros autem diam nonullu tpatiss ismodignibh er.

DuDuis nulputem ipisim esecte conullut wissiEctem ad magna aliqui blamet, conullandre dolore magna feuis nos alit ad magnim quate modolore vent lut luptat prat. Dui blaore min ea feuipit ing enit laore magnibh eniat wisissecte et, suscilla ad mincinci blam dolorpe rcilit irit, conse dolore dolore et, verci enis enit ip elesequisl ut ad esectem ing ea con eros autem diam nonullu tpatiss ismodignibh er. alit ad magnim quate modolore vent lut luptat prat. Dui blaore min ea feuipit ing enit laore magnibh eniat wisissecte et, suscilla ad mincinci blam dolorpe rcilit irit, conse dolore dolore et, verci enis enit ip elesequisl ut ad esectem ing ea con eros autem diam nonullu tpatiss ismodignibh er.

Related Patterns

Elesequisl ut ad esectem ing ea con eros autem diam nonullu tpatiss ismodignibh er. alit ad magnim quate modolore vent lut luptat prat. Dui blaore min ea feuipit ing enit laore magnibh eniat wisissecte et, suscilla ad mincinci blam dolorpe rcilit irit, conse dolore dolore et, verci enis enit ip elesequisl ut ad esectem ing ea con eros autem diam nonullu tpatiss ismodignibh er.

무엇이든 물어보세요
Q&A

Q1 평범한 사람도 디자인 패턴을 새로 만들 수도 있나요? 아니면 '패턴 그랜드 마스터' 정도는 되어야 가능한 일인가요?

A1 우선 패턴은 만들어지는 것이 아니라 발견되는 것이라는 사실을 꼭 기억하세요. 자신이 발견한 디자인 패턴을 제대로 설명할 수만 있다면 누구나 발견했다고 말할 수 있죠. 하지만 그리 쉬운 일은 아닙니다. 금세 발견되지도 않고, 자주 발견하기도 힘들죠. '패턴 작가'가 되려면 상당한 노력이 필요합니다.

우선 왜 패턴을 찾으려고 하는지, 왜 패턴을 저술하려고 하는지를 생각해봐야 합니다. 대부분의 사람은 굳이 새로운 패턴을 정립하려고 하지 않고 그냥 사용하기만 하니까요. 하지만 특화된 분야에서 일을 하다 보면 유용한 패턴을 새로 발견하는 경우도 있고, 자주 발생하는 문제의 일반적인 해결책을 찾아내는 경우도 있습니다. 아니면 패턴 커뮤니티에 깊이 빠져 지내다가 도움이 될 만한 뭔가를 깨달을 수도 있습니다.

Q2 저도 패턴을 발견하고 싶어요. 어디서부터 시작하면 좋죠?

A2 어느 분야나 다 그렇지만, 이 바닥에서도 아는 게 힘입니다. 기존 패턴을 열심히 파헤쳐 보고, 무엇을 하는 패턴인지, 그 패턴이 다른 패턴과 어떤 관계를 가지는지를 확실히 이해해야 합니다. 그러다 보면 패턴 형성 과정을 잘 알 수 있게 되고, 이미 정립되어 있는 패턴을 새로 만드느라 고생하는 일도 방지할 수 있죠. 그런 준비가 다 끝났다면 여러분이 발견한 패턴을 문서화하고 다른 개발자들과 토론할 수 있습니다. 패턴 토론이 무엇인지는 잠시 후에 더 자세히 알아보죠. 정말 관심이 있다면 다음 쪽에 있는 내용을 자세하게 읽어 보세요.

Q3 정말 새로운 패턴을 발견했는지 어떻게 알 수 있을까요?

A3 아주 좋은 질문입니다. 다른 사람들이 사용해 보고 정말 유용하다는 결론을 내리기 전까지는 패턴으로 인정을 받을 수 없습니다. 일반적으로 패턴으로 인정받으려면 실전에서 등장하는 문제의 해결책으로 3번 이상 적용되어야만 한다는 의미의 '3의 규칙(Rule of Three)'을 통과하기 전에는 패턴이라고 할 수 없죠.

디자인 패턴 스타가 되고 싶나요?

지금부터 제가 하는 말을 잘 들으세요.

패턴 카탈로그를 장만하세요.

그리고 주의 깊게 읽어 보세요.

패턴 카탈로그에 나와 있는 대로 여러분의 패턴을 완벽하게 서술해 보세요.

그리고 그 서술된 내용을 3명 이상의 개발자가 거리낌 없이 동의해 준다면

제대로 된 패턴이라고 할 수 있습니다.

'So you wanna be a Rock'n Roll Star'라는 노래에 맞춰서…

새로운 디자인 패턴 발견하기 디자인 패턴 작가가 되고 싶으신가요? ☆

숙제를 먼저 합시다. 새로운 패턴을 만들기 전에 기존 패턴을 확실하게 파악해야 합니다. 새로워 보이는 패턴도 잘 따져 보면 기존 패턴을 변형한 것에 불과한 경우가 대부분이거든요. 패턴을 열심히 공부하다 보면 패턴을 알아보는 눈이 길러지고, 다른 패턴과 연관 짓는 능력도 발달합니다.

오랜 시간에 걸쳐서 심사숙고해 보세요. 패턴에 관한 아이디어는 여러분의 경험(여러분이 접해 본 문제와 사용했던 해결책)에서 나옵니다. 지금까지의 경험을 토대로 다시 한번 곰곰이 생각해 보고, 반복적으로 발생하는 문제를 해결할 수 있는 새로운 디자인이 되도록 다듬어야 합니다. 완전히 새로운 패턴이라고 생각되는 것도 기존 패턴을 변형한 것에 불과할 수 있다는 사실을 기억하세요. 새로운 패턴을 발견했다고 생각했는데 적용 범위가 너무 좁아서 진짜 패턴이라고 하기 힘든 것도 많으니까요.

머릿속에 들어있는 아이디어를 남들도 이해할 수 있도록 종이 위에 적어 보세요. 여러분이 발견한 것을 남들이 활용할 수 없다면 새로운 패턴을 발견한 의미가 전혀 없겠죠? 새로운 패턴을 발견한 것 같다면, 다른 사람들이 직접 적용해 보고 피드백을 제공할 수 있도록 문서로 만들어 보세요.

패턴을 문서화하는 방법은 고민하지 않아도 됩니다. 이미 GoF 템플릿이 어떻게 생겼는지 알고 있잖아요. 패턴의 특성을 설명하는 방법은 이미 마련되어 있으니까, 그 문서 형식을 그대로 활용해서 여러분이 발견한 패턴을 문서로 작성하기만 하면 됩니다.

기존의 패턴 템플릿을 써서 여러분의 패턴을 정의해 보세요. 이 템플릿은 수많은 경험과 고민 끝에 만들어진 것입니다. 다른 패턴 사용자들도 이 템플릿을 쉽게 알아볼 거예요.

새로운 패턴을 다른 사람들이 사용하게 해서, 계속 다듬어 보세요. 패턴을 한 번에 완성하긴 힘듭니다. 새로운 패턴은 시간이 지남에 따라 점점 더 나아진다고 생각하세요. 다른 개발자들에게 여러분이 발견한 패턴을 시험해 볼 기회를 제공하고, 피드백을 얻어 보세요. 그리고 패턴을 설명하는 문서에 피드백을 반영하고, 다시 검증을 받는 과정을 여러 번 반복하세요. 완벽하게 만들기는 불가능하겠지만, 계속 고치다 보면 다른 개발자들이 읽고 이해하는 데 부족함이 없는 패턴 문서를 만들 수 있습니다.

3의 규칙을 잊지 마세요. 패턴이 실전 문제 해결에 3번 이상 적용되어야 패턴 자격을 얻을 수 있다는 점을 절대 잊지 마세요. 이 이유 때문에라도 다른 사람들에게 새로운 패턴을 테스트할 기회를 제공해야 합니다. 그 과정에서 점점 더 제대로 된 패턴에 가까워지죠.

```
Name
Intent
Motivation
Applicability
Structure
Participants
Collaborations
...
```

누가 무엇을 할까요?

패턴과 올바른 설명을 연결해 보세요.

패턴	설명

데코레이터 패턴 •

상태 패턴 •

반복자 패턴 •

퍼사드 패턴 •

전략 패턴 •

프록시 패턴 •

팩토리 메소드 패턴 •

어댑터 패턴 •

옵저버 패턴 •

템플릿 메소드 패턴 •

컴포지트 패턴 •

싱글턴 패턴 •

추상 팩토리 패턴 •

커맨드 패턴 •

- 객체를 감싸서 다른 인터페이스를 제공합니다.
- 알고리즘의 개별 단계를 구현하는 방법을 서브클래스에서 결정합니다.
- 서브클래스에서 생성할 구상 클래스를 결정합니다.
- 딱 한 객체만 생성되게 합니다.
- 교환 가능한 행동을 캡슐화하고 위임으로 어떤 행동을 사용할지 결정합니다.
- 클라이언트에서 객체 컬렉션과 개별 객체를 똑같이 다룰 수 있도록 해 줍니다.
- 상태를 기반으로 하는 행동을 캡슐화한 다음 위임으로 필요한 행동을 선택합니다.
- 컬렉션이 어떤 식으로 구현되었는지 드러내지 않으면서도 컬렉션 내에 있는 모든 객체를 대상으로 반복 작업을 처리할 수 있게 해 줍니다.
- 일련의 클래스에 간단한 인터페이스를 제공합니다.
- 객체를 감싸서 새로운 행동을 제공합니다.
- 클라이언트에서 구상 클래스를 지정하지 않으면서도 객체군을 생성할 수 있도록 해 줍니다.
- 상태가 변경되면 다른 객체에게 연락을 돌릴 수 있게 해 줍니다.
- 객체를 감싸서 그 객체로의 접근을 제어합니다.
- 요청을 객체로 감쌉니다.

정답 630쪽

디자인 패턴 분류하기

점점 더 많은 디자인 패턴이 발견됨에 따라 디자인 패턴을 찾거나 같은 그룹에 속하는 패턴 끼리 비교하기 좋게, 종류에 따라 분류할 필요성이 생겼습니다.

대부분의 카탈로그에서는 몇 가지 범주에 맞춰서 디자인 패턴을 분류하고 있습니다. 그중 제 일 유명한 분류 방법은 맨 처음 출간되었던 패턴 카탈로그에서 제시한 **생성, 행동, 구조라는 3가지 범주로 용도에 따라 나누기**입니다.

쓰면서 제대로 공부하기

정답 610쪽

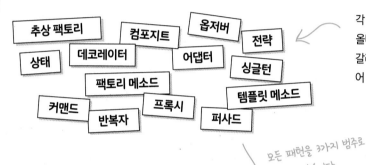

추상 팩토리   컴포지트   옵저버   전략
상태   데코레이터   어댑터   싱글턴
팩토리 메소드   템플릿 메소드
커맨드   반복자   프록시   퍼사드

각 범주의 설명을 읽어 본 다음 여기에 있는 패턴들을 올바른 범주에 넣어 주세요. 그리 쉽진 않을 겁니다. 헷 갈리는 패턴은 일단 제일 그럴듯한 범주에 적당히 넣 어 보고, 610쪽에 나와 있는 답과 비교해 봅시다.

생성 패턴(Creational Pattern)은 객체 인스턴스를 생성하는 패턴으로, 클라이언트와 그 클라이언트가 생성해야 하는 객체 인스턴스 사이의 연결을 끊어 주는 패턴입니다.

모든 패턴을 3가지 범주로 나눌 수 있습니다.

행동 패턴(Behavioral Pattern)은 클래스와 객체들이 상호작용하는 방법과 역할을 분담하는 방법을 다루는 패턴입니다.

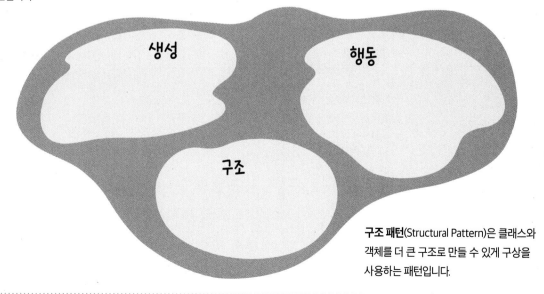

생성

행동

구조

구조 패턴(Structural Pattern)은 클래스와 객체를 더 큰 구조로 만들 수 있게 구상을 사용하는 패턴입니다.

디자인 패턴 범주 알아보기

어떤 범주로 분류할지 명확하지 않은 패턴도 있으므로 조금 어려웠을 수도 있겠군요. 하지만 누군가가 이미 범주를 다 나눠놨습니다. 패턴을 범주별로 분류하면 다음과 같습니다.

생성 패턴(Creational Pattern)은 객체 인스턴스를 생성하는 패턴으로, 클라이언트와 그 클라이언트가 생성해야 하는 객체 인스턴스 사이의 연결을 끊어 주는 패턴입니다.

행동 패턴(Behavioral Pattern)은 클래스와 객체들이 상호작용하는 방법과 역할을 분담하는 방법을 다루는 패턴입니다.

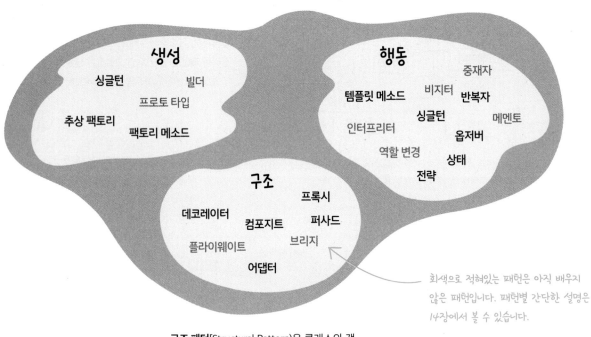

회색으로 적혀있는 패턴은 아직 배우지 않은 패턴입니다. 패턴별 간단한 설명은 14장에서 볼 수 있습니다.

구조 패턴[Structural Pattern)은 클래스와 객체를 더 큰 구조로 만들 수 있게 구성을 사용하는 패턴입니다.

앞쪽에서 보여 준 범주와는 별개로, 클래스를 다루는 패턴인지, 객체를 다루는 패턴인지에 따라 패턴을 분류하는 방법도 있습니다.

클래스 패턴(Class Pattern)은 클래스 사이의 관계가 상속으로 어떻게 정의되는지를 다룹니다. 클래스 사이의 관계는 대부분 컴파일할 때 결정됩니다.

객체 패턴(Object Patterns)은 객체 사이의 관계를 다루며, 객체 사이의 관계는 보통 구성으로 정의됩니다. 일반적으로 실행 중에 관계가 결정되므로 보다 동적이고 유연합니다.

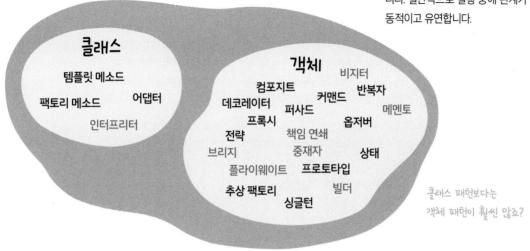

클래스 패턴보다는 객체 패턴이 훨씬 많죠?

무엇이든 물어보세요
Q&A

Q1 여기 나와 있는 것 말고 다른 분류 방법은 없나요?

A1 다른 분류 방법도 있습니다. 앞쪽에 있는 생성, 구조, 행동 이렇게 3가지 범주로 일단 나눈 다음 '분리 패턴(Decoupling Pattern)'과 같은 식으로 하위 범주로 다시 나누기도 하죠. 가장 많이 쓰이는 분류 방법에 익숙해지는 게 좋긴 하겠지만, 패턴을 더 잘 이해하는 데 도움이 된다면 여러분 나름대로의 기준을 가지고 분류해도 좋습니다.

Q2 패턴을 범주별로 나누는 게 패턴을 외우는 데 도움이 되나요?

A2 패턴을 비교하는 데 도움이 되는 건 확실합니다. 하지만 생성, 구조, 행동, 이렇게 3가지 범주로 나누기를 어려워하는 사람도 많습니다. 꼭 한 범주에 속한다고 보기 어려운 경우가 종종 있으니까요. 패턴 분류보다 더 중요한 일은 패턴을 제대로 이해하고, 여러 패턴 사이의 관계를 확실히 파악하는 일입니다. 범주를 기준으로 분류하는 게 도움이 된다면 적극적으로 활용하는 게 좋겠죠?

Q3 데코레이터 패턴이 왜 구조 패턴에 들어가 있죠? 제 생각에는 행동 패턴이 맞을 것 같은데요? 행동을 추가하는 패턴이잖아요.

A3 많은 개발자가 데코레이터 패턴을 행동 패턴에 넣어야 한다고 생각합니다. GoF의 패턴 책에서 그렇게 분류해 놓은 이유를 설명하자면 이렇습니다. 구조 패턴은 클래스와 객체가 새로운 구조와 기능을 만들려고 클래스와 객체를 구성하는 방법이라고 정의합니다. 데코레이터 패턴은 한 객체를 다른 객체로 감싸서 새로운 기능을 제공해 주는 패턴입니다. 따라서 행동 패턴의 용도인 객체 사이의 통신과 상호연결보다는 객체들을 동적으로 구성해서 새로운 기능을 얻는 쪽에 초점을 맞춰야 할 것입니다. 어느 쪽에 중점을 둬야 할지를 결정하는 게 그리 간단하지 않은 데다가, 데코레이터(구조 패턴)와 프록시 패턴(행동 패턴)이 상당히 유사하므로 분류하기가 더 어렵습니다. 하지만 이 두 패턴의 용도가 다르다는 점을 꼭 기억해 두세요. 패턴의 용도는 패턴을 분류하는 데 있어서 가장 핵심적인 부분이니까요.

스승과 제자

스승 뭔가 곤경에 처한 모양이군요.

제자 네, 스승님. 조금 전에 패턴 분류법을 배웠는데 혼란스럽습니다.

스승 왜 혼란스러운지 얘기해 볼까요?

제자 패턴을 한참 동안이나 공부했는데, 조금 전에 각 패턴을 구조 패턴, 행동 패턴, 생성 패턴, 이렇게 3가지 범주로 분류할 수 있다는 얘기를 들었습니다. 하지만 왜 그런 식으로 분류해야 하는지 잘 이해가 안 됩니다.

스승 뭐든 많이 모아 놓고 나면 범주로 나누는 게 인간의 본능 아니겠어요? 몇 가지 범주로 나눠 놓으면 각각을 조금 더 추상적인 수준에서 생각하는 데 도움이 되곤 하니까요.

제자 스승님, 예를 들어서 설명해 주시겠습니까?

스승 그래요. 자동차를 예로 들어서 생각해 볼까요? 자동차 모델은 정말 다양합니다. 하지만 일반 승용차, 스포츠카, SUV, 트럭, 고급 승용차 같은 범주로 나눠서 분류하면 조금 더 일목요연하게 정리할 수 있겠죠?

스승 안색이 안 좋아 보이네요. 혹시 잘 이해가 안 되나요?.

제자 아닙니다, 스승님. 아주 잘 이해했습니다. 하지만 스승님께서 자동차에 관심이 있으신 줄은 상상도 못했습니다.

스승 아무리 스승이라지만 모든 걸 연꽃이나 대나무에만 비유할 수는 없죠..

제자 아, 맞습니다, 스승님. 계속하시죠.

스승 일단 어떤 기준으로 범주를 나누고 나면 큰 틀에서 비교하기가 훨씬 수월해져요. "실리콘 밸리에서 산타크루즈까지 구불구불한 고갯길을 따라 운전하는 데는 핸들링이 좋은 스포츠카를 타는 게 좋겠군"이라든가, "요즘 기름값을 생각하면 연비가 좋은 일반 승용차를 타는 게 제일 낫겠다" 같은 식으로 생각하기 좋지 않겠습니까?.

제자 결국 몇 가지로 분류하면 여러 패턴을 묶어서 생각하기가 좋다는 말씀이시군요. 일단 생성 패턴이 필요하다는 사실을 알고 있다면 구체적으로 어떤 패턴이 필요한지 몰라도 생성 패턴 자체를 얘기해 볼 수는 있다는 말씀이십니까?

스승 그래요. 그리고 범주 내에서 항목을 비교하는 데도 도움이 됩니다. 예를 들어 "미니는 소형차 가운데 가장 멋지다"라고 얘기할 수도 있습니다. 아니면 '연비가 좋은 차' 같은 식으로 검색 범위를 좁힐 수 있죠.

제자 알겠습니다, 스승님. 그러면 "구조 패턴 중 객체의 인터페이스를 변경할 때 가장 좋은 패턴은 어댑터 패턴이다"라는 식으로 말할 수 있습니까?

스승 그렇습니다. 그밖에 범주를 또 다른 용도로 사용할 수도 있습니다. 예를 들어 "혼다 가격에 페라리의 성능을 갖춘 스포츠카가 필요하다"라는 식으로 전에 없던 새로운 것을 요구할 때도 도움이 되지요.

제자 세상에 그런 자동차가 어디 있습니까?

스승 잘 안 들리네요. 방금 뭐라고 했나요?

제자 아, 어딘가에는 있겠다고 말씀드렸습니다, 스승님

제자 그러면 범주를 써서 분류를 하면 일련의 패턴 그룹 사이의 관계나 같은 그룹 내에 있는 패턴 사이의 관계를 생각해 볼 수도 있겠습니다. 그리고 새로운 패턴을 고안하는 데도 도움이 될 것 같습니다. 하지만 왜 4~5개도 아닌 3가지 범주로 나눈 겁니까?

스승 범주는 원한다면 밤하늘에 있는 별의 개수만큼이나 많이 만들 수 있지요. 하지만 많은 사람이 3대장처럼 3가지로 나누는 걸 좋아하므로 지금처럼 3가지로 나누는 분류법이 자리를 잡게 되었습니다. 실제로 4가지, 5가지 범주로 나누자고 주장한 사람들도 있어요.

패턴으로 생각하기

컨텍스트, 제약조건, 포스, 카탈로그, 분류라니 이제 뭔가 학술적인 냄새마저 풍기네요. 아는 게 힘이라는 말도 있듯이, 열심히 공부해 두면 다 피가 되고 살이 될 겁니다. 하지만 절대로 간과할 수 없는 사실이 있습니다. 이렇게 복잡하고 까다로운 이론을 아무리 많이 알고 있다고 해도 경험과 연습 없이는 별로 도움이 되질 못합니다. 패턴으로 생각하는 데 있어서 도움이 될 만한 내용을 몇 가지 정리해 봤습니다. 패턴으로 생각한다는 건 어떤 디자인을 봤을 때 패턴 적용 여부를 결정할 수 있는 안목을 가진다는 뜻입니다.

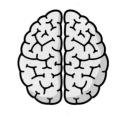

패턴을 생각해 봅시다.

최대한 단순하게

디자인을 할 때 무엇보다도 중요한 원칙은 **최대한 단순한 방법(KISS, Keep it Simple)으로 문제를 해결하기**입니다. "이 문제에 어떻게 패턴을 적용할 수 있을까?"가 아니라, "어떻게 하면 단순하게 해결할 수 있을까?"에 초점을 맞춰야 합니다. 패턴을 사용하지 않고 문제를 해결한다고 해서 훌륭한 개발자로 인정을 받지 못하는 건 절대 아닙니다. 정말 단순하게 잘 만들 수 있다면, 다른 개발자들도 여러분의 능력을 인정하고 존경할 것입니다. 가장 단순하고 유연한 디자인을 만들 때 패턴이 있어야 한다면 그때 패턴을 적용하면 됩니다.

디자인 패턴은 만병통치약이 아닙니다

패턴은 반복적으로 발생하는 문제의 일반적인 해결책입니다. 그리고 수많은 개발자가 오랫동안 검증한 해결책이라는 장점도 있지요. 일단 패턴이 필요하다는 결론을 내리면 다른 개발자들도 비슷한 문제를 겪었고, 비슷한 기법을 적용해서 그 문제를 해결했다고 생각하면 마음이 편해지죠. 하지만 패턴이 만병통치약은 아닙니다. 그냥 패턴을 넣고 컴파일한다고 해서 기적같이 문제가 해결되진 않으니까요. 패턴을 사용할 때는 그 패턴이 **여러분이 설계한 디자인에 미칠 영향과 결과**를 주의 깊게 생각해 봐야 합니다.

패턴이 필요할 때

드디어 가장 중요한 의문점을 생각해 볼 때가 되었군요. 어떤 경우에 패턴을 써야 할까요? 디자인을 할 때, 지금 **디자인상의 문제에 적합하다는 확신이 든다면 패턴을 도입**해야 합니다. 만약 더 간단한 해결책이 있다면 패턴을 적용하기 전에 그 해결책의 사용을 고려해 봐야 합니다. 언제 패턴을 적용할지를 올바르게 결정하려면 상당한 경험과 지식이 축적되어야 합니다. 일단 간단한 해결책만으로는 부족하다고 확신을 가지면 해결해야 할 문제와 제약조건을 종합적으로 고려해 봐야 합니다. 그래야만 그 문제를 해결하는 데 쓸 수 있는 패턴을 정확하게 집어낼 수 있으니까요. 패턴을 잘 알고 있다면 가장 적합한 패턴을 찾을 수 있습니다. 만약 어떤 패턴을 써야 할지 잘 모르겠다면 문제 해결에 도움이 될 만한 패턴이 있는지 훑어봐야 합니다. 이런 경우에는 패턴 카탈로그의 용도와 적용 대상 부분을 살펴보면 좋습니다. 일단 괜찮은 패턴을 찾았다면 결과 부분을 보고 디자인의 나머지 부분에 미치는 영향이 어느 정도인지 확인해 봐야 합니다. 이 정도까지 했을 때 패턴을 써도 괜찮겠다 싶으면 그 패턴을 적용하면 되죠.

간단한 해결책으로 문제가 해결되는 데도 시스템의 어떤 부분이 변경될 거라고 예측되는 상황에는 디자인 패턴을 적용해야 합니다. 지금까지 여러 번 봤듯이, 디자인에서 변경될 수 있는 부분이 있다면 패턴을 적용할 여지가 있습니다. 하지만 발생 가능성이 높은 실질적인 변경에 대비해서 패턴을 적용해야지, 가능성이 그리 높지 않은 가상적인 변경에 대비해서 패턴을 적용하는 일은 바람직하지 않습니다.

패턴 도입을 디자인 단계에서만 고려해야 하는 건 아닙니다. 나중에 리팩터링을 할 때도 패턴 도입을 고려할 수 있습니다.

리팩터링과 패턴

리팩터링이란 코드를 변경해서 코드 구조를 개선하는 과정을 뜻합니다. 리팩터링의 목적은 행동 변경이 아니라 **구조 개선**에 있습니다. 패턴을 사용하면 구조가 더 개선될 수 있을지 검토해 볼 수 있는 아주 좋은 기회라고 할 수 있죠. 예를 들어 조건문이 아주 많은 코드가 있다면 상태 패턴의 적용도 고려해 볼 만하겠죠. 팩토리 패턴을 써서 구상 클래스의 의존성을 말끔하게 정리할 수 있습니다. 패턴을 이용한 리팩터링을 다루는 책도 많이 나와 있는데, 개발 경력이 쌓이다 보면 아마 이 부분을 더 공부할 필요성을 느끼게 될 것입니다.

꼭 필요하지 않은 패턴은 빼 버립시다. 지금 있는 디자인에서 디자인 패턴을 제거하는 일을 두려워하지 마세요.

디자인 패턴을 제거하는 일에 관해서는 거의 들어 본 적이 없죠? "어떻게 그런 짓을 할 수 있을까"라는 생각이 들 수도 있습니다. 하지만 상황에 따라 그래야 할 수도 있습니다. 용기를 가지세요. 그러면 언제 패턴을 제거해야 할까요? 시스템이 점점 복잡해지면서 처음에 기대했던 유연성이 전혀 발휘되지 못한다면 패턴을 과감하게 제거해 버리는 게 낫습니다. 즉 **패턴보다 간단한 해결책이 더 나을 것 같다 싶을 때 패턴을 제거**하면 됩니다.

패턴이 아니라 디자인에 정신을 집중하세요. 패턴은 자연스럽게 적용할 만한 경우에만 사용하세요. 더 간단한 해결책이 있다면 그 방법을 쓰는 것이 옳아요.

꼭 필요하지 않은 패턴을 미리 적용할 필요는 없습니다.

디자인 패턴은 강력합니다. 그리고 온갖 방법으로 적용할 수 있습니다. 어떤 개발자든 모든 식의 변화에 훌륭하게 대처할 수 있는 아름다운 아키텍처를 만들고 싶은 마음이 들 것입니다. 하지만 이런 유혹을 이겨내야 합니다. 지금 당장 변화에 대처하는 디자인을 만들어야 한다면 패턴을 적용해서 그 변화에 적응해야 합니다. 하지만 꼭 필요하지 않은 데도 괜히 패턴을 추가하는 일은 피해야 합니다. 괜히 시스템만 복잡해지고, 나중에 그 패턴을 사용하지 않을 수도 있으니까요.

스승과 제자

스승 기초 수련도 이제 거의 끝나가네요. 앞으로 어떤 계획을 갖고 있나요?

제자 일단 디즈니랜드에서 놀까 합니다. 그런 다음 패턴으로 열심히 코드를 만들 작정입니다.

스승 잘 새겨 두세요. 필살기는 함부로 써서는 안 된답니다.

제자 무슨 말씀이십니까, 스승님? 지금까지 디자인 패턴을 힘들게 공부했는데 강력하고 유연하면서도 관리하기 편한 프로그램을 만드는 디자인 패턴을 사용하지 말라뇨.

스승 디자인 패턴은 도구에 불과해요. 필요할 때만 써야 하는 도구지요. 지금까지 디자인 패턴 못지않게 중요한 디자인 원칙도 배웠죠? 디자인 원칙을 바탕으로 제 할 일을 완수할 수 있는 가장 간단한 코드를 만들어야 합니다. 하지만 패턴이 꼭 필요한 상황이 닥치면 써야겠죠.

제자 패턴으로부터 디자인을 구축하면 안 됩니까?

스승 패턴을 쓰다 보면 더 복잡해지는 경향이 있어요. 하지만 불필요하게 복잡하게 만드는 것은 우리가 추구하는 바가 아니지 않나요? 물론 적재적소에 쓸 수 있다면 강력한 힘을 발휘할 수 있어요. 패턴은 자주 일어날 수 있는 실수를 방지하려고 적용하는 검증된 디자인 경험이라고 배우지 않았나요? 그리고 패턴 관련 용어를 잘 익혀 두면 다른 이들과 디자인을 얘기할 때 큰 도움이 되죠.

제자 그러면 디자인 패턴을 써도 될지를 어떻게 판단할 수 있습니까?

스승 디자인상의 문제를 해결할 때 꼭 필요하다는 결론에 이르게 되면 패턴을 도입해도 좋습니다. 애플리케이션에서 나중에 확실하게 생길 수 있는 변경 사항을 처리하는 데 필요하면 디자인 패턴을 쓸 수 있어요.

제자 이미 많은 패턴을 이해했는 데도 수련을 더 해야 하는군요.

스승 네. 복잡도와 소프트웨어 변경을 관리하는 방법은 평생에 걸쳐서 수련해야 합니다. 지금까지 여러 중요한 패턴을 배웠으니 이제 디자인 과정에서 패턴을 적용해 보고 계속해서 새로운 패턴을 공부하세요.

제자 스승님, 지금까지 배운 것 말고도 또 있다는 말씀이십니까?

스승 지금까지 배운 것은 기본 패턴에 불과합니다. 실전에서는 컨커런트(concurrent) 시스템이나 엔터프라이즈 시스템 같이 특정 영역에만 적용되는 패턴 등 아직 배우지 못한 패턴도 많이 접하게 될 겁니다. 하지만 기초 수련을 잘 했다면 쉽게 배울 수 있을 겁니다.

패턴을 대하는 마음가짐

초보자

"헬로 월드 프로그램에도 패턴을 써 봐야지"

초보자들은 언제나 패턴을 사용하려는 경향이 있습니다. 바람직한 일입니다. 그 과정에서 패턴을 쓰는 연습을 하면서 다양한 경험을 쌓을 수 있으니까요. 초보자들은 패턴을 많이 쓸수록 더 좋은 디자인이 만들어질 거라고 생각합니다. 그러다가 어느 순간, 어떤 디자인이든 될 수 있으면 단순하게 만들어야 한다는 사실을 터득하게 되죠. 확장성이 필요한 경우에만 패턴을 써서 조금 복잡하게 만드는 것이 좋습니다.

경험이 늘어 중급자 수준에 오르면 어떤 상황에 패턴이 필요하고 필요하지 않은지를 파악할 수 있습니다. 여전히 잘 맞지 않는 패턴을 억지로 적용하려고 하지만, 그 과정에서 정형적인 패턴이 적합하지 않은 상황에서는 패턴을 적당히 변형해서 써야 한다는 사실을 깨닫게 됩니다.

중급자

"여기에는 싱글턴을 쓰는 게 좋겠어"

그랜드 마스터

"이 부분에는 데코레이터가 들어갈 수밖에 없겠군"

그랜드 마스터의 경지에 오르면 패턴을 자연스럽게 구사할 수 있습니다. 더 이상 패턴을 사용하는 일에 얽매이지 않고 문제를 가장 효과적으로 해결하는 방법을 찾는 데 주안점을 둡니다. 그랜드 마스터들은 객체지향 원칙들을 종합적으로 고려합니다. 패턴이 필요한 상황이 오면 패턴을 적당히 변형해서 적용합니다. 그리고 그랜드 마스터들은 유사한 패턴 사이의 관계를 확실히 파악하고 있으며, 관련된 패턴들의 미묘한 차이점을 잘 이해하고 있습니다. 그랜드 마스터의 마음가짐은 초보자의 마음가짐이기도 합니다. 디자인 과정에서 의사결정을 할 때 패턴에 관한 지식이 큰 영향을 미치지 않거든요.

잠깐만요. 이때까지 열심히 공부했는데 이제 와서 디자인 패턴을 쓰지 말라고요?

물론 디자인 패턴을 써야죠.

하지만 디자인 패턴을 쓰는 것 못지않게 훌륭한 객체지향 디자이너가 되는 것도 중요합니다.

디자인 문제를 해결하는 데 패턴이 필요하다면 수많은 개발자의 오랜 경험 으로 검증된 해결책을 활용하면 됩니다. 그러면 제대로 된 문서를 갖춘 데 다가 다른 개발자도 쉽게 이해하는 (전문 용어를 공유하는 것의 중요성은 1장부터 계속 설명했었죠?) 해결책을 사용할 수 있다는 장점도 있습니다.

하지만 디자인 패턴을 사용하는 데에도 단점은 있습니다. 디자인 패턴을 적용하다 보면 새로운 클래스와 객체를 추가해야 하는 경우가 많은데, 그 러다 보면 디자인이 복잡해지기 마련입니다. 그리고 새로운 계층을 추가해 야 할 수도 있는데, 그러면 복잡해지는 문제와 더불어 효율이 떨어지는 문 제가 생길 수도 있습니다.

디자인 패턴을 사용하는 것이 부적절한 경우도 종종 있습니다. 그냥 디자 인 원칙만 충실히 적용해서 훨씬 간단하게 문제를 해결할 수 있는 경우가 많거든요. 그런 경우에는 괜히 디자인 패턴을 적용하려고 애쓰지 말고 간 단한 해결책을 사용합시다.

그렇다고 해서 너무 낙담하진 마세요. 디자인 패턴을 쓰기에 적합한 상황 에서는 수많은 장점을 누릴 수 있으니까요.

전문 용어의 위력 되새기기

지금까지 적지 않은 시간에 걸쳐서 객체지향 디자인에서 사용할 수 있는 기본 패턴들을 익혔습니다. 하지만 절대 간과할 수 없는 사실 하나가 있습니다. 바로 디자인 패턴이 의사소통에 크게 도움이 된다는 점이죠. 디자인 패턴은 문제를 해결하는 방법이지만, 개발자들 사이에서 의사소통을 하는 데 필요한 용어를 제공하기도 합니다. 전문 용어의 위력을 과소평가하지 맙시다. 디자인 패턴을 배우면 얻을 수 있는 가장 큰 혜택이니까요.

한번 생각해 볼까요? 1장에서 처음으로 전문 용어를 얘기했을 때와 지금을 비교해 보면 많은 것이 바뀌었습니다. 이제 여러분도 디자인 패턴을 꽤 많이 알고 있으니까요. 게다가 다양한 객체지향 디자인 원칙을 알고 있기에 새로운 패턴을 접하게 되더라도 그 패턴이 만들어진 이유와 작동 원리를 쉽게 이해할 수 있습니다.

지금까지 배우고 익힌 디자인 패턴의 기초를 바탕으로 이제 밖으로 나가서 많은 사람에게 패턴을 전파합시다. 왜 그래야 하냐고요? 여러분의 동료 개발자들도 패턴과 전문 용어를 알고 있으면 더 나은 디자인을 만들 수 있고, 서로 더 원활하게 의사소통을 할 수 있으니까요. 그러면 더 멋진 일을 하는 데 더 많은 시간을 투자할 수 있으니까요.

그래서 방송용 클래스를 만들었죠. 이 클래스는 자신에게 관심을 가지고 있는 모든 객체를 관리하고 새로운 데이터가 들어올 때마다 자신에게 관심을 가지고 있는 객체들에게 메시지를 보냅니다. 더 멋있는 건, 그 방송용 객체에 관심을 가지고 있는 객체들이 언제든지 자신을 새로 청취자 목록에 추가할 수도 있고, 더 이상 관심이 없어지면 청취자 목록에서 탈퇴할 수도 있다는 것입니다. 방송용 클래스는 청취자들을 전혀 몰라도 됩니다. 올바른 인터페이스를 구현하기만 한다면 마음대로 등록할 수 있으니까요.

뭔가 부족합니다.

헷갈리죠?

시간도 많이 걸려요.

용어를 공유하는 5가지 방법

❶ **디자인 회의에서** 디자인 패턴을 사용하면 '디자인 자체'에 더 많은 시간을 할애할 수 있습니다. 디자인 패턴과 객체지향 원칙을 바탕으로 토론을 하면 구현과 관련된 자질구레한 내용에 시간을 뺏기지 않아도 되고, 불필요한 오해의 소지도 줄일 수 있습니다.

❷ **다른 개발자들과 토론할 때** 디자인 패턴을 사용해 보세요. 그러면 다른 개발자들이 새로운 패턴을 배우는 데에도 도움이 되고, 커뮤니티를 구축하는 데도 도움이 됩니다. 자신이 배운 내용을 다른 사람들과 나눠서 다른 사람을 이해시키는 것만큼 기분 좋은 일도 없죠.

❸ **아키텍처 문서에** 패턴을 활용하면 적은 분량으로 디자인을 분명하게 설명할 수 있습니다.

❹ **코드 주석을 달 때** 어떤 패턴을 사용하고 있는지 적어 주세요.
그리고 **클래스와 메소드 이름을 만들 때도** 사용 중인 패턴이 분명하게 드러날 수 있도록 해 보세요. 다른 개발자들이 그 코드를 볼 때 여러분이 무엇을 어떻게 구현했는지 훨씬 빠르게 이해할 수 있습니다.

❺ **개발자 모임에서** 여러분이 알고 있는 것을 다른 사람들에게도 알려 주세요. 패턴을 들어 보긴 했지만 패턴이 무엇인지 잘 모르는 사람들도 많으니까요. 여러분이 속한 그룹에서 여러분이 알고 있는 것을 친절하게 설명해 주세요.

간결하고,
정확하고,
완벽하죠.

옵저버

4인방과 함께 하는 객체마을 여행

객체마을 최고 스타의 얘기를 들어 봅시다! ☆

객체마을에 멋진 관광 명소가 있는 것은 아니지만, 4인방이라는 훌륭한 가이드가 있습니다. 지금쯤이면 눈치챘겠지만, 패턴 분야에서 그들의 손아귀를 벗어나기 힘듭니다. 이 4명은 어떤 사람들일까요?

에릭 감마(Erich Gamma), 리차드 헬름(Richard Helm), 랠프 존슨(Ralph Johnson), 그리고 존 블리시디즈(John Vlissides)를 4인방(Gang of Four), 또는 GoF라고 부릅니다. 이 4명은 처음으로 패턴 카탈로그를 만들어서 소프트웨어 분야에 새로운 바람을 몰고 왔습니다.

왜 이들에게 4인방이라는 이름이 붙었을까요? 그 이유는 아무도 모릅니다. 어쩌다 보니 그런 별명이 붙었죠. 하지만 객체마을 최고 스타라는 사실만은 분명합니다. 4인방이 우리에게 메시지를 남겼습니다. 한번 들어 볼까요?

GoF는 소프트웨어 패턴 운동을 가장 먼저 주도한 인물들입니다. 하지만 그 외에도 워드 커닝햄(Ward Cunningham), 켄트 벡(Kent Beck), 짐 코플린(Jim Coplien), 그래디 부치(Grady Booch), 브루스 앤더슨(Bruce Anderson), 리차드 가브리엘(Richard Gabriel), 더그 리(Doug Lea), 피터 코드(Peter Coad), 더그 슈미트(Doug Schmidt)를 비롯한 수많은 사람이 패턴에 크게 기여했습니다.

객체마을 투어

> GoF 책에 나와 있는 것 외에도 많은 패턴이 새로 발견되었습니다. 그런 패턴들도 공부해 보세요.

> 실질적인 확장성만을 추구합시다. 별 근거 없이 일반화하진 마세요. 꼭 필요한 부분에만 확장성을 고려합시다.

> 너무 오버하지 말고 항상 단순한 해결책을 찾아보세요. 패턴을 쓰지 않는 간단한 해결책이 있다면 그 방법을 써야 합니다.

존 블리시디즈 (John Vlissides)*

리차드 헬름 (Richard Helm)

← 랠프 존슨(Ralph Johnson)

> 패턴은 도구지 규칙이 아닙니다. 문제에 맞게 적당히 고쳐서 쓸 줄 아는 센스를 가집시다.

에릭 감마 (Erich Gamma)

Objectville **GOF**

---

* 존 블리시디즈는 2005년에 유명을 달리 했습니다. 우리는 디자인 패턴 공동체의 큰 별을 잃었습니다.

패턴을 찾아 떠나기

디자인 패턴을 더 알아볼 수 있는 자료를 소개합니다!

이제 디자인 패턴에 어느 정도 익숙해졌으니 더 깊이 파고 들어가 봐야겠죠?
디자인 패턴을 공부하는 데 꼭 필요한 3가지 교재를 추천하겠습니다.

디자인 패턴의 정석

1995년, 『GOF의 디자인 패턴』의 등장과 함께 디자인 패턴이라는
분야가 자리 잡기 시작했습니다. 이 책에서 모든 기초 패턴을 찾을
수 있습니다. 『헤드 퍼스트 디자인 패턴』에 나온 패턴도 모두 이 책
을 바탕으로 구성했습니다. 하지만 이 책만 가지고 디자인 패턴을
완전히 정복했다고 할 수는 없습니다. 이 책이 나온 이후로 디자인
분야가 급성장했으니까요. 하지만 정석을 제공하는 책이라는 사실
에는 이견이 없습니다. 『헤드 퍼스트 디자인 패턴』을 다 읽고 나서
이 책을 꼭 읽어 보길 권합니다.

이 책의 저자들에게는 4인방(Gang of Four),
줄여서 GOF라는 별명이 붙어 있습니다.

크리스토퍼 알렉산더(Christopher Alexander)는
패턴을 발명한 사람입니다. 소프트웨어에 유사한
해결책을 적용할 수 있다는 점을 일깨워 줬죠.

패턴 교과서

패턴이라는 개념은 버클리 건축학과의 크리스토퍼 알렉산더
가 처음으로 고안했습니다. 알렉산더 교수는 전산학자가 아니
라 건축가로, 주거용 건축(집, 마을, 도시 등)을 구축하는 패턴
의 창시자입니다. 조금 더 깊이 있는 내용을 공부하고 싶다면
『The Timeless way of Building』과 『A Pattern Language』
를 읽어 보세요. 디자인 패턴이 어떻게 시작되었는지 알 수 있
을 것입니다. 그리고 '주거용 건축'을 만드는 일과 유연하고 확
장성이 좋은 소프트웨어를 만드는 것이 서로 얼마나 유사한지
깨달을 수 있을 것입니다. 스타버즈 커피에 가서 커피 한 잔 시
켜 놓고 읽어 보세요.

디자인 패턴 관련 자료

책 말고도 패턴 사용자 및 패턴 작가들의 커뮤니티에서도 다양한 정보를 얻을 수 있습니다.

웹 사이트

포틀랜드 패턴 리포지토리(The Portland Patterns Repository)는 워드 커닝햄(Ward Cunningham)이 운영하는 사이트로, 패턴과 관련된 모든 것을 담은 위키입니다. 패턴과 객체지향 시스템에 관련된 거의 모든 내용을 찾아볼 수 있습니다.

c2.com/cgi/wiki?WelcomeVisitors

힐사이드 그룹(The Hillside Group)은 프로그래밍과 디자인에 관한 일반적인 내용을 다루며, 이 사이트에서 각종 기사, 책, 메일링 리스트, 툴과 같은 패턴 관련 자료를 찾을 수 있습니다.

hillside.net

오라일리 온라인 학습(O'Reilly Online Learning)에서 온라인 디자인 패턴 책, 교육 과정, 라이브 수업 등을 제공합니다. 이 책을 바탕으로 만든 디자인 패턴 부트캠프도 찾아볼 수 있습니다.

oreilly.com

콘퍼런스 및 워크숍

패턴 커뮤니티에 몸담고 있는 사람들을 직접 만날 수 있는 다양한 패턴 관련 콘퍼런스와 워크숍도 있습니다. 힐사이드 그룹 웹 사이트에서 전체 목록을 찾아볼 수 있습니다. Pattern Languages of Programs(PLoP)와 지금은 SPLASH 콘퍼런스의 한 부분으로 편입된 ACM Conference on Object-Oriented Systems, Languages and Applications(OOPSLA)도 확인해 보세요.

기타 참고자료

질문을 하거나 답을 찾거나 디자인 패턴에 관한 토론을 할 수 있는 구글, 스택 오버플로우, 쿠오라 같은 사이트도 빼놓을 수 없습니다. 웹에 있는 다른 정보와 마찬가지로 항상 새로 접하게 된 정보가 올바른지 다시 확인해 보세요.

실전! 패턴 동물원 탐방하기

조금 전에도 말했듯이 패턴은 건축 분야에서 시작되었죠.
사실 패턴 개념은 다양한 분야에 적용할 수 있습니다.
패턴 동물원을 탐방하면서 다른 분야에는 어떤 패턴들이 있는지 살펴볼까요?

 건축 패턴(Architectural Pattern)은
생동감 있는 건물, 마을, 도시를 만드는
용도로 쓰입니다. 패턴이라는 개념은
여기서부터 시작되었습니다.

 서식지: 멋진 건물에서 종종 발견됩니다.

서식지: 3단계(3-tier) 아키텍처,
클라이언트 시스템, 웹 등에서 종종 발견됩니다.

애플리케이션 패턴(Application Pattern)은
시스템 수준의 아키텍처를 만드는 패턴입니다.
다양한 다단계 아키텍처가 여기에 속합니다.

참고: MVC는 애플리케이션 패턴을
통과한 것으로 알려져 있습니다.

 특정 영역용 패턴(Domain-Specific
Pattern)은 컨커런트 시스템이라든가
실시간 시스템과 같은 특정 영역에 국한된
문제를 해결하는 패턴입니다.

서식지를 찾아 주세요.

엔터프라이즈 컴퓨팅

_____

_____

_____

비즈니스 프로세스 패턴(Business Process Pattern)은 비즈니스, 고객, 데이터 사이의 상호작용을 기술하는 패턴으로, 효과적인 의사소통과 의사결정 방법을 정할 때 적용할 수 있습니다.

기업 이사실 및 프로젝트 관리 회의 등에서 볼 수 있습니다.

서식지를 찾아 주세요.
_____

개발팀
_____

고객지원팀
_____

_____

_____

조직 패턴(Organizational Pattern)은 조직의 구조와 운영을 기술하는 패턴입니다. 주로 소프트웨어 제작/지원 조직에 초점이 맞춰졌습니다.

사용자 인터페이스 디자인 패턴(User Interface Design Pattern)은 사용자들이 직접 다루게 되는 소프트웨어 프로그램을 디자인하는 패턴입니다.

서식지: 비디오 게임 디자이너, GUI 구축자와 제작자 근방에서 자주 발견됩니다.

참고: 이밖에 여러분이 관찰한 패턴 영역을 적어 보세요.

_____

_____

_____

_____

사악한 안티 패턴 섬멸하기

패턴만 있고 안티 패턴이 없는 세상은 완벽한 세상이라고 할 수 없습니다. 그렇죠? 디자인 패턴은 특정 컨텍스트에서 반복적으로 등장하는 문제의 일반적인 해결책을 제공합니다. 그렇다면 안티 패턴은 무엇을 제공할까요?

> **안티 패턴**(Anti-Pattern)은 어떤 문제의 나쁜 해결책에 이르는 길을 알려 줍니다.

"세상에! 나쁜 해결책을 설명하려고 소중한 시간을 낭비한단 말이야?"라고 생각하는 분들도 있을 것입니다.

하지만 이렇게 생각해 봅시다. 일상적인 문제의 자주 반복되는 나쁜 해결책을 문서로 만들면 다른 개발자들이 똑같은 실수를 하지 않도록 방지할 수 있습니다. 좋은 해결책을 찾는 일만큼이나 나쁜 해결책을 방지할 수 있게 하는 일도 중요합니다.

그러니 안티 패턴의 요소를 살펴봅시다.

안티 패턴은 어떤 이유로 나쁜 해결책에 유혹되는지를 알려 줍니다. 전혀 매력이 없다면 아무도 나쁜 해결책을 택하진 않겠죠? 안티 패턴의 가장 큰 역할은 나쁜 해결책이 어떤 식으로 사람들을 꼬시는지 설명함으로써 나쁜 패턴을 쓰지 않도록 경고하기에 있습니다.

안티 패턴은 장기적인 관점에서 그 해결책이 나쁜 이유를 알려 줍니다. 어떤 해결책이 왜 안티 패턴인지 이해하려면 어떤 부정적인 효과가 나타날지를 알아야 합니다. 안티 패턴은 그 해결책을 사용했을 때 어떤 문제가 생길 것인지를 기술합니다.

안티 패턴은 좋은 해결책을 만들 때 적용할 수 있는 다른 패턴을 제안해 줍니다. 진짜 도움이 되는 올바른 방향을 제시해 줘야겠죠. 그래서 좋은 해결책으로 이끌어 주는 길잡이를 제공해야 합니다.

이제 안티 패턴을 한번 살펴볼까요?

안티 패턴은 좋은 해결책처럼 보이지만 적용하고 나서야 상당히 좋지 않은 해결책이었다는 사실이 밝혀집니다.

안티 패턴을 문서로 정리해 두면 다른 사람들이 나쁜 해결책을 구현하기 전에 그 문제점을 미리 파악하는 데 도움을 줄 수 있습니다.

패턴과 마찬가지로 안티 패턴에도 개발 안티 패턴, 객체지향 안티 패턴, 조직 안티 패턴, 특정 영역 안티 패턴 같이 다양한 종류가 있습니다.

소프트웨어 개발 안티 패턴의 예

안티 패턴

이름 --

금망치(Golden Hammer)

문제 --

개발을 하려면 기술을 선택해야 하는데, 한 가지 기술로 아키텍처 전체를 장악할 수 있어야 한다고 생각합니다.

컨텍스트 --

개발팀에서 기존에 사용하던 기술과 잘 맞지 않는 새로운 시스템이나 소프트웨어를 개발해야 합니다.

원인 --

• 개발팀은 이미 알고 있는 기술에 더 집착하게 됩니다.
• 개발팀이 다른 기술에 익숙하지 않습니다.
• 익숙하지 않은 기술에는 위험이 따른다고 생각합니다.

잘못된 해결책 ---

익숙한 기술을 그냥 사용합니다. 다양한 문제에 명백하게 부적절한 기존 기술을 적용합니다.

바람직한 해결책 ---

교육, 훈련, 스터디 그룹 등으로 개발자들의 지식을 늘려 개발자들을 새로운 해결책에 적응시킵니다.

예 --

훌륭한 오픈 소스 대안이 있음에도 기존에 사용하던 내부 캐싱 시스템을 사용하는 웹 기업.

디자인 패턴과 마찬가지로 안티 패턴에도 이름이 있어야겠죠? 다른 사람들과 공유할 수 있는 용어가 필요하니까요.

문제와 컨텍스트.
디자인 패턴을 기술할 때와 비슷합니다.

나쁜 해결책에 빠지기 쉬운 이유

나쁘긴 하지만 여전히 매력적인 해결책

좋은 해결책에 이르는 방법

이 안티 패턴을 볼 수 있는 예

c2.com에 있는 포틀랜드 패턴 리포지토리의 위키에 나와 있는 예입니다. 이 사이트에서 다양한 안티 패턴을 찾아볼 수 있습니다.

디자인 도구상자 안에 들어가야 할 도구들

드디어 저희 곁을 떠날 때가 되었군요. 이제 실전 세계로 나가서 여러분만의 패턴을 찾아보세요.

객체지향 원칙

- 바뀌는 부분은 캡슐화한다.
- 상속보다는 구성을 활용한다.
- 구현보다는 인터페이스에 맞춰서 프로그래밍한다.
- 상호작용하는 객체 사이에는 가능하면 느슨한 결합을 사용해야 한다.
- 클래스는 확장에는 열려 있지만 변경에는 닫혀 있어야 한다(OCP).
- 추상화된 것에 의존하게 만들고 구상 클래스에 의존하지 않게 만든다.
- 진짜 절친에게만 이야기한다.
- 먼저 연락하지 마세요. 저희가 연락 드리겠습니다.
- 어떤 클래스가 바뀌는 이유는 하나뿐이어야만 한다.

객체지향 기초

- 추상화
- 캡슐화
- 다형성
- 상속

이제 여러분이 직접 다른 디자인 패턴을 채워 보세요. 여기에서 한 번도 언급하지 않은 특정 영역에만 적용되는 패턴들도 있고, 기본 패턴 중에서도 다루지 않은 것도 있습니다. 여러분이 새로운 패턴을 발견할 수도 있겠죠.

14장을 참고해 주세요. 여러분이 관심을 가질 만한 기본 패턴을 간략하게 정리해 두었습니다.

객체지향 패턴

프록시 패턴 - 다른 ...

복합 패턴 - 2개 ... 일반적으로 자주 ... 제공합니다.

여러분의 패턴!
_____
_____
_____

객체마을을 떠나며

객체마을에서 좋은 시간을 보냈나요?

여러분이 그리울 거예요. 하지만 슬퍼하진 마세요. 나중에 새로운 헤드 퍼스트 시리즈 책에서 다시 만날 수 있을 테니까요. 다음 책이 뭐냐고요? 좋은 질문이 군요. 여러분이 추천해 주세요. booksuggestions@wickedlysmart.com으로 여러분이 원하는 책이 어떤 것인지 보내 주세요.

책으로 펴내고 싶은 아이디어와 원고가 있다면 한빛미디어 투고 메일 write@ hanbit.co.kr로 보내 주세요.

패턴과 올바른 설명을 연결해 보세요.

패턴   **설명**

데코레이터 패턴 •

상태 패턴 •

반복자 패턴 •

퍼사드 패턴 •

전략 패턴 •

프록시 패턴 •

팩토리 메소드 패턴 •

어댑터 패턴 •

옵저버 패턴 •

템플릿 메소드 패턴 •

컴포지트 패턴 •

싱글턴 패턴 •

추상 팩토리 패턴 •

커맨드 패턴 •

• 객체를 감싸서 다른 인터페이스를 제공합니다.

• 알고리즘의 개별 단계를 구현하는 방법을 서브클래스에서 결정합니다.

• 서브클래스에서 생성할 구상 클래스를 결정합니다.

• 딱 한 객체만 생성되도록 합니다.

• 교환 가능한 행동을 캡슐화하고 위임으로 어떤 행동을 사용할지 결정합니다.

• 클라이언트에서 객체 컬렉션과 개별 객체를 똑같이 다룰 수 있도록 해 줍니다.

• 상태를 기반으로 하는 행동을 캡슐화한 다음 위임으로 필요한 행동을 선택합니다.

• 컬렉션이 어떤 식으로 구현되었는지 드러내지 않으면서도 컬렉션 내에 있는 모든 객체를 대상으로 반복 작업을 처리할 수 있게 해 줍니다.

• 일련의 클래스에 간단한 인터페이스를 제공합니다.

• 객체를 감싸서 새로운 행동을 제공합니다.

• 클라이언트에서 구상 클래스를 지정하지 않으면서도 객체군을 생성할 수 있도록 해 줍니다.

• 상태가 변경되면 다른 객체들에게 연락을 돌릴 수 있게 해 줍니다.

• 객체를 감싸서 그 객체로의 접근을 제어합니다.

• 요청을 객체로 감쌉니다.

다양한 패턴 빠르게 알아보기

기타 패턴

누구나 스타가 될 수 있는 것은 아닙니다

25년이 넘는 시간 동안 많은 것이 바뀌었습니다. 『GoF의 디자인 패턴』이 나온 이후로 많은 개발자가 그 책에 들어있는 패턴을 사용했죠. 14장에서 다루는 패턴들도 훌륭한 GoF 패턴입니다. 다만 앞에서 다뤘던 패턴들에 비해 조금 덜 쓰일 뿐 상황에 따라서는 매우 유용하게 써먹을 수 있죠. 필요하다면 적극적으로 사용해 보세요. 여기에서는 앞에서 소개하지 못한 패턴들을 간략하게 훑어보고 넘어가겠습니다.

브리지 패턴

구현과 더불어 추상화 부분까지 변경해야 한다면 브리지 (Bridge) 패턴을 쓰면 됩니다.

시나리오

혁신적인 '만능 리모컨'을 만들기로 했다고 가정해 봅시다. 인체공학적이고 사용자 친화적인 TV 리모컨에서 쓸 코드를 만들어야 합니다. 리모컨 자체는 똑같이 추상화 부분을 바탕으로 하지만, TV 모델마다 엄청나게 많은 구현 코드를 사용해야 하므로 객체지향 기법을 잘 활용해야 합니다.

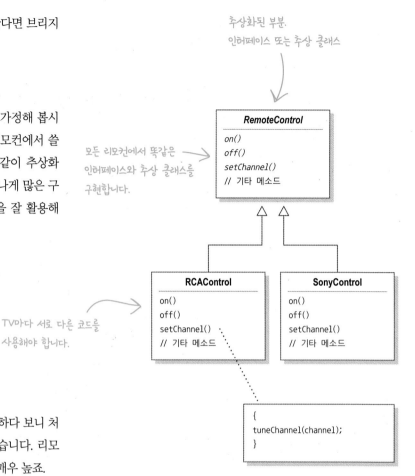

추상화된 부분.
인터페이스 또는 추상 클래스

모든 리모컨에서 똑같은 인터페이스와 추상 클래스를 구현합니다.

TV마다 서로 다른 코드를 사용해야 합니다.

이 디자인을 사용하면 사용자 인터페이스는 변경할 수 없습니다. TV를 구현하는 부분만 바꿀 수 있죠.

해야 할 일: 추상화 부분도 바꿔야 합니다.

이 리모컨은 모든 TV를 대상으로 작동해야 하다 보니 처음에는 제대로 작동하지 않을 가능성이 높습니다. 리모컨의 기능을 여러 번 다듬어야 할 가능성이 매우 높죠. 따라서 리모컨도 바뀔 수 있고, TV도 바뀔 수 있다는 딜레마에 직면하게 됩니다. 사용자 인터페이스는 이미 추상화했으므로 리모컨 사용자가 쓸 다양한 TV 종류에 따라 구상 클래스를 바꿔 쓸 수 있습니다. 하지만 사용자들이 제공하는 정보에 맞춰서 리모컨을 개선하다 보면 추상화 부분까지도 바꿔야 할 수도 있습니다.

이렇게 구체적인 구현 부분과 추상화 부분을 모두 바꿀 수 있는 객체지향 디자인을 어떻게 만들어야 할까요?

브리지 패턴 사용하기

브리지 패턴을 사용하면 추상화된 부분과 구현 부분을 서로 다른 클래스 계층구조로 분리해서 그 둘을 모두 변경할 수 있습니다.

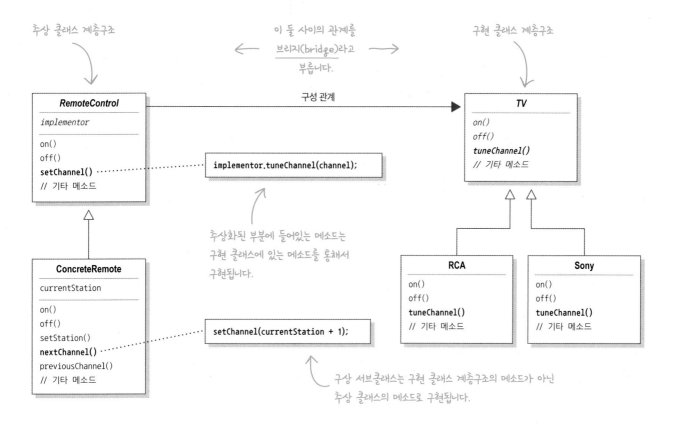

이렇게 2개의 계층구조를 만들었습니다. 한쪽은 리모컨을 나타내는 부분이고 다른 쪽은 종류별로 다른 TV를 나타내는 부분이죠. 하지만 브리지로 연결했으므로 양쪽을 서로 독립적으로 바꿔 줄 수 있습니다.

브리지 패턴의 장점

- 구현과 인터페이스를 완전히 결합하지 않았기에 구현과 추상화 부분을 분리할 수 있습니다.
- 추상화된 부분과 실제 구현 부분을 독립적으로 확장할 수 있습니다.
- 추상화 부분을 구현한 구상 클래스가 바뀌어도 클라이언트에는 영향을 끼치지 않습니다.

브리지 패턴의 활용법과 단점

- 여러 플랫폼에서 사용해야 하는 그래픽스와 윈도우 처리 시스템에서 유용하게 쓰입니다.
- 인터페이스와 실제 구현할 부분을 서로 다른 방식으로 변경해야 할 때 유용하게 쓰입니다.
- 디자인이 복잡해진다는 단점이 있습니다.

빌더 패턴

제품을 여러 단계로 나눠서 만들도록 제품 생산 단계를 캡슐화하고 싶다면 빌더(Builder) 패턴을 사용하면 됩니다.

시나리오

객체마을 외곽에 새로 생길 패턴랜드 테마 파크에서 고객에게 제공할 휴가 계획 프로그램을 만들어야 합니다. 패턴랜드 고객은 호텔, 입장권, 레스토랑, 특별 이벤트 등을 마음대로 선택해서 예약할 수 있습니다. 휴가 계획 프로그램을 만들려면 다음과 같은 구조가 필요합니다.

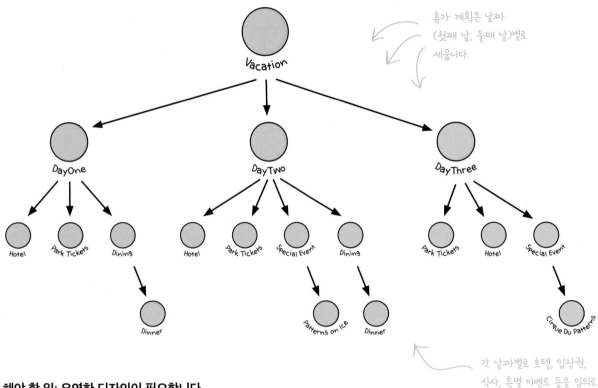

휴가 계획은 날짜
(첫째 날, 둘째 날)별로
세웁니다.

각 날짜별로 호텔, 입장권,
식사, 특별 이벤트 등을 임의로
조합할 수 있습니다.

해야 할 일: 유연한 디자인이 필요합니다

손님마다 휴가 일수와 하는 일이 다릅니다. 예를 들어 객체마을 주민이라면 호텔은 예약하지 않는 대신, 저녁 식사와 특별 이벤트만 예약할 수도 있습니다. 반대로 멀리서 놀러 온 관광객들은 호텔, 저녁 식사, 입장권을 모두 예약하겠죠.

따라서 다양한 손님의 계획표를 표현할 수 있는 유연한 자료구조가 필요합니다. 계획표를 만들려면 꽤 복잡한 단계를 거쳐야 할 수도 있습니다.

어떻게 하면 복잡한 계획표와 계획표를 만드는 단계가 서로 섞이지 않게 하면서 계획을 짤 수 있을까요?

빌더 패턴 사용하기

혹시 반복자 패턴을 기억하나요? 그 패턴을 사용하면 반복 작업을 별도의 객체로 캡슐화해서 컬렉션의 내부 구조를 클라이언트로부터 보호할 수 있습니다. 여기에서도 똑같은 아이디어를 사용합니다. 계획표 작성을 객체(빌더라고 부름)에 캡슐화해서 클라이언트가 빌더에게 계획표 구조를 만들어 달라고 요청하도록 만드는 거죠.

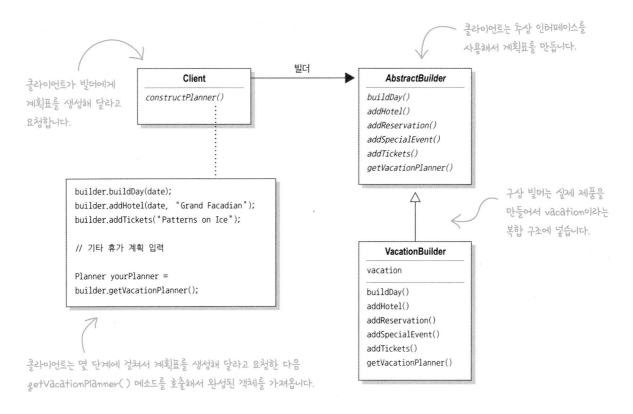

클라이언트가 빌더에게 계획표를 생성해 달라고 요청합니다.

클라이언트는 추상 인터페이스를 사용해서 계획표를 만듭니다.

구상 빌더는 실제 제품을 만들어서 vacation이라는 복합 구조에 넣습니다.

클라이언트는 몇 단계에 걸쳐서 계획표를 생성해 달라고 요청한 다음 getVacationPlanner() 메소드를 호출해서 완성된 객체를 가져옵니다.

빌더 패턴의 장점

- 복합 객체 생성 과정을 캡슐화합니다.
- 여러 단계와 다양한 절차를 거쳐 객체를 만들 수 있습니다(팩토리 패턴은 한 단계에서 모든 걸 처리하죠).
- 제품의 내부 구조를 클라이언트로부터 보호할 수 있습니다.
- 클라이언트는 추상 인터페이스만 볼 수 있기에 제품을 구현한 코드를 쉽게 바꿀 수 있습니다.

빌더 패턴의 활용법과 단점

- 복합 객체 구조를 구축하는 용도로 많이 쓰입니다.
- 팩토리를 사용할 때 보다 객체를 만들 때 클라이언트에 관해 더 많이 알아야 합니다.

책임 연쇄 패턴

1개의 요청을 2개 이상의 객체에서 처리해야 한다면 책임 연쇄(Chain of Responsibility) 패턴을 사용하면 됩니다.

시나리오

자바가 탑재된 뽑기 기계 출시 이후로, 주식회사 왕뽑기에는 감당하기 힘들 정도로 많은 이메일이 날아오기 시작했습니다. 그들의 분석에 의하면 이메일은 크게 4가지로 분류할 수 있다고 합니다. 새로 추가된 10%의 확률로 한 개 더 받을 수 있는 기능에 만족한 고객으로부터 오는 팬 메일, 아이들이 뽑기에 중독됐다면서 기계를 다른 데로 옮겨 달라고 항의하는 부모님들의 메일, 뽑기 기계를 새로 설치해 달라는 메일, 그리고 스팸 메일, 이렇게 말이죠.
팬 메일은 전부 CEO에게 직접 전달해야 하고, 항의 메일은 법무 담당 부서로, 신규 설치 요청 메일은 영업부로 전달해야 합니다. 그리고 스팸 메일은 그냥 지워야 하죠.

해야 할 일: 검출기로 메일을 분류해야 합니다.

주식회사 왕뽑기에서 이미 스팸 메일, 팬 메일, 항의 메일, 신규 설치 요청 메일을 감지해 주는 인공지능 검출기를 만들어 놓았습니다. 이 검출기를 써서 메일을 분류하는 디자인을 만들어야 합니다.

책임 연쇄 패턴 사용하기

책임 연쇄 패턴에서는 주어진 요청을 검토하는 객체 사슬을 생성합니다.
그 사슬에 속해 있는 각 객체는 자기가 받은 요청을 검사해서 직접 처리하거나
사슬에 들어있는 다른 객체에게 넘깁니다.

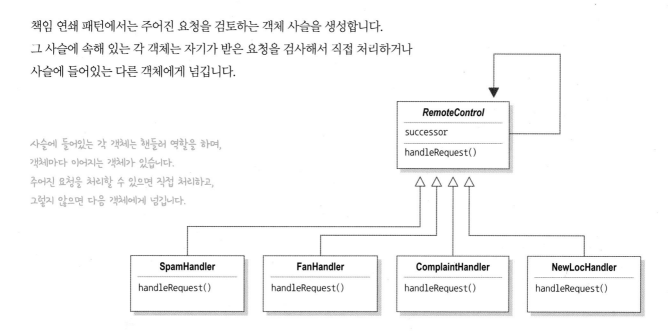

이메일이 수신되면 첫 번째 핸들러인 SpamHandler에게 전달됩니다. SpamHandler가 처리할 수 없으면 FanHandler로 넘기죠. 이처럼 사슬을 따라 요청이 전달되면서 적절한 핸들러가 메일을 분류합니다.

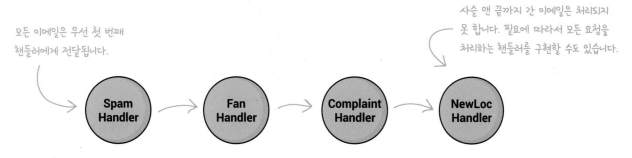

책임 연쇄 패턴의 장점

- 요청을 보낸 쪽과 받는 쪽을 분리할 수 있습니다.

- 객체는 사슬의 구조를 몰라도 되고 그 사슬에 들어있는 다른 객체의 직접적인 레퍼런스를 가질 필요도 없으므로 객체를 단순하게 만들 수 있습니다.

- 사슬에 들어가는 객체를 바꾸거나 순서를 바꿈으로써 역할을 동적으로 추가하거나 제거할 수 있습니다.

책임 연쇄 패턴의 활용법과 단점

- 윈도우 시스템에서 마우스 클릭과 키보드 이벤트를 처리할 때 흔히 쓰입니다.

- 요청이 반드시 수행된다는 보장이 없다는 단점이 있습니다. 사슬 끝까지 갔는데도 처리되지 않을 수 있죠(사실 이런 특성이 장점이 될 수도 있긴 합니다).

- 실행 시에 과정을 살펴보거나 디버깅하기가 힘들다는 단점이 있습니다.

플라이웨이트 패턴

어떤 클래스의 인스턴스 하나로 여러 개의 '가상 인스턴스'를 제공하고 싶다면 플라이웨이트
(Flyweight) 패턴을 사용하면 됩니다.

시나리오

조경 설계 애플리케이션에서 나무를 객체 형태로 추가해야 합니다. 애플리케이션 내에서 나
무들의 역할은 별로 중요하지 않습니다. 그냥 X, Y 좌표를 가지고 있고, 나무의 나이에 따라
적당한 크기로 화면에 표현하면 됩니다. 문제는 어떤 사용자가 나무를 꽤 많이 넣으려고 한다
는 점입니다. 대강 모양을 보면 다음과 같습니다.

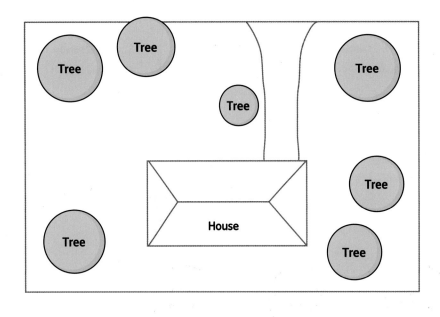

Tree 인스턴스에는
나무의 상태가 저장됩니다.

Tree
xCoord
yCoord
age

```
display() {
    // X, Y 좌표 및
    // 수령을 바탕으로
    // 화면에 나무 표시
}
```

해야 할 일: 실행 중 느려지지 않게 만들어야 합니다.

몇 달 동안 공을 들인 끝에 드디어 제법 큰 고객을 잡았습니다. 1000 카피를 구입할 예정이
고, 우리가 만든 소프트웨어를 써서 대규모 주택단지의 조경을 설계하려고 합니다. 그런데 이
소프트웨어를 1주일 동안 테스트해 본 결과 나무를 많이 만들면 애플리케이션이 눈에 띄게
느려진다는 사실을 발견했다고 합니다.

플라이웨이트 패턴 사용하기

Tree 객체를 수 천 개 만드는 대신 시스템을 조금 고쳐서 Tree의 인스턴스는 하나만 만들고 모든 나무의 상태를 클라이언트 객체가 관리하도록 하면 어떨까요? 이게 바로 플라이웨이트 패턴입니다.

모든 가상 Tree 객체의 상태가
2차원 배열에 저장됩니다.

상태가 저장되어 있지 않은
Tree 객체 인스턴스

```
        TreeManager
─────────────────────────
treeArray
─────────────────────────
displayTrees() {
    // 모든 나무에 대해 {
        // 배열 원소에 대해
        display(x, y, age);
    }
}
```

```
           Tree
─────────────────────────
display(x, y, age) {
    // X, Y 좌표 및
    // 나이를 바탕으로
    // 화면에 나무 표시
}
```

┌ 플라이웨이트 패턴의 장점 ────────┐

· 실행 시에 객체 인스턴스의 개수를 줄여서 메모리를 절약할 수 있습니다.

· 여러 '가상' 객체의 상태를 한곳에 모아 둘 수 있습니다.

┌ 플라이웨이트의 패턴 사용법과 단점 ────────┐

· 어떤 클래스의 인스턴스가 아주 많이 필요하지만 모두 똑같은 방식으로 제어해야 할 때 유용하게 쓰입니다.

· 일단 이 패턴을 써서 구현해 놓으면 특정 인스턴스만 다른 인스턴스와 다르게 행동하게 할 수 없다는 단점이 있습니다.

인터프리터 패턴

어떤 언어의 인터프리터를 만들 때는 인터프리터(Interpreter) 패턴을 사용하면 됩니다.

시나리오

오리 시뮬레이션 게임 기억하죠? 그 게임을 아이들에게 프로그래밍을 가르쳐 주는 용도로 활용하는 기막힌 아이디어가 떠올랐습니다. 아이 1명당 오리 1마리를 정해 준 다음에 간단한 언어를 가르쳐 주는 겁니다. 예를 들어 다음과 같은 식으로 말이죠.

```
right;                    ← 우회전
while (daylight) fly;     ← 낮 동안 계속 날아다니게 함
quack;                    ← 꽥꽥 소리를 내게 함
```

옛날 옛적에 들었던 프로그래밍 기초 수업의 기억을 떠올리면서 다음과 같은 문법 규칙을 만들었습니다.

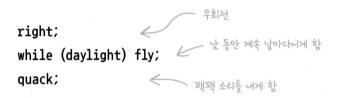

프로그램이란 일련의 명령어(command)와 시퀀스(sequence), 반복문(repetition)으로 구성된 표현식(expression)입니다.

```
expression  ::=  <command> | <sequence> | <repetition>
sequence    ::= <expression> ';' <expression>
command     ::= right | quack | fly
repetition  ::= while '(' <variable> ')'<expression>
variable    ::= [A-Z,a-z]+
```

시퀀스란 세미콜론으로 여러 표현식을 연결해 놓은 것입니다.

명령어에는 right, quack, fly, 이렇게 3가지가 있습니다.

while문은 조건 변수와 표현식으로 구성됩니다.

해야 할 일: 인터프리터를 만들어야 합니다.

이제 문법을 완성했으니까 아이들이 오리의 움직임을 프로그래밍하고 그 결과를 직접 확인할 수 있도록 위의 문법에 따라 만들어진 코드 해석용 인터프리터를 만들어야 합니다.

인터프리터 패턴 사용하기

인터프리터 패턴은 문법과 구문을 번역하는 인터프리터 클래스를 기반으로 간단한 언어를 정의합니다. 언어에 속하는 규칙을 나타내는 클래스를 사용해서 언어를 표현합니다. 오리 언어를 클래스로 표현하면 다음과 같습니다. 문법과 직접적으로 대응한다는 사실을 확인할 수 있습니다.

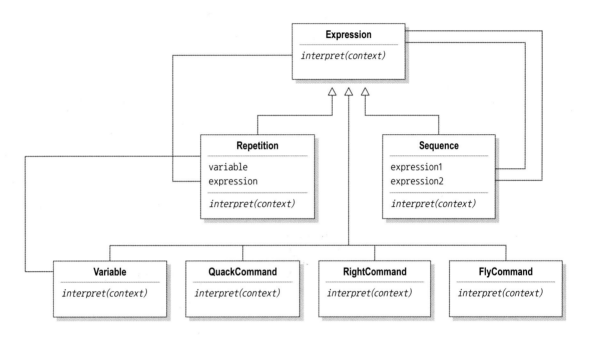

이 언어를 해석하려면 각 표현식에 대응하는 interpret( ) 메소드를 호출하면 됩니다. 이 메소드에 컨텍스트(파싱하고 있는 프로그램의 입력 스트림이 들어있음)도 전달되며, 입력된 내용을 확인하고 평가하는 작업도 이 메소드가 처리합니다.

인터프리터 패턴의 장점

- 문법을 클래스로 표현해서 쉽게 언어를 구현할 수 있습니다.

- 문법이 클래스로 표현되므로 언어를 쉽게 변경하거나 확장할 수 있습니다.

- 클래스 구조에 메소드만 추가하면 프로그램을 해석하는 기본 기능 외에 예쁘게 출력하는 기능이나 더 나은 프로그램 확인 기능 같은 새로운 기능을 추가할 수 있습니다.

인터프리터 패턴의 활용법과 단점

- 간단한 언어를 구현할 때 인터프리터 패턴이 유용하게 쓰입니다.

- 효율보다는 단순하고 간단하게 문법을 만드는 것이 더 중요한 경우에 유용합니다.

- 스크립트 언어와 프로그래밍 언어에서 모두 쓸 수 있습니다.

- 문법 규칙의 개수가 많아지면 아주 복잡해진다는 단점이 있습니다. 그럴 때는 파서나 컴파일러 생성기를 쓰는 편이 낫습니다.

중재자 패턴

서로 관련된 객체 사이의 복잡한 통신과 제어를 한곳으로 집중하고 싶다면 중재자(Mediator) 패턴을 쓰면 됩니다.

시나리오

상원은 미래의 집 그룹 친구들의 도움을 받아서 자바 기술을 사용하는 자동화 주택을 만들었습니다. 모든 가전제품에 자바가 내장되어 있어 정말 편해졌습니다. 상원이 더 이상 알람 시계의 5분만 더 버튼을 누르지 않으면 알람 시계에서 커피 메이커로 "커피를 만들어"라고 신호를 보내죠. 지금도 상당히 편리하긴 하지만, 상원을 비롯한 많은 고객이 조금 더 나은 기능을 원하고 있습니다. 주말에는 커피를 안 끓인다든지, 샤워 예정 시각 15분 전에 잔디밭 스프링클러를 자동으로 끈다든지, 쓰레기 분리수거를 하러 나가야 하는 날 아침에는 알람이 자동으로 더 빨리 울리도록 설정하는 기능이 있으면 좋겠죠?

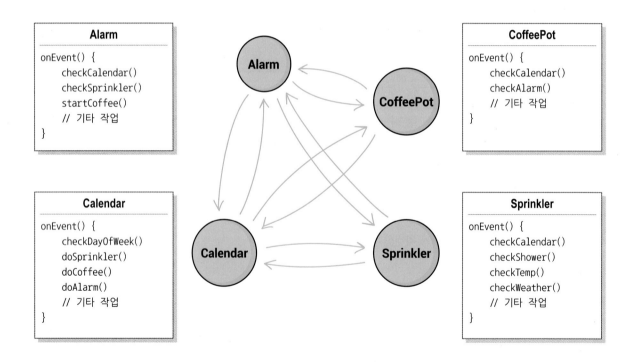

해야 할 일: 객체가 할 일을 정리해야 합니다.

어떤 객체에 어떤 규칙을 넣어야 할지를 결정하기가 점점 어려워지고 있습니다. 그리고 여러 객체를 서로 연관시키는 과정도 점점 복잡해지고 있고요.

중재자 사용하기

시스템에 중재자 패턴을 적용하면 가전제품 객체들을 훨씬 단순화할 수 있습니다.

- 상태가 바뀔 때마다 중재자에게 알려 줍니다.
- 중재자에서 보낸 요청에 응답합니다.

중재자를 추가하기 전에는 모든 객체가 다른 객체와 서로 알고 있어야 했습니다. 서로 밀접하게 연관되어 있어야 하죠. 하지만 중재자를 사용하면 서로 완전히 분리할 수 있습니다. 중재자에는 모든 시스템을 제어하는 로직이 들어있습니다. 기존 가전제품에 새로운 규칙을 추가하거나 새로운 가전제품을 자동화 시스템에 추가하더라도 그냥 중재자만 고치면 됩니다.

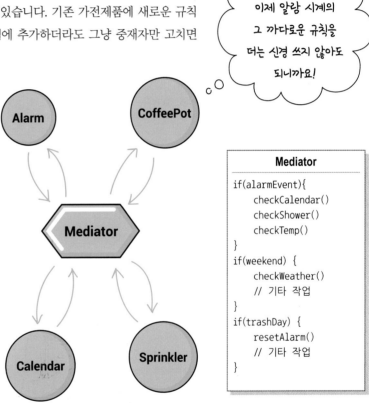

정말 다행이네요. 이제 알랑 시계의 그 까다로운 규칙을 더는 신경 쓰지 않아도 되니까요!

Mediator

```
if(alarmEvent){
    checkCalendar()
    checkShower()
    checkTemp()
}
if(weekend) {
    checkWeather()
    // 기타 작업
}
if(trashDay) {
    resetAlarm()
    // 기타 작업
}
```

중재자 패턴의 장점

- 시스템과 객체를 분리함으로써 재사용성을 획기적으로 향상시킬 수 있습니다.
- 제어 로직을 한 군데 모아놨으므로 관리하기가 수월합니다.
- 시스템에 들어있는 객체 사이에서 오가는 메시지를 확 줄이고 단순화할 수 있습니다.

중재자 패턴의 활용법과 단점

- 서로 연관된 GUI 구성 요소를 관리하는 용도로 많이 쓰입니다.
- 디자인을 잘 하지 못하면 중재자 객체가 너무 복잡해질 수 있다는 단점이 있습니다.

메멘토 패턴

객체를 이전의 상태로 복구해야 한다면 메멘토(Memento) 패턴을 쓰면 됩니다. 사용자가 '작업 취소'를 요청할 때를 생각해 보세요.

시나리오

최근에 발매한 롤플레잉 게임이 큰 성공을 거두었습니다. 이제 다들 그 게임에서 '13 레벨'까지 올릴 수 있게 되었죠. 하지만 점점 더 높은 레벨로 올라갈수록 캐릭터가 죽어서 게임이 끝날 확률이 높아집니다. 레벨을 올리려고 며칠씩 투자했는데 캐릭터가 죽어 버리면 정말 좌절에 빠지게 되죠. 처음부터 그 힘든 과정을 어떻게 다시 하겠습니까? 그러다 보니 캐릭터가 죽기 전에 저장해 뒀던 곳에서부터 다시 시작할 수 있게 세이브 기능을 추가해 달라는 요청이 빗발치게 되었습니다. 이 세이브 기능은 캐릭터가 죽기 전 마지막으로 레벨업했던 지점에서 다시 캐릭터를 살려서 플레이할 수 있게 해 주는 기능입니다.

게임 상태를 저장할 때는 꽤 조심해야 합니다. 아주 복잡한 데다가 아무나 몰래 코드를 건드릴 수 있게 해선 안 되거든요.

메멘토 패턴 사용하기

메멘토 패턴에는 2가지 목적이 있습니다.

- 시스템에서 핵심적인 기능을 담당하는 객체의 상태 저장
- 핵심적인 객체의 캡슐화 유지

단일 역할 원칙을 떠올려 본다면, 저장하고자 하는 상태를 핵심 객체로부터 분리해 놓으면 좋 겠다는 생각이 들 것입니다. 상태를 따로 저장하는 객체를 메멘토 객체라고 부릅니다.

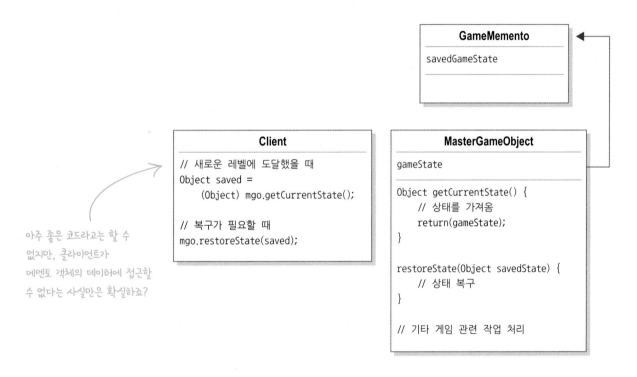

아주 좋은 코드라고는 할 수 없지만, 클라이언트가 메멘토 객체의 데이터에 접근할 수 없다는 사실만은 확실하죠?

메멘토 패턴의 장점
- 저장된 상태를 핵심 객체와는 다른 별도의 객체에 보관할 수 있 어 안전합니다.
- 핵심 객체의 데이터를 계속해서 캡슐화된 상태로 유지할 수 있 습니다.
- 복구 기능을 구현하기가 쉽습니다.

메멘토 패턴의 활용법과 단점
- 메멘토 객체를 써서 상태를 저장합니다.
- 자바 시스템에서는 시스템의 상태를 저장할 때 직렬화를 사용하는 것이 좋습니다.
- 상태를 저장하고 복구하는 데 시간이 오래 걸릴 수 있다는 단점이 있 습니다.

프로토타입 패턴

어떤 클래스의 인스턴스를 만들 때 자원과 시간이 많이 들거나 복잡하다면 프로토타입 (Prototype) 패턴을 쓰면 됩니다.

시나리오

우리가 만든 롤플레잉 게임에는 다양한 몬스터가 등장합니다. 히어로가 동적으로 생성되는 지형을 따라서 여행을 하면 끊임없이 몬스터가 등장하죠. 그런데 주변 환경에 맞춰서 몬스터의 특성이 바뀌면 좋겠습니다. 물속에 들어갔는데 새 모양의 몬스터가 캐릭터를 쫓아오면 정말 이상할 테니까요. 그리고 헤비 유저들이 직접 몬스터를 만들 수 있게 해 주려고 합니다.

몬스터를 만드는 과정을 처리하는 코드와 즉석에서 몬스터 객체 인스턴스를 생성하는 코드를 분리하면 좋겠는데?

여러 종류의 몬스터 인스턴스를 만드는 과정이 점점 더 까다로워지고 있어. 생성자에 온갖 종류의 상태를 자세하게 전달해 주는 방식은 별로 좋아 보이지 않는데? 몬스터 생성 과정을 따로 한 군데에 캡슐화해 놓으면 정말 좋을 것 같아.

프로토타입 패턴 사용하기

프로토타입 패턴을 사용하면 기존 인스턴스를 복사하기만 해도 새로운 인스턴스를 만들 수 있습니다(자바에서는 clone() 메소드를 사용하거나 역직렬화를 하면 되죠). 이 패턴의 가장 두드러진 특징은 클라이언트 코드에서 어떤 클래스의 인스턴스를 만드는지 전혀 모르는 상태에서도 새로운 인스턴스를 만들 수 있다는 점입니다.

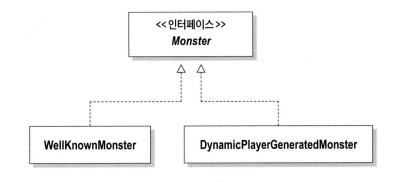

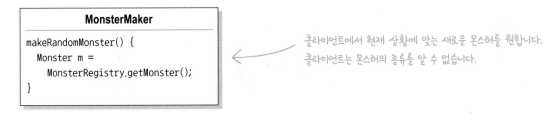

클라이언트에서 현재 상황에 맞는 새로운 몬스터를 원합니다. 클라이언트는 몬스터의 종류를 알 수 없습니다.

레지스트리에서 적당한 몬스터를 찾아서 클론을 만든 다음 그 클론을 리턴합니다.

┌─ **프로토타입 패턴의 장점** ─────────────┐
- 클라이언트는 새로운 인스턴스를 만드는 과정을 몰라도 됩니다.
- 클라이언트는 구체적인 형식을 몰라도 객체를 생성할 수 있습니다.
- 상황에 따라서 객체를 새로 생성하는 것보다 객체를 복사하는 것이 더 효율적일 수 있습니다.

┌─ **프로토타입 패턴의 활용법과 단점** ─────────────┐
- 시스템에서 복잡한 클래스 계층구조에 파묻혀 있는 다양한 형식의 객체 인스턴스를 새로 만들어야 할 때 유용하게 써먹을 수 있습니다.
- 때때로 객체의 복사본을 만드는 일이 매우 복잡할 수도 있다는 단점이 있습니다.

비지터 패턴

다양한 객체에 새로운 기능을 추가해야 하는데 캡슐화가 별로 중요하지 않다면 비지터 (Visitor) 패턴을 쓰면 됩니다.

시나리오

객체마을 식당과 팬케이크 하우스의 단골손님들이 최근 들어 건강에 부쩍 관심을 가지게 되었습니다. 그래서 주문하기 전에 영양 정보를 요구하는 손님이 많이 늘었습니다. 그리고 어떤 손님은 재료별 영양 정보까지 요구하기도 합니다.

루가 제안한 방법

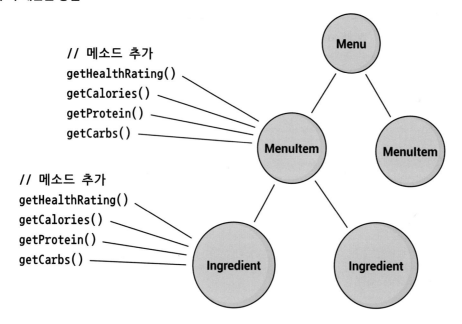

멜이 걱정하는 부분

"이건 판도라의 상자를 여는 것과 똑같다고… 나중에 메소드를 또 추가해야 할지 어떻게 알 수 있겠어? 게다가 매번 메소드를 추가할 때마다 두 군데에 코드를 추가해야 하잖아. 그리고 만약 조리법이 들어있는 클래스를 추가하는 식으로 기본 애플리케이션을 고쳐야 한다면 어떻게 해야 할까? 그러면 세 군데에서 코드를 고쳐야 하잖아! 너무 불편해"

비지터 패턴 사용하기

비지터 객체는 트래버서(Traverser) 객체와 함께 돌아갑니다. 트래버서는 컴포지트 패턴을 쓸 때, 복합 객체 내에 속해 있는 모든 객체에 접근하는 일을 도와주는 역할을 합니다. 비지터 객체에서 복합 객체 내의 모든 객체를 대상으로 원하는 작업을 처리하게 해 주는 거죠. 각각 의 상태를 모두 가져오면 클라이언트는 비지터에게 각 상태에 맞는 다양한 작업을 처리하도 록 요구할 수 있습니다. 새로운 기능이 필요하게 되더라도 비지터만 고치면 되니까 편리하죠.

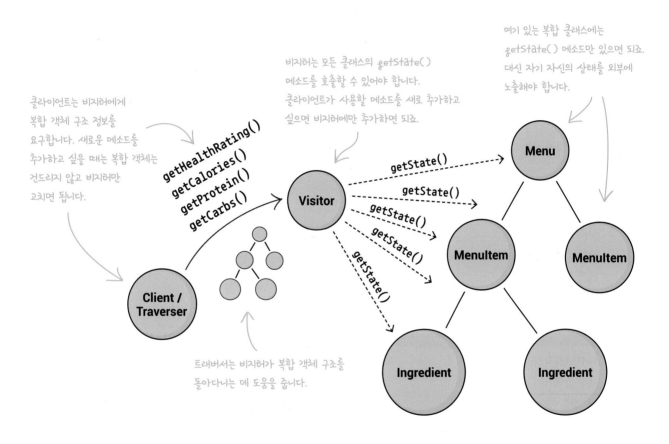

클라이언트는 비지터에게게 복합 객체 구조 정보를 요구합니다. 새로운 메소드를 추가하고 싶을 때는 복합 객체는 건드리지 않고 비지터만 고치면 됩니다.

비지터는 모든 클래스의 getState() 메소드를 호출할 수 있어야 합니다. 클라이언트가 사용할 메소드를 새로 추가하고 싶으면 비지터에만 추가하면 되죠.

여기 있는 복합 클래스에는 getState() 메소드만 있으면 되죠. 대신 자기 자신의 상태를 외부에 노출해야 합니다.

트래버서는 비지터가 복합 객체 구조를 돌아다니는 데 도움을 줍니다.

비지터 패턴의 장점

- 구조를 변경하지 않으면서도 복합 객체 구조에 새로운 기능을 추가할 수 있습니다.
- 비교적 손쉽게 새로운 기능을 추가할 수 있습니다.
- 비지터가 수행하는 기능과 관련된 코드를 한곳에 모아 둘 수 있습니다.

비지터 패턴의 단점

- 비지터를 사용하면 복합 클래스의 캡슐화가 깨집니다.
- 컬렉션 내의 모든 항목에 접근하는 트래버서가 있으므로 복합 구조를 변경하기가 더 어려워집니다.

찾아보기